rowohlts deutsche enzyklopädie

Herausgegeben von Ernesto Grassi
Universität München

GEORG LUKÁCS

Faust und Faustus

Vom Drama der Menschengattung zur Tragödie der modernen Kunst

Ausgewählte Schriften II

ROWOHLT

Redaktion: Ursula Schwerin
Eginhard Hora / Ragni M. Gschwend
München

Umschlagentwurf: Werner Rebhuhn

1.–10. Tausend	Dezember 1967
11.–18. Tausend	April 1968
19.–22. Tausend	Mai 1971
23.–26. Tausend	Januar 1973
27.–29. Tausend	September 1975

Veröffentlicht im Rowohlt Taschenbuch Verlag GmbH,
Reinbek bei Hamburg, Dezember 1967
Taschenbuchlizenzausgabe aus den im Hermann Luchterhand Verlag,
Neuwied-Berlin, erschienenen Originalwerken von Georg Lukács: ‹Deut-
sche Literatur in zwei Jahrhunderten› (Goethe und seine Zeit / Thomas
Mann) © Hermann Luchterhand Verlag GmbH, Neuwied-Berlin 1964,
und ‹Der historische Roman› (Faust-Studien) © Hermann Luchterhand
Verlag GmbH, Neuwied-Berlin 1965
Gesetzt aus den engen Aldus-Antiqua
und der Palatino (D. Stempel AG)
Gesamtherstellung Clausen & Bosse, Leck/Schleswig
Printed in Germany
980-ISBN 3 499 55285 X

INHALTSVERZEICHNIS

Enzyklopädisches Stichwort

BEMERKUNGEN ÜBER DEN BÜRGERLICHEN
REALISMUS HINAUS   311
(Zur vorherigen Lektüre empfohlene Einführung in den
Problemkreis, dem das Thema entstammt)

I. GOETHE UND SEINE ZEIT   7
   Vorwort   7
   1. Die Leiden des jungen Werther   17
   2. Wilhelm Meisters Lehrjahre   30
   3. Der Briefwechsel zwischen Schiller und Goethe   46
   4. Schillers Theorie der modernen Literatur   76
   5. Hölderlins Hyperion   110

II. FAUST-STUDIEN   128
   1. Zur Entstehungsgeschichte   129
   2. Das Drama der Menschengattung   144
   3. Faust und Mephistopheles   160
   4. Die Gretchen-Tragödie   179
   5. Stilfragen: Das Ende der ‹Kunstperiode›   193

III. THOMAS MANN   211
   Vorwort zur ersten Auflage   211
   1. Auf der Suche nach dem Bürger   214
   2. Die Tragödie der modernen Kunst   239
   3. Das Spielerische und seine Hintergründe   279
   Nachschrift   308

QUELLENNACHWEIS   309

ÜBER DEN VERFASSER   317

PERSONEN- UND SACHREGISTER   319

VERZEICHNIS DER ERWÄHNTEN WERKE   326

VORWORT

Die in diesem Band gesammelten Essays sind in den dreißiger Jahren entstanden. In einem solchen Fall taucht die Frage auf: Ist ihre jetzige Herausgabe berechtigt? Wenn heute von einer Frage der deutschen Literatur oder Kultur die Rede ist, stößt man sehr oft auf Vorurteile, die von einer Behandlung oder Neubehandlung solcher Fragen nichts hören wollen. Das Problem der deutschen Kultur wird im allgemeinen abstrakt aufgeworfen und darum notwendigerweise abstrakt, unrichtig beantwortet. Die eine Antwort ist eine schroffe Ablehnung der ganzen deutschen Kultur. Das klingt als antifaschistisches Bekenntnis sehr radikal. In Wirklichkeit ist dieser Radikalismus mehr als zweifelhaft. Ist denn das Antideutschtum wirklich Garantie des Antifaschismus, ja sogar der Stellungnahme gegen die Reaktion? Finden wir nicht in den Reihen der antideutschen Politiker, Schriftsteller usw. ausgesprochene Reaktionäre, ja Faschisten? Wenn man Nietzsche oder Spengler als die geistigen Väter des modernen deutschen Antihumanismus verwirft und gleichzeitig sich für Ortega y Gasset begeistert — was hat man erreicht? Geradeso einseitig stellt man die Frage auf dem anderen Pol. Man sagt: die politische Entwicklung der letzten Jahrzehnte darf unsere philosophischen und literarischen Urteile in keiner Hinsicht beeinflussen; daß Hitler mehr als ein Jahrzehnt in Deutschland herrschen konnte, ändert nichts daran, was uns die deutsche Literatur von Goethe bis Rilke bedeutet.

Beide Extreme sind abstrakt. Weder die globale Verurteilung noch die Abtrennung der Erscheinungen von dem gesellschaftlichen Boden, auf dem sie gewachsen sind, kann die Frage beantworten, kann eine Lösung dafür bringen, wie wir zur vergangenen und gegenwärtigen deutschen Kultur stehen, wie die kritische Abrechnung mit ihr die demokratische und sozialistische Erneuerung der Kultur der Gegenwart beeinflußt.

Versuchen wir, uns der konkreten Fragestellung anzunähern. Engels vergleicht einmal die deutsche und die französische Entwicklung von der beginnenden Liquidation des Feudalismus bis zur Entstehung der nationalen Einheit und der bürgerlichen Demokratie. Er kommt zum Ergebnis, daß in jeder Epoche, in jeder historischen Fragestellung die Franzosen eine progressive, die Deutschen eine reaktionäre Lösung gefunden haben.

Das schicksalhafte Datum für Deutschland ist 1525, das Jahr des großen deutschen Bauernkrieges. Schon Alexander von Humboldt hat erkannt, daß hier der Wendepunkt ist, wo die deutsche Entwicklung fehlging. Während die Niederlagen der großen Bauernaufstände in Frankreich und England die progressive Entwicklungslinie dieser Länder nicht unterbrochen haben, entsteht in Deutschland aus der Niederlage der Bauern eine nationale Katastrophe, deren Folgen jahrhundertelang fühlbar bleiben.

Im Westen (und in Rußland) entsteht aus den Klassenkämpfen des sich auflösenden Feudalismus die absolute Monarchie, und mit ihr geschieht der erste Schritt zur Herstellung der nationalen Einheit. In Deutschland bringt die Niederlage des Bauernkrieges allerdings nicht eine feudale Adelsdemokratie hervor, wie etwa in Polen, sondern ebenfalls eine Abart der absoluten Monarchie, jedoch eine spezifische, rein reaktionäre, antinationale: die kleinen deutschen Fürstentümer. Deren Sieg und Konsolidation bedeuteten die Verewigung und Erstarrung der feudalen Zerrissenheit der deutschen Nation. Die Selbständigkeit der kleinen Fürstentümer war jahrhundertelang das wichtigste Hindernis der deutschen nationalen Einheit. Ihre angebliche Selbständigkeit, ihre angebliche selbständige Politik hat Deutschland für lange Zeit zum passiven Objekt der europäischen Außenpolitik, zum Kriegsschauplatz der europäischen Kriege gemacht. Und hier muß den Legenden der deutschen Historiker gegenüber hervorgehoben werden, daß Preußen von diesem Standpunkt aus ein typisches kleines deutsches Fürstentum war: also ein Hemmnis der nationalen Einheit, ein Einfallstor der ausländischen Intervention. Nach innen bedeutet diese Entwicklung, daß die Entstehung der bürgerlichen Kultur in sehr langsamem Tempo vor sich geht; an ihre Stelle tritt ein korrumpierter Halbfeudalismus. Daß solche gesellschaftlichen Bedingungen die Herausbildung einer progressiven nationalen Kultur in jeder Hinsicht gehemmt haben, bedarf wohl keiner ausführlichen Erörterung.

So kommt es, daß Deutschland sehr verspätet den Weg der modernen Verbürgerlichung betritt, sowohl wirtschaftlich und politisch wie kulturell. Im Westen werden schon die ersten großen Schlachten des Klassenkampfes der aufwärtsstrebenden Arbeiterklasse geschlagen, als 1848 für Deutschland die Probleme der bürgerlichen Revolution zum erstenmal in konkreter Form auftauchen. Und zwar – wenn wir Italien ausnehmen – ist nur in Deutschland die Frage so gestellt, daß das zentrale Problem der bürgerlichen Revolution die zu *schaffende* nationale Einheit bildet. Die englische Revolution im 17., die französische im 18. Jahrhundert spielten sich bereits in einem weitgehend ausgebildeten Staat ab, der freilich seine endgültige Vollendung in der Revolution, durch die Revolution erhielt; dementsprechend stehen für beide Revolutionen die Abschaffung des Feudalismus, vor allem die Bauernbefreiung im Vordergrund. Diese Eigentümlichkeit der deutschen Revolution macht in erster Linie die reaktionäre Halblösung von 1870 möglich.

All dies hat zur Folge, daß in Deutschland gesellschaftlicher Fortschritt und nationale Entwicklung sich nicht wechselseitig unterstützen und vorwärtstreiben wie in Frankreich, sondern im gegensätzlichen Verhältnis zueinander stehen. Deshalb kann auch die Entfaltung des Kapitalismus keine bürgerliche Klasse hervorbringen, die imstande wäre, die nationale Führung zu ergreifen. Selbst als der Kapitalismus schon zur herrschenden Ökonomie geworden war, ja selbst als er bereits in den Imperialismus hinüberwuchs, blieb die politische Führung noch immer in den Händen der ‹alten Mächte›.

In Deutschland, wie überall, schafft der Kleinstaatenabsolutismus einen Hof-,

Beamten- und Militäradel aus dem früher selbständigen Feudaladel. Der Sikkingen-Aufstand, der dem Bauernkrieg unmittelbar voraufging, war die letzte selbständige Bewegung des feudalen Kleinadels alten Stils. Seitdem können wir – wenn wir von den wenigen und immer seltener werdenden Ausnahmen absehen – die Bürokratisierung, das zum Lakaienwerden des Adels beobachten. Dieser Prozeß spielt sich freilich auch in Frankreich ab. Jedoch ist sein sozialer Charakter dem deutschen diametral entgegengesetzt. In Frankreich (und England) wirkt die bürgerliche Kultur in steigendem Maße auf den Adel ein, selbst auf dessen reaktionären Teil, so daß alsbald jeder zum bloßen bizarren Sonderling wird, der von dieser Entwicklung unberührt bleibt. In Deutschland dagegen – besonders in Preußen, das den Stil des späteren Reiches bestimmt – drückt die Junkerideologie ihren Stempel den entscheidenden Schichten der bürgerlichen Intelligenz auf. Von den äußerlichsten Lebensgewohnheiten an bis zur Weltanschauung können wir überall eine solche Assimilation der bürgerlichen Intelligenz an die Junkerideologie wahrnehmen.

Dieser Prozeß erklärt die ganze neudeutsche ‹Mentalität›, für deren Analyse wir hier selbstverständlich keinen Raum haben. Wir möchten die Aufmerksamkeit der Leser nur auf einige Hauptzüge richten. So auf den Mangel an Zivilcourage, den bereits Bismarck als nationale Eigenschaft festgestellt hat und der fraglos ein Kennzeichen des Hof- und Beamtenadels ist. Im engsten Zusammenhang damit steht die Angst vor einem verantwortungsvollen selbständigen Entschluß und gleichzeitig die nach unten gerichtete (und nach oben verdeckte) rücksichtslose unmenschliche Brutalität. Die oft festgestellte Unfähigkeit des deutschen Bürgertums auf dem Gebiet der Politik ist ebenfalls auf diese Entwicklung zurückzuführen. Der deutsche Bürger will eine ‹Ordnung›; er schafft aber diese Ordnung im Dienste von wem immer und was immer; die Servilität, der Byzantinismus, die Titelsucht werden immer mehr zu Kennzeichen des deutschen Bürgertums; sie zeigen das fast vollständige Fehlen eines bürgerlichen Selbstbewußtseins.

Nach der reaktionären Begründung der deutschen Einheit erschien diese Zurückgebliebenheit in einer solchen weltanschaulichen Umstilisierung, als ob gerade dieses Deutschland berufen wäre, die Widersprüche der modernen Demokratie in einer ‹höheren Einheit› aufzuheben. Es ist kein Zufall, daß der Antidemokratismus als Weltanschauung sich gerade in diesem Deutschland zuallererst ausbildete, daß in der imperialistischen Periode Deutschland die führende Rolle im Herausarbeiten der reaktionären Ideologie spielt.

Entscheidend ist jedoch, daß das rapide Entwicklungstempo des verspäteten Kapitalismus in Deutschland das Reich zu einem führenden imperialistischen Staat gemacht hat. Und zwar zu einem, dessen Kolonialbesitz und Interessensphären zur Stärke und zu den Ansprüchen seines Kapitalismus unproportioniert waren. Dies ist der letzte Grund dafür, daß Deutschland in zwei Weltkriegen die Neuaufteilung der Welt zu forcieren versuchte. Die Notwendigkeit des Scheiterns beider Versuche ist nicht allein Folge der konkreten Machtverhältnisse; denn die Gruppierung dieser Machtverhältnisse ist selbst schon die Folge der innen- und außenpolitischen Entwicklungsrichtung Deutschlands. Kleinliche List und unerhörte Brutalität an Stelle von Voraussicht und Energie, taktisch-technische Tricks an Stelle einer großzügigen Strategie charakterisieren die deutsche Politik im Frieden und im Kriege. Wenn der Krieg nach Clausewitz wirklich die Fortsetzung der Politik mit anderen Mitteln ist, so geben die deutschen Kriege ein konzentriertes Bild der krankhaften, verzerrten Seiten der deutschen Entwicklung.

Es ist klar, daß in der Beurteilung der deutschen Kultur eine radikale Abrechnung notwendig ist. Es fragt sich nur, auf welchem Weg diese stattzufinden hat. Die globale Verneinung ist ebensowenig eine Lösungsmöglichkeit wie die Generalamnestie. Man muß die einfache Wahrheit begreifen und sie wirklich konkretisiert anwenden, daß die kulturelle Entwicklung Deutschlands die Resultante eines Kampfes zwischen Fortschritt und Reaktion war; und insofern in Deutschland auf dem Gebiet der Kultur die reaktionären Tendenzen überwiegend geworden sind, muß die ideologische Abrechnung hier einsetzen. Das bedeutet aber zugleich, daß die progressiven Tendenzen des deutschen Lebens ebenso die Verbündeten einer jeden Tendenz zur Erneuerung Europas sind, wie eine jede sich erneuernde demokratische Kultur in den reaktionären Ideologen des Westens Feinde zu sehen hat. Ein wirklicher sachlicher Radikalismus in der Abrechnung mit der deutschen Reaktion ist nur auf dem Wege der historischen Konkretisierung erreichbar.

Damit sind wir bei der konkreten Formulierung unserer Frage angelangt: Wie stehen wir zur deutschen Kultur? oder genauer, um im Rahmen des Buches zu bleiben und keine Fragen aufzuwerfen, die hier nicht einmal andeutend beantwortet werden können: Wie stehen wir zur Goethezeit? Diese Frage gespenstert schon lange in der Literatur, besonders in der angelsächsischen Literatur seit dem Ersten Weltkriege.

Die modische Parole ist allbekannt: Weimar gegen Potsdam. Schon die Aufgabe stellen heißt ihre eigene Schiefheit einsehen. Die deutsche Kultur kann ebensowenig ‹zurück› ins Goethesche Weimar wie die englische zu Shakespeare, die französische zu Racine. Die Weimarer Kultur trägt in ihrer Größe wie in ihren Grenzen die Male der wirtschaftlich und gesellschaftlich zurückgebliebenen, politisch unterdrückten und zerstückelten deutschen Nation. Kein Entschluß ist vorstellbar, der aus dieser Vergangenheit (aus dieser endgültig verschwundenen Vergangenheit) eine Gegenwart machen, der die dazwischenliegende Entwicklung annullieren könnte.

Eine ganz andere Frage ist freilich: Inwiefern kann die Weimarer Kultur richtunggebend für das Deutschtum der Gegenwart werden? Inwiefern kann sie zu einem kulturellen Gegengewicht, zu einer Gegenkraft gegen die Verpreußung des deutschen Geistes werden? Das ist eine reale Frage. Aber auch hier stehen ernsthafte Schwierigkeiten vor uns. Vor allem wäre es lächerlich, Goethe und Schiller für die Deutschen zu ‹entdecken›. Seit mehr als einem Jahrhundert entwickelt sich die ganze deutsche Kultur im Schatten Goethes und Schillers. Selbst der Faschismus hat nur Börne und Heine aus der deutschen

Literaturgeschichte entfernt; Goethe und Schiller behielten ihre zentrale Stelle. Damit scheint aber die ganze Lage noch problematischer zu werden. Denn es scheint damit auf den ersten Blick, als ob Goethe und Schiller mitschuldig wären an der unrichtigen Entwicklung der deutschen herrschenden Klassen, ja des ganzen deutschen Volks, an den Sünden, die von den Deutschen gegen die Menschheit verübt wurden. Und tatsächlich fanden sich nicht nur Faschisten, die mit geschickten oder groben Zitatenkunststücken z. B. aus Hölderlin einen Ahnherrn des Faschismus modelten, sondern auch progressive Schriftsteller, die – ebenfalls mit Hilfe des Herausgreifens, des Überwertens, des Verzerrens einzelner Zitate – Goethe und Schiller die Mitschuld an der schiefen und reaktionären deutschen Entwicklung aufbürdeten, die aus ihnen Vorläufer der deutschen Reaktion machten.

Auf diese offenkundigen Fehlurteile wäre es nicht der Mühe wert, auch nur mit einer Bemerkung einzugehen, wenn hinter ihnen nicht ein Jahrhundert systematischer Geschichtsfälschung stehen würde, die die klassische Periode der deutschen Literatur vollständig verzerrte. Daher ist eine wirkliche Kenntnis der Geschichte, Literatur und Philosophie, eine selbständige, unbefangene Forschung notwendig, damit hinter der vielfältigen verfälschenden Übermalung das Original wieder sichtbar werde, so wie es war und ist, so wie es heute ernsthaft und progressiv zur Wirkung gelangen kann.

Mehring hat in seinem Lessingbuch den einzig richtigen Gesichtspunkt dargelegt, von welchem aus man die deutsche Literatur vom Ende des 18. und vom Anfang des 19. Jahrhunderts zu betrachten hat: diese Literatur ist die ideologische Vorbereitungsarbeit zur bürgerlich-demokratischen Revolution in Deutschland. Nur wenn wir die ganze Periode von Lessing bis Heine von diesem Gesichtspunkt aus betrachten, können wir erblicken, wo in ihr die wirklich progressiven beziehungsweise reaktionären Tendenzen zu finden sind.

Die Fragestellung Mehrings ist richtig, und er erkannte auch – zumindest teilweise – den richtigen Weg, den die Forschung einzuschlagen hat: es müssen die eigentümlichen Umstände der deutschen Entwicklung, die wirtschaftliche, gesellschaftliche und politische Zurückgebliebenheit des Landes untersucht werden, aber von jenem großen internationalen Zusammenhang aus gesehen, der die eigentümliche Entfaltung der deutschen Literatur sowohl positiv wie negativ bestimmte. Die Große Französische Revolution, die Napoleonische Periode, die Restauration, die Julirevolution sind Ereignisse, die die deutsche Kulturentwicklung fast ebenso tief beeinflußt haben wie die innere gesellschaftliche Struktur Deutschlands. Jeder bedeutende deutsche Schriftsteller steht nicht nur auf dem Boden der eigenen heimatlichen Entwicklung, sondern ist zugleich der mehr oder weniger verständnisvolle Zeitgenosse, Verarbeiter und Weiterentwickler, das geistige Spiegelbild dieser Weltereignisse.

Freilich nicht nur der der großen historischen Ereignisse selbst, sondern auch der ihrer Vorbereitung und ihrer Folgen. Und hier setzt sich – jetzt schon über den Gesichtspunkt Mehrings hinausgehend – jene Erkenntnis durch, daß die wirtschaftliche und gesellschaftliche Zurückgebliebenheit Deutschlands gerade in bezug auf die Entwicklung der Literatur und Philosophie für die großen Dichter und Denker nicht nur einen Nachteil bedeutete, sondern auch gewisse Vorteile. Der Nachteil ist offenkundig. Selbst solche Riesen wie Goethe und Hegel konnten sich nicht vollkommen von jener drückenden Atmosphäre des engen Philistertums frei machen, die die ganze klassische deutsche Literatur umgab. Im ersten Augenblick scheint es weniger klar, weshalb das Aufwerfen der großen Zeitprobleme von der rein ideologischen Seite, was mit diesen kleinlichen und philiströsen Umständen im engsten Zusammenhang steht, auch von bedeutendem Vorteil für die kühnen Fragestellungen, für das kühne Zuendedenken der auf sie gefundenen Antworten sein konnte. Eben dadurch, daß hier die gesellschaftlichen Grundlagen und Folgen gewisser theoretischer oder dichterischer Fragen nicht sofort im praktischen Leben offenkundig werden, entsteht für den Geist, für die Konzeption, für die Darstellung ein beträchtlicher, relativ grenzenlos scheinender Spielraum, wie ihn die Zeitgenossen der westlichen entwickelteren Gesellschaften nicht kennen konnten.

Kurz zusammengefaßt: es ist kein Zufall, daß die Gesetzmäßigkeit der widerspruchsvollen Bewegung der Entwicklung, die Hauptprinzipien der dialektischen Methode gerade in Deutschland in der Periode von Lessing bis Heine bewußt werden, daß Goethe und Hegel diese Methode – innerhalb der Grenzen des bürgerlichen Denkens – auf ihre höchste erreichbare Stufe heben. (Die russische literarische und philosophische Entwicklung habe ich in meinem Buch ‹Der russische Realismus in der Weltliteratur› skizziert. Ich habe dort gezeigt, daß die russischen Denker der fünfziger Jahre, Tschernyschewskij und Dobroljubow, Übergangsgestalten sind zwischen der revolutionären Demokratie und der sozialistischen Weltanschauung.) Aus dieser Lage folgt, daß eine der letzten progressiven Perioden des bürgerlichen Denkens, eine seiner letzten geistigen Revolutionen sich gerade im Deutschland der Goethezeit abspielt, und es ist kein Zufall, daß diese Entwicklung von den – ebenfalls deutschen – Marx und Engels mit der höchsten Methode der Philosophie, mit der Entdeckung der materialistischen Dialektik gekrönt wird. Nicht umsonst bezeichnet Lenin die Hegelsche Dialektik als eine der drei Quellen des Marxismus.

Die Aufdeckung dieser Zusammenhänge geht schon deshalb über den Rahmen dieses Vorworts hinaus, weil auch unser Buch nicht den Anspruch erhebt, diesen Fragenkomplex von allen Seiten umfassend darzulegen. Deshalb werde ich auf jene Fragen, die spezifische Eigentümlichkeiten der deutschen Entwicklung des 19. Jahrhunderts sind, erst in meinen Studien über die deutschen Realisten dieser Periode ausführlich eingehen.[1] Hier kann ich nur einen kurzen Abriß jener entscheidenden Fragen geben, um welche sich die reaktionäre Verfälschung der klassischen deutschen Literaturgeschichte dreht, damit die Leser dieses Buches klar sehen können, was der Kampf zwischen Fortschritt und Reaktion in diesem Abschnitt der deutschen Entwicklung bedeutet.

---

1 Deutsche Realisten des 19. Jahrhunderts, vgl. S. 187 ff. [Vgl. auch: GEORG LUKÁCS, Die Grablegung des alten Deutschland. rde Bd. 276, S. 21 ff.]

Die erste entscheidende Frage ist die Beziehung zur Weltbewegung der Aufklärung. Die reaktionäre Literaturgeschichte versucht hier einerseits die deutsche Entwicklung der französischen feindlich gegenüberzustellen, den großen progressiven Ideologen der deutschen nationalen Wiedergeburt einen antifranzösischen Chauvinismus anzudichten; andererseits schmuggelt sie in die deutsche Literatur vom Ende des 18. Jahrhunderts eine aufklärungsfeindliche obskurantistische Ideologie ein. (Die Theorie der sogenannten Präromantik.)

Die erste Irrlehre hat in bezug auf Lessing bereits Mehring widerlegt, indem er nachwies, wie die Corneille- und Voltairekritik Lessings mit der damaligen Zentralfrage der nationalen Befreiung Deutschlands zusammenhing: mit dem Kampf gegen die Versailles nachahmende Pseudokultur der kleinen deutschen Höfe; indem er nachwies, daß dieser Kampf von Lessings Seite nicht nur unter der Flagge von Sophokles und Shakespeare, sondern — und sogar in erster Reihe — unter der von Diderot ausgefochten wurde. Diese Fälschung geht noch weiter, wenn von der Sturm- und Drangperiode die Rede ist. Mit Hilfe einiger aus dem Zusammenhang gerissener Zitate aus den Schriften des jungen Goethe und Schiller sowie Herders haben wir hier bereits wahre Orgien des antifranzösischen deutschen Chauvinismus vor uns. Dabei sind in Wahrheit Montesquieu, Diderot und Rousseau die geistigen Schutzherren auch dieser Bewegung, und das sogenannte Antifranzosentum richtet sich hier noch pathetischer gegen das antinationale Wesen der kleinen Höfe; die Verteidigung Shakespeares Voltaire gegenüber kann nur in diesem Zusammenhang ganz verständlich werden. Welche Rolle Voltaire in der geistigen Formation des reifen Goethe gespielt hat, ist durch unzählige Stellen seiner Schriften, Briefe, Gespräche belegt. Wir wollen gar nicht über die Beziehung des alten Goethe zu der zeitgenössischen französischen Literatur sprechen (Mérimée, Hugo, Stendhal, Balzac).

Ebensowenig ist die Theorie von der angeblichen Opposition des Sturm und Drang zur Aufklärung stichhaltig. Die offizielle deutsche Geschichtsfälschung arbeitet einerseits damit, daß sie die hier auftretende historische Weltanschauung dem angeblichen Antihistorismus der Aufklärung gegenüberstellt, andererseits geht sie von der mechanischen Gegenüberstellung von Vernunft und Gefühl aus und gelangt damit zum angeblichen Irrationalismus der damaligen deutschen Literatur. Diese letzte These bedarf hier keiner ausführlichen Widerlegung. Wir verweisen nur darauf, was in bezug auf die Entstehung der Dialektik oben dargelegt wurde. Was nämlich in der deutschen Aufklärung als Irrationalismus zu bezeichnen Mode geworden ist, das ist meistens: ein Anlauf zur Dialektik, ein Versuch, die bis dahin herrschende formale Logik zu überwinden. Darin drückt sich ohne Frage eine Krise der herrschenden philosophischen Tendenz der Aufklärung aus, der Übergang zu einer höheren Stufe des Denkens. Aber auch dies ist eine internationale Tendenz der gesamten Aufklärung, obwohl in ihr, als zuletzt auftretende Strömung, die deutsche Aufklärung die führende Rolle spielt. Engels zeigt z. B. bei Diderot und Rousseau hochentwickelte Typen dieser dialektischen Richtung.

Mit dieser Frage hängt die des Historismus eng zusammen. Der Antihistorismus der Aufklärung ist eine Legende, die die romantische Reaktion ausgeklügelt hat; wir müssen nur an solche Erscheinungen wie Voltaire oder Gibbon denken, um die Unhaltbarkeit dieser Legende einzusehen. Freilich gibt es auch hier eine Weiterentwicklung seitens der deutschen Aufklärung. Jedoch das, was hier vor sich geht, führt nicht in die Richtung des romantischen Pseudohistorismus: die Herdersche historische Universalität ist z. B. eine Vorläuferin der Hegelschen dialektischen Weltanschauung. Mit dem angeblichen Gegensatz zwischen Vernunft und Gefühl beschäftigt sich in diesem Band der Essay über Werther.

Aus alledem ist klar ersichtlich, daß der junge Goethe ein Teilnehmer des allgemeinen Entwicklungsprozesses der Aufklärung und in ihr der deutschen Aufklärung ist, der seinerseits Begleiterscheinung und Mitstreiter jenes großen Prozesses ist, der die Französische Revolution ideologisch vorbereitet. Die Jugend Goethes (und Schillers) ist also ein organischer und wichtiger Bestandteil einer im Weltmaßstab progressiven Bewegung.

Allerdings ist die Gestalt des jungen Goethe sowieso der schwächste Punkt der reaktionären Goethelegende. Denn die Revolte des jungen Goethe gegen die bestehende Ordnung, gegen das damalige Deutschland ist so offenkundig, daß sie selbst von der offiziellen Literaturwissenschaft nicht vollständig geleugnet werden konnte. Um so üppiger scheint die Ernte in der späteren Entwicklung Goethes, wo, angefangen von der Abwendung vom öffentlichen Leben durch den Haß gegen die Französische Revolution, die Legende zu einem Goethe gelangt, der eine große Figur der modernen irrationalistischen ‹Lebensphilosophie›, der der geistige Ahnherr Schopenhauers und Nietzsches ist, dazu noch literarisch ein Begründer des stilisierenden Antirealismus. Diese historische Legende ist so verbreitet und einflußreich, daß ihre Wirkung selbst bei progressiven, antifaschistischen Schriftstellern zu beobachten ist.

Zur Widerlegung all dieser Legenden wäre eine neue Goethebiographie vonnöten. Hier müssen wir uns – fast im Telegrammstil – auf die allerwichtigsten Punkte beschränken. Wir müssen wieder die Verdienste Mehrings hervorheben, der erkannt hat, daß Goethe nicht aus Liebesenttäuschung, nicht infolge der Krise seiner Liebe zu Charlotte von Stein nach Italien floh, sondern darum, weil sein Versuch, das Weimarer Fürstentum nach den Prinzipien der Aufklärung gesellschaftlich zu reformieren, am Widerstand des Hofes, der Bürokratie und Karl Augusts gescheitert ist. (Eigene Untersuchungen, die hier nicht dargelegt werden können, haben mich davon überzeugt, daß Mehring mit dieser Auffassung über Goethes Enttäuschung am damals möglichen öffentlichen Leben in Deutschland nicht nur vollständig recht hat, sondern daß dieser Versuch und sein Scheitern auch Gebiete umfaßt, die Mehring noch nicht gekannt hat.) Die spätere Resignation Goethes, sein Sichzurückziehen vom öffentlichen Leben wurzelt hier, beinhaltet also eine niederschmetternde Kritik der sozialen Zurückgebliebenheit des damaligen Deutschland. Diese Resignation enthält also keinerlei Verneinung, weder der Prinzipien der Aufklärung noch ihrer gesellschaftlichen Zielsetzungen, sondern eine Ablehnung des damaligen Deutschland mit seinen kleinen Fürstentümern als den Feinden des Fortschritts.

Die Leser dieses Buches werden hier konkrete Darlegungen über die Beziehung Goethes zu den großen gesellschaftlichen Fragen seiner Zeit finden. Und wenn auch ein solcher Essayband seiner Natur nach kein umfassendes und vollständiges Bild über diese Fragen geben kann, so hoffe ich, daß die wirklichen Goetheschen Fragestellungen und die Hauptrichtungen ihrer Beantwortung doch sichtbar werden.

Die Beziehung Goethes zur Französischen Revolution steht im engsten Zusammenhang mit diesem Fragenkomplex. Die Legende geht hier von Goethes ersten Reaktionen auf die Französische Revolution aus, von seinen – sprechen wir es offen aus – flachen und niveaulosen Lustspielen; sie vernachlässigt alle seine späteren reiferen Stellungnahmen, deren Wesen darin zusammengefaßt werden kann, daß er die gesellschaftlichen Zielsetzungen der Französischen Revolution dezidiert bejaht, bei einer ebenso dezidierten Ablehnung der plebejischen Methoden ihrer Durchführung. Dies ist eine der vielen Fragen, wo sein Weg mit dem seines großen jüngeren Zeitgenossen Hegel parallel läuft. Beide verstehen, daß Ausbruch und Sieg der Französischen Revolution eine neue Epoche für die ganze Weltkultur bedeutet; beide bemühen sich, auf ihrem Arbeitsgebiet alle Konsequenzen dieser weltanschaulichen Wendung möglichst vollständig zu ziehen. Der Realismus des reifen Goethe ist nun, wie der Leser aus unserem Buch ersehen wird, ein organisches Produkt seiner Auffassung der großen Ereignisse dieser Zeit.

Die Beziehung Goethes zu Hegel (und schon früher zu Schiller und Schelling) leitet über zu den Problemen der Weltanschauung. In der Zeit der Herrschaft des Neukantianismus war es Mode, sich auf Goethes unphilosophische, ja antiphilosophische Einstellung zu berufen. Seitdem in der imperialistischen Periode die sogenannte ‹Lebensphilosophie› zur herrschenden geistigen Strömung Deutschlands wurde, ist Goethes philosophisches Renommée sehr gewachsen. Jedoch ist dadurch für die Erkenntnis der wahren Zusammenhänge wenig herausgekommen. Von Nietzsche über Gundolf bis zu Spengler und Klages, Chamberlain und Rosenberg ist Goethe immer wieder zum Begründer der herrschenden entwicklungs- und fortschrittsfeindlichen, irrationalistischen Weltanschauung gemacht worden. In den hier veröffentlichten Schriften gab es leider keine Gelegenheit, dieses Problem eingehend zu erörtern.

Es versteht sich, daß das Goetheproblem auch dann noch nicht erschöpft wäre, wenn mein Buch auf alle diese Fragen ausführliche Antwort geben würde. Dazu wäre eine eigene Goethemonographie vonnöten. Eine solche habe ich jahrelang geplant, ja vorbereitet; leider ging in einer unglücklichen Wendung der Kriegsumstände dieses ganze Material verloren, so daß ich vorläufig auf die Vollendung dieser Arbeit verzichten muß. Ich unterbreite diese Studien dem Leser also mit einer gewissen Resignation.

Diese Resignation bezieht sich auf die Charakteristik der Goethezeit mindestens ebenso stark wie auf die Persönlichkeit Goethes selbst. In diesen Schriften erscheinen nur Teilkonturen der Persönlichkeiten von Schiller und Hegel, und ich bin mir vollständig bewußt, daß sogar eine Skizze der Goethezeit ohne eine ernsthafte Charakterisierung Lessings und Herders mehr als fragmentarisch bleiben muß. Wenn Hölderlin auch nicht fehlt, bei welchem, wie der Leser sehen wird, eine ebenso große Arbeit der Legendenzerstörung notwendig war wie bei Goethe selbst, so hilft dies nur insofern, als eine jener Richtungen sichtbar wird, in welcher ein viel radikaleres Echo der Französischen Revolution als bei Goethe und Hegel zum Ausdruck kam. Die Analyse bedeutet hier zugleich die Aufdeckung der Gründe des tragischen Scheiterns solcher Richtungen im Deutschland der Goethezeit.

Diese einleitenden Bemerkungen sind äußerst skizzenhaft. Das Buch selbst bietet ein sehr fragmentarisches Material dar. Ich hoffe trotzdem, klarmachen zu können, daß wir es hier mit einer – in ihrer Hauptlinie – progressiven Epoche der Weltkultur zu tun haben. Wie in England und Frankreich die ideologische Vorbereitung der bürgerlichen Revolution (von Hobes bis Helvétius) die materialistische Philosophie begründet hat, so hat diese die Grundsteine zum modernen dialektischen Denken gelegt und parallel damit – gerade im dichterischen Schaffen Goethes – eine Brücke gebaut zwischen dem großen Realismus des 18. und dem des 19. Jahrhunderts. Denken und Kunst der Menschheit haben hier einen gewaltigen Schritt vorwärts getan.

Nach alledem bedarf es, glaube ich, keiner ausführlichen Begründung, wie wichtig und aktuell diese Fragen heute sind. Eine weltanschauliche, kulturelle und literarische Neuorientierung ist unmöglich ohne eine neue Untersuchung, eine neue Bewertung der welthistorischen Strömungen der Vergangenheit, insbesondere der jüngsten Vergangenheit. Wenn wir nicht mit Phrasen, sondern in Wirklichkeit gegen den Einfluß der bisher herrschenden deutschen reaktionären Strömungen kämpfen wollen, so ist die Kenntnis jener kulturellen, weltanschaulichen und literarischen Kämpfe, die die klassische deutsche Literatur und Philosophie hervorgebracht haben, unumgänglich notwendig.

Budapest, Februar 1947

Das Erscheinungsjahr des ‹Werther› — 1774 — ist ein wichtiges Datum, nicht nur für die deutsche Literaturgeschichte, sondern auch für die Weltliteratur. Die kurze, aber außerordentlich bedeutungsvolle philosophische und literarische Hegemonie Deutschlands, die zeitweilige Ablösung Frankreichs von der ideologischen Führung auf diesen Gebieten tritt mit dem Welterfolg des ‹Werther› zum erstenmal offenkundig zutage. Freilich hat die deutsche Literatur schon vor dem ‹Werther› Werke von weltliterarischer Bedeutung hervorgebracht. Es genügt, an Winckelmann, an Lessing, an Goethes ‹Götz von Berlichingen› zu erinnern. Die außerordentlich weite und tiefe Wirkung des ‹Werther› in der ganzen Welt hat aber diese führende Rolle der deutschen Aufklärung klar ins Licht gestellt.

Der deutschen Aufklärung? Hier stutzt der Leser, der an den Literaturlegenden der bürgerlichen Geschichte und der von ihnen abhängigen Vulgärsoziologie ‹geschult› wurde. Ist es ja ein Gemeinplatz sowohl der bürgerlichen Literaturgeschichte wie der Vulgärsoziologie, daß Aufklärung und ‹Sturm und Drang›, insbesondere der ‹Werther›, in ausschließendem Gegensatz zueinander stehen. Diese Literaturlegende beginnt bereits mit dem berühmten Buch der Romantikerin Frau von Staël über Deutschland. Sie wird dann auch von den bürgerlich-progressiven Literaturhistorikern übernommen und dringt durch die Vermittlung der bekannten Schriften von Georg Brandes in die pseudomarxistische Vulgärsoziologie ein. Es ist selbstverständlich, daß bürgerliche Literaturhistoriker der imperialistischen Periode, wie Gundolf, Korff, Strich usw., an dieser Legende begeistert weiterbauen. Ist sie doch das beste ideologische Mittel, eine chinesische Mauer zwischen Aufklärung und deutscher Klassik aufzurichten, die Aufklärung zugunsten der späteren reaktionären Tendenzen in der Romantik herabzusetzen.

Ist für eine Geschichtslegende ein so tiefes ideologisches Bedürfnis vorhanden wie der Haß der reaktionären Bourgeoisie gegen die revolutionäre Aufklärung, so ist es klar, daß die Zusammenklitterer solcher Geschichtslegenden sich überhaupt nicht um die offenkundigen Tatsachen der Geschichte kümmern, daß es ihnen ganz gleichgültig ist, wenn ihre Legenden den primitivsten Tatsachen ins Gesicht schlagen. Dies ist in der Wertherfrage ganz offenkundig der Fall. Denn auch die bürgerliche Literaturgeschichte ist gezwungen, in Richardson und Rousseau literarische Vorläufer des ‹Werther› anzuerkennen. Freilich ist es für das geistige Niveau der bürgerlichen Literaturhistoriker bezeichnend, daß die Feststellung des literarischen Zusammenhanges zwischen Richardson, Rousseau und Goethe unvermittelt neben der Behauptung des diametralen Gegensatzes zwischen ‹Werther› und der Aufklärung bestehen kann.

Die intelligenteren Reaktionäre spüren freilich etwas von diesem Widerspruch. Sie wollen aber die Frage dadurch lösen, daß sie bereits Rousseau in einen ausschließenden Gegensatz zur Aufklärung bringen, aus ihm einen Ahnherrn der reaktionären Romantik machen. Bei Richardson selbst versagt aber auch diese ‹Weisheit›. Richardson ist ein typischer bürgerlicher Aufklärer gewesen. Sein großer europäischer Erfolg spielte sich gerade in der progressiven Bourgeoisie ab; die ideologischen Vorkämpfer der europäischen Aufklärung, wie Diderot und Lessing, waren die begeisterten Verkünder seines Ruhmes.

Was ist nun der ideologische Inhalt dieser Geschichtslegende? Welches ideologische Bedürfnis der Bourgeoisie des 19. Jahrhunderts soll sie befriedigen? Dieser Inhalt ist außerordentlich dürftig und abstrakt, mag er in einzelnen Darlegungen mit noch so pompösen Phrasen aufgeputzt sein. Es handelt sich darum, daß die Aufklärung angeblich nur den ‹Verstand› berücksichtige. Der deutsche ‹Sturm und Drang› sei dagegen eine Revolte des ‹Gefühls›, des ‹Gemüts›, des ‹Triebes› gegen die Tyrannei des Verstandes. Diese kahle und leere Abstraktion dient dazu, die irrationalistischen Tendenzen der bürgerlichen Dekadenz zu verherrlichen, jede Tradition der revolutionären Periode der bürgerlichen Entwicklung zu verschütten. Bei liberalen Literaturhistorikern vom Typus Brandes' erscheint diese Theorie noch in einer eklektischen, kompromißhaften Weise: die ideologische Überlegenheit der nicht mehr revolutionären Bourgeoisie des 19. Jahrhunderts über die revolutionäre Periode soll darin aufgezeigt werden, daß die spätere Entwicklung ‹konkreter› sei, daß sie auch das ‹Gemüt› usw. berücksichtige. Die offenen Reaktionäre wenden sich bereits ohne jeden Vorbehalt gegen die Aufklärung, verleumden sie mit offener Schamlosigkeit.

Worin bestand das Wesen des berüchtigten ‹Verstandes› in der Aufklärung? Klarerweise in einer rücksichtslosen Kritik der Religion, der theologisch verseuchten Philosophie, der Institutionen des Feudalabsolutismus, der feudalreligiösen Gebote der Moral usw. Daß dieser rücksichtslose Kampf der Aufklärer für die reaktionär gewordene Bourgeoisie ideologisch untragbar geworden ist, ist leicht zu verstehen. Folgt aber daraus, daß die Aufklärer, die als ideologische Avantgarde der revolutionären Bourgeoisie in Wissenschaft, Kunst und Leben nur das anerkannten, was einer Prüfung durch den menschlichen Verstand, einer Konfrontierung mit den Tatsachen des Lebens standhielt, irgendeine Verachtung oder Unterschätzung des menschlichen Gefühlsleben zeigten? Wir glauben, daß bereits die deutlich gestellte Frage die Abstraktheit und Unhaltbarkeit solcher reaktionären Konstruktionen klar bezeugt. Nur vom Standpunkt des nachrevolutionären Legitimismus, für welchen jede royalistische Tradition eine sentimentale, verlogene Gefühlsbetontheit erhält, bei welchem sich die unvolkstümlichen Traditionen der Aufklärung mit dieser unwahren Sentimentalität verschmelzen, nur von diesem Standpunkt aus scheint eine solche Konstruktion einleuchtend. Im Gegensatz zur bürgerlichen Literaturgeschichte und Vulgärsoziologie, die etwa Chateaubriand von Rousseau und Goethe herleitet, spricht Marx über ‹... diesen Schönschreiber, der aufs widerlichste den vornehmen Skeptizismus und Voltairianismus des 18. Jahrhunderts mit dem vornehmen Sentimentalismus und Romantizismus des 19. vereint›.

In der Aufklärung selbst steht die Frage vollkommen anders. Wenn – um nur ein Beispiel zu wählen, da unser Raum zur breiten Auseinandersetzung

18

viel zu beschränkt ist – Lessing gegen die Theorie und Praxis des Tragikers Corneille kämpft, von welchem Standpunkt tut er es? Er geht gerade davon aus, daß die Konzeption des Tragischen bei Corneille unmenschlich ist, daß Corneille das menschliche Gemüt, das menschliche Gefühlsleben nicht berücksichtigt, daß er, befangen in den höfisch-adligen Konventionen seiner Zeit, tote und rein verstandesmäßige Konstruktionen bietet. Der große literaturtheoretische Kampf solcher Aufklärer wie Diderot und Lessing ging gegen die adeligen Konventionen. Sie bekämpfen diese auf der ganzen Linie, sowohl ihre verstandesmäßige Kälte wie ihre Vernunftwidrigkeit. Zwischen Lessings Kampf gegen diese Kälte der *tragédie classique* und seiner Proklamierung der Rechte des Verstandes, etwa in der Frage der Religion, besteht nicht der geringste innere Widerspruch. Denn jede große gesellschaftlich-geschichtliche Umwälzung bringt einen *neuen Menschen* hervor. In den ideologischen Kämpfen handelt es sich also um den Kampf für diesen konkreten neuen Menschen, gegen den alten Menschen der versinkenden und verhaßten alten Gesellschaftsordnung. Niemals aber geht es in Wirklichkeit (nur in der apologetischen Phantasie reaktionärer Ideologen) um den Kampf zwischen einer abstrakten und isolierten Eigenschaft des Menschen gegen eine andere isolierte und abstrakte Eigenschaft (Trieb gegen Verstand).

Erst die Zerstörung solcher Geschichtslegenden, solcher in der Wirklichkeit nie existierenden Widersprüche eröffnet den Weg zur Erkenntnis der wirklichen inneren Widersprüche der Aufklärung. Diese sind die ideologischen Widerspiegelungen der Widersprüche der bürgerlichen Revolution, ihres sozialen Inhalts und ihrer treibenden Kräfte, der Widersprüche der Entstehung, des Wachstums und der Entfaltung der bürgerlichen Gesellschaft selbst. Und diese Widersprüche sind im gesellschaftlichen Leben selbst natürlich nicht starr und ein für allemal gegeben. Sie tauchen vielmehr in außerordentlich ungleichmäßiger Weise, der Ungleichmäßigkeit der gesellschaftlichen Entwicklung entsprechend, auf, erhalten für eine bestimmte Entwicklungsstufe eine scheinbar befriedigende Lösung, um bei Weiterentwicklung der Gesellschaft auf höherer Stufe in verstärkter Form wieder zu erscheinen. Jene literarischen Polemiken unter den Aufklärern, jene Kritiken der Belletristik der Aufklärungszeit von den Aufklärern selbst, aus deren abstrahierender Entstellung die reaktionäre Literaturgeschichte ihre ‹Argumente› schöpft, sind also nur Spiegelbilder der Widersprüche der gesellschaftlichen Entwicklung selbst, Kämpfe einzelner Strömungen innerhalb der Aufklärung, Kämpfe einzelner Stufen der Aufklärung.

Mehring hat als erster die reaktionären Geschichtslegenden über den Charakter von Lessings Kampf gegen Voltaire zerstört. Er hat überzeugend nachgewiesen, daß Lessing von einer höheren Stufe der Aufklärung die zurückgebliebenen, kompromißhaften Züge Voltaires kritisiert hat. Besonders interessant ist diese Frage in bezug auf Rousseau. Bei Rousseau treten nämlich die ideologischen Seiten der plebejischen Durchführung der bürgerlichen Revolution zum erstenmal in dominierender Weise hervor und sind, der inneren Dialektik dieser Bewegung entsprechend, oft mit kleinbürgerlich-reaktionären Zügen vermischt; oft tritt der soziale Inhalt der Revolution diesem unklaren Plebejertum gegenüber in den Hintergrund. Die Kritiker Rousseaus unter den Aufklärern (Voltaire, d'Alembert usw., auch Lessing) sind also Rousseau gegenüber völlig im Recht, wenn sie auf der Reinheit dieses sozialen Gehalts bestehen, sie gehen aber in dieser Polemik oft an dem wertvollen Neuen bei Rousseau, an seinem Plebejertum, an dem beginnenden dialektischen Herausarbeiten der Widersprüche der bürgerlichen Gesellschaft achtlos vorbei. Das belletristische Schaffen Rousseaus ist aufs engste mit diesen seinen Grundtendenzen verbunden. Dadurch erhebt er die Richardsonsche Darstellung der Innerlichkeit des bürgerlichen Alltags und seiner Konflikte denkerisch wie dichterisch auf eine viel höhere Stufe. Und wenn Lessing hier oft Protest erhebt und – im Einverständnis mit Mendelssohn – an Richardson gegen Rousseau festhält, so hat er sehr wesentliche Züge der neuen, höheren, widerspruchsvolleren Stufe der Aufklärung übersehen.

Das Schaffen des jungen Goethe ist eine *Weiterführung* der Rousseauschen Linie. Freilich in einer deutschen Weise, wodurch wieder eine Reihe von neuen Widersprüchen entsteht. Die besondere deutsche Note ist untrennbar mit der ökonomisch-gesellschaftlichen Zurückgebliebenheit Deutschlands, mit der deutschen Misere verknüpft. So scharf man auf diese deutsche Misere hinzuweisen hat, so sehr muß vor ihrer vulgarisierenden Vereinfachung gewarnt werden. Selbstverständlich fehlt dieser deutschen Literatur die politisch-soziale Zielklarheit und Festigkeit der Franzosen, die dichterische Widerspiegelung einer entwickelten, reich entfalteten bürgerlichen Gesellschaft der Engländer. Selbstverständlich trägt diese Literatur viele Muttermale der Kleinlichkeit des Lebens im unentwickelten und zerstückelten Deutschland an sich. Andrerseits darf aber nicht vergessen werden, daß die Widersprüche der bürgerlichen Entwicklung nirgends in einer solchen Leidenschaftlichkeit und Plastik ausgedrückt worden sind wie gerade in der deutschen Literatur des 18. Jahrhunderts. Man denke nur an das bürgerliche Drama. Entstanden in England und Frankreich, hat es doch weder sozial-inhaltlich noch künstlerisch-formal in diesen Ländern eine solche Höhe erreicht wie schon in der ‹Emilia Galotti› Lessings, wie insbesondere in den ‹Räubern›, in ‹Kabale und Liebe› des jungen Schiller.

Freilich ist der junge Goethe kein Revolutionär, auch nicht im Sinne des jungen Schiller. Aber in einem breiten und tiefen historischen Sinne, im Sinne der innigen Verknüpftheit mit den Grundproblemen der bürgerlichen Revolution bedeuten die Werke des jungen Goethe einen revolutionären Gipfelpunkt der europäischen Aufklärungsbewegung, der ideologischen Vorbereitung der Großen Französischen Revolution.

Im Mittelpunkt des ‹Werther› steht das große Problem des bürgerlich-revolutionären Humanismus, das Problem der freien und allseitigen Entfaltung der menschlichen Persönlichkeit. Feuerbach sagt: ‹Unser Ideal sei kein kastriertes, entleibtes, abgezogenes Wesen, unser Ideal sei der ganze, wirkliche, allseitige, vollkommene, ausgebildete Mensch.› Lenin, der diesen Satz in seine philosophischen Exzerpte einfügt, sagt darüber, dieses Ideal ist das ‹der vorgeschrittenen bürgerlichen Demokratie oder der revolutionären bürgerlichen Demokratie›.

Die Tiefe und Vielseitigkeit in der Problemstellung des jungen Goethe beruht darauf, daß er den Gegensatz zwischen Persönlichkeit und bürgerlicher Gesellschaft nicht nur in bezug auf den halbfeudalen Duodez-Absolutismus Deutschlands seiner Zeit sieht, sondern in bezug auf die bürgerliche Gesellschaft im allgemeinen. Selbstverständlich richtet sich der Kampf des jungen Goethe gegen jene konkreten Formen der Unterdrückung und der Verkümmerung der menschlichen Persönlichkeit, die das Deutschland seiner Tage hervorbringt. Aber die Tiefe seiner Auffassung zeigt sich darin, daß er nicht bei einer Kritik der bloßen Symptome, bei einer polemischen Darstellung der augenfälligen Erscheinungsweisen stehenbleibt. Er gestaltet vielmehr das Alltagsleben seiner Zeit mit einem so tiefen Verständnis der bewegenden Kräfte, der grundlegenden Widersprüche, daß die Bedeutung seiner Kritik weit über eine Kritik der Zustände des zurückgebliebenen Deutschlands hinausgeht. Die begeisterte Aufnahme, die der ‹Werther› in ganz Europa fand, zeigt, daß die Menschen der kapitalistisch entwickelteren Länder im Schicksal Werthers sofort erleben mußten: *tua res agitur.*

Der Gegensatz von Persönlichkeit und Gesellschaft wird beim jungen Goethe sehr breit und verwickelt verstanden. Goethe beschränkt sich nicht darauf, die unmittelbar gesellschaftlichen Hemmungen der Persönlichkeitsentwicklung aufzuzeigen. Diesen ist selbstverständlich ein breiter und wesentlicher Teil seiner Darstellung gewidmet. Goethe sieht in der feudalen Standesschichtung, in der feudalen Abschließung der Stände voneinander, ein unmittelbares und wesentliches Hindernis der Entfaltung der menschlichen Persönlichkeit und kritisiert dementsprechend die Gesellschaftsordnung mit bitterer Satire.

Er sieht aber zugleich, daß die bürgerliche Gesellschaft, deren Entwicklung eigentlich das Problem der Persönlichkeitsentfaltung mit solcher Vehemenz in den Vordergrund gestellt hat, ihr selbst ununterbrochen Hindernisse entgegensetzt. Dieselben Gesetze, Institutionen usw., die der Persönlichkeitsentfaltung im engen Klassensinne der Bourgeoisie dienen, die die Freiheit des *laisser faire* hervorbringen, sind gleichzeitig unbarmherzige Würger der sich wirklich entfaltenden Persönlichkeit. Die kapitalistische Arbeitsteilung, auf deren Grundlage erst jene Entwicklung der Produktivkräfte vor sich gehen kann, die die materielle Basis der entfalteten Persönlichkeit bilden, unterwirft sich zugleich den Menschen, zerstückelt seine Persönlichkeit zu einem leblosen Spezialistentum usw. Es ist klar, daß dem jungen Goethe die ökonomische Einsicht in diese Zusammenhänge fehlen mußte. Um so höher muß seine dichterische Genialität eingeschätzt werden, mit der er an menschlichen Schicksalen die wirkliche Dialektik dieser Entwicklung darstellen konnte.

Da Goethe von konkreten Menschen, von konkreten menschlichen Schicksalen ausgeht, faßt er alle diese Probleme in jener konkreten Verwickeltheit und Vermitteltheit, in der sie sich im persönlichen Schicksal einzelner Menschen zeigen. Da er in seinem Helden einen außerordentlich differenzierten, innerlichen Menschen gestaltet, zeigen sich diese Probleme in einer sehr komplizierten, tief in die Ideologie hineinreichenden Weise. Aber der Zusammenhang ist überall sichtbar, wird sogar überall vom Bewußtsein der handelnden Menschen in irgendeiner Weise erfaßt. So sagt z. B. Werther über das Verhältnis von Natur und Kunst: ‹Sie [die Natur] allein ist unendlich reich, und sie allein bildet den großen Künstler. Man kann zum Vorteile der Regeln viel sagen, ungefähr was man zum Lobe der bürgerlichen Gesellschaft sagen kann.› Das zentrale Problem bleibt immer die einheitliche und allumfassende Entfaltung der menschlichen Persönlichkeit. In seiner Darstellung der eigenen Jugend, die der alte Goethe in ‹Dichtung und Wahrheit› gab, geht er ausführlich auf die prinzipiellen Grundlagen dieses Kampfes ein. Er analysiert das Denken Hamanns, der neben Rousseau und Herder seine Jugendentwicklung am stärksten beeinflußt hat, und spricht mit eigenen Worten jenes Grundprinzip aus, dessen Verwirklichung das Hauptbestreben nicht nur seiner Jugend gewesen ist: ‹Alles, was der Mensch zu leisten unternimmt, es werde nun durch Tat oder Wort oder sonst hervorgebracht, muß aus sämtlichen vereinigten Kräften entspringen; alles Vereinzelte ist verwerflich. Eine herrliche Maxime, aber schwer zu befolgen.›

Der dichterische Hauptinhalt des ‹Werther› ist ein Kampf um die Verwirklichung dieser Maxime, ein Kampf gegen die äußeren und inneren Hindernisse ihrer Verwirklichung. Ästhetisch bedeutet dies den Kampf gegen die ‹Regeln›, von dem wir bereits gehört haben. Auch hier muß man sich davor hüten, mit metaphysischen, starren Gegensätzen zu arbeiten. Werther und mit ihm der junge Goethe sind Feinde der ‹Regeln›. Aber die ‹Regellosigkeit› bedeutet für Werther einen leidenschaftlichen großen Realismus, bedeutet die Verehrung von Homer, Klopstock, Goldsmith, Lessing.

Noch energischer und leidenschaftlicher ist die Rebellion gegen die Regeln der Ethik. Die Grundlinie der bürgerlichen Entwicklung verlangt an Stelle der ständischen und lokalen Privilegien einheitliche nationale Rechtssysteme. Diese große historische Bewegung muß sich auch in der Ethik als Verlangen nach einheitlichen allgemeingültigen Gesetzen des menschlichen Handelns widerspiegeln. Im Laufe der späteren deutschen Entwicklung erreicht diese gesellschaftliche Tendenz ihren hohen philosophischen Ausdruck in der idealistischen Ethik von Kant und Fichte. Die Tendenz dazu ist aber — im konkreten Leben selbstverständlich oft in philiströser Weise erscheinend — lange vor Kant und Fichte vorhanden.

Aber so notwendig diese Entwicklung auch historisch sei, was sie hervorbringt, ist zugleich ein Hindernis der Entwicklung der Persönlichkeit. Die Ethik im Kant-Fichteschen Sinne will ein einheitliches System der Regeln, ein widerspruchsloses System der Vorschriften für eine Gesellschaft auffinden, deren bewegendes Grundprinzip der Widerspruch selbst ist. Das Individuum, das in dieser Gesellschaft handelt, das notgedrungenerweise das System der Regeln im allgemeinen, im Prinzip, anerkennt, muß im konkreten Fall ununterbrochen in Widerspruch zu diesen Prinzipien geraten. Und zwar nicht so, wie es sich Kant vorstellt, daß bloß die niedrigen, egoistischen Triebe des Menschen den hohen ethischen Maximen widersprechen. Der Widerspruch entspringt vielmehr sehr häufig und in den hier allein maßgebenden Fällen aus den besten und edelsten Leidenschaften des Menschen. Erst viel später gelingt es der Hegelschen Dialektik – freilich in idealistischer Weise –, ein einigermaßen adäquates Bild der widerspruchsvollen Wechselwirkung zwischen menschlicher Leidenschaft und gesellschaftlicher Entwicklung gedanklich zu erfassen.

Aber auch die beste gedankliche Erfassung kann keinen real existierenden Widerspruch in der Wirklichkeit selbst aufheben. Und die Generation des jungen Goethe, die diesen lebendigen Widerspruch tief erlebt hat, wenn sie auch seine Dialektik gedanklich nicht begriff, rennt mit wütender Leidenschaft gegen dieses Hindernis der freien Persönlichkeitsentwicklung an.

Der Jugendfreund Goethes, Friedrich Heinrich Jacobi, hat in einem offenen Brief an Fichte diese Rebellion auf dem Gebiet der Ethik vielleicht in der klarsten Weise ausgedrückt. Er sagt: ‹Ja, ich bin der Atheist und Gottlose, der . . . lügen will, wie Desdemona sterbend log, lügen und betrügen will wie der für Orest sich darstellende Pylades, morden will wie Timoleon, Gesetz und Eid brechen wie Epaminondas, wie Johann de Witt, Selbstmord beschließen wie Otho, Tempelraub begehen wie David – ja, Ähren ausraufen am Sabbat, auch nur darum, weil mich hungert und das Gesetz um des Menschen willen gemacht ist, nicht der Mensch um des Gesetzes willen.› Und diese Rebellion nennt Jacobi ‹das *Majestätsrecht* des Menschen, das Siegel seiner Würde›.

Die ethischen Probleme des ‹Werther› spielen sich alle im Zeichen dieser Rebellion ab, einer Rebellion, in der sich zum erstenmal in der Weltliteratur die inneren Widersprüche des revolutionären bürgerlichen Humanismus in großer dichterischer Darstellung zeigen. Goethe legt die Handlung in diesem Roman außerordentlich sparsam an. Aber er wählt fast ausnahmslos solche Figuren und solche Geschehnisse aus, in denen diese Widersprüche, die Widersprüche zwischen menschlicher Leidenschaft und gesellschaftlicher Gesetzlichkeit, zutage treten. Und zwar ausnahmslos zwischen Leidenschaften, in denen an und für sich nichts Niedriges, nichts Asoziales oder Antisoziales enthalten ist, und Gesetzen, die nicht an und für sich als sinnlos und die Entwicklung hemmend verworfen werden (wie die Ständescheidungen der feudalen Gesellschaft), sondern die nur die allgemeinen Beschränktheiten aller Gesetze der bürgerlichen Gesellschaft an sich tragen.

Mit bewundernswerter Kunst stellt Goethe in wenigen Zügen, in einigen kurzen Szenen das tragische Geschick des verliebten jungen Knechts dar, dessen Mord an seiner Geliebten und seinem Rivalen das tragische Gegenstück zu Werthers Selbstmord bildet. In seiner bereits angeführten späten Darstellung der Wertherzeit erkennt noch der alte Goethe den rebellisch-revolutionären Charakter in der Forderung des moralischen Rechtes zum Selbstmord. Es ist sehr interessant und für die Beziehung des ‹Werther› zur Aufklärung wiederum sehr lehrreich, daß er sich hier auf Montesquieu beruft. Werther selbst hat zur Verteidigung dieses Rechtes eine noch revolutionärer klingende Begründung. Noch lange vor seinem Selbstmord, lange bevor er konkret diesen Entschluß gefaßt hat, führt er über den Selbstmord ein theoretisches Gespräch mit dem Bräutigam seiner Geliebten, mit Albert. Dieser ruhige Bürger leugnet selbstverständlich ein jedes derartiges Recht. Werther führt unter anderem aus: ‹Ein Volk, das unter dem unerträglichen Joch eines Tyrannen seufzt, darfst du das schwach heißen, wenn es endlich aufgärt und seine Ketten zerreißt?›

Dieser tragische Kampf um die Verwirklichung der humanistischen Ideale ist beim jungen Goethe aufs engste mit der *Volkstümlichkeit* seiner Bestrebungen verknüpft. Der junge Goethe ist gerade in dieser Hinsicht ein Fortführer Rousseauscher Tendenzen im Gegensatz zum vornehmen Aristokratismus Voltaires, dessen Erbe für den späteren, vielfach enttäuschten und resignierten Goethe wichtig werden wird. Die kulturelle und literarische Linie Rousseaus läßt sich am klarsten mit Marxens Worten über den Jakobinismus aussprechen: es ist ‹eine plebejische Manier, mit den Feinden der Bourgeoisie, dem Absolutismus, dem Feudalismus und dem Spießbürgertum, fertig zu werden›.

Wir wiederholen: der junge Goethe war politisch kein revolutionärer Plebejer, auch nicht innerhalb des in Deutschland Möglichen, auch nicht im Sinne des jungen Schiller. Das Plebejische erscheint also bei ihm nicht in politischer Form, sondern als Gegensatz der humanistisch-revolutionären Ideale sowohl zur ständischen Gesellschaft des Feudalabsolutismus wie zum Spießbürgertum. Der ganze ‹Werther› ist ein glühendes Bekenntnis zu jenem neuen Menschen, der im Laufe der Vorbereitung der bürgerlichen Revolution entsteht, zu jener Menschwerdung, zu jener Erweckung der allseitigen Tätigkeit des Menschen, die die Entwicklung der bürgerlichen Gesellschaft hervorbringt – und zugleich tragisch zum Untergang verurteilt. Die Gestaltung dieses neuen Menschen geschieht also in ununterbrochener dramatischer Kontrastierung zur ständischen Gesellschaft und zum Spießbürgertum. Immer wieder wird diese neu entstehende menschliche Kultur der Verbildung, der Unfruchtbarkeit, der Unkultiviertheit der ‹höheren Stände› und dem toten, erstarrten, kleinlich egoistischen Leben der Spießbürger gegenübergestellt. Und jede dieser Gegenüberstellungen ist ein flammender Hinweis darauf, daß wirkliches, lebendiges Erfassen des Lebens, lebendiges Verarbeiten seiner Probleme ausschließlich beim Volke selbst zu finden sind. Nicht nur Werther steht als lebendiger Mensch, als Repräsentant des Neuen der toten Erstarrung der Aristokratie und des Philistertums gegenüber, sondern auch immer wieder Figuren aus dem Volke. Werther ist immer Repräsentant des volkstümlichen Lebendigen dieser Erstarrung gegenüber. Und die sehr reichlich eingearbeiteten Bildungselemente (Hinweise auf die Malerei, auf Homer, Ossian, Goldsmith usw.) bewegen sich immer in dieser Richtung: Homer und Ossian sind für Werther und für den jungen Goethe große volkstümliche Dichter, dichterische Widerspiegelungen und Ausdrücke des produktiven Lebens, das einzig und allein im arbeitenden Volke vorhanden ist.

Mit dieser Richtung, mit diesem Inhalt seiner Gestaltung proklamiert der junge Goethe — obwohl er persönlich weder Plebejer noch politischer Revolutionär gewesen ist — die volkstümlich-revolutionären Ideale der bürgerlichen Revolution. Seine reaktionären Zeitgenossen haben auch diese Tendenz des ‹Werther› sofort erkannt und entsprechend gewertet. Der aus der Polemik mit Lessing berüchtigte orthodoxe Pfarrer Goeze schreibt z. B., daß Bücher wie der ‹Werther› Mütter des Ravaillac (des Mörders von Henri IV.), des Damiens (des Attentäters auf Ludwig XV.) seien. Und viele Jahrzehnte später attackiert ein Lord Bristol Goethe, weil er durch den ‹Werther› so viele Menschen unglücklich gemacht habe. Es ist sehr interessant, daß der sonst so höfisch feine und zurückhaltende alte Goethe auf diese Anklage mit einer wohltuenden derben Grobheit antwortet und dem erstaunten Lord alle Sünden der herrschenden Klassen vorwirft. Solche Bewertungen stellen den ‹Werther› auf eine Stufe mit den offen-revolutionären Jugenddramen Schillers. Über diese hat der alte Goethe ebenfalls eine außerordentlich charakteristische Feindesäußerung aufbewahrt. Ein deutscher Fürst sagte ihm einmal, daß, wenn er der liebe Gott wäre und gewußt hätte, die Erschaffung der Welt würde auch das Entstehen von Schillers ‹Räubern› zur Folge haben, er die Welt niemals geschaffen hätte.

Diese Äußerungen aus feindlichen Lagern umschreiben die wirkliche Bedeutung der großen Produkte des ‹Sturm und Drang› weit besser als die späteren apologetischen Erklärungen der bürgerlichen Literaturgeschichte. Die volkstümlich-humanistische Revolte im ‹Werther› ist eine der wichtigsten revolutionären Äußerungen der bürgerlichen Ideologie in der Vorbereitungszeit der Französischen Revolution. Sein Welterfolg ist der eines revolutionären Werkes. Im ‹Werther› kulminierten die Kämpfe des jungen Goethe um den freien und allseitig entwickelten Menschen, jene Tendenzen, die er im ‹Götz›, im ‹Prometheus›-Fragment, in den ersten Entwürfen zum ‹Faust› usw. ebenfalls ausgedrückt hat.

Es wäre eine falsche Einengung der Bedeutung des ‹Werther›, in ihm bloß die Gestaltung einer vorübergehenden, übersteigerten, sentimentalen Stimmung zu sehen, die Goethe selbst rasch überwunden hätte. Es ist richtig: Goethe hat kaum drei Jahre nach dem ‹Werther› eine übermütig lustige Parodie auf das Werthertum geschrieben, den ‹Triumph der Empfindsamkeit›. Die bürgerliche Literaturgeschichte beachtet nur, daß Goethe dort Rousseaus ‹Heloïse› und seinen eigenen ‹Werther› als ‹Grundsuppe› der Sentimentalität bezeichnet. Sie geht aber achtlos an der Tatsache vorbei, daß Goethe hier eben die adlighöfische, ins Widernatürliche entartete Parodie der Wertherei verspottet. Werther selbst flüchtet zur Natur und zum Volk vor der toten Verbildung der adligen Gesellschaft. Der Held der Parodie schafft sich aus Kulissen eine künstliche Natur, fürchtet sich vor der wirklichen, hat in seiner spielerischen Sentimentalität nichts mit den lebendigen Kräften des Volkes zu tun. ‹Der Triumph der Empfindsamkeit› unterstreicht also gerade die volkstümliche Grundlinie des ‹Werther›, ist eine Parodie auf dessen unbeabsichtigte Wirkung bei den ‹Gebildeten›, nicht aber auf angebliche ‹Überstiegenheiten› des Werkes selbst.

Der Welterfolg des ‹Werther› ist ein literarischer Sieg der Linie der bürgerlichen Revolution. Die künstlerische Grundlage dieses Erfolges beruht darauf, daß der ‹Werther› eine künstlerische Vereinigung der großen realistischen Tendenzen des 18. Jahrhunderts bietet. Der junge Goethe führt die Linie Richardson-Rousseau künstlerisch hoch über seine Vorgänger hinaus. Er übernimmt von ihnen die Thematik: die Darstellung der gefühlvollen Innerlichkeit des bürgerlichen Alltagslebens, um in dieser Innerlichkeit die Umrisse des entstehenden neuen Menschen im Gegensatz zur feudalen Gesellschaft zu zeichnen. Aber während noch bei Rousseau die äußere Welt, mit Ausnahme der Landschaft, sich in eine subjektive Stimmungshaftigkeit auflöst, ist der junge Goethe zugleich der Erbe der objektiv klaren Gestaltungsweise der äußeren Welt, der Welt der Gesellschaft und der Natur; er setzt nicht nur Richardson und Rousseau, sondern auch Fielding und Goldsmith fort.

Äußerlich technisch angesehen ist der ‹Werther› ein Gipfelpunkt der subjektivistischen Tendenzen der zweiten Hälfte des 18. Jahrhunderts. Und dieser Subjektivismus ist im Roman keine Äußerlichkeit, sondern der adäquate künstlerische Ausdruck der humanistischen Revolte. Aber alles, was in dieser Welt des ‹Werther› vorkommt, ist von Goethe mit einer unerhörten, an den großen Realisten geschulten Plastik und Einfachheit objektiviert. Nur in der Stimmung Werthers verdrängt am Schluß die Nebelhaftigkeit Ossians die klare Plastik des volkstümlich verstandenen Homer. Der junge Goethe bleibt als Gestalter im ganzen Werk ein Schüler dieses Homer.

Goethes großer Jugendroman geht aber nicht nur in dieser künstlerischen Hinsicht über seine Vorgänger hinaus. Er tut es auch dem Inhalt nach. Er ist, wie wir gesehen haben, nicht nur die Proklamierung der Ideale des revolutionären Humanismus, sondern zugleich die vollendete Gestaltung des tragischen Widerspruches dieser Ideale. ‹Werther› ist also nicht nur ein Gipfelpunkt der großen bürgerlichen Literatur des 18. Jahrhunderts, sondern zugleich der erste große Vorläufer der großen realistischen Problemliteratur des 19. Jahrhunderts. Wenn die bürgerliche Literaturgeschichte in Chateaubriand und seinem Anhang die literarische Nachfolge des ‹Werther› sieht, so setzt sie dessen Bedeutung tendenziös herab. Nicht die reaktionären Romantiker, sondern die großen Gestalter des tragischen Untergangs der humanistischen Ideale im 19. Jahrhundert, Balzac und Stendhal, setzen die wirklichen Tendenzen des ‹Werther› fort.

Werthers Konflikt – seine Tragödie ist bereits die des bürgerlichen Humanismus – zeigt schon den unlösbaren Gegensatz der freien und allseitigen Entwicklung der Persönlichkeit mit der bürgerlichen Gesellschaft selbst. Diese erscheint natürlich in ihrer vorrevolutionären, deutschen, halbfeudalen, kleinstaatlich-absolutistischen Gestalt. In dem Konflikt selbst sind aber sehr klar die Umrisse der später deutlicher hervortretenden Gegensätze sichtbar. Und an diesen geht Werther letzten Endes tatsächlich zugrunde. Freilich gestaltet Goethe nur diese durchschimmernden Umrisse der später offenbar gewordenen großen Tragödie. Darum kann er sein Thema in einen extensiv so engen Rahmen spannen; sich thematisch auf die Darstellung einer fast idyllisch-abgeschlossenen kleinen Welt à la Goldsmith und Fielding beschränken. Aber die Gestaltung dieser äußerlich engen und abgeschlossenen Welt ist bereits von jener inneren Dramatik erfüllt, die nach Balzacs Ausführungen das wesentlich Neue des Romans des 19. Jahrhunderts ausmacht.

Der ‹Werther› wird allgemein als ein Liebesroman aufgefaßt. Und das zu Recht: der ‹Werther› ist einer der bedeutendsten Liebesromane der Weltliteratur. Aber wie jede poetisch wirklich große Gestaltung der Tragödie der Liebe gibt auch der ‹Werther› viel mehr als eine bloße Liebestragödie.

Dem jungen Goethe gelingt es, in diesen Liebeskonflikt alle großen Probleme des Kampfes um die Persönlichkeitsentwicklung organisch einzubeziehen. Die Liebestragödie des Werther ist eine tragische Explosion aller Leidenschaften, die sonst im Leben verteilt, partikular, abstrakt auftreten, hier aber im Feuer der Liebesleidenschaft zu einer einheitlichen glühenden und leuchtenden Masse verschmolzen werden.

Wir können hier nur einige der wesentlichen Momente hervorheben. Erstens machte Goethe aus der Liebe Werthers zu Lotte einen dichterisch gesteigerten Ausdruck der volkstümlichen, antifeudalen Lebenstendenzen des Helden. Goethe selbst sagt später über die Beziehung Werthers zu Lotte, daß sie ihm den Alltag vermittelt. Noch wichtiger ist aber die Komposition des Werkes selbst. Der erste Teil ist der Darstellung der entstehenden Liebe Werthers gewidmet. Als Werther den unlösbaren Konflikt seiner Liebe sieht, will er ins praktische Leben, in die Tätigkeit, fliehen und nimmt einen Posten bei einer Gesandtschaft an. Trotz seiner dort anerkannten Begabung scheitert dieser Versuch an den Schranken, die die adlige Gesellschaft dem Bürgerlichen gegenüber aufrichtet. Erst nachdem Werther hier gescheitert ist, kommt es zur tragischen Wiederbegegnung mit Lotte.

Es ist vielleicht nicht uninteressant zu erwähnen, daß einer der größten Verehrer dieses Romans, Napoleon Bonaparte, der den ‹Werther› auch auf den ägyptischen Feldzug mitnahm, die Einbeziehung des gesellschaftlichen Konflikts in die Liebestragödie Goethe gegenüber getadelt hat. Der alte Goethe bemerkt mit seiner höfisch feinen Ironie, daß der große Napoleon den ‹Werther› zwar sehr aufmerksam studiert habe, jedoch so, wie ein Kriminalrichter seine Akten. Die Kritik Napoleons verkennt offensichtlich den breiten und umfassenden Charakter der Wertherfrage. Natürlich wäre der ‹Werther› auch als Tragödie einer Liebe eine große typische Gestaltung des Problems der Periode gewesen. Goethes Absichten gingen aber tiefer. Er zeigt in der Gestaltung der leidenschaftlichen Liebe den unlösbaren Widerspruch zwischen Persönlichkeitsentwicklung und bürgerlicher Gesellschaft. Und dazu war notwendig, daß wir diesen Konflikt auf allen Gebieten der menschlichen Tätigkeit miterleben können. Die Kritik Napoleons ist eine – von ihm aus verständliche – Ablehnung dieser Allgemeingültigkeit des tragischen Konflikts im ‹Werther›.

Durch diesen scheinbaren Umweg kommt das Werk zur Katastrophe. Bei der Katastrophe selbst muß noch darauf hingewiesen werden, daß Lotte Werther wiederliebt und durch die Explosion seiner Leidenschaft zum Bewußtsein dieser Liebe gebracht wird. Gerade dies bringt aber die Katastrophe hervor: Lotte ist eine bürgerliche Frau, die an ihrer Ehe mit dem tüchtigen und geachteten Mann instinktiv festhält und vor der eigenen Leidenschaft erschreckt zurücktaumelt. Die Werthertragödie ist also nicht nur die Tragödie der unglücklichen Liebesleidenschaft, sondern die vollendete Gestaltung des inneren Widerspruchs der bürgerlichen Ehe: sie ist auf individuelle Liebe basiert, mit ihr entsteht historisch die individuelle Liebe – ihr ökonomisch-soziales Dasein steht aber in unlösbarem Widerspruch zur individuellen Liebe.

Die sozialen Pointen dieser Liebestragödie unterstreicht Goethe ebenso deutlich wie diskret. Nach einem Zusammenstoß mit der feudalen Gesellschaft der Gesandschaft fährt Werther ins Freie und liest jenes Kapitel der Odyssee, in welchem der heimkehrende Odysseus sich mit dem Schweinehirten menschlich und kameradschaftlich unterhält. Und in der Nacht des Selbstmordes ist das letzte Buch, das Werther liest, der bisherige Gipfelpunkt der revolutionären bürgerlichen Literatur, die ‹Emilia Galotti› Lessings.

‹Werthers Leiden› ist einer der größten Liebesromane der Weltliteratur, weil Goethe das ganze Leben seiner Periode mit allen ihren Konflikten in diese Liebestragödie konzentriert hat.

Eben darum geht die Bedeutung des ‹Werther› über die treffende Schilderung einer bestimmten Periode hinaus und gewinnt eine Wirkung, die weit ihre Zeit überdauert. Der alte Goethe sagt in einem Gespräch mit Eckermann über die Gründe dieser Wirkung folgendes: ‹Die vielbesprochene Wertherzeit gehört, wenn man es näher betrachtet, freilich nicht dem Gang der Weltkultur an, sondern dem Lebensgange jedes einzelnen, der mit angeborenem, freiem Natursinn sich in die beschränkenden Formen einer veralteten Welt finden und schicken lernen soll. Gehindertes Glück, gehemmte Tätigkeit, unbefriedigte Wünsche sind nicht Gebrechen einer besonderen Zeit, sondern jedes einzelnen Menschen, und es müßte schlimm sein, wenn nicht jeder einmal in seinem Leben eine Epoche haben sollte, wo ihm der ‚Werther' käme, als wäre er bloß für ihn geschrieben.›

Goethe übertreibt hier ein wenig den ‹zeitlosen› Charakter des ‹Werther›, er verschweigt, daß jener individuelle Konflikt, in welchem nach seiner Auffassung die Bedeutung seines Romans liegt, eben der Konflikt von Persönlichkeit und Gesellschaft in der bürgerlichen Gesellschaft ist. Er betont aber gerade durch diese Einseitigkeit die tiefe Allgemeinheit des ‹Werther› für den ganzen Bestand der bürgerlichen Gesellschaft.

Als der alte Goethe eine Rezension über sich in der französischen Zeitschrift ‹Globe› las, in welcher sein ‹Tasso› ein ‹gesteigerter Werther› genannt wurde, hat er dieser Bezeichnung begeistert zugestimmt. Mit Recht. Denn der französische Kritiker hat sehr richtig die Verbindungsfäden aufgezeigt, die vom ‹Werther› über Goethes spätere Produktion in das 19. Jahrhundert führen. Im ‹Tasso› sind die Probleme des ‹Werther› gesteigert, energischer auf die Spitze getrieben, aber gerade darum erhält der Konflikt bereits eine weit weniger reine Lösung. Werther zerschellt an dem Widerspruch zwischen menschlicher

Persönlichkeit und bürgerlicher Gesellschaft, er geht aber rein tragisch zugrunde, ohne seine Seele durch Kompromisse mit der schlechten Wirklichkeit der bürgerlichen Gesellschaft zu beschmutzen.

Die Tragödie des Tasso leitet insofern die große Romandichtung des 19. Jahrhunderts ein, als hier bereits die tragische Lösung des Konflikts weniger eine heroische Explosion als ein Ersticken in Kompromissen ist. Die Linie des ‹Tasso› wird dann zu einem leitenden Thema des großen Romans des 19. Jahrhunderts von Balzac bis zu unseren Tagen. Von einer sehr großen Anzahl der Helden dieser Romane läßt sich — freilich nicht in einer mechanisch-schematischen Weise — sagen, daß sie ‹gesteigerte Werther› sind. Sie gehen an denselben Konflikten zugrunde wie Werther. Ihr Untergang ist aber weniger heroisch, unrühmlicher, durch Kompromisse, durch Kapitulationen beschmutzter. Werther tötet sich, gerade weil er von seinen humanistisch-revolutionären Idealen nichts aufgeben will, weil er in diesen Fragen keine Kompromisse kennt. Diese Gradlinigkeit und Ungebrochenheit seiner Tragik verleiht seinem Untergang jene strahlende Schönheit, die auch heute den unverwelkbaren Zauber dieses Buches bildet.

Diese Schönheit ist nicht bloß das Resultat der Genialität des jungen Goethe. Sie rührt daher, daß der ‹Werther›, obwohl sein Held an einem allgemeinen Konflikt der ganzen bürgerlichen Gesellschaft zugrunde geht, doch das Produkt der vorrevolutionären heroischen Periode der bürgerlichen Entwicklung ist.

So wie die Helden der Französischen Revolution, von heroischen, geschichtlich notwendigen Illusionen erfüllt, heldenhaft strahlend in den Tod gingen, so geht auch Werther in der Morgenröte der heroischen Illusionen des Humanismus vor der Französischen Revolution tragisch unter.

Goethe hat nach übereinstimmender Darstellung seiner Biographen die Wertherperiode bald überwunden. Das ist eine unbestreitbare Tatsache. Und es steht außer Frage, daß die spätere Entwicklung Goethes vielfach weit über den Horizont des ‹Werther› hinausgeht. Goethe hat den Zerfall der heroischen Illusionen der vorrevolutionären Periode erlebt und in einer eigenartigen Weise trotzdem an den humanistischen Idealen festgehalten, sie in einer anderen, umfassenderen und reicheren Weise im Konflikt mit der bürgerlichen Gesellschaft dargestellt.

Aber das Gefühl für das Unverlierbare dessen, was an Lebensgehalt im ‹Werther› gestaltet war, ist in ihm stets lebendig geblieben. Er hat den ‹Werther› nicht in jenem vulgären Sinne überwunden, wie dies die meisten seiner Biographen meinen, in dem Sinne, wie der klug gewordene, mit der Wirklichkeit sich abfindende Bürger seine ‹Jugendtorheiten› überwindet. Als er fünfzig Jahre nach dem Erscheinen des ‹Werther› ein neues Vorwort zu ihm schreiben wollte, schrieb er das ergreifende erste Stück der ‹Trilogie der Leidenschaft›. In diesem Gedicht spricht er das Verhältnis zum Helden seiner Jugend so aus:

> ‹Zum Bleiben ich, zum Scheiden du erkoren,
> Gingst du voran — und hast nicht viel verloren.›

Diese melancholische Stimmung des alten und reifen Goethe zeigt am klarsten die Dialektik seiner Überwindung des ‹Werther›. Die gesellschaftliche Entwicklung ist über die Möglichkeit der ungebrochenen reinen Tragik des ‹Werther› hinweggeschritten. Der große Realist Goethe bestreitet diese Tatsache nicht. Die tiefe Erfassung des Wesens der Wirklichkeit ist ja immer die Grundlage seiner großen Poesie. Aber er fühlt zugleich, was er, was die Menschheit mit dem Vergehen jener heroischen Illusionen verloren hat. Er fühlt, daß die strahlende Schönheit des ‹Werther› eine nie wiederkehrende Periode der Menschheitsentwicklung bezeichnet, jene Morgenröte, auf die der Sonnenaufgang der Großen Französischen Revolution gefolgt ist.

[1936]

2. WILHELM MEISTERS LEHRJAHRE

Goethes ‹Wilhelm Meister› ist das bedeutendste Übergangsprodukt der Romanliteratur zwischen dem 18. und dem 19. Jahrhundert. Er trägt die Züge beider Entwicklungsperioden des modernen Romans, und zwar sowohl ideologisch als auch künstlerisch. Es ist, wie wir sehen werden, kein Zufall, daß seine endgültige Niederschrift in die Jahre 1793—95 fällt, in die Zeit, in der die revolutionäre Übergangskrise zwischen den beiden Zeitaltern in Frankreich ihren Gipfelpunkt erreicht hat.

Freilich reichen die Anfänge dieses Romans viel weiter zurück. Die Konzeption und möglicherweise auch die ersten Versuche der Niederschrift können schon für 1777 festgestellt werden. 1785 waren die sechs Bücher des Romans ‹Wilhelm Meisters theatralische Sendung› bereits niedergeschrieben. Diese erste Fassung, die lange Zeit verschollen gewesen und erst 1910 durch einen glücklichen Zufall entdeckt worden ist, bietet die beste Handhabe klarzulegen, in welchen künstlerischen und ideologischen Momenten jener neue Übergangscharakter der ‹Lehrjahre› zum Ausdruck kommt.

Denn die erste Fassung ist noch durchaus im Geist des jungen Goethe konzipiert und gestaltet. In ihrem Mittelpunkt steht — ebenso wie in dem des ‹Tasso› — das Problem der Beziehung des Dichters zur bürgerlichen Welt, ein Problem, zu dem sich die Rebellion des ‹Werther› in den Anfängen der Weimarer Periode verengt und vertieft.

Demgemäß beherrscht das Problem von Theater und Drama den ersten Entwurf vollständig. Und zwar bedeutet das Theater hier die Befreiung einer poetischen Seele aus der dürftigen prosaischen Enge der bürgerlichen Welt. Goethe sagt über seinen Helden: ‹Mußte nicht die Bühne ein Heilort für ihn werden, da er wie in einer Nuß die Welt, wie in einem Spiegel seine Empfindungen und künftigen Taten, die Gestalten seiner Freunde und Brüder, der Helden und die überblickenden Herrlichkeiten der Natur bei aller Witterung unter Dache bequem anstaunen konnte?›

In der späteren Fassung erweitert sich das Problem zu der Beziehung der humanistischen Ausbildung der Gesamtpersönlichkeit zur Welt der bürgerlichen Gesellschaft. Wenn der Held sich in den ‹Lehrjahren› endgültig entschließt, ans Theater zu gehen, so stellt er die Frage folgendermaßen: ‹Was hilft es mir, gutes Eisen zu fabrizieren, wenn mein eigenes Inneres voller Schlacken ist, und was, ein Land gut in Ordnung zu bringen, wenn ich mit mir selbst immer uneins bin?› Und seine damalige Einsicht, daß die vollkommene Entfaltung seiner menschlichen Fähigkeiten unter den gegebenen gesellschaftlichen Bedingungen ihm nur durch das Theater ermöglicht werden könne, wird das Motiv seiner Entscheidung. Das Theater, die dramatische Dichtung sind also hier nur *Mittel* zur freien und vollständigen Entfaltung der menschlichen Persönlichkeit.

Dieser Auffassung des Theaters entspricht es durchaus, daß die ‹Lehrjahre› in ihrer Handlung über das Theater hinausgehen, daß das Theater für Wilhelm Meister keine ‹Sendung›, sondern bloß ein *Durchgangspunkt* ist. Die Darstellung des Theaterlebens, die den ganzen Inhalt der ersten Fassung abgegeben hatte, erfüllt hier nur den ersten Teil des Romans und wird von dem reif gewordenen Wilhelm ausdrücklich als Verirrung, als Umweg zum Ziel angesehen. Die neue Fassung weitet sich also zu einer Darstellung der ganzen Gesellschaft aus. Im ‹Werther› erscheint zwar auch das Bild der bürgerlichen Gesellschaft, jedoch bloß in der Spiegelung der rebellischen Subjektivität des Helden. Die ‹Theatralische Sendung› ist in der Darstellungsweise viel objektiver, ihre Konzeption läßt aber nur die Gestaltung jener gesellschaftlichen Mächte und Typen zu, die unmittelbar oder vermittelt mit Theater und Drama zusammenhängen. Der inhaltliche wie der formale Durchbruch Goethes zur objektiven Gestaltung der ganzen bürgerlichen Gesellschaft vollzieht sich also nur in den ‹Lehrjahren›. Allerdings ist diesen das kleine satirische Epos ‹Reineke Fuchs› (1793) unmittelbar vorangegangen, ein kleines Meisterwerk, in dem Goethe ein umfassendes satirisches Bild der entstehenden bürgerlichen Gesellschaft darbietet.

Das Theater wird somit zu einem bloßen Moment des Ganzen. Goethe übernimmt sehr viel aus der ersten Fassung: die meisten Figuren, das Schema der Handlung, eine Reihe einzelner Szenen usw. Aber einerseits entfernt Goethe mit echt künstlerischer Rücksichtslosigkeit aus dem ersten Entwurf alles, was dort bloß von der zentralen Bedeutung des Theaters aus notwendig gewesen ist. (Die Aufführung des Dramas, das Wilhelm Meister geschrieben hat, überhaupt die detaillierte Schilderung seiner dichterischen Entwicklung, die Auseinandersetzungen mit dem französischen Klassizismus usw.) Anderseits jedoch wird vieles, was in der ersten Fassung nur episodische Bedeutung hatte, vertieft und energisch in den Vordergrund gestellt, so vor allem die Aufführung des ‹Hamlet› und im Zusammenhang mit ihr die Behandlung der ganzen Shakespeare-Frage.

Scheinbar wird damit die Bedeutung des Theaters und des Dramas nur noch mehr unterstrichen. Aber doch nur scheinbar, denn die Shakespeare-Frage geht für Goethe jetzt weit über die Sphäre des Theaters hinaus. Shakespeare ist für ihn ein großer Erzieher zur vollentfalteten Menschlichkeit und Persönlichkeit, seine Dramen sind ihm gestaltete Vorbilder dafür, wie sich die Entfaltung der Persönlichkeit in den großen Perioden des Humanismus vollzogen hat und wie sie sich in der Gegenwart vollziehen sollte. Die Aufführung Shakespeares auf der Bühne der damaligen Zeit ist notgedrungen ein Kompromiß. Wilhelm Meister fühlt stets, wie sehr Shakespeare über den Rahmen dieser Bühne hinausragt. Er ist bestrebt, nach Möglichkeit das Allerwesentlichste an Shakespeare irgendwie zu retten. Daher wird in den ‹Lehrjahren› der Gipfelpunkt der theatralischen Bestrebungen Wilhelm Meisters, die Aufführung des ‹Hamlet›, zu einer deutlichen Gestaltung der Tatsache, daß Theater und Drama, ja Dichtung überhaupt nur eine Seite, einen Teil des großen umfassenden Problemkomplexes von Bildung, Persönlichkeitsentfaltung und Humanität sind.

So ist das Theater hier in jeder Hinsicht nur Durchgangspunkt. Die eigentliche Schilderung der Gesellschaft, die Kritik am Bürgertum und am Adel, die Gestaltung des vorbildlichen humanistischen Lebens kann erst nach Überwindung des Theaters als des Wegs zur Humanität wirklich entfaltet werden. In der ‹Theatralischen Sendung› war noch jede Gesellschaftsschilderung auf das Theater bezogen. Die Kritik an der Enge des bürgerlichen Lebens wurde dort unter der Perspektive der dichterischen Bestrebungen Wilhelms geübt, der Adel vom Standpunkt des Mäzenats gesehen usw. In den ‹Lehrjahren› dagegen ermahnt Jarno den Wilhelm, als dieser seine Enttäuschungen durch das Theater mit bitteren Worten schildert, mit den Worten: ‹Wissen Sie denn, mein Freund . . ., daß Sie nicht das Theater, sondern die Welt beschrieben haben und daß ich Ihnen aus allen Ständen genug Figuren und Handlungen zu ihren harten Pinselstrichen finden wollte?› Und diese Gestaltungsweise bezieht sich selbstverständlich nicht nur auf den zweiten Teil des Romans, sondern auf die Überarbeitung auch des theatralischen Teils. So schreibt, unmittelbar nach dem Erscheinen der ‹Lehrjahre›, der bedeutende Kritiker Friedrich Schlegel über die Schloßszene: ‹Aus wahrer Affenliebe begrüßt ihn (einen Schauspieler) sein Kollege, der Graf, mit gnädigen Blicken über die ungeheure Kluft der Verschiedenheit des Standes; der Baron darf an geistiger Albernheit und die Baronesse an sittlicher Gemeinheit niemand weichen; die Gräfin selbst ist höchstens eine reizende Veranlassung zu der schönsten Rechtfertigung des Putzes; und diese Adeligen sind, den Stand abgerechnet, den Schauspielern nur darin vorzuziehen, daß sie gründlicher gemein sind.›

Die Verwirklichung der humanistischen Ideale in diesem Roman beweist immer wieder die Notwendigkeit, ‹sobald es auf etwas rein Menschliches ankommt, Geburt und Stand in ihre völlige Nullität zurückzuweisen, und zwar, wie billig, auch ohne nur ein Wort darüber zu verlieren› (Schiller). Darstellung und Kritik der verschiedenen Klassen und der sie repräsentierenden Typen gehen in den ‹Lehrjahren› immer von diesem zentralen Gesichtspunkt aus. Darum ist hier die Kritik am Bürgertum nicht nur eine Kritik an einer spezifisch deutschen Kleinlichkeit und Enge, sondern zugleich eine Kritik an der kapitalistischen Arbeitsteilung, an der allzu großen Spezialisierung des Menschen, an der

Zerreißung des Menschen durch diese Arbeitsteilung. Der Bürger, sagt Wilhelm Meister, kann keine öffentliche Person sein: ‹Ein Bürger kann sich Verdienst erwerben und zur höchsten Not seinen Geist ausbilden: seine Persönlichkeit geht aber verloren, er mag sich stellen, wie er will ... Er darf nicht fragen: was bist du?, sondern nur: was hast du?, welche Einsicht, welche Kenntnis, welche Fähigkeit, wieviel Vermögen? ... er soll einzelne Fähigkeiten ausbilden, um brauchbar zu werden, und es wird schon vorausgesetzt, daß in seinem Wesen keine Harmonie sei, noch sein dürfe, weil er, um sich auf eine Weise brauchbar zu machen, alles übrige vernachlässigen muß.›

Unter diesem humanistischen Blickpunkt vollzieht sich in den ‹Lehrjahren› die von der bürgerlichen Literaturhistorik so gern hervorgehobene ‹Verherrlichung des Adels› durch Goethe. Es ist richtig, daß Wilhelm Meister in denselben Betrachtungen, aus denen wir soeben einige Sätze zitiert haben, ausführlich darüber spricht, wie sehr die adlige Lebensweise jene Hindernisse der freien und vollständigen Ausbildung der Persönlichkeit aus dem Weg räumt, gegen die er im bürgerlichen Leben Anklage erhebt. Aber ausschließlich als Sprungbrett, als günstige Bedingung für eine solche Ausbildung der Persönlichkeit, hat der Adel in Goethes Augen einen Wert. Und sogar Wilhelm Meister – von Goethe selbst gar nicht zu reden – sieht klar, daß von diesem Sprungbrett keineswegs notwendigerweise ein Sprung erfolgt, daß diese Bedingungen sich keineswegs von selbst in Wirklichkeit verwandeln.

Im Gegenteil. Die humanistische Gesellschaftskritik richtet sich nicht nur gegen die kapitalistische Arbeitsteilung, sondern auch gegen die Verengung, gegen die Verzerrung des menschlichen Wesens durch jede Befangenheit im Sein und Bewußtsein des Standes. Wir haben gehört, wie Friedrich Schlegel über die ‹verherrlichten› Adligen dieses Romans urteilte. Wilhelm Meister selbst spricht unmittelbar nach der Schloßszene folgendermaßen über den Adel: ‹Wem ererbte Reichtümer eine vollkommene Leichtigkeit des Daseins verschafft haben ... gewöhnt sich meist, diese Güter als das Erste und Größte zu betrachten, und der Wert einer von der Natur schön ausgestatteten Menschheit wird ihm nicht so deutlich. Das Betragen der Vornehmen gegen Geringere, und auch untereinander, ist nach äußeren Vorzügen abgemessen; sie erlauben jedem seinen Titel, seinen Rang, seine Kleider und Equipage, nur nicht seine Verdienste geltend zu machen.›

Selbstverständlich bietet die adlige Gesellschaft im zweiten Teil des Romans ein wesentlich anderes Bild. Insbesondere in Lothario und in Natalie verkörpert Goethe die Verwirklichung der humanistischen Ideale. Diese Figuren sind zwar, gerade aus diesem Grunde, viel blasser geraten als die problematischeren. Aber Goethe zeigt am Lebensweg Lotharios außerordentlich klar, wie er sich die Auswertung jener Möglichkeiten denkt, die eine adlige Geburt und ein ererbtes Vermögen für die allseitige Entwicklung einer Persönlichkeit bieten. Lothario hat die Welt bereist, hat aber zugleich in Amerika an der Seite Washingtons im Befreiungskrieg gekämpft; als er in den Besitz seiner Güter gelangt ist, setzt er sich die freiwillige Liquidierung der feudalen Privilegien zum

Ziel. Und die Handlung wird in der zweiten Hälfte des Romans ebenfalls durchweg in diese Richtung geführt. Der Roman endet mit einer Reihe von Ehen, die vom Standpunkt der Standesgesellschaft ausnahmslos ‹Mesalliancen›, d. h. Ehen zwischen Adligen und Bürgerlichen sind. Schiller hat also recht, wenn er hier den Beweis der ‹Nullität› des Standes im Licht der humanistischen Ideale erblickt.

Aber die Umarbeitung der ersten Fassung bringt nicht nur diese vollkommen neue Welt des humanistisch gewordenen Adels und des mit ihm verschmolzenen Bürgertums zur Anschauung, sondern greift auch in den ersten, in den theatralischen Teil ein. Philine ist in der ersten Fassung eine nicht allzu bedeutungsvolle Nebenfigur. Sie erhält auch in der zweiten Fassung extensiv keine allzu große Rolle, ihre Gestalt wird aber außerordentlich vertieft. Sie ist die einzige Figur des Romans, die eine spontane, naturhafte Menschlichkeit und menschliche Harmonie besitzt. Goethe stattet ihr Bild, kraft eines tiefen Realismus, mit allen Zügen einer plebejischen Schlauheit, Gewandtheit und Anpassungsfähigkeit aus. Diese leichtlebige Listigkeit ist aber bei Philine stets mit einem urwüchsig-sicheren menschlichen Instinkt verbunden: sie gibt sich nie auf, sie verkrüppelt und verzerrt sich niemals in allen ihren Leichtfertigkeiten. Und es ist sehr interessant zu sehen, daß Goethe sein tiefstes Lebensgefühl, die Art seines Verhaltens zur Natur und zu den Menschen, den von Spinoza übernommenen und vermenschlichten ‹amor dei intellectualis› gerade Philine in den Mund legt. Als der verwundete, von Philine gerettete Wilhelm aus moralischen Skrupeln sie wegschicken will, lacht sie ihn aus. ‹Du bist ein Tor›, sagt sie, ‹du wirst nicht klug werden. Ich weiß besser, was dir gut ist: ich werde bleiben, ich werde mich nicht von der Stelle rühren. Auf den Dank der Männer habe ich niemals gerechnet, also auch auf deinen nicht; und wenn ich dich liebhabe, was geht's dich an?›

In sehr ähnlicher Weise, nur freilich mit einer ganz anderen menschlichen und künstlerischen Färbung, wird in den ‹Lehrjahren› die Figur der alten Barbara, der kupplerhaften Dienerin von Wilhelms erster Liebe, von Marianne, vertieft. In den ersten Szenen treten ihre unsympathischen Züge viel schärfer und drastischer hervor. In der Szene jedoch, in der sie Wilhelm den Tod Mariannes mitteilt, wächst ihre Anklage gegen die Gesellschaft, die eine Armgeborene zur Sünde und zur Heuchelei zwingt und sie dann in den Untergang treibt, zu einer wirklich tragischen Größe empor.

Die Verwirklichung der humanistischen Ideale bietet in diesem Roman nicht nur den Maßstab zur Beurteilung der einzelnen Klassen und ihrer Vertreter, sondern wird auch zur treibenden Kraft und zum Kriterium der Handlung des ganzen Romans. Bei Wilhelm Meister und bei mehreren anderen Gestalten dieses Buchs ist die Verwirklichung der humanistischen Ideale in ihrem Leben die mehr oder weniger bewußte Triebfeder ihrer Handlungen. Selbstverständlich kann sich dies nicht auf alle Gestalten des Romans beziehen, ja nicht einmal auf ihre Mehrheit. Die meisten handeln, wie natürlich, aus egoistischen Motiven, sie suchen ihre höher oder niedriger gelegenen persönlichen Vorteile. Aber die Art, wie das Erreichen oder das Verfehlen solcher Ziele in dem Roman selbst behandelt wird, steht immer und überall im engsten Zusammenhang mit der Verwirklichung der humanistischen Ideale.

Goethe schildert hier ein ganzes Gewirr ineinander verflochtener Lebensläufe. Er beschreibt solche, die schuldig oder unschuldig auf tragische Art untergehen; er gestaltet Menschen, deren Lebenslauf ins Nichts zerrinnt; er zeichnet Figuren, bei denen die Spezialisierung durch die kapitalistische Arbeitsteilung einen Zug ihrer Persönlichkeit bis ins Karikaturhafte verknöchert und den Rest ihrer Menschlichkeit vollständig verkümmern läßt, er zeigt, daß das Leben anderer wiederum in Nichtigkeiten, in wertloser Zersplitterung zerrinnt, ohne ein zusammenhaltendes Zentrum aus einer Tätigkeit, die dem menschlichen Mittelpunkt der Persönlichkeit entspringt und stets den ganzen Menschen zugleich in Bewegung setzt. Indem Goethe nach diesem Kriterium die Lebensläufe sich ineinander verschlingen läßt, indem er hierin und nur hierin das Kriterium erfolgreicher Lebensführung erblickt und alles andere, jeden Erfolg, jedes Erreichen der bewußt gestellten Lebensziele als gleichgültige Nebensächlichkeit behandelt (man denke an die sonst sehr verschiedenen Figuren von Werner und Serlo), gibt er dieser seiner Weltanschauung überall einen gestalteten, in lebendige Handlung umgesetzten Ausdruck.

So stellt er in diesem Roman mit einer Deutlichkeit und Prägnanz wie kaum ein Schriftsteller in irgendeinem andern Werk der Weltliteratur den Menschen, die Verwirklichung und Entfaltung seiner Persönlichkeit in den Mittelpunkt. Selbstverständlich ist diese Weltanschauung nicht das persönliche Eigentum Goethes. Sie beherrscht vielmehr die ganze europäische Literatur seit der Renaissance, sie bildet den Mittelpunkt der ganzen Literatur der Aufklärung. Der besondere Zug des Goetheschen Romans zeigt sich aber darin, daß diese Weltanschauung einerseits mit einer hohen, immer wieder philosophisch, stimmungshaft und handlungsmäßig unterstrichenen Bewußtheit in den Mittelpunkt gestellt, daß sie zur bewußten Triebkraft der ganzen gestalteten Welt gemacht wird; und anderseits besteht diese Eigenart darin, daß Goethe die von Renaissance und Aufklärung erträumte, in der bürgerlichen Gesellschaft stets utopisch bleibende Erfüllung der vollentfalteten Persönlichkeit als ein *reales Werden* konkreter Menschen unter konkreten Umständen vor uns stellt. Die Dichtwerke der Renaissance und der Aufklärung gestalten entweder bestimmte Menschen, die unter besonders günstigen Umständen eine vielseitige Entfaltung ihrer Persönlichkeit, eine Harmonie ihrer menschlichen Entwicklung erreichen, oder sie stellen mit klarer Bewußtheit diese Utopie als Utopie dar. (Die Abtei Thelem bei Rabelais.)

Die Gestaltung dieses positiven Ausgangs der menschlichen Zielsetzungen der bürgerlichen Revolution in der Form eines konkreten Werks ist also das Neue, das Spezifische an Goethes Roman. Damit rückt sowohl die tätige Seite der Verwirklichung dieses Ideals als auch sein gesellschaftlicher Charakter in den Vordergrund. Die menschliche Persönlichkeit kann sich nach Goethes Anschauung nur handelnd entfalten. Handeln bedeutet aber stets eine tätige Wechselwirkung der Menschen innerhalb der Gesellschaft. Der klarblickende Realist

Goethe kann selbstverständlich keinen Augenblick bezweifeln, daß die bürgerliche Gesellschaft, die er vor Augen hat, insbesondere das miserable und unentwickelte Deutschland seiner Tage, sich nie und nirgends in der Richtung der gesellschaftlichen Verwirklichung dieser Ideale bewegt. Es ist unmöglich, daß die Gesellschaftlichkeit der humanistischen Tätigkeit aus der realistischen Auffassung der bürgerlichen Gesellschaft organisch herauswächst; sie kann also auch in der realistischen Gestaltung dieser Gesellschaft kein organisch-spontanes Produkt ihrer Selbstbewegung sein. Anderseits fühlt Goethe mit einer Klarheit und Tiefe wie wenige Menschen vor und nach ihm, daß diese Ideale dennoch notwendige Produkte dieser gesellschaftlichen Bewegung sind. So fremd und feindlich die reale bürgerliche Gesellschaft sich zu diesen Idealen im Alltagsleben auch verhalten mag, sie sind doch auf dem Boden dieser gesellschaftlichen Bewegung gewachsen; sie sind das kulturell Wertvollste alles dessen, was diese Entwicklung hervorgebracht hat.

Goethe gestaltet nun gemäß dieser widerspruchsvollen Grundlage seiner Gesellschaftskonzeption eine Art ‹Insel› innerhalb der bürgerlichen Gesellschaft. Es wäre aber oberflächlich, darin bloß eine Flucht zu sehen. Der Gestaltung eines in der bürgerlichen Gesellschaft notwendig utopisch bleibenden Ideals wie des Humanismus muß notwendig ein gewisser Fluchtcharakter anhaften. Denn kein Realist kann diese Verwirklichung mit der realistischen Gestaltung des *normalen Ablaufs* der Geschehnisse in der bürgerlichen Gesellschaft vereinen. Die Goethesche ‹Insel› ist aber eine Gruppe tätiger, in der Gesellschaft wirkender Menschen. Der Lebenslauf eines jeden dieser Menschen wächst mit echtem und wahrem Realismus aus wirklichen gesellschaftlichen Grundlagen und Voraussetzungen heraus. Nicht einmal die Tatsache, daß solche Menschen sich zusammenfinden und vereinigen, kann als unrealistisch bezeichnet werden. Die Stilisierung durch Goethe besteht nur darin, daß er dieser Vereinigung bestimmte – freilich wieder ironisch aufgehobene – feste Formen gibt, daß er versucht, diese ‹Insel› als eine Gesellschaft innerhalb der Gesellschaft darzustellen, als eine Keimzelle der allmählichen Umwandlung der ganzen bürgerlichen Gesellschaft. Ungefähr so, wie später der große utopische Sozialist Fourier davon träumte, daß, wenn sein sagenhafter Millionär ihm die Gründung eines Phalanstères ermöglichte, dies zur Ausbreitung seines Sozialismus auf der ganzen Erde führen müßte.

Die überzeugende Wirkung der von Goethe gestalteten ‹Insel› kann nur durch den Entwicklungsgang der Menschen erzielt werden. Die Meisterschaft Goethes zeigt sich darin, daß er alle Probleme des Humanismus – positiv wie negativ – aus den konkreten Lebensumständen, aus den konkreten Erlebnissen bestimmter Menschen herauswachsen läßt, daß diese Ideale bei ihm nie in einer fertigen utopischen, seinshaften Form erscheinen, sondern stets sehr bestimmte handlungsmäßige und psychologische Funktionen haben, als Elemente der Weiterentwicklung bestimmter Menschen an bestimmten krisenhaften Wendepunkten ihres Werdens.

Diese Art der Gestaltung der humanistischen Ideale bedeutet aber bei Goethe keineswegs eine Ausschaltung des bewußten Elements. Im Gegenteil, Goethe ist in dieser Hinsicht ein konsequenter Fortführer der Aufklärung; er schreibt der bewußten Leitung der menschlichen Entwicklung, der *Erziehung*, eine außerordentliche Bedeutung zu. Der komplizierte Mechanismus des Turms, der Lehrbriefe usw. dient gerade dazu, dieses bewußte erzieherische Prinzip zu unterstreichen. Mit sehr feinen, diskreten Zügen, mit einigen kurzen Szenen deutet Goethe an, daß die Entwicklung Wilhelm Meisters von Anfang an überwacht und in einer bestimmten Weise geleitet wurde.

Freilich ist diese Erziehung eigenartig: sie will Menschen heranbilden, die in freier Spontaneität alle ihre Qualitäten entfalten. Goethe sucht eine Einheit von Planmäßigkeit und Zufall im menschlichen Leben, von bewußter Leitung und freier Spontaneität in allen Betätigungen des Menschen. Darum wird im Roman ununterbrochen der Haß gegen das ‹Schicksal›, gegen jede fatalistische Ergebung gepredigt. Darum betonen die Erzieher in dem Roman ununterbrochen eine Verachtung der moralischen ‹Gebote›. Nicht einer aufgezwungenen Moral sollen die Menschen knechtisch gehorchen, sondern kraft freier organischer Selbsttätigkeit gesellschaftlich werden, die vielseitige Entfaltung ihrer Individualität mit dem Glück und den Interessen ihrer Mitmenschen in Einklang bringen. Die Moral des ‹Wilhelm Meister› ist eine große – freilich unausgesprochene – Polemik gegen die Moraltheorie Kants. Demgemäß steht das Ideal der ‹schönen Seele› im Mittelpunkt dieser Teile des Romans. Dieses Ideal taucht zum erstenmal ausdrücklich im Titel des sechsten Buchs als ‹Bekenntnisse einer schönen Seele› auf. Man würde aber die Absichten Goethes verkennen, seine feinironischen Betonungen überhören, wenn man in der Stiftsdame dieser Bekenntnisse das Goethesche Ideal der ‹schönen Seele› erblicken wollte. Die ‹schöne Seele› ist bei Goethe eine harmonische Vereinigung von Bewußtsein und Spontaneität, von weltlicher Aktivität und harmonisch ausgebildetem Innenleben. Die Stiftsdame ist ebenso ein subjektivistisches, rein innerliches Extrem wie die meisten suchenden Gestalten des ersten Teils, wie Wilhelm Meister selbst, wie Aurelia. Dieses subjektivistische, ins rein Innerliche flüchtende Suchen bildet dort den – relativ berechtigten – Gegenpol zu dem leeren und zersplitterten Praktizismus eines Werner, eines Laertes und sogar eines Serlo. Die Wendung in der Erziehung Wilhelm Meisters besteht gerade in der Abkehr von dieser reinen Innerlichkeit, die Goethe, ebenso wie später Hegel in der ‹Phänomenologie des Geistes›, als leer und abstrakt verurteilt. Freilich wird diese Kritik der Stiftsdame von Goethe mit sehr leisen und feinen Akzenten durchgeführt. Aber schon die kompositionelle Stelle dieser Einlage, die Tatsache, daß die Bekenntnisse dem Wilhelm zur Zeit der Krise seiner bloß innerlichen Entwicklung, zur Zeit des tragischen Untergangs, von Aurelia gewissermaßen als Spiegel vorgehalten werden, zeigt die Richtung der Goetheschen Kritik. Und am Ende der Bekenntnisse wird Goethe etwas deutlicher: der Abbé, die Verkörperung des Erziehungsprinzips in diesem Roman, hält die Verwandten der Stiftsdame, Lothario, Natalie und andere, in ihrer Kindheit von ihr fern, achtet darauf, daß sie nicht unter ihren Einfluß geraten können. Erst in Gestalten wie Lothario und Natalie, erst in dem, was Wilhelm Meister für sich erstrebt, wird dieser die Gegensätze von Innerlichkeit und Aktivität überwindende Charakter der wirklichen ‹schönen Seele› gestaltet.

Aber die gestaltete Polemik des ‹Wilhelm Meister› richtet sich nicht nur gegen die beiden oben bezeichneten falschen Extreme; sie kündigt auch einen Kampf für die Überwindung der romantischen Tendenzen an. Die von Goethe stürmisch herbeigesehnte neue Poesie des Lebens, die Poesie des harmonischen, das Leben tätig meisternden Menschen, ist bereits, wie wir gesehen haben, von der Prosa des Kapitalismus bedroht. Wir haben das Goethesche Humanitätsideal in seinem Kampf gegen diese Prosa beobachten können. Goethe verurteilt aber nicht nur diese Prosa, sondern zugleich die blinde Revolte gegen sie. Die blinde Revolte, die falsche Poesie der Romantik besteht nach Goethe gerade in ihrer Heimatlosigkeit im bürgerlichen Leben. Diese Heimatlosigkeit hat notwendigerweise eine verführerische poetische Kraft, entspricht sie ja gerade der unmittelbaren, der spontanen Auflehnung gegen die Prosa des kapitalistischen Lebens. Aber in eben dieser Unmittelbarkeit ist sie nur verführerisch, jedoch nicht fruchtbar; sie ist keine Überwindung der Prosa, sondern ein Vorbeigehen an ihr, ein achtloses Beiseitelassen ihrer eigentlichen Probleme — wodurch diese Prosa ungestört weiterflorieren kann. Den ganzen Roman erfüllt die Überwindung der unfruchtbaren Romantik. Wilhelms Theatersehnsucht ist die erste Etappe dieses Kampfes, die Romantik der Religion in den ‹Bekenntnissen einer schönen Seele› die zweite. Und den ganzen Roman durchwandern die heimatlosen, romantisch-poetischen Gestalten Mignons und des Harfenspielers als höchst poetische Verkörperungen der Romantik. Schiller bemerkt in einem Brief an Goethe außerordentlich fein die polemischen Grundlagen dieser Gestalten: ‹Wie schön gedacht ist es, daß Sie das praktisch Ungeheure, das furchtbar Pathetische im Schicksal Mignons und des Harfenspielers von dem theoretisch Ungeheuren, von den Mißgeburten des Verstandes ableiten... Nur im Schoß des dummen Aberglaubens werden diese monströsen Schicksale ausgeheckt, die Mignon und den Harfenspieler verfolgen.›

Die verführerische romantische Schönheit dieser Gestalten ist die Ursache dafür, daß die Mehrzahl der Romantiker die leise akzentuierte, gestaltete Polemik Goethes übersah, daß der ‹Wilhelm Meister› ein viel kopiertes Vorbild romantischer Romane geworden ist. Nur der denkerisch konsequenteste Frühromantiker, Novalis, hat diese Tendenz des Goetheschen Romans klar erkannt und deshalb erbittert bekämpft. Wir führen nur einige sehr bezeichnende Stellen aus dieser Polemik an: ‹Es ist im Grunde ein fatales und albernes Buch... undichterisch im höchsten Grade, was den Geist betrifft, so poetisch auch die Darstellung ist... Die ökonomische Natur ist die wahre übrigbleibende... Die Poesie ist der Arlequino in der ganzen Farce... Der Held retardiert das Eindringen des Evangeliums der Ökonomie... Wilhelm Meister ist eigentlich ein Candide, gegen die Poesie gerichtet.› In dieser erbitterten Polemik sind die antiromantischen Tendenzen Goethes bei weitem richtiger verstanden als in den vielfachen begeisterten Nachahmungen Mignons und des Harfenspielers.

Novalis versucht nun, sehr konsequent, den ‹Wilhelm Meister› poetisch zu überwinden, d. h. einen Roman zu schreiben, in dem die Poesie des Lebens einen wirklichen Sieg über die Prosa davonträgt. Sein ‹Heinrich von Ofterdingen› ist Fragment geblieben. Aber die Entwürfe zeigen ganz klar, was im Fall seiner Vollendung aus ihm geworden wäre: ein farbiger Nebel magischer Mystik, in dem sich jede Spur realistischer Auffassung der Wirklichkeit verloren hätte, ein Weg aus der schon stilisiert aufgefaßten Wirklichkeit ins Land der wesenlosen und gestaltlosen Träume.

Gegen jede solche Auflösung der Wirklichkeit in Träume, in bloß subjektive Vorstellungen oder Ideale ist der Kampf des Humanisten Goethe gerichtet. Auch er macht sich, wie jeder große Romanschriftsteller, zum Hauptvorwurf den Kampf der Ideale mit der Wirklichkeit, ihre Durchsetzung in der Wirklichkeit. Wir haben gesehen, daß die entscheidende Wendung in der Erziehung Wilhelm Meisters gerade darin besteht, daß er die bloß innerliche, bloß subjektive Einstellung zur Wirklichkeit aufgibt, daß er sich zum Verständnis der objektiven Wirklichkeit, zur Tätigkeit in der Wirklichkeit, so wie sie ist, durcharbeitet. ‹Wilhelm Meisters Lehrjahre› ist ein *Erziehungsroman*: sein Inhalt ist die Erziehung der Menschen zum praktischen Verständnis der Wirklichkeit.

Diesen Gesichtspunkt, die Erziehung der Menschen für die Realität, rückt ein Menschenalter später die Hegelsche ‹Ästhetik› in den Mittelpunkt der Theorie des Romans. Hegel sagt: ‹Dies Romanhafte ist das wieder zum Ernste, zu einem wirklichen Gehalte gewordene Rittertum. Die Zufälligkeit des äußerlichen Daseins hat sich verwandelt in eine feste, sichere Ordnung der bürgerlichen Gesellschaft und des Staates, so daß jetzt Polizei, Gerichte, das Heer, die Staatsregierung an die Stelle der schimärischen Zwecke treten, die der Ritter sich machte. Dadurch verändert sich auch die Ritterlichkeit der in neueren Romanen agierenden Helden. Sie stehen als Individuen mit ihren subjektiven Zwecken der Liebe, Ehre, Ehrsucht oder mit ihren Idealen der Weltverbesserung dieser bestehenden Ordnung und Prosa der Wirklichkeit gegenüber, die ihnen von allen Seiten Schwierigkeiten in den Weg legt.› Er schildert sodann ausführlich die Art der entstehenden Konflikte und kommt zu folgendem Schluß: ‹Diese Kämpfe nun aber sind in der modernen Welt nichts weiter als die Lehrjahre, die Erziehung des Individuums an der vorhandenen Wirklichkeit, und erhalten dadurch ihren wahren Sinn. Denn das Ende solcher Lehrjahre besteht darin, daß sich das Subjekt die Hörner abläuft, mit seinem Wünschen und Meinen sich in die bestehenden Verhältnisse und die Vernünftigkeit derselben hineinbildet, in die Verkettung der Welt eintritt und in ihr sich einen angemessenen Standpunkt erwirbt.›

Die Anspielung Hegels auf diesen Roman Goethes ist klar. Seine Auseinandersetzungen treffen auch tatsächlich den Kern der *Problemstellung* Goethes. Sie stammen aber aus einer anderen, viel entwickelteren Phase der bürgerlichen Gesellschaft, aus einem Stadium im Kampf zwischen Poesie und Prosa, da bereits der Sieg der Prosa entschieden war und die Konzeption von der Verwirklichung der menschlichen Ideale eine völlig andere werden mußte. Auf die

Romane des großen bürgerlichen Realismus in der ersten Hälfte des 19. Jahrhunderts — einschließlich Goethes späterer Romane ‹Die Wahlverwandtschaften› und ‹Wilhelm Meisters Wanderjahre› — trifft also diese Bestimmung Hegels über den Ausgang des Kampfes zwischen Poesie und Prosa, zwischen Ideal und Wirklichkeit vollständig zu.

‹Wilhelm Meisters Lehrjahre› haben aber noch eine andere Konzeption von dem Ausgang und der Art dieses Kampfes. Der Dichter der ‹Lehrjahre› glaubt nicht nur, daß die Ideale des Humanismus in der tiefsten Tiefe der menschlichen Natur verankert sind, sondern auch, daß ihre Verwirklichung in der jetzt geborenen bürgerlichen Gesellschaft, in der bürgerlichen Gesellschaft der Periode der Französischen Revolution, zwar schwer, zwar nur allmählich und schrittweise möglich, aber eben doch möglich ist. Der Goethe der ‹Lehrjahre› sieht zwar die konkreten Widersprüche zwischen den Idealen des Humanismus und der Realität der kapitalistischen Gesellschaft, er betrachtet aber diese Widersprüche nicht als solche, die im vorhinein feindlich-antagonistisch, prinzipiell unauflösbar wären.

Hier zeigt sich die tiefe ideologische Einwirkung der Französischen Revolution auf Goethe wie auf alle großen Gestalten der deutschen klassischen Philosophie und Poesie. Noch der alte Hegel, derselbe, dessen Worte über den unvermeidlichen Sieg der kapitalistischen Prosa wir soeben gehört haben, sagt über die Periode der Französischen Revolution: ‹Es war dies somit ein herrlicher Sonnenaufgang. Alle denkenden Wesen haben diese Epoche mitgefeiert. Eine erhabene Rührung hat in jener Zeit geherrscht, ein Enthusiasmus des Geistes hat die Welt durchschauert, als sei es zur wirklichen Versöhnung des Göttlichen mit der Welt nun erst gekommen.› Und Goethe selbst läßt in der unmittelbar nach dem ‹Wilhelm Meister› geschriebenen Dichtung ‹Hermann und Dorothea› einen sehr ruhigen und besonnenen Mann so sprechen:

‹Denn wer leugnet es wohl, daß hoch sich das Herz ihm erhoben,
Ihm die freiere Brust mit reineren Pulsen geschlagen,
Als sich der erste Glanz der neuen Sonne heranhob,
Als man hörte vom Rechte der Menschen, das allen gemein sei,
Von der begeisternden Freiheit und von der löblichen Gleichheit!
Damals hoffte jeder sich selbst zu leben; es schien sich
Aufzulösen das Band, das viele Länder umstrickte,
Das der Müßiggang und der Eigennutz in der Hand hielt.
Schauten nicht alle Völker in jenen drängenden Tagen
Nach der Hauptstadt der Welt, die es schon so lange gewesen
Und jetzt mehr als je den herrlichen Namen verdiente?›

Die Beziehung zwischen Humanitätsideal und Wirklichkeit ist im ‹Wilhelm Meister› von diesem Glauben bestimmt. Freilich ist dieser Glaube bei Goethe nicht der an die plebejischen Methoden der Französischen Revolution selbst; diese lehnt er schroff und verständnislos ab. Das bedeutet bei ihm jedoch keine

Ablehnung der gesellschaftlichen und menschlichen Inhalte der bürgerlichen Revolution. Im Gegenteil. Gerade jetzt ist sein Glaube an die Fähigkeit der Menschheit, sich aus eigener Kraft zu regenerieren, aus eigener Kraft die Fesseln, die eine jahrtausendlange gesellschaftliche Entwicklung ihr angeschmiedet hat, abzustreifen, stärker als je in seinem Leben. Der Erziehungsgedanke des ‹Wilhelm Meister› ist die Aufdeckung jener Methoden, mit deren Hilfe diese schlummernden Kräfte in jedem einzelnen Menschen zu erwecken, zur fruchtbaren Tätigkeit, zu einer solchen Erkenntnis der Wirklichkeit, zu einer solchen Auseinandersetzung mit der Wirklichkeit heranzubilden sind, die jene Entfaltung der Persönlichkeit fördern.

Der Abbé, der eigentliche Träger des Erziehungsgedankens im ‹Wilhelm Meister›, spricht diese Konzeption Goethes am deutlichsten aus: ‹Nur alle Menschen machen die Menschheit aus, nur alle Kräfte zusammengenommen die Welt. Diese sind unter sich oft in Widerstreit, und indem sie sich zu zerstören suchen, hält sie die Natur zusammen und bringt sie wieder hervor... Jede Anlage ist wichtig, und sie muß entwickelt werden... Eine Kraft beherrscht die andere, aber keine kann die andere bilden; in jeder Anlage liegt auch allein die Kraft, sich zu vollenden; das verstehen so wenig Menschen, die doch lehren und wirken wollen.› Und der Abbé zieht auch radikal und konsequent alle praktischen Folgerungen aus dieser seiner Konzeption vom Wesen des Menschen und vom Zusammenhang zwischen den Leidenschaften des Menschen und seiner Bildungsfähigkeit. Er sagt: ‹Nicht vor Irrtum zu bewahren, ist die Pflicht des Menschenerziehers, sondern den Irrenden zu leiten, ja, ihn seinen Irrtum aus vollen Bechern ausschlürfen zu lassen, das ist Weisheit der Lehrer. Wer seinen Irrtum nur kostet, hält lange damit aus, er freuet sich dessen als eines seltenen Glücks; aber wer ihn ganz erschöpft, der muß ihn kennenlernen, wenn er nicht wahnsinnig ist.›

Diese Konzeption, daß die freie Entwicklung der menschlichen Leidenschaften — unter richtiger, sie nicht vergewaltigender Leitung — zur Harmonie der Persönlichkeit und zum harmonischen Zusammenwirken der freien Menschen führen muß, ist ein alter Lieblingsgedanke der großen Denker seit Renaissance und Aufklärung. Was von dieser Freiheit der menschlichen Entwicklung im Kapitalismus verwirklicht werden konnte: die Befreiung der ökonomischen Tätigkeit von den Fesseln der feudalen Gesellschaft, erschien als schon erreichte Wirklichkeit in den kapitalistisch entwickelten Ländern und erhielt seinen rationalen gedanklichen Ausdruck in den ökonomischen Systemen der Physiokraten und der englischen klassischen Ökonomie. Aber gerade durch die praktische Verwirklichung und durch diese theoretische Formulierung des in der bürgerlichen Gesellschaft verwirklichbaren Teils der humanistischen Ideale tritt ihr Widerspruch zu der ökonomisch-gesellschaftlichen Grundlage, auf deren Boden sie gedacht wurden, klar hervor. Die Erkenntnis des unlösbaren Widerspruchs erfüllt die spätere Literatur des großen Realismus, die Werke Balzacs und Stendhals, und wird ästhetisch vom späteren Hegel formuliert. Die Versuche, diesen Widerspruch rein gedanklich aufzuheben oder zu annullieren und demgemäß eine ‹Harmonie der Persönlichkeit› in Anpassung an die Welt der kapitalistischen freien Konkurrenz zu konstruieren, führen zur verlogenen Apologetik, zum hohlen Akademismus des 19. Jahrhunderts.

Aber mit solchen Entwicklungsrichtungen ist die Möglichkeit der Stellungnahme zu diesem Problem – wenigstens für eine kurze Zeitspanne – nicht erschöpft. Auf dem Boden jener immer klarer hervortretenden Widersprüchlichkeit konnten Versuche einer *utopischen Lösung* dieser Probleme auftauchen, mit einer mehr oder weniger klaren Einsicht, daß die so geforderte harmonische Entwicklung der menschlichen Leidenschaften zum Charakter der reichen und sich vollentfaltenden Persönlichkeit eine neue Gesellschaftsordnung, den Sozialismus, voraussetzt. Fourier ist der bedeutendste Vertreter dieser Richtung. Mit großem Nachdruck und großer Zähigkeit wiederholt er immer wieder, daß es keine menschliche Leidenschaft geben könne, die an und für sich schlecht oder schädlich wäre. Nur die bisherige Gesellschaft sei nicht imstande gewesen, ein solches Zusammenwirken der menschlichen Leidenschaften hervorzubringen, in dem jede Leidenschaft im Menschen und in seinem Zusammenleben mit anderen Menschen zur Harmonie gelangt. Der Sozialismus hat bei Fourier vor allem die Aufgabe, diese Harmonie zu verwirklichen.

Bei Goethe gibt es selbstverständlich keinen utopischen Sozialismus. Alle Versuche, einen solchen in seine Werke hineinzuinterpretieren, vom seichten Schwätzer Grün bis zu unseren Tagen, müssen zu einer Verdrehung seiner Ansichten führen. Goethe gelangt nur bis zum tiefen Erlebnis dieses Widerspruchs und bis zu den immer wieder erneuten Versuchen, ihn utopisch im Rahmen der bürgerlichen Gesellschaft zu lösen, d. h. in der dichterischen Gestaltung jene Elemente und Tendenzen der menschlichen Entwicklung hervorzuheben, in denen das Erlebnis der Verwirklichung der humanistischen Ideale, wenigstens der Richtung nach, möglich erscheint. Der Glanz jener Hoffnungen auf Erneuerung der Menschheit, die die Französische Revolution in den Besten der Zeitgenossen Goethes erweckt, bringt in ‹Wilhelm Meister› den gesellschaftlichen Charakter ihrer Verwirklichung hervor, jene ‹Insel› hervorragender Menschen, die diese Ideale in ihrem Leben in die Praxis umsetzen und deren Wesen und Lebensführung zu einer Keimzelle des Kommenden werden soll.

Der Widerspruch, der dieser Konzeption zugrunde liegt, ist im ‹Wilhelm Meister› nirgends klar ausgesprochen. Das Erlebnis des Widerspruchs liegt aber der *Gestaltung* des ganzen zweiten Teils zugrunde. Es kommt zum Ausdruck in der außerordentlich feinen und tiefen *Ironie*, mit der dieser ganze Teil dichterisch gestaltet wurde. Goethe läßt das Humanitätsideal durch das bewußte erzieherische Zusammenwirken einer Gruppe von Menschen auf einer solchen ‹Insel› verwirklichen. Und es ist nach den bisherigen Ausführungen klar, daß sowohl der Inhalt dieser Bestrebungen als auch die Hoffnung auf ihre Verwirklichung zu den tiefsten weltanschaulichen Überzeugungen Goethes gehört. Die angeführten Theorien des Abbés sind Anschauungen Goethes selbst, die mit seiner ganzen Auffassung der Dialektik, der Bewegung der Natur und der Gesellschaft in innigstem Zusammenhang stehen. Zugleich läßt Goethe aber dieselben Überzeugungen des Abbés durch so wichtige Personen wie Natalie und Jarno ironisch kritisieren. Und es geschieht keineswegs zufällig, daß Goethe einerseits die bewußte Leitung der Erziehung Wilhelms (und anderer) durch die Gesellschaft im Turm zum wichtigsten Faktor der Handlung macht, anderseits aber dieselbe Leitung, die Frage der Lehrbriefe usw. als ein halbes Spiel behandeln läßt, als etwas, das die Gesellschaft einmal ernst nahm, über dessen Ernst sie jedoch bereits hinausgelangt ist.

Goethe unterstreicht also mit dieser Ironie den real-irrealen, den erlebt-utopischen Charakter der Verwirklichung der Humanitätsideale. Er ist sich – wenigstens erlebnishaft – klar darüber, daß er hier nicht die Wirklichkeit selbst schildert. Er hat aber die tiefe erlebnishafte Sicherheit, daß er hier eine Synthese der besten Tendenzen der Menschheit schafft, die in menschlich hervorragenden Exemplaren der Gattung immer wieder wirksam gewesen sind. Seine Stilisierung besteht darin, daß er alle diese Tendenzen in der kleinen Gesellschaft des zweiten Teils konzentriert und diese konzentrierte Wirklichkeit der übrigen bürgerlichen Gesellschaft als eine Utopie gegenüberstellt. Aber als eine Utopie, in der jedes einzelne menschliche Element *wirklich*, aus der Gesellschaft seiner Zeit, herausgewachsen ist. Die Ironie dient nur dazu, diesen stilisierten Charakter der positiven Konzentration solcher Elemente und Tendenzen wieder auf das Niveau der Wirklichkeit zurückzuführen. Die ‹Verherrlichung des Adels› im ‹Wilhelm Meister› hat also ihre reale Grundlage darin, daß Goethe viele Elemente der ökonomischen Grundlage des adligen Lebens und viele kulturelle Tendenzen des gebildeten humanistischen Adels seinem Gemälde einfügt.

So steht der ‹Wilhelm Meister› weltanschaulich an der Grenze zweier Zeiten: er gestaltet die tragische Krise der bürgerlichen Humanitätsideale, den Beginn ihres – vorläufig utopischen – Hinauswachsens über den Rahmen der bürgerlichen Gesellschaft. Daß diese Krisenhaftigkeit bei Goethe in hellen Farbtönen der künstlerischen Vollendung, der weltanschaulichen Hoffnungsfreudigkeit gestaltet wurde, war, wie wir gesehen haben, ein Erlebnisreflex der Französischen Revolution. Aber dieses Farbenleuchten kann den tragischen Abgrund, der sich hier für die besten Vertreter des revolutionären Bürgertums auftut, nicht aus der Welt schaffen. Weltanschaulich wie künstlerisch ist der ‹Wilhelm Meister› das Produkt einer Übergangskrise, eines sehr kurzen Übergangszeitalters. Ebensowenig wie er unmittelbare Vorläufer hatte, konnte er eine wirkliche künstlerische Nachfolge haben. Der große Realismus der ersten Hälfte des 19. Jahrhunderts entsteht bereits nach dem Abschluß der ‹heroischen Periode›, nach dem Versinken jener – widerspruchsvollen – Hoffnungen, die mit dieser Periode verknüpft waren. Schellings Ästhetik (entstanden in den Jahren 1804/05) bewertet daher richtig die einzigartige Bedeutung dieses Werks für die Entwicklung des Romans. Ja, Schelling geht so weit, daß er nur den ‹Don Quichotte› und den ‹Wilhelm Meister› als Romane im eigentlichen höchsten ästhetischen Sinn anerkennt. Mit einem gewissen Recht, da in diesen beiden Romanen zwei große Übergangskrisen der Menschheit ihren höchsten weltanschaulichen und künstlerischen Ausdruck erlangt haben.

Der Stil des ‹Wilhelm Meister› drückt diesen Übergangscharakter sehr deutlich aus. Einerseits ist er voll von Elementen des Romans der Aufklärungszeit. Er übernimmt sogar nicht nur aus diesem Roman, sondern auch aus dem ‹Kunstepos› der Nachrenaissancezeit die Bewegung der Handlung durch eine ‹künstliche Maschine› (Turm usw.). Er verknüpft seine Handlung sehr oft mit den bequemen und lässigen Mitteln des 17. und 18. Jahrhunderts, mit Mißverständnissen, die sich im notwendigen Augenblick aufklären (Abstammung Thereses), mit ganz ungeniert gebrauchten zufälligen Begegnungen usw. Aber gerade wenn wir die künstlerische Arbeit Goethes bei der Umarbeitung der ‹Theatralischen Sendung› zu den ‹Lehrjahren› näher verfolgen, dann sehen wir Tendenzen wirksam, die später im Roman des 19. Jahrhunderts ausschlaggebend geworden sind. In erster Linie die Konzentrierung der Handlung auf dramatische Szenen, die engere, dem Drama angenäherte Verknüpfung von Personen und Geschehnissen. (Eine Tendenz, die später von Balzac als ein Wesenszeichen des modernen Romans im Gegensatz zu dem des 17. bis 18. Jahrhunderts theoretisch geäußert und praktisch verwirklicht wurde.) Wenn man die Einführung und Entwicklung von Figuren wie Philine und Mignon in der ‹Theatralischen Sendung› und in den ‹Lehrjahren› miteinander vergleicht, so sieht man diese dramatische Tendenz Goethes ganz klar. Und sie ist bei der Umarbeitung keineswegs etwas Äußerliches. Einerseits hat sie zur Voraussetzung und zur Folge, daß Goethe die einzelnen Figuren jetzt innerlich bewegter, konfliktreicher gestaltet als früher, ihren Charakteren einen größeren inneren Spielraum, größere Steigerungen gibt. (Man denke an die früher skizzierte Schlußszene der Barbara.) Anderseits strebt Goethe ein konzentriertes Herausarbeiten des Wesentlichen an, wobei dieses Wesentliche jetzt in jeder Hinsicht komplizierter geworden ist als früher. Darum beschneidet er die episodischen Teile, und was er von ihnen beibehält, verknüpft er strenger und vielfältiger mit der Haupthandlung. Die Prinzipien dieser Umarbeitung kann man sehr genau in den Gesprächen über ‹Hamlet› verfolgen, besonders in jenem Gespräch mit Serlo, in dem Wilhelm über die Anpassung des ‹Hamlet› an die Bühne spricht und Vorschläge zur Zusammenziehung dessen macht, was nach seiner Meinung an Handlung und Figuren episodisch ist.

In alledem ist eine starke Annäherung an die Aufbauprinzipien des realistischen Romans der ersten Hälfte des 19. Jahrhunderts vorhanden. Aber doch bloß eine Annäherung. Goethe will hier kompliziertere Charaktere und kompliziertere Beziehungen zwischen den Menschen gestalten, als das 17. und 18. Jahrhundert es taten und als er selbst es in der ersten Fassung vorhatte. Diese Kompliziertheit hat aber in den ‹Lehrjahren› noch so gut wie nichts von dem analytischen Charakter des späteren realistischen Romans, viel weniger auch als Goethes spätere ‹Wahlverwandtschaften›. Goethe modelliert hier seine Personen und Situationen mit einer außerordentlich leichten Hand und gibt ihnen doch eine klassisch wirkende Plastik und Einprägsamkeit. Figuren wie Philine oder Mignon, die mit so wenigen Zügen, mit so sparsamen Mitteln einen solchen Grad äußerer und seelischer Lebendigkeit erhalten haben, gibt es in der ganzen Weltliteratur kaum zum zweitenmal. Goethe gestaltet aus dem Leben solcher Figuren nur einige kleine konzentrierte, prägnante Szenen, in denen jedoch der ganze Reichtum dieser Charaktere bei eben deren Wandlung hervortritt. Und da alle diese Szenen von innerer Handlung erfüllt sind und deshalb immer eine epische Bedeutsamkeit haben, enthalten sie stets mehr an lebendigen Zügen der Gestalt und ihrer Beziehungen zu den anderen Menschen, als in diesen Szenen bewußt zum Ausdruck kommt. Dadurch gewinnt Goethe große Steigerungsmöglichkeiten, die mit den feinsten Mitteln, ohne Überakzentuierung, zustande kommen. Er läßt einfach bei einer Wendung der Geschehnisse den latent vorhandenen Reichtum bewußt hervortreten. So erwähnt Goethe z. B., nachdem Philine mit Friedrich die Schauspielertruppe verlassen hat, daß ihr Weggang eine der Ursachen des beginnenden Zerfalls der Gesellschaft gewesen ist. Bis dahin wurde kein Wort darüber gesagt, daß Philine ein zusammenhaltendes Element der Truppe sei, ja sie hat die Menschen im allgemeinen stets spielerisch-leichtsinnig behandelt. Rückblickend wird es hier aber dem Leser auf einen Schlag klar, daß gerade die Leichtlebigkeit und Beweglichkeit Philines jene Wirkung gehabt hat.

In dieser Kunst, das Bedeutendste und seelisch Komplizierteste mit leichter Hand, sinnlich prägnant und unvergeßlich lebendig darzustellen, ist mit dem ‹Wilhelm Meister› ein Gipfelpunkt in der Geschichte der Erzählungskunst erreicht. Die Totalität der Gesellschaft wurde vor ihm und insbesondere nach ihm mit einem extensiv mehr umfassenden und die letzten Tiefen heftiger aufwühlenden Realismus gestaltet. In dieser Hinsicht kann man den ‹Wilhelm Meister› weder mit Lesage oder Defoe noch mit Balzac oder Stendhal vergleichen. Denn Lesage wirkt trocken, Balzac verworren und überladen neben dieser klassischen Vollendung der Schreibkunst, neben dieser reichbewegten Schlankheit der Komposition, des Charakterisierens.

Schiller hat in seinen Briefen wiederholt die stilistische Eigenheit dieses einzigartigen Buchs mit großer Feinheit charakterisiert. Er nennt es einmal ‹ruhig und tief, klar und doch unbegreiflich wie die Natur›. Und es handelt sich dabei keineswegs um eine sogenannte technische ‹Meisterschaft› des Schreibens. Die hohe Kultur der Gestaltungsweise Goethes beruht vielmehr auf einer hohen Kultur des Lebens selbst, der Lebensführung, der Beziehungen der Menschen zueinander. Die Darstellung kann nur deshalb so zart und fein, so plastisch und klar sein, weil die Auffassung des Menschen und der menschlichen Beziehungen im Leben selbst bei Goethe eine tiefdurchdachte echte Kultur der Gefühle besitzt. Goethe braucht weder zu grobsinnlichen noch zu pseudosubtilen analytischen Mitteln zu greifen, um menschliche Konflikte, Wandlungen der Gefühle, der menschlichen Verhältnisse usw. zu gestalten. Schiller hebt auch diese Besonderheit der Goetheschen Handlungsführung richtig hervor. Er sagt über die Komplikationen im Verhältnis zwischen Lothario, Therese, Wilhelm und Natalie im letzten Buch: ‹Ich wüßte nicht, wie dieses falsche Verhältnis zarter, feiner, edler hätte gelöst werden können. Wie würden sich die Richardsons und alle anderen gefallen lassen, eine Szene daraus zu machen, und über dem Auskramen von delikaten Sentiments recht undelikat gewesen sein.› Dabei muß bedacht werden, daß Richardson an Kultur der Gefühle turmhoch über dem allgemeinen Niveau der Literatur der zweiten Hälfte des 19. Jahrhunderts und insbesondere über dem der imperialistischen Periode steht. Die Meisterschaft Goethes ist ein tiefgründiges Erfassen der allerwesentlichsten Züge der Menschen, ein Herausarbeiten der typisch-gemeinsamen und der individuell-unterschiedlichen Züge der Menschen, eine konsequent durchdachte Systematisierung dieser Verwandtschaften, Kontraste und Nuancen, eine Fähigkeit, alle diese Züge der Menschen in lebendige, charakterisierende Handlung umzusetzen. Die Menschen dieses Romans sind so gut wie ausschließlich um den Kampf für das Ideal des Humanismus gruppiert, um die Frage der beiden falschen Extreme: der Schwärmerei und des Praktizismus. Man beobachte aber, wie Goethe, angefangen bei Lothario und Natalie, die eine Überwindung der falschen Extreme repräsentieren, seine Galerie der ‹Praktizisten› von Jarno und Therese bis zu Werner und Melina anlegt, wie in dieser Reihe kein Mensch dem anderen ähnelt und doch nicht mit pedantischen, mit intellektuell-analytischen Mitteln von ihm abgehoben wird, und wie zugleich, ohne kommentierende Worte des Dichters, ungezwungen, die Hierarchie der menschlichen Bedeutsamkeit, der Annäherung an das humanistische Ideal entsteht. In dieser Darstellungsweise, deren Höhe der moderne Roman nie wieder erreicht hat, obwohl seine späteren großen Vertreter in mancher anderen Hinsicht Goethe übertroffen haben, besteht ein unverlierbares Erbe für uns. Ein sehr aktuelles Erbe, denn gerade die ruhig-harmonische und doch sinnlich einprägsame Gestaltung der geistig und seelisch wichtigen Entwicklungen ist eine der großen Aufgaben, die der sozialistische Realismus zu lösen hat.

[1936]

3. Der Briefwechsel zwischen Schiller und Goethe

Die Dokumente bedeutender Künstler über ihre eigene Praxis, über ihre theoretischen Bemühungen zur Vertiefung dieser Praxis sind stets außerordentlich bedeutsam. Sie sind gleich wichtig für die Entwicklung unserer Ästhetik wie auch dafür, die großen Probleme der Kunst dem lesenden Publikum pädagogisch näherzubringen. Es folgt aus der Natur der Sache, daß die intimsten Probleme der künstlerischen Praxis gerade in solchen unmittelbaren Äußerungen seitens großer Künstler in Briefen, Gesprächen, Tagebüchern usw. am besten studiert werden können. Die wichtigsten und theoretisch am schwersten erfaßbaren Fragen, z. B. die der künstlerischen Umarbeitung des unmittelbaren Lebensstoffes, erscheinen hier konkret, lebendig mit der Praxis verknüpft. Wir können die Kunstwerke in ihrem Entstehungsprozeß studieren, indem wir die ersten Projekte und die Zwischenstadien mit den fertigen Werken vergleichen, indem wir auf diese Weise den künstlerischen Wert der theoretischen Klärung und der praktischen Verbesserung Schritt für Schritt verfolgen. In solchen Dokumenten des Schaffensprozesses bedeutender Künstler liegt ein noch ungehobener Schatz unseres kritischen und literaturtheoretischen Erbes. Sehr viele Vulgarisierungen in der Auffassung der künstlerischen Probleme könnten bei einem tieferen und eingehenderen Studium des hier vorhandenen Erbes vermieden werden.

Selbstverständlich muß auch dieses Erbe kritisch bearbeitet werden. Sosehr wir an diese Dokumente als Lernende herantreten müssen, um durch ihr Studium die Probleme des Schaffensprozesses und der schöpferischen Methode gewissermaßen experimentell zu erlauschen, sowenig sind die Resultate solcher Dokumente unmittelbar auf unsere Theorie und Praxis anwendbar. Die allgemeine Ungunst des kapitalistischen Zeitalters für die Entwicklung der Kunst hat das sehr weit verbreitete Vorurteil hervorgebracht, als ob nur die Künstler selbst etwas Richtiges über die Kunst aussagen könnten. Hinter diesem Vorurteil ist insofern eine richtige Erkenntnis verborgen, als die bedeutenden Künstler die großen Probleme ihrer Entwicklungsperiode der Kunst mit der größten Intimität, in stärkster Verknüpfung mit der Praxis aussprechen und formulieren. Doch sie sprechen diese Probleme in einer so engen Verknüpftheit mit ihrer unmittelbaren Praxis aus, daß solche Aussagen erst einer eingehenden Untersuchung bedürfen, um aus Atelierwahrheiten zu allgemeinen kunsttheoretischen Wahrheiten zu werden.

Diese ergänzende Untersuchung, diese kritische Bearbeitung muß auf der Doppellinie des Historischen und des Systematisch-Ästhetischen vor sich gehen. Gerade in der unmittelbaren künstlerischen Praxis ist es selbst bei einem sehr hohen Grad der Bewußtheit für den bürgerlichen Künstler so gut wie unmöglich, die historischen Voraussetzungen seiner Problemstellungen wirklich klar zu sehen. Er erhält vom gegenwärtigen Leben einen bestimmten und bestimmt gearteten Stoff; er wird in eine bestimmte Tradition der Fragestellungen in bezug auf Formgebung hineingeboren. Er versucht, in diesem Komplex seinen Weg zu finden — einerlei, ob er sich zu diesem Stoff und zu dieser Formtradition bejahend oder verneinend verhält —, ohne eine wirkliche Klarheit über die wirklichen, entscheidenden gesellschaftlichen Kategorien, die beide bestimmen, zu besitzen, und in sehr vielen Fällen, ohne eine solche Klarheit auch nur anzustreben. Und in ästhetisch-systematischer Hinsicht folgt aus dem praktischen Charakter jener Äußerungen, daß sie sich selten bemühen, die technischen Probleme der unmittelbaren Praxis von den allgemeinen Problemen der künstlerischen Formgebung begrifflich zu trennen. Ja, im Gegenteil, der Reiz und das Lehrreiche solcher Äußerungen bestehen gerade darin, daß die Formprobleme in ihrer unmittelbaren Verknüpftheit mit den praktisch-technischen Problemen behandelt werden. Um aber hier wirklich und fruchtbar lernen zu können, muß der Leser lernen, diese Verknüpftheit begrifflich aufzulösen und sowohl historisch wie systematisch eine kritische Distanz zu den Äußerungen der großen Künstler über ihre eigene Praxis zu gewinnen.

Der Briefwechsel zwischen Goethe und Schiller, eines der wichtigsten Dokumente dieser Art, bildet selbstverständlich auch keine Ausnahme von dieser Regel. Freilich ist er in gewisser Hinsicht ein einzigartiges Dokument. Denn Goethe und Schiller waren nicht nur die bedeutendsten Schriftsteller ihrer Periode, sondern standen auch kunsttheoretisch auf der Höhe einer außerordentlichen philosophischen Entwicklung, der Entwicklung der idealistischen Dialektik in Deutschland, der Entwicklung der Philosophie und Kunsttheorie von Kant bis Hegel. Die theoretischen Werke Goethes und Schillers bilden eine der wichtigsten Etappen auf dem Entwicklungsweg der deutschen Philosophie und Ästhetik von der subjektiv idealistischen Dialektik Kants zu der objektiv idealistischen Dialektik Hegels.

Die tiefe und innige Verknüpfung hochentwickelter ästhetischer Theorie mit tiefem Eingehen auf die feinsten Details der künstlerischen Praxis ist das Einzigartige an diesem Briefwechsel. In ihrer theoretisch-praktischen Zusammenarbeit kritisieren Goethe und Schiller nicht nur wechselseitig ihre entstehenden und entstandenen Werke, sondern sind zugleich bemüht, bis zu den letzten Prinzipien der künstlerischen Formgebung, bis zu den letzten Prinzipien der Eigenart und der Trennung der literarischen Genres vorzudringen. Aber gerade die hohe philosophische Kultur, die die gedankliche Grundlage dieser Bestrebungen Goethes und Schillers bildet, macht eine historische und kritische Durcharbeitung dieses ihres Erbes notwendig. Denn ihre philosophische Kultur ist eben die Kultur der idealistischen Dialektik der klassischen Periode Deutschlands mit ihrer Größe in der Formulierung bedeutender und neuer Probleme, aber zugleich und davon untrennbar: mit ihrer idealistischen Verzerrung, mit ihrem idealistischen Auf-den-Kopf-Stellen dieser Probleme.

Die systematisch-kritische Durcharbeitung dieser Probleme kann nur von der historischen Analyse der Periode ausgehen, in der und für deren Bedürfnisse die Goethe-Schillerschen Bemühungen um eine große Kunst und um deren theoretische Begründung entstanden sind. Der Briefwechsel umspannt die Jahre 1794 bis 1805. Also die spätere Schaffensperiode Schillers: seine ästhetischen Schriften, seine Balladen, seine Dramen vom ‹Wallenstein› bis zum ‹Demetrius›-Fragment; bei Goethe: ‹Hermann und Dorothea›, die verschiedenen Eupläne, die Balladen, ‹Die natürliche Tochter›, die Wiederaufnahme der Arbeit am ‹Faust› usw. Die bürgerlichen Literaturhistoriker pflegen diese gemeinsame Schaffensperiode Goethes und Schillers als ‹klassische› der realistischen Jugendentwicklung schroff gegenüberzustellen. Oberflächlich angesehen, scheint ziemlich viel für eine solche Gegenüberstellung zu sprechen, insbesondere viele Äußerungen Goethes und Schillers selbst. Trotzdem ist diese schroffe Gegenüberstellung nicht richtig. Es besteht freilich ein Gegensatz zwischen der Jugendperiode und der späteren Entwicklung Goethes und Schillers. Dieser Gegensatz läßt sich aber nicht auf formal-künstlerische oder subjektiv-psychologische Motive (Unreife und Reife usw. nach der Meinung der bürgerlichen Literaturhistoriker) zurückführen. Er bedeutet vielmehr den Gegensatz und zugleich den Zusammenhang zweier historischer Entwicklungsetappen der bürgerlichen Klasse. Die Jugendperiode sowohl Goethes wie Schillers ist der letzte künstlerische

Gipfelpunkt der vorrevolutionären Aufklärungsperiode. Sowohl ihre Jugendpraxis wie die sie begleitenden Kunsttheorien stehen auf den Schultern der französisch-englischen Aufklärung des 18. Jahrhunderts. Sie bilden die letzte bedeutende Zusammenfassung der spezifischen Art des künstlerischen Realismus der Aufklärung, der Entwicklungsperiode der Bourgeoisie vor der Französischen Revolution. Die sogenannte klassische Periode Goethes und Schillers ist dagegen der erste Gipfel der nachrevolutionären künstlerischen Entwicklungsperiode der Bourgeoisie; jener Periode, deren größte realistische Gestalter Balzac und Stendhal sind und die in Heine ihren letzten Vertreter von europäischer Bedeutung findet. In ihren Grundzügen muß diese Periode von 1789 bis 1848 auch als eine Periode des großen Realismus gewertet werden, wenn dieser Realismus auch von dem der Aufklärungsperiode sich in sehr wesentlichen Zügen unterscheidet, wenn dieser Realismus auch in vielen seiner Etappen (insbesondere bei Schiller) sehr problematisch ist und oft ins Gegenteil umschlägt. Die Theorie und die Praxis der gemeinsamen Wirksamkeit Goethes und Schillers bilden die Brücke zwischen der Literatur der vorrevolutionären Aufklärung und der des nachrevolutionären Realismus. Besonders wichtig ist das Lebenswerk Goethes als ein lebendiges Hinüberwachsen der Literatur der ersten Periode in die folgende. Wir werden im Laufe der Analyse der Anschauungen Goethes und Schillers sehen, wie eine Reihe der wichtigen schöpferischen Probleme dieser nachrevolutionären Etappe bei ihnen bereits auftaucht und eine immer interessante, oft sehr tiefe Lösung findet.

Die Besonderheit dieser Goethe-Schillerschen Entwicklungsphase kann auch nur aus ihrer gesellschaftlichen Grundlage begriffen werden. Wenn wir sie als eine nachrevolutionäre Phase bezeichnen, so ist dabei wesentlich bestimmend, daß auf ihre formalen und inhaltlichen Probleme die große Tatsache des Ausbruchs der Französischen Revolution entscheidend eingewirkt hat. Denn es ist gerade ihre Eigenart, daß sie fast gleichzeitig mit der Französischen Revolution einsetzt und die verschiedenen Etappen der Entwicklung der ganzen Periode verfolgt. Während in Frankreich selbst die große literarische Widerspiegelung der revolutionären Umwälzungen erst nach dem Abschluß der ganzen Periode, erst nach dem Sturz Napoleons einsetzt, während auch das industriell höchst entwickelte England seine bedeutenden literarischen Reaktionen auf diese Entwicklungsperiode erst später zeigt, setzt die unmittelbare und literarisch außerordentlich hochstehende schriftstellerische Reaktion auf jenes Weltereignis in dem ökonomisch und politisch zurückgebliebenen Deutschland am raschesten ein. Diese rasche Reaktion hängt sicherlich gerade mit der Zurückgebliebenheit Deutschlands sehr eng zusammen. Die Zurückgebliebenheit in der kapitalistischen Entwicklung hat für Deutschland die bürgerliche Revolution als politische Tatsache damals noch nicht auf die Tagesordnung gestellt. Die kapitalistische Entwicklung war jedoch genügend fortgeschritten, um eine verhältnismäßig breite bürgerliche Elite hervorzubringen, die ideologisch die Vorbereitungsperiode der Französischen Revolution mitgemacht hat und die jetzt in ihrer Weise dichterisch und philosophisch auf den Umschlag der Vorbereitung in die Revolution selbst reagieren mußte. Die ökonomische wie politische Zurückgebliebenheit Deutschlands bei dieser Ungleichmäßigkeit der Entwicklung bestimmt die ganze Eigenart dieser Reaktion und damit die Eigenart des dichterischen Gipfelpunkts dieser Tendenzen in Deutschland, der schöpferischen Probleme und Lösungen Goethes und Schillers. Der entscheidende Zug aller deutschen Reaktionen auf die Französische Revolution ist ihr vorwiegend ideologischer Charakter. Die Umsetzung der Theorie in die Praxis gehört zu den allerseltensten Ausnahmen (Georg Forster). Damit hängt einerseits zusammen, daß die Gegensätze innerhalb der revolutionären Klasse selbst, innerhalb der Bourgeoisie, notwendig viel weniger zugespitzt sein konnten, als sie in Frankreich gerade in der Revolution und infolge der Revolution waren.

Dieser geringere Grad der Zuspitzung der Klassengegensätze läßt auf ideologischem Gebiete — mit sehr verändertem Inhalt — ähnliche Typen der Problemstellungen und Lösungen entstehen, wie sie in Frankreich nur in der vorrevolutionären Periode möglich waren: nämlich die Fragen rein vom allgemein menschlichen Standpunkt aus zu stellen (d. h. vom Standpunkt der bürgerlichen Klasse als Führerin aller vom Feudalismus unterdrückten Gesellschaftsschichten). Diese allgemein bürgerliche Form der Fragestellungen und die synthetische Form ihrer Beantwortung schließen selbstverständlich sehr scharfe Gegensätze zwischen den verschiedenen Richtungen innerhalb der bürgerlichen Klasse nicht aus. Diese scharfen Gegensätze widerspiegeln die objektiv ökonomisch vorhandenen widerspruchsvollen Tendenzen innerhalb der zum politischen Handeln noch nicht herangereiften bürgerlichen Klasse. Sie werden aber, da der Zeitpunkt des politischen Handelns objektiv noch nicht gekommen ist, auf rein ideologischem Gebiet ausgetragen. Der allgemeine Charakter dieser Lage wirkt nicht nur in der Richtung, daß die Problemstellungen und Lösungen einen solchen allgemein bürgerlichen, synthetischen Charakter erhalten, sondern bestimmt zugleich ihren idealistisch-utopischen Charakter. Die konkrete Nachwirkung dieser allgemeinen Lage der deutschen Bourgeoisie, ihrer ökonomischen und politischen Schwäche bei bereits vorhandener ideologischer Führerrolle in der Gesellschaft, bringt als allgemeine Tendenz gerade in den führenden Schichten der bürgerlichen Ideologen jene Richtung hervor, deren bedeutendste Repräsentanten Goethe und Schiller geworden sind. Diese Richtung tendiert zu einer Verschmelzung der Spitzen von Bourgeoisie und Adel auf der Grundlage einer allmählichen, schrittweisen Verbürgerlichung des ökonomisch-politischen Lebens in Deutschland, d. h. sie erstrebt bestimmte soziale Resultate von 1789 ohne Revolution. Sie lehnt die revolutionäre Methode, insbesondere die Mobilisierung der ‹Plebejer›, wie Engels sagt, für die Ziele der bürgerlichen Revolution entschieden ab. Gleichzeitig aber bejaht sie die ökonomischen und politischen Inhalte von 1789, sie propagiert schrittweise die evolutionäre Liquidierung des Feudalismus in Deutschland unter der gemeinsamen Führung des kulturell entwickeltsten Teiles der Bourgeoisie zusammen mit dem sich verbürgerlichenden, den Feudalismus freiwillig liquidierenden Teil des Adels.

Diese Stellungnahme zur Französischen Revolution, dieses aus der Ablehnung der revolutionären Methode und aus der Annahme des sozialen Inhalts der Revolution entspringende Programm bildet die gemeinsame Grundlage für das Weimar-Jenaer Zusammenwirken Goethes und Schillers, bildet die gesellschaftlich-ideologische Grundlage für den deutschen ‹Klassizismus›, für die erste Etappe der europäischen Literaturentwicklung von 1789 bis 1848. Diese Gemeinsamkeit der grundlegenden ökonomisch-politischen Auffassungen und Ziele ist letzten Endes der Schlüssel zur Freundschaft Goethes und Schillers. Sie ist, so könnte man ein wenig paradox zugespitzt sagen, eine politische Freundschaft, die Bildung eines politischen Blocks auf kulturell-ideologischem Gebiete. Und dieser Charakter ihres Zusammenwirkens erklärt dann sowohl die außerordentliche Tiefe und Intimität ihrer Zusammenarbeit wie zugleich die Grenzen ihrer Freundschaft, welche die bürgerlichen Literaturhistoriker entweder zu vertuschen versuchen oder durch ‹tiefsinnige› psychologische Hypothesen erklären wollen.

Zur Bildung solcher literarhistorischer Legenden hat freilich der alte Goethe selbst einiges beigetragen. Seine Darstellung der Hemmnisse der Freundschaft mit Schiller und des allmählichen Entstehens dieser Freundschaft in seinen ‹Annalen› leidet darunter, daß er seinen Standpunkt nach der italienischen Reise mit dem Sturm-und-Drang-Standpunkt Schillers kontrastiert, obwohl jener Schiller, dem er damals in Weimar und Jena begegnet ist, schon längst nicht mehr der Dichter der Dramen ‹Die Räuber› und ‹Kabale und Liebe› gewesen ist. Die gemeinsame gesellschaftliche Tendenz Goethes und Schillers war schon jahrelang vor ihrer Freundschaft wirksam, aber es mußten sich in der deutschen Intelligenz jene Differenzierungen, die die Französische Revolution hervorgebracht hat, durchsetzen, damit diese gemeinsame Tendenz über die vorhandenen persönlichen Differenzen, die ebenfalls gesellschaftlich bedingt waren, triumphierte.

In seinem Memoirenwerk ‹Kampagne in Frankreich› gibt Goethe ein anschauliches Bild dieser Differenzierungen, dieser Scheidungen der Wege. Er beschreibt seinen Besuch in Mainz bei Sömmering, Huber und Forster und erzählt, daß man bei diesem Zusammensein ängstlich vermieden hat, auch nur ein Wort über die Zeitereignisse fallenzulassen. ‹Von politischen Dingen war die Rede nicht; man fühlte, daß man sich wechselseitig zu schonen habe: denn wenn sie republikanische Gesinnungen nicht ganz verleugneten, so eilte ich offenbar, mit einer Armee zu ziehen, die eben diesen Gesinnungen und ihrer Wirkung ein entschiedenes Ende machen sollte.›

Aber selbstverständlich konnte keine liebenswürdige Diplomatie im persönlichen Verkehr die vorhandenen objektiven Gegensätze überbrücken oder auch nur auf die Dauer vertuschen. Bekanntlich löste sich gerade in dieser Periode die alte Freundschaft, die Goethe mit Wieland und Herder verband; die Mainzer Ergebnisse führten zu einem schroffen Bruch zwischen Schiller und seinem Jugendfreund Huber usw.

Aber der Zerfall des persönlichen Zusammenwirkens zeigt sich nicht nur in der Richtung des Abfalls eines Teils der bisherigen Weggenossen nach links unter dem Einfluß der Französischen Revolution, sondern auch in der entgegengesetzten Richtung. Ich verweise nur auf die Konflikte Goethes mit dem Grafen Stolberg, mit Schlosser usw. Goethe selbst hat diesen seinen Standpunkt in einem Brief an seinen Freund Meyer sehr klar ausgesprochen. Es handelt sich dort – zwei Jahre nach Beginn der Freundschaft mit Schiller – um die Aufnahme August Wilhelm Schlegels in den Kreis der Mitarbeiter Goethes und Schillers. Und Goethe schreibt über ihn: ‹Leider ist freilich schon bemerklich, daß er einige demokratische Tendenz haben mag, wodurch denn manche Gesichtspunkte sogleich verrückt und die Übersicht über gewisse Dinge ebenso schlimm als durch die eingefleischt aristokratische Vorstellungsart verhindert wird.› Und in voller Übereinstimmung mit den hier ausgesprochenen Anschauungen begrüßt er sehr objektiv und sehr kühl in einem Brief an Fritz von Stein (Sohn der Charlotte von Stein) die beginnende Freundschaft mit Schiller als eine Zusammenarbeit ‹zu einer Zeit, wo die leidige Politik und der unselige körperlose Parteigeist alle freundschaftlichen Verhältnisse aufzuheben und alle wissenschaftlichen Verbindungen zu zerstören droht›.

Es ist selbstverständlich, daß diese gesellschaftlich-politische Gemeinsamkeit der Tendenzen die tiefgreifenden Differenzen zwischen Goethe und Schiller für keinen Augenblick aufheben kann, daß also ihrer Freundschaft von Anfang an bestimmte Grenzen gesetzt sind. Goethe steht von Anfang an auf einem aufklärerisch-humanistischen, im wesentlichen evolutionären Standpunkt. Sein Realismus verhilft ihm dazu, diese Gesamtanschauung durch die Periode der Französischen Revolution hindurch zu bewahren und den neuen Verhältnissen ideologisch anzupassen. Schiller ist ein kleinbürgerlich-idealistischer Revolutionär, dessen revolutionärer Humanismus, dessen ideologischer Ansturm gegen das feudal-absolutistische Deutschland schon vor der Französischen Revolution zum Scheitern kommt. Aus dem Zusammenbruch seiner Jugendideale arbeitet er sich zu einer vielfach ähnlichen Haltung gegenüber der Französischen Revolution durch wie Goethe, aber bei aller inhaltlichen Gemeinsamkeit behält seine Stellungnahme doch weiter eine kleinbürgerlich-idealistische Nuance, die in sämtlichen Fragen von den wichtigsten schöpferischen Problemen bis zu denen des persönlichen Lebens überall zum Ausdruck gelangt. Mehring hat nicht unrecht, wenn er in Schillers kleinlich-kleinbürgerlichem moralisierendem Verhalten zu Goethes Lebensgefährtin Christiane Vulpius den Grund der zunehmenden Kühle in den persönlichen Beziehungen zwischen Goethe und Schiller sieht.

Aber es handelt sich doch hier mehr um ein Symptom dieser Gegensätzlichkeit als um den Grund selbst. Die verschiedenen Äußerungen Goethes und Schillers über ihr persönliches Verhältnis (bei Goethe mehr nachträglich, z. B. in den Gesprächen mit Eckermann, bei Schiller in gleichzeitigen Briefen an Körner und Humboldt) zeigen, daß diese Differenzen auf allen Gebieten und ständig vorhanden waren und sich im Lauf der Zeit immer mehr vertieften. Der Gegensatz zeigt sich bereits in dem entscheidenden Gespräch, mit dem ihre Freundschaft beginnt, in dem Gespräch über Goethes ‹Metamorphose der Pflanzen›. Wenn hier Schiller das Goethesche ‹Urphänomen› nicht als Erfahrung, sondern als bloße Idee bezeichnet, also die Goethesche halbmaterialistische Dialektik ins Kantische übersetzte, so war von beiden Seiten große Diplomatie notwendig, um nicht gleich hier zu einem Bruch zu kommen. Derselbe Gegensatz geht durch ihre ganze schöpferische Methode hindurch. Die Charakteristik, die der späte Goethe über die Prinzipien der schöpferischen Methode gibt, ist fast immer — zumeist uneingestanden — gegen Schiller gerichtet; die polemische Spitze kommt freilich nicht selten klar zum Ausdruck, so z. B. wenn Goethe in der ‹Epoche der forcierten Talente› Schiller und die Romantik in dieser Hinsicht zusammenstellt. Wir führen nur eine sehr bezeichnende Äußerung Goethes aus seiner späten Epoche an: ‹Es ist ein großer Unterschied, ob der Dichter zum Allgemeinen das Besondere sucht, oder im Besonderen das Allgemeine schaut. Aus jener Art entsteht Allegorie, wo das Besondere nur als Beispiel, als Exempel des Allgemeinen gilt; die letztere aber ist eigentlich die Natur der Poesie; sie spricht ein Besonderes aus, ohne ans Allgemeine zu denken oder darauf hinzuweisen. Wer nun dieses Besondere lebendig faßt, erhält zugleich das Allgemeine mit, ohne es gewahr zu werden, oder erst spät.› (Maximen und Reflexionen.)

Freilich bedeutet dieser Gegensatz der Weltanschauungen und der schöpferischen Probleme kein Hindernis der Zusammenarbeit, ja macht sie zeitweilig für beide außerordentlich fruchtbar. Dies um so mehr, als einerseits Schiller über den Zusammenhang der Problematik seines Schaffens mit dem Idealismus sich sehr im klaren war und stets bemüht gewesen ist, diese mit Goethes Hilfe zu korrigieren. Außerordentlich charakteristisch ist hierfür die briefliche Debatte über die Umarbeitung von Schillers Ballade ‹Die Kraniche des Ibykus›, eine Debatte, in der Schiller die einfachsten anschaulichen Tatsachen, z. B. daß die Kraniche in Zügen fliegen, aus Goethes Kritik erfährt, zugleich aber diese Erkenntnis mit bewundernswerter Raschheit und Entschiedenheit für seine Ballade dichterisch verwertet. Andererseits hat Goethe, bei aller allgemeinen Ablehnung der idealistischen Züge im Schaffen Schillers, bei aller Kritik im einzelnen gegenüber Schiller die höchste Bewunderung für die Energie, mit der dieser aus einem dürftigen Anschauungsmaterial zum Wesentlichen vordringt und dieses Wesentliche dichterisch anschaulich gestaltet. So schreibt er von einer Rheinreise an Schiller, daß die Beobachtung der Wasserfälle die Beschreibung Schillers in der Ballade ‹Der Taucher› durchaus bestätigt hat. Schiller antwortet darauf sehr charakteristisch: ‹Ich habe diese Natur nirgends als etwa bei einer Mühle studieren können, aber weil ich Homers Beschreibung von der Charybde genau studierte, so hat mich dieses vielleicht bei der Natur erhalten.›

Im Briefwechsel selbst lassen sich deutlich zwei Perioden unterscheiden, deren Grenze ungefähr Schillers Übersiedlung nach Weimar (1800) ist. Die Abkühlung erscheint besonders stark von Goethes Seite. Es ist sehr bezeichnend, daß, während er an der Entstehung des ‹Wallenstein› den lebhaftesten theoretischen und praktischen kritischen Anteil nimmt, seine Kritik an Schillers späteren Dramen sich auf kurze und höfliche Komplimente beschränkt, während Schiller trotz seiner kritischen Bemerkungen über Goethe, die er seinen engeren Freunden gegenüber äußert, an der Entstehung des ‹Faust› noch immer einen leidenschaftlichen kritischen Anteil nimmt.

Wir können also zusammenfassend sagen, daß die gesellschaftlich-politische Zusammengehörigkeit den Rahmen der gemeinsamen Wirksamkeit Goethes und Schillers bestimmt. Im Zentrum dieser Zusammenarbeit steht das Trachten nach Schaffung einer *bürgerlich-klassischen Kunst*. Die Versuche, die großen theoretischen Probleme der Kunst zu klären, stehen ausnahmslos im Dienst dieser dichterisch-praktischen Frage. Und sosehr Goethe und Schiller, wie wir im folgenden sehen werden, die Analyse der griechischen Kunst und ihrer Theorie dazu ausgenutzt haben, die ganz allgemeinen Gesetze der Kunst, die Gesetze der einzelnen Genres unabhängig von den historischen Bedingtheiten aufzudecken, sosehr ist ihnen beiden jederzeit bewußt, daß die Kunst, der sie zustreben, der Ausdruck jener großen Zeit ist, die mit der Französischen Revolution begonnen hat.

Schiller hat diese Stellung der Kunst in der Zeit, die Aufgabe der Kunst dieser Zeit in seinem ‹Prolog zum Wallenstein› ganz klar ausgesprochen.

> ‹Und jetzt an des Jahrhunderts ernstem Ende,
> Wo selbst die Wirklichkeit zur Dichtung wird ...
> Jetzt darf die Kunst auf ihrer Schattenbühne
> Auch höhern Flug versuchen, ja sie muß,
> Soll nicht des Lebens Bühne sie beschämen.›

Die Gemeinsamkeit dieser Tendenz bei Goethe und Schiller ist um so augenfälliger, als sie in beiden bereits vor ihrer Zusammenarbeit, bereits unter dem Einfluß der Französischen Revolution eingesetzt hat. Goethe hat seinen ‹Wilhelm Meister› schon vor der Aufnahme der intimen Beziehung zu Schiller im wesentlichen zu Ende geführt, und gerade der ‹Wilhelm Meister› ist am meisten programmatisch für seine oben geschilderte Stellungnahme zu den gesellschaftlichen Problemen der Epoche. Der ‹Wilhelm Meister› klingt aus in die begeisterte Propaganda der Kapitalisierung der Landwirtschaft unter freiwilligem Abbau der feudalen Überreste; er klingt aus in die Propaganda der Verschmelzung zwischen den fortgeschrittenen Vertretern des Adels und denen des gebildeten Bürgertums (drei Ehen zwischen Adligen und Bürgerlichen). Freilich ist die erste Konzeption des ‹Wilhelm Meister› ein Produkt der vorrevolutionären Periode (1778 bis 1785), aber der erste ‹Wilhelm Meister› behandelt nur die Auseinandersetzung mit Kunst und Theater; die große gesellschaftliche Perspektive gehört ausschließlich der zweiten Fassung an. Ebenso wurde das komische Epos ‹Reineke Fuchs›, in welchem Hegel mit Recht eine großartige satirische Darstellung der bürgerlichen Gesellschaft erblickt, noch vor der Zusammenarbeit mit Schiller abgeschlossen. Die gleichzeitige Niederschrift der ganz schwachen Komödien gegen die plebejischen Tendenzen der Französischen

Revolution (‹Die Aufgeregten›, ‹Der Bürgergeneral›) bildet die notwendige Ergänzung der von uns bereits analysierten politischen Linie Goethes.

Schillers wesentliche poetische Produktion der späteren Periode setzt allerdings erst nach der Zusammenarbeit mit Goethe ein, obwohl schon früher etliche Gedichte entstanden sind (z. B. ‹Die Götter Griechenlands›), in denen seine neue Tendenz klar zum Ausdruck kommt. Aber die Geschichtsschreibung Schillers steht bereits im Dienst dieser von uns geschilderten Tendenzen. Im Vorwort zum ‹Abfall der Niederlande› wird klar ausgesprochen, daß eine bürgerliche ‹Musterrevolution›, eine Revolution, wie sie zu sein hat, dargestellt werden soll. Die ‹Geschichte des Dreißigjährigen Krieges› beschäftigt sich mit einem anderen großen Problem der bürgerlichen Revolution: mit der feudalen Zerrissenheit der nationalen Einheit Deutschlands und mit den Versuchen ihrer Wiederherstellung. Und die Auseinandersetzung Schillers mit Kant, die Serie seiner ästhetischen Schriften ist, wie dies bereits Mehring richtig erkannt hat, eine gedankliche Auseinandersetzung mit den Problemen der Französischen Revolution. Auch gipfelt bekanntlich die theoretisch-ästhetische Tätigkeit Schillers, freilich bereits in der Zeit der Zusammenarbeit mit Goethe, in einer philosophischen Theorie der spezifischen Eigentümlichkeiten der modernen, der bürgerlichen Kunst (‹Über naive und sentimentalische Dichtung›).

Diese Tendenzen erstarken in beiden während der gemeinsamen theoretischen und praktischen Tätigkeit. Es entstehen gemeinsame Publikationsorgane zur theoretischen, praktischen und polemischen Propaganda ihrer Anschauungen: ‹Die Horen›, der ‹Musenalmanach›, die ‹Propyläen›, die Bemühungen um Repertoire und Ensemble des Weimarer Theaters usw. Der Briefwechsel zwischen ihnen, insbesondere sein erster Teil, enthält die internen theoretischen Auseinandersetzungen für diese gemeinsame Wirksamkeit, für den Kampf um eine bürgerlich-klassische Kunst.

Im Vordergrund dieser Auseinandersetzungen steht das *Problem der Form*. Deshalb, und weil Goethe und Schiller das Vorbild und die Grundlage für die Lösung des Formproblems stets in der griechischen Kunst gesucht haben, wird ihre gemeinsame Wirksamkeit zumeist mit dem Terminus ‹Klassizismus› bezeichnet. Wir werden aber im folgenden wiederholt sehen können, daß es sich bei Goethe und Schiller keineswegs um den Versuch einer einfachen Nachahmung der Antike handelt, sondern um die Erforschung ihrer Formgesetze und um die Anwendung dieser Formgesetze auf die Stoffe, die den Dichtern die moderne Zeit bietet. Dieser Schritt hinaus über die einfache Nachahmung der Antike, hinaus über ihre mechanische Behandlung als Vorbild auf der Grundlage der Nachahmung von Äußerlichkeiten ist in Deutschland bereits durch Lessing getan worden. Goethe und Schiller gehen aber in dieser Behandlung der Antike wesentlich weiter als Lessing (und Winckelmann). Unter Weiterbildung der Theorie Hirts wird bei ihnen innen die Kategorie des Charakteristischen als wesentliches Kennzeichen der antiken Kunst herausgearbeitet, wobei sie freilich, im Gegensatz zu Hirt, bestrebt sind, aus dem Charakteristischen ein bloßes Moment der Schönheit zu machen. Sie streben also eine dialektische Syn-

these des Charakteristischen mit dem Winckelmann-Lessingschen Schönheits-
begriff der rein harmonischen ‹edlen Einfalt und stillen Größe› an. (Am klarsten sind diese Versuche der Synthese in Goethes Aufsatz ‹Der Sammler und
die Seinigen› ausgesprochen.)

Der Zusammenhang dieser Bestrebungen mit den spezifischen Problemen der
Gegenwart wird von Goethe und Schiller klar erkannt und wiederholt ausgesprochen. In einem sehr interessanten Aufsatz ‹Literarischer Sansculottismus›
(1795) wirft Goethe die Frage auf, wer eigentlich ein klassischer Schriftsteller sei
und weshalb es in Deutschland keine klassischen Schriftsteller im eigentlichen
Sinne geben könne. Er sagt: ‹Wer mit den Worten, deren er sich im Sprechen
oder Schreiben bedient, bestimmte Begriffe zu verbinden für eine unerläßliche
Pflicht hält, wird die Ausdrücke *klassischer Autor, klassisches Werk* höchst selten gebrauchen. Wann und wo entsteht ein klassischer Nationalautor? Wenn er
in der Geschichte seiner Nation große Begebenheiten und ihre Folgen in einer
glücklichen und bedeutenden Einheit vorfindet; wenn er in den Gesinnungen
seiner Landsleute Größe, in ihren Empfindungen Tiefe und in ihren Handlungen Stärke und Konsequenz nicht vermißt; wenn er selbst, vom Nationalgeiste
durchdrungen, durch ein einwohnendes Genie sich fähig fühlt, mit dem Vergangenen wie mit dem Gegenwärtigen zu sympathisieren; wenn er seine Nation auf einem hohen Grade der Kultur findet, so daß ihm seine eigene Bildung leicht wird; wenn er viele Materialien gesammelt, vollkommene oder
nur unvollkommene Versuche seiner Vorgänger vor sich sieht und so viel
äußere und innere Umstände zusammentreffen, daß er kein schweres Lehrgeld
zu zahlen braucht, daß er in den besten Jahren seines Lebens ein großes Werk
zu übersehen, zu ordnen und in einem Sinne auszuführen fähig ist.› Und Goethe sieht auch ganz klar, daß zur Produzierung dieser gesellschaftlichen Bedingungen des klassischen Schriftstellers die wirkliche Liquidation des Feudalismus, die Durchführung der sozialen Inhalte der bürgerlichen Revolution
notwendig ist. In Konsequenz seiner allgemeinen politischen Linie spricht er
freilich diese Einsicht nur in negativer Form, aber doch sehr deutlich aus. Er
sagt: ‹Wir wollen die Umwälzungen nicht wünschen, die in Deutschland klassische Werke vorbereiten könnten.›

Die Notwendigkeit, die Probleme der klassischen Kunst von der Formseite
aufzuwerfen und zu lösen, ist bereits durch diese Auffassung der gesellschaftlich politischen Lage und ihrer Aufgaben durch Goethe und Schiller bedingt.
Aber diese Notwendigkeit hat noch tiefere, freilich ebenfalls historisch-gesell-
schaftliche Gründe. Goethe und Schiller haben, indem sie bestimmte gesellschaftskritische Tendenzen der Aufklärung weiterführen, eine klare Einsicht in
die ungünstige Einwirkung der Entwicklung des Kapitalismus auf die Entwicklung der Kunst. (Denken wir an Schillers Analyse der ungünstigen Wirkungen der kapitalistischen Arbeitsteilung in den ‹Briefen über ästhetische Erziehung›.) Die Arbeitsteilung zerreißt die unmittelbare Wechselwirkung zwischen Kunst und Gesellschaft, zerstört damit die produktive Einwirkung der
Forderungen des Publikums, der allgemeinen Bedingungen der Aufnahmefä-

higkeit, der gesellschaftlichen Vorbereitung der dichterischen Stoffe, der unmittelbaren gesellschaftlichen Bestimmung der Genres usw. Der Schriftsteller, der sich nicht von den bürgerlich-unmittelbaren, die Form zerstörenden und zersetzenden Tendenzen tragen lassen will, ist in der Frage der Formgebung auf sich selbst gestellt, ja gezwungen, in allen wesentlichen Formproblemen gegen den Strom zu schwimmen. Goethe schreibt über diese Lage des modernen Dichters an Schiller: ‹Leider werden wir Neueren wohl auch gelegentlich als Dichter geboren und wir plagen uns in der ganzen Gattung herum, ohne recht zu wissen, woran wir eigentlich sind; denn die spezifischen Bestimmungen sollten, wenn ich nicht irre, eigentlich von außen kommen und die Gelegenheit das Talent determinieren. Warum machen wir so selten ein Epigramm im griechischen Sinn? Weil wir so wenig Dinge sehen, die eins verdienen. Warum gelingt uns das Epische so selten? Weil wir keine Zuhörer haben. Und warum ist das Streben nach theatralischen Arbeiten so groß? Weil bei uns das Drama die einzige sinnlich reifende Dichtart ist, von deren Ausübung man einen gewissen gegenwärtigen Genuß erhoffen kann.›

Aus dieser gesellschaftlichen Lage, aus diesem Fehlen der von Goethe geforderten ‹Determination von außen› entsteht nach Goethe und Schiller die allgemeine Trübung der Formprobleme, das Schwanken der Kunst zwischen einem empirisch-kriecherischen Realismus und einer maniriert-idealistischen Phantastik, entsteht die allgemeine Verwirrung der Genres, die allgemeine Vermischung der Genres in der modernen Literatur und Kunst. Schiller schreibt über diese Frage an Goethe: ‹Überhaupt frage ich Sie bei dieser Gelegenheit, ob die Neigung so vieler talentvoller Künstler neuerer Zeiten zum *Poetisieren in der Kunst* nicht daraus zu erklären ist, daß in einer Zeit, wie die unserige, es keinen Durchgang zum Ästhetischen gibt, als durch das Poetische, und daß folglich alle auf Geist Anspruch machenden Künstler, eben deswegen, weil sie nur durch ein poetisches Empfinden geweckt worden sind, auch in der bildenden Darstellung nur eine poetische Imagination zeigen. Das Übel wäre so groß nicht, wenn nicht unglücklicherweise der poetische Geist in unseren Zeiten auf eine der Kunstbildung so ungünstige Art spezifiziert wäre. Aber da auch schon die Poesie so sehr von ihrem Gattungsbegriff abgewichen ist (durch den sie allein mit den nachahmenden Künsten in Berührung steht), ist sie freilich keine gute Führerin der Kunst, und sie kann höchstens negativ (durch Erhebung über die gemeine Natur), aber keineswegs positiv und aktiv (durch Bestimmung des Objekts) auf den Künstler einen Einfluß äußern.› Aus dieser Lage entsteht nach Schillers Auffassung die falsche Doppeltendenz der neueren Kunst: einerseits das Kleben an der unmittelbaren, empirischen Wirklichkeit, ohne bis zu den wesentlichen Bestimmungen des darzustellenden Gegenstands vorzudringen, und anderseits das idealistische Hinausgehen über die sinnliche Wirklichkeit.

Aus derselben Lage entsteht auch die ständige Vermischung der Genres. Goethe sagt in einem Brief an Schiller: ‹Es ist mir dabei recht aufgefallen, wie es kommt, daß wir Modernen die Genres sosehr zu vermischen geneigt sind, ja,

daß wir gar nicht einmal imstande sind, sie voneinander zu unterscheiden...
Diesen eigentlich kindischen, barbarischen, abgeschmackten Tendenzen sollte
nun der Künstler aus allen Kräften widerstehen, Kunstwerk von Kunstwerk
durch undurchdringliche Zauberkreise sondern, jedes bei seiner Eigenschaft
und seinen Eigenheiten erhalten, so wie es die Alten getan haben und dadurch
eben solche Künstler wurden und waren. Aber wer kann sein Schiff von den
Wellen sondern, auf denen es schwimmt? Gegen Strom und Wind legt man
nur kleine Strecken zurück.› Und Goethe führt hier detailliert aus, wie die ganze moderne Kunst auf die Malerei, die ganze moderne Literatur auf das Drama
zustrebt und dadurch die Formen der Plastik und des Epischen zersetzt und
zerstört.

Es liegt sehr nahe, bei solchen Äußerungen den Klassizismus Goethes und
Schillers festzustellen, und zweifellos sind in solchen Tendenzen bestimmte Elemente des Klassizismus vorhanden. Es wäre aber eine grobe Vulgarisierung der
Kunstanschauungen Goethes und Schillers, in ihrem Formsuchen nichts anderes
als Klassizismus zu erblicken. Wir werden gleich sehen, daß Balzac in seiner
Kritik Stendhals ebendieselben Tendenzen zum Malerischen und Dramatischen
als spezifische Wesenszeichen des modernen Romans auffaßt und bejaht. Allerdings bekämpfen Goethe und Schiller diese Tendenzen. Das reicht aber
nicht aus, um aus ihnen ‹Klassizisten› zu machen. Denn auch Stendhal stand
diesen Tendenzen – gerade bei Balzac – sehr kritisch gegenüber.

Das Hinausgehen über die klassizistischen Tendenzen äußert sich schon darin,
daß die Genres in den Augen Goethes und Schillers nicht voneinander mecha-
nisch-starr abgetrennte Gebilde sind, sondern daß Goethe und Schiller gleichzeitig mit der strengen Absonderung der Genres voneinander immer an ihre
dialektischen Zusammenhänge denken, an ihre dialektische Verbundenheit.
(Daß diese Dialektik besonders bei Schiller idealistisch ist, bringt, wie wir später sehen werden, eine Reihe von Verzerrungen in die Fragestellung und Lösung, ändert aber nicht das methodologische Hinausgehen über die klassizistisch schroffe Trennung der Genres.) Wir erwähnen nur eine Äußerung Schillers an Goethe über den dialektischen Zusammenhang zwischen Tragödie und
Epos: ‹Ich setze noch hinzu: Es entsteht daraus ein reizender Widerstreit der
Dichtung als *Genus* mit der *Spezies* derselben, der in der Natur wie in der
Kunst immer sehr geistreich ist. Die Dichtkunst als solche macht alles sinnlich
gegenwärtig, und so nötigt sie auch den epischen Dichter, das Geschehene zu
vergegenwärtigen, nur daß der Charakter des Vergangenseins nicht verwischt
werden darf. Die Dichtkunst, als solche, macht alles Gegenwärtige vergangen
und entfernt alles Nahe (durch Idealität), und so nötigt sie den Dramatiker, die
individuell auf uns eindringende Wirklichkeit von uns entfernt zu halten und
dem Gemüt eine poetische Freiheit gegen den Stoff zu verschaffen. Die Tragödie in ihrem höchsten Begriffe wird also immer zu dem epischen Charakter
*hinauf*streben und wird nur dadurch zur Dichtung. Das epische Gedicht wird
ebenso zu dem Drama *herunter*streben und wird nur dadurch den poetischen
Gattungsbegriff ganz erfüllen; just das, was beide zu poetischen Werken macht,

bringt beide einander nahe... Daß dieses wechselseitige Hinstreben zueinander nicht in eine Vermischung und Grenzverwirrung ausarte, das ist eben die eigentliche Aufgabe der Kunst, deren höchster Punkt überhaupt immer wieder dieser ist, Charakter mit Schönheit, Reinheit mit Fülle, Einheit mit Allheit usw. zu vereinbaren.› Daraufhin analysiert Schiller Goethes ‹Hermann und Dorothea› als Epos, das zur Tragödie, und seine ‹Iphigenie› als Drama, das zum Epos hinstrebt.

Diese dialektische Wechselwirkung der literarischen Genres, diese ihre gegenseitige Bereicherung aneinander ist ein typisches Kennzeichen der literarischen Theorie und Praxis der nachrevolutionären Periode. Vom Standpunkt der Theorie der Genres könnte man sogar den Kern der romantischen Ästhetik in der Betonung, freilich zugleich in der Überbetonung dieses Moments erblicken. Und wenn es den meisten romantischen Schriftstellern und Literaturtheoretikern auch nicht bewußt war, so stammt diese Tendenz eben aus der steigenden Widersprüchlichkeit des modernen bürgerlichen Lebens, die mit der alten Reinheit und Einfachheit der klassischen Form nicht mehr zu bewältigen war.

Die Unwiderstehlichkeit der romantischen Bewegung, die in den ersten Jahrzehnten des 19. Jahrhunderts die ganze europäische Literatur überflutete, beruht gerade darauf, daß sie ein organisches, notwendiges Produkt des heranwachsenden neuen Lebens war. Freilich hat die Romantik, wie bereits hervorgehoben wurde, die Dialektik des Ineinander-Übergehens der Formen bis zur Auflösung derselben, fast bis zur vollständigen Vermischung und Vernichtung der Genres getrieben; sie hat damit die neue Tendenz der entstehenden neuen Lebensformen bis zum äußersten outriert. Die gemeinsame Tendenz der wirklich großen Schriftsteller der Periode von 1789 bis 1848 besteht gerade darin, daß sie diese romantische Tendenz, als ein notwendiges Resultat der neuen Lebensformen, in ihre schöpferische Methode und in ihre Theorie der Literatur aufnehmen, jedoch nur als aufzuhebendes Moment, und daß sie gerade durch Aufhebung der romantischen Tendenzen versuchen, die neue große literarische Form zu schaffen. Der Kampf mit der Romantik ist zugleich der Kampf um die dichterische Bewältigung der neuen Lebensformen.

Dieser Kampf mit der Romantik erfolgt in Theorie und Praxis aller bedeutenden Dichter dieser Periode. Balzac zeigt im Vorwort zur ‹Comédie humaine› sehr klar die Bedeutung der Walter Scottschen Romantik für sein eigenes Schaffen, und er zeigt zugleich, daß die Überwindung dieser Romantik in Richtung auf einen großen gesellschaftlichen Realismus nur durch dialektische Steigerung und Aufhebung der romantischen Tendenzen möglich ist. Und in seiner außerordentlich bedeutenden Kritik der ‹Chartreuse de Parme› von Stendhal spricht er klar aus, daß es neben Klassik und Romantik noch eine dritte Richtung der Literatur gibt, die eine Synthese beider Richtungen anstrebt. Er sagt: ‹Ich glaube nicht, daß ein Gemälde der modernen Gesellschaft möglich wäre mit der strengen Methode der Literatur des 17. und 18. Jahrhunderts. Die Einführung des dramatischen Elementes, des Gleichnisses, des Bildes, der Beschreibung, des Dialoges scheint mir unbedingt notwendig in der modernen Literatur.›

Es ist selbstverständlich, daß diese Tendenzen bei Goethe und Schiller nicht so klar und bewußt hervortreten konnten wie später bei Balzac oder Heine. Die romantische Literaturbewegung als große europäische Kunstrichtung beginnt ja erst nach ihrer gemeinsamen Wirksamkeit; Goethe und Schiller erleben gemeinsam erst die Anfänge der deutschen Romantik, die Versuche der Brüder Schlegel, die romantische Kunst theoretisch zu formulieren, die ersten Werke Tiecks usw. Dazu kommt noch, daß sich Schiller, wie bekannt, vollständig ablehnend zu der Literaturtheorie der Schlegel verhielt. Um so interessanter ist es, daß der Sache nach diese Tendenzen sowohl bei Goethe wie auch bei Schiller auftreten und daß das spätere Grundproblem der großen europäischen Literatur, die Aufhebung der romantischen Tendenzen zu einem Moment eines großen realistischen Zusammenhangs, bei ihnen bereits vor dem Auftreten der Romantik als besondere literarische Richtung vorhanden ist. (Vergleiche insbesondere den ‹Wilhelm Meister› und Schillers briefliche Analyse und Kritiken dazu.)

Freilich ist diese Aufhebung hier ebensowenig vollständig gelungen wie bei den späteren großen Schriftstellern dieser Periode. Insbesondere in der späteren Dramatik Schillers, wo die romantischen Motive vor dem Auftreten der Romantik als großer europäischer Literaturströmung deutlich vorhanden sind, ist ihre Überwindung in den seltensten Fällen wirklich gelungen. ‹Die Braut von Messina› bleibt, trotz aller Versuche Schillers, ihr eine antike Notwendigkeit zu geben, doch das erste ‹Schicksalsdrama›; ‹Die Jungfrau von Orleans› zeigt wiederum jene romantische Auflösung der Einheit der dramatischen Form durch stimmungshaftes Zeitkolorit, durch Hineinspielen von Wunderlyrik wie das spätere romantische Drama von Tieck bis Victor Hugo usw. Der Tendenz nach ist freilich die Reduzierung der romantischen Motive auf ein aufgehobenes Moment die vorherrschende Richtung der Theorie und Praxis Goethes und Schillers. Und diese Richtung bestimmt im wesentlichen ihre theoretische Stellungnahme zu allen Stilfragen, die mit Aufnahme und Überwindung der romantischen Motive, mit der Anerkennung des gegenwärtigen Lebens als stoff- und formbestimmendes Moment für die Dichtung zusammenhängen. (Daß der alte Goethe die Romantik schroff ablehnt, hat mit diesem Problem nichts zu tun. Er lehnt die reaktionär-obskurantistisch gewordene deutsche Romantik ab, interessiert sich aber bis an sein Lebensende lebhaft für Walter Scott, Victor Hugo, Manzoni usw.)

Die dichterischen Bestrebungen Goethes und Schillers sowie ihr theoretischer Kampf um die Reinheit der literarischen Form bewegen sich also auf einer widerspruchsvollen Doppellinie. Ihren Ausgangspunkt bildet einerseits die Feststellung der Tatsache, daß alle moderne Kunst ihrem Wesen nach, von der historischen Lage aus, in der sie entstanden ist, unvollkommen, problematisch sein muß. Die großen kunsttheoretischen Abhandlungen ihrer Zusammenarbeit (‹Der Sammler und die Seinigen› von Goethe, ‹Über naive und sentimentalische Dichtung› von Schiller) begründen diese Feststellung theoretisch. Und Goethe kommentiert seinen Aufsatz in einem Brief an Schiller folgendermaßen: ‹Alle neueren Künstler gehören in die Klasse des *Unvollkommenen* und fallen also mehr oder weniger in die getrennten Rubriken. [Goethe versucht in seinem Aufsatz die typischen Unvollkommenheiten der modernen Künstler zu systematisieren. Die unten zitierten Bezeichnungen sind ‚Rubriken' aus diesem System. G. L.] ... Wenn man nun den Michelangelo zum *Phantasmisten*, den Correggio zum *Undulisten,* den Raffael zum *Charakteristiker* macht, so erhalten diese Rubriken eine ungeheure Tiefe, indem man diese außerordentlichen Menschen in ihrer Beschränktheit betrachtet und sie doch als Könige oder hohe Repräsentanten ganzer Gattungen aufstellt.› Goethe geht hier noch weiter in der Betonung der Problematik der modernen Kunst, als Schiller in seinem berühmten Aufsatz gegangen ist, denn er will auch in der Renaissance die moderne Problematik, wenngleich auf ganz hoher Stufe, erblicken, während Schiller Shakespeare als naiven, d. h. als einen den Griechen stilistisch verwandten und gleichwertigen Künstler behandelt hat. Anderseits betrachten Goethe und Schiller die Antike nicht als ein prinzipiell unerreichbares Vorbild, die Vollendetheit der antiken Kunst nicht als etwas *a priori* für den gegenwärtigen Künstler Unmögliches. Das Studium der Antike, die Entdeckung und Anwendung der Kunstgesetze der Praxis der Antike soll im Gegenteil dazu dienen, durch künstlerische Bewußtheit, durch volle Klarheit über die Gesetze der Formgebung die künstlerische Problematik der modernen Zeit zu überwinden.

Hierin kommt freilich zugleich die idealistische Seite dieser Kunsttheorie deutlich zum Ausdruck. Goethe und Schiller haben zwar zuweilen außerordentlich tiefe und klare Einblicke in den Zusammenhang zwischen der gesellschaftlichen Entwicklung ihrer Gegenwart und der Problematik der modernen Kunst. Sie sind aber nicht imstande, das Problem der künstlerischen Form als ein — freilich nicht mechanisches — Produkt der gesellschaftlichen Entwicklung aufzufassen. Die gesellschaftliche Determination der künstlerischen Form spielt zwar in ihrer Kunsttheorie eine große Rolle, sie sind aber infolge ihrer philosophisch-idealistischen Einstellung nicht imstande, aus ihren eigenen tiefen Einsichten in richtiger Weise alle richtigen Konsequenzen zu ziehen. Sie verirren sich in den idealistischen Utopismus, in die Illusion, Krankheiten, die aus dem gesellschaftlichen Sein entspringen, durch Heilung des künstlerischen Bewußtseins aus der Welt schaffen zu können, in die Illusion, die Problematik der modernen Kunst von der Formseite aus überwinden zu können.

Hierin und nicht in dem Zurückgehen auf die Antike liegt ein gewisser klassizistischer Zug der Ästhetik Goethes und Schillers. Die Erforschung der Kunstgesetze der Antike ist eine durchaus berechtigte und notwendige Tendenz, ohne die wirklich große Kunst schwerlich geschaffen, ohne die die Formgesetze der Kunst unmöglich erkannt werden können. Marx hat die Griechen die ‹normalen Kinder› der Menschheitsentwicklung genannt und in den großen Kunstschöpfungen der Griechen ‹Normen und unerreichbare Muster› gesehen. Freilich gilt bei Marx diese Norm nur in ‹gewisser Beziehung›. Das heißt, Marx fordert, daß die spezifischen Bedingungen, aus denen heraus Stoff und Form einer bestimmten Kunstperiode auf der Grundlage ihres gesellschaftlichen Seins entstehen, genau und konkret untersucht werden, daß also klar erkannt wird, welche Formen für eine bestimmte Periode der Kunstentwicklung angewendet und wie sie angewendet werden können. Marx sagt: ‹Die Schwierigkeit besteht nur in der allgemeinen Fassung dieser Widersprüche. Sobald sie spezifiziert werden, sind sie schon erklärt.› Die idealistische Grundeinstellung Goethes und Schillers hindert sie, diese Spezifikation konsequent durchzuführen.

Freilich steckt auch hinter solcher Unfähigkeit, dieses Problem richtig zu stellen und zu lösen, eine gesellschaftliche Notwendigkeit: die notwendige Problematik der ganzen modernen Kunst. Marx spricht davon, daß ‹die kapitalistische Produktion gewissen geistigen Produktionszweigen, wie der Kunst und Poesie, feindlich ist›. Diese Feindlichkeit empfinden alle bedeutenden modernen Künstler, und sie empfinden sie um so tiefer, je weiter die kapitalistische Produktion fortschreitet. Gerade die Periode der Französischen Revolution und die gleichzeitig siegreich vordringende industrielle Revolution in England bedeuten auch in dieser Hinsicht einen tiefen Einschnitt in der Entwicklung der modernen bürgerlichen Kunst und Kunsttheorie. Die naive Begeisterung, mit der die großen Realisten des 18. Jahrhunderts das bürgerliche Alltagsleben für die Dichtung erobert, mit der sie, ohne viel über die Form nachzudenken, den Typus des modernen Romans geschaffen haben, hört auf und macht einem erzwungenen Nachdenken über die Problematik dieses Seins und der ihm adäquaten künstlerischen Form Platz.

Dieses Nachdenken bewegt sich auf einer Doppellinie, deren Widersprüchlichkeit den Künstlern und Kunsttheoretikern sehr selten auch nur einigermaßen und niemals vollständig bewußt werden konnte. Es handelt sich dabei um die Verflechtung der folgenden beiden Probleme. Entweder soll aus dem Studium der Antike das System jener künstlerischen Gesetzmäßigkeit abgeleitet werden, mit deren Hilfe der Künstler die *spezifische Eigenart* des modernen Lebens ausdrücken kann. Also das Studium der Antike dient dazu, die Formen und die Formgesetze der *modernen bürgerlichen Periode* zu entdecken und aufzubauen. Oder aber es soll vermittels dieser Erkenntnis ein System allgemeiner ‹zeitloser› Gesetze erkannt werden, mit deren Hilfe auch in der Gegenwart – trotz der kunstfeindlichen Problematik des gegenwärtigen Lebens – eine klassische Kunst geschaffen werden kann, also die Überwindung der *gesellschaftlich-inhaltlichen Problematik der bürgerlichen Gegenwart* mit Hilfe der schöpferisch erneuerten antiken Form.

Der erste Weg, den von den modernen Künstlern Balzac am konsequentesten verfolgt hat, den auch Goethe in seinem ‹Wilhelm Meister› und in seinem ‹Faust› gegangen ist, führt zu der Theorie des modernen Romans, zu der rücksichtslosen Gestaltung der ganzen Problematik und unkünstlerischen Häßlichkeit des modernen Lebens, zur künstlerischen Überwindung dieser Problematik gerade durch das Zuendegehen dieses Weges. Daß dabei doch stets eine tiefe künstlerische Problematik bestehen bleiben muß, hat gerade Balzac am deutlichsten empfunden und klar ausgesprochen. Seine künstlerischen Bekenntnisnovellen, am klarsten sein ‹Chef d'œuvre inconnu›, zeugen davon, wie das konsequente Zuendegehen dieses Weges, den die spezifisch modernen Kunstprinzipien vorschreiben, zu einer Selbstauflösung, zu einer Vernichtung der künstlerischen Form führen muß.

Der andere Weg führt notwendig zu einer gewissen Abwendung von den tiefsten Fragen des modernen Lebens, zu einer gewissen Flucht vor dieser Problematik. Denn soll aus dem Stoff des modernen Lebens ein Formgebilde entstehen, das die antike Klarheit der Linienführung, die antike Einfachheit und Sparsamkeit der Komposition usw. enthält, so muß schon der Stoff von dieser ihm innewohnenden Problematik gereinigt und damit zu einem gewissen Abstand von den Zentralfragen des modernen Lebens gebracht werden. Goethes ‹Hermann und Dorothea› ist das typische Produkt dieses zweiten Weges, zweifellos jenes größere Werk Goethes, in welchem er der antiken Einfachheit und Größe künstlerisch am nächsten gekommen ist. Er hat aber dieses Ziel nur um den Preis erreicht, daß er das erstrebte Epos zur Idylle verengte. Er hat ungewollt — und unerkannt sowohl von ihm wie von Schiller — die tiefe Einsicht Schillers aus ‹Naive und sentimentalische Dichtung› bestätigt, die Elegie, Satire und Idylle als die typischen Formen des Modern-Sentimentalischen dargestellt und begründet hat. Trotz antiker Form ist ‹Hermann und Dorothea› ebenso sentimentalisch-problematisch wie der ‹Wilhelm Meister›, nur in anderer Weise.

Diese Gegenüberstellung von ‹Hermann und Dorothea› und ‹Wilhelm Meister› spielt eine große Rolle in dem Briefwechsel zwischen Goethe und Schiller. Beide sind sich klar darüber, daß der ‹Wilhelm Meister› der erste große Versuch ist, die Probleme des modernen bürgerlichen Lebens in Deutschland in bewegter Totalität, als umfassendes Gesamtbild darzustellen, daß mit ‹Wilhelm Meister› der neue Typus eines großen modernen Romans entstanden ist. Beide erkennen, daß die Größe dieses Romans gerade darin besteht, die Totalität dieser Probleme in einem großen epischen Zusammenhang zu gestalten, daß dementsprechend der ‹Wilhelm Meister› ein Roman ist, dessen Form ununterbrochen zur Größe des Epos hinaufstrebt. Sie haben damit ein wesentliches Kennzeichen des modernen Romans erkannt. Hegel nannte später den Roman die ‹moderne Epopöe›. Goethe und Schiller haben aber nicht erkannt und konnten nicht erkennen, daß das Mißlingen dieses Hinaufstrebens des Romans zum Epos ein Wesenszeichen und nicht ein ‹Fehler› des Romans ist. Von Fehler kann man nur insofern sprechen, als man von der künstlerischen Problematik der ganzen Kunst der bürgerlichen Periode spricht. Nur insofern man erkennt, daß die adäquate künstlerische Widerspiegelung eines in solcher Weise notwendig widerspruchsvollen Stoffes bloß eine in sich widerspruchsvolle Form, wie der bürgerliche Roman, sein kann, eine Form, deren Größe und Vollendung gerade in dem konsequenten Zuendeführen der ihr zugrunde liegenden Problematik liegt.

Goethe und Schiller haben diese Problematik der künstlerischen Form des Romans auch in der hohen Vollendung des ‹Wilhelm Meister› erkannt. Und sie haben die formale Tatsache, nämlich das Hinaufstreben zum Epos und das Mißlingen dieses Hinaufstrebens, ebenfalls klar gesehen. Aber sie haben, aus einseitiger Befangenheit in dem Ideal des antiken Epos, diese richtige Erkenntnis falsch, als ‹Fehler› des ‹Wilhelm Meister› bewertet. Goethe spricht einmal unwillig von ‹Wilhelm Meister› als ‹Pseudoepos›. Und Schiller spricht in einem Brief, in welchem er seinen endgültigen Gesamteindruck über den ‹Wilhelm Meister› zusammenfaßt, sehr klar die Begründung dieser einseitigen Auffassung aus. Er schreibt: ‹Auch den Meister habe ich ganz kürzlich wieder gelesen, und es ist mir noch nie so auffallend gewesen, was die äußere Form doch bedeutet. Die Form des Meister, wie überhaupt jede Romanform, ist schlechterdings nicht poetisch, sie liegt ganz nur im Gebiete des Verstandes, steht unter allen seinen Forderungen und partizipiert auch von allen seinen Grenzen. Weil es aber ein echt poetischer Geist ist, der sich dieser Form bediente und in dieser Form der poetischen Zustände ausdrückte, so entsteht ein sonderbares Schwanken zwischen einer prosaischen und poetischen Stimmung, für das ich keinen rechten Namen weiß. Ich möchte sagen: es fehlt dem Meister (dem Roman nämlich) an einer gewissen poetischen Kühnheit, weil er, als Roman, es dem Verstande immer recht machen will — und es fehlt ihm wieder an einer eigentlichen Nüchternheit (wofür er doch gewissermaßen die Forderung rege macht), weil er aus einem poetischen Geiste geflossen ist.› Und er stellt dieser Problematik des ‹Wilhelm Meister› die Vollendetheit von ‹Hermann und Dorothea› gegenüber. ‹Wer fühlt nicht alles das im Meister, was den Hermann so bezaubernd macht? Jenem fehlt nichts, gar nichts von Ihrem Geiste, er ergreift das Herz mit allen Kräften der Dichtkunst und gewährt einen immer sich erneuernden Genuß, und doch führt mich der Hermann (und zwar bloß durch seine rein poetische Form) in eine göttliche Dichterwelt, da mich der Meister aus der wirklichen Welt nicht ganz herausläßt.›

Es ist sehr charakteristisch, daß Schiller diesen Gegensatz rein auf die Form zurückführt und nicht sieht, daß hinter der verschiedenen Formgebung in beiden Werken verschiedene Stellungnahmen zum Lebensstoff selbst verborgen sind; damit verzerrt er in idealistischer Weise seine sonst so tiefe Konzeption von der Form. Es ist aber ebenso charakteristisch, daß Goethe auf diese Kritik mit dem Ausdruck seiner vollkommenen Übereinstimmung reagiert. Er schreibt: ‹Es freut mich, daß Hermann in Ihren Händen ist und daß er sich hält. Was Sie vom Meister sagen, verstehe ich recht gut, es ist alles wahr, und noch mehr. Gerade seine Unvollkommenheit hat mir am meisten Mühe gemacht. Eine reine Form hilft und trägt, da die unreine überall hindert und zerrt. Er mag indessen sein, was er ist, es wird mir nicht leicht wieder begegnen, daß ich mich im Gegenstand und in der Form vergreife, und wir wollen abwarten, was uns der Genius im Herbste des Lebens gönnen mag.› Goethe bewertet also hier den ‹Wilhelm Meister› als einen ‹Fehlgriff›. Beide entscheiden sich ohne Schwankungen für ‹Hermann und Dorothea› gegen ‹Wilhelm Meister›, für das zur Idylle verkleinerte Epos gegen den großen modernen Roman.

Wäre diese ihre Entscheidung in theoretischer und praktischer Hinsicht konsequent durchgeführt gewesen und geblieben, so könnte man wirklich vom Klassizismus ihrer gemeinsamen Tendenzen sprechen. Obwohl freilich auch ‹Hermann und Dorothea› dem Wesen nach viel weniger klassizistisch ist, als Goethe und Schiller in dieser ihrer Formbegeisterung vermeinten. Und dort, wo Goethe wirklich bestrebt war, aus der Formenerkenntnis der Antike heraus ‹echt klassische› Werke zu schaffen, ist er gescheitert. Er war viel zu sehr modern-realistischer Künstler, um den gegenwärtigen Lebensstoff jemals wirklich vergessen oder beiseite schieben zu können. ‹Hermann und Dorothea› verdankt seine Existenz und seine Form ebenso der Französischen Revolution wie das bewußt in klassizistischer Richtung gestaltete Drama ‹Die natürliche Tochter›. Und es ist kein Zufall, daß jene Pläne Goethes, die fast ganz rein aus Formenerkenntnis und Formbegeisterung entstanden (‹Achilleis›), Fragmente blieben. Für Schiller ist diese Tendenz zur reinen Form viel gefährlicher geworden (‹Die Braut von Messina›), obwohl auch bei ihm nicht zu verkennen ist, daß die Grundlage seiner späteren Dramen immer wieder die großen Probleme der Epoche bilden (Frage der nationalen Einheit usw.). Man würde aber ins entgegengesetzte, falsche und unhistorische Extrem verfallen, wenn man in der ‹klassizistischen› Tendenz Goethes und Schillers nun einen bloßen ‹Fehler› sähe. Es steckt hinter dieser widerspruchsvollen Fragestellung Goethes und Schillers eben doch das große zentrale Problem der modernen Kunst des 19. Jahrhunderts: die Frage der künstlerischen Überwindung der Häßlichkeit, des unkünstlerischen Charakters des bürgerlichen Lebens. Und will man diese Periode der modernen Kunstentwicklung richtig verstehen – und Goethes und Schillers gemeinsame Wirksamkeit leitet diesen letzten großen Aufschwung der bürgerlichen Kunst ein und bildet in vieler Hinsicht ihren Gipfelpunkt –, so muß man die realistischen Tendenzen in Goethes und Schillers ‹Klassizismus› trotz ihrer gewissen fluchtartigen Tendenzen, trotz bestimmter idealistischer Verzerrungen in ihren Problemlösungen richtig bewerten.

Bei Goethe liegen die Fragen viel offener und klarer als bei Schiller. Goethe ist zeit seines Lebens ein bedeutender Realist gewesen. Die Wendung zur klassizistischen Reinigung des Lebensstoffes ist bei ihm ein bewußtes Ausweichen vor den letzten tragischen Widersprüchen und Konflikten, die ihm das moderne Leben gestellt hat. Er spricht dies ganz offen aus, wenn er in einem Brief an Schiller über seine Unfähigkeit spricht, eine Tragödie zu schreiben: ‹Ich kenne mich zwar nicht selbst genug, um zu wissen, ob ich eine wahre Tragödie schreiben könnte; ich erschrecke aber bloß vor dem Unternehmen und bin beinahe überzeugt, daß ich mich durch den bloßen Versuch zerstören könnte.› Goethe sagt also hier sehr deutlich, daß sein Ausweichen vor den letzten Konsequenzen der Widersprüchlichkeit des modernen Lebens keineswegs auf künstlerische Erwägungen, auf Formprinzipien zurückgeht. Diese sind bloße Konsequenzen seiner Grundhaltung zum modernen Leben, und seine größten Werke sind gerade dadurch entstanden, daß er in entscheidenden Momenten diesen seinen Lebensinstinkt immer wieder überwunden hat.

Komplizierter liegt die Frage bei Schiller. Schiller war ein geborener Tragiker, dessen Lebenselement der Widerspruch in seiner tragischen Zuspitzung gewesen ist. Bei ihm scheint also die klassizistische Neigung rein aus Formerwägungen entstanden zu sein. Aber der Schein trügt. Einerseits entsteht diese Tendenz aus seiner politischen Stellungnahme zu den Problemen der nachrevolutionären Periode, aus seiner Ablehnung der revolutionären Methode des Sturzes des Feudalismus. Dadurch scheidet aus seiner Stoffwelt das tiefste tragische Problem seiner Epoche aus, und man kann, wenn man den ‹Wilhelm Tell› mit seinen Jugenddramen vergleicht, die formalen Konsequenzen dieser politischen Wendung sehr deutlich sehen. Anderseits wird Schillers richtige Fragestellung in bezug auf die stilistische Bewältigung der Probleme des modernen Lebens durch seinen philosophischen Idealismus verzerrt.

Goethe und Schiller führen stets einen berechtigten und richtigen Kampf gegen den kleinlichen photographischen Naturalismus ihrer Zeitgenossen. Dieser Kampf verzerrt sich aber bei dem philosophischen Idealisten Schiller zuweilen zu einer schroff antithetischen, ausschließenden Gegenüberstellung von ‹Wahrheit› und ‹Wirklichkeit›. Er sagt in der Einleitung zur ‹Braut von Messina› über das Verhältnis von Kunst und Wirklichkeit: die Kunst kann ‹wahrer sein als alle Wirklichkeit und realer als alle Erscheinung. Es ergibt sich daraus von selbst, daß der Künstler kein einziges Element aus der Wirklichkeit brauchen kann, wie er es findet, daß sein Werk in *allen* seinen Teilen ideell sein muß, wie es als ein Ganzes Realität haben und mit der Natur übereinstimmen soll.› Als philosophischer Idealist, der den Weg vom subjektiven Idealismus zum objektiven gesucht hat, konnte Schiller das Hinausgehen über die kleinliche Reproduktion der unmittelbaren Wirklichkeit nicht anders formulieren, als indem er die wesentlichen Bestimmungen des Lebens, die die Kunst gestalten soll, von jedem Zusammenhang mit dem Leben loslöst und als Bestandteile einer Ideenwelt auffaßt. Diese allgemeine Verzerrung der Probleme ins Idealistische steigert sich bei Schiller noch dadurch, daß er zwischen einer großartigen objektiven Auffassung der Widersprüche des historischen Lebens und einer moralisierenden Verengung dieser Probleme – philosophisch zwischen einem objektiven Idealismus, der aus ihm einen der wichtigsten Vorläufer Hegels macht, und einer bloßen Nachfolge, Auslegung und Anwendung des kantischen subjektiven Idealismus – hin und her schwankt. Seine künstlerische Praxis ist somit ein ziemlich genaues Spiegelbild seiner philosophischen Zwischenstellung zwischen Kant und Hegel. Neben monumentalen, zusammenfassend großartig historischen Gemälden, wie sie die dramatische Literatur seit Shakespeare nicht gekannt hat, findet man Verzerrungen der großen historischen Zusammenhänge in ein kleinliches, subjektives kantisches Moralisieren. Man denke etwa daran, wie großzügig historisch die Königin Elisabeth in ‹Maria Stuart› ursprünglich angelegt war, und was in der Ausführung aus ihr geworden ist.

Das trotz all dieser weltanschaulichen Verzerrungen berechtigte Grundproblem Goethes und Schillers ist also die Auffassung und Darstellung der wirklichen großen Widersprüche des modernen Lebens, die Erkenntnis, daß das kleinliche und allzu genaue Kleben an den Details des Alltagslebens ein Hindernis für die Gestaltung der großen Probleme in ihrer reinen Gestalt bildet. Ebenso berechtigt ist ihre Erkenntnis, daß das moderne bürgerliche Leben in dieser Beziehung einen gefährlich widerspruchsvollen Stoff für die Kunst bietet. Und zwar in doppelter Hinsicht. Es ist sehr interessant zu beobachten, daß Schiller trotz seiner idealistisch-philosophischen Tendenzen diese Doppelgefahr — den kleinlichen Pseudorealismus und die leer-idealistische Stilisierung (Rhetorik, Phantastik usw.) — ganz klar sieht und über die Gefährlichkeit der Tendenz der zweiten Art für sein eigenes Schaffen sich vollständig im klaren ist. Er befürchtet z. B. bei der Arbeit am ‹Wallenstein›, in eine gewisse Trockenheit zu verfallen. Diese Trockenheit, schreibt er an Goethe, ‹entstand aus einer gewissen Furcht, in meine ehemalige rhetorische Manier zu fallen, und aus einem zu ängstlichen Bestreben, dem Objekte recht nahe zu bleiben ... Es ist daher viel nötiger als irgendwo, wenn beide Abwege, das *Prosaische* und das *Rhetorische*, gleich sorgfältig vermieden werden sollen, eine recht reine poetische Stimmung zu erwarten.›

Den Ausweg aus diesen Schwierigkeiten suchen Goethe und Schiller eben durch die Erforschung der Formgesetze der antiken Kunst als Gesetze der Kunst überhaupt. Aber dieses Suchen ist nur scheinbar ein bloßes Suchen der Form. Der Formbegriff, mit dem Goethe und Schiller arbeiten, ist aufs allerengste mit den entscheidenden Problemen des Inhalts verknüpft. Mag die Formulierung des dialektischen Wechselverhältnisses zwischen Form und Inhalt bei Goethe und Schiller oft noch so mangelhaft oder idealistisch verzerrt sein, ihre Grundtendenz geht dahin, das dialektische Wechselverhältnis zwischen Form und Inhalt zu bestimmen.

Schiller formuliert die Bestrebungen beider in einem Brief an Goethe in zwei Punkten. Der erste Punkt ist die Bestimmung des künstlerischen Gegenstandes. ‹Vorderhand scheint mir, daß man mit großem Vorteil von dem Begriff der *absoluten Bestimmtheit des Gegenstandes* ausgehen könnte. Es würde sich nämlich zeigen, daß alle durch eine ungeschickte Wahl des Gegenstandes verunglückten Kunstwerke an einer solchen Unbestimmtheit und daraus folgenden Willkürlichkeit leiden.› Diese Bestimmung des Problems des künstlerischen Gegenstands, die Goethe von dieser Periode ab, oft mit einer pedantischen Genauigkeit verfolgte, leitet hinüber zu der Konkretierung der spezifischen Formprobleme, der Probleme der Genres. Schiller sagt darüber, anschließend an die oben zitierte Bemerkung: ‹Verbindet man mit diesem Satz nun den andern, daß die Bestimmung des Gegenstands jedesmal durch die Mittel geschehen muß, welche einer Kunstgattung eigen sind, daß sie innerhalb der besonderen Grenzen einer jeden Kunstspezies absolviert werden muß, so hätte man, deucht mir, ein hinlängliches Kriterium, um in der Wahl der Gegenstände nicht irregeleitet zu werden.› Man sieht also, daß bei Goethe und Schiller auch die Formprobleme im engeren Sinne aus der Beschaffenheit des künstlerischen Gegenstandes abgeleitet werden.

Goethe und Schiller lernen von den Griechen primär nicht einzelne formelle Eigentümlichkeiten (wie z. B. der französische Klassizismus des 17. Jahrhunderts es oft getan hat), sondern das künstlerische Grundgesetz, daß jedes Kunstwerk die wesentlichen Bestimmungen seines Gegenstandes klar und mit Notwendigkeit auszudrücken habe, daß die Kunst sich einerseits nicht in Details verlieren darf, die mit diesen wesentlichen Bestimmungen nur lose oder überhaupt nicht zusammenhängen, daß sie aber anderseits diese Bestimmungen vollständig und in ihrem richtigen Zusammenhang auszudrücken habe, daß jede Unklarheit oder subjektive Willkür in der Gestaltung dieser Bestimmungen für die Kunst verhängnisvoll werden muß.

Der spezifische Charakter der einzelnen Genres wird von diesem Grundgesetz abgeleitet. Die Eigentümlichkeit der Gegenstände, die Eigentümlichkeit des Zusammenhangs ihrer wesentlichen Bestimmungen schreibt bestimmte Formen des künstlerischen Ausdrucks vor. Solche typische Formen des künstlerischen Ausdrucks sind die Genres. Und es ist sehr interessant, im Laufe des Briefwechsels zu beobachten, wie leidenschaftlich und tief Goethe und Schiller jeden einzelnen Stoff daraufhin untersuchen, in welcher Form er die maximale, ja die einzig mögliche Art seines adäquaten Ausdrucks erhalten könne. Wir haben bereits in einem anderen Zusammenhang darauf hingewiesen, daß die Trennung der Genres bei Goethe und Schiller zwar sehr scharf, aber keineswegs schroff-mechanisch ist. Die Kritik, die Schiller an den Tragödien des italienischen Klassizisten Alfieri übt, zeigt, daß für sie beide das bloß abstrakte Herausarbeiten der wesentlichen Momente des Stoffes, selbst wenn dies den Gesetzen des betreffenden Genres entspricht, keineswegs ausreicht, daß sie dieses Herausarbeiten der wesentlichen Bestimmungen im griechischen und nicht im klassizistischen Sinne, also im Sinne eines großen Realismus und nicht im Sinne einer abstrakten Stilisierung, aufgefaßt haben. Schiller sagt über Alfieri: ‹Ein Verdienst muß ich ihm auf jeden Fall zugestehen, welches aber freilich zugleich einen Tadel enthält. Er weiß einem den Gegenstand zu einem poetischen Gebrauch zuzubringen und erweckt die Lust, ihn zu bearbeiten: ein Beweis zwar, daß er selbst nicht befriedigt, aber doch ein Zeichen, daß er ihn aus der Prosa und Geschichte glücklich herausgewunden hat.›

Die Theorie der Genres, die bei Goethe und Schiller mit einem erneuten und vertieften Studium der Poetik von Aristoteles zusammenhängt, geht auch von diesem Zentralproblem aus. Schiller formuliert seine Sympathie mit Aristoteles durchaus in aktuellem Sinn, im Sinne seines Kampfes gegen die Doppelgefahr in der modernen Kunst: ‹Der Aristoteles ist ein wahrer Höllenrichter für alle, die entweder an der äußeren Form sklavisch hängen oder die über alle Form sich hinwegsetzen.› Und er lobt Aristoteles besonders darum, weil er in der Fabel, in der Verknüpfung der Begebenheiten das zentrale Problem der ganzen Poesie erblickt. Er formuliert nun dieses Problem als Resultat seiner Studien und seiner dichterischen Arbeit am Wallensteinstoff folgendermaßen: ‹Ich finde, je mehr ich über mein eigenes Geschäft und über die Behandlungsart der Tragödie bei den Griechen nachdenke, daß der ganze *Cardo rei* in der Kunst liegt, eine poetische Fabel zu erfinden. Der Neuere schlägt sich mühselig und ängstlich mit Zufälligkeiten und Nebendingen herum, und über dem Bestreben, der Wirklichkeit recht nahezukommen, beladet er sich mit dem Leeren und Unbedeutenden, und darüber läuft er Gefahr, die tiefliegende Wahrheit zu verlieren, worin eigentlich alles Poetische liegt. Er möchte gerne einen wirklichen Fall nachahmen und bedenkt nicht, daß eine poetische Darstellung mit der Wirklichkeit eben darum, weil sie absolut wahr ist, niemals koinzidieren kann.›

Wie streng Goethe und Schiller in ihrer Zusammenarbeit diese entscheidend wichtige Forderung der künstlerischen Gestaltung, die entscheidende Rolle der Fabel, der Handlung in Epik und Dramatik genommen haben, können wir aus der Kritik sehen, die Schiller an Goethe über dessen Eposprojekt ‹Die Jagd› schrieb (Goethe hat im hohen Alter aus diesem Stoff seine ‹Novelle› geschrieben): ‹Ich erwarte Ihren Plan mit großer Begierde. Etwas bedenklich kommt es mir vor, daß es Humboldt damit auf dieselbe Art ergangen ist wie mir, ungeachtet wir vorher nicht darüber kommuniziert haben. Er meint nämlich, daß es dem Plan an individueller epischer Handlung fehle. Wie Sie mir zuerst davon sprachen, so wartete auch ich immer auf die eigentliche Handlung; alles, was Sie mir erzählten, schien mir nur der Eingang und das Feld zu einer solchen Handlung zwischen einzelnen Hauptfiguren zu sein, und wie ich nun glaubte, daß diese Handlung angehen sollte, waren Sie fertig.› Hier ist zugleich eine vernichtende und heute noch aktuelle Kritik jener in der Niedergangsperiode der Bourgeoisie vorherrschend gewordenen erzählenden Gestaltungsweise enthalten, die meint, mit der Darstellung eines Milieus und mit der Beschreibung eines in diesem Milieu üblichen allgemeinen Geschehnisses die Erfindung und Gestaltung einer wirklichen individuellen Fabel, die gerade in ihrer Individualität das typische Problem dieses Stoffes in seinen wesentlichen Bestimmungen ausdrückt, umgehen zu können.

Selbstverständlich begnügten sich Goethe und Schiller nicht mit dieser grundlegenden Bestimmung des Problems der Gestaltung in der Literatur. Ihr Hauptbestreben war gerade darauf gerichtet, innerhalb dieser Gemeinsamkeit die tiefgehende innere Verschiedenheit von Epik und Dramatik aufzudecken. Als Zusammenfassung einer langwierigen und außerordentlich interessanten brieflichen Diskussion hat Goethe seine kurze, sehr inhaltsreiche Abhandlung ‹Über epische und dramatische Dichtung› geschrieben. Er versucht in dieser Abhandlung, die allgemeinsten Formgesetze von Epik und Dramatik zu formulieren, indem er sowohl das Gemeinsame wie das Unterscheidende energisch hervorhebt. ‹Der Epiker und Dramatiker sind beide den allgemeinen poetischen Gesetzen unterworfen, besonders dem Gesetze der Einheit und dem Gesetze der Entfaltung; ferner behandeln sie beide ähnliche Gegenstände und können beide alle Arten von Motiven brauchen; ihr großer wesentlicher Unterschied beruht aber darin, daß der Epiker die Begebenheit als *vollkommen vergangen* vorträgt und der Dramatiker sie als *vollkommen gegenwärtig* darstellt.›

Damit trifft Goethe einen der allertiefsten bestimmenden Unterschiede von Epik und Dramatik. Und er illustriert diesen Gegensatz außerordentlich plastisch, wenn er von den personifizierten Vortragenden der beiden Genres, von dem Rhapsoden und dem Mimen ausgeht. (Die Tatsache, daß diese formalen Unterschiede und ihre Personifizierung auch bei Goethe sich idealistisch verselbständigen, daß der Mime und der Rhapsode sich von der gesellschaftlichen Grundlage etwas ablösen, ändert an der wesentlichen Richtigkeit der Goetheschen Gegenüberstellung nichts Entscheidendes.) Diese Gegenüberstellung konkretisiert Goethe in bezug auf die Art der Handlungsführung, indem er die in der Dichtung möglichen Motive der Handlungsführung systematisiert und jene, die vorwiegend episch oder dramatisch sind, von denen absondert, die in beiden Gattungen vorkommen könnten. Es ist nun sehr einfach und einleuchtend, daß die Gegenüberstellung des Vergangenen beziehungsweise Gegenwärtigen Goethe dazu führt, in den vorwärtsschreitenden Motiven, welche die Handlung fördern, die spezifisch dramatischen, in den rückwärtsschreitenden, welche die Handlung von ihrem Ziele entfernen, die vorwiegend epischen zu erblicken.

Er kommt zu dieser Gegenüberstellung von dem Studium der Homerischen Gedichte, insbesondere von dem der ‹Odyssee›; und es ist sehr interessant zu verfolgen, wie tief die Konzeption dieser Gegenüberstellung gerade mit seiner Konzeption des modernen Romans zusammenhängt, obwohl er die Romanform als problematisch betrachtet und in dem ‹Wilhelm Meister› bloß ein Pseudoepos sieht. Durch die Veränderung aller gesellschaftlichen Umstände, die den Gegensatz zwischen antikem Epos und modernem Roman hervorbringen, bekommt das rückwärtsschreitende Motiv für den modernen Roman eine ganz andere Bedeutung als für das antike Epos. Das Vorherrschen dieses Motivs im modernen Roman, wo es sich um den Kampf von Individuen innerhalb der Gesellschaft handelt, ist ein genaues Spiegelbild einer der zentralen Fragen des modernen bürgerlichen Romans, der Frage der Unmöglichkeit, einen aktiven positiven Helden zu gestalten. Das rückwärtsschreitende Motiv war im antiken Epos die objektive Schwierigkeit der Erfüllung eines großen, allgemein-nationalen, allgemein-gesellschaftlichen Schicksals. (Man denke in erster Linie an die ‹Ilias›.) Im bürgerlichen Roman drückt dieses Motiv die Herrschaft der gesellschaftlichen Umstände über das Individuum, das Sich-Auswirken der gesellschaftlichen Notwendigkeit durch die Kette scheinbarer Zufälligkeiten im Leben des Individuums aus. Schiller analysiert in sehr interessanter Weise, warum Lothario, die positivste Gestalt im ‹Wilhelm Meister›, unmöglich den Haupthelden abgeben könne. Er sieht zwar vorwiegend die formalen und psychologischen Ursachen dazu, hinter seinen Argumenten steckt aber das richtige Gefühl, daß eine so als ganz positiv konzipierte Gestalt sich im bürgerlichen Leben unmöglich als Mittelpunkt einer Handlung, durch Handlung ausdrücken könnte, daß gerade Wilhelm Meister durch seine Schwächen und Halbheiten viel besser geeignet ist, Träger einer solchen, die ganze Wirklichkeit umfassenden, alle wesentlichen Menschen und menschlichen Verhältnisse lebendig einbeziehenden Handlung zu sein.

Diese Gegenüberstellung, die Goethe und Schiller im Laufe des Briefwechsels in den verschiedensten Formulierungen variieren, wird bei ihnen auf eine ganze Reihe der wichtigsten spezifischen Probleme von Epik und Dramatik angewendet. Es ist hier unmöglich, diese Anwendungen auch nur andeutend anzuführen. Wir verweisen nur auf einige sehr bezeichnende Beispiele. Goethe betont z. B. den großen Unterschied zwischen der Exposition in Epik und Dramatik. Er sagt: ‹So hat auch das epische Gedicht den großen Vorteil, daß seine Exposition, sie mag noch so lang sein, den Dichter gar nicht geniert, ja daß er sie in die Mitte des Werkes bringen kann, wie dies in der Odyssee sehr künstlich geschehen ist. Denn auch diese retrograde Bewegung ist wohltätig; aber eben deshalb, dünkt mich, macht die Exposition dem Dramatiker viel zu schaffen, weil man von ihm ein ewiges Fortschreiten fordert, und ich würde das den besten dramatischen Stoff nennen, wo die Exposition schon ein Teil der Entwicklung ist.›

Schiller wendet nun diese Einsichten ununterbrochen auf seine eigene Praxis und auf die theoretische Formulierung dieser Praxis an. Und er nähert sich beim Zuendedenken dieser Probleme des dramatischen Aufbaus immer mehr jener Form des analytischen Dramas, die später für die Entwicklung der bürgerlichen Tragödie (insbesondere bei Hebbel und Ibsen) außerordentlich wichtig geworden ist. Er schreibt über dieses Thema: ‹Ich habe mich dieser Tage viel damit beschäftigt, einen Stoff zur Tragödie aufzufinden, der von der Art des Ödipus Rex wäre und dem Dichter die nämlichen Vorteile verschaffte. Diese Vorteile sind unermeßlich, wenn ich auch nur den einzigen erwähne, daß man die zusammengesetzteste Handlung, welche der tragischen Form ganz widerstrebt, dabei zugrunde legen kann, indem diese Handlung ja schon geschehen ist und mithin ganz jenseits der Tragödie fällt. Dazu kommt, daß das Geschehene, als unabänderlich, seiner Natur nach viel fürchterlicher ist und die Furcht, daß etwas geschehen sein möchte, das Gemüt ganz anders affiziert als die Furcht, daß etwas geschehen möchte. Der Ödipus ist gleichsam nur eine tragische Analysis. Alles ist schon da, und es wird nur herausgewickelt. Das kann in der einfachsten Handlung und in einem sehr kleinen Zeitmoment geschehen, wenn die Begebenheiten auch noch so kompliziert und von Umständen abhängig waren.› Auch hier ist es sehr klar ersichtlich, wie sehr das Lernen von der Antike, die Erforschung ihrer künstlerischen Gesetzmäßigkeiten von den spezifischen Bedürfnissen der modernen Kunst bedingt waren.

Besonders interessant sind jene Bemerkungen Goethes und Schillers, die sich, von diesen Gesichtspunkten ausgehend, darauf richten, welche Momente eines bestimmten Stoffes für die dichterische Bearbeitung überhaupt und für die epische beziehungsweise dramatische Bearbeitung im besonderen geeignet sind. Auch hier nimmt die Kritik Goethes und Schillers viele spätere falsche und unkünstlerische Tendenzen der Literatur vorweg und bewahrt eine aktuelle Bedeutung auch für die Gegenwart. Ich führe nur ein Beispiel an. Goethe untersucht – als theoretische Grundlage für seine ‹Achilleis› – die Frage, ‹ob zwischen Hektors Tod und der Abfahrt der Griechen von der trojanischen Küste noch ein episches Gedicht innliege oder nicht?› Von seinen Resultaten ist das bemerkenswerteste: ‹Die Eroberung von Troja selbst ist, als ein Erfüllungsmoment eines großen Schicksals, weder episch noch tragisch und kann bei einer echten epischen Behandlung nur immer vorwärts oder rückwärts in der Ferne gesehen werden. Virgils theoretisch-sentimentale Behandlung kann hier nicht in Betracht kommen.› Der Versuch, solche Erfüllungsmomente zu gestalten, ist eine der typischen Schwächen und Stillosigkeiten der späteren bürgerlichen Literatur. (Man denke an Flauberts ‹Salammbô›, an einiges von Zola usw.)

So ist die Grundlinie der Erforschung der Gesetze der Kunst durch das Studium der Antike bei Goethe und Schiller immer auf eine Theorie der spezifisch modernen Kunst gerichtet oder ist wenigstens, auch dort, wo formal und thematisch der größte Gegensatz zu walten scheint, aufs innigste mit den Problemen der modernen Kunst verbunden. Daß die Kunsttheorie Goethes und Schillers die Überwindung der spezifischen Häßlichkeit und des spezifischen unkünstlerischen Charakters des bürgerlichen Lebens mitunter in einer etwas formalen Weise, in einer vom Realismus wegführenden Richtung sucht, hebt die Grundtatsache nicht auf. Insbesondere muß man sich hüten, die oft übertriebenen zugespitzten Formulierungen gegen den vulgären Realismus ihrer Zeitgenossen allzu wörtlich zu nehmen und aus ihnen eine Tendenz zu einem vollständigen Antirealismus abzuleiten, wie dies viele bürgerliche Interpreten tun.

Die sehr bedeutsamen formalen Bemerkungen Goethes und Schillers über die Änderungen, die die Umschreibungen prosaischer Szenen in Verse verursachten (bei der Arbeit am ‹Wallenstein› beziehungsweise am ‹Faust›), sind gerade in ihrer großen Konkretheit das Gegenteil eines Formalismus: sie zeigen jene inhaltlichen und strukturellen Veränderungen auf, die mit der Versform verknüpft sind, und tragen somit auch dazu bei, die Theorie des dichterischen Ausdrucks, das Verständnis der Wechselwirkung zwischen Inhalt und Form zu konkretisieren. Wir können hier nur einen Teil dieser sehr bedeutsamen Bemerkungen anführen, sie genügen aber vollständig, um zu zeigen, daß das Trachten nach hoher Form bei Goethe und Schiller gerade das Gegenteil dessen vorstellte, was durch die formalistischen Experimente unserer Zeit vorübergehend die Literatur beherrscht hat und wovon sehr viel auch heute noch in den Köpfen spukt. Schiller schreibt über seine Erfahrungen bei dem Umschreiben des ‹Wallenstein› aus der ursprünglichen Prosa in Verse folgendes: ‹Ich habe noch nie so augenscheinlich mich überzeugt als bei meinem jetzigen Geschäft, wie genau in der Poesie Stoff und Form, selbst äußere, zusammenhängen. Seitdem ich meine prosaische Sprache in eine poetisch-rhythmische verwandle, befinde ich mich unter einer ganz anderen Gerichtsbarkeit als vorher; selbst viele Motive, die in der prosaischen Ausführung recht gut am Platz zu stehen schienen, kann ich jetzt nicht mehr brauchen; sie waren bloß gut für den gewöhnlichen Hausverstand, dessen Organ die Prosa zu sein scheint; aber der Vers fordert schlechterdings Beziehungen auf die Einbildungskraft, und so mußte ich auch in mehreren meiner Motive poetischer werden. Man sollte wirklich alles, was sich über das Gemeine erheben muß, in Versen, wenigstens anfänglich, konzipieren, denn das Platte kommt nirgends so ins Licht, als wenn es in gebundener Schreibart ausgesprochen wird ... Der Rhythmus leistet bei einer dramatischen Produktion noch dieses Große und Bedeutende, daß er, indem er alle Charaktere und alle Situationen nach *einem* Gesetz behandelt und sie, trotz ihres inneren Unterschiedes, in *einer* Form ausführt, er dadurch den Dichter und seinen Leser nötigt, von allem noch so Charakteristisch-Verschiedenen etwas Allgemeines, rein Menschliches zu verlangen. Alles soll sich in dem Geschlechtsbegriff des Poetischen vereinigen, und diesem Gesetz dient der Rhythmus sowohl zum Repräsentanten als zum Werkzeug, da er alles unter seinem Gegensatz begreift. Er bildet auf diese Weise die Atmosphäre für die poetische Schöpfung, das Gröbere bleibt zurück, nur das Geistige kann von diesem dünnen Element getragen werden.›

Der entscheidende Gesichtspunkt bei der Beurteilung der Grundtendenz dieser Kunsttheorie muß der sein, daß — bei allen Elementen der Wegwendung von dem aktuellen Leben — Goethe und Schiller doch die Häßlichkeit und den unkünstlerischen Charakter des modernen Lebens auf dem Wege des Kampfes mit dem als unausweichlich hingenommenen Stoffe, auf dem Wege der künstlerischen Überwindung des unkünstlerischen Charakters des Stoffes versucht haben, daß sie also denselben Weg gegangen sind, ja man kann sagen, jenen Weg erschlossen haben, den die bedeutenden Realisten der ersten Hälfte des 19. Jahrhunderts einschlugen. Die Reinigung ihrer Thematik von den allzu wirklichkeitsnahen, allzu aktuellen Elementen ändert an dieser Aktualität im großen historischen Sinne nichts Wesentliches. Manchmal wird freilich die Thematik in eine derart luftige und abstrakte Ferne gerückt, daß der Zusammenhang mit der Aktualität der Thematik nicht nur schwer sichtbar wird, sondern sich sogar inhaltlich verzerrt (‹Die natürliche Tochter›). Aber der Zusammenhang ist stets da, und die Distanzierung der Thematik auf den allgemeinen großen gesellschaftlichen Widerspruch, der ihr nach Goethes und Schillers Anschauung zugrunde liegt, kann zu einer großzügig realistischen Behandlung des aktuellen Themas führen. So schreibt Goethe sehr interessant an seinen Freund Meyer über Schillers ‹Wallenstein›. Er lobt, daß Schiller ‹Wallensteins Lager› ‹als Prolog vorausschickt, wo die Masse der Armee, gleichsam wie der Chor der Alten, sich mit Gewalt und Gewicht darstellt, weil am Ende des Hauptstücks doch alles darauf ankommt: daß die *Masse* nicht mehr bei ihm bleibt, sobald er die *Formel* des Dienstes verändert. Es ist in einer viel *pesanteren*, und also für die Kunst bedeutenderen Manier, die Geschichte von Dumouriez ...›

So liegt die dialektische Widersprüchlichkeit der Position Goethes und Schillers nicht in einem äußerlichen Widerstreit von Realismus einerseits und ‹Klassizismus› anderseits. Vielmehr ist diese dialektische Widersprüchlichkeit der tiefste Widerspruch der großen bürgerlichen Kunst, insbesondere der Periode 1789 bis 1848, die Basis ihrer ganzen sogenannten klassizistischen Praxis. Diese Widersprüchlichkeit kommt sowohl dann zum Ausdruck, wenn Goethe und Schiller ihren klassischen Weg konsequent zu Ende gehen, wie auch dann, wenn sie dem klassischen Formideal untreu werden und in scheinbarer Inkonsequenz sich einer Thematik zuwenden, die mit klassischen Formmitteln überhaupt nicht zu bewältigen ist. Diese scheinbare Inkonsequenz liegt tief im Wesen der Goethe-Schillerschen Klassik begründet. Wir haben bereits von den vorromantisch-romantischen Tendenzen Schillers gesprochen und erwähnen jetzt nur nebenbei, daß er in dieser Periode ununterbrochen mit einem Thema gespielt hat, welches das Paris seiner Gegenwart darstellen sollte. Bei Goethe ist diese Doppeltendenz selbstverständlich noch viel klarer sichtbar. Es ist keineswegs ein Zufall, daß er nach einer sehr langen Pause gerade zur Zeit seiner Zusammenarbeit mit Schiller die Arbeit am ‹Faust› wieder aufgenommen hat. Daß dabei sowohl Goethe wie Schiller an dieser Arbeit, am Stil des ‹Faust›, einen gewissen Widerspruch zu ihren klassischen Tendenzen konstatierten, darf uns nicht überraschen. Wesentlich ist, daß Goethe gerade diese Arbeit wieder aufnahm und daß Schiller sie begeistert begrüßte und theoretisch und praktisch an der Klärung der mit ihr verbundenen Formprobleme mitarbeitete.

Der Schein der theoretischen Inkonsequenz vom Standpunkt der klassischen Kunsttheorie kommt in Goethes Formulierung sehr deutlich zum Ausdruck, z. B. wenn er schreibt, ‹daß ich mir's bei dieser barbarischen Komposition bequemer mache und die höchsten Forderungen mehr zu berühren als zu erfüllen denke›. Aber seine weiteren Ausführungen zeigen, wie tief diese ‹barbarische Komposition› gerade in ihrer Gesetzlichkeit mit den wichtigsten prinzipiellen Fragestellungen der Goethe-Schillerschen Ästhetik zusammenhängt. Daß Goethe die Formgesetze in ihrer Anwendung auf den ‹Faust› aus seinen Erkenntnissen über die Epik und nicht aus denen über Drama und Tragödie ableitet, zeigt, wie sehr die von uns zitierten Aussprüche über das dialektische Ineinanderübergehen der Genres bei Goethe und Schiller nicht eine formalistische Gedankenspielerei waren, sondern aus der Erkenntnis der besonderen Probleme der modernen Kunst stammten. So schreibt Goethe im Anschluß an die früher zitierte Stelle: ‹Ich werde sorgen, daß die Teile anmutig und unterhaltend sind und etwas denken lassen; bei dem Ganzen, das immer ein Fragment bleiben wird, mag mir die neue Theorie des epischen Gedichts zustatten kommen.› (Die – relative – Selbständigkeit der Teile ist nach der Goethe-Schillerschen Ästhetik ein Kennzeichen der Epik im Gegensatz zur Dramatik.) Diese Bemerkungen Goethes schließen eine briefliche Kritik an den bis dahin ausgearbeiteten Teilen des ‹Faust› ab, in der Schiller betont, daß die Ausarbeitung des Ganzen nur in der Richtung einer Gestaltung der extensiven Totalität des modernen Lebens vor sich gehen kann. Indem Goethe den epischen Charakter der Gesamtkonzeption des ‹Faust› betont, zieht er nur die letzten Konsequenzen aus dieser richtigen Feststellung Schillers über die Thematik seines bedeutendsten Werkes.

Die Bestimmung des ‹Faust› als eine ‹barbarische Komposition› weist sehr deutlich auf die von uns immer wieder betonte widerspruchsvolle Stellung Goethes und Schillers zum modernen Leben als zum Stoff der Dichtung hin. Die Gestalt der Helena aus dem zweiten Teil des ‹Faust›, an deren Gestaltung Goethe in dieser Periode heranging, drückt vielleicht am plastischsten diesen Kampf Goethes und Schillers mit dem modern-bürgerlichen Leben als Stoff aus. Mit der ersten Aufnahme dieses Kampfes, d. h. mit der griechischen Gestaltung der Helena inmitten des barbarisch-mittelalterlich-bürgerlichen Faustmilieus, geht Goethe über seinen unmittelbaren Stoff in der Faustsage, über seine ursprüngliche Jugendkonzeption des ‹Faust› weit hinaus. Man kann also hier deutlich verfolgen, wie sehr die ‹barbarische Komposition› des ganzen ‹Faust› mit der gesellschaftlichen, seinsmäßigen Grundlage und mit der sachlichen Grundrichtung des Goethe-Schillerschen ‹Klassizismus› zusammenhängt, wie sehr der scheinbare Widerspruch, der hier zutage tritt, nur die Erscheinungsform der wirklichen, gesellschaftlich tief begründeten Widersprüchlichkeit der ganzen Position Goethes und Schillers ist.

Goethe schreibt über die Konzeption der Helena-Tragödie: ‹Nun zieht mich aber das Schöne in der Lage meiner Heldin so sehr an, daß es mich betrübt, wenn ich es zunächst in eine Fratze verwandeln soll. Wirklich fühle ich nicht geringe Lust, eine ernsthafte Tragödie auf das Angefangene zu gründen.› Schillers Antwort auf diesen Brief drückt die Stellungnahme beider zu diesem großen Problem der modernen Kunst sehr klar aus: ‹Lassen Sie sich aber ja nicht durch den Gedanken stören, wenn die schönen Gestalten und Situationen kommen, daß es schade sei, sie zu verbarbarisieren. Der Fall könnte Ihnen im zweiten Teil des Faust noch öfters vorkommen, und es möchte ein für allemal gut sein, Ihr poetisches Gewissen darüber zum Schweigen zu bringen. Das Barbarische der Behandlung, das Ihnen durch den Geist des Ganzen auferlegt wird, kann den höheren Gehalt nicht zerstören und das Schöne nicht aufheben, nur es anders spezifizieren und für ein anderes Seelenvermögen zubereiten. Eben das Höhere und Vornehmere in den Motiven wird dem Werk einen eigenen Reiz geben, und Helena ist in diesem Stück ein Symbol für alle die schönen Gestalten, die sich hineinverirren werden. Es ist ein sehr bedeutender Vorteil, von dem Reinen mit Bewußtsein ins Unreinere zu gehen, anstatt von dem Unreinen einen Aufschwung zum Reinen zu suchen, wie es bei uns übrigen Barbaren der Fall ist. Sie müssen also in Ihrem Faust überall Ihr *Faustrecht* behaupten.›

Dieses offene Eingeständnis Goethes und Schillers über den Widerspruch, in dem die Arbeit am bedeutendsten Werke Goethes zu ihrer bewußt formulierten Kunstkonzeption steht, und zugleich die Erkenntnis, daß es sich hier nicht um einen einfachen Widerspruch zwischen Theorie und Praxis handelt, beleuchtet am klarsten Wesen und Bedeutung dieser kunsttheoretischen Äußerungen Goethes und Schillers. Es handelt sich um die gedankliche Widerspiegelung der einheitlichen, von Goethe und Schiller selbst nicht erkannten Widersprüchlichkeit ihrer Lage als große Dichter, die in der letzten, von den tiefsten Widersprüchen zerrissenen Aufschwungsperiode der bürgerlichen Kunst das Höchste erstreben und erreichen. Ihre Theorie und Praxis bilden die Brücke zwischen der ersten — man könnte sagen — naiven Aufschwungsperiode der bürgerlichen Klasse, von der Renaissance bis zur Aufklärung, und zwischen der letzten schon bewußten widerspruchsvollen Aufschwungsperiode von 1789 bis 1848. Die historische Analyse der Anschauungen Goethes und Schillers zeigt diese Vermittlungsfunktion zwischen den beiden Perioden sehr deutlich. Goethe und Schiller treten mit voller Bewußtheit das Erbe des ganzen bürgerlichen Aufschwungs von der Renaissance bis zur Aufklärung an und bilden diese Erbschaft im Sinne der neuen Probleme des beginnenden 19. Jahrhunderts, der Periode nach der Französischen Revolution, um. Sie sind also stets zugleich Erben und Überwinder der Aufklärung. Selbstverständlich würde eine sehr eingehende Betrachtung ihrer Anschauungen zeigen, daß sie auch in manchen Punkten bei Schwächen und Vorurteilen der im großen und ganzen überwundenen Periode stehengeblieben sind. (Z. B. in manchen Kompositionsmethoden des ‹Wilhelm Meister› und in Schillers bejahender Beurteilung dieser Methoden als ‹epischer Maschinerie›.) Es würde sich zugleich zeigen, daß sie in manchen Punkten gegenüber dem klaren kämpferischen Geist der Aufklärung zurückgewichen sind. Und eine ähnliche Widersprüchlichkeit kann man in bezug auf ihre Art, die Probleme der neuen Epoche aufzuwerfen und zu lösen, beobachten. Die Widersprüche ihrer Kunsttheorie, die wir an der Hand einiger großer Probleme andeutend analysiert haben, entspringen dieser Situation an der Wende zweier Entwicklungsabschnitte der bürgerlichen Gesellschaft. Ohne eine solche historische Analyse der gesellschaftlichen Grundlagen der Widersprüchlichkeit ihrer Kunsttheorien können diese für unsere Zeit überhaupt nicht lebendig gemacht werden. Erst wenn wir den historischen Zusammenhang, die gesellschaftliche Basis dieser Anschauungen klar erkannt haben, wenn wir diese Anschauungen nicht isoliert, sondern als Elemente eines heroischen Kampfes großer bürgerlicher Künstler gegen den der Kunst feindlichen Charakter der kapitalistischen Gesellschaft, für einen großen Realismus begreifen, kann der aktuelle Gehalt dieser Anschauungen für uns lebendig werden. Dann wird der Gedankengehalt des Briefwechsels zwischen Schiller und Goethe nicht nur ein historisches Dokument von höchster Wichtigkeit für die Kunstanschauungen einer großen Zeitwende sein, sondern ein wesentliches, aktuell bedeutsames kunsttheoretisches Erbe, dessen kritische, historisch-systematische Bearbeitung unsere heutigen praktischen und theoretischen Bemühungen aufs fruchtbarste bereichern und fördern wird.

[1934]

4. SCHILLERS THEORIE DER MODERNEN LITERATUR

I

Die Theorie der modernen Literatur, die Theorie der Begründung ihrer Besonderheiten und der Berechtigung dieser Besonderheiten, entwickelte sich seit dem Auftreten der bürgerlichen Klasse stets im engsten Zusammenhang mit der Theorie der Antike. Die Herrschaft der bürgerlichen Klasse mußte schon sehr befestigt, sehr selbstverständlich geworden sein, um eine Theorie der modernen Literatur ohne diese historische Parallele hervorbringen zu können, rein aus den äußeren und inneren Entstehungsbedingungen der modernen Literatur heraus. Jedoch in der Periode, in der die ökonomischen Grundlagen der bürgerlichen Gesellschaft selbstverständlich geworden sind, ist die bürgerliche Ideologie bereits in die Periode der Apologetik eingetreten: sie hatte nicht mehr eine hinreichende Unbefangenheit und Unerschrockenheit, um die ideologischen und künstlerischen Möglichkeiten ihrer Literatur auf der Grundlage einer kritischen Betrachtung ihrer gesellschaftlichen Voraussetzungen und Bedingungen wissenschaftlich unbefangen zu untersuchen. Die große Periode der bürgerlichen Literaturtheorie, die mit der mächtigen welthistorischen Zusammenfassung der Geschichte von Literatur und Kunst in Hegels Ästhetik abschließt, steht durchweg auf der Grundlage der Auffassung der Antike als des Kanons der Kunst, als des unerreichbaren Vorbilds für jede Kunst und Literatur.

Es kann hier nicht unsere Aufgabe sein, die verschiedenen Etappen, die verschiedenen Methoden und Resultate der Vergleichung antiker und moderner Literatur von der Renaissancezeit bis zum klassischen deutschen Idealismus aufzuzählen.

Wir müssen uns, um die besondere geschichtliche Stellung Schillers in dieser Entwicklung richtig zu bestimmen, darauf beschränken, einerseits festzustellen, daß diese literaturtheoretischen Betrachtungen des 16. bis 18. Jahrhunderts überwiegend entweder rein empirischen oder abstrakt-technischen Charakters waren und sich sehr selten auf die Höhe einer philosophisch-historischen Analyse erhoben. Anderseits müssen wir in gedrängter Zusammenfassung wenigstens die Hauptmotive aufzählen und analysieren, die die gesellschaftliche Grundlage dieser literaturtheoretischen Gegenüberstellung gebildet haben.

In ihren unmittelbar inhaltlichen und formalen Problemen tritt die beginnende bürgerliche Literatur viel mehr das Erbe des Mittelalters als der Antike an. Das ist verständlich; denn die moderne bürgerliche Klasse hat sich ja ökonomisch aus dem Städtebürgertum des Mittelalters herausentwickelt, um später zur sprengenden Kraft des feudalen Systems zu werden. Auch dort, wo die ersten großen Vertreter der bürgerlichen Literatur im schärfsten ideologischen Kampf gegen das untergehende feudale System stehen, wo sie aus solchem Kampf heraus vollständig neue Formen der künstlerischen Gestaltung entwickeln, knüpft diese neue Literatur, freilich oft in satirisch-ironischer, die alten Ideologien und ihre künstlerischen Gestaltungsweisen zersetzender Form, naturgemäß an jene Formen und Inhalte an (Ariost, Rabelais, Cervantes). Die moderne Novelle, der moderne Roman, das moderne Drama vom shakespearischen Typus, die moderne lyrische Form (Reim usw.) bewahren ein unermeßliches Erbe der im Mittelalter entstandenen Formwelt. Selbstverständlich gibt es eine Reihe wichtiger Formen (das klassizistische Drama, die Erneuerung des Epos, Satire, Lehrgedicht, Ode usw.), die aus einer mehr oder weniger direkten

Rezeption antiker Muster entstanden sind. Und es ist für die ersten Perioden der modernen bürgerlichen Literaturtheorie sehr charakteristisch, daß sie in ihren Analysen fast ausschließlich diese Formen berücksichtigt und die anderen als barbarische Formlosigkeit verwirft. (Vergleiche noch Voltaires Urteil über Shakespeare.) Die für die bürgerliche Literatur besonders charakteristischen neuen Formen, zumal der Roman, entwickelten sich so gut wie vollständig abseits von der Literaturtheorie, unberücksichtigt von ihr.

Freilich darf man das Ideal der Antike auch in künstlerischer Hinsicht nicht als stabil auffassen. Im Laufe der Entwicklung und Erstarkung der bürgerlichen Klasse, im Laufe ihres immer stärkeren Selbständigwerdens, ihrer Loslösung von dem Bündnis mit dem absoluten Königtum gegen den Feudaladel, verwandeln sich Inhalt und Form der als Ideal aufgestellten Antike. Geschichtlich ausgedrückt: das Ideal rückt aus Rom immer mehr nach Griechenland; an die Stelle von Seneca tritt Sophokles, an die Virgils Homer usw. Schon diese Verschiebung, die ebenfalls sehr ungleichmäßig und widerspruchsvoll, mit starken Rückschlägen vor sich geht, beweist, wie falsch irgendeine Form von vulgär-soziologischer Schematisierung wäre, die Zuordnung bestimmter formal genommener Tendenzen zu bestimmten klassenmäßigen Stellungnahmen.

Das Vorbild der Antike ist das notwendige politische Ideal der um ihre Selbständigkeit und um die Staatsmacht kämpfenden bürgerlichen Klasse gewesen. Die antike Polis erwuchs immer mehr zu dem politischen Vorbild der bürgerlichen Revolutionäre, bis diese Entwicklung in der Großen Französischen Revolution ihre praktische Erfüllung fand. Eine Erfüllung freilich, die den Unterschied von antiker und moderner Gesellschaft praktisch kraß enthüllte, die anschaulich zeigte, wie die antike Polis und das Ideal des Polisbürgers weder Inhalt noch Form der modernen bürgerlichen Revolution, der modernen bürgerlichen Gesellschaft abgeben konnten, sondern bloß das – notwendige – Kostüm, die – notwendige – Illusion ihrer heroischen Periode gewesen sind. ‹Robespierre, St.-Just und ihre Partei›, sagt Marx, ‹gingen unter, weil sie das antike, *realistisch-demokratische Gemeinwesen*, welches auf der Grundlage *des wirklichen Sklaventums* ruhte, mit dem *modernen spiritualistisch-demokratischen Repräsentativstaat*, welcher auf dem *emanzipierten Sklaventum*, der *bürgerlichen Gesellschaft* beruht, verwechselten.› Die tiefe gesellschaftliche Notwendigkeit dieser heroischen Illusion zeigt sich auch darin, daß sie sich gleich nach ihrem ersten Scheitern an der bürgerlichen Wirklichkeit in der Napoleonischen Periode, freilich in anderen Formen und mit teilweise (aber nur teilweise) geändertem Inhalt, wieder zur herrschenden Ideologie der Periode erhob.

Marx hat die gesellschaftliche Grundlage dieser notwendigen Illusion scharfsinnig aufgedeckt in seiner grundlegenden Analyse der Notwendigkeit der Spaltung des bürgerlichen politisch-gesellschaftlichen Bewußtseins in Citoyen und Bourgeois. Diese Spaltung folgt notwendig aus der Beziehung der modernen bürgerlichen Gesellschaft zu ihrem eigenen Staat, aus der Beziehung des individuellen Mitglieds der bürgerlichen Gesellschaft zu diesem Staat, aus der notwendigen Beziehung der kapitalistischen Basis zu ihrem staatlichen Überbau. Marx sagt über diese Beziehung: ‹Wo der politische Staat seine wahre Ausbildung erreicht hat, führt der Mensch nicht nur im Gedanken, im Bewußtsein, sondern in der *Wirklichkeit*, im Leben ein doppeltes, ein himmlisches und ein irdisches Leben, das Leben im *politischen Gemeinwesen*, worin er als *Gemeinwesen* gilt, und das Leben in der *bürgerlichen Gesellschaft*, worin er als *Privatmensch* tätig ist, die anderen Menschen als Mittel betrachtet, sich selbst zum Mittel herabwürdigt und zum Spielball fremder Mächte wird. Der politische Staat verhält sich ebenso spiritualistisch zur bürgerlichen Gesellschaft wie der Himmel zur Erde. Er steht in demselben Gegensatz zu ihr, er überwindet sie in derselben Weise wie die Religion die Beschränktheit der profanen Welt, d. h. indem er sie ebenfalls wieder anerkennen, herstellen, sich selbst von ihr beherrschen lassen muß. Der Mensch in seiner *nächsten* Wirklichkeit, in der bürgerlichen Gesellschaft, ist ein profanes Wesen. Hier, wo er als wirkliches Individuum sich selbst und anderen gilt, ist er eine *unwahre* Erscheinung. In dem Staat dagegen, wo der Mensch als Gattungswesen gilt, ist er das imaginäre Glied einer eingebildeten Souveränität, ist er seines wirklichen individuellen Lebens beraubt und mit einer unwirklichen Allgemeinheit erfüllt.› Gleichzeitig aber folgt aus dieser selben Beziehung, daß Citoyen und Bourgeois seinsmäßig doch eine unzertrennbare Einheit bilden, die ‹Spaltung› vollzieht sich ja stets in ein und demselben Individuum. Und in dieser seinsmäßigen Einheit ist der Bourgeois stets der reale Vorherrscher, obwohl bewußtseinsmäßig die ‹Spaltung› notwendig ist und in ihr eine eingebildete – illusionäre oder heuchlerische – Führung seitens des Citoyen entsteht.

Die gesellschaftliche Arbeitsteilung im Kapitalismus reproduziert diesen Widerspruch auf immer höherer Stufe. Denn diese Arbeitsteilung spezialisiert die einzelnen Gebiete der gesellschaftlichen Tätigkeit immer energischer, gibt ihnen immer stärker eine relative Selbständigkeit und erhebt im Laufe dieser Entwicklung den Staat immer höher in die spiritualistische Region einer ‹Allgemeinheit›, die den besonderen Interessen der einzelnen Bourgeois gegenübersteht. Die Illusion dieser Unabhängigkeit des Staates von der bürgerlichen Gesellschaft, der Vorherrschaft der eingebildeten Allgemeininteressen vor den realen besonderen Interessen der Bourgeois ist also ebenso ein notwendiges Produkt der gesellschaftlichen Arbeitsteilung im Kapitalismus wie der tatsächliche Zusammenhang beider, wie die tatsächliche Herrschaft der realen ökonomischen Entwicklung über alle Illusionen, die sie begleiten. Selbstverständlich darf auch hier nicht jede Illusion und jedes falsche Bewußtsein mechanisch auf denselben Nenner gebracht werden. Die heroischen Illusionen des kämpfenden Bürgertums des 17. bis 18. Jahrhunderts sind etwas ganz anderes als die apologetischen Verhüllungen der bereits klar hervortretenden Widersprüche der entwickelten bürgerlichen Gesellschaft.

Das Zurückgreifen auf die antike Polis, die Analyse ihrer Erfahrungen für den Ausbau einer eigenen staatspolitischen Theorie, ist in der Periode des aufstrebenden Bürgertums eine entschieden progressive Bewegung. Hinter der doppelten Täuschung, daß eine Verwirklichung der Polisdemokratie als revolutionäre Zukunftsaufgabe möglich sei und daß die Durchführung der revolutionären Forderungen der bürgerlichen Klasse zur Aufhebung der ihrer ökonomischen Existenz zugrunde liegenden realen Widersprüche führen könnte, steht eben der heroische rücksichtslose Kampf der besten ideologischen Führer der revolutionären Periode des Bürgertums. Das Zurückgreifen auf eine ferne Vergangenheit ist hier also ein progressiver Utopismus, sehr im Gegensatz zum späteren romantischen Zurückgreifen auf das Mittelalter als Ideal, dem tatsächlich – bei den aufrichtigen Vertretern dieser Richtung – der Wunsch zugrunde lag, die Widersprüche der kapitalistischen Gesellschaft so zu lösen, daß man diese ökonomisch auf jene Stufe zurückführt, wo die Widersprüche noch nicht ins Leben getreten waren.

II

Beruht die politisch-gesellschaftliche Theorie der Antike als Muster und Vorbild auf einer Illusion, so muß die literarische Theorie, die im Zusammenhang mit demselben Klassenkampf entstanden ist und unmittelbar an diese politische Auffassung anknüpft, eine Illusion in der zweiten Potenz sein. Aber solche verdoppelte Illusionshaftigkeit ist kein Hindernis dafür, daß in dieser Theorie trotzdem die großen aktuellen Probleme der bürgerlichen Entwicklung auf der höchsten Höhe der Literaturentwicklung in einer großzügig aufrichtigen Weise ausgesprochen werden. Der humanistische Kampf gegen die Degradierung des Menschen durch die kapitalistische Arbeitsteilung findet gerade auf literarisch-künstlerischem Gebiet ein leuchtendes Vorbild in der griechischen Literatur und Kunst, die tatsächlich der Ausdruck einer Gesellschaft waren, welche – für ihre freien Bürger, die hier allein in Betracht kamen – noch diesseits dieser gesellschaftlichen Struktur stand. Sie konnte also das Vorbild und das Muster für eine Bestrebung werden, die die Wiederherstellung der Integrität des Menschen auf ihre Fahnen schrieb. In dieser Entwicklung spielte es dementsprechend eine große Rolle, daß Homer und die griechischen Tragiker die künstlerischen Vorbilder aus der Spätentwicklung Roms abgelöst haben. Denn in der frühen und in der klassischen Literatur der Antike wurden eine Gesellschaft und die Probleme einer Gesellschaft gestaltet, in der bestimmte lebendige Überreste der Gentilgesellschaft noch lebendig fortwirkten. Wenn die Dichter und Theoretiker des 18. Jahrhunderts von Natur, von Naturgemäßheit des menschlichen Lebens sprechen, wenn sie die Unnatur und die Entartung ihrer Gegenwart bekämpfen, so schwebt ihnen stets nicht ein barbarischer Naturzustand, sondern gerade diese Periode der Menschheitsentwicklung vor.

Das antike Ideal bedeutet also, als Ideal der literarischen Gestaltung, die Aufhebung des Gegensatzes zwischen abstrakter Stilisierung und dem an der unmittelbaren Wirklichkeit kriecherisch klebenden Naturalismus. Dieser Gegensatz entsteht in der bürgerlichen Literatur nicht zufällig und keineswegs aus rein literarischen oder künstlerischen Gründen. Im Gegenteil, dieser Gegensatz wird durch die Widersprüche der kapitalistischen Gesellschaft stets neu produziert und reproduziert. Und zwar je entwickelter die kapitalistische Gesellschaft ist, desto entwickelter sind beide Pole, sowohl die immer abstraktere, immer inhaltsärmere Stilisierung wie der immer kriecherischer an der unmittelbaren Oberfläche klebende, immer photographischere Naturalismus.

Der Grundwiderspruch der kapitalistischen Gesellschaft, der Widerspruch zwischen gesellschaftlicher Produktion und privater Aneignung, macht für die bürgerlichen Schriftsteller die wirklichen, bewegenden Kräfte ihres eigenen gesellschaftlichen Seins immer schwerer durchsichtig: auf der Oberfläche sind rein persönliche, unmittelbar rein private Geschehnisse und Schicksale sichtbar, und jene gesellschaftlichen Mächte, die in diese privaten Schicksale eingreifen, sie letzten Endes bestimmen, nehmen für die bürgerlichen Beobachter eine immer abstraktere, immer rätselhaftere Gestalt an. Und je weiter sich die kapitalistische Ökonomie entfaltet, desto mehr erscheinen die Formen des Überbaus (besonders der Staat) in immer verhimmelteren, immer weiter über das wirkliche Leben der Individuen hinausgehobenen Formen, desto mehr entwickelt sich die Citoyenseite des bürgerlichen Menschen zu einer inhaltsleeren Abstraktion. Anderseits tritt parallel damit der Bourgeois immer stärker als isolierte ‹Monade› auf, und je weniger die objektive gesellschaftliche Wirklichkeit diesem Schein entspricht, desto mehr zeigt sich dieser Schein unmittelbar in einer solchen Form. Die apologetischen Tendenzen der bürgerlichen Ideologie nützen selbstverständlich diese Widersprüche für ihre Zwecke, für die Verdeckung der Widersprüche des Kapitalismus, aus und beeinflussen auch solche Ideologen, die – subjektiv – ehrlich an die Probleme des Lebens heranzutreten gewillt sind. Da es also dem bürgerlichen Bewußtsein immer schwerer wird, den real existierenden Zusammenhang zwischen Erscheinung und Wesen des gesellschaftlichen Lebens in ihrer lebendigen Wechselwirkung zu erfassen (und demzufolge: zu gestalten), muß sich der künstlerische Schaffensprozeß der bürgerlichen Literatur immer mehr nach diesen beiden falschen Extremen polarisieren.

Für die Aufklärungszeit besteht dieser Gegensatz bereits, aber vorerst nur im Keime. Die falschen Extreme sind literarisch schon vorhanden, es wirken jedoch auch noch sehr starke entgegenstrebende Kräfte. Es ist noch der Mut zur rücksichtslosen Aufdeckung der gesellschaftlichen Widersprüche vorhanden. Um so mehr, als die heroischen Illusionen der Vorbereitungsperiode der Französischen Revolution und die der Revolution selbst gerade in der – historisch berechtigten und fruchtbaren – Selbsttäuschung bestehen, daß das Zuendeführen der bürgerlichen Revolution die von den großen Denkern und Dichtern dieser Zeit bereits sehr scharf empfundenen, ausgesprochenen und gestalteten Widersprüche aufheben werde.

In der zweiten Hälfte des 18. Jahrhunderts mehren sich immer stärker die kritischen Stimmen, die in der Theorie und Praxis der griechischen Kunst das Vorbild zu einem neuen, das Wesen der Dinge reproduzierenden großzügigen

Realismus erblicken. Lessing führt den Kampf gegen die abstrakte Idealisierung des Dramas vor allem von Corneille und Voltaire zwar im Namen Shakespeares, aber mit einer Argumentation, die darauf beruht, daß die wirklichen Forderungen der antiken Poesie, der Poetik des Aristoteles, bei Shakespeare (wie bei Sophokles) dem Geiste nach erfüllt sind, während die buchstabenmäßige Erfüllung dieser Forderungen bei den französischen Klassizisten eine abstrakte Karikatur ergibt. Und Herder und der junge Goethe sehen insbesondere in Homer das Ideal einer wahren, realistischen, zugleich großzügigen, monumentalen und populären Volksdichtung im Gegensatz zum teils abstrakten, teils kleinlichen Literatentum der künstlerisch entarteten und verkommenen Gegenwart.

Diese wachsende Verehrung für den Realismus der Antike bleibt keineswegs auf dem Gebiet des ästhetisch Formalen stehen, sondern erweitert sich stets zu einer Kontrastierung der großartig naiven moralischen Unbefangenheit der Griechen mit den leeren und überspannten, verlogenen und übersteigerten Konventionen der bürgerlichen Gesellschaft. Ferguson gibt eine außerordentlich interessante und lehrreiche Gegenüberstellung dieser Art, die wir hier auch wegen ihres höchstwahrscheinlichen Einflusses auf Schiller ausführlich zitieren müssen. ‹Unser Kriegssystem unterscheidet sich von dem der Griechen nicht mehr, als die Lieblingscharaktere unserer ersten Romane sich von jenen der Iliade und jeder alten Dichtung unterscheiden. Der Held der griechischen Fabel, der mit überlegener Kraft, mit Mut und Geschicklichkeit begabt ist, benutzt jeden Vorteil, den er vor einem Feinde voraus hat, um ihn ohne Gefahr für sein eigenes Leben zu töten… Homer, der es von allen Dichtern am besten verstand, die Regungen einer heftigen Zuneigung darzustellen, versucht es selten, Erbarmen zu erwecken. Hektor fällt unbemitleidet, und sein Leichnam wird von jedem Griechen beschimpft.›

Es folgt darauf bei Ferguson eine ausführliche Analyse der modernen Gegensätze einer ‹verfeinerten Höflichkeit›, ‹eines peinlichen Ehrgefühls›. Ferguson sagt zusammenfassend über den modernen Helden: ‹Ist er dann siegreich, so wird er als ein Wesen hingestellt, das sich in seiner Großmut und Güte ebenso hoch über die Natur erhebt wie in seiner kriegerischen Tapferkeit und seinem Heldenmute.› Ganz anders der griechische Held. ‹Der Held der griechischen Dichtung geht nach den Grundsätzen der Erbitterung und feindseligen Leidenschaft vor. Seine Kriegsmaximen sind dieselben, die in den Wäldern Amerikas herrschen. Sie verlangen von ihm, tapfer zu sein, aber sie gestatten ihm, sich gegenüber dem Feinde jeder Art Täuschung zu bedienen. Der Held des modernen Romans offenbart eine Verachtung der Kriegslist wie der Gefahr und verbindet in einer Person scheinbar widersprechende Charakterzüge und Neigungen: Grausamkeit mit Milde und Blutgier mit Gefühlen der Zärtlichkeit und des Mitleids.›

Es ist nun sehr interessant, daß Schiller an einer entscheidenden Stelle seiner Kontrastierung von antiker und moderner Poesie auf eben dieses Problem zu sprechen kommt. Er behandelt die Frage viel weniger gesellschaftlich-konkret als Ferguson, dafür zieht er aber, wie wir später sehen werden, noch energischer die stilistischen Konsequenzen aus dieser Gegenüberstellung. Er vergleicht in seinem Aufsatz ‹Über naive und sentimentalische Dichtung› zwei Szenen aus Ariosto und Homer. Bei Homer treffen sich die beiden Gastfreunde Glaukos und Diomedes auf dem Schlachtfeld, bei Ariosto siegt der ritterliche Edelmut über die Feindschaft. ‹Beide Beispiele, so verschieden sie im übrigen sein mögen, kommen einander in der Wirkung auf unser Herz beinahe gleich, weil beide den schönen Sieg der Sitten über die Leidenschaft malen und uns durch die Naivität der Gesinnungen rühren. Aber wie ganz verschieden benehmen sich die Dichter bei der Beschreibung dieser ähnlichen Handlung. Ariosto, der Bürger einer späteren und von der Einfalt der Sitten abgekommenen Welt, kann bei der Erzählung dieses Vorfalls seine eigene Verwunderung, seine Rührung nicht verbergen. Das Gefühl des Abstandes jener Sitten von denjenigen, die sein Zeitalter charakterisieren, überwältigt ihn. Er verläßt auf einmal das Gemälde des Gegenstandes und erscheint in eigener Person.› Homer dagegen erzählt den Vorfall ganz schlicht und einfach, von einem persönlichen Hervortreten, von einem gefühlsmäßigen Beurteilen ist bei ihm keine Rede; ‹als ob er etwas Alltägliches berichtet hätte, ja, als ob er selbst kein Herz im Busen trüge›, fährt er in trockener Wahrhaftigkeit fort:

‹Doch den Glaukos erregte Zeus, daß er ohne Besinnung
Gegen den Held Diomedes die Rüstungen, gold'ne in eherne,
Wechselte, hundert Farren wert, neun Farren die andern.›

In dieser Verherrlichung des antiken Realismus, der moralischen Unbefangenheit ist bei allen diesen Theoretikern eine gewisse Ungerechtigkeit gegenüber ihren Zeitgenossen, den großen bürgerlichen Realisten, enthalten. Es gab in der ganzen Periode des Aufschwungs der Bourgeoisie immer wieder bedeutende Realisten, die den Erscheinungen der Gesellschaft ihrer Zeit gegenüber eine großartige Unbefangenheit gezeigt und in Gestaltung umgesetzt haben. Jedoch auch diese Ungerechtigkeit ist nicht ohne einen gewissen welthistorisch gerechten Wahrheitsgehalt. Denn in der Unbefangenheit moderner Realisten bei der Gestaltung ihrer zeitgenössischen Wirklichkeit steckt notwendigerweise ein gewisser Grad von Zynismus (im Sinne Ricardos), ein unter dieser Unbefangenheit verborgener Zorn, eine Verachtung der Degradierung der Menschen in der bürgerlichen Gesellschaft, eine Empfindung, die Homer gesellschaftlich notwendig ebensowenig haben konnte, wie sie ein Balzac gesellschaftlich notwendig haben mußte.

Hier tritt der unlösbare Widerspruch des bürgerlichen Realismus in seiner Kontrastierung mit dem frühgriechischen Realismus klar hervor. Die Verkünder des antiken Ideals fordern einen Realismus, der imstande sein soll, mit wahrhaftem und tiefem Erfassen des Wesentlichen ein heiteres und bejahendes Bild der gestalteten Gegenwart zu geben. Aber der tiefe künstlerische Widerspruch des bürgerlichen Realismus liegt eben darin, daß eine solche Bejahung der bürgerlichen Gesellschaft, gerade für ihre großen und wahrhaften ideologischen Vertreter, prinzipiell nicht möglich ist. Die Bejahung der bürgerlichen Gesellschaft auch in ihrer aufsteigenden Periode bleibt stets eine Bejahung ‹trotz alledem›. Dieser innere Widerspruch des bürgerlichen Realismus, der gerade bei seinen größten Vertretern am offenkundigsten hervortritt, ist zugleich das Problem des positiven Helden für die realistische Literatur des Bürgertums, eine Frage, die auch die größten Vertreter dieser Literatur nicht zu lösen vermochten.

Einen positiven Helden kann die bürgerliche Literatur nur auf dem Wege der Idealisierung schaffen. Es liegt im Wesen der bürgerlichen Gesellschaft, der unaufhebbaren Zweiheit und der widerspruchsvollen Einheit von Citoyen und Bourgeois im bürgerlichen Menschen, daß der Bourgeois — wenn keine apologetische Schönfärberei entstehen soll —, nur mehr oder weniger ironisch, humorvoll und satirisch behandelt, den Helden eines großen realistischen Literaturwerks abgeben kann. Es ist aber für die großen Realisten der bürgerlichen Klasse ebenfalls eine unlösbare Aufgabe, die Citoyenseite des Helden rein positiv, ohne Ironie, Satire oder Humor realistisch in den Mittelpunkt der Gestaltung zu stellen. Cervantes hat im ‹Don Quichotte› ein nie wieder erreichtes Vorbild einer solchen satirischen Gestaltung des ‹ideal-positiven› Helden gegeben. Bloß bestimmte konkrete Situationen des Klassenkampfes gegen die feudalen Überreste machen es unter Umständen möglich, einen positiven Typus der bürgerlichen Klasse in rein positiver Weise realistisch zu gestalten, wenn z. B. nicht seine Größe, sondern sein Widerstand gegen die Verfolgungen und Verführungen des Adels im Mittelpunkt der Handlung steht. Aber auch in solchen Fällen ist eine gewisse idealistische Überspannung einer derartigen Gestaltung fast unvermeidlich (Richardson). Aus dieser generellen Lage der bürgerlichen Klasse stammt die unaufhebbare Notwendigkeit einer idealistisch-pathetisch stilisierenden Literatur. Von Miltons Epen und Dramen, von Addisons ‹Cato› angefangen bis zu Alfieris republikanischem Klassizismus und bis zu dem revolutionär-idealistischen Pathos Shelleys bleibt ein solcher — freilich sich immer wandelnder — idealistischer Stil neben dem großen Strom der realistischen gesellschaftlichen Literatur notwendig bestehen. In diese Reihe gehört auch die Dichtung Schillers.

Die idealistische Stilisierung des positiven Helden als Repräsentanten der Citoyenseite des Bürgers muß in stärkerer Weise als die realistische Dichtung ihr unerreichbares Vorbild im Griechentum, in der griechischen Tragödie erblicken. Auch hinter dieser Vorbildlichkeit steckt, unter einer verhältnismäßig dünnen ästhetischen Hülle verborgen, ein gesellschaftliches Problem: das der Öffentlichkeit des antiken Lebens, und als ihre ästhetische Konsequenz: die großzügige und trotzdem realistische, politische und zugleich menschliche Atmosphäre, die in den griechischen Tragödien vorhanden ist. Welche Frage immer zum Gegenstand des Konfliktes bei den griechischen Tragikern geworden ist, sie konnte stets als Angelegenheit von öffentlichem Interesse öffentlich behandelt werden.

Die Zerrissenheit des bürgerlichen Menschen in Citoyen und Bourgeois rückt die mit dem realen materiellen Leben des Menschen verknüpften Probleme in die Sphäre des bloß privaten Lebens und bietet als Stoff für das Pathos der Öffentlichkeit nur die verdünnte ätherische Abstraktion des Citoyen. Die bürgerliche Literatur fand für die gestalterische Verknüpfung des Privaten und des Öffentlichen niemals eine künstlerisch vollendete Lösung. Entweder wurde auf die Gestaltung des Besonderen und des Privaten resolut verzichtet, wie dies am konsequentesten Alfieri tat. Dann entstanden großzügige, aber lebensleere abstrakte Umrisse von möglichen Tragödien. Oder es wurde versucht, wie im Deutschland Lessings und des ‹Sturm und Drang›, aus einer realistischen Gestaltung der gesellschaftlichen Verhältnisse das, was an ihnen öffentlich ist, organisch herauszuentwickeln. In diesem Falle haftet den besonderen Zügen der Charaktere, den privaten Schicksalen, stets eine unaufgehobene und aufhebbare Zufälligkeit an. Es ist ebensowenig ein Zufall, daß Lessing sich am Schluß der ‹Emilia Galotti› ins Labyrinth der ungelösten psychologischen Zufälligkeiten verirrte, wie es notwendig ist, daß die Dramen des jungen Schiller ein Gewirr von zufällig gelingenden oder mißlingenden unwahrscheinlichen Intrigen bilden. Und zwar je öffentlicher die Zielsetzung ist, je stärker die Verknüpfung des Öffentlichen und des Privaten in Angriff genommen wird, desto mehr (Fiesco, Don Carlos).

III

Schiller gewinnt im Laufe seiner Entwicklung eine stets zunehmende Klarheit über dieses Problem. In der Einleitung zur ‹Braut von Messina› rückt er dieses Problem energisch in den Mittelpunkt. Er geht dabei, der allgemeinen Richtung seiner späteren Periode entsprechend, von dem ästhetischen Problem des dramatischen Stils aus und macht in dieser Tragödie das Experiment, durch Einführung des Chores die im modernen Drama fehlende Öffentlichkeit auf künstlerischem Wege wiederherzustellen. Er stellt aber richtig fest, daß diesem ästhetischen Unterschied gesellschaftliche Unterschiede beider Epochen zugrunde liegen. Er sagt über die alte Tragödie: ‹Die Handlungen und Schicksale der Helden und Könige sind schon an sich selbst öffentlich und waren es in der einfachen Urzeit noch mehr. Der Chor war folglich in der alten Tragödie mehr ein natürliches Organ, er folgte schon aus der poetischen Gestalt des wirklichen Lebens. In der neuen Tragödie wird er zu einem Kunstorgan; er hilft die Poesie hervorbringen. Der neuere Dichter findet den Chor nicht mehr in der Natur, er muß ihn poetisch erschaffen und einführen...› Daraus folgt, daß der Chor in der Tragödie nicht mehr ein großzügig realistisches Gestaltungsmittel, sondern ein idealistisches Stilisierungsmittel ist, indem ‹er die moderne gemeine Welt in die alte poetische verwandelt›.

Schiller gibt nun im folgenden eine sehr genaue und im wesentlichen richtige Beschreibung des Grundes, warum das moderne Leben als Stoff der großen öffentlichen Poesie des Dramas für die dichterische Gestaltung so ungünstig ist. Seine Bemerkungen zeigen auch, wie sehr seine Abwendung von der Revolution diesen Stoff für ihn noch ungünstiger gemacht hat, als er an und für sich ist. ‹Der Palast der Könige ist jetzt geschlossen. Die Gerichte haben sich von den Toren der Städte in das Innere der Häuser zurückgezogen, die Schrift hat das lebendige Wort verdrängt, das Volk selbst, die sinnlich lebendige Masse, ist, wo sie nicht als rohe Gewalt wirkt, zum Staat, folglich zu einem abgezogenen Begriff geworden, die Götter sind in die Brust des Menschen zurückgekehrt. Der Dichter muß die Paläste wieder auftun, er muß die Gerichte unter freien Himmel herausführen, er muß die Götter wieder aufstellen, er muß alles Unmittelbare, das durch die künstliche Einrichtung des wirklichen Lebens aufgehoben ist, wiederherstellen . . .›

Der widersprüchliche Charakter der Stellung Schillers zur modernen bürgerlichen Gesellschaft und damit zur modernen Poesie tritt hier klar zutage. Es zeigt sich aber auch hier, daß die Schranken Schillers keineswegs ausschließlich persönliche sind, sondern aus den tragischen Widersprüchen des bürgerlichen Humanismus entspringen. Schiller sieht hier sehr scharf, daß nur in der Revolution eine Öffentlichkeit des modernen bürgerlichen Lebens — im Sinne seiner eigenen antikisierenden Forderungen — vorhanden ist; das Volk, sagt er, wird heute im Staate zur Abstraktion; *die einzige Ausnahme ist: wo die Masse ‹als rohe Gewalt wirkt›, d. h. die Revolution.*

Diese außerordentlich tiefe Einsicht in das Wesen der modernen bürgerlichen Gesellschaft, die hier Schiller als großer Dichter, als geschulter Beurteiler ihrer Eignung zum Stoff des großen Dramas formuliert, zeigt diese für den bürgerlichen Humanismus tragische Widersprüchlichkeit klar an. Denn es tritt hier deutlich hervor, was alles die Ablehnung der plebejischen Formen und Inhalte der Weiterführung der bürgerlichen Revolution diesem großen Humanisten auch dichterisch versperrt hat: die Ausdehnung des Horizontes der Dichtung — insbesondere des Dramas — auf eine der griechischen gleichkommende Weise. Und das Tragische in dieser ihrer Lage bestand darin, daß jene Ablehnung gesellschaftlich notwendig war. Und zwar nicht ausschließlich aus ‹psychologisch-soziologischen› Gründen in der Persönlichkeit Schillers. Es gab immer wieder einzelne, die die Ablehnung nicht mitgemacht, die dieses Zurückschrecken vor den letzten Konsequenzen der bürgerlichen Revolution *individuell* überwunden haben (so in Deutschland: Georg Forster, Hölderlin). Ausschlaggebend ist vielmehr, daß in dieser Periode der große Weg der bürgerlichen Klasse der einer solchen Ablehnung der plebejischen Weiterführung der bürgerlichen Revolution sein mußte: der Weg der Goethe, Hegel und Balzac, mit denen verglichen die Forster oder Hölderlin bei all ihrer Treue zur Zuendeführung der bürgerlichen Revolution doch nur Episodenfiguren sind. An dieser objektiven gesellschaftlich-geschichtlichen Notwendigkeit ändert nichts, daß auch die größten ideologischen Vertreter der bürgerlichen Klasse durch die Abkehr vom Plebejischen philosophisch-künstlerisch sehr viel verlieren mußten, daß ihnen — wie hier Schiller — diese Verluste, diese Verzichte zuweilen aufdämmerten. Die Notwendigkeit der Scheidung von jenen plebejischen Tendenzen, deren Scheideweg für den westeuropäischen Teil des Kontinents gerade in dieser Epoche erreicht wird, offenbart sich praktisch-politisch in dem Umschlagen der plebejisch-jakobinischen Tendenzen zur Weitertreibung der bürgerlichen Revolution in die ersten Anfänge der proletarisch-revolutionären Tendenzen bei Babeuf.

Schiller hat seine Entscheidung gegen die plebejischen Tendenzen getroffen. Darum war es notwendig, daß er das inhaltlich-geschichtliche Problem der Ungünstigkeit des modernen bürgerlichen Lebens als Gegenstand einer großzügigen und darum notwendigen öffentlichen dramatischen Gestaltung nicht lösen konnte. Er suchte nicht aus dem modernen Leben selbst jene Züge herauszuentwickeln, die in sich eine Öffentlichkeit enthalten, sondern versucht mit artistischen Mitteln ein künstliches Milieu zu schaffen, in dem das rein Private zum Öffentlichen idealistisch aufgebläht wird. In dieses künstliche Milieu einer künstlich stilisierten Öffentlichkeit müssen dramatische Gestalten hineinkomponiert werden, deren rein private Verhältnisse ebenfalls einer solchen subjektivistischen Übersteigerung unterworfen werden.

Dementsprechend wird bei Schiller der Chor nicht zu einer konkreten Repräsentanz der Öffentlichkeit, sondern zu einer abstrakten Allgemeinheit. ‹Der Chor selbst ist kein Individuum, sondern ein allgemeiner Begriff ... Der Chor verläßt den engen Kreis der Handlung, um sich über Vergangenes und Künftiges, über ferne Zeiten und Völker, über das Menschliche überhaupt zu verbreiten, um die großen Resultate des Lebens zu ziehen und die Lehren der Weisheit auszusprechen.› Und Schiller — dies zeigt wieder den bedeutenden Zug der Klarheit seines Denkens — macht sich keine Illusionen darüber, daß er damit unmöglich die wirkliche gestalterische Vereinigung des Privaten und Öffentlichen, des Besonderen und des Allgemeinen zustande bringen kann. ‹Denn wenn zwei Elemente der Poesie, das Ideale und Sinnliche, nicht innig verbunden *zusammen* wirken, so müssen sie nebeneinander wirken, oder die Poesie ist aufgehoben.› Der Chor kann also nach Schillers eigenen Schlußfolgerungen nur artistische Resultate zeitigen; wie er ‹in die Sprache *Leben* bringt, so bringt er *Ruhe* in die Handlung›. Der große Vorstoß des späten Schiller in die Richtung, das private Leben öffentlich zu machen und die Ungeeignetheit des bürgerlichen Lebens als Stoff zum großen Drama aufzuheben, endet in einem ästhetisierenden Klassizismus.

Die besondere Stellung der deutschen Klassik in diesem Prozeß des Wetteiferns mit der Antike, um den Widersprüchen des bürgerlichen Lebens zum Trotz, welche einen äußerst ungünstigen Stoff für die Dichtung liefern, eine der griechischen gleichwertige Kunst zu schaffen, liegt darin, daß für die deutsche Klassik im steigenden Maß der unwiederbringlich vergangene Charakter des Griechentums klar wird und daß aus dieser Klarheit die entsprechenden Folgerungen für das Wesen der modernen Poesie gezogen werden. Diese Klarheit steht im engen Zusammenhang mit der Beurteilung der Französischen Revolution. Marx hat, wie wir gezeigt haben, auf die tragische Illusion der radikalen Jakobiner, die Polisdemokratie auf der Grundlage der modernen bürgerlichen Gesellschaft wieder zu errichten, mit treffender Schärfe hingewiesen. Der ideologische Prozeß der Abkehr von der Revolution in der deutschen Klassik läuft, freilich hier mit falschem Bewußtsein, auf einem ähnlichen Wege. Die Entwicklung des jungen Hegel zeigt am klarsten, wie sehr im damaligen Deutschland die beiden Komplexe: einerseits die Bejahung der Französischen Revolution und das Kulturprogramm der Erneuerung der Antike und andererseits die thermidorianische Abkehr von den revolutionären Methoden und die Auffassung der Antike als einer endgültig vergangenen Epoche, aufs engste miteinander zusammenhängen. Es ist sehr bezeichnend, daß beim jungen Hegel die eingehende Beschäftigung mit der klassischen englischen Ökonomie im Mittelpunkt jener Krisenperiode steht, die diese politische Wendung in der Beurteilung des Griechentums zustande bringt. Bei Schiller fehlt diese ökonomische Einsicht Hegels; er formuliert seine geschichtsphilosophischen Probleme immer rein ideologisch, wenn auch unter dieser ideologischen Hülle oft eine nicht unbeträchtliche Höhe von Geschichtserkenntnis verborgen ist. Er schreibt in seinen ‹Ästhetischen Briefen› über die griechische Antike als unwiederbringliche Vergangenheit: ‹Die Erscheinung der griechischen Menschheit war unstreitig ein Maximum, das auf dieser Stufe weder verharren noch höher steigen konnte ... Die Griechen hatten diesen Grad erreicht, und wenn sie zu einer höheren Ausbildung fortschreiten wollten, so mußten sie, wie wir, die Totalität ihres Wesens aufgeben und die Wahrheit auf getrennten Bahnen verfolgen.›

IV

Es gab freilich auch im damaligen Deutschland eine andere, eine revolutionär-jakobinische Auffassung der Antike. Ihr ideologischer Hauptvertreter war der spätere Mainzer jakobinische Revolutionär Georg Forster; seine Lehren wurden teilweise erneuert vom jungen Friedrich Schlegel in seiner vorromantischen Periode.

Den gesellschaftlich-politischen Unterschieden zwischen Deutschland und Frankreich entsprechend, mußte diese Theorie in Deutschland einen stark gegenwartspessimistischen Charakter haben. Denn an eine praktisch-revolutionäre Verwirklichung des antiken Ideals war in Deutschland nicht zu denken. So mußte aus dem Vergleich von Antike und Gegenwart eine herbe und strenge Verurteilung der ganzen Literatur und Kultur des damaligen Deutschland folgen.

Dies ist die Linie der damals sehr einflußreichen literatur- und kulturpolitischen Schriften Georg Forsters. Sie haben, was die bürgerliche Philosophiegeschichte stets verschweigt, auf den jungen Hegel einen sehr großen Einfluß ausgeübt. In seinen ‹Ansichten vom Niederrhein› kontrastiert Forster bei Gelegenheit der Analyse der größten Produkte der modernen Malerei antike und moderne Kunst auf der Grundlage des Kontrastes von antikem und modernem Leben:

‹Griechische Gestalten und griechische Götter passen nicht mehr in die Form des Menschengeschlechtes; sie sind uns so fremd wie griechisch ausgesprochene Laute und Namen in unserer Poesie. Es mag seine Richtigkeit haben mit der göttlichen Vollkommenheit der beiden Meisterwerke des Phidias, seiner Minerva und seines Jupiters; aber je majestätischer sie da säßen oder stünden, das hehre Haupt für unseren Blick angrenzend an den Himmel, desto furchtbarer unserer Phantasie, je vollkommenere Ideale des Erhabenen, desto befremdlicher unserer Schwachheit. Menschen, die für sich allein stehen konnten, hatten keckes Bewußtsein genug, um jenen Riesengottheiten ins Auge zu sehen, sich verwandt mit ihnen zu fühlen, und sich um dieser Verwandtschaft willen ihren Beistand im Notfall zu versprechen. Unsere Hilfsbedürftigkeit ändert die Sache. Wir darben unaufhörlich und trotzen nie auf eigene Kräfte. Einen Vertrauten zu finden, dem wir unsere Not mit uns selbst klagen, dem wir unser Herz mit allen seinen Widersprüchen, Verirrungen und geheimen Anliegen ausschütten, dem wir durch anhaltendes Bitten und Tränenvergießen, wie wir selbst geduldig und mitleidig sind, Beistand und Mitleid ablocken können: dies ist das Hauptbedürfnis unseres Lebens, und dazu schaffen wir Götter nach unserem Bilde ... Der Schwache kann das Vollkommene nicht umfassen; er sucht ein Wesen seiner Art, von dem er verstanden und geliebt werden, dem er sich mitteilen kann. Zu diesem Menschengeschlecht gehören nun unsere Künstler, und für dasselbe arbeiten sie.›

Es ist klar, daß diese Auffassung eine Verwerfung der ganzen zeitgenössischen deutschen Literatur als sklavenhaft und schwächlich beinhaltet. Das antike Ideal der Pariser Jakobiner ist hier ein Medusenbild, vor dem alles zu Tode erstarrt. Als der junge Friedrich Schlegel, nicht unberührt von Schillers ästhetischen Schriften, aber politisch wie ästhetisch stärker von der Forsterschen Richtung beeinflußt, in seinen Schriften über die griechische Poesie diese Lehren in einer verschwommeneren, abgeschwächteren, ideologischeren und ästhetisierenden Form zu erneuern und zu propagieren begann, wendet sich Schiller in der heftigsten Weise gegen ihn. Er versperrt ihm die von ihm redigierten Zeitschriften, er verspottet ihn in Vers und Prosa:

> ‹Kaum hat das kalte Fieber der Gallomanie uns verlassen,
> Bricht in der Gräkomanie gar noch ein hitziges aus.
> Griechheit, was war sie? Verstand und Maß und Klarheit. Drum
> dächt' ich:
> Etwas Geduld noch, ihr Herrn, eh' ihr von Griechheit uns sprecht!
> Eine würdige Sache verfechtet ihr; nur mit Verstande
> Bitt ich, daß sie zum Spott und zum Gelächter nicht wird.›

Also auf dem Gipfelpunkt seiner antikisierenden Bestrebungen lehnt Schiller die jakobinische Erneuerung des Griechentums als ‹Gräkomanie› in der schroffsten Weise ab.

Der Kampf gegen die ‹Gallomanie› ist ein altes Erbstück der aus der Aufklärung herausgewachsenen klassischen deutschen Philosophie. Lessing hat mit der größten prinzipiellen Klarheit nicht nur seine deutschen Zeitgenossen, sondern auch die gleichzeitigen englischen und französischen Kritiker übertreffend, das neue Ideal der Erneuerung der Antike auf dem vorrevolutionären Gipfel der Aufklärungszeit von der der früheren Periode abgegrenzt, den französischen Klassizismus und seine dramatischen Nachfolger, darunter auch Voltaire, als im tiefsten Wesen unklassisch, ungriechisch verurteilt. Diese Lessingsche Kritik des französischen Klassizismus, seine Ablehnung als Vermittlungsglied zwischen Antike und Gegenwart, d. h. die Ablehnung des absoluten Königtums mit seinem Klassenkompromiß zwischen Bourgeoisie und Adel als notwendiges Verbindungsglied zwischen Feudalismus und Bourgeoisie, bleibt von nun an maßgebend für die Theorie der modernen Literatur. Hauptsächlich in Deutschland, wo die Entstehung der nationalen Literatur sich nur als bürgerlich-revolutionär, als Kampfliteratur gegen die Kultur der Versailleskopie der kleinen Höfe, der Träger der Verhinderung der nationalen Einheit, entfalten konnte.

Diese Ablehnung vollzieht sich aber unter den spezifischen Bedingungen der Klassenentwicklung und des Klassenkampfes in Deutschland. Und diese Bedingungen machen, trotz der heftigen und wohlbegründeten theoretischen Ablehnung, einen vollkommenen Bruch mit dem Stil der *tragédie classique* unmöglich. Zwar scheint es, als ob im ‹Sturm und Drang› der Bruch mit diesen Traditionen vollkommener gewesen wäre als bei Lessing selbst, aber insbesondere Goethes erste Weimarer Periode lenkt mit der ‹Iphigenie›, dem ‹Tasso›, mit dem ‹Elpenor›-Fragment usw. wieder in die Richtung einer sehr umgebildeten, sehr verinnerlichten Weiterbildung der *tragédie classique* ein.

Dabei ist vor allem die Tendenz der psychologischen Verinnerlichung des Dramas bei Racine von Wichtigkeit, und es muß – bei aller hier notwendigen Kürze – doch betont werden, daß die Dramatik dieser Goetheschen Periode an Verinnerlichung noch über Racine hinausgeht. Aber trotz aller Verwandlung der zuweilen äußerlich-konventionellen Sittenprobleme in scheinbar rein seelische ist dieser verbürgerlicht-höfische Charakter der Probleme und, dadurch vermittelt, der des Aufbaus und Stils Goethes sehr stark sichtbar. (Insbesondere im ‹Tasso›, wo das Problem von Dichter und Hofmäzenatentum den tragischen Konflikt bildet.) Und diese Probleme – und durch sie bedingt dieser Stil – spielen eine nicht unwichtige Rolle als stilistische Nebenströmung auch in der späteren Entwicklung des deutschen Dramas (man denke an Grillparzer, an Hebbels ‹Gyges und sein Ring›).

Aber damit ist das Weiterleben des ‹französischen Stils› im deutschen Drama noch nicht erschöpft. Schon der Hinweis auf eine stilistische Entwicklungslinie: Racine – ‹Iphigenie› – ‹Gyges› zeigt, daß sich auch das Stilproblem der *tragédie classique* nicht mit dem Aufkleben der Etikette ‹höfisch› erledigen läßt. Die höfische Kunst der Periode Ludwigs XIV. war das Resultat der großen Klassenkämpfe in Frankreich zwischen Adel und Bourgeoisie, war der künstlerische Ausdruck nicht nur verschiedener Tendenzen dieses Kampfes, sondern auch verschiedener Etappen in diesem Kampf. (Man vergleiche bloß Corneille und Racine.) Und dem Wesen und den objektiv klassenmäßigen Entwicklungstendenzen dieser Kämpfe entspricht es durchaus, daß die bürgerliche Komponente in dem jeweiligen Resultat immer stärker fühlbar wird. Der Versuch Voltaires, die Form der *tragédie classique* zum Organ der Aufklärung zu machen, ist keineswegs nur ein stilistisches Kompromiß, so problematisch dieser Versuch auch ausgefallen sein mag. Und es ist eine historisch bekannte Tatsache, daß das Drama der Französischen Revolution – das ihrer unmittelbaren Vorbereitungszeit und das ihrer internationalen Nachwirkungen – wieder an die *tragédie classique* anknüpft, freilich nach abermaliger tiefgreifender Umgestaltung der Form. Es genügt, wenn wir uns dabei auf M. J. Chénier, auf Alfieri berufen.

Aber auch Schiller selbst bleibt von dieser Bewegung nicht unberührt. Sein ‹Don Carlos›, der die krisenhafte Auseinandersetzung mit dem stoisch-jakobinischen Idealismus seiner Jugendperiode gestaltete, hat starke stilistische Berührungen mit dieser Entwicklungsetappe der *tragédie classique*. In einem Gespräch hat der sehr feinfühlige, wenn auch im französischen Geschmack befangene Wieland Schiller auf diese Verwandtschaft aufmerksam gemacht. Schiller protestierte heftig und betonte die Unterschiede. Beide hatten in gewisser Weise recht, da der ‹Don Carlos› einerseits nur von einer bestimmten Entwicklungstendenz der *tragédie classique* berührt wurde, andererseits sein Stil gerade durch die deutsche Art, sich mit dem Problem des bürgerlich-revolutionären stoischen Idealismus auseinanderzusetzen, bestimmt war. In der Feststellung der Verwandtschaft hat aber doch – trotz der Notwendigkeit, auch die großen Unterschiede zu betonen – Wieland bis zu einem gewissen Grade recht behalten.

Die Erneuerung der Antike in der Periode der Zusammenarbeit von Goethe und Schiller geht andere Wege. Sie ist weder bei Goethe eine Fortsetzung der Linie ‹Iphigenie› – ‹Tasso› noch bei Schiller die des ‹Don Carlos›. Sie bedeutet für Deutschland (im Verhältnis zur Französischen Revolution) eine nachrevolutionäre Etappe. Diese Erneuerung der Antike geht deshalb in der Richtung der dichterischen Monumentalisierung des bürgerlichen Lebens. Goethes ‹Wilhelm Meister›, ‹Hermann und Dorothea›, ‹Reineke Fuchs›, Schillers Dramen, seine großen Gedichte, wie ‹Der Spaziergang›, ‹Das Lied von der Glokke› usw. verfolgen ausnahmslos dieses Ziel. Die thematische und unmittelbar formale Annäherung an die griechische Poesie ist in den meisten Fällen ganz minimal. Das Bestreben beider – bei aller Verschiedenheit der Auffassung und des Stiles – geht gerade dahin, die spezifischen Züge des modern-bürgerlichen Lebens klar und konkret herauszuarbeiten. Das Aufrechterhalten und das immer schärfere Betonen des antiken Ideals drückt einerseits das hohe Selbstbewußtsein, den hohen Anspruch sich selbst gegenüber aus, die der aufstrebenden bürgerlichen Klasse damals eigen sind. Es steckt in diesem Antikisieren das Selbstbewußtsein, mit der Antike auf modernem Gebiet wetteifern zu können, der antiken Kunst eine gleichwertige moderne Kunst gegenüberstellen zu können.

Anderseits bedeutet das Antikisieren ein Zurückgehen bei der Analyse auf die Voraussetzungen des künstlerischen Schaffens, der objektiven und subjektiven Voraussetzungen der einzelnen Kunstarten usw., auf die Untersuchung ihrer wesentlichen Gesetzmäßigkeit. Der Rückschlag gegen die mechanische Nachahmungstheorie geht hier konkret am weitesten. Schiller und Goethe versuchen die verschiedenen Gattungen der Literatur auf ihre letzten Prinzipien zurückzuführen und von diesen Prinzipien aus ganz allgemeine, aus dem Wesen der betreffenden Kunstart folgende ästhetische Gesetzmäßigkeiten zu gewinnen. Das Griechentum bildet für diese Untersuchungen notwendig das Vorbild, da in seinen Produkten jene Einheit von sinnlich-realistischer Gestaltung des Besonderen und klarer Herausarbeitung des Allgemein-Wesenhaften vorhanden war. Wenn Schiller und Goethe den künstlerischen Gesetzmäßigkeiten dieser Einheit auch theoretisch analysierend nachgingen, so versuchten sie damit stets die künstlerischen Bedingungen für die von ihnen erstrebte dichterische Monumentalisierung des modernen bürgerlichen Lebens zu erreichen. Das klare Herausarbeiten der spezifisch künstlerischen Prinzipien ist also hier in seiner herrschenden Tendenz kein vom Leben entferntes Ästhetentum, keine Formspielerei, sondern im Gegenteil der Versuch, die Entwicklung der bürgerlichen Literatur vor dem drohenden unkünstlerischen Verfall in kleinliche, bloß richtig beobachtete Details zu bewahren.

Die konkreten ästhetischen Probleme dieser Zusammenarbeit zwischen Goethe und Schiller unterwarfen wir einer eigenen eingehenden Analyse. Hier müssen wir uns damit begnügen, ganz kurz einige der wesentlichen Züge der Haupttendenz dieser Zusammenarbeit hervorzuheben. Die negativen Seiten dieser Zusammenarbeit, insbesondere ihres Schillerschen Anteils sind allgemein bekannt.

In den brieflichen Kritiken über Lassalles ‹Sickingen› geben Marx und Engels eine scharfe und treffende Charakteristik der unheilbaren idealistischen Schwäche der Schillerschen Dramatik. Und diese Schwäche ist nicht ein Versagen der dichterischen Schöpferkraft Schillers — seine philosophischen Gedichte zeigen, wie persönlich und sinnlich, wie pathetisch und lebendig bei ihm selbst die abstrakten Gedanken werden —, sondern sie ist eine der grundlegenden Tendenzen seiner Art der Gestaltung. In seiner Rezension über Matthisons Gedichte spricht Schiller diese Tendenz in der schroffsten und zugespitztesten Form aus: Der Dichter ‹muß also auf die Bedingungen wirken, unter welchen eine bestimmte Rührung des Gemüts notwendig erfolgen muß. Nun ist aber in der Beschaffenheit eines Subjektes nichts notwendig als der Charakter der Gattung; der Dichter kann also nur insofern unsere Empfindungen bestimmen, als er sie der Gattung in uns, nicht unserem spezifisch verschiedenen Selbst abfordert. Um aber versichert zu sein, daß er sich auch wirklich an die reine Gattung in den Individuen wende, muß er selbst zuvor das Individuum in sich ausgelöscht haben.› In dieser schroff ausschließenden

Gegenüberstellung von Individuum und Gattung finden wir wieder den subjektiven Idealismus, seine Starrheit und Abstraktheit als Grundlage auch der dichterischen Schwächen Schillers.

Aber mit der Feststellung dieser Schwächen ist Schiller weder als Dichter noch als Denker erledigt. Der Kampf gegen den wesenlosen, photographischen, oberflächlichen Naturalismus mag bei ihm noch so oft in idealistische Überspannungen entarten, in seiner Grundlinie ist er doch ein richtiger, ein ästhetisch-progressiver Kampf. Wie sehr Schiller in diesem Kampf eine wesentliche Tendenz des späteren Niedergangs der bürgerlichen Literatur klar erkannt hat, zeigt vielleicht am deutlichsten der Brief von Engels, in dem dieser Lassalles Sickingen-Drama kritisiert. Bekanntlich ist dieses Drama ganz unter Schillerschem Einfluß entstanden, und Marx und Engels kritisieren mit der größten Schärfe den Schillerschen Idealismus seines Stils. Zugleich jedoch bezeichnet es Engels als besonderes Verdienst Lassalles, daß dieser (freilich mit einem entscheidenden inhaltlichen Fehler, mit der Unterstützung der Bauernbewegung) die wesentlichen Tendenzen der von ihm gestalteten Periode klar hervorgehoben hat: ‹Die handelnden Hauptpersonen *sind* Repräsentanten bestimmter Klassen und Richtungen, somit bestimmter Gedanken ihrer Zeit, und finden ihre Motive nicht in kleinlichen individuellen Gelüsten, sondern eben in der historischen Strömung, von der sie getragen werden ... Mit vollem Recht treten Sie der jetzt herrschenden *schlechten* Individualisierung entgegen, die auf lauter kleine Klugscheißereien hinausläuft und ein wesentliches Merkmal der im Sande verrinnenden Epigonenliteratur ist.›

V

Die endgültigen spezifischen Formulierungen, die Schiller für die Besonderheit der modernen Literatur findet, tragen den doppelten Stempel der Großartigkeit und der Schranken des deutschen Idealismus in seiner Schillerschen Färbung an sich. In seiner großen Abhandlung ‹Über naive und sentimentalische Dichtung› unterscheidet Schiller zwei Typen der Dichter: Dichter, die mit der Natur eins und einig sind, und Dichter, die diese Einigkeit mit der Natur bloß suchen. Die geschichtsphilosophische Grundlage dieser Typologie der Dichter ist der von uns ausführlich analysierte Unterschied zwischen Antike und Neuzeit, wobei Schiller, ebenso wie nach ihm die Hegelsche Ästhetik, Shakespeare mit einem Vicoschen *ricorso* als einen stilistisch der Antike analogen Dichter, als einen Dichter der Heroenzeit auffaßt.

Die Schillersche Fassung des grundlegenden Unterschieds der beiden Perioden ist, daß die Kultur die kapitalistische Arbeitsteilung, die Trennung von Vernunft und Sinnlichkeit hervorbringt und dadurch Mensch und Natur entzweit. Solange diese Entzweiung geschichtlich nicht hervorgetreten ist, wie bei den Griechen, kann der Dichter naiv bleiben. Ist die Entzweiung da, sucht er diese Entzweiung künstlerisch zu überbrücken. Schafft er also nicht aus der Einheit mit der Natur, sondern aus der – für ihn unerfüllbaren – Sehnsucht nach dieser Einheit, so ist er modern, sentimentalisch. ‹Wendet man nun den Begriff der Poesie, der kein anderer ist, als der *Menschheit ihren möglichst vollständigen Ausdruck zu geben,* auf jene beiden Zustände an, so ergibt sich, daß dort in dem Zustande natürlicher Einfalt, wo der Mensch noch mit allen seinen Kräften zugleich als harmonische Einheit wirkt, wo mithin das Ganze seiner Natur sich in der Wirklichkeit vollständig ausdrückt, die möglichst vollständige *Nachahmung des Wirklichen* – daß hingegen hier in dem Zustande der Kultur, wo jenes harmonische Zusammenwirken seiner ganzen Natur bloß eine Idee ist, die Erhebung der Wirklichkeit zum Ideal, oder, was auf eins hinausläuft, die *Darstellung des Ideals den Dichter machen muß.*›

Es scheint also, als ob Schiller einfach den *Idealismus als spezifische Gestaltungsweise der modernen Literatur* bestimmen würde. Diese Formulierung zeigt – nicht bloß in ihrer paradoxen Zuspitzung, sondern in ihrem Inhalt und in ihrer Methodologie – die idealistische Schiefheit und Schranke Schillers an. Aber diese Fragen, insbesondere die Probleme des Realismus bei Schiller, liegen keineswegs so einfach und steif-gradlinig, wie man es auf den ersten Anblick vermuten würde und wie diese Probleme von den späteren Auslegern Schillers gefaßt wurden.

Allerdings hat Schiller die dichterische Abbildung der Wirklichkeit nur für den naiven Dichter, also nur für die Antike anerkannt. Aber seine Bestimmung der ‹Darstellung des Ideals› als Gestaltungsweise für die moderne Zeit ist nicht bloß eine Herrschaftserklärung des Idealismus, sondern gibt zugleich einen Ausgangspunkt für die tiefere Beurteilung einer Reihe der spezifischen Schwierigkeiten des modernen Realismus.

Vor allem zeigt Schiller die große Schwierigkeit, im modernen Leben das Wesentliche und Wirkliche in einer dichterisch sinnfälligen Weise zu gestalten. Schiller erblickt dieses Problem mit größerer Klarheit als irgendein Theoretiker vor ihm. Er analysiert es mit einer bedeutenden Schärfe und Tiefe, nur erscheint bei ihm das ganze Problem idealistisch auf den Kopf gestellt. Statt die schwere, oft ganz übermenschliche Arbeit des modernen Dichters zu analysieren, mit der inmitten der kleinlichen Prosa des bürgerlichen Lebens so tief gegraben werden muß, daß die wesentlichen Bestimmungen des bürgerlichen Lebens poetisch konkret an die Oberfläche treten, dreht Schiller das Problem idealistisch um: er deckt nicht den konkreten dialektischen Zusammenhang zwischen den dem Leben unmittelbar entnommenen Details und den ihnen zugrunde liegenden, in ihnen verborgenen wesentlichen Bestimmungen auf. Vielmehr betrachtet er den Realismus in den Details als ein bloßes Mittel, als einen bloßen Vermittlungsweg dazu, um von den *nicht* erfahrungsgemäß aufgefaßten und damit dem Leben starr gegenübergestellten wesentlichen Zügen zu der poetisierten Oberfläche des Lebens zurückkehren zu können. Indem er in der Kunst eine *indirekte* Darstellung des Ideals erblickt, will er zwar zwischen Erscheinung und Wesen eine Brücke schlagen, kann es aber infolge des verkehrten Ausgangspunktes seiner Theorie nicht. Doch die Auffassung, daß die realistische Gestaltung der

Oberfläche nur ein Weg zur Gestaltung der wesentlichen Züge ist, daß ohne diese wesentlichen Züge, die zwar wirklich, aber nicht unmittelbar gegeben sind, jede Dichtung sich in Kleinlichkeit verliert, ihren dichterischen Charakter unweigerlich einbüßt, bedeutet — freilich erst materialistisch auf die Füße gestellt — eine unverlierbare Errungenschaft für die Theorie des Realismus.

Schiller geht aber in der Konkretisierung des modernen, sentimentalischen Dichtertypus noch viel weiter und gibt eine systematische Aufzählung der möglichen Stellungnahmen des modernen Dichters zur Wirklichkeit. Auch in dieser Weiterführung und Konkretisierung zeigt sich die Doppelseitigkeit der Schillerschen Methode. Er subjektiviert ununterbrochen seine Darlegungen und macht demgemäß aus objektiven Tatbeständen stets subjektive Empfindungs- und Denkweisen. Wie er den Gegensatz zwischen naiv und sentimentalisch von dem Gegensatz zweier Kulturen auf den zweier Empfindungsweisen subjektiviert hat, so auch in der weiteren Konkretisierung. Schiller unterscheidet drei Dichtungsarten des sentimentalischen Dichters: die Satire, die Elegie und die Idylle. Und auch hier subjektiviert er das Problem dahin, daß es sich nicht so sehr um die Gattungen handelt, sondern um die satirische, elegische und idyllische *Empfindungsweise*. In allen drei Fällen ist für Schiller von der Nichtübereinstimmung zwischen Ideal und Wirklichkeit, zwischen Wesen und Erscheinung in der modernen bürgerlichen Gesellschaft die Rede, davon, wie der Schriftsteller mit satirischer Empörung, mit elegischer Wehmut, mit idyllischer Resignation diesen Zwiespalt dichterisch überwindet, wie er mit Einsetzung der schöpferischen Aktivität seines Ichs, mit seiner aktiven Einmischung, mit der Gestaltung seiner eigenen Stellungnahme zu den gestalteten Ereignissen usw. die Prosa des modernen bürgerlichen Lebens zu einer poetischen Höhe verwesentlicht.

Es ist wiederum außerordentlich leicht und naheliegend, die subjektiv idealistische Schranke in der Fassung des Problems bei Schiller aufzudecken und zu kritisieren. Aber eine Kritik, die sich nur auf diese Feststellung beschränken würde, wäre sehr flach und oberflächlich. Denn hinter jeder solchen Subjektivierung der großen objektiven Probleme der Periodisierung und der Genres durch Schiller steckt zugleich eine berechtigte und tiefe, echt dialektische Erweiterung dieser Probleme. Die philosophische Begründung jener Empfindungsweisen, auf denen Satire, Elegie und Idylle beruhen, mag noch so idealistisch sein, die Feststellung des Kontrastes selbst bleibt trotzdem eine richtige Widerspiegelung der ökonomischen und ideologischen Lage im Kapitalismus.

VI

Der idealistische philosophische Begriff des Ideals als Kontrast zu der empirischen gesellschaftlichen Wirklichkeit hat seine realen gesellschaftlichen Wurzeln. Die einer jeden menschlichen Tätigkeit zugrunde liegende, ja den spezifischen Charakter der menschlichen Arbeit ausmachende Sachlage, daß die Zielsetzung im Kopfe früher da ist als ihre materielle Verwirklichung, erhält in der kapitalistischen Gesellschaft eine besondere Erscheinungsform. Entscheidend ist hierbei der Widerspruch zwischen gesellschaftlicher Produktion und privater Aneignung. Daraus folgen die Widersprüche zwischen den gesellschaftlich notwendigen individuellen Zielsetzungen und den sich hinter dem Rücken der einzelnen auswirkenden gesellschaftlichen Gesetzmäßigkeiten. (Man denke daran, wie das Streben nach dem individuellen Extraprofit gerade auf dem Wege seiner Verwirklichung die Senkung der Profitrate herbeiführt.) In engster Abhängigkeit von diesem zentralen Widerspruch der kapitalistischen Gesellschaft stehen auch die Widersprüche zwischen kapitalistischer Arbeitsteilung und den humanistischen Idealen der revolutionären Bourgeoisie. Die Dialektik der Notwendigkeit der heroischen Selbsttäuschung in dem Hervorbringen der kapitalistischen Gesellschaft gibt diesem Verhältnis zwischen Zielsetzung und Verwirklichung, zwischen den menschlichen Forderungen an die gesellschaftliche Wirklichkeit und dieser Wirklichkeit selbst, einen neuen Akzent. Es ist freilich das allgemeine Kennzeichen einer jeden Gesellschaft vor dem Sozialismus, daß die Menschen ihre Geschichte zwar selbst machen, aber ‹bis jetzt [d. h. in der Klassengesellschaft, G. L.] nicht mit Gesamtwillen nach einem Gesamtplan›. Aber dieser Gegensatz erscheint in der kapitalistischen Gesellschaft in einer besonders zugespitzten Weise, deren ideologische Ausdrucksform eben das Ideal ist.

Zur Zeit des Kampfes um die Macht, um die Erhebung der kapitalistischen Produktion zur herrschenden ökonomischen Form der Gesellschaft, erscheint das Ideal als Gegensatz der humanistischen Forderungen zu der gesellschaftlichen Wirklichkeit von Feudalismus und Feudalabsolutismus. Zur Zeit der Herrschaft des Kapitalismus erscheint das Ideal als Widerspiegelung jener inneren Widersprüche des kapitalistischen Systems selbst, deren wichtigste wir oben aufgezählt haben. Der immer größere, immer unüberbrückbarere Abstand, der mit der Entwicklung des Kapitalismus und der Entfaltung seiner Widersprüche die Ideale des bürgerlichen Humanismus von der Wirklichkeit der bürgerlichen Gesellschaft trennt, wirkt notwendig auf diese selbst und auf die Art ihrer Vertretung zurück. Auf der Hauptlinie der Entwicklung der Bourgeoisie müssen diese Ideale immer inhaltsleerer, immer konventioneller werden, immer stärker eine heuchlerische doppelte Buchführung beinhalten. Der Dualismus von Ideal und Wirklichkeit ist auf dem Boden der bürgerlichen Ideologie nicht zu überwinden. Seine scheinbare Überwindung bei den Realisten der spätbürgerlichen Entwicklungsphase kann nur das Bild einer trostlosen Öde der von allen belebenden und erhebenden Momenten verlassenen Wirklichkeit ergeben, hinter welcher die genauere Analyse stets den sorgfältig versteckten Maßstab des offen verleugneten, im geheimen aber unbewußt doch angewendeten Ideals entdecken wird. Man denke etwa an Flaubert oder Maupassant. Die Erkenntnis, mit dem Maßstab des Ideals an das Leben in der dichterischen Praxis herangehen zu müssen, findet man bei manchen bedeutenden Realisten. So schreibt z. B. Balzac im Vorwort der ‹Menschlichen Komödie›: ‹Die Geschichte ist oder sollte sein wie die Wirklichkeit, während der Roman ... ,die bessere Welt' sein soll. Aber ein Roman wäre ein Nichts, wenn es in dieser erhabenen Lüge nicht die Wahrheit im einzelnen gäbe.›

Marx hat bei Behandlung der Unterschiede zwischen bürgerlicher und proletarischer Revolution stets auf diesen Unterschied aufmerksam gemacht. Die Arbeiterklasse, sagt Marx, ‹hat keine Ideale zu verwirklichen; sie hat nur die Elemente der neuen Gesellschaft in Freiheit zu setzen, die sich bereits im Schoß der zusammenbrechenden Bourgeoisgesellschaft entwickelt haben›. Das heißt: das zielbewußte und zielsetzende Handeln des revolutionären Proletariats beruht auf der richtigen Erkenntnis der wirklichen Entwicklungsgesetze und Tendenzen der objektiven Wirklichkeit. Der Maßstab, der an diese Handlungen, an die aus ihnen sich ergebenden Situationen angelegt wird und immer angelegt werden muß, um die Entwicklung bewußt weiterzuführen und zu beschleunigen, wird der durch die Praxis selbst geführten und korrigierten und auf diese Weise immer mehr vertieften, immer wirklichkeitsnäheren Erkenntnis der objektiven Wirklichkeit entnommen. Das für das bürgerliche Bewußtsein letzten Endes unaufhebbare Dilemma von aufgeblähtem Idealismus und kriecherischem Empirismus wird durch das revolutionäre Handeln des Proletariats, durch die Beseitigung der objektiven gesellschaftlichen Grundlagen dieses Dilemmas praktisch aufgehoben.

Aber diese Aufhebung des bürgerlichen Ideals durch Aufhebung seiner gesellschaftlichen Grundlagen, die Enthüllung der aus diesen entspringenden falschen Alternativen als Scheinprobleme bedeutet nicht, daß die ganze Frage des Ideals bloß ein rein bürgerlich-klassenmäßig beschränktes Scheinproblem gewesen wäre. Die Dialektik von Erscheinung und Wesen nimmt in der bürgerlichen Gesellschaft ganz besondere Formen an. Die objektive Wirklichkeit dieses dialektischen Verhältnisses in Natur und Gesellschaft hört jedoch mit dem Aufhören seiner besonderen Erscheinungsformen in der kapitalistischen Gesellschaft nicht zu existieren auf. Und hinter dem Begriff des Ideals in der bürgerlichen Ästhetik steckt eben auch die Frage der künstlerischen Forderungen einer Erscheinungsform, die in sinnlicher Unmittelbarkeit das Wesen zur Gestaltung bringt. Dies bleibt auch nach dem Verschwinden der kapitalistischen Ökonomie und ihres ideologischen Widerscheins in den Köpfen der Menschen ein zu lösendes Problem und kann keineswegs in eine unmittelbar gegebene Selbstverständlichkeit verwandelt werden. Im Gegenteil: nur nach dem Fallen der kapitalistischen Schranken des gesellschaftlichen Seins (und mit ihnen, nach ihnen: der verwirrenden Scheinprobleme in der Ideologie) kann diese Frage erst in ihrer wirklichen Reinheit und Klarheit gestellt werden, und erst die wirklich materialistische Lösung der Dialektik von Erscheinung und Wesen auf dem Gebiet der Ästhetik kann zeigen, eine wie wichtige Vorarbeit dazu – bei allen idealistischen Verzerrungen und gesellschaftlich unvermeidlichen Scheinproblemen – die klassische Ästhetik Deutschlands in dieser Frage geleistet hat.

Die historische Stellung Schillers in der Entwicklung des Kontrastes von Ideal und Wirklichkeit ist durch die Entwicklungshöhe seiner Zeit bestimmt: durch die Abendröte der Periode der heroischen Selbsttäuschungen der Avantgarde seiner Klasse. Freilich einer Abendröte, bei welcher der endgültige Abschluß dieser Periode noch nicht sichtbar sein konnte. (Schiller stirbt noch vor der Periode Napoleons.) Sie ist bestimmt durch den Anfang der Ausbreitung der eigentlichen kapitalistischen Arbeitsteilung (industrielle Revolution in England), welche erst die Widersprüche des Kapitalismus wirklich zur vollen Entfaltung bringt. Der Kontrast zwischen Ideal und Wirklichkeit ist hier deshalb bereits der zwischen den Idealen des bürgerlich-revolutionären Humanismus und der bürgerlichen Gesellschaft selbst; das Vorhandensein der feudalen Überreste bestimmt nur in zweiter Linie die grundlegende Problemstellung. Anderseits hat dieser Kontrast bei Schiller noch nicht den Akzent jener Verzweiflung am Ideal, jenes romantischen Pessimismus, den er bald danach – am ausgeprägtesten in der Ästhetik Solgers – erhält.

VII

Schiller ist darin der Vorläufer Hegels in der Ästhetik, daß seinen ästhetischen Kategorien die Ahnung wichtiger gesellschaftlicher Bestimmungen des bürgerlichen Lebens zugrunde liegt, sowie darin, daß er diese gesellschaftlichen Bestimmungen und ihren ästhetischen Widerschein vorbehaltlos als Tatsachen akzeptiert und auf der Basis ihrer Erforschung die spezifischen Grundzüge der modernen Literatur herausarbeitet. Und schließlich darin, daß er sich nicht mit einer bloßen Feststellung der Struktur und Eigenart der bürgerlichen Kunst zufrieden gibt, sondern nach einem allgemeinen Maßstab für die Kunst strebt, mit Hilfe dessen ihre bürgerliche Entwicklungsetappe nicht nur in ihrer Eigenart erkannt, sondern zugleich ihrem Wert nach beurteilt werden kann.

Über die Unterschiede, die Schiller in dieser Hinsicht von Hegel trennen, werden wir später sprechen. Jetzt ist es wichtig, auf die methodologischen Verwandtschaften hinzuweisen. In der methodologischen Subjektivierung der Probleme der Periodisierung und der Genres (Empfindungsweisen) stecken bei Schiller nicht nur unüberwundene Reste des Kantschen subjektiven Idealismus, sondern diese Subjektivierung ist zugleich eine nicht unwesentliche Vorläuferin der Methodologie der ‹Phänomenologie des Geistes›. Sie zeigt dieselbe unmittelbar verwirrende Doppelseitigkeit wie bei Hegel selbst: das unmittelbare, das scheinbar unvermittelte und unbegründete Übergehen der historischen Kategorien in allgemeine philosophische.

Aber diese verwirrende Doppelseitigkeit entstammt auch hier einer wirklichen Tiefe. Marx sagt mit Recht über diese ‹Gestalten des Bewußtseins› bei Hegel: ‹Aber insofern sie [die Phänomenologie, G. L.] die *Entfremdung* des Menschen ... festhält, liegen in ihr *alle* Elemente der Kritik verborgen und oft schon in einer weit den Hegelschen Standpunkt überragenden Weise *vorbereitet* und *ausgearbeitet.*> Und über einzelne ‹Gestalten des Bewußtseins› fügt er hinzu: ‹Diese einzelnen Abschnitte enthalten die *kritischen* Elemente – aber noch in einer entfremdeten Form – ganzer Sphären, wie der Religion, des Staates, des bürgerlichen Lebens usw.›

Auch die Schillersche Behandlung der Probleme der modernen Kunst hat eine solche wirkliche Tiefe. Schiller verwandelt die sentimentalischen Dichtungsarten, die Satire, die Elegie, die Idylle, in ‹Gestalten des Bewußtseins›. Er spricht z. B. nicht über die Satire, sondern über die Grundzüge der Empfindungsweise des Satirikers, über die Empfindungsweise, aus der die satirische Betrachtungsart in sämtlichen Genres hervorgeht. Satiriker, Elegiker und Idylliker werden bei Schiller auf diese Weise zu jenen ‹Gestalten des Bewußtseins›, in denen sich nach seinen Anschauungen die notwendigen und typischen Verhaltensarten des modernen Dichters zum modernen Leben verkörpern müssen. Alle drei sind Variationen jenes Kontrastes zwischen humanistischem Ideal und kapitalistischer Wirklichkeit, dessen Wesensart wir oben analysiert haben. ‹Satirisch ist der Dichter›, sagt Schiller, ‹wenn er die Entfernung der Natur und den Widerspruch der Wirklichkeit mit dem Ideale… zu seinem Gegenstande macht… Setzt der Dichter das Ideal der Wirklichkeit so entgegen, daß die Darstellung des ersten überwiegt und das Wohlgefallen an demselben herrschende Empfindung wird, so nenne ich ihn *elegisch*…

Entweder ist die Natur und das Ideal ein Gegenstand der Trauer… oder beide sind ein Gegenstand der Freude, indem sie als wirklich vorgestellt werden. Das erste gibt die *Elegie* in engerer, das andere die Idylle in weitester Bedeutung.› (Daß bei Schiller hier – rousseauisch-kantisch – Natur und Ideal fast Synonyma sind, bedarf keines Kommentars.) Damit sind aber die tiefsten Empfindungsgrundlagen der modernen Poesie in genialer Weise getroffen und aufgedeckt. Da der Kontrast von Ideal und Wirklichkeit – um einen Satz von Marx über Ricardo zu variieren – nicht aus der Philosophie in die Wirklichkeit, sondern im Gegenteil aus der gesellschaftlichen Wirklichkeit in die Philosophie gekommen ist, liegt dieser Kontrast, bewußt oder unbewußt, einer jeden bürgerlichen Gestaltungsart zugrunde. Und zwar, wie Schiller richtig erkannt hat, unabhängig davon, in welchem Genre der Dichter nun jene Widerspiegelung der Wirklichkeit, die sein Schaffen bewegt, künstlerisch ausdrückt. Freilich vermischen sich diese Empfindungsweisen in den einzelnen Dichtern viel inniger miteinander als in der Analyse Schillers: die ländlichen Idyllen etwa in Tolstois ‹Anna Karenina› sind von elegischem Hauch der gesellschaftlichen Notwendigkeit ihres Vergehens umgeben und wären unmöglich ohne jene satirische Schilderung, die Tolstoi vom Leben des sich dem wachsenden Kapitalismus anpassenden Adels in Moskau und Petersburg gibt. Ebenso untrennbar mischen sich Elegie, Idylle und Satire in jenen Bildern, in denen Balzac den Untergang des letzten Restes des noch vorhandenen Feudaladels das *ancien régime* schildert. Und ähnliche Mischungen dieser – und gerade dieser – drei Formen der Empfindung kann man bei Dickens, bei Gontscharow und anderen großen Realisten des 19. Jahrhunderts finden. Daß bei dem einen die eine, bei dem anderen die andere Empfindungsweise vorwiegt (Elegie und Idylle bei Turgenjew, Satire bei Flaubert usw.) oder daß sich bei vielen nicht alle drei Empfindungsweisen aufzeigen lassen, besagt nichts gegen den genialen Tiefblick Schillers in die Charakteristik der Grundzüge der modernen Literatur. Denn in dieser Literatur, als Ganzes betrachtet, dominieren tatsächlich die drei von Schiller aufgezeigten Tendenzen. Ja, man kann sagen, daß fast überall, wo keine dieser Tendenzen vorhanden sind, der bürgerliche Realismus des 19. Jahrhunderts auf die Stufe eines seelenlosen Naturalismus, einer mechanischen Kopierung der Wirklichkeitsoberfläche herabsinkt. Es sei zum Abschluß nur kurz darauf hingewiesen, daß auch Engels in seiner Charakteristik Balzacs den elegischen und satirischen Charakter von dessen Gestaltung besonders hervorhebt: ‹Sein großes Werk ist eine einzige Elegie auf den unwiderruflichen Verfall der guten Gesellschaft... Aber bei alledem war seine Satire nie kühner... als dann, wenn er die Männer und Frauen, mit denen er zutiefst sympathisierte – die Aristokratie – handeln ließ.›

VIII

Schiller hat nicht nur die Probleme der Genres, sondern auch die der Periodisierung als ‹Gestalten des Bewußtseins› subjektiviert. Wir müssen also unsere Analyse auch auf die periodisierenden Grundkategorien dieser Abhandlung ausdehnen: auf das Naive und das Sentimentalische. Hier ist die methodologische Verwandtschaft Schillers mit der genialen und verwirrenden Doppelseitigkeit der ‹Phänomenologie des Geistes› noch offenkundiger als in der bisher behandelten Frage. Das Naive und das Sentimentalische sind bei Schiller vorerst historische Kategorien der Periodisierung: der prinzipiellen Unterscheidung zwischen den wesentlichen Momenten antiker und moderner Dichtung. Dabei ist es kein wirklicher Widerspruch, daß Schiller Shakespeare als naiven Dichter behandelt.

Die Schwierigkeit entsteht erst bei der Analyse der modernen Dichter im engeren Sinne des Wortes, bei der der Realisten des 18. Jahrhunderts und der seiner eigenen Zeit. Hier rächt sich an Schiller die idealistische Starrheit in der Gegenüberstellung der beiden Perioden, die Steifheit in der Verwandlung der beiden Perioden in zwei Prinzipien der Gestaltung: in ‹Nachahmung des Wirklichen› und ‹Darstellung des Ideals›. Wenn Schiller seine eigene Konzeption konsequent zu Ende führen wollte, müßte er zu dem Resultat gelangen, jede Naivität, jede Nachahmung des Wirklichen, also jeden Realismus im eigentlichen Sinne aus der Dichtung seiner eigenen Zeit auszuschließen. Seine Einsicht in den Charakter der Kunst überhaupt und in den der modernen insbesondere ist aber viel zu umfassend und tief, um ihm zu gestatten, solche steifen und schiefen Folgerungen zu ziehen. Seine Konzeption der modernen Poesie ist im Gegenteil tief von der Erkenntnis der spezifischen Züge ihres eigenartigen Realismus durchdrungen.

Bei der Behandlung der naiven Dichtung brechen diese richtigen Beobachtungen und Erkenntnisse Schillers noch stärker durch und drohen, gerade durch die Bereicherung und Vertiefung seiner Analysen, den engen idealistischen Rahmen seines Schemas vollständig zu sprengen. Schiller sieht nämlich klar, daß bei einer Reihe moderner Schriftsteller sein stilistisches Kriterium der naiven Poesie, die Nachahmung des Wirklichen, offenkundig vorhanden ist und in scharfem Gegensatz zu seiner eigenen Konzeption von der modernen dichterischen Bearbeitung der Wirklichkeit steht. Es ist aber für ihn als rücksichtslos ehrlichen Denker unmöglich, diese Tatsache nicht anzuerkennen, selbst wenn sie seinem Schema widerstreitet. Ja, er geht in der folgerichtigen Analyse dieser für das Schema so unbequemen Tatsache noch viel weiter. Er erkennt, daß die Nachahmung des Wirklichen – also das Prinzip der naiven Dichtung – für *jede* echte Poesie unerläßlich ist, daß sie *das* künstlerische Prinzip schlechthin darstellt. Dementsprechend sagt er: ‹Naiv muß jedes wahre Genie sein, oder es ist keines. Seine Naivität macht es zum Genie ... Nur dem Genie ist es gegeben, außerhalb des Bekannten noch immer zu Hause zu sein und die Natur zu *erweitern*, ohne über sie *hinauszugehen*.› Wenn wir nun bedenken, daß Schiller als Gestaltungsweise des naiven Dichters den Realismus, die künstlerische Abbildung der Wirklichkeit, bezeichnet, so enthüllt er hier – unbewußt selbstkritisch und in offenem Widerspruch zu der Grundlinie seiner Theorie – jene realistische Strömung, die in seiner ‹indirekten Darstellung des Ideals› widerspruchsvoll wirksam ist. Er identifiziert den Realismus im großen historischen Sinne, den Realismus im Sinne Homers und der griechischen Tragiker, im Sinne Shakespeares, Fieldings und Goethes mit dem letzten künstlerischen Prinzip schlechthin. Aber die Konzeption Schillers vom Unterschied und Gegensatz des Naiven und Sentimentalischen ist objektiv viel mehr als ein bloßes Schema: sie ist eine zwar idealistische und darum widerspruchsvolle und verzerrte, jedoch trotz alledem tiefe Bestimmung des spezifischen Charakters der modernen Poesie und auf diese Weise zugleich eine tiefe gedankliche Widerspiegelung der Wirklichkeit seiner Zeit mit ihren Widersprüchen. Diese sachliche Tiefe führt Schiller in seinen weiteren Ausführungen zur Einsicht in den problematischen Charakter der naiven Dichtung, des naturwüchsigen Realismus in der kapitalistischen Epoche. In der Fortführung seines Vergleiches zwischen Homer und Ariosto kommt Schiller auf das Schicksal der naiven Dichter in seiner eigenen Zeit zu sprechen und sagt: ‹Dichter von dieser naiven Gattung sind in einem künstlichen Weltalter nicht so recht mehr an ihrer Stelle. Auch sind sie in demselben kaum mehr möglich, wenigstens auf keine andere Weise möglich, als daß sie in ihrem Zeitalter *wild laufen* und durch ein günstiges Geschick vor dem verstümmelnden Einfluß desselben geborgen werden. Aus der Sozietät selbst können sie nie und nimmer hervorgehen, aber außerhalb derselben erscheinen sie noch zuweilen, doch mehr als Fremdlinge, die man anstaunt, und als ungezogene Söhne der Natur, an denen man sich ärgert.›

Es scheint, als ob Schiller damit seine früher angeführte Behauptung von der naiven Dichtungsart als der eigentlich poetischen wieder aufheben würde. Denn hier stellt er mit dürren Worten die Tatsache fest, daß in der modernen bürgerlichen Gesellschaft der naive Dichter als Zentralfigur der Literatur, was er ja gerade nach der Schillerschen Theorie sein müßte, gesellschaftlich unmöglich ist. Wenn er existiert, so ist er eine ‹zufällige› Erscheinung, ein bizarrer Außenseiter, eine literarische Kuriosität.

Ohne Zweifel liegt hier ein Widerspruch vor. Aber auch dieser Widerspruch widerspiegelt die Sache selbst, die ökonomische Struktur der kapitalistischen Gesellschaft. Sowohl den inneren Widersprüchen der sentimentalischen ‹Darstellung des Ideals›, als Theorie des modernen Realismus, wie den Widersprüchen zwischen der ewigen Notwendigkeit und den heutigen Möglichkeiten der naiven ‹Nachahmung des Wirklichen› liegt die Ahnung des objektiven Widerspruchs zwischen großer Kunst und kapitalistischer Gesellschaft, die Ahnung ihrer von Marx klar ausgesprochenen und tief begründeten Kunstfeindlichkeit zugrunde. Das Zuendedenken beider Widerspruchsreihen müßte notwendig zu der Erkenntnis führen, daß sie nur verschiedene Erscheinungsweisen ein und desselben grundlegenden Widerspruchs der modernen bürgerlichen Kunst sind. Indem Schiller in den einander gegenübergestellten Typen des Naiven und des Sentimentalischen dieselben Widersprüche von verschiedenen Seiten aufzeigt, kommt er zur Ahnung der Problematik der Literatur im Kapitalismus, steht er an der Schwelle der Lösung der Stilprobleme des modernen Realismus.

Aber er muß an der Schwelle stehenbleiben, denn seine idealistische philosophische Methode gestattet ihm nicht, bis zur widerspruchsvollen realen Einheit der Widersprüche vorzudringen. Eine historisch-systematische Dialektik der Kunstentwicklung ist nur auf materialistischer Grundlage möglich. Nur hier ist es möglich, weder die historischen Elemente der Kunst zu zeitlosen Wesenheiten aufzubauschen noch die allgemeinen objektiven Gesetzmäßigkeiten der künstlerischen Widerspiegelung der Wirklichkeit in historischen Relativismus aufzulösen. Nur hier ist es möglich, Einheit und Verschiedenheit, Bleibendes und Vorübergehendes der Erscheinungen in ihrer konkreten und lebendigen Wechselwirkung zu fassen, sie weder miteinander zu vermischen, eines ins andere aufgehen zu lassen, noch eine Chinesische Mauer zwischen ihnen zu errichten.

Schiller ist zum letzteren methodologisch gezwungen, obwohl, wie wir gesehen haben, die geniale Verallgemeinerung seiner dichterischen Erfahrung ihn oft über die engen Schranken der eigenen Methodologie hinausführt. Er ist aber trotzdem unfähig, die dialektische Einheit des Naiven und des Sentimentalischen in der modernen Dichtung – bei Festhaltung ihrer Unterschiede – gedanklich zu fassen. Er ist hierzu unfähig, weil er die dichterische Erfassung des Wesentlichen starr und ausschließend von der unmittelbar sinnlichen Erscheinungswelt abtrennt und sie ihr ausschließend gegenüberstellt. Darum muß die ‹Darstellung des Ideals› einen starr idealistischen Charakter beibehalten und die ‹Nachahmung des Wirklichen› sich auf die unmittelbare Erscheinungswelt beschränken, die nur in der Anfangszeit der menschlichen Kultur eine große Kunst möglich machte. Die genialen Einblicke in die wahren Zusammenhänge erkämpft sich Schiller *trotz* seiner Methode. In der Systematisierung seiner Resultate bleibt er aber doch an diese Methode gebunden.

Diese Schranke der Schillerschen Methodologie hängt aufs allerengste mit seinem unüberwundenen Kantianismus zusammen. Aber die wirkliche Dialektik der historischen Entwicklung ist auch für die höchste Stufe des Idealismus, für den Hegelschen objektiven Idealismus, nie ganz erreichbar. Die historische Dialektik der ‹Phänomenologie des Geistes› leidet darunter, daß sie jene Etappen, deren Notwendigkeit, deren typische Erscheinungsformen, deren wesentliche Widersprüche sie richtig herausarbeitet, zuweilen nur dadurch als wirklich objektiv begründen kann, daß sie sie zu ‹ewigen Momenten› eines ‹zeitlosen Prozesses›, einer ‹überhistorischen Geschichte› aufbauscht, das heißt, daß sie die Gestalten der Geschichte unmittelbar in logische Kategorien verwandelt.

Der Gehalt der so entstehenden ‹Gestalten des Bewußtseins› ist oft außerordentlich tief und richtig. Die Methode aber, mit der die objektive Wahrheit dieser Inhalte herausgearbeitet wird, stellt manchmal die wirklichen Zusammenhänge auf den Kopf, verzerrt und mystifiziert sie. Und zwar in doppelter Weise. Sie werden einerseits vom realen historischen Prozeß losgelöst, erscheinen nicht als Widerspiegelungen seiner allgemeinsten Wesenszüge, sondern verselbständigt, in unmittelbarer dialektischer Verbindung mit anderen, ebenso verselbständigten ‹Gestalten des Bewußtseins›. Daraus muß dann notwendig der die wirklichen Zusammenhänge verzerrende Anschein entstehen, als ob das Ineinandergehen dieser ‹Gestalten des Bewußtseins› ein vom realen historischen Prozeß unabhängiger dialektischer Weg wäre und nicht seine begriffliche Widerspiegelung.

Anderseits und in engstem Zusammenhang damit werden solche ‹Gestalten des Bewußtseins› mit einer Reihe von empirischen Zügen ausgestattet, die oft gar nicht derart wesentlich sind, daß sie dieser Höhe der Abstraktion entsprechen würden. Erst wird die ‹Gestalt des Bewußtseins› vom Boden der Wirklichkeit idealistisch losgerissen, dann soll durch empirische Zutaten das so gerissene Band wieder zusammengestückelt werden. Aber einen methodologischen Riß können keine Zutaten und Verzierungen heilen. Statt die Einheit herzustellen, läßt diese Darstellungsart ein schillerndes Zwielicht von Geschichte und Logik entstehen.

Die ‹Gestalten des Bewußtseins› als idealistisch verselbständigte, verzerrte und versteifte Spiegelbilder der wirklichen dialektischen Etappen des Geschichtsprozesses stehen dann einander einerseits starrer und ausschließender gegenüber als die wirklichen Tendenzen des realen Ablaufs. Anderseits, da sie verselbständigte Gedankenbilder sind, können sie reibungsloser, leichter – und darum oft in falscher Weise – zur Einheit, zur Synthese gebracht werden, als solche Synthesen in der historischen Wirklichkeit selbst tatsächlich zustande kommen können. Sie sind also gleichzeitig starrer und schmiegsamer als jene

Wirklichkeit, die sie widerspiegeln sollen. Marx sagt mit Recht, daß in der ‹Phänomenologie des Geistes› schon der ‹unkritische Positivismus und der ebenso unkritische Idealismus der späteren Hegelschen Werke ... vorhanden ist›.

Die Methodologie des Schillerschen Aufsatzes, die Art, wie Schiller hier die historischen Perioden zu Empfindungsweisen subjektiviert, zeigt eine große Ähnlichkeit mit der ‹Phänomenologie des Geistes›. Dieses verwirrende Zwielicht von historischer und theoretisch-ästhetischer Behandlung herrscht auch hier vor. Die widerspruchsvolle Doppelseitigkeit der zu starren Trennung und der zu leicht gemachten Vereinheitlichung teilt Schiller mit der ‹Phänomenologie des Geistes›, und zwar sowohl in den Tugenden wie in den Untugenden dieser Doppelseitigkeit. Über das Problem der allzu strengen Trennung haben wir bereits ausführlich gesprochen. Das Problem der zu raschen Synthese hat ebenfalls seine letzten Wurzeln in der tiefen Erkenntnis Schillers vom Wesen der Kunst überhaupt, der modernen Kunst im besonderen und in der idealistischen Auffassung dieses Verhältnisses.

IX

Wir haben auf den Widerspruch aufmerksam gemacht, daß Schiller einerseits das Naive und das Sentimentalische einander starr gegenüberstellt, anderseits aber zu dem Resultat gelangt, daß erst das naive Element (die ‹Nachahmung des Wirklichen›) den Dichter eigentlich zum Dichter mache. Diese Feststellung ist für Schiller keineswegs bloß ein durch die Wucht der richtig beobachteten Tatbestände erzwungenes Zugeständnis. Im Gegenteil, es ist die notwendige Konsequenz aus dem persönlich-sachlichen Zentralproblem seiner reifen Literaturtheorie: aus der Auseinandersetzung mit der Persönlichkeit und dem Werk Goethes.

Es unterliegt gar keinem Zweifel, daß die ganze Gegenüberstellung des naiven und des sentimentalischen Dichters als großer ‹ewiger› Typen – biographisch – aus dem Vergleich der dichterischen Praxis Goethes mit seiner eigenen entsprungen ist. Der große historische Gedanke, die Eigenart der modernen Poesie herauszuarbeiten und sie in ihrer Eigenart als historisch notwendig und berechtigt *neben* die der Antike zu stellen, vermischt sich fast unlösbar mit dem persönlichen Problem: die Berechtigung seiner eigenen dichterischen Praxis *neben* der Goethes nachzuweisen. Diese biographische Erklärung der neuen Variante des hier entscheidenden Gegensatzes, nämlich die Auffassung von Goethe als naivem, von Schiller als sentimentalischem Dichter, zeigt die persönlichen Quellen dieser methodologischen Probleme auf. Erstens die Ausschmückung der zu ästhetischen Kategorien erhobenen ‹Gestalten des Bewußtseins› mit allzu empirischen Zügen, worüber wir schon als über ein Moment der methodologischen Verwandtschaft dieser Schrift Schillers mit der ‹Phänomenologie des Geistes› gesprochen haben. Zweitens den ebenfalls Hegel verwandten Zug, daß die entscheidenden Kategorien (naiv und sentimentalisch) in einer widerspruchsvoll-schillernden Weise zugleich allgemein ästhetische, alle Perioden der Kunstentwicklung umspannende Kategorien und im unvermittelten und ungelösten Gegensatz dazu gerade solche Bestimmungen sind, welche die spezifischen Züge, die spezifischen Verschiedenheiten historischer Perioden charakterisieren.

Hier kommt es aber nicht auf die biographische Erklärung, sondern auf den sachlichen Gehalt dieser Widersprüche an. Und in ihnen drücken sich die geniale Tiefe und die idealistische Verzerrtheit der Konzeption Schillers über die moderne Literatur wieder von einer neuen Seite aus. Schiller erkennt die weltanschaulich-dichterische Eigenheit Goethes mit einer bewundernswerten Tiefe. Er spricht in dem Brief an ihn, wo er gleichsam die Summe aus Goethes Existenz zieht, von der ‹großen und wahrhaft heldenhaften Idee›, die Goethes gesamte Tätigkeit leitet: ‹Von der einfachen Organisation steigen Sie, Schritt vor Schritt, zu der mehr verwickelten hinauf, um endlich die verwickeltste von allen, den Menschen, genetisch aus den Materialien des ganzen Naturgebäudes zu erbauen. Dadurch, daß Sie ihn in der Natur gleichsam nacherschaffen, suchen Sie in seine verborgene Technik einzudringen.› Es ist selbstverständlich, daß Goethe auf Grund einer solchen Erkenntnis seines Wesens für Schiller nicht nur ein naiver Dichter, sondern geradezu der Prototyp des naiven Dichters werden mußte.

Diese Auffassung von Goethe erzeugt aber in Schillers Konzeption einen doppelten Widerspruch. Einerseits hat Schiller den Begriff des Naiven mit echt idealistischer Steifheit überspannt, aus ihm sämtliche Kennzeichen des Modernen entfernt. Das unterscheidende Moment zwischen naiv und sentimentalisch ist ja für ihn die unmittelbar gegebene oder vollständig verlorene Einheit mit der Natur: ‹Dem naiven Dichter hat die Natur die Gunst erzeigt, immer als eine ungeteilte Einheit zu wirken, in jedem Moment ein selbständiges und vollendetes Ganzes zu sein und die Menschheit, ihrem vollen Gehalte nach, in Wirklichkeit darzustellen. Dem Sentimentalischen hat sie die Macht verliehen oder vielmehr einen lebendigen Trieb eingeprägt, jene Einheit, die durch Abstraktion in ihm aufgehoben worden, aus sich selbst wiederherzustellen, die Menschheit in sich vollständig zu machen und aus einem beschränkten Zustand zu einem unendlichen überzugehen.› Andererseits kennt und überblickt Schiller das Lebenswerk Goethes viel zu intim, als daß er sich über die sentimentalistischen Elemente und Tendenzen, die darin wirksam sind, einer Täuschung hingeben könnte. Er spricht dies in seinem Aufsatz ganz klar aus, allerdings mit der − nicht bis zur letzten Konsequenz ausgeführten − Einschränkung, als ob bei Goethe nur von der Behandlung einer sentimentalischen Thematik durch einen naiven Dichter die Rede wäre. Aber trotz dieser Einschränkung bestimmt er schon damit die eigenartige Stellung Goethes in seiner Zeit, in der Entwicklung des modernen Realismus, tief und originell. ‹Völlig neu und von einer ganz eigenartigen Schwierigkeit scheint diese Aufgabe zu sein [nämlich die Behandlung sentimentalischer Stoffe durch einen naiven Dichter, G. L.], da in der alten und naiven Welt ein solcher *Stoff* sich nicht vorfand, in der neuen aber der *Dichter* dazu fehlen möchte.› Und Schiller analysiert nun von diesem Gesichtspunkt mit großer Feinheit die Eigenart des ‹Werther›, des ‹Tasso› usw. Ist es aber richtig, daß hier *nur* vom Stoff und nicht auch von der Bearbeitung die Rede ist? Kann Goethe in dem Sinne Homers, ja auch nur im Sinne Shakespeares ein naiver Dichter genannt werden? Ergibt eine eindringlichere Analyse seines Werkes nicht gerade jene Kennzeichen des spezifisch modernen Realismus, die Schiller so tief und richtig als satirisch, elegisch und idyllisch bezeichnet hat? Bei dieser Analyse Goethes treten die Widersprüche des Schillerschen Schemas wieder an die Oberfläche. Sowohl die Unbewußtheit darüber, daß die sentimentalische Empfindungsweise gerade die Grundlegung des modernen Realismus ist, wie auch, daß Schiller das Gesetz des Realismus nur für den naiven Dichter gelten läßt. Gerade Goethes Beispiel zeigt, wo Schillers Konzeption wirklich richtig und tief ist, im Gegensatz zu seinen bewußten Absichten und zu den idealistischen Verzerrungen seiner eigenen Konzeption. Goethes Realismus äußert sich gerade in dieser Periode ihrer Zusammenarbeit idyllisch (‹Hermann und Dorothea›), satirisch (‹Reineke Fuchs›); und daß Goethe, der Dichter des ‹Werther›, des ‹Wilhelm Meister› (‹Wilhelm Meisters Wanderjahre› oder ‹Die Entsagenden›), der ‹Wahlverwandtschaften›, der ‹Trilogie der Leidenschaft› usw., auch ein Dichter der Elegie im großen historischen Sinne Schillers ist, bedarf wohl keiner eingehenden Analyse.

X

Der tiefste Widerspruch der Konzeption Schillers ist aber der zwischen historischer und ästhetischer Auffassung der eigenen Grundbegriffe. Schiller hebt hervor, daß bei dem Gegensatz von naiv und sentimentalisch ‹nicht sowohl der Unterschied der Zeit als der Unterschied der Manier zu verstehen ist›. Aber solche Bemerkungen beweisen gar nichts dagegen, daß der tiefste sachliche Unterscheidungsgrund zwischen naiv und sentimentalisch doch der *historische* ist. Die Auffassung der Antike als Vergangenheit, als eines unwiederbringlich Verlorenen, ist eines der wichtigsten Momente in Schillers Konzeption der Geschichte und damit der Beurteilung der Gegenwart. Wir wissen, mit welcher Entschiedenheit er die unwiederbringliche Vergangenheit der griechischen Kultur und Kunst in den Mittelpunkt seiner Geschichtsphilosophie gerückt hat, mit welcher Erbitterung er gegen den jakobinischen Enthusiasmus einer revolutionären Erneuerung der Antike kämpfte. Wir wissen auch, daß der Begriff der ‹Natur›, die Einheit von Vernunft und Sinnlichkeit, die Einigkeit mit der Natur in seiner Geschichtsphilosophie nicht einen vorgeschichtlichen Naturzustand, sondern gerade die griechische Klassik bedeutet hat. (Auch hier berührt sich seine Geschichtsphilosophie eng mit der Hegels.)

Und Schiller stellt hier – wieder sehr oft Hegel vorwegnehmend – die Behauptung auf, daß die moderne Poesie inhaltlich über die der Antike hinausgehen muß, weil das moderne Leben an vielen Punkten über das antike hinausgegangen und gehaltvoller geworden ist. Schiller führt dabei als Beispiel die Liebe an und sagt: ‹Ohne der Schwärmerei das Wort zu reden, welche freilich die Natur nicht veredelt, sondern verläßt, wird man hoffentlich annehmen dürfen, daß die Natur in Rücksicht auf jenes Verhältnis der Geschlechter und den Affekt der Liebe eines edleren Charakters fähig ist, als ihr die Alten gegeben haben.› Und interessanterweise stellt er hier nicht nur Shakespeare, sondern auch Fielding der Antike als gehaltvoller gegenüber. In der damit verbundenen Betonung der produktiveren, aktiveren Rolle der menschlichen Subjektivität im Mittelalter und in der Neuzeit ist Schiller auch hier ein Vorläufer der Hegelschen Periodisierung der Ästhetik. Was den sachlichen Gehalt seiner Ausführungen betrifft, muß nur an Engels' ‹Ursprung der Familie› erinnert werden, damit wir sehen, wie sehr sich auch hier bei Schiller tiefe Ahnungen historischer Zusammenhänge mit ideologischen Konstruktionen vermengen.

Die Besonderheit der Position Schillers gegenüber der Hegelschen Ästhetik zeigt sich aber darin, daß Schiller die Antike (das Naive) nicht nur als Vergangenheit, sondern auch als Zukunft betrachtet, daß er die Prinzipien des Naiven und Sentimentalischen nicht nur trennt, sondern auch ihrer Synthese zustrebt. Schiller stellt in dieser Abhandlung und im engsten Zusammenhang mit der Einschätzung Goethes als naivem Dichter das Postulat einer Vereinigung des Naiven und des Sentimentalischen, ihrer Einheit in der wiedererstandenen Naivität auf. Er sagt über die Gegenstände der Natur in ihrer Beziehung zu uns: ‹Sie *sind*, was wir *waren*; sie sind, was wir *werden sollen*. Wir waren Natur wie sie, und unsere Kultur soll uns, auf dem Wege der Vernunft und der Freiheit, zur Natur zurückführen.› Und in konkreterer Ausführung: ‹Dieser Weg, den die neueren Dichter gehen, ist übrigens derselbe, den der Mensch überhaupt sowohl im einzelnen als im ganzen einschlagen muß. Die Natur macht ihn mit sich eins, die Kunst trennt und entzweit ihn, durch das Ideal kehrt er zur Einheit zurück.› Das sentimentalische Prinzip ist also das eines großen historischen Überganges, der wieder zum Naiven, zur Einheit des Menschen mit der Natur führen soll.

Auch hier ist eine Reihe von Widersprüchen verborgen, in denen sich jedoch wieder die widerspruchsvolle Tiefe von Schillers Denken offenbart. Denn indem stellenweise die Konzeption der ‹Natur› über das Griechentum hinaus verallgemeinert wird, taucht bei Schiller, wie bei manchen bedeutenden Dichtern und Denkern dieser Periode, die unklare, verworrene, nie zum Bewußtsein gebrachte Ahnung einer Aufhebung der Widersprüche der bürgerlichen Gesellschaft jenseits der bürgerlichen Gesellschaft auf. Diese Ahnungen und Illusionen sind jedoch von den bürgerlich-humanistischen, auf Verwirklichung der Ideale der bürgerlichen Revolution gesetzten Hoffnungen Schillers unabtrennbar. Trotz seines schroffen Gegensatzes zu den jakobinischen Illusionen teilt Schiller doch die wesentlichste dieser Illusionen: die Hoffnung, daß die ‹reine› Form der bürgerlichen Gesellschaft zu einer Aufhebung jener Widersprüche des Kapitalismus führen werde, deren Erkenntnis in Schillers Werken, deren Einfluß auf diese wir bereits eingehend untersucht haben.

Der Unterschied von der Konzeption der Antike in Hegels Ästhetik erweist sich in diesem Zusammenhang nicht so sehr als ein Unterschied der persönlichen Konzeptionen denn als ein Unterschied zweier Entwicklungsphasen des bürgerlichen Humanismus: als der Unterschied zwischen der Periode des Thermidors und Napoleons und der Periode nach Napoleons Sturz, der Periode der ‹Heiligen Alliance› und der Restauration. Es ist klar, daß die bürgerliche Gesellschaft in Hegels Ästhetik in einer viel entfalteteren Form erscheint, daß in bezug auf ihre Entwicklungsperspektiven schon die Illusionen der heroischen Periode als endgültig vergangen betrachtet werden müssen. Selbstverständlich spielen bei der relativen Illusionslosigkeit Hegels *in dieser Hinsicht* auch noch andere Motive eine Rolle. So sein ausgebildeter objektiver Idealismus, seine tiefere Einsicht in die ökonomische Struktur der kapitalistischen Gesellschaft usw. Aber dieser Fortschritt der Erkenntnis ist auch nicht bloß ein persönliches Vorwärtsschreiten Hegels im Vergleich mit Schiller, sondern vor allem der gedankliche Widerschein der objektiven Weiterentwicklung der bürgerlichen Gesellschaft selbst.

Schillers Einschätzung Goethes spielt aber in dieser illusionären geschichtsphilosophischen Konzeption eine große Rolle. Für die Illusion, die von der Entwicklung der bürgerlichen Gesellschaft selbst die Aufhebung ihrer grundlegenden Widersprüche erwartet, bildet die Erscheinung Goethes, sein Charakter als naiver Dichter, eine Art Garantie, eine Zukunftshoffnung für die Realität dieser Perspektive, für ihr Verankertsein in der Gegenwart. Eine solche Einschätzung Goethes ist in der Elite der deutschen Intelligenz dieser Periode nicht vereinzelt. Friedrich Schlegel sieht nach Überwindung seiner revolutionären Jugendperiode in der Französischen Revolution, in Fichtes Wissenschaftslehre und in Goethes ‹Wilhelm Meister› die drei herrschenden Tendenzen des Jahrhunderts. In solchen Konzeptionen zeigen sich die illusionären Perspektiven einer Blüte der bürgerlichen Gesellschaft. Für sie bestand die deutsche Klassik darin, die Forderungen und Resultate der bürgerlichen Revolutionen, die revolutionäre und freiwillige Liquidierung der feudalen Überreste ohne Revolution zu verwirklichen.

Es ist so klar, daß der Hauptwiderspruch, dessen Aufhebung Schillers Illusionen erstreben, in der kapitalistischen Arbeitsteilung besteht. Auch in dieser Abhandlung kommt Schiller auf die kapitalistische Arbeitsteilung als Hindernis der menschlichen Kultur zu sprechen. ‹Der Geisteszustand der meisten Menschen ist auf der einen Seite anspannende und erschöpfende *Arbeit*, auf der andern erschlaffender *Genuß*.› Und Schiller sieht – nicht ohne Berechtigung – aus dieser gesellschaftlichen Lage zwei Gefahren für die Poesie entstehen: die Auffassung, daß die Kunst nur zum Vergnügen und zur Erholung da sei, und die, daß sie nur zur moralischen Veredelung der Menschheit diene. Schiller erkennt, daß in beiden Prinzipien ein richtiger, berechtigter Kern enthalten ist. Er erkennt aber zugleich, daß beide, so wie sie in der modernen Zeit wirksam werden, nur zum Verderbnis der Poesie, der literarischen Kultur führen können. Damit beurteilt Schiller die kulturellen Gefahren nicht nur seiner Zeit ganz richtig. Seine Analysen geben auch weitschauende Ausblicke auf die spätere Entwicklung der bürgerlichen Literatur und ihrer Beziehung zum Publikum.

Freilich ist der Ausweg, den Schiller aus dieser Lage sucht und zu finden meint, ein rein idealistisch-verkehrter. Er ist nicht imstande, die richtig erkannten Tendenzen auf ihre gesellschaftlichen Wurzeln zurückzuführen. Er reduziert sie vielmehr auf zwei ‹rein geistige› Tendenzen, auf Idealismus und Realismus, deren Einseitigkeit und Widerstreit in dieser Einseitigkeit die Quelle des Übels sei. Deshalb sucht er auch in der gedanklichen und gefühlsmäßigen Synthese des Realisten und Idealisten, in der Überwindung ihrer Einseitigkeit den Weg zur Überwindung dieses Widerspruchs. Darum sieht er — ebenso wie seinerzeit bei seinem ‹ästhetischen Staat› der ‹Briefe über die ästhetische Erziehung des Menschen› — den Ausweg in einer Flucht in utopisch erträumte Zirkel der intellektuellen und moralischen Elite. Man müsse sich ‹nach einer Klasse von Menschen umsehen, welche, ohne zu arbeiten, tätig ist, und idealisieren kann, ohne zu schwärmen, welche alle Realitäten des Lebens mit den wenigstmöglichen Schranken des Lebens um sich vereinigt und vom Strome der Begebenheiten getragen wird, ohne der Raub desselben zu werden. Nur eine solche Klasse kann das schöne Ganze menschlicher Natur, welches durch jede Arbeit augenblicklich und durch ein arbeitendes Leben anhaltend zerstört wird, aufbewahren [hier zeigt sich die idealistische Schranke Schillers am krassesten: aus der Kritik der kulturzerstörenden Wirkung der kapitalistischen Arbeitsteilung wird hier eine Verdammung der Arbeit selbst als kulturfeindliches Prinzip, G. L.] und in allem, was rein menschlich ist, durch ihre *Gefühle* dem allgemeinen Urteil Gesetze geben. Ob eine solche Klasse wirklich existiere, oder vielmehr, ob diejenige, welche unter ähnlichen äußeren Verhältnissen wirklich existiert, diesem Begriffe auch im Innern entspreche, ist eine andere Frage, mit der ich hier nichts zu tun habe.› Die großen Anläufe Schillers enden damit auch hier in einer idealistischen Sackgasse; das letzte Wort seiner reichen, tiefen und fruchtbaren Darlegung ist doch wieder: ‹die Flucht in die überschwengliche Misere.›

[1935]

O gäb' es eine Fahne ... ein Thermopylä,
wo ich mit Ehre sie verbluten könnte, all
die einsame Liebe, die mir nimmer brauch-
bar ist.

Hölderlins Ruhm: er ist der Dichter des Griechentums. Jeder, der seine Werke liest, spürt, daß sein Griechentum anders, dunkler, schmerzzerwühlter ist als die strahlende Utopie von der Antike in der Renaissance und in der Aufklärung. Sein Griechentum hat aber weder mit dem langweiligen, inhaltsleeren, akademischen Klassizismus des 19. Jahrhunderts noch mit der hysterischen Bestialisierung des Griechentums durch Nietzsche und den Imperialismus etwas zu tun. Der Schlüssel zu Hölderlins Verständnis ist also, das Spezifische dieses Griechentums gedanklich zu erfassen.

Marx hat die gesellschaftliche Grundlage für die Verehrung der Antike in der Periode der Großen Französischen Revolution mit unnachahmlicher Klarheit aufgedeckt. ‹Aber unheroisch, wie die bürgerliche Gesellschaft ist, hatte es jedoch des Heroismus bedurft, der Aufopferung, des Schreckens, des Bürgerkriegs und der Völkerschlachten, um sie auf die Welt zu setzen. Und ihre Gladiatoren fanden in den klassisch strengen Überlieferungen der römischen Republik die Ideale und die Kunstformen, die Selbsttäuschungen, deren sie bedurften, um den bürgerlich beschränkten Inhalt ihrer Kämpfe sich selbst zu verbergen und ihre Leidenschaft auf der Höhe der großen geschichtlichen Tragödie zu halten.›

Die besondere Lage Deutschlands in der Übergangszeit der Bourgeoisie aus der heroischen Periode in die unheroische besteht darin, daß das Land selbst zu einer faktisch bürgerlichen Revolution noch lange nicht reif war, daß sich aber in den Köpfen seiner besten Ideologen die heroische Flamme dieser ‹Selbsttäuschungen› entzünden mußte, daß sich der tragische Übergang vom Heldenzeitalter der ins Leben geträumten Polisrepublik Robespierres und Saint-Justs in die kapitalistische Prosa rein ideologisch, ohne vorangegangene Revolution, utopisch vollziehen mußte.

Im Tübinger Stift erlebten drei junge Studenten mit berauschtem Jubel die großen Tage der revolutionären Befreiung Frankreichs. Sie pflanzten mit jugendlicher Begeisterung einen Freiheitsbaum, umtanzten ihn und schwuren ewige Treue dem Ideal des großen Befreiungskampfes. Jeder dieser drei Jünglinge – Hegel, Hölderlin, Schelling – repräsentierte in seiner späteren Entwicklung eine typische Möglichkeit der deutschen Reaktion auf die Entwicklung Frankreichs. Schellings Lebensgang verlor sich am Ende im bornierten Obskurantismus der niederträchtigen Reaktion, der erneuerten Romantik in der Vorbereitungsperiode der achtundvierziger Revolution. Hegel und Hölderlin sind ihrem revolutionären Schwure nicht untreu geworden. Aber die

Verschiedenheit ihrer Auslegung, als es sich um die Verwirklichung dieses Schwurs handelte, bezeichnet deutlich die ideologischen Wege, die die Vorbereitung zur bürgerlichen Revolution in Deutschland einschlagen konnte und mußte.

Die gedankliche Bewältigung der Ideen der Französischen Revolution war bei Hegel und bei Hölderlin noch lange nicht vollendet, als in Paris bereits Robespierres Kopf gefallen war, als der Thermidor und nach ihm die Napoleonische Periode ins Leben trat. Der Ausbau ihrer Weltanschauung mußte sich also auf Grundlage dieser Wendung in der revolutionären Entwicklung Frankreichs vollziehen. Mit dem Thermidor trat der *prosaische Inhalt* der antikisierend heroischen Form, die bürgerliche Gesellschaft in ihrer Fortschrittlichkeit und zugleich – unabtrennbar – in ihrer Scheußlichkeit, immer klarer in den Vordergrund. Und der verändert-heroische Charakter der Napoleonischen Periode stellte die deutschen Ideologen vor ein unlösbares Dilemma: das Napoleonische Frankreich war einerseits ein leuchtendes Ideal für jene nationale Größe, die nur auf dem Boden einer siegreichen Revolution aufblühen konnte, anderseits brachte dasselbe französische Imperium über Deutschland den Zustand der tiefsten nationalen Zerrissenheit und Erniedrigung. Da die objektiven Bedingungen für eine bürgerliche Revolution, die imstande gewesen wäre, der Napoleonischen Eroberung eine revolutionäre Vaterlandsverteidigung à la 1793 entgegenzustellen, in Deutschland fehlten, bestand für die im Kern bürgerlich-revolutionäre Sehnsucht nach nationaler Befreiung und Vereinigung ein unlösbares Dilemma, das zur reaktionären Romantik führen mußte. ‹Alle gegen Frankreich geführten Unabhängigkeitskriege tragen den gemeinsamen Stempel einer Regeneration, die sich mit Reaktion paart› (Marx).

Weder Hegel noch Hölderlin sind dieser romantischen Reaktion verfallen. Ihre gedankliche Auseinandersetzung mit der nachthermidorianischen Situation verläuft aber in diametral entgegengesetzter Weise. Kurz gesagt: Hegel findet sich mit der nachthermidorianischen Epoche, mit dem Abschluß der revolutionären Periode der bürgerlichen Entwicklung ab und baut seine Philosophie gerade auf der Erkenntnis dieser neuen Wendung in der Weltgeschichte auf. Hölderlin schließt kein Kompromiß mit der nachthermidorianischen Wirklichkeit, er bleibt dem alten revolutionären Ideal der zu erneuernden Polisdemokratie treu und zerbricht an der Wirklichkeit, in der für diese Ideale nicht einmal dichterisch-denkerisch ein Platz vorhanden war.

Beide Wege widerspiegeln die ungleichmäßige Entwicklung des bürgerlich-revolutionären Gedankens in Deutschland in einer widerspruchsvollen Weise. Und diese Ungleichmäßigkeit der Entwicklung – Hegel selbst bezeichnet sie idealistisch-ideologisch als ‹List der Vernunft› – äußert sich vor allem darin, daß Hegels gedankliche Akkommodation an die nachthermidorianische Wirklichkeit ihn auf jene große Heerstraße der ideologischen Entwicklung seiner Klasse geführt hat, wo der Vormarsch der gedanklichen Entwicklung bis zum Umschlagen der bürgerlich-revolutionären Denkmethoden in proletarisch-revolutionäre möglich geworden ist. (Die materialistische Umstülpung der Hegelschen. idealistischen Dialektik durch Marx.) Hölderlins Kompromißlosigkeit blieb eine tragische Sackgasse: unbekannt und unbeweint ist er als vereinsamter dichterischer Leonidas der Ideale der jakobinischen Periode an den Thermopylae des einbrechenden Thermidorianismus gefallen.

Die Akkommodation Hegels führt freilich einerseits zu seinem Abfall von dem revolutionären Republikanismus seiner Berner Periode, sie führt über die Napoleonbegeisterung bis zur gedanklichen Versöhnung mit der Miserabilität einer preußischen konstitutionellen Monarchie. Sie führt aber anderseits — wenn auch idealistisch verzerrt und auf den Kopf gestellt — zu der gedanklichen Entdeckung und Verarbeitung der Dialektik der bürgerlichen Gesellschaft. Bei Hegel erscheint zum erstenmal die klassische politische Ökonomie Englands als Element der dialektischen Konzeption der Weltgeschichte, was nur eine ideologische Form, eine idealistische Widerspiegelung. der Tatsache ist, daß für Hegel zur Grundlage für die Dialektik der Gegenwart die Dialektik des Kapitalismus selbst geworden ist. Das jakobinische Ideal des Kampfes gegen die Ungleichheit der Vermögen, die jakobinische Illusion von der ökonomischen Nivellierung einer Gesellschaft des kapitalistischen Privateigentums verschwindet, um einer ricardianisch-zynischen Erkenntnis der Widersprüche des Kapitalismus Platz zu geben. ‹Fabriken, Manufakturen gründen gerade auf das Elend einer Klasse ihr Bestehen›, schreibt Hegel wenige Jahre nach seiner Wendung in der Einschätzung der Zeitereignisse. Die Polisrepublik als zu verwirklichendes Ideal verschwindet. Griechenland wird zu einer unwiederbringlich verschwundenen, nie wiederkehrenden Vergangenheit.

Die weltgeschichtliche Größe der Hegelschen Akkommodation besteht gerade darin, daß er — wie neben ihm nur Balzac — die revolutionäre Entwicklung der Bourgeoisie als einheitlichen Prozeß erfaßt hat, als Prozeß, in dem sowohl der revolutionäre Terror wie der Thermidor und Napoleon nur notwendige Phasen der Entwicklung gewesen sind. Die heroische Periode der revolutionären Bourgeoisie wird bei Hegel — ebenso wie die Antike — zur unwiederbringlichen Vergangenheit, aber zu einer Vergangenheit, die zur Hervorbringung der als fortschrittlich erkannten unheroischen Prosa der Gegenwart, zur Hervorbringung der entfalteten bürgerlichen Gesellschaft mit ihren ökonomisch-gesellschaftlichen Widersprüchen unumgänglich notwendig gewesen ist. Daß diese Konzeption zugleich mit allen Makeln der Akkommodation an die Miserabilität der preußisch-deutschen Zustände, mit allen Mystifikationen der idealistischen Dialektik behaftet ist, kann ihre welthistorische Bedeutung nicht aus der Welt schaffen. Sie ist mit allen ihren Makeln eine der großen Heerstraßen, die zur Zukunft, zum Ausbau der materialistischen Dialektik führen.

Hölderlin hat sich stets geweigert, diesen Weg als richtig anzuerkennen. Freilich konnte auch sein Denken nicht unberührt von der nachthermidorianischen Wirklichkeit bleiben. Ist ja gerade die Frankfurter Periode Hegels, die Zeit seiner historisch-methodologischen Wendung, die Zeit ihres zweiten, gereifteren Zusammenlebens und Zusammenarbeitens. Aber für Hölderlin bedeutet die nachthermidorianische Entwicklung nur ein Ablegen der asketischen Elemente aus der Konzeption des Griechentums als Ideal, nur die gesteigerte Betonung Athens als Vorbild gegenüber der starren spartanisch-römischen Tugend der französischen Jakobiner. Er bleibt weiter Republikaner. Noch in dem Spätwerk ‹Empedokles› antwortet der Held den Agrigentern, die ihm die Krone anbieten: ‹Dies ist die Zeit der Könige nicht mehr›, und predigt – freilich in mystischer Form – das Ideal einer vollständigen revolutionären Erneuerung der Menschheit:

> ‹Was euch der Väter Mund erzählt, gelehrt,
> Gesetz' und Bräuch', der alten Götter Namen,
> Vergeßt es kühn und hebt, wie Neugeborne,
> Die Augen auf zur göttlichen Natur!›

Diese Natur ist die Natur Rousseaus und Robespierres, der Traum von einer Umgestaltung der Gesellschaft, die – ohne daß Hölderlin die Frage des Privateigentums klar aufgeworfen hätte – die vollendete Harmonie des Menschen mit der ihm angemessenen, wieder zur Natur gewordenen Gesellschaft und damit gleichzeitig mit der Natur selbst wiederherstellt. ‹Ideal ist, was Natur war›, sagt Hölderlins Hyperion ein bißchen schillerisch, aber an revolutionärem Pathos weit über Schiller hinausgehend. Und das Griechentum ist für Hölderlin eben dieses Ideal, das einst lebendige Wirklichkeit, Natur gewesen ist. ‹Von Kinderharmonie sind einst die Völker ausgegangen›, fährt Hyperion fort, ‹die Harmonie der Geister wird der Anfang einer neuen Weltgeschichte sein.›

‹Alle für jeden und jeder für alle!› – das ist das gesellschaftliche Ideal Hyperions, wenn er in den revolutionären Kampf zur bewaffneten Befreiung Griechenlands vom Türkenjoche zieht. Es ist der Traum eines nationalrevolutionären Befreiungskrieges, der zugleich der Befreiungskrieg für die ganze Menschheit werden soll, ungefähr so, wie es radikale Träumer in der Großen Revolution selbst – etwa Anacharsis Cloots – von den Kriegen der Französischen Republik erhofft haben. Hyperion sagt: ‹An der Fahne allein soll niemand unser künftig Volk erkennen; es muß sich alles verjüngen, es muß von Grund aus anders sein, voll Ernst die Lust und heiter alle Arbeit! Nichts, auch das Kleinste, das Alltäglichste nicht ohne den Geist und die Götter! Liebe und Haß und jeder Laut von uns muß die gemeinere Welt befremden, und auch kein Augenblick darf *einmal* noch uns mahnen an die platte Vergangenheit!›

Hölderlin geht also an der kapitalistischen Schranke, an den kapitalistischen Widersprüchen der bürgerlichen Revolution achtlos vorbei. Seine Gesellschaftstheorie muß sich deshalb in Mystik verlieren, freilich in eine Mystik der verworrenen Vorahnungen einer wirklichen Umwälzung der Gesellschaft, einer wirklichen Erneuerung der Menschheit. Diese Vorahnungen sind noch viel utopischer und mystischer als die der einzelnen Träumer des vorrevolutionären und revolutionären Frankreich. Denn im kapitalistisch unentwickelten

Deutschland kann Hölderlin nicht einmal Keime und Ansätze von gesellschaftlichen Tendenzen konkret erblicken, die über die widerspruchsvolle Beschränktheit des kapitalistischen Horizonts hinausweisen. Seine Utopie ist rein ideologisch, ein Traum von der Wiederkehr des goldenen Zeitalters, ein Traum, in dem die Vorahnung der Entwicklung der bürgerlichen Gesellschaft sich mit der Utopie von einem Jenseits der bürgerlichen Gesellschaft, von einer wirklichen Befreiung der Menschheit verknüpft.

Es ist sehr interessant zu beobachten, daß Hölderlin stets, und im ‹Hyperion› besonders scharf, gegen die Überschätzung des Staates kämpft, daß seine utopische Konzeption des kommenden Staates, auf ihren wahren Kern reduziert, ganz in der Nähe der Konzeption der ersten liberalen Ideologen Deutschlands, z. B. eines Wilhelm von Humboldt, liegt.

Der tragende Pfeiler der gesellschaftlichen Erneuerung kann deshalb für Hölderlin nur eine neue Religion, eine neue Kirche sein. In der gesellschaftlichen Entwicklung Deutschlands selbst konnten die Grundlagen für seine Utopie nicht sichtbar sein: objektiv, weil sie in der bürgerlichen Realität tatsächlich nicht vorhanden waren, subjektiv, weil die Ansätze zu einer Entwicklung über den Kapitalismus hinaus für Hölderlin unmöglich erfaßbar sein konnten. So war es für ihn unvermeidlich, den Quell der gesellschaftlichen Erneuerung in einer neuen Religion zu suchen. Die Unvermeidlichkeit einer Wendung zur Religion, bei vollem Bruch mit den alten Religionen, ist für alle Revolutionäre dieser Periode vorhanden, die die bürgerliche Revolution zu Ende treiben wollen, gleichzeitig aber vor ihrer notwendigen Konsequenz: ungehemmte Entfesselung des Kapitalismus mit allen seinen gesellschaftlichen und kulturellen Folgen, zurückschrecken. Die Einführung des Kults des ‹Etre suprême› durch Robespierre ist das größte praktisch-historische Beispiel für diese Unvermeidlichkeit.

Es ist klar, daß auch Hölderlin diesem Dilemma nicht entgehen konnte. Wenn sein Hyperion die Wirksamkeit des Staates beschränken will, so träumt er von der Entstehung einer neuen Kirche, die zur Trägerin seiner gesellschaftlichen Ideale werden soll. Die Unvermeidlichkeit und gleichzeitig der bürgerlich-revolutionäre Charakter dieser Konzeption zeigten sich ganz klar daran, daß auch Hegel noch zur Zeit seines Überganges zur vollständigen Anerkennung der kapitalistischen Wendung der Revolution von der Konzeption einer neuen Religion erfaßt wird: ‹in welche der unendliche Schmerz und die ganze Schwere seines Gegensatzes aufgenommen, aber ungetrübt und rein sich auflöst, wenn es nämlich ein *freies Volk* geben und die Vernunft ihre Realität als einen sittlichen Geist wiedergeboren haben wird, der die Kühnheit haben kann, *auf eigenem Boden und aus eigener Majestät sich seine reine Gestalt zu nehmen*›.

Innerhalb dieses weltanschaulichen Rahmens spielt sich die Handlung des ‹Hyperion› ab. Den Ausgangspunkt der Handlung bildet der Aufstandsversuch der Griechen gegen die Türken im Jahre 1770, der mit Hilfe einer russischen Flotte zustande kam. Für Hölderlins geschichtliche Lage ist der widerspruchsvolle, revolutionär-reaktionäre Charakter dieses Themas sehr charakteristisch. Es ist aber für ihn ebenfalls sehr bezeichnend, daß er in die reaktionären Tendenzen der von ihm geschilderten Situation eine gewisse Einsicht hat, die unvergleichlich höher steht und fortschrittlicher ist als die Illusionen der nationalen Revolutionäre des Befreiungskrieges in Hinsicht auf Rußland. Die kriegerischen Helden Hölderlins stehen illusionslos, machiavellistisch-realpolitisch zur russischen Hilfe: ‹So straft ein Gift das andere›, sagt Hyperion, als die türkische Flotte von den Russen vernichtet worden ist. Hölderlin ist also auch in dieser Frage kein romantischer Reaktionär gewesen.

Die innere Handlung des Romans bildet nun der weltanschauliche Kampf zweier Richtungen für die Verwirklichung der revolutionären Utopie Hölderlins. Der mit Fichteschen Zügen ausgestattete Kriegsheld Alabanda repräsentiert die Tendenz des bewaffneten Aufstands. Die Heldin des Romans, Diotima, verkörpert die Tendenz der religiös-weltanschaulichen, friedlichen Aufklärung; sie will aus Hyperion einen Erzieher seines Volkes machen. Der Konflikt endet vorerst mit dem Sieg des kriegerischen Prinzips. Hyperion schließt sich Alabanda an, um den bewaffneten Aufstand vorzubereiten und durchzuführen. Der Ruf Alabandas weckt in ihm Selbstvorwürfe über seine bisherige beschauliche Untätigkeit. ‹Ich bin zu müßig geworden ... zu himmlisch, zu träg. Ja, sanft zu sein, zu rechter Zeit, das ist wohl schön, doch sanft zu sein zur Unzeit, das ist häßlich, denn es ist feig!› Auf die Warnung Diotimas: ‹Du wirst erobern und vergessen, wofür›, antwortet Hyperion: ‹Der Knechtdienst tötet, aber gerechter Krieg macht jede Seele lebendig›, und Diotima sieht zugleich den tragischen Konflikt, der hier für Hölderlin-Hyperion liegt: ‹Deine volle Seele gebiet's dir, ihr nicht zu folgen, führt oft zum Untergange, doch ihr zu folgen wohl auch.› Die Katastrophe tritt ein. Nach einigen siegreichen kleineren Schlachten nehmen die Aufständischen Masistra, das frühere Sparta, ein. Aber nach der Einnahme wird geplündert und gemordet, und Hyperion wendet sich enttäuscht von den Aufständischen ab. ‹In der Tat! Es war ein außerordentlich Projekt, durch eine Räuberbande mein Elysium zu pflanzen.› Die Aufständischen werden bald danach vernichtend geschlagen und zerstreut. Hyperion sucht in den Kämpfen der russischen Flotte den Tod, aber vergebens.

Diese Stellungnahme Hölderlins zur bewaffneten Revolution ist in Deutschland nicht neu. Hyperions Reuestimmung nach dem Sieg erneuert auf höherem Niveau die Verzweiflung von Schillers Karl Moor am Ende der ‹Räuber›: ‹daß zwei Menschen wie ich den ganzen Bau der sittlichen Welt zugrund richten würden›. Es ist keinesfalls zufällig, daß der gräzisierende Klassizist Hölderlin bis ans Ende seines bewußten Lebens die Jugenddramen Schillers außerordentlich hochgeschätzt hat. Er begründet die Schätzung mit kompositionellen Analysen; der wahre Grund liegt aber in der Verwandtschaft der Problemstellungen, in der Sehnsucht nach einer deutschen Revolution und gleichzeitig – und untrennbar davon – in einem Zurückschrecken vor den Fakten und vor den Folgen einer solchen Revolution. Bei der Verwandtschaft der Problemstellungen muß aber zugleich die Verschiedenheit hervorgehoben werden. Der junge Schiller schrickt nicht bloß vor der Härte der *revolutionären Methoden* zurück, sondern zugleich vor dem radikalen *Inhalt der Revolution selbst.* Er fürchtet, daß die sittlichen Grundlagen der Welt – der bürgerlichen Gesellschaft – in einer Revolution zusammenstürzen könnten. Davor hat Hölderlin keine Angst, er fühlt sich mit keiner ihm sichtbaren Erscheinungsform der bürgerlichen Gesellschaft innerlich verbunden. Er erhofft, wie wir gesehen haben, gerade eine vollständige Umwälzung seiner Welt, bei der von dem Gegenwärtigen nichts übrigbleiben würde. Sein Zurückschrecken bezieht sich auf die revolutionäre Methode, von der er, ganz im Stil idealistischer Ideologen der Revolution, befürchtet, daß sie gerade die Schlechtigkeit des Bestehenden in anderer Form verewigen würde.

Dieser tragische Zwiespalt Hölderlins ist für ihn unüberwindbar gewesen, da er aus den Klassenverhältnissen Deutschlands entsprang. Bei allen geschichtlich notwendigen Illusionen über die Erneuerung der Polisdemokratie schöpften die revolutionären Jakobiner Frankreichs ihren Schwung und ihre Tatkraft aus der Verbundenheit mit den *demokratisch-plebejischen* Elementen der Revolution, mit den kleinbürgerlichen und halbproletarischen Massen der Städte und mit der Bauernschaft. Auf sie gestützt, konnten sie – freilich nur sehr zeitweilig und sehr widerspruchsvoll – die egoistische Niedertracht, die Feigheit und Habgier der französischen Bourgeoisie bekämpfen und die bürgerliche Revolution auf plebejische Weise weitertreiben. Der antibürgerliche Zug dieses plebejischen Revolutionarismus ist in Hölderlin sehr stark. Sein Alabanda sagt über die Bürger: ‹Man fragt nicht, ob ihr wollt! Ihr wollt ja nie, ihr Knechte und Barbaren! Euch will man auch nicht bessern, denn es ist umsonst! Man will nur dafür sorgen, daß ihr dem Siegeslauf der Menschheit aus dem Wege geht.› Solche Worte hätte ein revolutionärer Jakobiner in Paris 1793 unter dem Jubel der plebejischen Massen äußern können. Eine solche Gesinnung bedeutete in Deutschland 1797 eine hoffnungslose, trostlose Vereinsamung; es gab keine Gesellschaftsklasse, an die diese Worte gerichtet sein konnten, keine, in der sie auch nur ideologisch einen Widerhall hätten finden können. Georg Forster konnte sich nach dem Scheitern des Mainzer Aufstandes wenigstens ins revolutionäre Paris begeben. Für Hölderlin gab es weder in Deutschland noch außerhalb Deutschlands eine Heimat. Kein Wunder, daß sich Hyperions Weg nach dem Scheitern der Revolution in eine hoffnungslose Mystik verliert, daß Alabanda und Diotima am Scheitern Hyperions zugrunde gehen. Verständlich, daß das folgende, Fragment gebliebene letzte große Werk Hölderlins, die Tragödie ‹Empedokles›, den mystischen Opfertod zum Thema hat.

An diese mystische Auflösung der Weltanschauung Hölderlins klammert sich von jeher die Reaktion. Nachdem die offizielle deutsche Literaturgeschichte Hölderlin lange Zeit episodisch als Repräsentanten einer Nebenströmung der Romantik behandelt hatte (Haym), wird er in der imperialistischen Periode in offen reaktionärer Weise neu entdeckt und für die ideologischen Ziele der

Reaktion verwertet. Dilthey macht aus ihm bereits einen Vorläufer Schopenhauers und Nietzsches, mit dem einfachen Trick, daß er das Hellenentum und die Einflüsse der klassischen deutschen Philosophie von dem Einfluß der Französischen Revolution vollständig ablöst und den letzteren zur episodischen Bedeutung herabdrückt. Gundolf trennt bereits ‹Urerlebnis› und ‹Bildungserlebnis› bei Hölderlin. ‹Bildungserlebnis› ist alles Revolutionäre, alles ‹bloß Zeitbedingte›; und als solches kommt all dies bei der ‹wesentlichen› Beurteilung Hölderlins nicht in Frage. Das ‹Wesentliche› ist eine ‹orphische Mystik›. Auch bei Gundolf führen die Wege von Hölderlin zu Nietzsche und über Nietzsche hinaus zur Stefan Georgeschen ‹Vergottung des Leibes›. Der am verspäteten Jakobinismus tragisch zugrunde gegangene Hölderlin wird bei Gundolf zum Vorläufer des Rentnerparasitismus; die tragische Elegie Hölderlins über die verlorengegangene politische, gesellschaftliche und kulturelle Freiheit des Menschen soll in die dekadente Parklyrik Stefan Georges münden; der hellenistisch-republikanische Freundschaftskult Hölderlins, bei dem seine Vorbilder die Tyrannenmörder Harmodios und Aristogeiton gewesen sind, verwandelt sich in ein Vorläufertum des ästhetenhaften und dekadenten George-Bundes.

Dilthey und Gundolf bilden sich ein, den Wesenskern Hölderlins durch Weglassung der ‹zeitbedingten› Züge herausarbeiten zu können. Hölderlin selbst wußte genau, daß der trauervolle elegische Zug seiner Dichtung, seine Sehnsucht nach dem verlorenen Griechenland, mit einem Wort: das dichterisch Wesentliche an ihm, vollständig zeitbedingt gewesen ist. Hyperion sagt: ‹Aber das, das ist der Schmerz, dem keiner gleichkommt, das ist unaufhörliches Gefühl der gänzlichen Zernichtung, wenn unser Leben seine Bedeutung verliert, wenn so das Herz sich sagt, du mußt hinunter, und nichts bleibt übrig von dir; keine Blume hast du gepflanzt, keine Hütte hast du gebaut, nur daß du sagen könntest: ich lasse eine Spur zurück auf Erden... Genug! Genug! Wäre ich mit Themistokles aufgewachsen, hätte ich unter den Scipionen gelebt, meine Seele hätte sich wahrlich nie von dieser Seite kennengelernt.›

So besingt Hölderlin einen heldenhaften Tod um das — in seinem Sinne — befreite Vaterland:

> ‹O nimmt mich, nimmt mich mit in die Reihen auf,
> Damit ich einst nicht sterbe gemeinen Tods!
> Umsonst zu sterben, lieb ich nicht, doch
> Lieb ich, zu fallen am Opferhügel
>
> Fürs Vaterland, ...
>
> Und Siegesboten kommen herab: Die Schlacht
> Ist unser! Lebe droben, o Vaterland,
> Und zähle nicht die Toten! Dir ist,
> Liebes! nicht Einer zu viel gefallen.›

So besingt er auch das eigene Dichterschicksal, die Sehnsucht nach einer wenigstens einmaligen Erfüllung dessen, was als zentraler Gehalt in seiner Seele west:

‹Nur einen Sommer gönnt, ihr Gewaltigen!
Und einen Herbst zu reifem Gesange mir,
Daß williger mein Herz, vom süßen
Spiele gesättiget, dann mir sterbe.

Die Seele, der im Leben ihr göttlich Recht
Nicht ward, sie ruht auch drunten im Orkus nicht;
Doch ist mir einst das Heilge, das am
Herzen mir liegt, das Gedicht gelungen,

Willkommen dann, o Stille der Schattenwelt!
Zufrieden bin ich, wenn auch mein Saitenspiel
Mich nicht hinabgeleitet; einmal
Lebt ich wie Götter, und mehr bedarfs nicht.›

Nichts darf hier vereinzelt genommen werden. Hölderlin ist zu sehr echter Lyriker und darum stets Widerhall der jeweiligen, konkreten, das Erlebnis unmittelbar auslösenden Gelegenheit, um die letzten Grundlagen des im Einzelfall dichterisch gestalteten Erlebnisses immer wieder – abstrakt – zu repetieren. Und insbesondere darf, gerade bei Hölderlin, die Sehnsucht nach dichterischer Erfüllung nicht formal-artistisch verstanden werden. Gehalt und Form sind auch hier untrennbar. Das dichterische Gelingen setzt ein Irgendwie-zur-Wirklichkeit-Werden seines zentralen Gehalts im Leben, in seinem Leben, voraus. Die jakobinischen Prinzipien bilden aber die gesamte Atmosphäre seiner Gedichte. Nur der, dessen Gesicht klassenmäßig abgestumpft oder verblendet ist, nimmt diese alles bestimmende Atmosphäre nicht wahr. Aber die Naturmystik? Aber die Verschmelzung von Natur und Kultur, von Mensch und Gottheit im Erlebnis des Griechentums? So könnte uns vielleicht ein moderner, von Dilthey-Gundolf beeinflußter Verehrer Hölderlins erwidern. Wir haben bereits auf den Rousseau-Robespierreschen Charakter des Naturkults und des Griechenkults bei Hölderlin hingewiesen. In seinem großen Gedicht ‹Der Archipelagus› (das Gundolf zum Ausgangspunkt seiner Hölderlin-Interpretation gewählt hat) werden die griechische Natur und die Größe der aus ihr herauswachsenden athenischen Kultur mit hinreißendem elegischen Pathos gestaltet. Gegen Ende des Gedichts spricht aber Hölderlin ebenso hinreißend pathetisch, ebenso anklagend elegisch vom *Grund* seiner Trauer über das entschwundene Griechentum:

‹Aber weh! es wandelt in Nacht, es wohnt, wie im Orkus,
Ohne Göttliches unser Geschlecht. Ans eigene Treiben
Sind sie geschmiedet allein, und sich in der tosenden Werkstatt

Höret jeglicher nur und viel arbeiten die Wilden
Mit gewaltigem Arm, rastlos, doch immer und immer
Unfruchtbar, wie die Furien, bleibt die Mühe der Armen.›

Und diese Konzeption ist bei Hölderlin kein Zufall und nichts Einmaliges. Nachdem der griechische Freiheitskampf niedergeschlagen ist und Hyperion seine Enttäuschung erlebt hat, steht am Schlusse des Romans das fürchterlich anklagende Kapitel über Deutschland, die zornige Prosa-Ode über die Degradierung des Menschen in der Miserabilität, in der philisterhaft engen — beginnenden — Entwicklung des deutschen Kapitalismus. Die Anrufung Griechenlands, als Einheit von Kultur und Natur, ist bei Hölderlin immer eine Anklage gegen seine Gegenwart, immer ein — vergeblicher — Aufruf zur Tat, Aufruf zur Zertrümmerung dieser miserablen Wirklichkeit.

Die ‹Verfeinerung› der Analyse durch Dilthey und Gundolf, das Vertilgen aller Spuren der großen gesellschaftlichen Tragik aus dem Leben und dem Werk Hölderlins, bildet die Grundlage für die grob-demagogische, kraß-lügenhafte Schändung seines Andenkens durch die Braunhemden der Literaturgeschichte. Wie die faschistischen Ideologen mit der Verzweiflung der ihres Weges nicht oder noch nicht bewußten Kleinbürger Schindluder treiben, so besudelt die literarische SA das Andenken vieler ehrlich verzweifelter deutscher Revolutionäre, indem sie die wirklichen sozialen Ursachen ihrer Verzweiflung wegeskamotiert, indem sie sie daran verzweifeln läßt, daß sie das ‹erlösende› Dritte Reich, den ‹Erlöser Hitler› noch nicht erblicken konnten.

So ist es auch Hölderlin im deutschen Faschismus ergangen. Hölderlin als großen Vorläufer des Dritten Reichs anzubeten, gehört heute zum guten Ton unter den faschistischen Literaten Deutschlands. Freilich macht ihnen die konkrete Durchführung dieser Linie, das konkrete Aufzeigen der faschistischen Ideologie bei Hölderlin große Schwierigkeiten. Sie sind viel größer, als sie für Gundolf waren, bei dem die inhaltsentleerten, formalistischen *l'art-pour-l'art*-Gesichtspunkte der Verehrung der Form Hölderlins das Idealisieren seines angeblichen mystischen Griechentums ohne sofort augenfällige innere Widersprüche zuließen. (Der Widerspruch bestand ‹bloß› zwischen dem Hölderlinbild Gundolfs und dem wirklichen Hölderlin.)

Rosenberg macht nun auf dieser Grundlage aus Hölderlin einen Vertreter der germanisch-‹arteigenen› Sehnsucht. Er versucht, Hölderlin in die soziale Demagogie des Nationalsozialismus einzuspannen, indem er dessen Zeitkritik zu einer faschistischen Kritik ‹des Bürgers› verdreht. ‹Hatte nicht Hölderlin an diesen Menschen schon zu einer Zeit gelitten, als sie noch nicht als allmächtige Bürger walteten, damals schon, da Hyperion auf der Suche nach großen Seelen feststellen mußte, daß sie durch Fleiß, Wissenschaft, ja selbst durch ihre Religion nur barbarisch geworden waren: Handwerker, Denker, Priester, Titelträger fand Hyperion, aber keine Menschen, Stückwerk ohne Einheit der Seele, ohne inneren Auftrieb, ohne Lebensganzheit.› Aber Rosenberg hütet sich, diese Zeitkritik Hölderlins auch nur in der leisesten Weise zu konkretisieren.

Der ganze große Anlauf endet mit einem Sprung ins Leere: Hölderlin wird nur zum Vertreter des Rosenbergschen Unsinns vom ‹ästhetischen Willen› gestempelt.

Dieselbe Mischung von bombastischer Großsprecherei und ängstlichem Ausweichen vor allen Tatsachen charakterisiert die spätere Ausführung des faschistischen Hölderlinbildes. In einer Reihe von Aufsätzen wird eine ‹große Wendung› im Leben Hölderlins entdeckt: seine Abkehr vom ‹achtzehnten Jahrhundert›, seine Bekehrung zum Christentum und mit ihr zur faschistisch-romantischen ‹deutschen Wirklichkeit›. Hölderlin soll in die zum Vorspiel des Faschismus zurechtkonstruierte Romantik, in die Reihe von Novalis bis Görres eingefügt werden. Der Wert dieser Geschichtsklitterung ergibt sich schon daraus, daß sie selbst von offizieller nationalsozialistischer Seite als ‹abwegig›, als ‹unrichtig› verworfen werden mußte. Dies geschieht in einem Aufsatz von Matthes Ziegler in den ‹Nationalsozialistischen Monatsheften›, wo Meister Eckhart, Hölderlin, Kierkegaard und Nietzsche als die großen Vorläufer der nationalsozialistischen Weltanschauung präsentiert werden. Während es aber Baeumler zustande bringen kann, die romantisch-antikapitalistischen, irrationalistisch-mystischen Züge Kierkegaards ohne offenkundige Geschichtslügen, nur mit leisen braunen Retuschen nachzuzeichnen, bleibt der Aufsatz Zieglers ein klägliches Gestammel, freilich in der äußeren Form des forschapodiktischen Bombastes. Auch er bestand nur darin – in den Zitaten selbstredend alles Konkrete sorgfältig vermeidend –, die Opposition Hölderlins gegen die zeitgenössische Kultur (gegen ‹die Bürgerlichkeit›), Hölderlins Sehnsucht nach einer Form der Gemeinschaft hervorzuheben. Und er lügt nun diese Sehnsucht, deren wahre soziale Wurzel, deren wirklicher sozialer Inhalt uns bereits bekannt ist, in die Sehnsucht nach – Hitler, in ein Vorläufertum des – Dritten Reiches um. Er sagt zusammenfassend: ‹Es war die Tragik Hölderlins, daß er sich aus der Gemeinschaft der Menschen lösen mußte, ohne daß ihm die Gestaltung der kommenden Gemeinschaft beschieden war. Er blieb ein Einsamer, ein Unverstandener in seiner Zeit, der aber die Zukunft als Gewißheit in sich trug. Er wollte keine Wiederbelebung, kein neues Griechenland, aber er fand im Griechentum die nordisch-heldische Lebenshaltung wieder, die in dem Deutschland seiner Zeit verkümmert war, aus der jedoch allein die kommende Gemeinschaft wachsen kann. Er muß sich in der Sprache und in den Vorstellungen seiner Zeit ausdrücken, deshalb ist es uns heutigen Menschen, die alle das Erleben unserer Gegenwart geformt hat, oft schwer, ihn recht zu verstehen. Unser Kampf um die Gestaltung des Reiches aber ist das Ringen um die gleiche Tat, die Hölderlin nicht tun konnte, weil die Zeit noch nicht erfüllt war.›

Das sachliche Ergebnis ist, selbst mit dem Maßstab gemessen, den man an eine nationalsozialistische Literaturgeschichte anlegen kann, erschreckend kläglich; Ziegler entschlüpft ja das Geständnis, daß er Hölderlin nicht oder wenig versteht. Die nationalsozialistischen Literaten müssen das Bild Hölderlins noch über Dilthey und Gundolf hinaus abstrakt machen, noch entleerter von allen individuellen wie gesellschaftlich-historischen Zügen. Der Hölderlin der deutschen Faschisten ist ein beliebiger romantischer Dichter, er unterscheidet sich fast gar nicht mehr von dem – neuerdings ebenfalls wiederholt geschändeten – Georg Büchner, der seinerseits zum Vertreter des ‹heroischen Pessimismus›, also zum Vorläufer des Nietzsche-Baeumlerschen ‹heroischen Realismus› umgelogen wurde. In der geistigen Nacht der faschistischen Geschichtsfälschung ist eben jede Gestalt braun.

Aber die ‹Methodologie› dieser Umfälschungen zeigt trotzdem ein – ungewolltes – Ergebnis: nämlich den inneren Zusammenhang zwischen der liberalen Unfähigkeit zum Verständnis der deutschen Geschichte und ihrer imperialistisch-faschistischen, immer bewußteren Fälschung. Dilthey polemisiert gegen die Haymsche Auffassung Hölderlins als eines ‹Seitentriebs der Romantik›, aber nur, um Hölderlin unter die dekadenten, verspäteten Romantiker des Jahrhundertendes einzureihen, um aus ihm einen Vorläufer Nietzsches zu machen. Gundolf dehnt dieses Vorläufertum Hölderlins auf Stefan George aus. Und die Nationalsozialisten mißbrauchen die damals noch keineswegs eindeutig reaktionären, romantisch-antikapitalistischen Züge Hölderlins, um das entstellte Bild des tragischen Revolutionärs als Fassadenplastik am faschistischen Zuchthaus für das werktätige Deutschland anzubringen.

Hölderlin ist jedoch im Grundzug seines Wesens kein Romantiker, obwohl seine Kritik des beginnenden Kapitalismus manchen Zug des Romantischen trägt. Während aber die Romantiker von dem Ökonomen Sismondi bis zum mystischen Poeten Novalis aus dem Kapitalismus in die einfache Warenwirtschaft flüchten und dem anarchischen Kapitalismus das ‹geordnete› Mittelalter, der mechanistischen Arbeitsteilung die ‹Totalität› der Arbeit im Handwerk gegenüberstellen, kritisiert Hölderlin die bürgerliche Gesellschaft von einer anderen Seite. Auch er haßt in romantischer Weise die kapitalistische Arbeitsteilung. Das wesentlichste Moment der zu bekämpfenden Degradation ist aber in seinen Augen der Verlust der Freiheit. Und diese Konzeption der Freiheit strebt bei ihm – wie wir gesehen haben, in mystischen Formen und mit verschwommenen utopischen Inhalten – über den engen Begriff der politischen Freiheit in der bürgerlichen Gesellschaft hinaus. Der Unterschied der Thematik zwischen Hölderlin und den Romantikern – Griechenland gegen Mittelalter – ist also kein bloß thematischer Unterschied, sondern ein weltanschaulich-politischer.

Wenn Hölderlin die Feste des alten Griechenland feiert, so feiert er die verlorengegangene demokratische Öffentlichkeit des Lebens. Er geht hier nicht nur dieselben Wege, die sein Jugendfreund Hegel vor seiner entscheidenden Wandlung gegangen ist, sondern ist auch ideologisch auf den Wegen Robespierres und der Jakobiner. In seiner großen Konventrede zur Einführung des Kults des ‹Höchsten Wesens› führt Robespierre aus: ‹Der wahre Priester des Höchsten Wesens ist die Natur, sein Tempel das Universum, sein Kultus die Tugend, seine Feiern die Freude eines großen Volkes, vereinigt unter seinen Augen, um die Bande der universellen Brüderlichkeit enger zu knüpfen und um ihm die Verehrung der empfindsamen und reinen Herzen anzubieten.› Und in derselben Rede beruft er sich auf die Feste Griechenlands als auf das Vorbild dieser Befestigung der demokratisch-republikanischen Erziehung zur Tugend und Glückseligkeit eines befreiten Volkes.

Freilich geht die Mystik Hölderlins weit über die unvermeidliche und heroische Selbsttäuschung Robespierres hinaus. Sie ist noch dazu eine Flucht in die Mystik und eine Mystik der Flucht: eine Mystik der Todessehnsucht, des Opfertodes, des Todes als Mittel zur Vereinigung mit der Natur. Aber auch diese Naturmystik Hölderlins ist keineswegs einheitlich reaktionär.

Erstens ist in ihr stets ihre rousseauistisch-revolutionäre Quelle sichtbar. Der unmittelbare Ausgangspunkt für die Flucht in die Mystik liegt ja bei Hölderlin darin, daß er die *gesellschaftlich* notwendige, hoffnungslose Tragik seiner Bestrebungen als Idealist zwangsläufig zu einer *kosmischen* Tragik steigern mußte. Zweitens aber enthält auch seine Mystik des Opfertodes einen klaren pantheistisch-antireligiösen Charakter. Bevor Alabanda in den Tod geht, spricht er von seinem Leben, ‹das kein Gott geschaffen›. ‹Hat mich eines Töpfers Hand gemacht, so mag er sein Gefäß zerschlagen, wie es ihm gefällt. Doch was da lebt, muß unerzeugt, muß göttlicher Natur in seinem Keime sein, erhaben über alle Macht und alle Kunst und darum unverletzlich, ewig.› Und sehr ähnlich schreibt Diotima in ihrem Abschiedsbrief an Hyperion über die ‹Götterfreiheit, die der Tod uns gibt›: ‹Wenn ich auch zur Pflanze würde, wäre denn der Schaden so groß? – Ich werde sein. Wie sollt ich mich verlieren aus der Sphäre des Lebens, worin die ewige Liebe, die allen gemein ist, die Naturen alle zusammenhält? Wie sollt ich scheiden aus dem Bunde, der die Wesen alle verknüpft?›

Will der heutige Leser einen historisch richtigen Standpunkt zu der deutschen Naturmystik am Anfang des 19. Jahrhunderts gewinnen, so darf er nie vergessen, daß damals, freilich in idealistisch-mystischen Formen, die Dialektik der Natur und der Gesellschaft entdeckt und herausgearbeitet wurde. Es ist die Periode der Naturphilosophie Goethes, des jungen Hegel und des jungen Schelling (Marx spricht einmal über den ‹aufrichtigen Jugendgedanken Schellings›). Es ist eine Periode, in der die Mystik nicht bloß ein toter Ballast aus der theologischen Vergangenheit ist, sondern oft, und sehr oft in schwer trennbarer Weise, ein idealistischer Nebel, der die noch unerkannten zukünftigen Wege der dialektischen Erkenntnis verhüllt. Wie zu Beginn der bürgerlichen Entwicklung, in der Renaissance und im beginnenden Materialismus Bacons, der Rausch der neuen Erkenntnis überschwengliche und phantastische Formen annimmt, so auch jetzt im Rausch des Aufdämmerns der dialektischen Methode, einer Philosophie, ‹an der kein Glied nicht trunken ist› (Hegel). Was Marx über die Philosophie Bacons sagt: ‹Die Materie lacht in poetisch sinnlichem Glanze den ganzen Menschen an, die aphoristische Doktrin selbst wimmelt dagegen noch von theologischen Inkonsequenzen›, das gilt – *mutatis mutandis* – auch für diese Periode.

Hölderlin selbst nimmt sehr aktiv teil an der Entstehung der dialektischen Methode; er ist nicht nur der Jugendfreund, sondern auch der philosophische Weggenosse Schellings und Hegels. In der großen Rede über Athen kommt Hyperion auf Heraklit zu sprechen. Und Heraklits ‹In sich selber unterschiedenes Eine› ist für ihn der Ausgangspunkt des Denkens: ‹Es ist das Wesen der Schönheit, und ehe das gefunden war, gab's keine Philosophie.› Die Philosophie ist also auch für Hölderlin identisch mit Dialektik.

Freilich mit einer idealistischen und sich in Mystik verlierenden Dialektik. Und die Mystik ist bei Hölderlin darum besonders kraß sichtbar, weil sie für ihn in steigendem Maße die Aufgabe hat, die gesellschaftliche Tragik seines Daseins kosmisch zu verklären, aus der historischen Ausweglosigkeit seiner Lage einen Scheinweg zu einem sinnvollen Tode zu weisen. Aber auch dieser sich in mystischen Nebeln verlierende Horizont ist ein gemeinsamer Zug der ganzen Epoche. Das Ende des Hyperion und des Empedokles ist nicht mystischer als das Schicksal der Makarie in ‹Wilhelm Meisters Wanderjahre›, als das Schicksal des Louis Lambert, als das von Seraphitus Seraphita bei Balzac. Ebensowenig wie dieser mystische Horizont sich aus dem Lebenswerk der großen Realisten Goethe und Balzac entfernen läßt, ebensowenig wie er die Realistik der Grundlinie ihres Schaffens aufzuheben vermag, ebensowenig kann die Todesmystik Hölderlins dem revolutionären Charakter der Grundlinie seiner heroischen Elegie Abbruch tun.

Hölderlin ist einer der tiefsten und reinsten Elegiker aller Zeiten. In seiner bedeutenden Bestimmung der Elegie spricht Schiller darüber, daß ‹bei der Elegie die Trauer nur aus einer durch das Ideal erweckten Begeisterung fließen darf›. Und mit einer vielleicht zu rigorosen Strenge verurteilt Schiller alle Elegiker, die über ein bloß privates Schicksal trauern (Ovid).

In Hölderlins Dichtung fließen privates und gesellschaftliches Schicksal zu einer selten vorhandenen tragischen Harmonie zusammen. Hölderlin ist überall in seinem Leben gescheitert. Er ist nie über das damals allgemeine Übergangsstadium der Existenz mittelloser deutscher Intellektueller, über das Hauslehrertum hinausgekommen; ja selbst als Hauslehrer vermochte er sich keine Existenz zu schaffen. Als Dichter blieb er trotz wohlwollender Protektion Schillers, trotz des Lobes des bedeutendsten Kritikers der Zeit, A. W. Schlegel, vollständig unbekannt und ohne die Perspektive einer Existenz. Seine große Liebe zu Suzette Gontard endete in tragisch verzweifelter Resignation. Sein äußeres wie sein inneres Leben war so verzweifelt hoffnungslos, daß viele Zeitgenossen und Biographen auch in seinem Wahnsinn, mit dem seine Jugendentwicklung abschloß, etwas schicksalhaft Notwendiges erblickten.

Die elegische Trauer der Dichtung Hölderlins hat aber niemals den Charakter einer kleinlich privaten Klage über das gescheiterte persönliche Leben. Wenn Hölderlin auch die gesellschaftliche Notwendigkeit für das Scheitern seiner entscheidenden Bestrebungen kosmisch mystifizierte, so drückt sich in dieser Mystifizierung zugleich das Gefühl aus, daß das Scheitern seiner privaten Bestrebungen nur eine notwendige Folge dieses großen allgemeinen Scheiterns gewesen ist. Und die elegische Klage seiner Dichtungen geht deshalb stets von diesem Punkt aus.

Der Kontrast des verlorenen und revolutionär zu erneuernden Griechentums mit der Miserabilität der deutschen Gegenwart ist der ständige, immer variiert wiederholte Inhalt seiner Klage. Seine Elegie ist deshalb eine pathetisch-heroische Anklage gegen die Zeit und kein subjektiv lyrisches Bejammern eines wenn auch noch so beklagenswerten privaten Schicksals.

Es ist die Klage der besten bürgerlichen Intelligenz über die verlorengegangene revolutionäre ‹Selbsttäuschung› der heroischen Periode der eigenen Klasse. Es ist die Klage über eine Einsamkeit, der Notschrei aus einer Einsamkeit, die unaufhebbar ist, weil sie sich zwar in allen Momenten auch des privaten Lebens äußert, jedoch von der ehernen Hand der ökonomisch-gesellschaftlichen Entwicklung selbst geschaffen wurde.

Das revolutionäre Feuer der Bourgeoisie ist erloschen. Doch der heroische Feuerbrand der Großen Revolution läßt doch überall im Bürgertum Feuerseelen entstehen, in denen dieser Brand noch weiterglimmt. Aber ihr Feuer entzündet die Klasse nicht mehr. In Stendhals Julien Sorel lebt noch ebenso das revolutionäre Feuer des Jakobinertums wie in Hölderlin. Und wenn die Hoffnungslosigkeit der Lage jenes verspäteten Jakobiners sich äußerlich vom Hölderlinschen Schicksal tief unterscheidet, wenn Juliens Schicksal keine elegische Klage, sondern ein mit heuchlerisch-machiavellistischen Mitteln geführter Machtkampf gegen die niederträchtige Gesellschaft der Restaurationsperiode ist, so ist doch die Hoffnungslosigkeit die gleiche und hat ähnliche soziale Wurzeln. Auch Julien Sorel bringt es nicht weiter, als am Ende eines verfehlten Lebens in einen pseudoheroischen tragischen Tod zu flüchten, nach einem Leben voll von unwürdiger Heuchelei der Gesellschaft endlich seine plebejisch-jakobinische Verachtung ins Gesicht zu schleudern.

Die schöpferische Form, in der der letzte spätgeborene Jakobiner Frankreichs erschien, ist ironisch-realistisch gewesen. In England traten solche Spätgeborenen ebenfalls klassizistisch, ebenfalls elegisch-hymnisch auf: Keats und Shelley. Während aber das Keatssche Schicksal sehr viele, auch äußerlich verwandte Züge mit dem Hölderlins an sich trägt, durchbricht bei Shelley eine neue Sonne den mystischen Horizont, ein neuer Jubel bricht in die elegische Klage ein. Keats betrauert in seiner größten Fragmentdichtung das Schicksal der von den niederträchtigen neuen Göttern gestürzten Titanen. Auch Shelley besingt das Schicksal eines alten Gottes, den Kampf der neuen, miserablen Götter gegen die alten Götter der Goldenen Zeit (die Goldene Zeit, die ‹Herrschaft Saturns›, ist in den meisten Mythen zugleich der Mythos der Periode vor Privateigentum und Staat), den Kampf des gefesselten Prometheus gegen den neuen Gott Zeus.

Aber bei Shelley werden die usurpatorischen neuen Götter gestürzt und die Befreiung der Menschheit hymnisch gefeiert. Shelley hat bereits in die neue, in die aufgehende Sonne, in die Sonne der proletarischen Revolution geblickt. Er konnte die Befreiung des Prometheus besingen, weil er bereits die Männer Englands zum Aufstand gegen die kapitalistische Ausbeutung aufrufen konnte:

‹Sow seed, – but let no tyrant reap;
Find wealth, – let no imposter heap;
Weave robes, – let not the idle wear;
Forge arms, – in your define to bear.›

Bei Shelley eröffnet sich die Perspektive zum Übergang der für die eigene Klasse verspätet geborenen Jakobiner zum wirklichen Befreiungskampf der Menschheit.

Was in England um 1819 gesellschaftlich, wenigstens als dichterisch visionäre Perspektive, für ein revolutionäres Genie möglich war, war in Deutschland am Ende des 18. Jahrhunderts für niemand möglich. Der breite Weg der deutschen bürgerlichen Intelligenz führte aus den Widersprüchen der damaligen inneren und welthistorischen Lage Deutschlands in den geistigen Sumpf des romantischen Obskurantismus; die Akkommodation Goethes und Hegels rettete und bildete weiter das beste Erbe der bürgerlichen Gedankenentwicklung, wenn auch in einer vielfach verbogenen und kleinlich gemachten Form. Die heroische Kompromißlosigkeit Hölderlins mußte in eine verzweifelte Sackgasse führen. Er ist wirklich ein einzigartiger Dichter, der keine Nachfolge gehabt hat und haben konnte. Aber nicht in dem Sinne jener, die heute sein Andenken mit den Lobeserhebungen seiner Schwächen und Unklarheiten besudeln, sondern weil seine tragische Lage für die bürgerliche Klasse nicht mehr wiederkehren konnte.

Ein späterer Hölderlin, der nicht Shelleys Weg eingeschlagen hätte, wäre eben kein Hölderlin, sondern ein borniert klassizistischer Liberaler gewesen. Wenn Arnold Ruge in dem ‹Briefwechsel von 1843› seinen Brief mit der berühmten Klage Hölderlins über Deutschland eröffnet, so antwortet Marx: ‹Ihr Brief, mein teurer Freund, ist eine gute Elegie, ein atemversetzender Grabgesang, aber politisch ist er ganz und gar nicht. Kein Volk verzweifelt, und sollte es auch lange Zeit nur aus Dummheit hoffen, so erfüllt es sich doch nach vielen Jahren einmal aus plötzlicher Klugheit alle seine frommen Wünsche.›

Das Lob von Marx läßt sich auf Hölderlin anwenden, denn Ruge tut nichts weiter, als sein Motto verflachend zu variieren, der Tadel gilt allen, die die Hölderlinsche Klage erneuert haben, nachdem ihr auslösender Grund, die objektive Hoffnungslosigkeit seiner Position, von der Geschichte selbst aufgehoben war.

Hölderlin konnte keine dichterische Nachfolge haben. Die späteren enttäuschten Elegiker des 19. Jahrhunderts beklagen einerseits viel privatere Schicksale, anderseits können sie nicht imstande sein, in der Klage über die Miserabilität ihrer Gegenwart den Glauben an die Menschheit in jener Reinheit zu bewahren, wie dieser Glaube in Hölderlin lebte. Dieser Kontrast hebt Hölderlin weit über das allgemeine falsche Dilemma des 19. Jahrhunderts hinaus: er ist weder platter Optimist noch verzweifelt irrationalistischer Pessimist; er verfällt stilistisch weder in einen akademisch-klassizistischen Objektivismus noch in einen impressionistisch zerfließenden Subjektivismus; seine Lyrik ist weder trocken, lehrhaft-gedankenvoll noch von einer stimmungshaften Gedankenleere.

Hölderlins Lyrik ist eine Gedankenlyrik. Ihren Ausgangspunkt bildet der zur weltanschaulichen Höhe gehobene (freilich zugleich idealistisch mystifizierte) innere Widerspruch der bürgerlichen Revolution. In dieser Gedankenlyrik leben beide Seiten des Widerspruchs: das jakobinisch-griechische Ideal und die miserable bürgerliche Wirklichkeit, ein gleichgestaltetes sinnliches Leben. In dieser hohen stilistischen Meisterung des unlösbaren Widerspruchs, der seinem gesellschaftlichen Sein zugrunde lag, liegt die unvergängliche Größe Hölderlins. Er ist nicht nur als verspäteter Märtyrer an einer verlassenen Barrikade des Jakobinismus tapfer gefallen, sondern er hat auch dieses Martyrium – das Martyrium der besten Söhne einer einst revolutionären Klasse – zu einem unsterblichen Gesang gestaltet.

Auch der Roman ‹Hyperion› hat einen solchen lyrisch-elegischen Grundcharakter. Er ist weniger erzählend als klagend und anklagend. Trotzdem haben die bürgerlichen Kritiker unrecht, die im ‹Hyperion› eine ähnliche lyrische Auflösung der epischen Form erblicken wie etwa in Novalis' ‹Heinrich von Ofterdingen›. Hölderlin ist auch stilistisch kein Romantiker. Er geht theoretisch über die Schillersche Konzeption des antiken Epos als ‹naiv› (im Gegensatz zur modernen ‹sentimentalischen› Dichtung) hinaus, aber der Tendenz nach in der Richtung eines revolutionären Objektivismus. Er sagt: ‹Das epische, dem Schein nach naive Gedicht ist in seiner Bedeutung heroisch. Es ist die Metapher großer Bestrebungen.›

Die geschichtliche Tragik Hölderlins wirkt sich in seiner künstlerischen Praxis dahin aus, daß der epische Heroismus bloß zu einem Anlauf kommen, daß aus den großen Bestrebungen doch nur ihre elegische Metapher gestaltet werden kann. Die epische Fülle muß sich aus der Handlung in die Seele der Handelnden zurückziehen. Dieser inneren Handlung gibt aber Hölderlin eine sehr hohe sinnliche Plastik und Objektivität, eine so hohe, wie dies von den tragisch widerspruchsvollen Grundlagen seiner Konzeption aus nur möglich war. Auch hier ist sein Scheitern nicht nur heroisch, sondern wird zum Heldenlied: er stellt dem Goetheschen ‹Erziehungsroman› zur Anpassung an die kapitalistische Wirklichkeit einen ‹Erziehungsroman› zum heroischen Widerstand gegen diese Wirklichkeit entgegen.

Er will die ‹Prosa› der Welt des ‹Wilhelm Meister› nicht romantisch ‹poetisieren›, wie Tieck oder Novalis, sondern stellt dem deutschen Paradigma des großen Bourgeoisromanes den Entwurf eines Citoyenromans gegenüber.

‹Hyperion› trägt auch stilistisch die Male der aussichtslosen Problematik dieser Gattung an sich. Der Versuch, den Citoyen episch zu gestalten, mußte scheitern. Aber aus diesem Scheitern erwächst ein einzigartiger lyrisch-epischer Stil: der stilistische Objektivismus einer tiefen Anklage gegen die Gesunkenheit der bürgerlichen Welt, nachdem das Licht der heroischen ‹Selbsttäuschung› erloschen ist. Der lyrische, fast nur ‹metaphorisch› mit Handlung erfüllte Roman Hölderlins steht auf diese Weise stilistisch vereinsamt in der bürgerlichen Entwicklung: nirgendwo sonst ist eine derart rein innerliche Handlung so sinnlich-objektiv gestaltet worden wie hier, nirgendwo sonst ist die lyrische Einstellung des Dichters so weit ins Epische aufgenommen worden wie hier.

Hölderlin hat sich nie kritisch gegen den großen bürgerlichen Roman seiner Zeit gewandt wie Novalis. Trotzdem ist sein Gegensatz zu ‹Wilhelm Meister› tiefer: er stellt ihm einen ganz anderen Typus des Romans gegenüber. Während dieser organisch aus den gesellschaftlichen und stilistischen Problemen des französisch-englischen Bourgeoisromans des 18. Jahrhunderts herauswächst, nimmt Hölderlin den Faden der Probleme dort auf, wo aus den revolutionären Idealen der Umgestaltung des Lebens durch das Bürgertum ein Citoyenepos zu formen versucht wurde, wo Milton den großen gescheiterten Versuch gemacht hatte, das notwendig idealistische Dasein und Schicksal des Citoyen mit antiker Plastik zu gestalten. Die erstrebte Plastik des Epos löst sich aber bei Milton in großartige lyrische Beschreibungen und in rein lyrisch-pathetische Explosionen auf.

Hölderlin verzichtete von vornherein auf das unmögliche Bestreben, auf bürgerlichem Boden ein Epos zu schaffen, er stellt, den Notwendigkeiten des Romans folgend, seine Gestalten und ihre Schicksale von vornherein in ein — wenn auch noch so stilisiertes — bürgerliches Alltagsleben. Dadurch ist er gezwungen, den Citoyen nicht ganz ohne Zusammenhang mit der Welt des Bourgeois zu gestalten. Er kann zwar auch nicht dem idealistischen Citoyen ein vollblütiges materielles Leben verleihen, er nähert sich aber der wirklich plastischen Gestaltung viel mehr als irgendeiner seiner Vorgänger in der Gestaltung des Citoyen.

Gerade seine historisch-persönliche Tragik, daß die heroische ‹Selbsttäuschung› der Bourgeoisie keine Fahne mehr für wirkliche revolutionäre Heldentaten, sondern nur für die Sehnsucht nach solchen sein konnte, schafft die stilistische Voraussetzung für dieses — relative — Gelingen. Niemals sind die von einem bürgerlichen Dichter gestalteten seelischen Konflikte so wenig bloß seelisch, so wenig bloß privat-persönlich, so *unmittelbar-öffentlich* gewesen wie hier. Der lyrisch-elegische Roman Hölderlins ist — trotz seines notwendigen Scheiterns, gerade in seinem Scheitern — die objektivste Citoyenepik der bürgerlichen Entwicklung.

[1934]

Puschkin nennt den ‹Faust› eine Ilias des modernen Lebens. Das ist ausgezeichnet gesagt, es bedarf zur richtigen Konkretisierung nur der Unterstreichung des Wortes ‹modern›. Denn im Leben der Gegenwart ist es nicht mehr wie in der Antike möglich, alle Bestimmungen des Gedankens und der dichterischen Gestaltung unmittelbar vom Menschen aus zu entwickeln. Gedankliche Tiefe, Totalität der gesellschaftlich-menschlichen Kategorien und künstlerische Vollkommenheit sind hier nicht mit naiver Selbstverständlichkeit vereinigt, sie ringen vielmehr heftig miteinander. Aus der Goetheschen Vereinigung dieser widerstrebenden Tendenzen ist ein im wahrsten Sinne des Wortes einzigartiges Gebilde entstanden. Goethe selbst nennt es eine ‹inkommensurable Produktion›.

Gestaltet wird das Schicksal eines Menschen, und doch ist der Inhalt des Gedichts das Geschick der ganzen Menschheit. Die wichtigsten philosophischen Probleme einer großen Übergangsepoche werden vor uns gestellt, aber nicht bloß gedanklich, sondern unzertrennbar vereinigt mit sinnlich packenden (oder zumindest leuchtend dekorativen) Gestaltungen letzter menschlicher Beziehungen. Diese Beziehungen werden nun in steigendem Maß problematisch. Eine ungebrochene sinnlich-geistige Einheit kann nur im ersten Teil vorwalten. Gedankengehalt, Aufdeckung gesellschaftlich-geschichtlicher und naturphilosophischer Zusammenhänge belasten, ja sprengen immer stärker die sinnliche Einheit der Formen und der Gestalten. Das ist der allgemeine Prozeß der Entwicklung der Literatur im 19. Jahrhundert, der die Geschlossenheit und Schönheit der Formenwelt zerstört, sie der Unerbittlichkeit des neuen großen Realismus opfert und damit das Ende der ‹Kunstperiode› herbeiführt.

Es ist kein Zufall, daß die Vollendung des zweiten Teils des ‹Faust› fast gleichzeitig mit dem Erscheinen von Balzacs ‹Das Chagrinleder› erfolgt: jener Realismus, der die ‹Kunstperiode› ablöst, entsteht hier in noch phantastisch-romantischen Formen, während dort der große Realismus der ‹Kunstperiode› in phantastisch-allegorischen Formen Abschied nimmt. Bei Balzac: phantastisches Prélude zum modernen Roman, worin das Real-Gespenstische des kapitalistischen Lebens zum Ausdruck kommt. Bei Goethe: phantastische Schlußakkorde der letzten Periode der Formvollendung in der bürgerlichen Literatur. Balzac wie Goethe erleben gleicherweise dieses Überquellen des neuen Lebens, das Zerreißen der Dämme der alten Formen durch diese Sturmflut. Aber Balzac sucht die inneren Kraftlinien dieses Überquellens selbst zu ergründen, um aus ihrer Erkenntnis eine neue epische Form entstehen zu lassen; Goethe unternimmt eine Stromregulierung durch alte, neugebildete Formen.

Eine solche ist jedoch nicht adäquat erreichbar. So paradox es auch klingen mag: Balzacs endgültige Lösung steht den großen – modernen – Traditionen der Epik näher als der ‹Faust› irgendeiner überlieferten Formgebung. Schon der erste Teil wächst über den Rahmen von Epik oder Dramatik hinaus, noch viel mehr der zweite: er ist weder dramatisch noch episch, noch weniger aber eine Summe von lyrischen Stimmungsbildern, wie das spätere 19. Jahrhundert sie im Anschluß gerade an ‹Faust› geschaffen hat (Lenau). Es ist eine ‹inkommensurable Produktion›.

1. Zur Entstehungsgeschichte

Eine solche Bezeichnung – ‹inkommensurable Produktion› – ist aber für die Literaturgeschichte keine Bestimmung, sondern ein Problem. Das ‹Inkommensurable› ist nur dann nicht bloße Kuriosität, nur dann nicht bloß einfache biographische Tatsache, wenn sich in ihm ein wichtiger historischer Prozeß in dauernder Vorbildlichkeit spiegelt, wenn es nicht ein individueller verzweifelter Ausweg aus persönlich schwer oder gar nicht lösbaren Problemen ist, sondern gerade in seiner Einzigartigkeit, in seinem Überschreiten der Normen sich als notwendig erweist.

Darum – und nicht aus rein philologischen Gründen – ist gerade hier die Entstehungsgeschichte wichtig. Der alte Goethe hat immer wieder behauptet, daß die Konzeption des ‹Faust› schon seit fünfzig bis sechzig Jahren für ihn feststand. Über die Richtigkeit dieser Behauptung gibt es große Streitigkeiten unter den Literaturhistorikern. Wir halten diesen Streit für müßig: Goethe hat sowohl recht wie unrecht. Ohne Frage hat er den ‹Faust› schon in seiner Jugend als Weltgedicht empfunden, gerade diese Möglichkeiten, die in der Sage stecken, haben ihn angezogen. Aber es unterliegt ebenfalls keinem Zweifel, daß er nicht das gleiche Gedicht geschrieben hat, das ihm in der Jugend vor Augen stand. Das Wachsen des ‹Faust› mit dem Leben und den Erfahrungen Goethes ist nicht einfach ein Reifen, eine Entwicklung des ursprünglichen Keims, es ist zugleich eine radikale Umwandlung. Darum widerspricht der Kontinuität der Arbeit am ‹Faust› nicht die Tatsache, daß Goethe sie wiederholt für Jahrzehnte aufgegeben, daß er das Werk längere Zeit als notwendiges Fragment betrachtet hat, ebensowenig, wenn Goethes gleichzeitige Aufzeichnungen bezeugen, daß ursprünglich gar kein einheitlicher ‹Faust›-Plan existierte, sondern nur einzelne Szenen ausgeführt und aneinandergereiht wurden. (In einzelnen Fällen war sogar die richtige Reihenfolge unbestimmt. Die Szene ‹Wald und Höhle› erscheint zuerst im Fragment von 1790, erhält aber ihre richtige Stelle erst 1808.) Und noch sehr spät entstehen einschneidende Änderungen, so besonders bei dem Auftreten Helenas im zweiten Teil, dessen dramatische Begründung zur Erfindung der ‹Klassischen Walpurgisnacht› geführt hat. All dies schließt eine feststehende, wenn auch Wandlungen unterworfene Grundidee nicht aus. Um so weniger, als die Idee hier nicht im Sinne einer begrifflichen Formulierung verstanden werden darf, sondern als konkrete Bestimmung, als Horizont, als Perspektive der Entwicklung einer bestimmten Gestalt. Bei Beibehaltung der sehr allgemein vorgestellten Umrisse ihres Schicksals waren leise ‹unterirdische› Umwandlungen der Probleme, ja ihre allmähliche Umkehrung ins Gegenteil möglich, ohne daß sie die Einheit der Faust-figur zu vernichten brauchte.

Die Sage als Grundlage erleichtert eine solche Entstehungsgeschichte. Gorki hat durchaus recht, wenn er meint, daß solche Sagen wie die vom Faust ‹nicht ‚Früchte der Phantasie' sind, sondern vollkommen gesetzmäßige und not-wendige Übertreibungen der realen Fakten›. Es sind große reale historische Lebenstendenzen, welche die dichterische Arbeit des Volkes auf das Wesen ge-bracht und auf diesem Niveau zu Gestalten verdichtet hat. In solchen Gestal-ten sah der junge Goethe die tiefsten Probleme einer Epoche lebendig, sinn-lich greifbar und doch alle Tiefen spiegelnd vor sich, und zugleich sah er in ihnen die Sinnbilder der quälendsten Fragen seines eigenen Lebens und seiner eigenen Zeit.

Diese Identifizierung des eigenen Schicksals mit der Sage und die daraus fol-gende allmähliche originelle Umwandlung der Sage ist also keine ‹Introjek-tion›, kein unberechtigtes Hineintragen der eigenen Subjektivität in einen fremden Stoff, sondern eine eigenartige und selbständige Weiterbildung des Selbstbewußtseins des nationalen Lebens, ja des Lebens der Menschheit über-haupt. Die Zeit Goethes, besonders die des jungen Goethe, besaß noch diese Fähigkeit zum organischen Ummodeln der folkloristischen Traditionen des Mythos. Besonders der junge Goethe unterscheidet sich von seinen meisten Zeit- und Altersgenossen dadurch, daß seine Lieblingsthemen solch populäre Mythen (Faust, der Ewige Jude, Prometheus) oder historische Gestalten sind, an denen die Volksüberlieferung mitgearbeitet hat (Mahomet, Cäsar, Götz von Berlichingen) und bei denen die Gestalt oder wenigstens die Periode eine solche Aura der populären Tradition besitzt. Er steht damit in schroffem Ge-gensatz zu den thematisch zufälligen dramatisierten Geschichtsanekdoten oder vereinzelten Lebenstatsachen in der Produktion des ‹Sturm und Drang›. Eine solche Aura der Volkstradition ist für derart große Themen außerordentlich günstig. Sie läßt die Verbindung der Sage mit der Gegenwart lebendig wach-sen, ohne den organischen Zusammenhang der Sage aufzuheben, da die um-modelnde Wirksamkeit der Folklore an großen Themen ununterbrochen wirk-sam ist und die Tätigkeit eines bedeutenden Dichters zur legitimen Fortset-zung der poetisch-gedanklichen Arbeit des Volkes werden kann. Und auf diese Weise, als organische Fortsetzung der Volkstradition, enthält auch die neue Konzeption des individuellen Dichters die innere Möglichkeit, zu wachsen und sich zu wandeln, dabei die menschlichen Konturen der Hauptgestalt nur ver-ändernd, ohne sie zu zerstören.

Doch selbstverständlich ist — je nach Epoche — Sage nicht gleich Sage. Jede hat verschiedene Grade der Lebendigkeit, des Verwurzeltseins in der Gegen-wart und darum verschiedene Möglichkeiten der inneren Umbildung. Die Sa-gen, an die der junge Goethe anknüpft, sind — mit den beiden entscheidenden Ausnahmen ‹Götz› und ‹Faust› — biblisch-religiös im weitesten Sinne des Wor-tes oder antik. Sie sind also aus jenen sich wandelnden Vorstellungsmassen entstanden, deren erste die Revolutionen des Mittelalters, der entstehenden neuen Zeit bis zu der Cromwells, beherrscht hat, die aber im Deutschland des jungen Goethe – trotz dem großen Anfangserfolg des Klopstockschen ‹Messias› – abzuklingen begann, deren zweite von der Renaissance an ein Banner der geistigen Erneuerung Europas war und die in der Französischen Revolution und unter Napoleon zur Grundlage der letzten ‹heroischen Illusion› in Westeuropa wurde.

Es ist kein Wunder, daß in Deutschland, das in dieser Zeit seit der Reformation und dem Bauernkrieg zum erstenmal zu einem geistigen Leben erwachte, alle ideologischen Elemente der bürgerlichen Revolution – oft ohne als solche erkannt zu werden – gewissermaßen in der Luft lagen und das Schaffen des jungen Goethe befruchteten. Aber die reale Unreife der bürgerlichen Revolution, ihr weites Entferntsein in der Zukunft, wirkt auf die Lebendigkeit der alten Sagenstoffe zurück, läßt ihre Gestalten verblassen. So entstehen aus diesen Themenkreisen beim jungen Goethe nur lyrische Fragmente, nur Gefühle und Gedanken; und die gefühlten Gedanken werden lebendiger als die handelnden Menschen.

Große vollendete Werke entstehen, keineswegs zufällig, aus den beiden Ausnahmen, die nicht allgemein-europäisch, sondern spezifisch deutsch sind: aus ‹Götz› und ‹Faust›. (Goethe bestätigt in ‹Dichtung und Wahrheit› selbst den gleichzeitigen und gleichartigen Ursprung dieser Stoffwahl.) Das Anknüpfen an die Sage und an eine halb sagenhafte Vergangenheit bezeugt den tiefen Instinkt des jungen Goethe für Aktualität in einem hohen Sinn. Seine Straßburger Begeisterung für das ‹Gotische› hat nichts mit Mittelalter zu tun, ist kein Vorläufertum der Romantik. Goethe greift in den beiden großen Jugendentwürfen, die er wirklich ausgeführt hat, vielmehr auf die ersten (und letzten) großen Kämpfe zurück, in denen sich Deutschland aus dem Mittelalter herauszulösen trachtet: auf Reformation, deutsche Renaissance, auf den Kampf zwischen Kleinfürstentum und Adel, auf den Bauernkrieg. (Das Gedicht ‹Hans Sachsens poetische Sendung›, 1776, ist ein Nachklang dieser Bestrebungen.)

Schon in der Wahl solcher Themen äußert sich die Genialität des jungen Goethe: seine Vorwürfe sind nicht abgelegenen, bloß privaten Charakters, sondern fallen spontan, aus dem persönlichen Erlebnis unmittelbar herauswachsend, mit den wichtigsten nationalen Tendenzen zusammen. Das geistige Erwachen des bürgerlichen Deutschland – ein weit vorgeschobener Posten seines politischen Erwachens – wird von dieser Poesie zu seinen Ursprüngen zurückgeführt: in die Zeit, in der einst der Faden der organischen Entwicklung zerriß. Ihr dichterisches Lebendigmachen soll ideologisch dazu führen, daß der Faden der Geschichte wieder geknüpft werde. Das Zurückgehen in diese Vergangenheit ist in Wahrheit ein notwendiger Anlauf zum Neuen, ein Sichbesinnen auf das historische Erbe.

Kein Volk kann sich ohne diese Bedingung erneuern. Es ist jedoch für die Art seiner Erneuerung entscheidend wichtig, wo und wie es an die Vergangenheit anknüpft, was es als Erbe betrachtet. Die Rückwendung zum Mittelalter in der Romantik ist einerseits ein Symptom der reaktionären Tendenzen in der nationalen Erneuerung, anderseits eine schwere Schädigung und Irreführung der späteren deutschen ideologischen Entwicklung. Friedrich Hebbel, der von einem radikal-demokratischen Denken stets weit entfernt war, lehnt dennoch diese Rückwendung zum Mittelalter leidenschaftlich ab. Er sieht Shakespeares Größe darin, daß er nicht auf veraltete Momente der alten englischen Geschichte zurückgriff, sondern auf den Krieg der Rosen, dessen Folgen in seiner Gegenwart noch lebendig fühlbar gewesen sind. Und das gleiche fordert er von der Beziehung der deutschen Dichter zur deutschen Geschichte: ‹Ist es denn so schwer zu erkennen, daß die deutsche Nation bis jetzt überall keine Lebens-, sondern nur eine Krankheitsgeschichte aufzuzeigen hat, oder glaubt man allen Ernstes, durch das In-Spiritus-Setzen der Hohenstaufen-Bandwürmer, die ihr die Eingeweide zerfressen haben, die Krankheit heilen zu können?› Der alte Goethe ist bei der Lektüre von Werken Walter Scotts zu ähnlichen Ergebnissen gelangt. Er bewundert nicht nur die dichterischen Fähigkeiten Scotts, sondern vor allem den Reichtum der englischen Geschichte selbst. Und er stellt ihr die Armut der deutschen gegenüber, eine Ursache, weshalb fast sofort nach dem ‹Götz von Berlichingen› wegen der Dürftigkeit der deutschen historischen Thematik eine Wendung ins Private erfolgte.

‹Götz› und ‹Faust› gehören nach der Geschichtsauffassung des jungen Goethe als ‹Selbsthelfer in wilder anarchischer Zeit› sowohl objektiv wie subjektiv historisch zusammen: beide gehören der Reformationszeit an; beide sind zugleich historisch sinnliche Ausdrucksformen für die nationale und politische, für die weltanschauliche Freiheitssehnsucht des jungen Goethe, die in ihrer Vielseitigkeit und Tiefe, in ihrem Pathos und ihren Schranken für einen ganzen Zeitabschnitt in Deutschland Symbol des Wunsches nach Befreiung gewesen ist. Was ‹Götz› politisch und sozial für den jungen Goethe repräsentierte, hat ‹Faust› für alle Probleme der Weltanschauung und ihrer Umsetzung ins Leben bedeutet.

Darum ist die gedanklich und politisch tief verworrene Dialektik der Freiheit im ‹Götz› ein wichtiger Schlüssel dafür, warum der Jugendentwurf des ‹Faust› unvollendet bleiben mußte. Die Schranken in der Auffassung der deutschen Geschichte, der menschlichen Freiheit und ihres politischen Ausdrucks — die der junge Goethe mit den wichtigsten Ideologen seiner Jugendzeit, mit Herder und Justus Möser, teilt — sind nicht so sehr individuelle Beschränktheiten und Befangenheiten einzelner Persönlichkeiten, wie vielmehr eine notwendige ideologische Spiegelung der Entwicklung Deutschlands selbst. Im Gegensatz zu England und Frankreich im Westen, zu Rußland im Osten, wo überall die staatliche Vereinigung der Nation bereits im wesentlichen vollzogen war, als die ökonomische Entfaltung des Kapitalismus eine bürgerlich-demokratische Revolution auf die Tagesordnung gestellt hatte, trägt die Entwicklung Deutschlands den Widerspruch in sich, daß die entstehende bürgerliche Gesellschaft erst die nationale Einheit zu schaffen hat, daß die Herstellung der nationalen Einheit die Zentralfrage der bürgerlich-demokratischen Revolution wird (Lenin).

Diese eigenartige Lage in Deutschland, die eigenartige Folge der verspäteten Entwicklung des Kapitalismus, wirkt abschwächend auf die revolutionär-demokratischen Tendenzen. Im Deutschland des jungen Goethe waren jene plebejischen Massen, die in England unter den Puritanern, in Frankreich unter den Jakobinern die demokratische Revolution gegen die Bourgeoisie durchsetzten, nicht einmal im Keim vorhanden. Darum konnte die Ideologie selbst der am weitesten vorgeschobenen Vorhut nicht jene Kühnheit haben, die für die Vorbereitungszeit der Revolution in Frankreich und in England so charakteristisch ist. Eine revolutionäre Kühnheit taucht nur bei vereinzelten, isolierten, einflußlosen Außenseitern auf. Ein wirkliches Programm für die revolutionär-demokratische Umwandlung Deutschlands konnten erst die theoretischen Führer des deutschen Proletariats aufstellen: im Kommunistischen Manifest, in der Neuen Rheinischen Zeitung.

Darum kann das Wiederanknüpfen an die früheren Revolutionen erst hier, in Engels' ‹Bauernkrieg›, einen konsequenten und historisch richtigen Ausdruck erhalten. (Allerdings hat er in der demokratischen Bewegung der vierziger Jahre einzelne Vorläufer; so Zimmermann.) Für den jungen Goethe ist ein Verständnis des Bauernkrieges als demokratische Revolution und im Zusammenhang damit der demokratischen Revolution als Grundlage des befreiten und vereinheitlichten Deutschlands unmöglich. Goethe hat von Anfang bis zu Ende, wie die meisten bedeutenden Aufklärer, ein ablehnendes Verhalten zur Revolution überhaupt, zur demokratischen Revolution insbesondere. Er hat, wie die bedeutenden Aufklärer, große und warme Sympathien für das unterdrückte Volk; er kritisiert wie diese scharf seine Unterdrücker; er hat ein wirkliches Verständnis für das heroische Dulden und auch für die heroische Auflehnung der Einzelgestalten. Aber die revolutionäre Umwandlung selbst der verwerflichsten Gesellschaftsordnung ‹von unten› geht ihm gegen den Strich. Das aufständische Volk betrachtet er, wie seinerzeit Hobbes, als *puer robustus sed malitiosus*, als ‹kräftigen, aber bösartigen Burschen›.

Trotz dieser unüberwindbaren Schranke gerät die — spät entstandene, rasch entwickelte — deutsche Aufklärung bald unter den Einfluß der plebejischen Kritik des Fortschritts in der kapitalistischen Zivilisation. Lessing steht noch im wesentlichen kritisch-ablehnend zu Rousseau. Herder und Goethe (wie der junge Kant) verdanken ihm Entscheidendes. Natürlich kann man den jungen Goethe nicht ohne weiteres als Rousseau-Schüler betrachten; aber sein deutscher Patriotismus, seine Erbitterung über die Zerrissenheit des Vaterlandes wendet sich, oft mit Rousseauschen Akzenten, gegen die Sieger im Bauernkrieg, gegen die Nutznießer der Reformation, gegen die Fürsten, gegen die an den deutschen Höfen betriebene Politik, Moral, Kultur und Zivilisation. Daß diese Kritik ‹von unten› bei·Goethe zu einer Verteidigung der Adelsdemokratie der Götz, Sickingen usw. wird, trübt die Perspektive, macht sie verworren, idealisiert den reaktionären Helden seiner Jugend, den Marx einen ‹miserablen Kerl› genannt hat. Aber aus diesem plebejisch-Rousseauschen Haß entsteht ein unerbittlich wahrhaftiges Bild der oberen Welt, der Welt der kleinen Höfe: ihrer Hohlheit und Verdorbenheit, ihres kleinlichen Egoismus, ihrer Vernichtung der besten Kräfte des Deutschtums. Und wenn das positive Gegenbild, das gesunde Unten, politisch falsch im Kleinadel versinnbildlicht wird, so sind die meisten schönen und echten Züge dieses Gegenbilds die bürgerlich-plebejische Schlichtheit und Ehrlichkeit, die Auflehnung gegen die Pseudokultur der Höfe. In dieser Hinsicht vermittelt der ‹Götz› zwischen Lessings ‹Emilia Galotti› und Schillers ‹Kabale und Liebe›, so fern dem jungen Goethe auch das Anklagepathos beider steht.

Götzens Raubrittertum ist für den jungen Goethe nur Symbol, Ausdruck für das ungezähmte, durch nichts gehemmte Freiheitsbedürfnis des neuen Menschen, der sich auf sich selbst besinnenden ideologischen Vorhut der bürgerlichen Gesellschaft in Deutschland. Die Unentwickeltheit der sozialen und politischen Differenzierung – ‹man kann weder von Ständen noch von Klassen sprechen, sondern höchstens von gewesenen Ständen und ungeborenen Klassen›, sagt Marx – hat die Isoliertheit, das Auf-sich-selbst-Angewiesensein der Ideologen zur Folge. Die Feinde stehen im höfischen Feudalismus klar vor ihnen. Als bürgerliche Revolutionäre wollen sie das Spießertum der entstehenden bürgerlichen Klasse ausrotten. Aber die Masse der Intellektuellen ist teils höfisch verseucht, teils versunken im wurzellosen Epigonentum einer verflachten Aufklärung (auch eine Anpassung an das Spießertum). So entsteht das Ideal des ‹Selbsthelfers›. Und die dichterische Genialität des jungen Goethe zeigt sich darin und bringt einen ‹Sieg des Realismus› darin hervor, daß er trotz dieser lyrischen Befangenheit für seinen Helden, trotz der Idealisierung seiner Gestalt nicht nur die Niederlage, sondern auch deren Notwendigkeit klar sieht, daß er – gegen seine Befangenheit – ihre sozialhistorischen Bestimmungen dichterisch aufdeckt. Mag er die Auflehnung des Götz und ihren Ausgang subjektiv wie immer bewerten, ihre Gestaltung ist lebenswahr und historisch echt. Darum konnte Marx bei aller scharfen Ablehnung der Götz-Gestalt sich zu dem Goetheschen Werk bejahend verhalten. Die Idee des ‹Selbsthelfers› ist im ‹Faust› noch breiter und tiefer angelegt. Schon die Sage ergibt für Goethe die Notwendigkeit, die Universalität der Fragestellung zu übernehmen. Insofern ist sicherlich die späte Erinnerung Goethes richtig, daß die Gestaltung sowohl der ‹großen› wie der ‹kleinen Welt›, des öffentlichen wie des individuellen Lebens, von vornherein beabsichtigt gewesen war. Und wie die spätere Ausführung (Akt I und IV des zweiten Teils) zeigt, konnte die ‹große Welt› im ‹Faust› keine andere sein als jene, die in dem höfischen Leben im ‹Götz› geschildert wurde. Ihre Ablehnung ist auch fünfzig bis sechzig Jahre später nicht weniger entschieden geworden, nur die Illusionen über die ritterlichen ‹Selbsthelfer› sind spurlos verschwunden: die Ritter erscheinen hier ebenso als eine Auflösungserscheinung wie die Höfe, die Kirche usw.

Diese Erkenntnis ist aber das Produkt einer langen Entwicklung. Die Anspielungen auf die ‹große Welt› im ‹Urfaust›, im Fragment des ‹Ewigen Juden› zeigen, daß ein Universalismus in der Darstellung des deutschen 16. Jahrhunderts, der Zeit der Geburtswehen und des Abortus eines neuen Deutschland, damals nur eine verbreiterte Dublette des Götz-Hintergrunds hätte ergeben können. Der Faust des ersten Fragments hätte an dieser Welt ebenso scheitern müssen wie Götz, wie Werther an dem aus diesen Wirren entstandenen Deutschland zugrunde gingen.

Das ist freilich noch kein hinreichender Grund, daß der ‹Faust› des jungen Goethe unbedingt Fragment bleiben mußte. Es gibt keinen dokumentarischen Beweis dafür, daß die erste Konzeption des ‹Faust› nicht tragisch war, freilich auch keinen für das Gegenteil. Die Gemeinsamkeit des historischen Hintergrunds zwischen ‹Götz› und ‹Faust› äußert sich in den unmittelbar thematischen Konsequenzen nur streckenweise, hat aber doch Folgen für die beiden Jugendwerken gemeinsame tragische Atmosphäre. Im ‹Faust› sind allerdings Probleme von einer ganz anderen Weite und Tiefe aufgeworfen, und die Unlösbarkeit (beziehungsweise die bloß tragische Lösbarkeit) der gemeinsamen sozial-historischen Fragen erschöpft noch lange nicht jene Komplexe, die Goethe radikal umdenken, umempfinden mußte, um zum eigentlichen ‹Faust›-Kern zu gelangen.

Die Frage der erkennenden Beziehung zur Natur, die der Erkenntnis überhaupt, die des Verhältnisses von Erkennen zur Praxis (alle drei Fragen bilden letzthin nur eine) stehen hier im Vordergrund. Schon die Sage hat alle diese Probleme aufgeworfen, jedoch in einer verzerrten Form. Nicht zufällig. Denn alle Überlieferungen der Faustsage stammen ‹aus Feindesland›: es sind Lutheraner, begeisterte Anhänger der Reformation, die die Renaissancelegende – die tragischen Konflikte der schrankenlosen Forderungen des aus dem Mittelalter befreiten Menschen nach Allwissenheit, nach unbeschränkter Aktivität, nach unbegrenztem Genuß des Lebens – vom Standpunkt der religiösen Sündhaftigkeit solcher Bestrebungen behandelten, die aus dem tragischen Helden der Renaissance ein abschreckendes Beispiel modelten.

Natürlich schimmert die ursprüngliche Größe und Tiefe der Renaissancesage auch aus diesen Verzerrungen hervor; natürlich hat ein großer Dichter wie Marlowe sehr früh den Versuch gemacht, den Geist des wahren Ursprungs zu beleben. Doch war dieser Versuch einer Wiederherstellung der ursprünglichen Tiefe der Sage dichterisch und denkerisch nicht gewaltig genug; er blieb zu oft in äußerlichen, zauberhaften, scharlatanhaften, großsprecherischen magisch-mystischen Zügen der Bearbeitung stecken, so daß seine Gegenwirkung nicht durchschlagend und dauerhaft sein konnte.

Die großen deutschen Aufklärer Lessing und Goethe kannten Marlowe überhaupt nicht und traten an die Faustsage selbständig heran, um ihren echten Gehalt vom Geist der Aufklärung her zu retten. Diese Art der Erneuerung war durchaus organisch und berechtigt. Denn die Aufklärung ist wirklich der legitime Erbe der Renaissance. Dieser Versuch mußte aber zugleich eine radikale Umgestaltung der Grundkonzeption mit sich bringen, da infolge der mehr als zweihundertjährigen Entwicklung alle wichtige Probleme der Faustsage (die der schöpferischen Individualität, die von Gut und Böse, von Erkenntnis und Leben usw.) inzwischen ganz anders gestellt wurden.

Lessings Plan bedeutet eine radikale Änderung der Sage im Sinne der Blüte der Aufklärung: die Versuchung zum Bösen versinkt zu einem bloßen Schein; Fausts Abenteuer mit dem Teufel, sein Bündnis mit ihm ist ein bloßer Traum; die Beziehung der Erkenntnis zum Leben ist letztlich unproblematisch.

Der junge Goethe steht viel unmittelbarer zu der Sage. Aber indem er hier weniger kritisch im Sinne der Aufklärung ist als Lessing, hat er zugleich – freilich nur im Keim – eine andere, tiefere Beziehung zum Bösen und dessen widerspruchsvoller Rolle in der Geschichte der Menschheit. In diesem Zwiespalt spiegelt sich die Entwicklung der deutschen Aufklärung. Beim jungen Goethe und bei Herder entstehen aus bestimmten Auflösungstendenzen der Aufklärung, unter den spezifischen Bedingungen Deutschlands, die ersten Übergänge zur idealistischen Dialektik. Diese Vorwärtsbewegung des bürgerlichen Denkens zu ihrem letzten Gipfelpunkt erscheint zuweilen unter sehr rückläufigen (oft freilich zwiespältigen, nur rückläufig scheinenden) Umständen. Die immer stärker aufdämmernde Erkenntnis vom Widerspruch als Grundlage des Lebens und der Erkenntnis steht hier im Mittelpunkt. Hier ist nicht der Ort, die Geschichte dieser Anfänge der Dialektik in Deutschland auch nur andeutungsweise zu analysieren; wir müssen uns auf ein paar Hinweise beschränken. Da ist vor allem die Hamannsche Erneuerung der *coincidentia oppositorum* (der Einheit des Widersprüchlichen), die Hamann und der junge Goethe von Giordano Bruno zu übernehmen meinen; da ist der unterirdische Einfluß von Vico, bei dessen erster Lektüre in Italien Goethe an Hamann erinnert wird, obwohl dieser in jeder Hinsicht nur ein abgeschwächter Nachklang des großen Italieners ist; da ist die – als solche nicht bewußte – Dialektik der großen Aufklärer selbst, vor allem die Rousseaus; da ist der Einfluß Spinozas, der selbst ebenfalls in der Richtung der Dialektik wirkt. Alle diese Gedankenströme beeinflussen die Weltanschauung des jungen Goethe aufs tiefste.

So tritt die deutsche Aufklärung mit Hamann, Herder und vor allem mit Goethe in eine neue, widerspruchsvoll höhere Entwicklungsphase. Die Entdeckung, daß der Widerspruch das Zentrum von Leben und Erkenntnis ist, ist untrennbar verbunden mit der Historisierung des ganzen Lebensprozesses. Die Entwicklung in Natur und Gesellschaft wird zum Zentralproblem, und mit ihm nehmen die Deutschen führenden Anteil an jener Umgestaltung der Philosophie, die in Hegel gipfelt, an der Schaffung einer neuen Geschichtswissenschaft. Diese ist freilich teilweise eine Fortsetzung und Weiterbildung von Aufklärungstendenzen (Montesquieu, Gibbon usw.), teilweise bildet sie aber den Historismus als universelle Weltanschauung heraus. Darin geht nun diese Bewegung weiter als die Aufklärung, sie verwertet Erkenntnisse der international heranwachsenden Revolution in den Naturwissenschaften, nützt das Entstehen der Entwicklungslehre in der Biologie aus usw.

Alle diese Tendenzen leben im jungen Goethe vorerst freilich bloß intuitiv-verworren. Ihre gefühlsmäßig festgehaltene Totalität bestimmt Goethes Stellung zur Faustsage. Sie führen das Faustthema zu ganz anderen Tiefen und Höhen, als dies im ‹Götz› möglich war, verknüpfen es jedoch ebenso stark mit der Zeit, sowohl mit der der Sage wie mit der Goethes. Die Beschäftigung des jungen Goethe mit Gottfried Arnolds Ketzergeschichte, mit Paracelsus, Helmont usw. bildet ideenmäßig ebenso den Ausgangspunkt für die Aufnahme des Faustthemas, wie die Selbstbiographie Götz von Berlichingens das Götzdrama hervorgerufen hat.

So steht der junge Goethe der ursprünglichen Sage viel näher als Lessing, und zwar nicht nur in einer dichterisch viel innigeren Anlehnung an deren Handlungsmomente, sondern vor allem in der Erneuerung des Renaissancegeistes, des ursprünglichen, von den lutheranischen Bearbeitungen verschütteten Ideengehalts. Aber diese Erneuerung erfolgt aus dem Geist der deutschen Aufklärung, aus den Bestrebungen jener Epoche des Übergangs zum dialektischen Denken, über die wir soeben gesprochen haben. Das bewußte Herausbilden dieser neuen Weltanschauung ist die Grundlage der lebenslangen Arbeit Goethes am ‹Faust›; seine Etappen bestimmen Gehalt und Form der verschiedenen Entwicklungsphasen des Gedichtes. Dabei ist es charakteristisch, daß die philosophische Entwicklung Goethes für den Übergang die entscheidende Rolle in diesem Umwandlungsprozeß spielt; das Umdenken des historisch-sozialen Komplexes bildet nur einen Teil dieser Arbeit.

Wir werden die Ergebnisse dieser Lebensarbeit Goethes an den wichtigsten Problemkomplexen, Gestalten usw. eingehend untersuchen müssen. Hier greifen wir nur – vorwegnehmend und mit bewußter Einseitigkeit – jene einzelnen Momente heraus, die geeignet sind, die wichtigsten Wendepunkte im Wachstum der Dichtung zu beleuchten.

Das ist vor allem das Erkenntnisproblem: die Erdgeist-Szene, die den philosophischen Hauptinhalt des ‹Urfaust› ausmacht. Das entstehende Streben zum dialektischen Denken stößt hier vorerst schroff, vermittlungslos mit der metaphysischen Denkweise zusammen. Das gefühlsmäßige Aufdämmern der neuen Denkmethode führt beim jungen Goethe zu einer bedingungslosen Ablehnung alles schulmäßigen, scholastisch-metaphysischen Denkens. In dieser Opposition nähert sich der junge Goethe sehr der Ablehnung des damaligen schulmäßigen Denkens durch die ersten Naturphilosophen der Renaissancezeit. Er kann also die tiefsten Konflikte seiner eigenen gedanklichen Entwicklung seinem Renaissancehelden ohne historische Verfälschung in den Mund legen. Goethe ist damals noch weit entfernt von der späteren innigen Verknüpfung des Verstandes mit der Vernunft, von der Einordnung des intuitiven Wissens in den Gesamtprozeß des Erkennens, von einem richtigen Verständnis für die unaufhebbare Notwendigkeit der Reflexion und ihrer Kategorien bei gleichzeitiger Unvermeidlichkeit ihrer Überwindung. Darum stellt der junge Goethe – wie Hamann, Jacobi, Lavater und andere Jugendgenossen – intuitives Wissen und zergliedernde Reflexion einander schroff ausschließend gegenüber. Für seinen noch überwiegend gefühlsmäßigen Standpunkt bedeutet die Ahnung der Dialektik: ein intuitives Erfassen der bewegenden und bewegten Einheit der Welt bei unbedingtem Verwerfen der trennenden Bestimmungen des Verstandes und in polarem Gegensatz zu ihnen. Während aber Hamann und mit ihm die meisten Zeitgenossen des jungen Goethe aus dieser Intuitionslehre, die sie auf dieser Stufe erstarren ließen, zu reaktionären Konsequenzen getrieben wurden, sucht Goethe den Weg zu einer wirklichen Erkenntnis der bewegten Widersprüchlichkeit des Lebens. Es ist aus ‹Dichtung und Wahrheit› zu ersehen, daß dieses Suchen und das mit ihm notwendig verknüpfte Verwerfen der zeitgenössischen Wissenschaft den wichtigsten Punkt der Anknüpfung an die Faustsage gebildet haben. Doch schon in diesem frühen Stadium kann man die kritische Besonnenheit des jungen Goethe beobachten. Sein Faust geht diesen Weg viel radikaler zu Ende als Goethe selbst. Aus diesem Radikalismus entsteht die Tragik der Erdgeist-Szene. Die Sehnsucht Fausts ist die gleiche wie die des jungen Goethe: eine Philosophie der Natur, die zu einem vollständigen Mitleben mit der Bewegtheit der Natur führt, eine Philosophie, die über das bloß Kontemplative, Tot-Objektive, aus der Unverbundenheit der Naturerkenntnis mit der menschlichen Praxis hinausführt. Darum sagt Faust nach der berauschenden Erkenntnis der makrokosmischen Zusammenhänge im Sinn der Naturphilosophie der Renaissance voll tiefer Enttäuschung:

> Welch Schauspiel! Aber ach! ein Schauspiel nur!
> Wo faß ich dich, unendliche Natur?

In der Sehnsucht, zu dieser Erkenntnis zu gelangen, beschwört Faust den Erdgeist. Aber hier öffnet sich der tragische Abgrund. Umsonst fühlt sich Faust dem von ihm zitierten Erdgeist unendlich nah, dieser zerschmettert ihn mit den Worten:

> Du gleichst dem Geist, den du begreifst,
> Nicht mir!

So weht ein tragischer Geist im ‹Urfaust› ebenso wie im ‹Götz›. Es ist — worüber wir später ausführlich sprechen werden — kein Zufall, daß die jugendliche Gestaltung des tragischen Konflikts zwischen Mann und Frau in der Gretchen-Tragödie hier die dissonanteste, die zerreißendste Form erhalten hat. Sie beherrscht die erste Fassung des Fragments, den ‹Urfaust›. Und ihre Gestaltung ist, wenn wir die Liebestragödie unmittelbar, an sich betrachten, schon hier vollständig. Was später hinzugefügt worden ist, ordnet nur diese Tragödie in die großen geschichtsphilosophischen Zusammenhänge der Weltanschauung des reifen Goethe ein. Ohne diese Zusammenhänge muß sie aber ein düster-tragisches Kolorit haben. Es ist nur konsequent, daß im ‹Urfaust› am Schluß über Gretchen nur die Worte des Mephistopheles ‹Sie ist gerichtet!› erklingen; die Antwort von oben — ‹Ist gerettet!› — steht erst in der endgültigen Fassung von 1808.

Zwischen der Wiederaufnahme der Arbeit am ‹Faust›, die zum Fragment von 1790 führt, liegen das Weimarer Ministertum Goethes und seine Flucht nach Italien. Der Versuch Goethes, seine Weltanschauung in politische Aktivität umzusetzen, ist gescheitert und hat zu einer tiefen Enttäuschung geführt; freilich, wie dies bei Goethe selbstverständlich, zugleich zu einer großen Bereicherung seiner Erfahrungen, seines historisch-sozialen Horizonts, deren bewußte Konsequenzen sich jedoch erst viel später zeigen. Die Weimarer Zeit ist aber zugleich die seiner Wendung zur systematischen Beschäftigung mit den Naturwissenschaften, der Überwindung des gefühlsmäßigen Intuitismus der Jugendzeit. Diese Beschäftigung geht vorerst von praktischen Bedürfnissen aus, führt jedoch schon in Weimar und Italien zu wichtigen Entdeckungen auf dem Gebiet der neuen Naturlehre, zu der Auffassung der Natur als einheitlichem Entwicklungsprozeß (Entdeckung des menschlichen Zwischenkieferknochens, Urpflanze usw.).

Obwohl sich diese großartigen Anfänge seiner endgültigen Weltanschauung bereits in der Weimarer Zeit herauszubilden begannen, ist der italienische Aufenthalt für Goethe vor allem eine Restaurierung, eine Konsolidierung der eigenen Persönlichkeit, seine Wiederherstellung als Dichter, sein Wiederanknüpfen an die vielfach unterbrochene schöpferische Produktion. Es ist darum keineswegs zufällig, daß in Italien das produktive Hauptgewicht nicht auf einem neuen Schaffen liegt, sondern auf dem Zuendeführen alter, in und sogar vor der Weimarer Zeit begonnener Fragmente: ‹Iphigenie›, ‹Egmont›, ‹Tasso› und ‹Faust›.

Von allen diesen Werken ist nur der ‹Faust› nicht zu Ende geführt worden. Wiederum nicht zufällig. Die Arbeit am Jugendfragment zeigt eine radikale weltanschauliche Wendung, jedoch noch nicht die Fähigkeit, diese wirklich zu Ende führen zu können. Die Szene ‹Wald und Höhle› sowie das erste Fragment des Dialogs zwischen Faust und Mephistopheles lassen bereits ganz klar die Richtung erraten, in die jene Wendung geht: das spätere Weltgedicht beginnt seine Konturen zu erhalten, der ‹Faust›-Entwurf beginnt über die reine Tragik des ‹Urfaust› hinauszuwachsen. Das ist, wie wir später sehen werden, kein oberflächliches Leugnen der Tragik. Goethes Lebenswerk enthält zumindest ebenso viele und tiefe Tragödien wie das anderer großer Dichter. (‹Egmont› und ‹Tasso› erhalten ja gerade in dieser Zeit ihre endgültige Form.) Aber das Tragische ist für Goethe nicht mehr ein letztes Prinzip; er sieht eine Weltentwicklung, die durch einzelne Tragödien siegreich hindurchgeht.

Diese Wendung äußert sich am klarsten in der neuen Szene ‹Wald und Höhle›. (Dabei ist es für den Übergangszustand, in dem sich Goethe damals befindet, sehr charakteristisch, daß diese entscheidende Szene der Gretchen-Tragödie im Fragment von 1790 noch einen rein zufälligen, den psychologischen Ablauf der Tragödie störenden Platz erhält; erst 1808 erscheint sie, ohne Änderung, aber an richtiger Stelle, als weltanschaulicher und menschlich-dramatischer Wendepunkt.) Hier hat uns nur die rein weltanschauliche Seite zu beschäftigen. Faust flüchtet in die Natur und findet nun eine ganz andere Ant-

wort auf seine Frage an den Erdgeist. Fausts Worte spiegeln die neue Naturauffassung Goethes, die er in Weimar erworben, in Italien weitergebildet und vertieft hat. Diese Worte beziehen sich unmittelbar auf den Erdgeist, sind eine unmittelbare philosophische und poetische Fortsetzung und Überwindung der ersten tragischen Begegnung im ‹Urfaust›:

> Erhabner Geist, du gabst mir, gabst mir alles,
> Worum ich bat. Du hast mir nicht umsonst
> Dein Angesicht im Feuer zugewendet.
> Gabst mir die herrliche Natur zum Königreich,
> Kraft, sie zu fühlen, zu genießen. Nicht
> Kalt staunenden Besuch erlaubst du nur,
> Vergönnest mir, in ihre tiefe Brust,
> Wie in den Busen eines Freunds, zu schauen.

Damit ist der erste Schritt in der Richtung zur Umwandlung des ‹Faust› zu jenem Weltgedicht getan, das jetzt vor uns liegt. Aber in Italien und in der unmittelbar folgenden Weimarer Zeit war Goethe noch lange nicht in der Lage,
alle Folgerungen aus seinem neuen Weltgefühl zu ziehen, es auf alle Erscheinungen der Natur und des Menschenlebens poetisch und philosophisch anzu-
wenden. Dazu war einerseits das Erlebnis der politischen Umwälzung in Europa
vom Ausbruch der Französischen Revolution bis zum Sturz Napoleons notwendig, anderseits der bewußte Anschluß an die entstehende neue dialektische
Philosophie in Deutschland.

Nach der Rückkehr aus Italien geht Goethe scheinbar sowohl politisch wie
philosophisch einen entgegengesetzten Weg. Er ist entsetzt, im wörtlichen
Sinne außer sich, über die Französische Revolution; er betont, überbetont sogar
oft den reinen empirischen Charakter seiner Naturforschung, er will sich von
jedem Einfluß der philosophischen Verallgemeinerung fernhalten. Es ist verständlich, daß in diesem Übergangsstadium das Weltgedicht ‹Faust› nicht vollendet werden konnte: das Fragment von 1790 ist in bestimmtem Sinn noch
fragmentarischer als der ‹Urfaust›. Es enthält, wie gezeigt wurde, einzelne
wichtige Szenen, die in die Richtung der Weiterentwicklung weisen, ohne daß
es Goethe gelungen wäre, die philosophische und poetische Bedeutung dieser
neuen Momente in ihren Konsequenzen zu zeigen. Anderseits läßt er, im Gefühl der beginnenden Überwindung der reinen Tragik des ‹Urfaust›, die Schlußszenen der Gretchen-Tragödie weg; das Fragment schließt mitten in der Gretchen-Tragödie, ohne ihr einen dichterisch-organischen Abschluß zu geben.

Die Wirklichkeit hat sehr bald gezeigt, daß die oberflächlichen Symptome, in
denen sich die neue Entwicklungsetappe Goethes äußert, nur einen Schein darstellen und die entscheidenden, vorerst unterirdischen Ströme verdecken. Über
den Wandel der Stellung Goethes zur Französischen Revolution können wir
hier nicht ausführlich sprechen; wir müssen uns wiederum auf die Hervorhebung einiger ausschlaggebender Momente beschränken. Dabei ist es vor allem

wichtig, daß die erste große Erschütterung Goethes nicht von der Französischen Revolution selbst, sondern von dem Halsbandskandal (1785) ausging, der Goethe die tiefe Korruption der französischen herrschenden Oberschicht, das Unterwühltsein des ganzen Regimes enthüllte. Es ist allgemein bekannt, daß Goethe sich zu den plebejischen Tendenzen in der Französischen Revolution ablehnend verhielt. Es ist aber ebenfalls bekannt, wie er bereits bei der Kanonade von Valmy (1792) deutlich wahrgenommen hat, daß hier eine neue Epoche der Weltgeschichte begann. Und einige Jahre später fängt er an, die aus der Französischen Revolution hervorgehende neue bürgerliche Gesellschaft und ihren Staat mit wachsender Sympathie anzusehen, die ihren Gipfelpunkt in der Verehrung Napoleons, in der Parteinahme für ihn und gegen das Deutschland seiner Zeit erreichte. Goethes Ablehnung bezieht sich also nur auf die plebejischen Methoden bei der Durchführung der Revolution, auf bestimmte plebejische Forderungen; den wesentlichen sozialen Inhalt der Französischen Revolution hat er jedoch in steigendem Maße bejaht. Charakteristisch ist, was Goethe (in einem später weggelassenen Bruchstück) den Mephistopheles sagen läßt:

> Bestünde nur die Weisheit mit der Jugend
> Und Republiken ohne Tugend,
> So wär die Welt dem höchsten Ziele nah.

(Daß hier unter ‹Tugend› die Robespierresche Phase der Revolution zu verstehen ist, bedarf wohl keines Kommentars.)

Die antiphilosophischen Tendenzen Goethes nach der italienischen Reise sind noch mehr nur ein Schein. Sehr bald, in der Freundschaft mit Schiller, beginnt für Goethe eine Periode intensiver Auseinandersetzung mit der klassischen deutschen Philosophie in ihrer entscheidenden Entwicklungsperiode: zur Zeit des Auftretens Fichtes und des jungen Schelling, der Entstehungszeit von Schillers ästhetischen Schriften; zur Zeit des beginnenden Übergangs der deutschen Philosophie vom subjektiven Idealismus Kants und Fichtes zum objektiven Idealismus Schellings und Hegels; zur Zeit der Herausbildung der idealistischen Dialektik. Goethe schließt sich niemals irgendeiner Strömung dieser Philosophie vollständig an, er hat aber eine tiefe Sympathie mit den naturphilosophischen Bestrebungen des jungen Schelling und zeigt später in seinem Denken weitgehende Parallelen mit der objektiven Dialektik Hegels. Wie sehr die antiphilosophischen Tendenzen der Zeit nach der Italienreise Oberflächenerscheinungen, bloßer Schein gewesen sind, zeigt am klarsten die literarische Wirkung des ‹Faust›-Fragments von 1790. Es wurde in literarischen Kreisen ziemlich kühl aufgenommen: der bedeutende Philologe Heyne, Wieland, Schillers Jugendfreund Huber und auch Schiller selbst in seiner vorphilosophischen Periode äußerten sich kritisch und zurückhaltend. Dagegen haben alle bedeutenden Vertreter der klassischen deutschen Philosophie, Fichte, Schelling und Hegel, das Fragment enthusiastisch aufgenommen und seine Bedeutung als

Weltgedicht sofort erkannt. Und diese Wirkung blieb keineswegs auf die führenden Spitzen der philosophischen Umwälzung beschränkt, sie durchdrang vielmehr die ganze jugendliche Anhängerschaft dieser Bewegung. Als Goethe 1806 ein Gespräch mit dem Historiker Luden hatte, erzählte ihm dieser von der Stimmung der philosophischen Jugend in seiner Studienzeit angesichts des ‹Faust›-Fragments. Die Schüler Fichtes und Schellings hätten so gesprochen:

‹In dieser Tragödie, wenn sie einst vollendet erscheine, werde der Geist der ganzen Weltgeschichte dargestellt sein; sie werde ein wahres Abbild des Lebens der Menschheit sein, Vergangenheit, Gegenwart und Zukunft umfassend. In Faust sei die Menschheit idealisiert; er sei der Repräsentant der Menschheit.›

Sie nannten das ‹Faust›-Fragment mit Anspielung auf Dante eine *divina tragœdia*.

In diesem Widerhall der Tragödie bei den Trägern der philosophischen Bewegung ist das Zusammentreffen mit der Entwicklung Goethes selbst, wie sie soeben von uns skizziert wurde, deutlich wahrnehmbar. Wenn Goethe sich nunmehr bewußt der Philosophie zuwendet, so muß wiederholt werden, daß er sich keinem der entstehenden Systeme bedingungslos anschloß, wohl aber sich von dem Gesamtprozeß der neuen objektiven Dialektik befruchten ließ. Es ist kein Zufall, daß dieser Übergang zugleich den endgültigen Bruch mit seinen Jugendtendenzen und ihren gedanklichen und literarischen Repräsentanten mit sich bringt, vor allem mit Herder. Dieser Bruch bezieht sich aber nur auf bestimmte spezifische Tendenzen der Spätphase der deutschen Aufklärung. Mit der Ideologie der Aufklärer selbst hat Goethe nie gebrochen. Seine Philosophie ist ein Hinüberwachsen des aufklärerischen Denkens in die Dialektik mit einem viel unversehrter bewahrten Aufklärungserbe, als man es sogar bei Hegel beobachten kann: ein radikaler Bruch, wie bei Schelling, liegt bei Goethe vollständig fern.

So ist er eine lebendige Brücke, das Organ eines persönlichen Hinüberleitens der Ideologie des achtzehnten Jahrhunderts in die des neunzehnten. Darin liegt die Einzigartigkeit seiner weltanschaulichen Position: die Überlieferung von Montesquieu und Voltaire, von Diderot und Rousseau stirbt in ihm nie ab (Tendenzen zum Materialismus inbegriffen), aber seine Endentwicklung reicht hinüber bis zu Hegel und Balzac und streift zuweilen auch die Gedankenkreise der Utopisten.

Das Bewußtsein dieser philosophischen Umwälzung bildet die ideologische Grundlage zur Vollendung des ersten Teils von ‹Faust› (1806, veröffentlicht 1808). Was im Fragment nur angedeutet war, ist hier zur gestalteten Wirklichkeit geworden. Goethe führt die ersten großen Gespräche zwischen Faust und Mephistopheles aus und rückt damit die Rolle des Mephistopheles in der Gretchen-Tragödie erst in die richtige Beleuchtung: die Gretchen-Tragödie hört auf, Mittelpunkt zu sein, sie wird zu einer entscheidenden tragischen Etappe auf dem Lebensweg Fausts, auf dem Entwicklungsweg der Menschheit. Auch der ‹Prolog im Himmel›, mit dem der große Kampf zwischen Gut und Böse über das Schicksal eines einzelnen Menschen hinausgehoben wird, entsteht erst in dieser Periode. ‹Faust› wird erst jetzt ausgesprochen zum Weltgedicht; die unbedingte Notwendigkeit eines abschließenden zweiten Teils, sowohl in weltanschaulich-inhaltlicher wie in künstlerischer Hinsicht, entspringt erst aus dieser Auffassung und Bearbeitung des ersten Teils.

Und tatsächlich wird schon jetzt die Arbeit am zweiten Teil begonnen. (Hauptsächlich arbeitet Goethe an der Helena-Episode, wahrscheinlich ist aber auch manches andere in dieser Zeit entstanden.) Trotzdem folgt vor der Ausarbeitung des zweiten Teils wieder eine große Pause. Erst um 1816 beginnt die neue ernste Arbeit der detaillierten Komposition und der wirklichen Ausführung, die jedoch erst in den allerletzten Lebensjahren Goethes zum Abschluß gelangt. Dabei ist es durchaus kein Zufall, daß jene Teile des Gedichts, die sich politisch, sozial und historisch mit der Welt des ‹Götz› berühren (I. und IV. Akt des zweiten Teils), am allerspätesten ihre endgültige Fassung erhalten haben. Hier hatte Goethe die schwersten inneren Kämpfe zu bestehen, um seine Anschauungen über die Geschichte endgültig zu klären. Der Schluß des Ganzen stand schon lange klar vor seinen Augen und war im wesentlichen viel früher fertig, ebenso der Umweg Fausts über die Erneuerung der Antike.

Der alte Goethe formuliert den Sinn der Aktion des zweiten Teils als ‹Tatengenuß und Schöpfungsgenuß› im Gegensatz zum ‹Lebensgenuß› des ersten Teils. Um aber die beiden ersten gedanklich und dichterisch klar zu fassen, war eine endgültige Ansicht über die ganze Geschichtsperiode von der Französischen Revolution bis zur Restauration, eine Perspektive der Konsequenzen der kapitalistischen Entwicklung notwendig. Denn erst von hier aus konnte die Geschichtsauffassung der Jugendzeit, die ihren dichterischen Ausdruck im ‹Götz von Berlichingen› erhielt, endgültig überwunden werden. Die politisch-sozialen Elemente des zweiten Teils des ‹Faust› stellen, wie wiederholt gesagt wurde, dieselbe Welt dar wie das Jugendwerk. Aber Geschichtsauffassung und -perspektive sind vollständig anders geworden. Und dementsprechend führt die Darstellung dieses Geschichtsbildes über den engen, spezifisch deutschen Rahmen hinaus, allerdings ohne seinen spezifisch deutschen Charakter aufzuheben: Goethe kritisiert hier nicht mehr nur die besonderen Verfallserscheinungen des deutschen Feudalismus, sondern gibt ein tiefes und umfassendes Bild vom Verfall des Feudalismus, von seinem Verfaulen im höfischen Leben, und zeigt zugleich jene Kräfte auf, die ihn wirklich in die Luft sprengen: die Entwicklung der Produktivkräfte durch den Kapitalismus. Darum kann Goethe zu Eckermann mit Recht sagen, daß die Grundkonzeption auch des zweiten Teils sehr alt sei. ‹Aber›, fügt er hinzu, ‹daß ich ihn jetzt (1829) schreibe, nachdem ich über die weltlichen Dinge so viel klarer geworden, mag der Sache zugute kommen.›

Das Fragment von 1790 bringt einen Dialog zwischen Faust und Mephistopheles, der mit den folgenden, für die Neufassung des ganzen Werkes programmatischen Worten Fausts beginnt:

> Und was der ganzen Menschheit zugeteilt ist,
> Will ich in meinem innern Selbst genießen,
> Mit meinem Geist das Höchst' und Tiefste greifen,
> Ihr Wohl und Weh auf meinen Busen häufen,
> Und so mein eigen Selbst zu ihrem Selbst erweitern,
> Und, wie sie selbst, am End' auch ich zerscheitern.

Hier ist die spezifische Problemstellung, durch die der ‹Faust› zu einem einzigartigen Weltgedicht wurde, klar ausgesprochen: im Mittelpunkt steht ein Individuum, dessen Erlebnisse, dessen Schicksal und Entwicklung zugleich den Fortgang und das Geschick der ganzen Gattung darstellen sollen.

Dies bedarf noch einer bestimmten Konkretisierung. Denn jede echte und tief typisch gestaltete Figur der Dichtung reicht bis an die Probleme der ganzen Menschheit. Aber sie tut es gewissermaßen nur mit einer Seite ihres Wesens, nur als Ausdruck ihrer höchsten dichterischen Entfaltung, nur als horizontartige Verallgemeinerung des ganzen Werkes. Um ein wirklich gestalteter Mensch zu sein, muß jede Figur der Literatur gerade spezifisch, besonders sein, darf die Allgemeinheit nur durchschimmern lassen. Anderseits: jedes pedantische enzyklopädische Streben nach Abbildung der ganzen Welt, des ganzen Weltprozesses zerstört die poetische Lebendigkeit der Gestalten und Situationen. Das geschieht sogar bei einem so großen Dichter wie Milton, und erst recht bei Klopstock. Dante jedoch gestaltet die Einheit des Prozesses, die Hierarchie oder objektive Wirklichkeit nur in den subjektiven Stimmungen und Reflexionen der Ich-Gestalt und ihrer Führer, Vergils und Beatrices: der lebendige Reichtum, die menschliche Bewegtheit, die innere Dramatik der dargestellten Welt kommen in den vielen hunderten an Dante vorüberziehenden konkreten Einzelgestalten zum Ausdruck.

Gegenüber dem Vorwurf einer Faust-Tragödie rücken – bei allen säkular bedingten Gegensätzen – ‹göttliche› und ‹menschliche Komödie› zusammen. Die Odyssee Fausts von der Unseligkeit zur Erlösung soll nämlich, so wie sie ist, eine Abbreviatur der Menschheitsentwicklung selbst sein, ohne dabei die Individualität, die historische und menschliche Konkretheit des Helden aufzuheben, ohne die einzelnen Etappen seines Weges zu einer gedanklich abstrakten Allgemeinheit zu verflüchtigen.

Diese Konzeption hebt den ‹Faust› aus der Reihe der andern großen epischen und dramatischen Meisterwerke heraus und macht aus ihm eine ‹inkommensurable Produktion›. Aber – in scheinbar paradoxer, tatsächlich sehr natürlicher Weise – gelangen wir erst von hier zum Verständnis der verborgenen Zusammenhänge seiner Komposition, können wir erst von hier aus die historischen Wurzeln der Dichtung aufdecken.

Goethes ‹Faust› und Hegels ‹Phänomenologie des Geistes› gehören als die größten künstlerischen und gedanklichen Leistungen der klassischen Periode in Deutschland zusammen. (Es ist interessant zu bemerken, daß die ‹Phänomenologie› fast gleichzeitig, 1807, mit dem ersten Teil des ‹Faust› vollendet wurde.) Engels charakterisiert die für uns hier wesentliche methodologische Seite von Hegels Werk als eine ‹Parallele der Embryologie und Paläontologie des Geistes›, als eine ‹Entwicklung des individuellen Bewußtseins durch seine verschiedenen Stufen, gefaßt als abgekürzte Reproduktion der Stufen, die das Bewußtsein der Menschen geschichtlich durchgemacht›.

Aber Hegels ‹Phänomenologie› ist nur das prägnanteste, alle Tendenzen der Zeit zusammenfassende, auf das damals erreichbare höchste Niveau gehobene Produkt. Die Strömungen, die hierher führen, sind schon lange vorher sichtbar. Herders ‹Ideen› waren bereits der erste Anlauf dazu, nur mußte Herder an seinem Unverständnis der dialektischen Probleme scheitern. In der idealistischen Dialektik tritt der Gedanke der im Individuum abgekürzt erscheinenden Geschichte keimhaft bereits bei Kant und Fichte auf, Schelling faßt schon den Geschichtsprozeß in Natur und Gesellschaft als eine ‹Odyssee des Geistes› auf, als dessen Heimkehr zu sich selbst, und er betrachtet die einzelnen Stufen, die das philosophische Denken von der Wahrnehmung bis zur adäquaten Erkenntnis der Welt durchläuft, als Epochen.

Alle diese Tendenzen sind aber nur keimhaft, und ihre wirkliche Vollendung, ihre konsequente methodologische Durchführung erhalten sie erst in Hegels ‹Phänomenologie›. Hier kreuzen und durchdringen sich drei zusammenhängende Konzeptionen der Geschichte: erstens die geschichtliche Erhebung des einzelnen Menschen von der einfachen Wahrnehmung der Welt bis zu ihrer vollendeten philosophischen Erkenntnis; zweitens die geschichtliche Erhebung der Menschheit von ihren primitivsten Anfängen bis zur Kulturhöhe der Hegelschen Gegenwart: zur Großen Französischen Revolution, ihrer Überwindung durch Napoleon und jener modernen bürgerlichen Gesellschaft, die sich aus diesem Erdbeben aufrichtet. Und endlich, drittens, wird diese ganze geschichtliche Entwicklung als das Werk des Menschen selbst aufgefaßt: der Mensch schafft sich selbst durch seine Arbeit. Marx hebt als Charakteristikum der Größe dieses Werkes besonders hervor, daß Hegel ‹das Wesen der *Arbeit* faßt und den gegenständlichen Menschen, wahren, weil wirklichen Menschen, als Resultat seiner *eigenen Arbeit* begreift›.

Dieser Prozeß ist nach Marx nur dadurch möglich, daß der Mensch ‹wirklich alle seine *Gattungskräfte* ... herausschafft›. Damit ist auch das Problem des ‹Faust› philosophisch allgemein formuliert. Wie im einzelnen Menschen diese Gattungskräfte entstehen, sich entwickeln, welche Hindernisse sie überwinden, welche Schicksale sie erleiden, wie die naturhaft und historisch-sozial gegebene Welt als von ihm unabhängige Wirklichkeit auf ihn einwirkt und wie sie zugleich das Produkt oder (im Falle der Natur) der Gegenstand seiner sich selbst schaffenden Tätigkeit ist, woher dieser Weg seinen Ausgangspunkt nimmt und wohin er führt – dies ist das Thema des ‹Faust›.

Selbstverständlich ist das Individuum bei Goethe noch mehr als bei Hegel der unmittelbar sichtbare Träger des dargestellten Prozesses. Für Hegel ist das individuelle Bewußtsein ein verkürztes Abbild der Entwicklung des Geschlechts; darum verkörpern sich bei ihm die einzelnen Etappen des Entwicklungsweges in gedanklich prägnant, individuell charakterisierten ‹Gestalten des Bewußtseins›. Soll aber das Gattungsschicksal als eine Abbreviatur im Individuellen erscheinen, dann kann die gedankliche Reihe der 'aufeinanderfolgenden Kategorien und Etappen der verkürzt dargestellten Gattungsentwicklung nicht das objektiv logische Aufeinander und Auseinander der absoluten Philosophie haben. Diese ihre Abfolge muß auseinandergerissen und durch eine andere, neue, durch die Entwicklung des individuellen Bewußtseins bedingte ersetzt werden. Obwohl auf diese Weise für das normale logische Denken eine Willkür zu entstehen scheint, muß die neue Ordnung, die verkürzte Spiegelung des Ganzen (der Gattung) im einzelnen, die Notwendigkeit dieser verzerrt scheinenden Spiegelung in der Verkürzung, aus der eigenen Logik dieser Entwicklung erkannt werden.

Das Verwirrende im Reigen der ‹Gestalten des Bewußtseins› in der ‹Phänomenologie des Geistes›, wo auf den Diderotschen Rameau der Pariser *terreur* folgt, um von Antigone abgelöst zu werden, klärt sich auf, wenn wir ihn von diesem Gesichtspunkt, von der Logik dieser Abbreviatur aus, betrachten und in den einzelnen konkreten Etappen das streng ordnende Prinzip erkennen. So ist auch die Komposition des ‹Faust› aufgebaut. Goethe hat sich stets dagegen gewehrt, daß er im ‹Faust› irgendeine ‹Idee› zu verkörpern versucht habe. Derartige Aussprüche Goethes widersprechen nur scheinbar seiner Abwehr gegen reine Empiriker. Wenn beispielsweise der Historiker Luden jede philosophische Erklärung des Fragments von 1790 ablehnte und wollte, daß man sich nur an das einzelne halte, verwies Goethe dagegen auf die Bestrebungen der Philosophen, den gedanklichen Mittelpunkt seines Werkes aufzudecken. ‹Was aber hat dieses Bedürfnis erzeugt? Doch ohne Zweifel das Fragment selbst. Das einzelne, das Ihnen zu genügen scheint, hat andere nicht befriedigt, und doch haben sie das Büchlein nicht hinweggeworfen, sondern sie haben es festgehalten, oder es von neuem und abermals wieder in die Hand genommen. Es muß also etwas in dem Büchlein sein und durch das Büchlein hindurchgehen, was auf den Mittelpunkt hinweist, auf die Idee, die in allem und jedem hervortritt.› Goethe gibt hier eine deutliche Beschreibung dessen, was er als dichterische Idee anerkennt: einen unsichtbaren Mittelpunkt, in dem sich das Zentralproblem seiner Weltauffassung konzentriert, von wo aus, ohne daß der Mittelpunkt ausdrücklich gestaltet oder gar gedanklich ausgedrückt wäre, der Zusammenhang aller Teile übersichtlich und verständlich wird, die gattungsmäßige Allgemeinheit erlangt, ohne die unmittelbare Sinnlichkeit der Individualisierung zu verlieren.

Diese Komposition Goethes gewinnt ihre innere Wahrheit aus dem – nicht mechanischen, nicht schematischen – Zusammenfallen der Entwicklungsprobleme von Individuum und Gattung. Der Dichter Goethe geht vom Individuum Faust aus, und jeder Schritt, den das Werk macht, muß sich von hier aus bewahrheiten, sonst ist die Einheit der Einzelperson zerrissen. Aber der dialektische Gang innerhalb der einzelnen Entwicklungsstadien, ihre Aufeinanderfolge, die als überflüssig oder selbstverständlich übersprungenen Zwischenetappen, dieser dialektische Gang geht schon über das Individuum hinaus und trägt seine Wahrheit in der historisch-sozialen, in der anthropologischen Entwicklung der Gattung selbst.

Aus dieser zur künstlerisch-organischen Einheit gebrachten dialektischen Zwei-Einheit von Individuum und Gattung entsteht die Phantastik der Handlungskomposition. Die Gesamthandlung bleibt zuweilen beharrend, wo das Individuum ungeduldig an den Kerkerstäben der schlechten Gegenwart rüttelt; sie stürmt mit Siebenmeilenstiefeln, wenn die Entwicklung der Gattung einen Sprung tut. So erleben wir auch im ‹Faust› eine ebenso phantastisch sprunghafte, subjektiv-objektive Zeit und Zeitabfolge wie in der ‹Phänomenologie›. Goethe ist sich dessen auch bewußt. Bei Herausgabe des Helena-Fragments (1826) schreibt er an Wilhelm von Humboldt: ‹Ich habe von Zeit zu Zeit daran fortgearbeitet, aber abgeschlossen konnte das Stück nicht werden als in der Fülle der Zeiten, da es dann jetzt seine volle 3000 Jahre spielt, von Trojas Untergang bis zur Einnahme von Missolunghi. Dies kann man also auch für eine Zeiteinheit rechnen, im höheren Sinne; die Einheit des Orts und der Handlung ist aber auch im gewöhnlichen Sinn aufs genaueste beobachtet.›

Diese Phantastik hat gerade in Goethes Realismus ihre Wurzeln. Goethe übersteigert das Gattungsmäßige nie, er läßt es nie zu einem selbständigen Wesen gegenüber dem Individuum erstarren noch die Besonderheit der Einzelfiguren überdecken. Die Realität der Menschengattung betrachtet Goethe nüchtern und realistisch. Er sagt: ‹Die vernünftige Welt ist als ein großes unsterbliches Individuum zu betrachten, das unaufhaltsam das Notwendige bewirkt und dadurch sich sogar über das Zufällige zum Herrn macht.› Und gerade zur Zeit der Arbeit am ‹Faust› schreibt er an Schiller, daß die Natur ‹deswegen unergründlich ist, weil sie nicht ein Mensch begreifen kann, obgleich die ganze Menschheit sie wohl begreifen könnte›. Die Phantastik des Gattungsmäßigen, die auf dieser weltanschaulichen Grundlage entsteht, dient dazu, ein reales, aber von jeder naturalistischen Kleinlichkeit befreites Milieu zu schaffen, indem aus der phantastischen Situation und aus den durch sie erhobenen individuellen Charakteren sich die Erhebung der Probleme auf die Höhe und Typik des Gattungsmäßigen zwanglos ergibt.

So ist der Gang der dichterischen ‹Phänomenologie› der menschlichen Gattung in Fausts individuellem Bewußtsein und Schicksal frei, bewegt, fern von pedantischer Logik, von pedantischer ‹Komplettheit›, ungebunden und romantisch schwebend, balladesk Zwischenstufen überspringend, zugleich aber von tiefer historischer und sozialer Notwendigkeit und gerade darum menschlich echt: Individualität und Gattung gleicherweise umspannend.

Goethe nennt den ‹Faust› eine Tragödie. Er ist in Wirklichkeit mehr als das: er ist die gleichzeitige Setzung und Aufhebung des Tragischen. Das individuelle Schicksal Fausts umfaßt mehr als eine Tragödie (Erdgeist, Gretchen, Helena, Schluß), aber für den Entwicklungsweg der Gattung ist jede von ihnen nur ein Durchgangsstadium. Diese Stellung des reifen Goethe zum Tragischen wurde oft – zuweilen sogar von ihm selbst – mißverstanden. Er schreibt gelegentlich an Schiller, daß die Tragödie ein ‹pathologisches Interesse› voraussetze, und er sei überzeugt, daß ‹ihn der bloße Versuch›, Tragisches zu gestalten, ‹zerstören könnte›. Schiller erkennt in diesem Fall das Wesen Goethes besser als er selbst. ‹In allen Ihren Dichtungen›, schreibt er, ‹finde ich die ganze tragische Gewalt und Tiefe, wie sie zu einem vollkommenen Trauerspiel hinreichen würde; im Wilhelm Meister liegt, was die Empfindung betrifft, mehr als eine Tragödie.› Und er sagt zusammenfassend, wenn Goethe keine Tragödie schreiben könne, ‹so müßte der Grund nicht in den poetischen Erfordernissen liegen›. Jahrzehnte später, beim Abschluß des zweiten Teils, ist sich Goethe über seine Stellung zum Tragischen bereits viel klarer. Er schreibt an Zelter, daß ihm ‹das Unversöhnliche ganz absurd vorkomme› und daß deshalb ‹der rein tragische Fall ihn nicht interessiere›.

Hier ist der philosophische Standort des Weltgedichts schon bewußt festgelegt. Goethe ist gleich weit entfernt von der falschen Tiefe, von dem einseitigen Pessimismus des 19. Jahrhunderts (der zuweilen die Aufschrift Pantragismus führt) wie von dem flachen Optimismus der liberalen Literatur und Philosophie derselben Zeit, die die Notwendigkeit des Tragischen überhaupt leugnen oder bestenfalls subjektivieren wollte. Goethe und Hegel sehen hier gerade das Problem von Gattung und Individuum. Der Weg der Gattung ist untragisch, er führt aber durch unzählige, objektiv notwendige, individuelle Tragödien.

Goethe wie Hegel besitzen die Überzeugung der Aufklärung, daß das Menschengeschlecht grenzenlos vervollkommnungsfähig ist, wenn es sich einmal aus den mittelalterlichen Fesseln befreit hat. Diese Überzeugung haben beide unzähligemal ausgesprochen. Wir erinnern nochmals an Goethes Ausspruch bei Valmy und an die Stelle, die in Hegels Philosophie die ‹herrliche Morgenröte› der Französischen Revolution einnimmt. Aber dieser Aufklärungsglaube an den Fortschritt des Menschengeschlechts erhält bei ihnen eine wesentliche Abwandlung und Eigenart durch die historischen Ereignisse, die sie durchlebt haben. Die konkreten Widersprüche der aus der Französischen Revolution hervorgehenden kapitalistischen Gesellschaft rücken in den Mittelpunkt ihrer Weltwahrnehmung und ihres Weltdenkens. Diese Widersprüche wollen sie nun weder verschmieren oder abschwächen noch ihren dissonanten Charakter als letztes Prinzip der Geschichte anerkennen. Damit ist der denkbar höchste *bürgerliche* Standpunkt zum Fortschritt der Menschheit errungen; erst den sozialistischen Utopisten, wie Fourier, ist ein anderer, höherer Standpunkt zu den Widersprüchen der vorsozialistischen Zeit, insbesondere zu denen des Kapitalismus, möglich.

Diese Auffassung bedingt für Goethe und Hegel die Verschiedenheit der Betrachtung von individuellem Geschick und Gattungsschicksal. Gegenüber dem ersten sind sie beide von einer großartigen Unsentimentalität. Goethe sagt gelegentlich zu Eckermann (dies die ergänzende, andere Seite des eben zitierten Zelter-Briefs): ‹Der Mensch muß wieder ruiniert werden! Jeder außerordentliche Mensch hat eine gewisse Sendung, die er zu vollführen berufen ist. Hat er sie vollbracht, so ist er auf Erden in dieser Gestalt nicht weiter vonnöten ...› Hegel drückt den gleichen Gedanken in seiner Geschichtsphilosophie so aus: ‹Das Besondere hat sein eigenes Interesse in der Weltgeschichte; es ist etwas Endliches und muß als solches untergehen. Es ist das Besondere, das sich aneinander abkämpft, und wovon ein Teil zugrunde gerichtet wird. Aber im Kampfe, im Untergang des Besonderen resultiert das Allgemeine.› So entsteht für Goethe wie für Hegel der unaufhaltsame Fortschritt der Menschengattung aus einer Kette von individuellen Tragödien; die Tragödien im Mikrokosmos des Individuums sind das Offenbarwerden des unaufhaltsamen Fortschritts im Makrokosmos der Gattung: dies ist das gemeinsame philosophische Moment im ‹Faust› und in der ‹Phänomenologie des Geistes›.

Aus der dichterischen Gestaltung einer solchen Wechselwirkung zwischen Individuum und Gattung entsteht die balladeske Phantastik als adäquat poetisches Ausdrucksmittel dieser widerspruchsvollen Einheit. Das wurde von den meisten Auslegern inhaltlich wie formal mißverstanden, vor allem von F. Th. Vischer, der stets – kantianisch – an Übergänge und Entwicklungsetappen, die vom Gattungsstandpunkt über ein solches Niveau hinausgehen müssen, den Maßstab der rein individuellen Moral anlegte. So bemängelte er den Anfang des zweiten Teils, wo Ariel und die Elfen, das Moraljenseitige der Natur und des naturhaften Ablaufs der Menschenentwicklung symbolisierend, Faust über die Gretchen-Tragödie hinweghelfen:

> Ob er heilig, ob er böse,
> Jammert sie der Unglücksmann.

Vischer fehlt hier die Gestaltung der Reue bei Faust. Goethe hat sie aber im Lauf der Gretchen-Tragödie wiederholt mit großer Stärke gestaltet: in der Szene ‹Trüber Tag›; in Fausts Versuch, Gretchen zu retten; im Scheitern dieses Versuchs, der in dem verzweifelten Ausruf Fausts seinen Höhepunkt hat: ‹Oh, wär' ich nie geboren!›

Vischer übersieht ebenso, daß die Gretchen-Tragödie nur den Gipfel der tragischen Widersprüche in der Etappe des ‹Lebensgenusses›, der ‹kleinen Welt› bildet; er übersieht, daß gerade eine gattungsmäßige Entwicklungsnotwendigkeit das Hinausgehen über diese ganze Welt erfordert. Dieses Hinausgehen ist nicht nur für Gretchen, sondern auch für Faust selbst tragisch (worüber wir später ausführlich sprechen werden), für das Schicksal der Gattung jedoch ist – unbekümmert um die individuellen Tragödien – gerade ein solches Weiterschreiten notwendig. Eben in dieser Notwendigkeit steckt eine tiefere Tragödie

Fausts als die der bloß individuell moralischen Reue, wie sie Goethe im Weislingen, Clavigo usw. behandelt hat. Vischers Einwand will Faust auf das Niveau Weislingens herunterzerren.

Es ist also nur folgerichtig, daß die Gestaltung der ‹großen Welt›, des ‹Taten- und Schöpfungsgenusses› mit der phantastischen Szene Ariels und der Elfen einsetzt, in der dieses überindividuelle, übermoralische Erheben der Gattung über das individuelle Schicksal mit großer poetischer Deutlichkeit ausgesprochen wird. (Es ist interessant, daß in den ersten Entwürfen Goethes noch individuell-moralische Probleme auftauchen, diese aber während der Arbeit entfernt werden.)

Die phantastische Gestaltung des ‹Faust› ist aber darüber hinaus *historisch.* Und zwar in einem sehr weiten und freien Sinn: es ist der Historismus einer Volkssage, die selbst in ihren kühnsten empirischen Unwahrscheinlichkeiten nie den realen Boden der Geschichte verläßt, die nur ihre wesentlichen Bestimmungen lyrisch, pathetisch oder satirisch vergrößert, ohne damit jemals das echte Zeitkolorit abzustreifen. Goethes dichterische Arbeit, so sehr sie sich im einzelnen von der Sage entfernt, viele ihrer überlieferten Momente ins Gegenteil verkehrt, setzt hier die Arbeit des Volkes an einer großen, sein Schicksal repräsentierenden Gestalt fort; sie verstärkt die sagenschaffende historische Volksphantasie, rettet sie hinüber in die Dichtung und verewigt sie. Denn Goethes Änderungen an der Sage sind zumeist Reinigungen von ihren orthodox-lutheranischen Verzerrungen, von den so in ihr entstandenen Schlacken. Deshalb sind nicht nur die realen Personen des Dramas, wie Wagner, Valentin usw., von einer tiefen historischen Echtheit, sondern auch Mephistopheles ist ein gotisches Gespenst des 16. Jahrhunderts:

> Im Nebelalter jung geworden,
> Im Wust von Rittertum und Pfäfferei ...

Diese historische Phantastik hat aber in der ‹kleinen› und in der ‹großen Welt› verschiedene Funktionen. Goethe hat sich zu Eckermann über diesen Stilunterschied zwischen dem ersten und zweiten Teil klar geäußert: ‹Der erste Teil ist fast ganz subjektiv; es ist alles aus einem befangeneren, leidenschaftlicheren Individuum hervorgegangen ... Im zweiten Teil aber ist fast gar nichts Subjektives; es erscheint hier eine höhere, breitere, hellere, leidenschaftslosere Welt ...›

Im ersten Teil haben wir – trotz der Rolle des Mephistopheles – eine ganz geschlossene, historisch echte Welt der Wirklichkeit vor uns, in die, ziemlich deutlich geschieden, das Phantastische hineinspielt, teils in besonderen, auf Phantastik angelegten Szenen (Hexenküche, Walpurgisnacht), teils infolge eines Hinüberwachsens realistischer Genrebilder ins Gespenstische (Auerbachs Keller). Aber die Grundlage bildet eine realistische Darstellung des deutschen 16. Jahrhunderts wie im ‹Götz›, nur aufgeregter, dramatischer, poetisch gehobener.

Die Goethesche Objektivität der ‹großen Welt› verträgt einen so gearteten Realismus nicht mehr. Gestaltet werden nunmehr die wesentlichen, typischen Bestimmungen, und nur diese. Der Realismus Goethes erstrebt hier eine Darstellung, in der ein solches Milieu, das als gegeben und wirklich gestaltet wird, ein reales Gegenspiel zu den Handlungen des Individuums Faust ergeben kann. Darum ist hier – bei aller *inhaltlichen* historischen Wahrheitstreue – *alles* von Phantastik durchtränkt: es gibt keine Grenze mehr zwischen real und gespenstisch; es steht eine gespenstische Wirklichkeit vor uns.

Diese Gestaltungsweise ist mit der Objektivität, mit dem Vorherrschen des Gattungsschicksals eng verknüpft. Der naive Historismus des ersten Teils schlägt um in einen reflektierten Historismus, die unmittelbare Geschichte in eine erlebte Geschichtsphilosophie.

Dieser Wandel bestimmt nun Aufbau, Ton und Stil. Der erste Teil ist ein balladeskes Drama, vielfach im Stil des ‹Sturm und Drang›, aber stets etwas unmittelbar Dramatisches. Im zweiten Teil ist auch das Dramatische reflektiert. Das bedeutet keine Verwandlung ins Epische, denn der zerfallende Feudalismus des 16. Jahrhunderts (der Periode des Götz) erscheint vor uns als dramatisch bewegte Gegenwart, als Komplex vor uns handelnder Menschen, nicht aber als Bericht über etwas Vergangenes seitens eines gegenwärtigen Erzählers. Doch die spätere Entwicklung (das Heute Goethes) durchleuchtet die dichterisch heraufbeschworene Gegenwart des 16. Jahrhunderts und macht sie transparent. Nicht etwa, indem soziale Kategorien oder Empfindungen der Goetheschen Gegenwart in sie hineingetragen würden, sondern indem die nur vom Standort der fortgeschrittenen Geschichte aus sichtbare Auflösung des Feudalismus bereits den offenen Charakter ihrer Gespensterhaftigkeit zeigt: die unmittelbar gestaltete Gegenwart ist also die der historisch richtig gesehenen Götz-Periode. Diese wird jetzt nicht mehr vom Standpunkt der aufständischen Ritter gesehen, sondern aus einer weiten historischen Perspektive, in der auch die Lieblingshelden der Goetheschen Jugend als Auflösungserscheinungen, als Gespenster unter Gespenstern erscheinen. Die Gesamtheit der gestalteten Gegenwart offenbart so Bestimmungen, die an sich zwar schon damals vorhanden waren, die aber erst die spätere Geschichte für uns sichtbar und leuchtend gemacht hat. Darum ist das historische Fundament des zweiten Teils (I. und IV. Akt) ein grotesker Totentanz, in dem – wie in den alten Totentänzen – nicht bloße Individuen, sondern soziale Typen auftreten, ein Totentanz, in dem die Menschen selbst als Gespenster erscheinen, so daß Mephistopheles mit vollem Recht sagen kann:

> Hier braucht es, dächt' ich, keine Zauberworte,
> Die Geister finden sich von selbst zum Orte.

Auch die Verteilung dieses Materials auf zwei Akte ist nicht zufällig oder nur technisch bedingt. Es handelt sich vielmehr um den geschichtsphilosophischen Rhythmus, um den gesellschaftlich-menschlichen Inhalt des zerfallenden Mittelalters. Im ersten Akt wird diese gespenstische Welt, der Goethe dann im dritten das echte Zeitalter der Ritterlichkeit, der Entstehung der neuen Poesie, der Entdeckung der individuellen Liebe und der Menschenwürde der Frau gegenübergestellt, ideologisch durch den Geist der Antike gesprengt. Im vierten Akt entsteht in historisch richtiger Weise als feudal privilegiertes ‹Intermundium› im Schoß des Feudalismus dessen wirklicher Totengräber, der Kapitalismus.

Die ideologische Sprengung hat aber ebenfalls ihre realökonomische und von Goethe richtig erfaßte Vorgeschichte: die Erfindung und Einführung des Papiergeldes durch Mephistopheles. (Warum hier dieser und nicht, wie bei der kapitalistischen Entwicklung der Produktivität, Faust selbst der Initiator ist, darüber werden wir später ausführlich sprechen.) Die tiefe Einsicht Goethes zeigt sich darin, daß das Chaos des sich zersetzenden Feudalismus durch die Vorherrschaft des Geldes — das Papiergeld ist hier nur ein sichtbares Symbol für das Geld überhaupt — ohne Umwälzung der ökonomischen und sozialen Produktionsbedingungen nur größer werden kann; die Herrschaft des Geldes beschleunigt nur den Verfall des Feudalismus. Sogar der Kaiser muß nach dem ersten Rausch über die Wirkung des Papiergeldes feststellen:

> Ich merk' es wohl, bei aller Schätze Flor:
> Wie ihr gewesen, bleibt ihr nach wie vor.

Und der vierte Akt zeigt ein weiteres höheres Stadium der Auflösung: aus dem Kampf aller gegen alle, aus den Bürgerkriegen des ausgehenden Mittelalters, entsteht jener Zustand der Erstarrung, den Deutschland nach der Niederlage des Bauernkriegs, nach dem Dreißigjährigen Krieg durchleben mußte — die Macht der zu kleinen Fürsten gewordenen einstigen Vasallen bei einer bloß dekorativen Zusammenfassung der zerrissenen und ohnmächtigen Nation im Kaisertum.

Inmitten dieser Auflösung leuchtet die antike Schönheit auf. Und zwar wieder zweimal: einmal gespenstisch, das zweitemal als Realität. Das Zitieren der Helena hat Goethe aus der Sage übernommen, jedoch nahm er hier die geistig weitestgehende Umänderung vor. In der Sage wird Helena von Mephistopheles als teuflisches Gespenst zitiert; ihr Erscheinen und ihr Zusammenleben mit Faust bedeutet für diesen den Gipfel seiner ‹epikureischen› Ausschweifungen. Die Helena-Episode der Sage ist also, in den uns überlieferten Fassungen, ein wichtiges Moment des Kampfes der Lutherischen Reformation gegen den Geist der Renaissance.

Goethe kehrt nun dieses Verhältnis vollständig um. Die Gedanken der Reformation selbst, die Bestrebungen der im damaligen Deutschland entstehenden halbmystischen Naturphilosophie sind auf der Stufe des zweiten Teils längst überwunden. Helena bedeutet für Goethe wirklich die Wiedergeburt der Antike, durch die die mittelalterliche Gespensterwelt als das, was sie ist, entlarvt wird, jene Wiedergeburt, deren allmählich aufsteigendes und erstarkendes Licht das Reich der Finsternis endgültig verscheucht.

Darum ist es sehr wichtig, daß – in schroffem Gegensatz zur Sage – Helena beide Male von Faust ins Leben gerufen wird. Schon das erstemal, als nur ihr Schatten beschworen werden soll, kann Mephistopheles nur Ratschläge erteilen und Faust auf die Schwierigkeit der Aufgabe aufmerksam machen:

> Denkst Helenen so leicht hervorzurufen
> Wie das Papiergespenst der Gulden?

Bei der wirklichen Wiedererweckung Helenas ist Mephistopheles ein ohnmächtiger und unbeteiligter Zuschauer, und es wird wiederholt ironisch unterstrichen, daß er als mittelalterliches Gespenst nichts mit der Antike zu tun hat und auch nichts zu tun haben kann.

Zuerst wird also Helenas Schatten beschworen, und zwar zu einer Unterhaltung der höfisch-feudalen Gesellschaft, die Paris und Helena zu sehen wünscht. Goethe hebt mit großer Deutlichkeit den Gegensatz zwischen Faust und dessen ganzer mittelalterlicher Umgebung, Mephistopheles eingeschlossen, in der Beziehung zu Helena hervor. Ihr Erscheinen ist für sie alle eine gleichgültig aufgenommene Zerstreuung unter den vielen anderen höfischen Belustigungen; Paris und Helena werden vom Standpunkt der höfischen Schönheitsbegriffe bekrittelt; ‹hübsch, wenn auch nicht eben fein› finden sie die Zuschauer. Die Wiedererweckung der Antike kann eben für den niedergehenden feudalen Absolutismus nichts wirklich Befruchtendes, kein neues Element der Wirklichkeit bedeuten. Faust dagegen sieht schon im Schatten der Helena die aufsteigende langersehnte neue Realität:

> Hier faß ich Fuß! Hier sind es Wirklichkeiten!
> Von hier aus darf der Geist mit Geistern streiten,
> Das Doppelreich, das große, sich bereiten!
> So fern sie war, wie kann sie näher sein!
> Ich rette sie, und sie ist doppelt mein ...
> Wer sie erkannt, der darf sie nicht entbehren.

Der Versuch Fausts, den Schatten Helenas zu erobern, endet mit einer Katastrophe. Im bewußtlosen Faust lebt nur die einzige Sehnsucht: zur wirklichen Helena, zur Leben gewordenen antiken Schönheit zu gelangen. Die zweite Erscheinung Helenas soll gerade diese Realität im Gegensatz zur Schattenhaftigkeit der ersten gestalten.

Goethe hat an diesen Übergängen sehr lange mit vielfach gewechselten Entwürfen gearbeitet, damit, wie er an Zelter schreibt, ‹Helena als dritter Akt sich ganz ungezwungen anschlösse und, genugsam vorbereitet, nicht mehr phantasmagorisch und eingeschoben, sondern in ästhetisch-vernunftgemäßer Folge sich erweisen könnte›. Was ist nun dieses ästhetisch Vernunftgemäße? Goethe stellt sich die Aufgabe zu zeigen: erstens, daß Helena, die antike Schönheit, nicht als Zauberei, als Blendwerk vorgegaukelt wird, sondern wirklich naturhaft entstanden ist, zweitens, daß sie für das Leben der Gegenwart das geistig-menschliche Fundament, den Ausgangspunkt für das wirklich fruchtbare Neue bildet, und endlich drittens, daß sie – aus eben den gleichen Gründen – zugleich vergangen und gegenwärtig ist. Die klassische Walpurgisnacht, die diese Bestimmungen entwickelt, ist deshalb keine symbolisch-phantastische Episode, wie es die mittelalterliche im ersten Teil war, in der Mephistopheles den vorübergehenden Erfolg erringt, Faust durch wüste Sinnenausschweifungen von der Gretchen-Tragödie abzulenken, sondern sie ist die organische, ideell-ästhetische Vorbereitung der realen Erscheinung Helenas. (Dies mit den oben angedeuteten Einschränkungen verstanden.)

Die klassische Walpurgisnacht drückt demgemäß die ‹phänomenologische› Entwicklungsgeschichte der Gattung am klarsten aus. Sie ist subjektiv der Weg Fausts zu Helena, zugleich aber objektiv die Entwicklung der griechischen Schönheit aus ihren primitiven, noch bloß naturhaften, teilweise orientalischen Anfängen. Dies im einzelnen nachzuweisen, wäre die Aufgabe eines ausführlichen Kommentars. Goethes ursprünglicher Plan war, daß Faust in die antike Unterwelt hinabsteigt und von Proserpina die Wiedererweckung Helenas ins Leben als Gnade erwirkt. Später hat er diesen Plan geändert. Faust steigt zwar durch die Walpurgisnacht hinunter zu Proserpina, aber die Szene zwischen beiden wird uns nicht vorgestellt. Dafür erscheint am Schluß, aus dem organischen Spiel der Naturkräfte geboren, die siegreiche Schönheit Galateas. Der Weg von den Greifen, Sphinxen, Zwergen des Anfangs bis zum Triumphzug der meergeborenen Schönheit: das ist die Erfüllung des Goetheschen Programms in dem oben zitierten Brief an Zelter. Wenn nun Helena im dritten Akt leibhaftig erscheint, ist ihre Gegenwart nicht mehr das Ergebnis einer Zauberei, sondern das Resultat jenes Naturprozesses, den wir in der klassischen Walpurgisnacht erlebt haben. Ist einmal die Schönheit naturhaft geboren, so ist Helenas Erscheinen kein größeres Wunder als die Geburt Galateas.

Der Inhalt der Helena-Szenen ist die Geburt des Neuen, des spezifisch Modernen aus der Aneignung der Antike durch die Menschheit, die sich aus dem Mittelalter befreit. Helena ist jetzt real, kein Phantom mehr – aber was für eine Realität hat sie? Schon die klassische Walpurgisnacht schwankt zwischen Traum und Wirklichkeit und hat eine ‹phänomenologisch›-phantastische Zeitfolge. Sie beginnt bereits mit dem Ende der antiken Freiheit: der – nach Winckelmann und auch Goethe – Grundlage der griechischen Harmonie und Formvollendung. Wenn also nach dem Untergang der wirklichen Antike, lange nach der Schlacht bei Pharsalos, auf dem Schlachtfeld, wo der antike Republikanismus endgültig zugrunde ging, der Prozeß der Entstehung der antiken Schönheit vor unsern Augen dramatisch rekapituliert wird, so schwankt dieser Vorgang notwendig zwischen Traum und Wirklichkeit und seine Akteure zwischen wirklichen Gestalten und Erinnerungsphantomen.

Die Realität der Helena-Szenen ist also nur eine dünne Oberfläche der erscheinenden, der zu Gestalt gewordenen antiken Schönheit, ein Schleier, hinter dem vergangene und noch ungeborene Kräfte um die Zukunft der Menschheit streiten. Helena tritt zwar mit der Würde und Majestät einer wirklichen Königin auf, gegenwartserfüllt, der unwiderstehlichen Macht ihrer Schönheit sicher; wenn aber Mephistopheles-Phorkyas sie in einem Wortduell an die eigene Vergangenheit erinnert, an die verschiedenen, einander teilweise widersprechenden Sagen, aus denen sie zu dieser unvergleichlichen symbolischen Gestalt zusammengewoben wurde, wird ihr das eigene Dasein unheimlich, schemenhaft, irreal:

> Ich als Idol ihm dem Idol verband ich mich.
> Es war ein Traum, so sagen ja die Worte selbst.
> Ich schwinde hin und werde selbst mir ein Idol.

Noch deutlicher kommt diese Stimmung der Irrealität am Anfang der Euphorion-Szene zum Ausdruck. Die Tragik der Tendenzen Euphorions ist noch nicht zutage getreten, alles scheint noch schön und hoffnungsvoll, als Faust bereits das deutliche Gefühl einer sich notwendig auflösenden Traumwelt hat:

> Wäre das doch vorbei!
> Mich kann die Gaukelei
> Gar nicht erfreun.

Aber diese Irrealität hat einen völlig entgegengesetzten Charakter wie die am kaiserlichen Hof. Hier eine empirische Wirklichkeit, die aus innerer Verfaultheit gespenstisch phosphoresziert – dort das ideell Höchste eines jahrhundertelangen Ringens der modernen Menschheit um Licht, Klarheit und Schönheit; das erhabenste Ideal der Wirklichkeit als wirklich gesetzt, aber nur gesetzt, nicht empirisch wirklich seiend. Und eben deshalb von der Wirklichkeit wieder aufgehoben, zerstört.

Diese Zerstörung ist die Funktion der Euphorion-Szene. Über die Identität oder Nicht-Identität Euphorions mit Byron ist sehr viel geschrieben worden. Ohne Frage gab Byrons Tod bei Missolunghi den Euphorion-Szenen die endgültige Kristallisationsform. Aber die bloße philologische Erklärung dieser Gestalt durch Rückbeziehung auf Byron erklärt den geschichtsphilosophischen und poetischen Gehalt der Szenen nicht hinreichend. Dazu muß man im Auge behalten, wie Goethe Byron gesehen, weshalb er in ihm den Repräsentanten jener neuen Zeit erblickt hat, die über die Erneuerung der Antike hinwegschreitet und einer neuen, von neuen Tragödien erfüllten Zukunft entgegenführt.

In einem Gespräch mit Eckermann sagt Goethe: ‹Byron ist nicht antik und ist nicht romantisch, sondern er ist wie der gegenwärtige Tag selbst. Einen solchen mußte ich haben.› (Es ist also jede Erklärung falsch, die hier eine Versöhnung zwischen Klassik und Romantik sucht.) Noch konkreter spricht Goethe in einem früheren Gespräch aus, wie er diese nicht antike und nicht romantische Modernität Byrons auffaßt. Er formuliert Byrons ‹Symbolum› so: ‹Viel Geld und keine Obrigkeit.› Er sieht also in ihm den größten Vertreter eines liberal-anarchistischen Individualismus, den ideologischen Repräsentanten des entstehenden kapitalistischen Zeitalters, das die letzte Renaissance der Antike, die Periode Goethes und Napoleons, ablöst.

Goethe empfindet sehr stark, daß dieses neue Zeitalter nicht mehr das seiner eigenen dichterischen Blüte ist. Er empfindet aber ebenso deutlich, daß hier etwas Berechtigtes, Fortschrittliches, in geschichtsphilosophischem Sinn zu Bejahendes vor ihm steht. Darum verteidigt er Byron stets gegen die philiströsen Einwände Eckermanns, der bestreitet, daß Byron für die ‹reine Menschenbildung› gewinnbringend sei. ‹Da muß ich Ihnen widersprechen›, sagt Goethe, ‹Byrons Kühnheit, Keckheit und Grandiosität, ist das nicht alles bildend? Wir müssen uns hüten, es stets im entschieden Reinen und Sittlichen suchen zu wollen. Alles Große bildet, sobald wir es gewahr werden.›

Diese Gestalt, das Symbol des heraufziehenden neuen Zeitalters, sprengt die klassische Traumwelt, ebenso wie die antike Schönheit die mittelalterliche Gespensterwelt gesprengt hat.

Schon vor dem Auftreten Euphorions sagt Phorkyas-Mephistopheles:

> Macht euch schnell von Fabeln frei!
> Eurer Götter alt Gemenge,
> Laßt es hin, es ist vorbei.

So steht in Euphorion die Ideologie der neuesten Zeit fertig da, wenn auch in einer tragisch unterliegenden Form, aber in einer Weise, daß aus einem Untergang notwendig wieder neue Aufschwünge folgen müssen, daß die untergehende Gestalt vom selben Boden, der sie hervorgebracht hat, immer wieder neu reproduziert werden muß. Darum schließt der Klagegesang des Chors über Euphorions tragischen Tod mit den Worten:

> Wem gelingt es? – Trübe Frage,
> Der das Schicksal sich vermummt,
> Wenn am unglückseligsten Tage
> Blutend alles Volk verstummt.
> Doch erfrischet neue Lieder,
> Steht nicht länger tief gebeugt:
> Denn der Boden zeugt sie wieder,
> Wie von je er sie gezeugt.

Diese Konzeption ist tief und großartig. Ihr spezifisch Goethescher Charakter liegt darin, daß die Erneuerung der Antike mit einer gewissen Einseitigkeit nur von der ästhetisch-sittlichen Seite genommen wird, als Gewand der letzten ‹heroischen Illusionen›; die Antike des revolutionären Terrors und auch die der ganz anders gearteten Napoleonischen Periode fehlen in diesem symbolisch gestalteten Goetheschen Geschichtsbild, obwohl es objektiv ohne diese historische Entwicklung unmöglich seine philosophische und poetische Höhe hätte erreichen können. Goethe ist in dieser Frage weit weniger entschieden als der späte Hegel, für den die Französische Revolution als Vergangenheit, als notwendiges Kettenglied der historischen Dialektik unentbehrlich war; in der ‹Phänomenologie› ist die Französische Revolution sogar das unmittelbare Fundament der Gegenwart, der anbrechenden neuen Zeit. Goethe hat den sozialen und politischen Inhalt der Französischen Revolution stets bejaht, und seine Bejahung nimmt mit dem Alter immer entschiedenere Formen an, aber den politisch-revolutionären Weg der Umwälzung lehnt er immer ab. Darin bleibt er bis an sein Lebensende Sohn der Aufklärung. Es sei aber hier nicht vergessen, daß die in ihrer Zukunftsperspektive viel entwickelteren französischen Erben der Aufklärung, die großen Utopisten, den politisch-revolutionären Weg ebenfalls immer als ungangbar und schädlich bezeichnet haben. Demnach kommt Goethes positive Stellungnahme zum Inhalt der Französischen Revolution im ‹Faust› nur gelegentlich und indirekt zum Ausdruck, so in der Walpurgisnacht des ersten Teiles, wo die französischen Emigranten, die verschiedenen Sorten der *Ci-devants,* in der verachtungsvollsten Weise verspottet werden, so gelegentlich in den Euphorion-Szenen, so, wie wir später sehen werden, als Perspektive im letzten Monolog Fausts.

Darum fehlt in dem Geschichtsbild des zweiten Teils das politische Handeln. Es ist selbstverständlich, daß Faust am kaiserlichen Hof überhaupt nicht handeln kann. Die hinterlassenen Fragmente zeigen das noch schärfer als der Text selbst. In einem Entwurf läßt Goethe seinen Faust dem Kaiser hochfliegende Pläne vortragen. Der Kaiser hört ganz verständnislos zu. Als Mephistopheles bemerkt, daß die Lage vollkommen unhaltbar wird, nimmt er die Gestalt Fausts an, schwatzt allerhand Unsinn, worauf Kaiser und Hof von der Tiefe und Großartigkeit des neuen Zauberers entzückt sind. Und gar als Faust nach dem Verschwinden der Antike ins Leben zurückkehrt, interessiert ihn nur der ökonomisch-technische Kampf der Unterwerfung der Natur.

In den vorbereitenden Szenen zu dieser letzten Etappe fällt der menschlich resignierende Ton Fausts auf. Er lehnt jeden Genuß ab: ‹Genießen macht gemein.› Er kümmert sich um keinen Ruhm: ‹Die Tat ist alles, nichts der Ruhm.› Goethe läßt sogar Mephistopheles die Verführungsszene Christi durch den Satan parodieren und dem Faust ‹die Reiche der Welt und ihre Herrlichkeiten› anbieten, doch Faust lehnt ab und will nichts als ein Tätigkeitsfeld für seine neuen Pläne. Auch hier sind einzelne Fragmente deutlicher als das Werk selbst; in einem kommt es sogar zum Bruch mit Mephistopheles.

Diese Auffassung der gesellschaftlichen Praxis durch den alten Goethe ist in der Faustliteratur vielfach kritisiert worden, vor allem durch F. Th. Vischer, der sogar einen Plan entwirft, wie Goethe den zweiten Teil hätte schreiben müssen. Er fordert Fausts Teilnahme am Bauernkrieg, und zwar als Liberalen, der alle ‹Greuel› der Revolution vermeiden will; Mephistopheles jedoch, mit dem Faust schon früher gebrochen hat, soll sich in die aufständische Bewegung einschleichen, sie als ‹Radikaler› auf die Spitze treiben, ‹Exzesse› verursachen, die Faust zwar nicht will, für die er aber verantwortlich ist. Die Reue darüber soll die Läuterung Fausts hervorrufen. Abgesehen von der subjektivistisch moralisierenden Enge dieser Auffassung – wir haben gesehen, daß Goethe für den zweiten Teil solche Kategorien der bloß individuellen Moral, wie Reue, von vornherein ablehnt – kommt darin eine liberale Geschichtsphilosophie zum Ausdruck, nach der die wirklichen Vertreter des mephistophelischen Prinzips die plebejischen Revolutionäre, die Münzer und Robespierre, gewesen wären.

Bei allem Unverständnis für die Bestrebung der konsequent revolutionären Demokratie steht Goethe turmhoch über einer solchen Auffassung. Verwandte Stimmungen tauchen zwar gelegentlich in dem Jugendwerk ‹Götz von Berlichingen› auf, haben aber dort, da es sich um das Werk eines vorrevolutionären Aufklärers handelt, noch eine ganz andere Bedeutung. Das Vischersche Ideal ist in Klingers ‹Faust› verwirklicht worden, in dem die Enttäuschung, das Irrewerden eines Stürmers und Drängers an der Französischen Revolution deutlich zum Ausdruck kam. Goethe konnte unmöglich den Weg der demokratischen Revolution suchen, aber man findet in seinen entscheidenden Werken auch niemals einen reaktionären oder liberalen Kampf gegen sie. Der geniale Ausweg, den er findet und der selbstverständlich unmöglich von utopischen Elementen frei sein kann, ist eben der der Entwicklung der Produktivkräfte durch den Kapitalismus.

Es ist charakteristisch, daß auch dieser Ausweg von Vischer mißbilligt wird. Er meint, Faust dürfe durch eine praktische Tätigkeit die Versöhnung herbeiführen, ‹aber nur nicht durch eine prosaisch-industrielle›. Der liberale Vischer, der zum Kapitalismus als Gesamterscheinung unvergleichlich positiver und unkritischer steht als Goethe, kritisiert also – kleinbürgerlich-romantisch – gerade das Großartigste am Schluß des ‹Faust›: das Entdecken eines neuen praktischen Heroismus, eines neuen und tiefen tragischen Konflikts mitten im Zentrum der kapitalistischen Prosa.

Obwohl aber Vischer gerade an den dichterisch großartigsten Momenten des zweiten Teils achtlos vorübergeht, sieht er doch, trotz liberal-romantischer Voreingenommenheit, wenigstens den Tatbestand selbst richtig. Der reaktionäre Romantiker der imperialistischen Periode, Friedrich Gundolf, ist so tief empört über die Abwendung Goethes von seinem jugendlichen ‹Titanismus›, daß er nicht einmal den Text des Schlusses richtig aufzunehmen imstande ist und meint, Faust trete am Schluß in einen ‹Staatsdienst›.

Der Abschluß des zweiten Teils ist organisch aus der Gesellschaftsbetrachtung des alternden Goethe gewachsen. Wer dessen Aussprüche aus den letzten Jahrzehnten kennt, dem kommt dieser Schluß keineswegs überraschend. Goethe lehnt die unklaren Illusionen der Befreiungskriege ironisch ab, meint aber später, daß die guten Chausseen und die Eisenbahn notwendig die Einheit Deutschlands herbeiführen würden; er interessiert sich leidenschaftlich für jede neue technisch-ökonomische Errungenschaft des Kapitalismus und spricht einmal den Wunsch aus, noch die Schaffung des Donau-Rhein-Kanals, des Suezkanals und des Panamakanals erleben zu können. Hierher gehört auch die im damaligen Deutschland sehr seltene, neidvoll anerkennende Stellung zu dem beginnenden Aufschwung in den Vereinigten Staaten.

Aus dieser Perspektive entsteht bei Goethe die Illusion, daß die politische Revolution bei einem so ungehemmten und großartigen Aufschwung der Produktivkräfte überflüssig werden könnte. Hier ist eine der wichtigsten Einseitigkeiten und Schranken seiner Weltanschauung, die sich auch in seiner Naturphilosophie, in seiner Auffassung der Dialektik, in der Überbetonung der Evolution, in der Ablehnung jeder ‹Katastrophentheorie› spiegelt. (Die Feststellung dieser Einseitigkeit soll aber nicht verhüllen, welch großen Schritt vorwärts die Naturphilosophie Goethes etwa gegenüber Cuvier bedeutet hat.) Und gerade diese Einseitigkeit ist bei Goethe am engsten mit seiner oft hervorgehobenen, einzigartigen Position verbunden, mit der spezifischen Art, in der er eine Brücke von der Aufklärung ins 19. Jahrhundert schlägt.

Aber wie immer man diese Schranke Goethes auch kritisieren mag, sicher ist, daß die dichterische ‹Phänomenologie des Geistes› mit der realen Entwicklung der Produktivkräfte als jener Macht schließt, die aus dem phantasmagorischen Dasein des Feudalismus in die Welt der wirklichen Entfaltung der menschlichen Fähigkeiten, in die wirkliche Welt der menschlichen Tätigkeit führt. Der teuflische Charakter der kapitalistischen Form dieses Fortschrittes wird bei Goethe, wie wir weiter sehen werden, durch nichts beschönigt; aber zugleich wird gezeigt, daß hier erst das echte Feld der menschlichen Praxis eröffnet wird. Auf die tragisch unlösbare Renaissancefrage des Anfangs, auf die Tragik der Erdgeist-Szene gibt erst dieser praktisch-prosaische Schluß die adäquate Antwort. Indem Goethe bei seiner Faust-Konzeption sich weniger an den Aufklärungsbegriff der Erkenntnis hält als Lessing, vielmehr stärker an die Renaissancetraditionen anknüpft, erhält er ein Sprungbrett zu der modernen, durch die Entwicklung der Industrie entfalteten Einheit von Theorie und Praxis.

Freilich ist hier nur die Perspektive der Antwort vorhanden. Goethes Horizont reicht über den Kapitalismus nicht hinaus. Seine tiefe denkerische und dichterische Ehrlichkeit führt deshalb zu einer Darstellung in nackten, unüberbrückbaren Gegensätzen. Demnach ist die kapitalistische Praxis zwar die Erfüllung von Fausts Lebenssehnsucht, aber zugleich und davon untrennbar ein neues, maximal-aktives Tätigkeitsfeld für Mephistopheles, nachdem dieser in den antiken Szenen fast zum bloßen Zuschauer herabgesunken war. So erscheint die Gestalt dieser neuesten Zeit in zwiespältigen, widerspruchsvollen Formen. Einerseits haben wir die revolutionäre Jünglingshaftigkeit Euphorions vor uns, anderseits Faust als hundertjährigen erblindeten Greis. Goethe empfindet, ohne hier zur begrifflichen historischen Klarheit gelangen zu können, das kapitalistische Zeitalter zugleich als alt und jung, zugleich als Anfang und Ende.

In allen diesen Komplexen sind diese Widersprüche klar gestaltet, aber sie bleiben nicht nur unaufgelöst, sondern stehen einander so schroff dissonant gegenüber wie sonst nie bei Goethe. Die Perspektive der Lösung der tragischen Widersprüche in Fausts letztem Monolog ist ausdrücklich eine bloße Zukunftsperspektive. Die hoffnungsvollen Worte Fausts stehen in schrillem Gegensatz zu der tatsächlichen Lage, in der sie gesprochen werden: Lemuren graben auf Mephistopheles' Anweisung das Grab Fausts, während er von großen produktiven Arbeiten träumt, die die Menschheit aufwärts führen. Die christlich-himmlische Transzendenz des letzten Abschlusses folgt, wie wir noch ausführlich sehen werden, gedanklich und ästhetisch notwendig aus diesen Endresultaten der Goetheschen Geschichtsphilosophie, aus der prinzipiellen Unlösbarkeit der Widersprüche des Lebens auf jenem realen Boden, der dem Denker und Dichter Goethe bekannt ist. Alle Kritiken also, die einen bloß irdischen Schluß verlangen, sind nur scheinbar radikaler, als Goethe es war; im wesentlichen steht hinter ihnen eine flachliberale Weltauffassung: die Forderung, alle Widersprüche des kapitalistischen Lebens in der kapitalistischen Gesellschaft selbst zur ‹Versöhnung› zu bringen. Goethes Ansicht ist unvergleichlich tiefer: er glaubt an einen unverderblichen *Kern* im Menschen, in der Menschheit und ihrer Entwicklung; er glaubt an die Rettung dieses Kerns auch *in* (und vor allem *trotz*) der kapitalistischen Entwicklungsform.

3. FAUST UND MEPHISTOPHELES

Der Kampf um den inneren Kern des Menschen ist der Gegenstand der eigentlichen Handlung des ‹Faust›, deren historisch-sozialen Rahmen wir bis jetzt skizziert haben. Dieser Kampf konzentriert sich in dem Duell Faust-Mephistopheles. Was ist sein Gegenstand? Welche sind seine Hauptetappen? Mephistopheles spricht sein Programm im ‹Prolog im Himmel› klar aus: ‹Staub soll er fressen, und mit Lust.› Dies Programm gründet sich auf seiner Auffassung des Menschen und des menschlichen Gebrauchs der Vernunft:

> Er nennt's Vernunft und braucht's allein,
> Nur tierischer als jedes Tier zu sein.

Damit sind Lebensanschauung und Richtung des Wollens klar umrissen. Die konkrete Durchführung – gerade hierin zeigt sich Goethes dichterische Tiefe – schillert in den verschiedensten Farben und läßt sich nie auf ein abstraktes Prinzip zurückführen. So entsteht aus Mephistopheles eine lebendige dichterische Gestalt, nicht die bloße Verkörperung des bösen Prinzips. Darum sind alle Versuche, seine Gestalt zu ‹definieren›, müßig und irreführend.

Viel wichtiger ist es, seinen Aktionsradius, sein Kraftfeld zu bestimmen. Sein Ziel ist, wie in der Sage, die Seele Fausts zu erringen. Aber in der konkreten Durchführung zeigt sich die tiefe weltanschauliche Abwendung Goethes von der Sage. Diese ist noch weitestgehend mittelalterlich, sie geht aus von den selbständigen und scharf getrennten Prinzipien des Guten und Bösen im Kampf um die menschliche Seele. Auch das Traumstück Lessings behält Elemente dieser schroffen undialektischen Trennung der beiden kämpfenden Kräfte, nur daß Lessing, im Sinn der Blüte der Aufklärung, hier nur einen Scheinkampf sieht.

Bei Goethe wird das Duell ganz innerlich. Mephistopheles besitzt nur insofern Macht, als sein Wesen ein Moment der seelisch-historischen Entwicklung Fausts selbst bildet. Und die große dichterische Leistung Goethes besteht gerade darin, daß Mephistopheles trotzdem nicht zu einem bloßen Bestandteil der Innerlichkeit Fausts wird, sondern eine Gestalt von ausgeprägten, selbständigen Konturen. Aber dadurch ist das Menschenjenseitig-Teuflische bei Mephistopheles bewußt eliminiert. (Aus diesem Grund fällt alles Äußerlich-Magische aus der Sage bei Faust weg; im Laufe der Arbeit wurde die Beseitigung immer energischer durchgeführt; man vergleiche etwa die Szene ‹Auerbachs Keller› im Urfaust und in der späteren Ausführung.) Ja, Goethe geht sogar so weit, daß Mephistopheles wiederholt sein eigenes Wesen als Teufel ironisch aufhebt und verleugnet (beispielsweise in der Hexenküche) oder ernsthaft ausspricht, daß der Weg Fausts zur Erlösung oder zur Verdammnis nur von Faust selbst und gar nicht vom Teufel oder von teuflischen Einflüssen abhängt. So sagt er am Schluß seines großen Monologs nach der Zwiesprache mit Faust:

> Und hätt er sich auch nicht dem Teufel übergeben,
> Er müßte doch zugrunde gehn!

Diese Tendenz zur Aufhebung der jenseitigen Gestalten wird von den Bekenntnissen Fausts zu einer ausschließlich diesseitigen Welt, von einer Leugnung eines jeden Jenseits wirksam unterstützt. Im großen Dialog des Anfangs sagt Faust zu Mephistopheles:

> Das Drüben kann mich wenig kümmern;
> Schlägst du erst diese Welt zu Trümmern,
> Die andre mag darnach entstehn.
> Aus dieser Erde quillen meine Freuden,
> Und diese Sonne scheinet meinen Leiden;
> Kann ich mich erst von ihnen scheiden,
> Dann mag, was will und kann, geschehn.
> Davon will ich nichts weiter hören . . .

Und noch entschiedener am Schluß des zweiten Teils:

> Nach drüben ist die Aussicht uns verrannt;
> Tor, wer dorthin die Augen blinzelnd richtet,
> Sich über Wolken seinesgleichen dichtet!
> Er stehe fest und sehe sich hier um;
> Dem Tüchtigen ist diese Welt nicht stumm.
> Was braucht er in die Ewigkeit zu schweifen!

Sowohl Faust wie Mephistopheles sind also im Grunde genommen Atheisten. Und man kann wieder sehen, wieviel Goethe aus der historischen Echtheit der

Sage gewonnen hat. Faust kann mit solchen Worten jede Jenseitigkeit zerstören, die Handlung radikal ins Irdische konzentrieren, und doch verliert er nicht
das historische Kolorit. Denn solche Gedanken entsprechen – trotz spezifisch
Goethescher Färbung – dem Zeitalter eines Paracelsus, Giordano Bruno oder
Baco von Verulam.

Mit alledem ist aber bei Goethe die Sage auf einen Kampf um die Bewahrung und Fortentwicklung des humanen Kerns gegen die teuflischen, die satani-
schen Möglichkeiten im Menschen selbst verinnerlicht.

In der Goetheschen Faustdichtung tritt Satan selbst nicht auf. Wohl aber in
später weggelassenen Fragmenten zur Walpurgisnacht. Die dichterisch großartigen Strophen, die Goethe dem Satan in den Mund gibt, zeigen dessen Wesen
als nackte Goldgier und nackte Sexualität. Das Streben nach diesen beiden
‹höchsten Gütern› ist die Weisheit des Satans, also die reine, die absolute Vollendung dessen, was Mephistopheles in den von uns bereits zitierten Worten
als Gebrauch der menschlichen Vernunft charakterisiert. Mephistopheles ist ein
bloß untergeordneter Vertreter dieses Prinzips, aber gerade weil er in der Un-
terweltshierarchie tiefer als Satan steht, ist er vergeistigter und geistreicher als
dieser. Er muß die teuflischen Prinzipien geistig so sublimieren, um mit Faust
auf ein gemeinsames Aktionsfeld zu gelangen, um an die inneren Probleme
Fausts, wenn auch oft nur äußerlich heranzureichen. Er muß also die satanische
‹Weisheit› in menschliche Sprache verdünnen.

Nur auf diese Weise kann das mephistophelische Prinzip ein bewegendes
Moment der Faustschen (der Goetheschen) Innerlichkeit selbst werden. Darum
konnte Goethe der Kritik Ampères zustimmen, der in Mephistopheles Goethesche Züge entdeckte. Darum sind viele Repliken Mephistopheles' sachlich
richtig, ja drücken tiefe Überzeugungen Goethes aus. Goethe kann Mephistopheles beispielsweise im ‹Maskenzug› (1818) auftreten lassen und eine seiner
innersten Überzeugungen von ihm aussprechen lassen:

> Ich macht' ihm deutlich, daß das Leben
> Zum Leben eigentlich gegeben . . .
> So lang man lebt, sei man lebendig!

Nur die genaue Funktion im gegebenen, konkreten Entwicklungsstadium
entscheidet darüber, ob ein Gefühl, ein Gedanke, eine Tat menschlich oder
teuflisch ist. Ja, zuweilen läßt sich diese Entscheidung gar nicht aus dem isolierten Moment treffen, sondern nur aus der später sichtbar werdenden Richtung
des Weges, der sich hier offenbart.

Diese Dialektik ist die Grundlage von Goethes unerschütterlichem Zukunfts-
glauben an die Menschheit. Aus dem Kampf des Guten und Bösen entsteht die
Entwicklungsrichtung nach vorwärts; auch das Böse kann Vehikel des objektiven Fortschritts sein. Der berühmte Ausspruch des Mephistopheles über sich
selbst: ‹Ein Teil von jener Kraft, die stets das Böse will und stets das Gute
schafft›, ist nur der prägnanteste Ausdruck dieser Goetheschen Weltanschauung.

Freilich ist diese keineswegs eine Originalerfindung Goethes. Sie ist bei vielen Aufklärern, besonders bei jenen, die ein lebendiges Interesse für die spezifischen Seiten der kapitalistischen Entwicklung gehabt haben (Mandeville), klar ausgesprochen worden. Zur Grundlage des neuen dialektischen Fortschrittsglaubens nach der Französischen Revolution ist diese Anschauung aber erst im ‹Faust› und in der Geschichtsphilosophie Hegels als ‹List der Vernunft› geworden.

So entsteht ein Kampf mit ständig schwankenden Ergebnissen, eine ununterbrochene Gefahr für Faust: im Bösen können Keime des Guten verborgen sein, aber zugleich kann im erhabensten Gefühl Satanisches stecken, oder es kann Satanisches daraus werden. Dieses Balancieren auf des Messers Schneide macht die innere Dramatik der Faustdichtung aus. Aber wie in jeder dramatischen, tragischen Weisheit entsteht aus diesem ständigen, gefahrvollen Schwanken kein Nihilismus: Goethe hebt den moralisch-sozialen Relativismus dichterisch ebenso als Moment in die Gesamtdialektik auf, wie dies Hegel philosophisch tut.

Es ist kein Zufall, daß diese neue Form der Dialektik des Guten und Bösen von den scharfsinnigsten Beobachtern der kapitalistischen Entwicklung zuerst wahrgenommen wurde. Die nackte Goldgier Satans ist etwas Breites und Allgemeines, etwas, das für alle Klassengesellschaften gültig ist. Erst bei Mephistopheles wird die spezifisch kapitalistische Bedeutung des Geldes als ‹Verlängerung› des Menschen, als seine Macht über Menschen und Umstände dargestellt:

> Wenn ich sechs Hengste zahlen kann,
> Sind ihre Kräfte nicht die meine?
> Ich renne zu und bin ein rechter Mann,
> Als hätt' ich vierundzwanzig Beine.

Der junge Marx hat die Bedeutung dieser Stelle für die Charakteristik des Kapitalismus erkannt. Er analysiert sie in seinen ‹ökonomisch philosophischen Manuskripten› folgendermaßen: ‹Was durch das *Geld* für mich ist, was ich zahlen, d. h. was das Geld kaufen kann, das *bin ich*, der Besitzer des Geldes selbst. So groß die Kraft des Geldes, so groß ist meine Kraft. Die Eigenschaften des Geldes sind meine – seines Besitzers – Eigenschaften und Wesenskräfte. Das, was ich *bin* und *vermag*, ist also keineswegs durch meine Individualität bestimmt. Ich *bin* häßlich, aber ich kann mir die *schönste* Frau kaufen. Also bin ich nicht *häßlich*, denn die Wirkung der *Häßlichkeit*, ihre abschreckende Kraft ist durch das Geld vernichtet. Ich – meiner Individualität nach – bin *lahm*; aber das Geld verschafft mir 24 Füße; ich bin also nicht lahm; ich bin ein schlechter, unehrlicher, gewissenloser, geistloser Mensch, aber das Geld ist geehrt, also auch sein Besitzer. Das Geld ist das höchste Gut, also ist sein Besitzer gut, das Geld überhebt mich überdem der Mühe, unehrlich zu sein; ich werde also als ehrlich präsumiert; ich bin *geistlos*, aber das Geld ist der *wirkliche Geist* aller Dinge, wie sollte sein Besitzer geistlos sein? Zudem kann er sich die geistreichen Leute kaufen, und wer die Macht über die Geistreichen hat, ist der nicht geistreicher als der Geistreiche! Ich, der durch das Geld *alles*, wonach ein menschliches Herz sich sehnt, vermag, besitze ich nicht alle menschlichen Vermögen? Verwandelt also mein Geld nicht alle Unvermögen in ihr Gegenteil?›

Betrachtet man die magischen Wirkungen des Mephistopheles, insbesondere im ersten Teil, so hat man, dem Wesen nach, diese durch Marx analysierte zauberhafte Vergrößerung des menschlichen Aktionsradius durch das Geld vor sich. Im zweiten Teil tritt, wie wir gesehen haben, Mephistopheles in den antiken Partien sehr zurück. In den anderen Szenen des zweiten Teils konkretisiert sich jedoch, entsprechend der Verwandlung der ganzen Szenerie in die der ‹großen Welt›, diese seine Rolle ins ausgesprochen Gesellschaftliche. So wird, wie wir bereits gesehen haben, Mephistopheles in der zerfallenden feudalen Welt zum Erfinder des Papiergeldes, des Symbols der Geldherrschaft über diese Verhältnisse überhaupt, die durch das Eindringen des Geldes ohne Umwälzung der Produktionsverhältnisse, ohne Entwicklung der Produktionskräfte zu einer beschleunigten Erstarrung und Verfaulung geführt werden.

Endlich erlangt Faust durch diese Magie des Mephistopheles sein Tätigkeitsfeld zur Unterwerfung der Natur unter die menschliche Praxis. Hier jedoch wird Mephistopheles wieder ein unabtrennbarer Genosse seines erhabensten Strebens. Durch Mephistopheles' Hilfe entsteht nicht nur das kapitalistische ‹*Intermundium*› im Feudalismus, sondern auch dessen Ausbreitung; seine Blüte ist dieser Hilfe des Teufels schuldig. Faust läßt einen Hafen bauen und entfaltet einen lebhaften Handel, dessen durchführendes Organ Mephistopheles auf diese Weise ist:

> Das freie Meer befreit den Geist . . .
> Da fördert nur ein rascher Griff,
> Man fängt den Fisch, man fängt ein Schiff,
> Und ist man erst der Herr zu drei,
> Dann hakelt man das vierte bei;
> Da geht es denn dem fünften schlecht,
> Man hat Gewalt, so hat man Recht.
> Man fragt ums Was, und nicht ums Wie.
> Ich müßte keine Schiffahrt kennen:
> Krieg, Handel und Piraterie,
> Dreieinig sind sie, nicht zu trennen.

Eine ähnliche Hilfe leistet er dem Faust, als diesem der idyllische Kleinbesitz von Philemon und Baucis zur Abrundung seiner Güter im Wege steht. Faust möchte die armen alten Leute entschädigen und anderswohin verpflanzen. Sie willigen aber nicht ein, und so endet die von Mephistopheles und dessen Gehilfen durchgeführte Enteignung mit Brand und Totschlag. Überall kommen in der Hilfe, die Mephistopheles Faust leistet und ohne die Fausts großes Werk undurchführbar wäre, jene Züge zum Vorschein, die die sogenannte ‹ursprüngliche Akkumulation› des Kapitals charakterisieren und von den bedeutenden englischen Schriftstellern des 18. Jahrhunderts belletristisch und publizistisch ausgezeichnet dargestellt worden sind: aber erst in Mephistopheles konzentrieren sich alle diese Züge in einer symbolischen dichterischen Gestalt.

Daß bei Mephistopheles die teuflisch-zynischen Momente des Kapitalismus auf diese Weise in den Vordergrund treten, bedeutet nun nicht, daß er etwa der ‹Repräsentant› des Kapitalismus oder auch nur seiner ‹schlechten Seiten› wäre; die gewissermaßen kapitalistische Basis der Mephistopheles-Figur muß hier deshalb energisch hervorgehoben werden, weil in der Faustliteratur – mit Ausnahme der von uns zitierten Bemerkungen von Marx – das Verständnis für dieses entscheidende Moment seines Charakters naturgemäß vollständig fehlt. (Daß einzelne romantisch-reaktionäre Kritiker, wie W. von Schütz, diese Fragen streiften, besagt sehr wenig, da sich bei ihnen alles in Verzerrungen zeigt.) Das von Goethe gestaltete geistig moralische Duell zwischen Faust und Mephistopheles reicht aber notwendigerweise weit über diese von uns skizzierte Basis hinaus, wenn man auch den größten Teil seiner Erscheinungen durch mehr oder minder komplizierte Vermittlungen auf sie zurückführen kann. Dieses Duell erstreckt sich auf alle wichtigen Fragen des menschlichen Lebens. Es zeigt im Einwirken der mephistophelischen Elemente und Tendenzen auf Fausts Seele ein bewegt dramatisches Auf und Ab, und erst der ganze Ablauf des Kampfes erteilt die Antwort auf die Wette zwischen Gott und Teufel, zeigt die Lösung des Schicksals von Faust, ergibt die Goethesche Perspektive der Zukunftsaussichten des Menschengeschlechts.

Gold und Geschlechtlichkeit: darauf reduziert sich die ‹Weisheit› des Goetheschen Satans; sein Ziel, dem die Magie, der Zynismus von Mephistopheles dienen, ist die Vertierung der Menschheit, das Aufrichten eines ‹geistigen Tierreichs› (Hegel).

Hier ist der Unterschied zur Sage besonders augenfällig. Für die mittelalterliche Religiosität – und die Lutherische Orthodoxie bewahrt in dieser Hinsicht sehr viel aus dem Mittelalter – ist die Sinnlichkeit, das naturhafte Dasein des Menschen, sündhaft; dementsprechend ist auch die Natur selbst ein Herrschaftsbereich des Teufels; der Satan ist Herr des Diesseits, ‹der Reiche der Welt und ihrer Herrlichkeiten›, und nur indem der Mensch den asketischen Geboten des christlichen Jenseits folgt, kann er den Teufel bezähmen. Für die Aufklärung hingegen, für den aus ihr herausgewachsenen Goethe besteht eine völlig entgegengesetzte Beziehung zur Natur, sowohl zur äußeren Natur, die das Feld der menschlichen Erkenntnis und Tätigkeit bildet, wie für des Menschen eigenes naturgegebenes Wesen. Beide sind für Goethe die organische Grundlage jeder menschlichen Entwicklung und Größe. Darum steht Goethe nicht nur feindlich zu den offen hervortretenden Überresten der mittelalterlichen Weltanschauung, sondern lehnt auch bei seinen sonst progressiven Zeitgenossen alles ab, was nur entfernt daran erinnert. Darum ist es auch völlig falsch, aus dem ‹Faust› irgendeinen wesentlichen Zusammenhang zwischen Goethe und Kant herauslesen zu wollen, wie dies viele Ausleger tun. Goethe lehnt einerseits von früher Jugend an die Kantsche Unerkennbarkeit der Natur, des Dinges an sich ab (er schreibt z. B. in einem Briefgedicht an Merck: ‹Sieh, so ist die Natur lebendig – unverstanden, doch nicht unverständlich›); aber womöglich noch leidenschaftlicher lehnt er die Kantsche Auffassung vom ‹radikal Bösen› in der empirisch-sinnlichen Natur des Menschen ab.

Scheinbar widerspricht dieser Gegenüberstellung die von uns bereits analysierte tragische Erdgeist-Szene. Aber es muß hier nochmals hervorgehoben werden, daß der Erdgeist über sich selbst nichts anderes aussagt als das, was den Kernpunkt der Naturphilosophie Goethes bildet: die ununterbrochene Wandlung und Selbsterneuerung der Natur. Und worin lehnt der Erdgeist die Verwandtschaft mit Faust ab? Welche Erkenntnis hält er für unmöglich? Die unmittelbar mystische Identifikation von Mensch und Natur, die der junge Goethe hier als heroischen, tragisch vergeblichen Weg der Erkenntnis gestaltet und zugleich überwindet.

Auch diese Überwindung ist uns bereits bekannt. Ihre erste Etappe ist die Szene ‹Wald und Höhle›, in der die jugendliche Form der Unmittelbarkeit bereits überholt und der wirkliche Weg zur Naturerkenntnis beschritten ist. Aber Faust (und mit ihm Goethe) befindet sich noch, nach Goethes eigenen Worten, im ‹philosophischen Naturzustand›: diese Erkenntnis vermag für das Leben Fausts noch nicht als Richtschnur zu dienen. Sie führt ihn im Gegenteil in eine andere Tragik. (Wir werden später sehen, daß diese Szene nicht zufällig die Peripetie der Gretchen-Tragödie bildet.)

Auch der nächsten Etappe, der Eröffnungsszene des zweiten Teils, sind wir in unseren Betrachtungen bereits begegnet. Goethe zeigt hier die menschenjenseitige, moraljenseitige Heilkraft der Natur. Er gibt hier aber zugleich eine deutlichere und konkretere Antwort auf das tragische Dilemma der Erdgeist-Szene. Der geheilte Faust sieht den Aufgang der Sonne. Geblendet von ihren Strahlen – wie seinerzeit von der Erscheinung des Erdgeistes –, muß er sich wegwenden. Hier entsteht jedoch kein tragischer Konflikt mehr. Faust meint nicht mehr, daß er von der Erkenntnis und vom Genuß der Natur ausgeschlossen ist. Er bleibt – ‹die Sonne mir im Rücken› – in freudig erkennendem Verhalten der Natur gegenüber: ‹Am farbigen Abglanz haben wir das Leben.› Hier ist die Neugeburt der Naturphilosophie in enger Verbindung mit dem Entstehen der neuen Schönheitslehre dichterisch gestaltet: jene Periode in der Entwicklung der Naturerkenntnis, die der junge Marx den ‹aufrichtigen Jugendgedanken› Schellings genannt hat. Und das Ganze bildet ebenso das philosophische Vorspiel zur Helena-Tragödie, wie ‹Wald und Höhle› die Peripetie der Gretchen-Tragödie war.

Die beiden eben erwähnten Szenen, so wichtig sie für die Gesamtkomposition auch sind, sind zusammenfassende Ruhepunkte, Wendepunkte, Überlegungspunkte und nicht an und für sich dramatisch. Beide sind monologisch aufgebaut; in beiden ist Mephistopheles nicht anwesend. (In ‹Wald und Höhle› erscheint er später, in der letztgenannten Szene überhaupt nicht.) Nur am Anfang des ‹Faust› ist das erkennende Verhalten zur Natur Mittelpunkt der Tragik; erst am Ende treffen Naturerkenntnis und gesellschaftliche Praxis zusammen und bilden die Grundlage zur letzten entscheidenden Auseinandersetzung zwischen Faust und Mephistopheles.

Die richtige Erkenntnis der Goetheschen Beziehung zur Natur ist nicht nur für den weltanschaulichen Aufbau des ‹Faust› sehr wichtig; sie ist unerläßlich für das Verstehen des Verhältnisses zwischen Faust und Mephistopheles. Es gibt nämlich eine ganze – von Kuno Fischer eingeleitete – Schule von Fausterklärern, die Mephistopheles als Abgesandten des Erdgeistes auffassen. Abgesehen von der praktischen Wertlosigkeit dieser Hypothese (sie macht den Prolog im Himmel sinnlos und zeigt allenfalls, daß Goethe so nachlässig gearbeitet hat, daß er Überreste einer überwundenen Auffassung unverändert in dem umgestalteten Werk stehenließ), verkehrt sie die ganze Goethesche Naturauffassung ins Christlich-Mittelalterliche: denn in diesem Fall ist der Erdgeist kein Naturprinzip, sondern ein Prinzip des Teuflischen. Das ist eine Wiedergeburt der lutherisch-orthodoxen Tendenzen in der überlieferten Faustsage und hat mit Goethe nichts zu tun.

Die Goethesche Naturauffassung hat als Zentralgedanken die Unabhängigkeit der Natur vom Menschen, von seinen moralischen und anderen Gesichtspunkten. Allerdings folgt aus der Tatsache, daß sich die so aufgefaßte Natur in der Anfangsszene des zweiten Teils heilend äußert, keineswegs eine idyllische Naturauffassung Goethes. Der Abschluß der ganzen Tragödie ist vielmehr ein heftiger und abwechslungsreicher Kampf des Menschen mit den Naturkräften. Und wenn Mephistopheles am Ende die Zerstörung von Fausts ganzem Lebenswerk durch die Naturkräfte als Perspektive aufstellt, so drückt er damit – sarkastisch übertrieben, aber doch richtig – eine Seite der Natur und Goethes Auffassung über sie aus. Goethe selbst spricht davon, daß seine Balladendichtung ein künstlerisch anregendes Moment zur Wiederaufnahme der Arbeit am ‹Faust› gebildet hat. Man muß nur an Balladen wie ‹Erlkönig› denken, um zu erkennen, wie sehr auch Goethe die nichtidyllische, die unheimlich schöne, die lockend und drohend zerstörerische Seite der Natur sah und dichterisch adäquat gestaltete.

Freilich stellen diese Balladen Goethes nicht nur die Natur an sich, sondern auch die innere und äußere Wechselwirkung zwischen ihr und dem Menschen dar. Dabei ist für Goethe immer der Kampf um das Beherrschen der Natur wichtig; wesentlich sind immer jene tragischen und tragikomischen Konflikte, die aus der Entfesselung von Kräften entstehen, die selbsttätig zerstörerisch wirksam sind, wenn ihr innerstes Geheimnis, ihre Gesetzlichkeit vom Menschen nicht erkannt wird (Zauberlehrling).

Auch hier läuft der grundlegende Gedankengang Goethes parallel mit dem Hegels; im menschlichen Handeln entsteht objektiv immer wieder etwas anderes, als die Menschen in ihrer Leidenschaft gewollt haben; die Bewegung, die Entwicklung der menschlichen Gesellschaft geht von den Leidenschaften der Individuen aus, ihre Resultate gehen jedoch über die Individuen hinaus und machen den handelnden Menschen von den Konsequenzen seiner eigenen Taten abhängig. Diese Auffassung durchzieht den ganzen Aufbau des ‹Faust› und ist mit ein Grund, weshalb Goethe über die bloß individuelle Moral denkerisch und gestalterisch hinausgehen mußte. Mephistopheles sagt:

> Am Ende hängen wir doch ab
> Von Kreaturen, die wir machten.

Im Netz solcher Bestimmungen lebt der Mensch nach Goethes Auffassung; er ist zugleich selbst ein Stück Natur, ein Mikrokosmos, in dem die gleichen Naturkräfte wirksam sind wie im Makrokosmos. Die menschlichen Leidenschaften betrachtet Goethe als eine Art von Naturkräften, die — unmittelbar angesehen — aus unbekannten Ursprüngen entstehen, an einem (zufällig scheinenden) Anlaß sich entzünden und, freigelassen, einem nicht berechenbaren Ziel entgegenstürmen.

Aber die Leidenschaft ist für Goethe nur naturhaft, nicht einfach identisch mit der Natur. Die Leidenschaften umspannen ja das ganze Kulturleben, beziehen sich auf deren höchste Objekte; ein Fortschritt der Kultur, zugleich aber auch ihre Gefährdung, ihre Zerstörung, ihre Verwandlung in Chaos und Barbarei sind unmöglich ohne Leidenschaft. Das Beherrschen der Leidenschaft, ihre Veredlung, ihre Lenkung zu den wirklich großen Zielen der menschlichen Gattung: das ist Goethes Ethik! Goethe ist nie amoralisch, wie es kantianische Spießbürger gemeint haben; noch weniger asozial, wie es radikale Philister behaupteten. Seine Moral sucht den Weg, auf welchem *jede* Leidenschaft sich im Interesse der Gattung ausleben, entwickeln kann. Unter Beherrschung der Leidenschaften versteht er nicht ihre engherzig asketische Unterdrückung wie Kant, sondern es schwebt ihm — wie den großen Renaissancemenschen, wie auch Fourier — ein Zustand der Menschen und menschlichen Beziehungen vor, in dem die Wechselwirkung der Menschen untereinander, die Erprobung der Leidenschaften in der menschlichen Tätigkeit die Menschen zum wirklichen Bewußtsein ihrer selbst, das heißt zum vollständigen Entfalten all ihrer Fähigkeiten, zum harmonischen Gleichgewicht der sich auslebenden Leidenschaften führen würde, und zwar so, daß die innere Harmonie des Menschen die Triebkraft seines Einklangs mit seinen Mitmenschen wäre.

Goethe ist sich des notwendig konfliktreichen, ja tragischen Charakters dieser Bestrebungen in seiner Zeit klar. Aber die Erkenntnis der Tragik bedeutet für ihn keinen Verzicht auf diese Bestrebungen. Teils entwirft er utopische Bilder von menschlichen Beziehungen, gesellschaftlichen Zuständen, in denen ihm solche Tendenzen realisierbar erscheinen (beide ‹Wilhelm Meister› sollen, in verschiedener Weise, die Frage beantworten), teils gestaltet er individuelle Wege, auf denen ein (relatives) Maximum, eine (relative) Unversehrtheit dieser Entwicklungsmöglichkeiten verwirklicht wird. ‹Fausts› ist eine dichterische Synthese beider Tendenzen.

Nur von hier aus betrachtet wird das Duell Faust-Mephistopheles verständlich. Der ‹Prolog im Himmel› formuliert das Problem Gut-Böse (Gott-Teufel) objektiv für das ganze Menschengeschlecht; das Schicksal Fausts erscheint hier nur als ein Beispiel. Über diese Wette gibt es in der Faustliteratur verhältnismäßig wenig Streit, um so mehr über ihre subjektiv-moralische Verwirklichung. Es taucht bei den Kommentatoren immer wieder die Frage auf, ob Mephistopheles nicht doch eigentlich die Wette mit Faust gewonnen habe, ob Fausts letzte Worte (‹Verweile doch, du bist so schön!›) nicht doch eine Erfüllung der Bedingungen bedeuten.

In Wirklichkeit ist das Zusammentreffen Fausts und Mephistopheles' auch in der Wette nur eine Begegnung auf dem Kampffeld, ein Kreuzen der Waffen; obwohl sie sich zur Wette verstehen, verstehen sie unter den gleichen Worten völlig Entgegengesetztes. Mephistopheles bietet Faust die Lebensfreuden, den vollen Genuß des Lebens an, was nicht nur zum bisherigen Gelehrtendasein Fausts positiv kontrastiert, sondern — abstrakt gesehen — der Sehnsucht Fausts entspricht. Aber nur abstrakt gesehen. Konkret schwebt Faust etwas ganz anderes vor: nicht Lebensgenuß (dies ist nur Mittel und Weg), sondern Erfüllung, Entfaltung all seiner individuellen Möglichkeiten, ihre Erprobung an der Welt, Durchdringen, Erkennen und Unterwerfen der Wirklichkeit. Der sowohl von der abstrakten wie von der unmittelbar intuitiven Erkenntnis enttäuschte, zur Verzweiflung getriebene Faust ist leidenschaftlich anti-asketisch gestimmt. Aber auch jetzt, obwohl er noch keine volle Klarheit über seine innersten Tendenzen hat, verachtet er den bloßen Hedonismus, den Lebensgenuß um des sinnlichen Genusses willen, das Leben im Sinne des Mephistopheles.

Die Art, wie Goethe das Leben und den Lebensgenuß versteht, ist vielfach mißdeutet worden, obwohl er sich darüber immer wieder in der unzweideutigsten Weise geäußert hat. Ich führe nur ein Beispiel an, eine Stelle aus einem Brief, in den ersten Weimarer Jahren an Lavater geschrieben:

‹... So habe ich doch ein Musterstückchen des bunten Treibens der Welt recht herzlich mitgenossen. Verdruß, Hoffnung, Liebe, Arbeit, Not, Abenteuer, Langeweile, Haß, Albernheiten, Torheit, Freude, Erwartetes und Unversehenes, Flaches und Tiefes, wie die Würfel fallen ...›

Diese Goethesche Auffassung des Lebens, des Lebensgenusses klingt in Fausts Worten, die die Wette mit Mephistopheles einleiten:

> Werd' ich beruhigt je mich auf ein Faulbett legen,
> So sei es gleich um mich getan!
> Kannst du mich schmeichelnd je belügen,
> Daß ich mir selbst gefallen mag,
> Kannst du mich mit Genuß betrügen:
> Das sei für mich der letzte Tag!
> Die Wette biet' ich!

Das ‹Verweile doch› ist als die Erfüllung *dieser* Sehnsucht gedacht. Sie ist jedoch nach Goethes Auffassung der Wirklichkeit, seiner Wirklichkeit, nicht erfüllbar. Und sie wird auch im Gedicht nicht erfüllt. Die letzten Worte Fausts sind eine Phantasie, eine Zukunftsvision. In bezug auf diese, und *nur auf diese*, nicht auf die Gegenwart des erlebten Augenblicks, sagt er:

> Zum Augenblicke dürft' ich sagen:
> Verweile doch! Du bist so schön...
> Im Vorgefühl von solchem hohen Glück
> Genieß' ich jetzt den höchsten Augenblick.

Goethe betont hier, wie in den unmittelbar vorhergehenden Versen, auch sprachlich die Ungegenwärtigkeit, das Optative der Erfüllung. (Er sagt: ‹möchte›, ‹dürfte›, ‹im Vorgefühl›.) Und das wird noch durch die Replik von Mephistopheles illustriert und unterstrichen. Für ihn ist die Begeisterung Fausts völlig unverständlich. Er sieht hier überhaupt keine Erfüllung, keinen Lebensgenuß; er betrachtet die Begeisterung des alten Faust als einen Zustand der Altersverwirrung:

> Den letzten, schlechten, leeren Augenblick,
> Der Arme wünscht ihn festzuhalten.
> Der mir so kräftig widerstand,
> Die Zeit wird Herr, der Greis hier liegt im Sand.
> Die Uhr steht still —

Hier ist der Ablauf des Kampfes zwischen beiden ganz klar: Faust hat niemals, wie Mephistopheles mit ihm vorhatte, ‹Staub gefressen›; die Erfüllung, die er in einer Vision, nicht in Wirklichkeit, vor sich sieht, hat mit jenem Lebensgenuß, den Mephistopheles meint, nichts zu tun und hat nie etwas damit zu tun gehabt. In der Frage, was Lebensgenuß bedeutet, haben Faust und Mephistopheles stets aneinander vorbeigesprochen.

Trotzdem ist ihr Duell kein Scheinkampf. Denn mephistophelische Momente sind auch in den erhabensten Augenblicken Fausts enthalten; der zynische Hohn Mephistopheles' trifft oft ins Zentrum der seelischen Kämpfe Fausts; es ist keineswegs immer entschieden, ob Mephistopheles im Einzelfall recht oder unrecht hat, ja ob er im Kampf überhaupt unterliegen wird.

Freilich entsteht in verschiedenen Lagen eine verschiedene Nähe und Ferne, eine verschiedene Lagerung der spezifischen Gewichte. Und der Rhythmus von Fausts Bedrohtsein durch Mephistopheles bildet keineswegs eine einfach absteigende Linie, noch weniger ist dieser Rhythmus der gleiche wie der der jeweiligen hohen oder niedrigen, privaten oder öffentlichen Sphären der Handlung. In der ‹Hexenküche›, in ‹Auerbachs Keller›, wie in der ‹Walpurgisnacht› (die ihrem ideellen Gehalt nach nur eine phantastische Potenzierung der beiden ersten Szenen darstellt) ist Mephistopheles der Führer, Faust hingegen ist ein manchmal interessierter, manchmal gelangweilter Zuschauer. Ebenso geht Faust — die Helena-Aufführung ausgenommen — durch die Hofszenen mehr hindurch, als daß er sich an ihnen innerlich beteiligte; Mephistopheles ist auch hier die aktive Hauptperson. Alle die hier aufgewirbelten niedrigen Instinkte der bloßen Sinneslust (Fressen, Saufen, Huren), alle kleinlichen Ambitionen der Karriere (in ihrer historischen Form als Zauberei, Scharlatanerie) berühren das Wesenszentrum Fausts nie entscheidend. Anderseits ist, wie wir gesehen haben, die Rolle Mephistopheles' in der Wiedergeburt der Antike auf die eines Chores reduziert. Dabei muß hier zum Verständnis der Goetheschen Auffassung von Lebensgenuß und Sinnlichkeit hervorgehoben werden, daß Goethe die Liebe Fausts zu Helena in antik naiver, offen zutage tretender, nichts verheimlichender Sinnlichkeit gestaltet, was die moralische Entrüstung beispielsweise F. Th. Vischers hervorgerufen hat. Der Gegensatz zwischen Faust und Mephistopheles ist also keineswegs der Gegensatz von Asketik und Sinneslust, sondern die konkrete und reale Dialektik des Menschlichen und Teuflischen innerhalb des sinnlichen Lebensgenusses.

Das Duell Faust-Mephistopheles hat dementsprechend – abgesehen von diesen, gerade in ihrer Negativität ästhetisch-moralisch äußerst wichtigen Zwischenspielen – drei Höhepunkte: die Wette, über die wir soeben gesprochen haben, die Gretchen-Tragödie und die Etappe der praktischen Tätigkeit Fausts.

In der Gretchen-Tragödie kulminieren alle Probleme der ‹kleinen Welt›, der Entwicklung der Persönlichkeit als solcher; Gesellschaft und Geschichte figurieren nur als Hintergrund, als Milieu. Die Bedeutung dieser Tragödie ist, zumal der Abschluß des ganzen Werkes nur aus ihr verstanden werden kann, so groß, daß wir sie besonders behandeln müssen. Hier können wir nur der dem Mephistopheles zugewandten Seite einige Bemerkungen widmen.

Wir sagten: Faust geht durch Auerbachs Keller als gelangweilter Zuschauer, die dort unverhüllt hervortretende bloße Sinnlichkeit hat mit seiner Sehnsucht nach Leben wenig zu tun. Dennoch – und dies ist ein sehr tiefer, ‹phänomenologischer› Zug – beginnt die Liebe Fausts zu Gretchen nicht von vornherein als jene hohe und entscheidende menschliche Beziehung, zu der sie im Lauf der Handlung wird. Faust durchläuft vielmehr alle wesentlichen Etappen der individuellen Liebe von der ordinärsten Sinnenlust mit ihren zynisch unmenschlichen Begleiterscheinungen bis zur echten und tragischen seelisch-sinnlichen Liebesleidenschaft. (Auch hier wird in der Entwicklung der Liebesleidenschaft Fausts die Entwicklungsgeschichte der Liebe im Menschengeschlecht in Abbreviatur dargestellt: das unterscheidet die Gretchen-Tragödie von den anderen Gestaltungen der Liebe beim jungen Goethe.) Und da – worüber später ausführlich gesprochen wird – für die Liebe in der Klassengesellschaft (besonders wenn, wie hier, gesellschaftliche Lage und Bildung der Liebenden sehr verschieden sind) Momente des Mephistopheles fast unaustilgbar sind, wächst die Intensität des Kampfes zwischen Faust und Mephistopheles gerade mit dem Intensivwerden und der Höherentwicklung der Liebe. Darum nannten wir früher die Szene ‹Wald und Höhle› die Peripetie für die Liebe Fausts zu Gretchen. Faust flieht vor dieser Liebe in die Einsamkeit, Liebesenthusiasmus und Naturbetrachtung geben ihm jenen geistig-seelischen Aufschwung, in dem er die Erdgeist-Tragödie innerlich überwindet. Zugleich steht seine echte und hohe

Liebe zu Gretchen in Flammen. Er flieht vor Gretchen, um sie zu schonen und zu retten, zugleich jedoch brennt er in Sehnsucht nach ihr. Und wenn nun Mephistopheles hier jeden Aufschwung zynisch als Selbstbetrug entlarvt, wenn er nur das nackt sinnliche Fazit der Sehnsucht Fausts sieht, so trifft er, wenn auch nicht das innerste Zentrum, so doch wenigstens eine zentrale Frage des inneren Konflikts bei Faust.

Mephistopheles: Verschwunden ganz der Erdensohn,
                    Und dann die hohe Intuition —
                          (Mit einer Gebärde)
                    Ich darf nicht sagen, wie — zu schließen.
Faust: Pfui über dich!
Mephistopheles: Das will Euch nicht behagen;
                    Ihr habt das Recht, gesittet pfui zu sagen.
                    Man darf das nicht vor keuschen Ohren nennen,
                    Was keusche Herzen nicht entbehren können.

Das relative Recht Mephistopheles' ist hier klar. Sehr ähnlich in der erschütternden Prosaszene ‹Trüber Tag›, wo seine Worte ‹Sie ist die erste nicht› und ‹Wer war's, der sie ins Verderben stürzte? Ich oder du?› wirklich das Zentrum des moralischen Konflikts in Faust beleuchten, wo der von Reue zerrissene Faust kein Wort der Erwiderung finden kann, denn Mephistopheles ist ihm gegenüber ganz im Recht.

Die Breite und die Tiefe der Goetheschen Gestaltung dieser Liebestragödie zeigt sich darin, daß durch sie sämtliche Probleme des moralischen Lebens, direkt oder indirekt, zur Sprache kommen und daß Mephistopheles fast überall mit großer Berechtigung gegenüber den Skrupeln und dem Pathos Fausts seinen Zynismus geltend machen kann. Wir führen nur ein Beispiel an. Mephistopheles braucht von Faust zur Verführung Gretchens ein falsches Zeugnis über den Tod des Gatten der Marthe Schwerdtlein. Faust weigert sich zuerst, falsches Zeugnis abzulegen. Worauf Mephistopheles in interessanter und tiefer Weise nicht mit der praktischen Notwendigkeit zur Durchführung des Planes argumentiert, sondern ein für Faust viel zentraleres Problem aufwirft:

      O heil'ger Mann! Da wär't Ihr's nun!
      Ist es das erste Mal in Eurem Leben,
      Daß Ihr falsch Zeugnis abgelegt?
      Habt Ihr von Gott, der Welt und was sich drin bewegt,
      Vom Menschen, was sich ihm in Kopf und Herzen regt,
      Definitionen nicht mit großer Kraft gegeben?
      Mit frecher Stirne, kühner Brust?
      Und wollt Ihr recht ins Innre gehen,
      Habt Ihr davon, Ihr müßt es grad' gestehen,
      So viel als von Herrn Schwerdtleins Tod gewußt!

So wird von Mephistopheles die ganze Liebestragödie, im weitesten Sinne des Wortes, umkreist. Er kann zwar nicht in den innersten Kern der Liebe eindringen – er gesteht selbst, daß er auf Gretchen unmittelbar keinen Einfluß auszuüben vermag –, aber das Ganze ist doch überall durchsetzt von seinen teuflischen Wirkungen und Elementen. Sein furchtbares ‹Her zu mir!› am Schluß des ersten Teils, das von manchen als ein voller Sieg über Faust aufgefaßt wurde, folgt ästhetisch-moralisch notwendig aus einer solchen Gesamtlage.

Ganz anders, äußerlich monologischer, innerlich vielleicht noch dramatischer und tragischer, wickeln sich die Schlußszenen des zweiten Teils ab. Sie sind vorwiegend monologisch gestaltet, denn am entscheidenden inneren Kampf gegen Mephistopheles, am tragischsten Ringen Fausts mit ihm, nimmt Mephistopheles persönlich nicht unmittelbar teil. Faust hat sich, wie wir gesehen haben, der Praxis, dem Beherrschen der Natur zugewandt. Sogar das ästhetische Genießen der Welt hat er überwunden, es freilich als unverlierbar aufgehobenes Moment mitgenommen. Aber die Praxis, der wirkliche, der einzig mögliche Ausweg des Menschengeschlechts aus dem teuflisch-magischen Chaos des Mittelalters, ist vom Geist des Mephistopheles noch stärker bedroht als die individuelle Liebe. Man denke an seine bereits analysierte, tief innerliche Beziehung zum Kapitalismus.

Die Schuld Fausts – beispielsweise an der Vernichtung von Philemon und Baucis – ist hier nicht, wie in der Gretchen-Tragödie, individuell. Sie so aufzufassen ist die Flachheit der meisten Kommentatoren. Faust fluchte zwar nach dem Tod von Philemon und Baucis auf Mephistopheles, aber seine folgenden inneren Kämpfe haben nichts mehr mit einer individuellen moralischen Reue zu tun wie zur Zeit der Rettungsversuche Gretchens; sie gehen tiefer, sie richten sich auf den *Gesamtzusammenhang*, auf die gesellschaftlich-menschliche *Grundlage* seiner ganzen Handlungsweise, seiner ganzen Situation, aus der die Vernichtung von Philemon und Baucis notwendig entsprang. Seine Betrachtungen gehen deshalb auch gar nicht mehr auf den auslösenden Einzelfall ein.

Was Faust hier personifiziert entgegentritt, ist die Sorge. Diese ist ihrem geistigen Gehalt nach eine Abgesandte Mephistopheles': Sinn und Inhalt ihres Auftretens ist die Vergeblichkeit aller menschlichen Bestrebungen nach dem Besseren, nur daß bei ihr diese Tendenz nicht höhnisch-zynisch wie bei Mephistopheles zum Ausdruck kommt, sondern in offener, trostlos pessimistischer Form. Sie verkörpert die innere Verzweiflung über die Unvollstreckbarkeit der menschlichen Bestrebungen, über die Einsicht in deren – hegelianisch gesprochen – ‹schlechte Unendlichkeit›, deren prinzipielle Unvollendbarkeit:

> Wen ich einmal mir besitze,
> Dem ist alle Welt nichts nütze;
> Ewiges Düstre steigt herunter,
> Sonne geht nicht auf noch unter...
> Er verhungert in der Fülle;

> Sei es Wonne, sei es Plage,
> Schiebt er's zu dem andern Tage,
> Ist der Zukunft nur gewärtig,
> Und so wird er niemals fertig.

Faust weist auch diese Versuchung, die in offene Trostlosigkeit gewendete zynische ‹Weisheit› des Mephistopheles entschlossen von sich, allerdings nicht ohne zu fühlen, daß auch hier eine weitgehend zutreffende teuflische Karikatur seiner tiefsten Bestrebungen ausgesprochen wurde.

> Fahr hin! Die schlechte Litanei,
> Sie könnte selbst den klügsten Mann betören.

Denn er ist sich bewußt, unmittelbar vorher als tiefsten seelischen Inhalt ausgesprochen zu haben:

> Im Weiterschreiten find' er Qual und Glück,
> Er, unbefriedigt jeden Augenblick!

Die Sorge hat also keine seelische oder moralische Macht über Faust. Sie kann ihn nur physisch, nicht aber, wie die meisten anderen Menschen, geistig blind machen.

Dieser siegreich bestandene Kampf verflicht sich aber sehr eng mit einem anderen, in dem Faust nur rein subjektiv, nur der Tendenz, nur dem Bestreben nach, die Oberhand hat. Nach der Philemon-und-Baucis-Episode, vor dem Erscheinen der Sorge, nachdem er bereits verdächtig spukhafte Stimmen, darunter die der Sorge, vor seiner Tür vernommen hat, will Faust ein Resümee seines Lebens ziehen und ein neues Programm aufstellen:

> Noch hab' ich mich ins Freie nicht gekämpft.
> Könnt' ich Magie von meinem Pfad entfernen,
> Die Zaubersprüche ganz und gar verlernen,
> Stünd' ich, Natur, vor dir ein Mann allein,
> Da wär's der Mühe wert, ein Mensch zu sein. —
> Das war ich sonst, eh' ich's im Düstern suchte,
> Mit Frevelwort mich und die Welt verfluchte.
> Nun ist die Luft von solchem Spuk so voll,
> Daß niemand weiß, wie er ihn meiden soll.

Es ist dies das *erstemal*, daß Faust ausdrücklich auf den Pakt mit Mephistopheles zu sprechen kommt, daß er der mephistophelischen Magie zu entsagen entschlossen ist.

Subjektiv, in bezug auf seine inneren moralischen Probleme, gelingt es ihm in der Szene mit der Sorge; er unterdrückt den Wunsch, sie mit Hilfe von Zaubersprüchen zu entfernen, aber er hat wenig Illusionen über die Möglichkeit seiner Befreiung von der Magie: ‹Dämonen, weiß ich, wird man schwerlich los.› Und als er die Versuchung der Sorge abweist, sich mit voller Energie seinem großen Werk widmet, das er noch vor seinem Tod unbedingt vollenden will, nimmt er, ohne sich zu bedenken, auch weiterhin die Hilfe des Mephistopheles und seiner Geister in Anspruch.

Was ist nun diese Magie, welcher Faust, die Grenzen seiner Vollendbarkeit streifend, entsagen will und es nur zum geringsten Teil kann? Der oberflächliche moderne Geniekult sieht gerade in der Magie die ‹Übermenschlichkeit› Fausts. Nach Hermann Türk ist Faust nach dem Verzicht auf die Magie ein bloßer Philister. Das ist Schopenhauer nach Goethe; für jenen war das Genie ein ‹monstrum per excessum›, für Goethe eben der normale vollentwickelte Mensch. In Wirklichkeit und auch nach der Auffassung Goethes steht Faust nie höher als in den Szenen, in denen er sich von der Magie loszuringen sucht.

Was nun Magie bedeutet, wird im ‹Faust› – dichterisch richtig – nie definiert. Faust selbst faßt sie, wie wir eben gesehen haben, als Folge seines Pakts mit Mephistopheles auf, also als Summe und Prinzip jener Kräfte, durch die er alle seine Leistungen in ihrer spezifischen Form vollbrachte. Hier wird, da wir auf dem Gipfel und am Endpunkt der Dichtung stehen – bei der fruchtbaren technisch-ökonomischen Tätigkeit zur Beherrschung der Naturkräfte –, die bereits festgestellte kapitalistische Komponente in Mephistopheles ausschlaggebend wichtig. Wir wiederholen: Mephistopheles ist nicht nur dies. Er ist in einer davon genial unzertrennlichen Weise zugleich ein mittelalterliches Gespenst. Und die Genialität der dichterischen Verallgemeinerung liegt gerade in der Weite und in den Grenzen seines Herrschaftsgebietes. Er beherrscht alle gesellschaftlichen Mächte, auch die in diese verwandelten Naturkräfte und menschlichen Leidenschaften, in denen Tendenzen oder wenigstens Möglichkeiten zum ‹geistigen Tierreich› obwalten.

So ist Mephistopheles Gretchen gegenüber machtlos. ‹Über die hab' ich keine Gewalt!› sagt er. Nur durch Geschenke, durch Erweckung von Neugier, Eitelkeit, Putzsucht, durch Marthes Kuppelei, durch Aufstachelung aller schlummernden schlechten Instinkte kann er sich in ihre Nähe schleichen. Seine Macht besteht darin, daß er jede vorhandene schlechte Möglichkeit, jede verborgen schlummernde Tendenz zum Bösen ohne weiteres in effektive Wirklichkeit umzusetzen hilft; seine Magie besteht in der grenzenlosen Beherrschung der dazu dienlichen äußeren Mittel, durch die alle nicht innerst seelischen Widerstände spielend überwunden werden.

Aber Goethe unterstreicht immer, daß sich die magischen Gebilde Mephistopheles' ihrem wirklichen moralischen Wesen nach von den Menschen in nichts unterscheiden. So sind die ‹allegorischen Lumpen› Raufebold, Habebald und Haltefest, mit deren magischer Hilfe Mephistopheles den Sieg über den Gegenkaiser erficht und seine Piratenzüge sowie die Vernichtung von Philemon und Baucis durchführt, in ihrer Psychologie nichts anderes als verwilderte Landsknechte, und diese unterscheiden sich von den ‹redlichen Soldaten› jener Zeit mehr in Worten als im Wesen. (‹Die Redlichkeit, die kennt man schon; sie heißet: Kontribution.›) Nur die Vergrößerung der äußeren Macht des individuellen Aktionsradius läßt sie magisch erscheinen, und wir haben aus der Marxschen Interpretation der sechs Pferde des Mephistopheles hinreichend erfahren, was von dieser Magie gesellschaftlich zu halten ist.

Wenn Faust sich also von der Magie befreien will, strebt er einem normalen menschlichen Leben zu, in dem er nur durch *eigene* Kraft, durch *eigene* Tätigkeit das nunmehr erkannte Richtige praktisch verwirklichen kann. Dies ist aber – das weiß Goethe und ahnt Faust – unmöglich. Faust müßte ohne Mephistopheles' Hilfe zur verzweifelten Ohnmacht der Studierstube des Anfangs zurückkehren; ob diese Rückkehr sich nun etwa als Annahme einer untergeordneten Ingenieurstelle in einem kapitalistischen Betrieb ausdrückte, hat für das Problem nichts zu besagen.

In seiner leisen und behutsamen Art hat Goethe dieses Moment sowohl am Anfang wie am Schluß hervorgehoben. Im ersten großen Monolog Fausts, in dem er alle seine weltanschaulichen Konflikte aufzählt, sagt er unter anderem:

> Auch hab' ich weder Gut noch Geld
> Noch Ehr' und Herrlichkeit der Welt;
> Es möchte kein Hund so länger leben!
> Drum hab' ich mich der Magie ergeben.

Und vor der Szene der ‹Sorge› erscheint diese nicht allein, sondern sie ist nur eine von vier grauen Weibern; drei von ihnen jedoch – ‹Mangel›, ‹Schuld› und ‹Not› – können Fausts Schwelle nicht überschreiten: ‹Drin wohnet ein Reicher . . .› Also nur weil Faust – auf mephistophelischer Grundlage – reich und mächtig ist, braucht er sich bloß mit der Sorge, mit dem weltanschaulichen Pessimismus, nicht aber mit Mangel oder Not auseinanderzusetzen. Noch deutlicher wird dies in einem später weggelassenen Bruchstück ausgesprochen. In ihm will sich Faust, wie bereits erwähnt, endgültig von Mephistopheles trennen. Der aber nimmt die Sache gar nicht tragisch:

> Denn Rat denkt jeglicher genug bei sich zu haben;
> Geld fühlt er eher, wenn's ihm fehlt.

Goethe ist sich über diese Stellung des Individuums in der Klassengesellschaft, insbesondere im Kapitalismus, stets im klaren gewesen. Das ließe sich aus unzähligen Stellen seiner Werke, Briefe und Gespräche belegen. Wir führen nur ein sehr charakteristisches Beispiel an. Der alte Goethe hatte mit Soret ein eingehendes Gespräch über den ‹radikalen Narren› Bentham. Soret nahm diesen in Schutz und meinte, Goethe selbst würde, wenn er in England lebte, ebenfalls als Entlarver von Mißbräuchen auftreten. ‹Wofür halten Sie mich?› erwiderte Goethe, der nun ganz die Miene und den Ton seines Mephisto annahm. ‹Ich hätte sollen Mißbräuchen nachspüren, und noch obendrein sie aufdecken und sie namhaft machen, ich, der ich in England von Mißbräuchen würde gelebt haben? In England geboren, wäre ich ein reicher Herzog gewesen oder vielmehr ein Bischof mit jährlichen 30 000 Pfund Sterling Einkünften.›

Gerade die Praxis, bei der Faust endet und in der sich seine weltanschauliche Sehnsucht nach Vereinigung von Theorie und Praxis, nach praktischen Fortschritten für das Menschengeschlecht erfüllt, ist ohne die tatkräftige Hilfe von Mephistopheles objektiv unmöglich: eine Entwicklung der Produktivkräfte in der bürgerlichen Gesellschaft ist eben nur kapitalistisch möglich. Darum ist Fausts Versuch, sich innerlich von der Magie abzuwenden, vergeblich. Darum ist sein Traum von der lichten Zukunft der Menschheit nur ein Traum.

Aber der *Inhalt* des Traums ist sehr wichtig. Faust ist, wie Goethe, Gegner jeder Revolution. Hier jedoch, wo er — wenigstens subjektiv — mit der mephistophelischen Magie bricht, kommt zum erstenmal in seinem Streben nach den höchsten Zielen des Menschengeschlechts, die er bis jetzt nur an sich, nur in seiner eigenen Persönlichkeitsentwicklung (allerdings für das Menschengeschlecht) verwirklicht hat, der bewußte Wunsch zum Ausdruck: auf Grund der *Freiheit* für diese Ziele gemeinsam mit seinen Mitmenschen zu kämpfen. Darum ist sein letzter Monolog, der mit der ‹Erfüllung› der Wette schließt, so entscheidend wichtig — als höchste, entschiedenste Form der subjektiven Absage an das teuflische Prinzip:

> Eröffn' ich Räume vielen Millionen,
> Nicht sicher zwar, doch tätig-frei zu wohnen.
> Da rase draußen Flut bis zum Rand,
>
> Und wie sie nascht, gewaltsam einzuschießen,
> Gemeindrang eilt, die Lücke zu verschließen.
> Ja! Diesem Sinne bin ich ganz ergeben,
> Das ist der Weisheit letzter Schluß:
> Nur der verdient sich Freiheit wie das Leben,
> Der täglich sie erobern muß.
> Und so verbringt, umrungen von Gefahr,
> Hier Kindheit, Mann und Greis sein tüchtig Jahr.
> Solch ein Gewimmel möcht' ich sehn,
> Auf freiem Grund mit freiem Volke stehn.

Wir wissen bereits, daß die Wirklichkeit in einem grellen Kontrast zu diesem Traum steht: während Faust so spricht, graben die Lemuren auf Mephistopheles' Befehl sein Grab. Dieser durch nichts gemilderte oder (sichtbar) vermittelte Gegensatz entspricht genau jener geistigen Doppelseitigkeit in der Beurteilung des kapitalistischen Fortschritts, die wir bei Goethe wiederholt feststellen konnten. Goethe bringt, ohne das ökonomisch-soziale Leben des Kapitalismus durchschauen zu können, mit dichterischer Intuition dessen widerspruchsvolle Rolle in der Menschheitsentwicklung zur Gestalt. Der grausige Rhythmus der Vernichtung, der den Zukunftstraum Fausts begleitet und kommentiert, drückt Goethes Meinung gerade in der Ungelöstheit, in der Unlösbarkeit dieser Dissonanz adäquat aus.

Dabei ist es wichtig zu betonen: es handelt sich bei Goethe nie um eine romantische Trauer über die Vernichtung der vorkapitalistischen Idylle. (Darum gibt es bei Faust selbst keine Reue über die Schuld am Untergang von Philemon und Baucis.) Goethe steht zu den Problemen der kapitalistischen Entwicklung so wie Hegel oder Ricardo. Was die Gegensätze, die dichterisch in schneidendem Kontrast zueinander stehen, ideell vermittelt, ist die objektive Unablösbarkeit des mephistophelischen Prinzips von der kapitalistischen Entwicklung der Produktivkräfte, von der objektiv wichtigsten und in richtiger Richtung gehenden menschlichen Praxis, von jenem Weg, der – das konnte Goethe, wie auch Ricardo und Hegel, nicht einmal ahnen – später dahin führt, daß auf diesem Boden Kräfte entstehen, die die Menschheit wirklich von Mephistopheles erlösen. Indem Faust aber die Durchführung seines Lebenswerks in die Hände Mephistopheles' legen muß, legt er auch die Möglichkeit der dämonischen Verkehrung, ja – für das individuelle Lebenswerk, nicht für das der Menschheit – auch die Möglichkeit seiner Vernichtung in die Hände des Teufels.

Die komplizierten Widersprüche sind von Goethes Standpunkt, vom höchsten Standpunkt des bürgerlichen Bewußtseins, objektiv unlösbar. Goethes dichterische Größe besteht darin, sie in ihrer durch nichts gemilderten Unlösbarkeit hingestellt zu haben. Darin ist er wahr wie Ricardo und Hegel.

Den grellen Dissonanzen der objektiven Wirklichkeit kann bei ihm nur der subjektive Traum von der Zukunft gegenübergestellt werden. Aber auch das ist nicht wenig. Besonders, weil der Widerspruch auch von innen verschärft wird: das Unversehrtbleiben des menschlichen Kerns in Faust beim Kampf mit Mephistopheles, ja das Klarer- und Reinerwerden dieses Kerns gerade in einer Lage, in der die äußere Unüberwindbarkeit Mephistopheles' vollständig offenbar wird, gibt auch objektiv eine Perspektive, eine reale Grundlage für den Glauben, daß die Menschheit – trotz Mephistopheles, trotz Kapitalismus – nicht zum Untergang ins Teuflische, zum ‹Staubfressen› verurteilt ist.

Das war aber für Goethe die einzige ‹phänomenologisch› begründbare und darum gestalterisch überzeugende Hoffnung, die als Zukunftsperspektive ästhetisch beglaubigt werden konnte. Darum hat er mit vollem Recht – ohne in subjektivistische, Kantische Moralisiererei zu verfallen – im subjektiven Moment den Entscheidungspunkt für Fausts Erlösung erblickt. In einem Gespräch mit Eckermann bezeichnet er die bekannten Zeilen des Schlusses als Schlüssel zum Verständnis des Ganzen:

> Wer immer strebend sich bemüht,
> Den können wir erlösen.

Bild 1.9 Mikroaufnahme der Oberfläche der der Sonne zugekehrten Seite der Probe aus Bild 1.8 nach 747 Tagen Bewitterung in Mitteleuropa

|—————| 0,2 mm

Eine objektive soziale Macht, die Mephistopheles auf der Goethe bekannten Erde erfolgreich hätte bekämpfen können, konnte er nicht sehen und wollte er darum auch nicht gestalten.

4. DIE GRETCHEN-TRAGÖDIE

Der ‹Urfaust› und noch das Fragment von 1790 ist von der Gretchen-Tragödie beherrscht. Und sosehr die spätere Vollendung die Proportionen verschiebt, in der populären Vorstellung bleibt diese Präponderanz erhalten; in der breiten Massenwirkung des ‹Faust› dominiert auch heute die Gretchen-Tragödie neben der Tragödie des unmittelbaren Wissens und des Teufelspaktes. Mit weitgehender Berechtigung. Denn der unmittelbar dichterische Eindruck der ‹kleinen Welt›, in der das Gattungsmäßige nur einen Hintergrund bildet, nur die Eigenart der typischen Charakterisierung und Handlungsführung bestimmt, muß notwendig stärker wirken als der des streng objektivierten, philosophisch-poetischen Tiefsinns der ‹großen Welt› im zweiten Teil.

Einerlei, mit welcher Klarheit oder Verschwommenheit dem jungen Goethe der Abriß der ganzen Dichtung damals vor Augen stand, zweifelsohne war er dichterisch von der Gretchen-Tragödie am meisten ergriffen. Verständlicherweise. Denn diese konnte der junge Goethe adäquat ausführen, ja sie war ein zentrales Thema nicht nur seiner eigenen Jugenddichtung, sondern der ganzen deutschen Literatur dieser Epoche.

In ‹Dichtung und Wahrheit› erwähnt Goethe, daß nach seinen Erzählungen über die Gretchen-Tragödie sein Jugendgenosse H. L. Wagner ein Plagiat an ihm beging. Wieweit kann man hier wirklich von Plagiat sprechen? Wagner stellt das tragische Schicksal eines verführten Mädchens im Sinne der Zeit dar: als krasses Beispiel klassenmäßiger Unterdrückung der Bürger und Kleinbürger durch den Adel. Ähnliche Dramen sind in dieser Zeit in sehr großer Anzahl entstanden, die hervorragendsten der jungen Generation sind die von Reinhold Lenz; den Gipfelpunkt erreicht die Gestaltung dieses Beispiels der damaligen Klassenunterdrückung in Lessings ‹Emilia Galotti› und in Schillers ‹Kabale und Liebe›.

Die Beliebtheit dieses Themas ist keineswegs zufällig. Es spielt auch in der englischen und französischen Aufklärungsliteratur eine nicht unbeträchtliche Rolle von Richardson bis zum ‹Figaro› von Beaumarchais. Im Klassenkampf zwischen Adel und Bürgertum müssen bei einer Unentwickeltheit der unterdrückten Klasse notwendig die Einzelfälle der krassen Ungerechtigkeit in den Vordergrund gestellt werden; man denke an Voltaires große Justizkampagnen, die auf deutschem Gebiet in Lessings ‹Rettungen› und im Auftreten des jungen Lavater abgeschwächte Analogien haben. Das Verführen bürgerlicher Mädchen durch Adlige, die Tragödien, die daraus entstehen, bilden verständlicherweise einen wichtigen Teil einer solchen noch unentwickelten Auflehnung gegen die feudale Herrschaft. Und daß alle diese Tendenzen bei der größeren Schwäche des deutschen Bürgertums noch mehr in den Vordergrund treten mußten als in Frankreich, liegt auf der Hand.

Sozial ist also die Tragödie des verführten Bürgermädchens nur ein Fall unter den vielen Übergriffen des verkommenen Feudalismus. Vom Standpunkt der dichterischen Gestaltung aber hat dieses Thema solche Vorzüge, daß es nicht zufälligerweise zum dramatischen Hauptthema der deutschen Aufklärung wurde. Vor allem sind hier in sinnlich prägnanter Weise, in einem leicht nacherlebbaren typischen Einzelfall die widerwärtigsten, das ganze Bürgertum (auch seine unentwickeltsten Elemente) spontan empörenden Züge der Unterdrückung konzentriert. Dabei gibt gerade dieses Thema die Möglichkeit, die typische Notwendigkeit sozial genau und anschaulich zu differenzieren, auf seine verschiedensten Erscheinungsformen dichterisch hinzuweisen. (Hof bei Lessing und Schiller, Offiziersleben bei Lenz und Wagner, Hofmeistertum bei Lenz usw.) Weiter bietet gerade dieses Thema am wirksamsten den am weitesten im Vordergrund stehenden Gegensatz: den der beiden Moralen, der moralischen Verkommenheit, des moralischen Nihilismus beim Adel und des gesunden, sittlichen Gefühls beim Bürgertum. Endlich kann hier die Schwäche der Bürger, ihre Ohnmacht gegenüber dem Adel vollkommen wahrheitsgetreu dargestellt werden, und es kann doch ihr passiver, echt gewachsener, nicht gewaltsam emporgeschraubter Heroismus zum Ausdruck gelangen. So ist es nicht zufällig, daß selbst bei dem politisch leidenschaftlichsten Dramatiker des ‹Sturm und Drang›, beim jungen Schiller, der Soldatenverkauf durch die Fürsten nur eine Episode in der zentralen Liebestragödie bildet.

Goethes Jugenddichtung gehört auch in diesen Strom, aber Goethe hat hier von Anfang an eine eigenartige Position und Fragestellung; er gestaltet etwas Breiteres und Tieferes als seine Zeitgenossen: er gibt eine Kritik der Liebesbeziehung in der bürgerlichen Gesellschaft überhaupt. Engels beschreibt eingehend, wie jenes gesellschaftliche Erdbeben, das dem Bürgertum seine führende ökonomische Stelle gab, auch die modernen Formen von Liebe und Ehe hervorbrachte, zugleich aber – mit derselben ökonomisch-sozialen Notwendigkeit – ihre Verwirklichung im Leben zu seltenen Ausnahmefällen machte. Bei dieser inneren Widersprüchlichkeit der bürgerlichen Gesellschaft setzt nun das Schaffen des jungen Goethe ein. Und zwar, seiner ganzen Tendenz entsprechend, vom Standpunkt der allseitigen Persönlichkeitsentwicklung aus, die ja ebenfalls zu jenen Problemkomplexen gehört, die die Entstehung des Kapitalismus, das Heranreifen der bürgerlichen Revolution auf die Tagesordnung stellt, bei denen jedoch ebenfalls die ökonomische und soziale Struktur derselben bürgerlichen Gesellschaft eine auch nur annähernde Verwirklichung verhindert. Die Liebestragödien des jungen Goethe stellen, in tief erlebten individuellen Schicksalen, verschiedene Mischungen aus diesen beiden Gruppen gesellschaftlicher Widersprüche dar. Die von seinen Zeitgenossen in den Mittelpunkt gerückte Frage des Klassengegensatzes in den Sexualbeziehungen bleibt auch für ihn ein wichtiges Moment, aber doch nur ein Moment dieser Totalität.

Die seltene Verwirklichbarkeit der Vereinigung von individueller Liebe und Ehe bei den herrschenden Klassen der bürgerlichen Gesellschaft — Engels wird nicht müde zu wiederholen, daß diese Frage in den plebejischen Schichten und besonders im Proletariat ganz anders steht — hat ihre ökonomischen und sozialen Gründe. Diese setzen sich aber in den Einzelfällen krisenhaft, tragisch durch. Im Gefühlsleben, im Denken, in der gesellschaftlichen Praxis der Menschen kämpfen die gegensätzlichen sozialen Tendenzen ihre Schlachten aus. Die primitivste Form dieser Widersprüche ist der Widerspruch zwischen der entstandenen Liebesleidenschaft und dem ökonomischen und sozialen Wohlergehen des Einzelmenschen; grob gesprochen die Frage: ob Liebe und Ehe für seine ‹Karriere› vorteilhaft oder nachteilig sind — wobei diese ‹Karriere› vom brutal-materiellen Zur-Geltung-Kommen bis zur inneren Entfaltung der Persönlichkeit, vom niedrigsten, engstirnigsten Egoismus bis zu wirklichen tragischen Konflikten die verschiedensten Übergänge aufweist.

Im ‹Götz› und ‹Clavigo› stellt der junge Goethe das Problem auf diese Weise. Bei Clavigo erscheint die Frage einfacher und nackter; bei Weislingen ist sie durch die gleichzeitige Liebe zu Adelheid kompliziert, aber man darf dabei nicht übersehen, daß die Liebe zu Adelheid mit der Frage nach der ‹Karriere› eng verknüpft ist: ob sich Weislingen der Ritteropposition der Götz und Sickingen anschließen wird oder am Hof zur Geltung zu kommen versucht. In beiden Fällen — obwohl Goethe die realen Verursachungen sorgfältig ausbalanciert — ist alle Sympathie auf der Seite der aufgeopferten Mädchen. Weislingen und Clavigo werden als Schwächlinge, als schwankende Gestalten dargestellt, die bei der Erprobung ihres menschlichen Wertes schmählich versagen. Diese Gestaltungsart ist bei Goethe ein Selbstgericht. Aber ein einseitiges, ein vereinfachendes. Und die Vereinfachung äußert sich auch darin, daß die mit seiner ganzen Sympathie umgebenen Opfer in der dichterischen Darstellung blaß, blutleer herauskommen. Adelheid triumphiert nicht nur in der gestalteten Wirklichkeit des ‹Götz› über Marie, sie ist auch als dichterische Gestalt lebendiger, reicher, überzeugender, hinreißender.

Die Ursache ist eben das Selbstgericht des Dichters. Goethe geht hier überwiegend von der Schuld aus, ohne das Problem in seiner verwickeltsten, seelisch tiefsten Erscheinungsweise zu nehmen. So hat er es aber am eigenen Leibe erlebt. Wir kennen Goethes Vorstellung von der Entfaltung der Fähigkeiten, die im Menschen vorhanden sind. Diese Entfaltung ist ohne Liebe unmöglich. Der Asket ist ein unvollkommener Mensch. Die Leidenschaft der individuellen Liebe, gerade weil sie sowohl die elementarste, die naturhafteste aller Leidenschaften ist, als auch weil sie in ihrer gegenwärtigen individualisierten Form die höchste und verfeinertste Frucht der Kultur vorstellt, ist die echteste Erfüllung der menschlichen Persönlichkeit, soweit ihre Entwicklung ‹mikrokosmisch›, als Selbstzweck betrachtet wird. Sie kann diese Erfüllung nur erreichen, wenn die Leidenschaft der Liebe zu einem alles mitreißenden Strom wird, in dem die höchsten geistigen und moralischen Bestrebungen des Individuums in ihrer größten Vollendung münden, wenn die die Persönlichkeit vereinheitlichende

Macht der Liebe wirklich alles im Menschen zu dem höchsten Erreichbaren erhebt.

Die Liebeslyrik Goethes drückt dieses Weltgefühl wiederholt in dichterisch vollendeter Form aus. Wie innig es mit seiner – vorwiegend naturphilosophischen – Weltanschauung verbunden ist, zeigt am klarsten sein Gedicht ‹Die Metamorphose der Pflanzen›. Goethe schreibt hier kein philosophisches Lehrgedicht; wenn er die Entwicklung der Pflanzenwelt poetisch in der Form einer Erklärung für Christiane Vulpius darlegt, so ist diese kein konstruierter und fiktiver Zuhörer einer abstrakten Darlegung: unmittelbar, organisch im gedanklichen wie im poetischen Sinn wächst aus der Goetheschen dichterisch-denkerischen Erklärung der Naturphänomene das Gesetz des Wachstums und des Wesens der Liebe heraus. Darum kann Goethe sein Gedicht so schließen:

> O gedenke denn auch, wie aus dem Keim der Bekanntschaft
>   Nach und nach in uns holde Gewohnheit entsproß,
> Freundschaft sich mit Macht aus unserm Innern enthüllte,
>   Und wie Amor zuletzt Blüten und Früchte gezeugt.
> Denke, wie mannigfach bald die, bald jene Gestalten,
>   Still entfaltend, Natur unsern Gefühlen geliehn!
> Freue dich auch des heutigen Tags! Die heilige Liebe
>   Strebt zu der höchsten Frucht gleicher Gesinnungen auf,
> Gleicher Ansicht der Dinge, damit in harmonischem Anschaun
>   Sich verbinde das Paar, finde die höhere Welt.

Dieses Ideal einer harmonischen und die harmonische Höchstentwicklung der Persönlichkeit fordernden Liebe ist auf dem Boden der bürgerlichen Gesellschaft entstanden, seine Verwirklichung im Leben wird jedoch vom gesellschaftlichen Sein, das es hervorgebracht hat, in seiner Entwicklung verhindert. Nicht nur unmittelbar ökonomisch und sozial, im Sinn der wirtschaftlichen Hindernisse einer ehelichen Vereinigung; nicht nur infolge äußerlich klassenmäßiger und innerlich schwer überbrückbarer kultureller Unterschiede – auch die immanente Logik der Persönlichkeitsentwicklung setzt hier Schranken.

Die Unmöglichkeit einer realen Gleichheit von Mann und Frau in der bürgerlichen Gesellschaft erscheint aus diesem Aspekt in den mannigfaltigsten Formen von den brutalsten bis zu den geistigsten. Eine Selbstvollendung der Persönlichkeit ist ohne Liebe unmöglich, wenigstens sehr tief unvollständig. Aber diese Selbstvollendung, zu der die tiefe geistig-sinnliche Kameradschaft zwischen Mann und Frau gehört, erfordert in der Klassengesellschaft eine einsame, auf sich gestellte, ungehemmte und ungebundene Entwicklung ohne Familie, ohne Frau und Kinder, zumindest im Anfang des Suchens, des (notwendigen) Irrens, bis der eigene Weg, die Meisterschaft in der Beherrschung weltlicher Gegebenheiten und der eigenen Fähigkeiten erlangt ist. Die vorzeitige Bindung, selbst auf Grundlage der echtesten und tiefsten Liebe, kann also in der Klassengesellschaft zum Ausgangspunkt unlösbarer tragischer Konflikte werden. Bleibt sie bestehen, so wird der sich bindende Jüngling das Opfer sein, reißt er sich getrieben vom Drang seiner gehemmten Entwicklungsmöglichkeiten los, so muß das Mädchen geopfert werden.

Dies sind die Umrisse der Liebestragödien des jungen Goethe. Bei seiner tiefen menschlichen Anständigkeit, bei seinem immer wachen Verantwortungsgefühl ist der rasche Verzicht das ständige Leitmotiv seines Jugendlebens. Ja, da er sich dieses Konflikts sehr früh bewußt war, fällt der Schatten des notwendigen Abschieds bereits auf den Aufstieg der heftigsten, der bereicherndsten und beglückendsten Liebe. Schon der achtzehnjährige Goethe schreibt inmitten seiner heftigsten Leidenschaft für Käthe Schönkopf an seinen Freund Behrisch:

‹Ich sage mir oft: Wenn sie nun deine wäre, und niemand als der Tod dir sie streitig machen, dir ihre Umarmung verwehren könnte? Sage dir, was ich da fühle, was ich alles herumdenke – und wenn ich am Ende bin, so bitte ich Gott, sie mir nicht zu geben.›

Hier haben wir das Urbild aller späteren Liebestragödien des jungen Goethe vor uns: von Friederike Brion bis zu Lili Schönemann, wo materielle Momente überhaupt keine Rolle spielen konnten. Die ganze komplizierte innere Dialektik dieser Empfindungen stellt Goethe in dem Drama ‹Stella› dar. Er läßt dort die von Fernando verlassene Cäcilie sagen:

‹Er liebte mich immer, immer! Aber er brauchte mehr als meine Liebe. Ich hatte mit seinen Wünschen zu teilen... Ich bedaure den Mann, der sich an ein Mädchen hängt... Ich seh’ ihn als einen Gefangenen an. Sie sagen ja auch immer, es sei so. Er wird aus seiner Welt in unsre hinübergezogen, mit der er im Grund nichts gemein hat. Er betrügt sich eine Zeitlang, und weh uns, wenn ihm die Augen aufgehen!›

Ebenso sind in diesem Drama die verschiedenen Formen des (unbewußten) Betrugs und Selbstbetrugs, die sich aus solchen Lagen zwangsmäßig ergeben, mit großer Feinheit dargestellt. Wenn es Goethe gelungen wäre, bei seinem männlichen Helden all jene Motive, die bei ihm selbst zu diesen Konflikten geführt haben, überzeugend darzustellen, wenn er sich in der Gestalt des Fernando nicht auf die bloße Psychologie der Liebe, des Schwankens und der Untreue beschränkt hätte, dann wäre hier eine der größten Liebestragödien der Zeit entstanden.

‹Egmont› und das Gedicht ‹Vor Gericht› (1776/77) zeigen einen anderen, nicht minder tragischen Weg des gleichen Konflikts. Während die Mädchen aus den oberen Schichten des Bürgertums nur unschuldig verwelkende Opfer der Liebeskatastrophe sein konnten, haben die plebejischen Mädchen den Mut, die Liebe in all ihrer Ungewißheit, Ungebundenheit, mit allen ihren sozialen und seelischen Konsequenzen auf sich zu nehmen, den Vorurteilen der bürgerlichen Gesellschaft stolz zu trotzen, und finden in der Liebe selbst – mit ihrer Vergänglichkeit –, im Lieben und Geliebtwerden ihr Selbstbewußtsein, ihren moralischen Halt.

Klärchen antwortet stolz auf den bangen Seufzer der Mutter, sie sei ein ver-

worfenes Geschöpf geworden: ‹Verworfen! Egmonts Geliebte verworfen?› Und
in dem oben angeführten Gedicht läßt Goethe seine Mädchen-Mutter sagen:

> Von wem ich es habe, das sag' ich euch nicht,
> Das Kind in meinem Leib. –
> Pfui! speit ihr aus: die Hure da! –
> Bin doch ein ehrlich Weib.

Die Gretchen-Tragödie ist die typischste von allen diesen Dramen. Wir haben bereits darauf hingewiesen, daß in Faust wie in Gretchen nicht nur die Leidenschaft der Liebe selbst, sondern auch alle ihre Entwicklungsstufen von den
leichtfertigen, halbbewußten Anfängen bis zur tiefsten Tragik gestaltet sind. In
der Person Fausts sind alle großen Entwicklungstendenzen konzentriert. Wenn
er sich dem Leben zuwendend, Gretchen nähert, liegt die düstere Last der kaum
überwundenen Tragödie des unmittelbaren Wissens, des Paktes mit dem Teufel
auf ihm, und mitten im höchsten Entzücken über Gretchen, mitten in der leidenschaftlichsten Hingerissenheit vom Zauber ihrer Person und ihrer Nähe arbeitet in ihm das unbezwingbare Bestreben: weiter, höher hinaus! Faust weiß,
wenn er es auch sich selbst nicht zugeben will, daß es für ihn kein dauerndes
Bleiben in der ‹kleinen Welt› Gretchens geben kann. Aber dieses Hinausstreben hat nichts mehr mit den äußerlich gesellschaftlichen Zwecken des Zur-Gel-
tung-Kommens eines Weislingen und Clavigo oder mit der bloß subjektivistischen Unrast Fernandos zu tun: bei ihm handelt es sich wirklich um den rast-
losen Trieb der Vervollkommnung.

Darum ist die Liebe zu Gretchen auch für Faust selbst tragisch. Die tragische Verinnerlichung äußert sich am deutlichsten darin, daß die gegensätzlichen Mächte, die den Konflikt bewirken, nicht mehr äußerlich geschiedene Gestalten annehmen, wie in den anderen Jugenddramen, sondern das Aufwärts-
streben Fausts und seine Gebundenheit an Gretchen sich wechselseitig innerlich
verstärken und zugleich zerstören. Die schon betrachtete Szene der Schicksalswende in Fausts Liebe zeigt diese unlösbar tragische Verknüpfung: Faust flieht
vor Gretchen, um sie zu retten; Flucht und Einsamkeit geben seinem Geist, seiner Weltanschauung einen neuen, ungeahnten Aufschwung. Aber dieser Aufschwung wird gerade durch die Liebe zu Gretchen beflügelt, er macht – freilich
mit Mephistopheles' Hilfe – die Flucht vergeblich, so daß gerade die höchste und
am meisten durchgeistigte Stufe der Liebe Fausts für Gretchens Geschick verhängnisvoll wird. Daß Faust über sein Schicksal volle Klarheit besitzt, mildert
nichts, diese Klarheit ist nur ein subjektives Bewußtwerden der Unlösbarkeit
der Lage; die Weltanschauung Fausts, selbst inmitten ihres höchsten naturphilosophischen Pathos, vermag auf die Zynismen Mephistopheles' keine Antwort
zu geben, sie vermag das moralische Dilemma nicht zu lösen:

> Was ist die Himmelsfreud' in ihren Armen?
> Laß mich an ihrer Brust erwarmen!

Fühl' ich nicht immer ihre Not?
Bin ich der Flüchtling nicht, der Unbehauste?
Der Unmensch ohne Zweck und Ruh',
Der wie ein Wassersturz von Fels zu Felsen brauste
Begierig wütend nach dem Abgrund zu? . . .
Was muß geschehn, mag's gleich geschehn!
Mag ihr Geschick auf mich zusammenstürzen
Und sie mit mir zugrunde gehn!

Dieselbe hohe Typik sehen wir bei Gretchen. Sie ist weder Heldin, wie Klärchen, noch blutarmes Opferlamm, wie die beiden Marien. (Auch klassenmäßig
steht sie zwischen beiden Extremen.) Alle normalen geistigen sowie moralischen
Vorurteile und Schwächen eines Bürgermädchens aus den unteren Mittelschich-
ten sind bei ihr vorhanden. Zugleich aber auch Absolutheit und Ungebrochenheit der Empfindungen, Bedingungslosigkeit der Hingabe, Tapferkeit, Selbstlo-
sigkeit, Hellsichtigkeit des Gefühls gegenüber Personen und sogar Gedanken.
Objektiv tritt freilich gerade hierbei das – sehr komplizierte – trennende
Motiv auf. Es ist wichtig, daß Faust nach der Peripetie in ‹Wald und Höhle›
auch eine weltanschauliche Annäherung an Gretchen sucht. Und wenn er in der
berühmt gewordenen Rede über Gott seinen (und Goethes) völlig diesseitigen
Pantheismus dem religiösen Vorstellungskreis Gretchens weitgehend anpaßt,
so ist das nicht bloß eine Mimikry des Liebhabers, der um jeden Preis auch eine
seelisch-geistige Vereinigung herbeiführen will, sondern eine oft auftauchende
Tendenz Goethes selbst, seinen Spinozismus unpolemisch zu machen, eine weitgehende Toleranz dem ehrlichen Glauben gegenüber, wenn nur überhaupt an
etwas geglaubt wird und keine nihilistische Gleichgültigkeit entsteht. Darum
haben Gretchens Worte:

Das ist alles recht schön und gut;
Ungefähr sagt das der Pfarrer auch,
Nur mit ein bißchen andern Worten.

eine doppelte Bedeutung. Subjektiv ist für beide im Augenblick des Rausches
eine geistig-seelische Nähe erreicht; objektiv, freilich beiden unbewußt, tut
sich bereits hier der trennende Abgrund auf. Daher die komplizierte Dialektik
von tiefster Aufrichtigkeit, entschlossenstem Sich-Öffnen einerseits und anderseits von Betrug und Selbstbetrug, die für die Liebe in der Klassengesellschaft –
selbst in ihrer erhabensten Form – charakteristisch sind. So sagt die Cäcilie in
‹Stella›: ‹Wir glauben den Männern! In den Augenblicken der Leidenschaft
betrügen sie sich selbst, warum sollten wir nicht betrogen werden?›, so sagt
Faust auf dem Gipfelpunkt der tragischen Verwicklung, als Gretchen bereits im
Kerker sitzt: ‹Und ihr Verbrechen war ein guter Wahn!›
Aber daß Gretchen die Philosophie Fausts nicht versteht beziehungsweise
auf ihr tieferes Bildungsniveau herunterinterpretiert, hat ebenfalls zwei Sei-

ten, worin die Berechtigung und die Tragik ihrer Position zum Ausdruck kommen. Wenn sie Faust vorwirft: ‹Du hast kein Christentum›, so ist das geistig zwar der verständnislose Einwurf des kleinen Bürgermädchens, es bezieht sich jedoch menschlich und moralisch auf den entscheidenden tragischen Punkt in der höchsten Persönlichkeitsentwicklung Fausts: auf seine unzertrennbare Verbindung mit Mephistopheles. Und Faust kann hierauf nur verlegene und nichtssagende Ausflüchte bringen, denn er ist sich bewußt und hat es sich selbst unmittelbar vorher, in der Szene ‹Wald und Höhle›, eingestanden, daß Mephistopheles für ihn unentbehrlich geworden ist. Die Unmöglichkeit, hier die Scheidewand der ungewollten tragischen Unaufrichtigkeit zu durchbrechen, liegt also nicht an dem geistigen Niveauunterschied zwischen Faust und Gretchen, nicht an Gretchens Unfähigkeit, Faust ganz zu verstehen, sondern an der mephistophelischen Verflochtenheit auch der höchsten menschlichen Bestrebungen.

Darum hat hier – bei aller Tiefe der Liebe Fausts, seines Mitgefühls und Mitleids – Mephistopheles sehr weitgehend (relativ) recht, wenn er bei dem höchsten weltanschaulichen und moralischen Aufschwung der Liebe Fausts zynisch auf die bloßen Bettkonsequenzen weist und sich darüber freut. Hier ist die Rolle wie die Grenze Mephistopheles' am klarsten: Gretchens Wesen ist für ihn unerreichbar; auch der Kern von Fausts wirklichen inneren Kämpfen wird von ihm nicht verstanden – aber der Weg dieser Tragödie ist doch überall mit den Steinen seiner ‹Weisheit› gepflastert. Da Gretchen für Mephistopheles unerreichbar ist, ist auch ihre Liebe völlig unproblematisch. Und ihre Tragik erfolgt ebenso notwendig aus dieser zweifel- und bedenkenfreien Geradlinigkeit wie die Fausts aus seinem Hinundhergerissensein zwischen dem Aufgehen in seinem Lebenswerk und dem Glücksrausch seiner Liebe.

Die Großartigkeit der Goetheschen Typisierung besteht also nicht nur in der allgemeinen Lebenswahrheit aller Momente dieser Entwicklung bis zur Tragik, sondern auch darin, daß ihre Abfolge, die kampfvolle Mischung hoher und niedriger Motive, stets tief typisch bleibt, daß hier die ganze Geschichte der Liebe von ihrem – halb zufälligen – Entstehen bis zum – notwendig tragischen – Untergang in all ihren bezeichnenden Entwicklungsetappen gestaltet wird. Darum muß Gretchen eine verführte und an der Verführung zugrunde gehende Gestalt aus den unteren Schichten sein wie die anderen Heldinnen des ‹Sturm und Drang›. Aber Goethes Gestaltung dieses Untergangs, in der alle sozialen Motive des ‹Sturm und Drang› als Momente mitenthalten sind, ist tiefer angelegt. Der Weg bis zum Untergang ist nicht nur vollständiger, er ist auch reicher an dramatischer Widersprüchlichkeit. Für den ‹Sturm und Drang› gab es nur zwei Möglichkeiten: entweder frivol leichtsinnige Verführung und Wegwerfen, nachdem die sexuelle Gier befriedigt war, oder wirkliche Liebe, die als Liebe ungebrochen bleibt, aber an der unwiderstehlichen Macht der Klassenschichtung scheitert. Die Gretchen-Tragödie vereinigt beide Motivreihen auf der Goethe eigenen höheren Stufe: Faust liebt Gretchen bis ans Ende und ist ihr zugleich – mit der Zunahme seiner Leidenschaft zunehmend – innerlich untreu, indem seine Entwicklungsmomente, die über sie hinausführen, mit dem Erstarken der Leidenschaft, mit ihrer Erfüllung ebenfalls erstarken. Und Gretchen opfert für ihre Liebe nicht nur Ehre und Existenz, nicht nur Mutter und Bruder, sondern fühlt – in der Kerkerszene – bei aller leidenschaftlichen Hingezogenheit zu Faust als Liebendem und Retter, der wirklich unverhofft in der höchsten Not erscheint, zugleich das Ende seiner Liebe:

> Wo ist dein Lieben
> Geblieben?
> Wer brachte mich drum? . . .
> Mir ist's, als müßt ich mich zu dir zwingen,
> Als stießest du mich von dir zurück;
> Und doch bist du's, und blickst so gut, so fromm.

In dieses tragische Auf und Ab von allmächtigem, gegenseitigem Hingezogensein mit seinen unüberbrückbar trennenden Abgründen, in diese seelisch-geistige Entwicklung der Liebe tritt, sie zerreißend, Mephistopheles, der auf Entscheidung der diesseitigen, der praktischen Rettung Gretchens drängt. Hier trifft Gretchen ihre endgültige Entscheidung: sie will von einem Faust, dem Mephistopheles unentbehrlich ist, nicht gerettet werden. Darum kann die Stimme von oben rufen: ‹Ist gerettet!›

Diese – jenseitige – Rettung Gretchens, die ein Zusatz der Fassung von 1808 ist und im ‹Urfaust› noch fehlt, gehört ebenso zur ‹phänomenologischen› Grundlage des ganzen Werkes wie die spätere Jenseitigkeit der Rettung und Vollendung Fausts. Hier wie dort handelt es sich selbstredend nicht um einen religiösen Glauben Goethes an ein Jenseits, sondern um die poetische Zusammenfassung seiner Erkenntnis, daß eine menschliche Vollendung – sei es für den Typus Faust, sei es für den Typus Gretchen – in der ihm bekannten gesellschaftlich-geschichtlichen Wirklichkeit unmöglich ist, mit dem unerschütterlichen Glauben an eine Zukunftsentwicklung der Menschheit, die in einer ihm unbekannten Weise einst auch diese Fragen lösen wird. Da aber Goethes Horizont mit der bürgerlichen Gesellschaft abschließt, kann er über diese Zukunft nicht einmal ein utopisches Bild schaffen. (‹Wilhelm Meisters Wanderjahre› führen die letzte Etappe von Fausts Entwicklung breiter und konkreter aus, berühren aber nicht das Problem seiner ‹Erlösung›.) Goethes Zukunftsglaube muß also ein bloßer Glaube bleiben und kann als solcher kein konkretes Wirklichkeitsgewand aus sich selbst hervorbringen. Daher die – gedanklich, geschichtsphilosophisch betrachtet – willkürliche Auswahl des katholischen Himmels als Abschlußbild.

Goethe selbst empfand, daß bei einem Gestalten des bloßen Glaubens als große Gefahr das künstlerisch Vage vor ihm stand; er meint in einem Gespräch mit Eckermann, daß er dieser Gefahr sehr leicht verfallen wäre, ‹wenn ich nicht meinen poetischen Intentionen durch die scharf umrissenen christlich-kirchlichen Figuren und Vorstellungen eine wohltätig beschränkende Form und Festigkeit gegeben hätte›. Und bei der Auswahl solcher mythischen Verkörperungen seiner dichterischen Tendenzen war Goethe stets von einer unbeschränkten inneren Freiheit: er behandelte *jeden* Mythos mit der größten geistigen Souveränität. Er schreibt gelegentlich an Jacobi: ‹Ich für mich kann, bei den mannigfaltigen Richtungen meines Wesens, nicht an einer Denkweise genug haben; als Dichter und Künstler bin ich Polytheist, Pantheist hingegen als Naturforscher und eins so entschieden als das andre.› Diese Voraussetzungen einmal angenommen, ergibt sich der christliche Himmel aus dem allgemeinen Kolorit des 16. Jahrhunderts ziemlich zwanglos, sein katholischer Charakter aus der stärkeren Sinnfälligkeit dieser Mythologie.

Aber all dies ist nur formal. Es gibt jedoch noch zwei Momente, bei denen die katholische Mythologie als sinnliches Ausdrucksmittel zur Darstellung ihr völlig heterogener Inhalte dienen konnte. Dies ist vor allem die im ‹Faust› immer wichtige innere Bewegtheit und ihr poetisch sichtbarer Ausdruck. Der hierarchische Charakter des katholischen Himmels gibt Goethe eine gegliederte Schaubühne für diese Bewegtheit. Sie ist, allgemein gesehen, bereits bei Dante vorhanden. Aber hier befindet sich nur der Dichter selbst in Bewegung, in der hierarchischen Gliederung aufsteigend, sonst ist – abgesehen von wenigen Ausnahmen, beispielsweise dort, wo die Seelen das Purgatorium verlassen – jede Seele einem bestimmten Ort zugewiesen. Diese Hierarchie ist also hier nur ein Raum für die Bewegung Dantes, für seinen inneren Wandel und seine äußere Ortsveränderung. Beides erscheint bei Goethe – soweit die Kürze der Szene es gestattet – viel dynamischer. Bei Faust ist ein weiteres Wachsen, eine weitere Entwicklung klar angedeutet. Die erlösten Seelen bewegen sich bei Goethe frei im Himmel. Die *Mater gloriosa* sagt zu Gretchen:

> Komm, hebe dich zu höhern Sphären!
> Wenn er dich ahnet, folgt er nach.

Goethes Himmel ist also nur ästhetisch-formal katholisch; dem Inhalt nach zeigt er die Fortsetzung der Goetheschen Linie einer ewigen Vervollkommnung des Menschengeschlechts, ist er ein Symbol für die – für Goethe konkret nicht vorstellbare – Einheit der echten Erfüllung und der grenzenlosen Fortbewegung des Menschen:

> Alles Vergängliche
> Ist nur ein Gleichnis;
> Das Unzulängliche
> Hier wird's Ereignis;
> Das Unbeschreibliche
> Hier ist's getan ...

Ebenso wird von Goethe der katholische Begriff einer von oben kommenden Gnade aufgenommen und unvermerkt ins Gegenteil, ins irdisch Diesseitige verwandelt. Erinnern wir uns an die bereits zitierten, von Goethe als Schlüssel zum Ganzen bezeichneten Verse. Sie finden folgende Fortsetzung:

> Und hat an ihm die Liebe gar
> Von oben teilgenommen,
> Begegnet ihm die selige Schar
> Mit herzlichem Willkommen.

Hier erscheint die Liebe noch symbolisch zweideutig: aus der katholisierend malerischen Umgebung klingt etwas wie Gnade mit. Aber auch dies hebt sich selbst auf. Nicht zufällig enden die eben von uns angeführten Schlußverse nach ihrer, nur dem äußeren Anschein nach christlichen, dem Wesen nach pantheistischen Entwicklungsdialektik vollkommen irdisch:

> Das Ewig-Weibliche
> Zieht uns hinan.

Ebensowenig zufällig endet das ganze Gedicht mit der Perspektive der utopischen, aber dem Inhalt nach irdischen Liebesvereinigung Fausts mit Gretchen. Die wenigen Bemerkungen, die diesem Abschluß vorangehen, machen den Inhalt in der gewohnten leisen und feinen Art Goethes deutlich. Gretchen nimmt die Höherentwicklung und Reinigung Fausts wahr und wendet sich an die Himmelskönigin mit der Bitte: ‹Vergönne mir, ihn zu belehren!›, worauf die früher zitierte Antwort Marias und die Schlußverse folgen. Der Himmel ist also für Faust die ins Jenseits projizierte Kulmination seiner Entwicklung, deren Höchstpunkt und Krönung die Wiedervereinigung mit Gretchen bildet; alles andere ist nur Milieu, Vermittlung, Dekoration. Gretchen ist für Fausts Streben der Genius der Vollendung, wie Klärchen der Genius der Freiheit für den in den Tod gehenden Egmont war.

Was ist es nun, das Faust, der mitten im Aufstieg bereits zum Lehrer der ‹seligen Knaben› heranwuchs, von Gretchen lernt?

Hier haben wir eine höchst wichtige Altersvariation und Weiterbildung von Goethes Konzeption der menschlichen Vollendung vor uns. In ihr kämpfen immer zwei Tendenzen um die Oberherrschaft, und es folgt aus dem Wesen der Sache, daß es sich bei Goethe stets um eine andere Form des Ausgleichs zwischen beiden Tendenzen, nicht aber um eine strikte Wahl, um das vollständige Annehmen der einen und das vollständige Verwerfen der anderen handeln kann.

Die erste Tendenz ist die Höchstausbildung der einzelnen Fähigkeiten des Menschen, ihre Vervollkommnung zur Meisterschaft; das bedeutet bei Goethe, der jede Tätigkeit praktisch, in bewußt intensivierter Wechselwirkung mit der objektiven Wirklichkeit versteht, zugleich ein breites und tiefes Wirklichkeitserkennen. Die zweite Tendenz ist die der inneren menschlichen Harmonie in der Herausbildung dieser Fähigkeiten; die Meisterschaft in der Praxis soll aus den Menschen nicht – gemäß der inneren Tendenz der kapitalistischen Arbeitsteilung – virtuos spezialisierte Monstren machen, vielmehr soll das Wachsen der einzelnen, der herrschenden Fähigkeiten von einem harmonischen Wachstum des *ganzen* Menschen begleitet sein.

Aus dieser Tendenz Goethes wird der tiefe Eindruck verständlich, den Hamann auf seine Jugendentwicklung ausübte. Goethe formuliert diese Einwirkung so: ‹Alles, was der Mensch zu leisten unternimmt, es werde nun durch Tat oder Wort oder sonst hervorgebracht, muß aus sämtlichen vereinigten Kräften entspringen; alles Vereinzelte ist verwerflich. Eine herrliche Maxime, aber schwer zu befolgen ... Der Mensch, indem er spricht, muß für den Augenblick einseitig werden; es gibt keine Mitteilung, keine Lehre ohne Sonderung.›

In der Wirklichkeit, in der er lebt, weiß Goethe, daß diese beiden Tendenzen, obwohl nur ihre Synthese den wirklich vielseitigen, harmonischen Menschen ausmacht, widerspruchsvoll, ja unvereinbar sind. In der glücklichsten Zeit seiner Reife entwirft er (in ‹Wilhelm Meisters Lehrjahre›) eine gesellschaftliche Utopie ihrer Vereinigung. Aber die sozialen Erfahrungen der späteren Jahrzehnte, das Erlebnis des Kapitalismus, dessen Rolle als Entwickler der Produktivkräfte er ohne sentimentale Vorbehalte bejaht, die aufdämmernde Einsicht in dessen gesellschaftliche Widersprüche führen ihn in dieser Frage zu einer Resignation. ‹Wilhelm Meisters Wanderjahre› und der zweite Teil des ‹Faust› verzichten entschieden auf die stürmischen Harmonieforderungen der Jugend, auf die utopischen Träume der reifen Mannesalters. Aber Goethes Verzicht ist gewissermaßen nur ‹realpolitisch›, nur praktisch, nur ein Aussprechen dessen, was ist, keine prinzipielle Absage an seine früheren Hoffnungen. Dieses Ideal bleibt weiter der zentrale Inhalt seiner Zukunftsperspektive. Er weiß jedoch, daß dieses Ideal für die reale Gegenwart eben nur ein Ideal ist.

Je mehr Goethe jedoch resigniert und die praktische Entfaltung der einzelnen menschlichen Fähigkeiten bejaht, die die Beherrschung der Naturkräfte und damit die Weiterentwicklung des Menschengeschlechts eben in ihrer und durch ihre Vereinzelung fördern, desto energischer sucht er überall in der Wirklichkeit nach realen Tendenzen und Tatsachen, in denen die menschliche Harmonie und Vollendung, wenn auch auf der Grundlage eines objektiven Verzichts anderer Art, verwirklicht worden ist.

Hierbei kommt nun eine demokratische, ja fast plebejische Seite der Goetheschen Weltanschauung zum Ausdruck. Er sagt: ‹Der geringste Mensch kann komplett sein, wenn er sich innerhalb der Grenzen seiner Fähigkeiten und Fertigkeiten bewegt, aber selbst schöne *Vorzüge* werden verdunkelt, aufgehoben und vernichtet, wenn jenes unerläßlich geforderte Ebenmaß abgeht. Dieses Unheil wird sich in der neueren Zeit noch öfter hervortun ...› Darin ist eine wichtige Absage an jeden Geistesaristokratismus enthalten, vom Geniekult gar nicht zu reden. Das ausgleichende Moment gegenüber dem Zerreißen der menschlichen Harmonie durch einseitig monströse Entwicklung von Einzelfähigkeiten findet Goethe nicht in jenen Menschen, die ästhetisch bewußt eine innere Abrundung finden. Er sucht vielmehr die vom Leben hervorgebrachte und deshalb vom Leben garantierte Verwirklichbarkeit seines Ideals in bestimmten Menschen vorwiegend plebejischer Art, deren Lebensbedingungen ihnen zwar die höchste geistige Entfaltung versagt haben, deren angeborene Tüchtigkeit ihre Fähigkeiten jedoch zu einer spontanen Harmonie heranwachsen ließ.

Goethe ist weit entfernt davon, hier ein Rousseausches Ideal zu erblicken und die Entwicklung auf dieses Niveau zurückbeugen zu wollen. Seine Liebe und Verehrung für solche Gestalten, seine Erkenntnis ihrer (relativen) menschlichen Überlegenheit über Produkte des Kapitalismus, die an Talent und Geistigkeit höher stehen, haben ihren Grund darin, daß er eben in ihnen eine reale Garantie für die menschliche Möglichkeit und Erreichbarkeit der von ihm erträumten Harmonie auf dem höchsten Niveau der Entfaltung aller Fähigkeiten erblickt.

Es ist also nicht zufällig, daß Goethe diese Form der menschlichen Vollendung öfter in den plebejischen Schichten als im sozialen Oben, öfter bei Frauen als bei Männern findet. Der unverwelkliche Reiz der Goetheschen Frauengestalten – sei es Iphigenie oder Philine, Klärchen oder Ottilie, Natalie oder Dorothea – beruht gerade auf dieser, im Vergleich zu den bedeutenden Männern extensiv eingeschränkten, intensiv harmonischen menschlichen Vollendung. Goethe ist auch hier kein Rousseauaner, soviel er auch – gerade hier – von der Rousseauschen Gesellschaftskritik gelernt hat: er denkt keine Sekunde daran, Egmont auf das geistige Niveau Klärchens, Faust auf das Gretchens hinabzubeugen; ja selbst die romantische Sehnsucht nach einer solchen primitiveren Vollendung fehlt vollständig bei ihm und deshalb auch bei seinen Helden.

Er sieht aber hier eine wesentliche Seite der menschlichen Vervollkommnung überhaupt, in der eine Reihe von Eigenschaften, besonders moralische, höher, vorbildlicher entwickelt sind als in den virtuosesten, begabtesten, gelehrtesten Bezwingern der objektiven Wirklichkeit. Und er träumt davon, daß auf weiteren Entwicklungsstufen der Menschheit die höchste Geistigkeit, die intensiv wie extensiv stärkste Entfaltung der einzelnen menschlichen Talente, ohne daß etwas von dem so Errungenen aufzugeben wäre, die innermenschliche Abrundung, die moralisch-ästhetische Harmonie solcher Frauen erreichen werde.

Dieser Kontrast beschäftigt Goethe sein ganzes Leben lang. Im ‹Tasso› hat die Lösung noch zuweilen einen höfisch-ästhetischen Beigeschmack. Die ‹Lehrjahre› bedeuten einen resoluten Bruch mit allen gesellschaftlichen Äußerlichkeiten (jede Ehe in ihnen ist, sozial gesehen, eine Mißheirat). Er stellt hier die Utopie eines kleinen Kreises von Menschen dar, die eine intensiv menschliche Harmonie auf geistig hoher Stufe erreichen, um durch die propagandistische Wirkung der Vorbildlichkeit – à la Fourier – eine weitere Ausbreitung erfolgen zu lassen.

Erst später, mit der klareren Einsicht in die sich vor seinen Augen entfaltende kapitalistische Gesellschaft, entsteht der ganz scharfe Kontrast der ‹kleinen und großen Welt›. Bei Goethes unbedingter Hingabe an die ‹Forderung des Tages› seiner Gegenwart, die er weder ignoriert noch bekämpft, weil er eben in keiner Hinsicht Romantiker ist, muß diese Zerrissenheit der beiden Welten, die der Goetheschen Erotik und ihrer Gestaltung stets zugrunde lag, noch schroffer hervortreten. Mit der energischen Betonung dieses Kontrasts erhält jedoch zugleich die Notwendigkeit ihrer gedanklich-utopischen, poetisch-jenseitigen Lösung eine immer stärkere Betonung. Der katholische Himmel des Schlusses ist also die menschliche Harmonie und Vollendung, gewachsen aus der ‹kleinen Welt›, vereint mit der unbegrenzten Vollendung der ‹großen›, mit einem ewigen Fortschreiten der Persönlichkeitsentfaltung auf der Grundlage der gegenseitigen Hilfe und des ‹Belehrens›, eines Fortschreitens ohne Inanspruchnahme mephistophelischer Kräfte. All das hat Faust im Himmel von Gretchen zu ‹lernen›.

Der Weg zu dieser Vollendung war der Weg Fausts zur Praxis. Darum gestaltet Goethe, wie schon erwähnt, nicht die nachträgliche Reue Fausts, sondern seine Heilung von den Wunden der Tragik durch eine neue Beziehung zur Natur, zum Leben, zur Praxis. Und diese Art, die Tragik zu überwinden, bedeutet kein Vergessen, kein frivoles Hinwegschreiten über Opfer, sondern gerade die tapfere Anerkennung der diesseitigen, der gesellschaftlich gegenwärtigen Unlösbarkeit solcher tragischen Konflikte bei ununterbrochener Forderung einer darüber wirklich hinausgehenden Lösung für das Menschengeschlecht. Als Helena verschwindet und ihr Gewand für Faust zur magischen Wolke wird, die ihn ‹über alles Gemeine› rasch hinwegträgt, sieht er, auf einsamer Felsengegend angekommen, dieses Gewand allmählich in Wolkenbilder zunächst der Juno, Leda und Helena zerflattern; dann aber ein letztes:

> Täuscht mich ein entzückendes Bild,
> Als jugenderstes, längstentbehrtes höchstes Gut?
> Des tiefsten Herzens frühste Schätze quellen auf:
> Aurorens Liebe, leichten Schwung bezeichnet's mir,
> Den schnellempfundenen, ersten, kaum verstandnen Blick,
> Der, festgehalten, überglänzte jeden Schatz.
> Wie Seelenschönheit steigert sich die holde Form,
> Löst sich nicht auf, erhebt sich in den Äther hin
> Und zieht das Beste meines Innern mit sich fort.

Mit diesem Bild, mit dem Bild Gretchen-Auroras (Morgenröte) in der Seele, weist Faust jetzt die Versuchung von Mephistopheles zurück, ihm ‹die Reiche der Welt und ihre Herrlichkeiten› zu geben, und entschließt sich zum Weg der persönlich entsagungsvollen, nur der Sache hingegebenen Praxis. Äußerlich und psychologisch gesehen ist dies seine weiteste Entfernung von Gretchens ‹kleiner Welt› und ihrer intensiven Harmonie; vom Standpunkt der Goetheschen Geschichtsphilosophie aber hat er gerade hier den richtigen Weg betreten. Gerade hier entsteht das Kampffeld, auf dem das Mephistophelische von Faust mit dem höchsten Bewußtsein und der größten Energie, wenn auch für die Gegenwart ebenfalls tragisch, vergeblich bekämpft wird. Aber auch diese Tragödie weist über das bloß Tragische hinaus. Im Unterliegen rettet Faust den innersten Kern der menschlichen Persönlichkeit, eröffnet er den Weg zur jenseitig-utopischen Rettung des Menschengeschlechts.

‹Das Ewig-Weibliche zieht uns hinan› —: nicht umsonst ist dies das letzte Wort nicht nur der Faustdichtung, sondern auch des Dichters Goethe. Es ist sein letztes Bekenntnis zur Möglichkeit einer *diesseitigen* Vollendung des Menschen, einer Vollendung des Menschen als physisch-geistiger Persönlichkeit, einer Vollendung auf der Grundlage des Beherrschens der äußeren Welt, der Erhebung der eigenen Natur zur Geistigkeit, Kultur und Harmonie, ohne ihre Naturhaftigkeit aufzuheben.

Seit Platons ‹Gastmahl› und Dantes Beatrice hat die Liebe nie ein solches Gewicht im Weltbild eines Genies gehabt. Aber Platons und Dantes Liebe ist dem Wesen nach jenseitig und asketisch. Goethe, der Zeitgenosse und Mitstreiter jener Tendenzen, die zu den ‹drei Quellen des Marxismus› geworden sind, ist dem Wesen nach ganz irdisch, ganz diesseitig. Die ästhetisch-katholische Form des Schlusses kann nur reaktionäre Romantiker oder liberale Flachköpfe irreführen.

5. Stilfragen: Das Ende der ‹Kunstperiode›

Auch ästhetisch ist der ‹Faust› eine ‹inkommensurable› Produktion. Er ist weder dramatisch noch episch, obwohl er die höchsten Qualitäten beider Genres in sich vereinigt.

Zur Zeit ihrer Zusammenarbeit haben Goethe und Schiller die entscheidendsten Begriffsbestimmungen für die Abgrenzung zwischen Dramatik und Epik herausgearbeitet. Sie bezeichneten als grundlegenden Unterschied, daß in der Epik alles als vergangen dargestellt wird, während im Drama alles Gegenwart ist. Vom Standpunkt dieser ausschlaggebenden Unterscheidung kann der ‹Faust› mit vollem Recht dramatisch genannt werden. Gerade die geschichtsphilosophische, ‹phänomenologische› Kompositionsart, das Einander-Ablösen der ‹Gestalten des Bewußtseins›, schreibt eine solche Präponderanz des Dramatischen gebieterisch vor. Nicht Übergänge von einer Stufe zur anderen, nicht Vorblicke oder Rückblicke werden gestaltet, sondern ausschließlich die sinnliche Gegenwart des gegebenen Stadiums. In diesem Sinne entspricht der ‹Faust› auch der späteren Bestimmung der Hegelschen Ästhetik, die in diesem plastischen Auf-sich-gestellt-Sein, in dieser plastischen Abrundung der Figuren und Situationen, ein Wesenszeichen der dramatischen Gestaltung erblickt.

Es entspricht ganz der Goetheschen Art, daß im ‹Faust› kaum Szenen vorkommen, deren Funktion das Schaffen von Übergängen oder Begründungen des Kommenden wären. Die ‹Hexenküche› ist vielleicht die einzige Szene, in der etwas Derartiges, die Verwandlung des reifen Mannes Faust in einen Jüngling, vorgestellt wird. Sonst werden wir immer vor die vollendete Tatsache der höheren Entwicklungsstufe gestellt, die sich dann — dramatisch — aus ihren eigenen, sich szenisch und geistig entfaltenden Kräften als in sich notwendig, als aus der früheren organisch herausgewachsen zu beglaubigen hat.

Szenen wie die ‹Klassische Walpurgisnacht› oder die Belehnung Fausts im IV. Akt des zweiten Teils sind nur scheinbar Überleitungen, Vorbereitungen zum Erscheinen Helenas beziehungsweise zur Produktionssphäre der letzten Szenen. Beide haben vielmehr ihre selbständige geistige und dramatische Notwendigkeit; beide repräsentieren ebenfalls bestimmte, in sich begründete und in sich selbständige ‹Gestalten des Bewußtseins›: in jener wird die (‹phänomenologische›) Entstehung der antiken Schönheit dargestellt, in dieser das Bild des zerfallenden, sich selbst zerfleischenden, im Zersetzungsprozeß erstarrenden Feudalismus, in dessen Intermundien der ihn verschlingende Kapitalismus heranwächst. Es ist nicht zufällig, sondern für Goethes Gestaltungsart charakteristisch, daß die Belehnungsszene selbst ebensowenig vorgeführt wird wie die Befreiung Helenas aus der Unterwelt. Nur aus dem Gespräch des Kaisers mit dem Erzbischof, aus der ohnmächtig wütenden Abwehr der reaktionären Mächte erfahren wir, daß sie stattgefunden hat; gezeigt wird uns nur, als notwendige und selbständige ‹Gestalt des Bewußtseins›, das historische Milieu ihres Entstehens. Sogar der jenseitige Schluß hat eine sinnliche, szenisch-dramatische Gegenwart. Aber paradoxerweise folgt gerade aus diesen echt dramatischen Prinzipien der Komposition der epische Charakter des Ganzen. Diese Kompositionsart wird in einem Gespräch zwischen Eckermann und Goethe genau charakterisiert:

‹Dieser Akt bekommt wieder einen ganz eigenen Charakter, so daß er, wie eine für sich bestehende kleine Welt, das übrige nicht berührt und nur durch einen leisen Bezug zu dem Vorhergehenden und Folgenden sich dem Ganzen anschließt.›

‹Er wird also›, sagte ich [Eckermann, G. L.], ‹völlig im Charakter des übrigen sein; denn im Grunde sind doch der Auerbachsche Keller, die Hexenküche, der Blocksberg, der Reichstag, die Maskerade, das Papiergeld, das Laboratorium, die klassische Walpurgisnacht, die Helena lauter für sich bestehende kleine Weltenkreise, die, in sich abgeschlossen, wohl aufeinander wirken, aber doch einander wenig angehen. Dem Dichter liegt daran, eine mannigfaltige Welt auszusprechen, und er benutzt die Fabel eines berühmten Helden bloß als eine Art von durchgehender Schnur, um darauf aneinanderzureihen, was er Lust hat. Es ist mit der ‚Odyssee‘ und dem ‚Gil-Blas‘ auch nicht anders.›

‹Sie haben vollkommen recht›, sagte Goethe, ‹auch kommt es bei einer solchen Komposition bloß darauf an, daß die einzelnen Massen bedeutend und klar seien, während es als ein Ganzes immer inkommensurabel bleibt, aber eben deswegen gleich einem unaufgelösten Problem die Menschen zu wiederholter Betrachtung immer wieder anlockt.›

Das ist keine nachträgliche Rechtfertigung des bereits fast vollendeten Werkes. Diese Gedankengänge tauchen vielmehr gerade in jener Zeit auf, in der Goethe an die entscheidende Weiterführung des Jugendfragments geht, den ersten Teil abschließt und einzelne Szenen des zweiten Teils auszuführen beginnt. Im Zusammenhang mit diesen Bemühungen, doch keineswegs ausschließlich in Hinsicht auf sie, arbeiten Goethe und Schiller den Unterschied und die notwendige Wechselwirkung zwischen epischen und dramatischen Prinzipien begrifflich klar heraus. In diesem Gedankenaustausch kommt Schiller auf das oben behandelte Problem der Selbständigkeit der Teile einer Gesamtkonzeption zu sprechen und erblickt in ihr ein wichtiges Charakteristikum des Epischen. Er schreibt an Goethe: ‹Es wird mir aus allem, was Sie sagen, immer klarer, daß die Selbständigkeit seiner Teile einen Hauptcharakter des epischen Gedichts ausmacht.› Einige Monate später wendet Goethe diesen Gedanken ausdrücklich auf die Komposition des ‹Faust› an. Er schreibt an Schiller: ‹Sie treffen, wie es natürlich war, mit meinen Vorsätzen und Plänen recht gut zusammen, nur daß ich mir's bei dieser barbarischen Komposition bequemer mache und die höchsten Forderungen mehr zu berühren als zu erfüllen denke ... Ich werde sorgen, daß die Teile anmutig und unterhaltend sind und etwas denken lassen; bei dem Ganzen, das immer ein Fragment bleiben wird, mag mir die neue Theorie des epischen Gedichts zustatten kommen.›

Die weltanschauliche Grundlage dieser Gestaltungsweise ist uns bereits bekannt: Goethes Stellung zur Tragödie. Indem er die typischen Stufen der Menschheitsentwicklung als eine Kette von Tragödien empfand, deren Zusammenhang und Totalität jedoch nicht mehr tragisch sind, mußte aus dieser Weltauffassung, wenn sie eine extensiv wie intensiv universelle Gestaltung finden sollte, eine solche episch-dramatische Form herauswachsen: eine Form, in der keines der beiden Prinzipien überwiegt und die gegenseitige dialektische Durchdringung beider eine einzigartige Einheit und dynamische Balance schafft. Denn es wäre oberflächlich, das wechselseitige Verschlungensein der beiden Prinzipien nicht bis in die kleinsten Details zu verfolgen, sich das Ganze des ‹Faust› etwa als einen epischen Kranz aus einzelnen Dramen oder als ein großes Drama vorzustellen, dessen Teile episch sind. Nein, jeder Teil ist dramatisch, denn das Schicksal eines Menschentypus (einer Entwicklungsstufe der Menschheit) entscheidet sich in ihm vor unseren Augen aus der immanenten Dialektik seiner inneren Widersprüche, und zwar meist tragisch, zumindest tragikomisch (nur die Komik des Auerbach-Kellers bildet eine Ausnahme). Anderseits ist jeder Teil zugleich auch episch; denn um der Gestalt in wenigen Szenen die notwendige Beglaubigung der Typik einer Person und zugleich einer Entwicklungsstufe zu geben, muß die gesellschaftliche Umgebung der Konflikte, die ruhende Umwelt der gesellschaftlichen Gegenstände eine weit über das dramatisch Erforderliche, über das rein Dramatische hinausgehende episierende Komplettheit erhalten. So runden sich die einzelnen Teile zu selbständigen kleinen Welten, zu einer Selbständigkeit, die im echten Drama, auch in seiner breitesten Form, im Shakespeareschen, unmöglich ist. Die sehr breit ausgeführte Episode ist bei Shakespeare doch immer nur ein dynamischer Überleitungspunkt, der aus Gründen dieser Funktion im Gesamtaufbau (und der daraus folgenden inneren Bewegtheit und dramatischen Unruhe der Ausführung) niemals eine derartige, selbständige Abrundung erhalten kann.

Ebenso verschlingen sich im Aufbau des ‹Faust› als Ganzem die epischen und dramatischen Prinzipien: in einem bestimmten Sinn kann man den gesamten

‹Faust› als einen großartig angelegten Erziehungsroman in der Art des ‹Wilhelm Meister› ansehen. Und wie jedes große epische Werk enthält dann diese ‹Ilias des modernen Lebens› eine ganze Reihe von Dramen. (Das hat bereits Aristoteles bei Homer, Schiller im ‹Wilhelm Meister› gefunden und hervorgehoben.) Hier im ‹Faust› aber ist die eigenartige Lage gegeben, daß solche Dramen im Gesamtgedicht nicht nur dem Keim, der Möglichkeit nach enthalten sind, sondern sich im Gedicht selbst zur dramatischen Vollendung entfalten.

Diese Doppelseitigkeit der Gesamtkonzeption wird auch durch das von uns bereits hervorgehobene Moment eines ‹Intermittierens› des Dramatischen in einzelnen Szenen, ja in Szenenkomplexen, unterstrichen, wobei die Kompliziertheit der Lage noch dadurch verstärkt wird, daß auch das ‹Intermittieren› des Dramatischen eine innerlich dramatische Form hat. Aber nicht nur diese ständige, plastische Gegenwärtigkeit der Aktion macht das dramatische Prinzip des Ganzen aus, sondern auch die Personenkomposition, das echte dramatische Zusammendrängen auf einen handelnden Helden. Faust ist im Gedicht die gewichtigste, alle wesentlichen Bestimmungen der Handlung durch Taten auf sich und in sich konzentrierende Gestalt, keineswegs ein bloßes Lackmuspapier für Reaktionen auf Begebenheiten wie der — echt romanhaft entworfene und darum von menschlich größeren Figuren stets überschattete — Wilhelm Meister.

Diese wechselseitige Verschlingung und Durchdringung des epischen und dramatischen Prinzips ist eine allgemeine Tendenz der modernen Literatur, die im ‹Faust› nur ihre prägnanteste und paradoxeste Form erhalten hat. Das moderne Drama wird — wie ich dies in anderen Studien wiederholt ausgeführt habe — zunehmend ‹romanisiert›, und Balzac betrachtet, mit Recht, im dramatischen Element ein wichtiges Unterscheidungszeichen des neuen Romans im Gegensatz zu dem des 18. Jahrhunderts. Balzac beruft sich dabei vor allem auf Walter Scott. Unmittelbar ist dies zweifellos richtig. Es wäre aber falsch, Goethes Rolle in dieser Entwicklung — theoretisch wie praktisch — zu unterschätzen. Fast ein halbes Jahrhundert vor dem berühmt gewordenen Vorwort Balzacs zur ‹Menschlichen Komödie› haben schon Goethe und Schiller das notwendige Ineinanderspielen von Epik und Dramatik eingehend als Wesenszeichen der damals entstehenden neuen Literatur behandelt. Und Goethes Schaffen spielt in der Entstehung dieser neuen Literatur eine entscheidende Vorläuferrolle. Wir sahen, daß Balzac beim Hervorheben des dramatischen Moments im Roman, das geistig mit seiner bewußten Historisierung auch des Gegenwartsromans identisch ist, unmittelbar auf Walter Scott Bezug nimmt. Man vergesse aber nicht, daß der eigentliche Vater des historischen Romans von Scott eben Goethes ‹Götz von Berlichingen› gewesen ist.

Goethes Schaffen, den ‹Faust› mit inbegriffen, kann nie verstanden werden, wenn man in ihm nicht auch ästhetisch die Brücke zwischen dem 18. und 19. Jahrhundert erblickt: die Vollendung, das Über-Sich-Hinausgehen der Aufklärung und zugleich die geistige und ästhetische Vorbereitung für Walter Scott und Byron, für Balzac und Stendhal.

Freilich darf man bei dieser wichtigen Verbundenheit auch die tiefe Kluft nicht übersehen, die Goethe von den typischen Vertretern der spezifisch neuen Literatur trennt. Der ästhetische Scharfblick des alten Goethe hat nicht nur die Bedeutung Byrons, Walter Scotts und Manzonis erkannt, sondern auch die Balzacs und Stendhals schon in deren ersten ausschlaggebenden Werken. Dennoch bedeutet Goethe auch den Scheidepunkt zwischen alter und neuer Kunst. Heine spricht sehr richtig über Goethe, wenn er sagt, daß mit dessen Tod das ‹Ende der Kunstperiode› eingetreten ist. (Ähnlich beurteilt Belinskij die Puschkin-Periode der russischen Literatur.) Die Vorherrschaft der Schönheit, der Harmonie in der dichterischen Linienführung ist bei Goethe wie bei Puschkin niemals eine rein ästhetische Frage, sondern eine Frage des gesellschaftlichen Seins und des ihm notwendig entsprechenden vorwärtsweisenden Bewußtseins. Wenn in der späteren Dichtung die ästhetische Fragestellung der Schönheit ohne einen solchen, ihre Notwendigkeit historisch begründenden gesellschaftlichen Untergrund vorherrscht, muß notwendigerweise ein blasses Epigonentum entstehen: eine Kunst, abgerissen von den großen Problemen der Epoche.

Goethes (und auch Puschkins) ‹Kunstperiode› ist gerade davon am weitesten entfernt. Es ist klar, daß ein Weltgedicht wie der ‹Faust›, in dem die größten Fragen eines gewaltigen historischen Übergangs mit der uns bereits bekannten Tiefe erfaßt sind, nichts mit formellem Ästhetizismus zu tun haben kann. Die Forderung der Schönheit ist bei Goethe nicht mehr rein naiv, spontan-organisch gewachsen wie in der Antike, wie (in bereits abgeschwächter Form) in der Renaissance. Bei aller Spontaneität im Streben nach Schönheit bedeutet diese Tendenz bei Goethe auch einen Kampf gegen seine Zeit, gegen die Kunstfeindlichkeit (die Menschenfeindlichkeit, die Menschenzerstückelung) des heraufziehenden Kapitalismus.

Dieser Kampf hat eine doppelte Richtung und Funktion. Goethe ist bestrebt, gegen den Strom seiner Zeit jene menschliche Echtheit, jene einfach-unmittelbare, sinnlich-naive, sinnvoll-geistige, schlicht-moralische Äußerungsweise aufrechtzuerhalten, die den echten – nicht formalistischen, nicht höfisch entstellten – Zauber der antiken Kunst ausmacht. Er fühlt aber zugleich, daß die entgegenwirkenden Tendenzen nicht einfach immer als schlechter Publikumsgeschmack, Sensationslüsternheit, roher Stoffhunger und dergleichen aufgefaßt werden können, sondern aus dem vom Leben selbst produzierten Stoff stammen, der dem Dichter solche Themen und solche den Themen gemäße Formen (Formlosigkeit) aufzwingt. Er betrachtet es deshalb als seine Aufgabe, im Leben selbst, und zwar in den wichtigsten Lebensmomenten eben seiner Gegenwart, diese Schlichtheit des Menschlichen, diese Schlankheit der dichterischen Linienführung – die stets eine Widerspiegelung der menschlichen Lebensführung ist – zu entdecken und zu zeigen, daß diese Schönheit auch aus dem Leben der Gegenwart heraushebbar ist.

Es ginge über den Rahmen dieser Studien hinaus, die diesbezüglichen Tendenzen Goethes in ihrer historischen Entwicklung darzulegen. Hier müssen wir uns mit einigen andeutenden Bemerkungen begnügen. So muß hervorgehoben werden, daß zwischen der Jugendentwicklung Goethes und seiner klassischen Periode in dieser Hinsicht keineswegs eine so schroffe Wendung liegt, wie es in der bürgerlichen Literaturgeschichte zumeist dargestellt wird. Der Ausgang von der Volkspoesie, der für das Schaffen des jungen Goethe ausschlaggebend war, stützt sich mit an erster Stelle auf den als Volksdichter aufgefaßten Homer; die Oden des Pindar, die griechische Tragödie usw. spielten dabei neben Shakespeare und dem Volkslied ebenfalls eine richtungweisende Rolle. Und die Hinwendung zur Antike, besonders in der Periode der Zusammenarbeit mit Schiller, ist nie rein ästhetisch, geht nie von der isoliert aufgefaßten künstlerischen Form aus, sondern beginnt und endet stets bei der realistischen Betrachtung der Wirklichkeit, der Menschen und ihrer Beziehungen zueinander. Die künstlerischen Formen sind für Goethe stets nur allgemeinste, abstrakteste Zusammenfassungen des menschlichen Wesens und menschlicher Beziehungen. So sagt er zum Beispiel: ‹Was man Motive nennt, sind also eigentlich Phänomene des Menschengeistes, die sich wiederholt haben und wiederholen werden und die der Dichter nur als historische nachweist.›

Innerhalb dieser Gesamtkonzeption nimmt die Antike für Goethe nicht nur wegen ihrer künstlerischen Formvollendung eine bevorzugte Stelle ein; nicht im rein künstlerischen Sinn betrachtet er sie als ewiges Muster und Vorbild. Im Gegenteil: diese Formvollendung ist in Goethes Augen nur eine Folgeerscheinung des Tatbestandes, daß das Wesen des Menschen und seiner Beziehungen im antiken Leben – und darum in der antiken Kunst – einen reineren Ausdruck erhalten hat als in der von ihm erlebten Gegenwart. Goethe sieht in der beginnenden Romantik Tendenzen dieser neuen kunstfeindlichen Verwirrung des Lebens, des Lebensgefühls und damit der Kunst. Sein großer Aufsatz über Winckelmann faßt diese Tendenzen in der Form einer Proklamation des Positiven und einer programmatischen Abwehr des Negativen zusammen. Wir zitieren einige Ausführungen, in denen die Wurzeln des Goetheschen ‹Klassizismus› im Leben selbst und in seiner richtigen weltanschaulichen und künstlerischen Spiegelung deutlich sichtbar werden:

‹. . . denn das letzte Produkt der sich immer steigernden Natur ist der schöne Mensch. Zwar kann sie ihn nur selten hervorbringen, weil ihren Ideen gar viele Bedingungen widerstreben, und selbst ihrer Allmacht ist es unmöglich, lange im Vollkommenen zu verweilen . . . Dagegen tritt nun die Kunst ein; denn indem der Mensch auf den Gipfel der Natur gestellt ist, so sieht er sich wieder als eine ganze Natur an, die in sich abermals einen Gipfel hervorzubringen hat. Dazu steigert er sich, indem er sich mit allen Vollkommenheiten und Tugenden durchdringt, Wahl, Ordnung, Harmonie und Bedeutung aufruft . . . Ist es [das Kunstwerk, G. L.] einmal hervorgebracht, steht es in seiner idealen Wirklichkeit vor der Welt, so bringt es eine dauernde Wirkung, es bringt die höchste hervor: denn indem es aus den gesamten Kräften sich geistig entwickelt, so nimmt es alles Herrliche, Verehrungs- und Liebenswürdige in sich auf und erhebt, indem es die menschliche Gestalt beseelt, den Menschen über sich selbst, schließt seinen Lebens- und Tatenkreis ab und vergöttert ihn für die Gegenwart, in der das Vergangene und Künftige begriffen ist.›

Dieser Humanismus Goethes und der Goethezeit – Humanismus als allseitige und tiefe Erkenntnis des Menschen vom physischen bis zum gesellschaftlichen Sein, von der einfachsten Praxis bis zu der in Kunst und Wissenschaft als Bewegkraft allseitiger Höherentwicklung –, dieser Humanismus gebraucht, wie Engels sagt, das Wort Mensch ‹in einem gewissen emphatischen Sinne›. Dieses Pathos ist ein Resultat der Französischen Revolution und ihrer ideologischen Vorbereitung durch die Aufklärung. Einerseits erscheinen jetzt alle ‹äußerlichen› (ständischen, rassenmäßigen usw.) Unterschiede als nichtig vor dem allgemeinen Begriff, vor dem humanistisch konkretisierten Ideal des Menschen. Andererseits entwickelt die Zeit den Glauben an die grenzenlosen Möglichkeiten der menschlichen Macht, der Fähigkeit des Menschen, sich selbst und seine Umwelt vorbildlich umzugestalten. ‹Es [das Bewußtsein, G. L.] ist sich seiner reinen Persönlichkeit bewußt, und alle Realität ist nur Geistiges; die Welt ist ihm schlechthin sein Wille und dieser ist allgemeiner Wille. Und zwar ist er nicht der leere Gedanke des Willens ... sondern reell allgemeiner Wille ...›, sagt Hegel in der ‹Phänomenologie› über die Französische Revolution.

Die deutsche Klassik betont naturgemäß vor allem die intensive, nach innen gekehrte Seite dieser Entwicklung, dementsprechend den ästhetischen, moralischen, allgemein kulturellen Charakter der Umwälzung und der Rolle des Menschen in ihr. Die zentrale Stelle von Kunst und Ästhetik – Theorie und Praxis der ‹Kunstperiode› – beruht also auf einer solchen Erhöhung der Bedeutung des Menschen, auf einer solchen Forderung seiner Allseitigkeit und Harmonie als Ziel der Entwicklung von Gattung und Individuum, als Kampf gegen alles Alte und Neue, soweit in ihnen Tendenzen wirksam sind, diesen hohen Begriff zu verdunkeln und zu verwirren. Darum grenzt Engels Goethes Gebrauch des Wortes ‹Mensch› für diese Periode ab und trennt ihn energisch von der verblaßten und verwaschenen Terminologie der vierziger Jahre. (Daß später, bei noch stärkerer Verwandlung der historischen Umstände, die Entfernung von Goethes wirklicher Begriffsbildung noch größer wurde, ist selbstverständlich.) Engels sagt über diese Terminologie: ‹Goethe gebrauchte sie freilich nur in dem Sinne, wie zu seiner Zeit und später auch von Hegel angewandt, wie das Prädikat menschlich besonders den Griechen im Gegensatz zu heidnischen und christlichen Barbaren beigelegt wurde, lange bevor diese Ausdrücke durch Feuerbach ihren mysteriös-philosophischen Inhalt erhielten. Bei Goethe namentlich haben sie meist eine sehr unphilosophische, fleischliche Bedeutung.›

Auf der Grundlage einer solchen Weltanschauung kann Goethe im Leben seiner Gegenwart eine der antik-großzügigen Stilisierung würdige Menschlichkeit entdecken und sie nunmehr ohne artistische Stilisierung darstellen. Diese Doppellinie des Goetheschen Klassizismus wird in der Elegie ‹Hermann und Dorothea› ausgesprochen: als Forderung der dichterischen Gegenwartsgestaltung selbst und zugleich als Bekenntnis des Dichters, der letzte Homeride zu sein. Das ist das Wesen der antiken ‹Stilisierung› auf dem Gipfelpunkt dieser Tendenzen, in der Zeit der Zusammenarbeit Goethes mit Schiller. Darum drükken die Schlußverse von Schillers ‹Spaziergang› diese gemeinsame Stimmung, die freilich Goethe viel adäquater als Schiller gestaltet hat, richtig aus:

Und die Sonne Homers, siehe! sie lächelt auch uns.

Goethe und Schiller sind sich auch zur Zeit ihrer Zusammenarbeit darüber klar, und diese Klarheit steigert sich noch im alternden Goethe, daß sie ein Rückzugsgefecht der wahren Kunst führen, daß sie sich in einer Defensive befinden; sie sind aber mit heroischen Anstrengungen bemüht, die Positionen der wahren Kunst gegenüber den Zeittendenzen zu halten. Je stärker der Einfluß der allgemeinen Kapitalisierung in der Wirklichkeit vordringt, desto schwerer wird dieser Kampf, denn desto weniger ist es zwangslos möglich, aus dem Knäuel der immer abstrakter werdenden gesellschaftlichen Beziehungen die erstrebte Schönheit des menschlichen Wesens sinnfällig herauszuarbeiten, seine Einheit trotz der Zerstückelung durch die kapitalistische Arbeitsteilung zu erblicken und künstlerisch zu gestalten.

Die späte Weiterführung des ‹Wilhelm Meister› sprengt deshalb schon die Grenzen der für Goethe möglichen epischen Kunst, und es ist für Goethe charakteristisch, daß er sie mutvoll sprengt, denn Wahrhaftigkeit steht ihm stets höher als Formvollendung. Diese ist für ihn nur als Ausdruck der letzten Wahrheit über den Menschen wertvoll. Freilich gibt er auch hier die Form nicht kampflos preis. Er versucht, zur ältesten Form des Romans, mit sehr loser Handlungsführung und eingelegten selbständigen Novellen, zurückzukehren, um den gesellschaftlich außerordentlich kompliziert gewordenen Inhalt erzählerisch adäquat auszudrücken. Aber dieser ästhetische Kampf ist in den ‹Wanderjahren› vergeblich.

Im ‹Faust› stellt Goethe, wie wir sahen, ein ganz spezifisches Problem. Schon das Thema — die Rettung des Kerns und nur des Kerns im Menschen, die Rettung des Menschengeschlechts bei tragischer Aufopferung des einzelnen — macht eine antik sinnliche Vollendung unmöglich: eine *unmittelbare* Einheit von Innerem und Äußerem, von Moral und Tat, von Geist und Sinnlichkeit. Schon die genaue und klare Trennung der ‹kleinen› und der ‹großen› Welt zeigt diese Unmöglichkeit an. Die Antike kennt eine solche Trennung überhaupt nicht. Für sie existiert die ‹kleine Welt› des individuellen Lebens nur, soweit sie in die ‹große› eingeht (Liebe in ‹Antigone›), und in der antiken ‹großen Welt› sind überall die Wurzeln aus dem persönlichen Leben der ‹kleinen Welt› unmittelbar sichtbar. Diese für die Kunst einzigartig günstige Lage geht (schon im Altertum) mit dem Verfall der antiken Städterepubliken verloren. Aber in der Renaissance erlebt sie in komplizierter und doch ästhetisch-menschlich unmittelbarer Weise bei Shakespeare eine Auferstehung. Der Kampf der bürgerlichen Klasse im Anfangsstadium bedeutet für die Thematik der Kunst eine schroffe Ablehnung der damaligen ‹großen Welt› des Feudalabsolutismus, dem die moralisch reinere, menschlich höherstehende ‹kleine Welt› des Bürgertums polemisch gegenübergestellt wird. Diese Kunst, die bei Fielding, Goldsmith und in Goethes ‹Werther› ihre Gipfelpunkte hat, spielt eine sehr große Rolle im Aufbau auch der Jugenddramen Goethes, im ‹Götz› und im ‹Egmont›.

Die industrielle Revolution in England und die Große Französische Revolution stellen jedoch die Eroberung der ‹großen Welt› durch das Bürgertum auf die Tagesordnung. Die Romantik im engeren Sinn tritt an diese Probleme mit verkehrtem, mit reaktionärem Bewußtsein und gibt deshalb notwendigerweise, inhaltlich wie formal, verzerrte Spiegelungen der neuen gesellschaftlichen Situation. Erst bei Hoffmann und noch mehr bei Balzac werden die Probleme des neuen kapitalistischen, häßlichen Lebens, die Probleme ihrer ‹großen Welt› aus dem Geist des neuen Materials entwickelt. Die so entstehende neue Ästhetik und neue Kunst erwachsen also aus dem Schrecklichen und Grotesken, aus dem Verzerrt-Erhabenen und Schauerlich-Komischen. Es ist die paradox-klassische künstlerische Vollendung der wachsenden Barbarei des kapitalistischen Zeitalters.

Der alternde Goethe ist bemüht, die neue Zeit, so wie sie ist, soweit er sie versteht, wahrheitsgetreu zu gestalten, zugleich aber auch in diesem Material die noch vorhandenen Elemente der Schönheit kämpferisch zu entdecken. Es werden also von ihm die Probleme des kapitalistischen Lebens dargestellt, ohne ihr Wesen aufzuheben, abzuschwächen oder zu verfälschen, ohne irgendwelche ästhetische Schönfärberei. Es soll aber zugleich das Ganze vom Wesen, vom verborgenen menschlichen Kern aus gesehen werden und dieser Kern dann sinnlich vergegenwärtigt erscheinen, damit die Gesamtkomposition dennoch den Gesetzen der alten, der menschlichen Schönheit unterworfen bleibe. Darum gehört das Bestreben Goethes auch dort, wo er (wie im zweiten Teil des ‹Faust›) tief auf die spezifischen Fragen der neuen Zeit eingeht, in die ‹Kunstperiode›.

Schon in der Zeit ihrer Zusammenarbeit ist es Goethe und Schiller klar, daß die Schönheit, der sie zustreben, unmöglich die der reinen Antike sein könne. Schönheit ist für sie beide bereits ein Kampf mit der Barbarei, ein (partieller) Sieg über die Barbarei. Schiller charakterisiert diese neue Lage in einem Brief an Goethe, in der Zeit, als dieser gerade am Helena-Teil des ‹Faust› arbeitet, tief und erschöpfend, so daß seine Charakteristik in ihren Grundzügen auch für die spätere Periode, auch für den ganzen zweiten Teil gilt, obwohl inzwischen die Elemente des Barbarischen sich gesellschaftlich und künstlerisch verstärkt haben. Schiller schreibt:

‹Lassen Sie sich aber ja nicht durch den Gedanken stören, wenn die schönen Gestalten und Situationen kommen, daß es schade sei, sie zu verbarbarieren. Der Fall könnte Ihnen im zweiten Teil des ‚Faust‘ noch öfters vorkommen, und es möchte ein für allemal gut sein, ihr poetisches Gewissen darüber zum Schweigen zu bringen. Das Barbarische der Behandlung, das Ihnen durch den Geist des Ganzen aufgelegt wird, kann den höheren Gehalt nicht zerstören und das Schöne nicht aufheben, nur es anders spezifizieren und für ein anderes Seelenvermögen zubereiten. Eben das Höhere und Vornehmere in den Motiven wird dem Werk einen eigenen Reiz geben, und Helena ist in diesem Stück ein Symbol für alle die schönen Gestalten, die sich hineinverirren werden. Es ist ein sehr bedeutender Vorteil, von dem Reinen mit Bewußtsein ins Unreinere zu gehen, anstatt von dem Unreinen einen Aufschwung zum Reinen zu suchen, wie es bei uns übrigen Barbaren der Fall ist. Sie müssen also in Ihrem ‚Faust' überall Ihr *Faustrecht* behaupten.›

Man sieht, auch in ihrer klassischen Periode lehnen Goethe und Schiller das Barbarische keineswegs blind und unbedingt, keineswegs ‹klassizistisch› ab. Freilich muß hier innerhalb des Barbarischen differenziert werden. Goethe und Schiller betrachten hier die ganze neuzeitliche Kunst als problematisch, als barbarisch im Vergleich zur Antike, und es ist klar, daß der alte Goethe in der heraufziehenden neuen Kunst seiner Zeit mehr gesehen hat als eine bloß quantitative Steigerung dieser Tendenzen. Doch sowohl in der Schillerzeit wie später ist er sich darüber im klaren, daß große moderne Kunst ohne einen Zuschuß von Barbarei unmöglich sei. Es handelt sich für ihn nur darum, aus allen diesen Tendenzen das zu retten, worin sich das ihm Wesentliche, die uns bereits bekannte Gestaltung des Menschen – wenn auch indirekt – aufbewahrt erhält. Darum schreibt Goethe in dieser Zeit (in seinen Anmerkungen zu Diderots ‹Rameau›) über die notwendige Rezeption der fruchtbaren Kunsttendenzen bei Shakespeare und Calderon: ‹Uns auf der Höhe dieser barbarischen Avantagen, da wir die antiken Vorteile wohl niemals erreichen werden, mit Mut zu erhalten, ist unsere Pflicht . . .›

Dies ist nur möglich, weil die Goethesche Kunstauffassung immer einen Appell ans Leben enthält, freilich einen anderen, indirekteren als den des späteren Realismus eines Balzac. Der Unterschied ist, wie ihn Schiller, die Entwicklung vorwegnehmend, richtig sieht, daß Goethe vom Reinen ins Unreine hinabsteigt, während Balzac aus der immanenten Dialektik des Unreinen das Reine herauszuentwickeln bestrebt ist. Bei der Feststellung dieses Gegensatzes handelt es sich nicht um ein künstlerisches Werturteil, zumindest nicht in erster Linie, sondern vor allem um die Erkenntnis der notwendigen Kunsttendenzen zweier Perioden. Denn die Goethesche künstlerische Auffassung der Wirklichkeit bedeutet, wie wir sahen, keine Abschwächung der Dissonanzen des Lebens. Wohl aber – ebenfalls historisch bedingt – eine andere Stellung zu den Widersprüchen, die das Zeitalter vorwärtstreiben. Sie haben für Goethe ein ganz anderes Gewicht, als sie für die Aufklärung besessen haben; aber die Welt ist in seinen Augen noch nicht von den Widersprüchen zerrissen, sondern wird in unaufhaltsamer Evolution in der Richtung der Verwirklichung der Vernunft bewegt. Darum ist bei ihm die Schönheit, die bei den Griechen naiv aus dem sinnlich wahrgenommenen Leben erwächst, nur höchste Forderung, nur höchstes Erkenntnisprinzip der dichterischen Gestaltung: aus der Betrachtung des Ganzen muß sich die Schönheit (Harmonie, Vernunft) ergeben, und da dies kein der Wirklichkeit fremdes Prinzip ist, sondern ihrem bewegten Ganzen entnommen wurde, muß es sich – freilich kompliziert, indirekt, mit barbarischen Zutaten – auf alle Einzelphänomene anwenden lassen.

Dieser Weltanschauungsunterschied zwischen den späteren großen Realisten und Goethe bedingt, daß er als letzter die ästhetischen Gesetze der ‹Kunstperiode› verteidigt und mit ihrer Hilfe eine abschließende große Kunst schafft, während sich jene heroisch kopfüber in die neue Wirklichkeit stürzen. Und es ist klar, daß, je älter Goethe wird, die Prinzipien der ‹Kunstperiode› bei ihm um so prägnanter und defensiver hervortreten müssen. Sie erreichen im zweiten Teil des ‹Faust› ihren Gipfelpunkt.

Es versteht sich von selbst, daß unsere Betrachtungen sich mehr auf den zweiten als auf den ersten Teil beziehen, obwohl dessen allgemeinste Stilprobleme selbstverständlich ebenfalls durch diese historische Dialektik von Leben und Kunstform bedingt sind. Der erste Teil entspringt in seiner Grundform spontan der Periode des ‹Sturm und Drang› – allerdings wird er erst in der Blütezeit der ‹Kunstperiode› vollendet. Aber diese Vollendung ist nur ein bewußtes, kunstvolles Weiterführen dessen, was Goethe in seiner Jugend instinktiv begann.

Der erste Teil hat die höchste dramatische Form, die für den jungen Goethe und seine Genossen im ‹Sturm und Drang› möglich war. Die Dramatisierung eines reichen und breit angelegten Lebens wurde im ‹Götz› zu einem dialogisierten historischen Roman, in dem nur einzelne Teile dramatisch sind, und auch diese nicht immer von der Hauptfigur aus, ja oft völlig unabhängig von ihr. Im ersten Teil des ‹Faust› dagegen löst sich die Handlung in eine Reihe von mehr oder weniger kurzen, immer knappen Szenen auf, die alle, für sich genommen, dramatisch sind; sie besitzen fast ausnahmslos den balladesken Charakter eines beträchtlichen Teils der Goetheschen Lyrik. Auch diese ist nämlich selten wirklich zuständlich, viel weniger jedenfalls als bei den anderen Lyrikern. Sie stellt zumeist einen innerlich dramatischen Augenblick der Spannung und seiner Lösung dar, und das Landschaftliche (oder der sonstige auslösende Anlaß) dient nur dazu, diese innere Bewegtheit, je nach der Art des lyrisch gestalteten Gefühls, zu beschleunigen oder zu hemmen. Bei Goethe gibt es demgemäß die fließendsten Übergänge zwischen Lyrik, Ballade und Dramatik.

Sehr charakteristisch ist Goethes spätere Stilbeziehung zum Volkslied. Er sagt: ‹Eigentlichster Wert der sogenannten Volkslieder ist der, daß ihre Motive unmittelbar von der Natur genommen sind. Dieses Vorteils aber könnte der gebildete Dichter sich auch bedienen, wenn er es verstünde. Hierbei haben aber jene immer voraus, daß natürliche Menschen sich besser auf den Lakonismus verstehen als eigentliche Gebildete.›

Dieses Streben nach Lakonismus ist einer der wichtigsten Wesenszüge der Goetheschen Poesie. Der feinfühlige Wieland hat es bereits in seiner Rezension des ‹Götz› hervorgehoben. Es erhält seine reinste und vollendetste Form im ersten Teil, besonders in der Gestalt, in den Antworten Gretchens. Jede ihrer knappen Szenen ist eine notwendige Etappe ihres tragischen Weges, ein dramatischer, lyrisch zusammengefaßter, volksliedhaft knapper Knotenpunkt. Selbst wo die ganze Szene nur ein lyrischer Monolog ist (Meine Ruh ist hin...› oder ‹Ach neige...›), ist sie ihrem Wesen nach nicht lyrisch, nicht bloß subjektiv oder zuständlich, sondern vorwärtsbewegend, plastisch und symbolisch, gestalter-zeugend.

Dabei ist bewundernswert, wie der leichtbeschwingte, vorüberhuschende lyrische Lakonismus Goethes zugleich überall auch der gesellschaftlichen Umwelt jene Komplettheit und Abrundung gibt, die für den Gesamtplan des ‹Faust› unerläßlich waren. Mit einem viel geringeren Aufwand an Zeitschilderung entsteht hier ein zumindest ebenso echtes und lebendiges Bild des 16. Jahrhunderts wie im ‹Götz›, überdies noch in einer dramatisch-balladesk bewegten, nicht bloß episch schildernden Form. Was dem jungen Goethe sonst nur gelegentlich gelang — eine echte szenische Dramatik aus dem Balladesken heraus zu entwickeln wie in einzelnen Adelheid-Szenen des ‹Götz› —, das ist hier durchgehender und vollendet durchgeführter Stil.

Es ist für Goethe charakteristisch, daß er sich stilistisch fast nie wiederholt, nie aus dem künstlerisch einmal Erreichten eine Routine (wenn auch auf sehr hohem Niveau) macht. Jedes seiner wichtigen Werke hat einen ganz eigenen, aus Stoff und Gegenstand gewonnenen, organisch entwickelten Stil. Hier lebt sich jene Eigenart Goethes aus, die er später sein ‹gegenständliches Denken› nennt. Mit Leidenschaft verlangt er ein Erfinden und Gestalten aus dem Gegenstand und nicht aus dem Subjekt heraus. Hier sieht er, sogar mit einer gewissen überspitzenden Ungerechtigkeit, den entscheidenden Gegensatz zwischen Dichter und Dilettanten: ‹Der Dilettant wird nie den Gegenstand, immer nur sein Gefühl über den Gegenstand schildern. Er flieht den Charakter des Objekts.›

Nur auf der Grundlage einer solchen gegenständlichen Art des Dichters war die Fortsetzung und Vollendung des ersten Teils möglich, obwohl es keinen ausgearbeiteten Plan des Ganzen gab, obwohl die Grundidee im Laufe des Entstehens wiederholt großen Veränderungen unterworfen wurde. Der junge Goethe hatte sicher nur in den allgemeinsten Umrissen eine Konzeption des Ganzen und arbeitete, indem er einzelne Szenen dichtete und sie aneinanderreihte. Indem aber für ihn der neue Faust aus der Sage ‹gegenständlich› geworden ist, entsteht in ihm eine künstlerische Wirklichkeit und Wahrheit, aus der die spätere Gedankenarbeit fast ohne Änderung des Dichterischen, bei geringfügigen Ausmerzungen wegen der anfänglich allzu großen Annäherung an die Sage, herausentwickelt werden konnte.

Der balladeske Charakter des ersten Teils war eine ganz adäquate Form für die ‹phänomenologische› Entwicklung der ‹kleinen Welt›. Schwieriger und problematischer sind die Stilfragen des zweiten Teils. Dabei darf freilich nicht vergessen werden, daß die völlige Neuheit der Goetheschen Tendenz, das Geschick des Menschengeschlechts in das Schicksal eines Menschen sinnlich zusammenzudrängen, notwendigerweise ihre paradoxen Konsequenzen erst in der Gestaltung der ‹großen Welt› entfaltet. Deren adäquate künstlerische Darstellung, das Anerkennen und Herausarbeiten der großen objektiven Widersprüche der gesellschaftlich-geschichtlichen Wirklichkeit, besonders in ihrer spezifisch kapitalistischen Form, drängt einerseits auf einen formsprengend grenzenlosen Umfang (‹Menschliche Komödie› Balzacs), in dem das (das Geschlecht repräsentierende) Einzelbild notwendig verschwinden müßte; anderseits würde, worüber eben gesprochen wurde, die Darstellung der gesellschaftlichen Widersprüche in ihrer unmittelbaren Kraßheit, in der Reichhaltigkeit ihrer Einzelbestimmungen über jene ästhetischen Grenzen hinausgehen, die für Goethes Weltanschauung unübersteigbar waren.

Da Goethe an der gedanklich-inhaltlichen Vollständigkeit der dargestellten Entwicklung des Menschengeschlechts festhält, aber gleichzeitig die – bereits problematisch gewordenen – Schönheitsforderungen der ‹Kunstperiode› ebenfalls und gerade in diesem Stoff verwirklichen will, entsteht hier ein eigenartiger, auch bei Goethe nie dagewesener, unwiederholbarer, dichterisch großartiger, jedoch (infolge der Lage, in der diese Dichtung entstand) nicht kanonischer, nicht vorbildlicher Stil. Die Goethesche Bezeichnung von der ‹inkommensurablen Produktion› gilt in dieser vielfach schillernden Bedeutung für den zweiten Teil viel mehr als für den ersten.

Entscheidend ist hier die Auffassung des Menschen in der ‹großen Welt›, in der sein individuelles Schicksal nun schon unmittelbar eine Abbreviatur der Menschheitsentwicklung bilden muß. Diese Spiegelung ergibt notwendigerweise den Aspekt des Fragmentarischen für jeden Menschen und erst recht für jede seiner Taten, seine Gefühle oder Gedanken. Goethe hat diese neue Aufgabe, die zugleich eine gewisse Veränderung seiner weltanschaulichen Einstellung bedeutet, selbst deutlich gesehen. Er entwirft eine ‹Abkündigung› für den zweiten Teil des ‹Faust›, deren gedanklich wie ästhetisch entscheidende Zeilen lauten:

> Des Menschen Leben ist ein ähnliches Gedicht:
> Es hat wohl einen Anfang, hat ein Ende,
> Allein ein Ganzes ist es nicht.

Goethe spricht hier die Paradoxie, die alle damaligen Kunstformen sprengende Eigenart seines Wollens, klar aus. Denn gerade hierin – wie immer er auch, naturphilosophisch, das Vorübergehende, das ununterbrochen Wechselnde und sich Verwandelnde der Menschen feststellte – war für den Dichter stets jeder Mensch ein Ganzes, der nicht nur einen Anfang und ein Ende, sondern durch das ausgelebte Schicksal eine vollendete und abschließende Kontur erhielt. Hier werden aber die Gestalten von vornherein und bewußt aus einem anderen, die individuellen Konturen auflösenden Aspekt gestaltet.

Selbstverständlich sind diese neue Betrachtungsweise und ihr stilistischer Ausdruck nicht auf einmal entstanden, sondern allmählich aus der Goetheschen Produktion herausgewachsen. Wir haben gesehen, wie der erste Teil organisch mit den Stilproblemen der Götzperiode verbunden ist. Der zweite Teil hat seine stilisierenden Vorläufer in Goethes ‹Maskenzügen› und vor allem in dem in seiner Art großartigen Fragment ‹Pandora› (1807, also unmittelbar nach Abschluß des ersten Teils von ‹Faust› entstanden). Wir können hier die Eigenart dieses Werkes Goethes, die weltanschaulichen und künstlerischen Einflüsse, die auf sie einwirkten, nicht näher behandeln; auch hier müssen wir uns auf einige Bemerkungen beschränken. Die sogenannten Nebenprodukte – hier die ‹Maskenzüge› – sind bei Goethe stets sehr wichtig, und ihre Bedeutung läßt sich keineswegs an ihrem unmittelbaren ästhetischen Wert ermessen. Goethe ist an gedanklich-dichterischen Erfahrungen in jeder Periode so reich, daß unmöglich alles in wichtige Hauptwerke eingehen kann. So entstehen bei ihm neben großen Fragmenten wichtiger Werke leicht hingeworfene Skizzen, die teils episodische, aber nicht unwichtige Lebenserfahrungen festhalten, teils in ihrer hingeworfenen Eigenart Vorläufer oder Verstärker später reif gewordener künstlerischer Tendenzen sind. Goethe weist einmal (in einem Brief an Zelter) auf die Bedeutung der Jugendskizze ‹Satyros› für den ersten Teil des ‹Faust› hin.

Die gelegentlichen höfischen ‹Maskenzüge› geben Goethe die Möglichkeit, auf einer anderen Entwicklungsstufe in solchen Nebenprodukten Ergebnisse seines Denkens und seiner dichterischen Welterfahrung auszusprechen. Diese ‹Maskenzüge› sind untereinander gedanklich wie ästhetisch außerordentlich verschieden, von verschiedenem Wert; sogar in derselben Produktion lösen sich nichtssagende höfische Komplimente mit dem Ausdruck wichtiger und tiefer Gedanken ab. Gemeinsam ist ihnen nur die allegorische Form. Diese ist aber dort, wo Goethe dichterisch auf der Höhe steht, niemals nackt und kahl allegorisch. Sie ist einerseits dekorativ-dichterisch, indem sie die malerische Oberfläche, die malerische Geste wichtiger menschlicher Typen aufbewahrt, anderseits hat sie in ihrem Ausdruck, eben wegen dieser allegorischen Form, zuweilen eine hochstehende dichterisch lakonische Abstraktion.

‹Pandora› ist die erste Produktion Goethes, in der sich diese Tendenzen zu einer Dichtung von hohem Wert konzentrieren. Ihre Grundfrage ist eine Überleitung, ein Vorspiel zum zweiten Teil des ‹Faust›. Es ist der Gegensatz von Kontemplation und Praxis, eine Frage, die Goethe von jeher lebhaft beschäftigte. (Man denke an ‹Tasso›.) Hier erscheint jedoch eine ganze Reihe von wichtigen und neuen dialektischen Momenten, die auf den entstehenden zweiten Teil hinweisen, die in diesem auf höherer Stufe wieder aufgenommen werden. Wichtig ist dabei vor allem die viel stärkere Hervorhebung und Konkretisierung der Praxis in der Figur des Prometheus. Anderseits wirft jedoch Goethe schon hier die Frage der Grenzen einer bloßen Praxis auf, ihre Beziehung zur Vollendung der Entwicklung des Menschen, die relative Berechtigung von Epimetheus gegenüber Prometheus. Endlich sucht Goethe auch hier eine Synthese, eine höhere Einheit beider Extreme, hier noch – wenn auch schon weit weniger als diesseitig erfüllbar gedacht – auf der Linie der ‹Lehrjahre›, der ästhetisch-ethischen Vollendung des Einzelmenschen innerhalb einer kleinen Gemeinschaft von Mitstrebenden.

‹Pandora› ist Fragment geblieben. Offenbar war Goethe dichterisch stärker von der Fragestellung angezogen, als ihn gedanklich die für ihn damals möglichen Antworten befriedigten. Der Form nach ist das Fragment antikisierend gehalten, was schon durch das Thema bedingt war, aber es ist eine sehr eigenartige Antike, deren Stilgebung bereits die Formelemente der ‹Maskenzüge› in sich aufgenommen hat und in der Goethe resolut von den ‹barbarischen Avantagen› Gebrauch macht.

Von großer Wichtigkeit ist, stilistisch angesehen, in dieser Übergangzeit die intensive Beschäftigung Goethes mit Calderon und mit der orientalischen Poesie, die er beide als zusammengehörig betrachtet. In beiden findet er Elemente, die geeignet sind, hohe gedankliche Abstraktionen und sehr weitgehende Typisierung von Menschen und menschlichen Verhältnissen in einer dekorativ-dichterischen Art auszudrücken. Es darf jedoch nie vergessen werden, daß Goethe in allen diesen Tendenzen nur Ergänzungen, nur Brücken zur Zeit, zur zeitlich bedingten Eigenart seiner Thematik erblickt hat, nur ‹barbarische Avantagen›. Nie haben Spanien oder der Orient in Goethes Augen die Zentralstellung der griechischen Kunst verdunkelt; nie hat er in dieser Hinsicht den romantischen Tendenzen entscheidende Konzessionen gemacht. Da er aber im zweiten Teil des ‹Faust› zu einem indirekten Ausdrücken des Menschlichen gezwungen war, hat er hier Anknüpfungspunkte für den neuen einzigartigen Stil dieses Werkes gesucht.

Diese vertiefte Form der ‹Maskenzüge› bildet die Grundlage des zweiten Teils. Das allegorische Element spielt naturgemäß eine große Rolle. Aber Goethes Konzeption der Allegorie ist stets dichterisch echt, über den normalen, kahlen Begriff dieser Form weit hinausgehend. Schon lange Zeit vorher schreibt er an Meyer über die Allegorie: ‹Es sind alles bedeutende Figuren, sie *bedeuten* aber nicht mehr als sie *zeigen*, und ich darf wohl sagen, nicht mehr als sie *sind*.› In diesem Sinne sind viele Gestalten des zweiten Teiles allegorisch, was aber keineswegs bedeutet, daß sie bloße Chiffren für die Enträtselung eines ihrer sinnlichen Erscheinungsweise fremden ‹Tiefsinns› sind, wie es nach vielen Kommentatoren der Fall sein soll. (Einzelne ironische Bemerkungen des alten Goethe über ‹Hineingeheimnissen› sind mitschuldig an diesem Unfug.) Von nicht gelungenen Einzelheiten abgesehen, ist dieses Allegorische ein hoher Grad einer *direkten* Typisierung der Gestalten, die das Wesentliche ihrer repräsentativen Rolle im Schicksal der Gattung klar und deutlich aussprechen, deren Gattungsmäßigkeit unmittelbar evident ist und nicht — wie sonst bei Goethe — durch allmähliche Entfaltung der Persönlichkeit, durch allmähliche Entwicklung des Gattungsmäßigen erst evident wird.

Aus diesem Grunde können die meisten Szenen des zweiten Teiles nicht jene unmittelbar hinreißende Wirkung auf Gefühl und Erlebnis haben wie fast der ganze erste Teil, wie die meisten anderen Dichtungen Goethes. Trotzdem ist aber die Legende von der Steife und Kälte sowie von der dichterischen Unverständlichkeit des zweiten Teiles eben nur eine Legende. Die Figuren sind allerdings sehr typisch gehalten, doch in ihrer Mehrzahl innerlich richtig und wahr; die inneren Konflikte, Gegensätze, Widersprüche werden keineswegs abgedämpft oder der dekorativen Schönheit geopfert. Das Deutschland des 16. Jahrhunderts zeigt ein großartiges, umfassendes Bild, freilich keine intimen altdeutschen Genrebilder (wie im ‹Götz›), sondern ein großartiges historisches Fresko vom Totentanz des Feudalismus, ist jedoch nicht minder wahr als in dem Jugendwerk, eher im Gegenteil. Oder man nehme die Episode von Philemon und Baucis. Alle wesentlichen Motive und Bestimmungen der kapitalistischen Expansion, ihres vernichtenden Angriffes auf die vorkapitalistischen Idylle sind – menschlich, moralisch und dichterisch entwickelt – vollständig da, durch nichts gemildert oder abgeschwächt; nur wiederum: kein Einzelleid und keine Einzelsünde wird gestaltet, sondern die monumentale Linie einer großen historischen Notwendigkeit.

Die stilistischen Schwierigkeiten und Dissonanzen des zweiten Teiles liegen viel eher darin, daß die Gestaltungsweise, die Goethe infolge der neuen Weltanschauung, infolge der neuen Gegenständlichkeit aufgedrungen wurde, mit seinen alten dichterischen Eigenschaften, die bei ihm noch immer vorherrschten, in Widerspruch gerät. Der neue Stilwille knüpft an literarische Vorbilder an, die konsequenterweise ihre in einem so weitgespannten Rahmen allegorisch zusammengefaßten Figuren mit einer breit strömenden malerischen Rhetorik sich ausleben und ausdrücken lassen. Goethe aber behält auch hier seinen alten Lakonismus. Mit dessen Hilfe entstehen mitunter wundervolle balladeske Szenen, wie etwa die der vier grauen Weiber, von denen dann nur die Sorge bei Faust eintritt. Aber dieser Lakonismus, dieses kurze, knappe, fast Nebenher-Aussprechen entscheidend wichtiger Inhalte verursacht zuweilen, daß auf wichtige Momente ein ungenügendes szenisches Gewicht fällt, daß sie halb unvermerkt vorbeigehen und das Verständnis dessen hemmen, was sie vermitteln sollen.

Diese Dissonanz wird noch gesteigert durch Goethes Tendenz, in ‹leisen Zügen› zu gestalten, eine Tendenz, die in ihm schon in früher Jugend wirksam war und auch im Alterswerk nicht ausstirbt. So sagt Goethe über seine dichterischen Absichten in einer viel früheren Novelle: ‹Leise Züge, die den Menschen bezeichnen, ohne daß gerade merkwürdige Begebenheiten daraus entspringen, sind recht gut des Aufbehaltens wert ... nur derjenige, der im ruhigen Anschaun die Menschheit gerne faßt, wird dergleichen Züge willkommen aufnehmen.› Damit werden an den Leser sehr hohe Ansprüche gestellt. Wir verweisen auf die von uns bereits ausführlich behandelte Stelle, wo Faust in den Wolken Gretchens Bild zu sehen meint. Da dies die einzige Erwähnung Gretchens im ganzen zweiten Teil ist, können nur Leser von großer und feiner menschlicher Aufnahmefähigkeit hier die Kontinuität miterleben.

Auch hierin zeigt sich Goethe als letzter Vertreter der ‹Kunstperiode›. Er will das menschliche Innere, die menschlichen Beziehungen um jeden Preis nur gestaltend aussprechen und Kommentare vermeiden. ‹Deutlichkeit ist eine gehörige Verteilung von Licht und Schatten›, zitiert Goethe aus Hamann und spricht damit eine seiner wichtigsten darstellerischen Tendenzen aus. Aber dieses Prinzip, das der ‹leisen Züge›, läßt sich konsequent nur dort durchführen, wo der Lebensstoff der Dichtung – vom Aspekt des gestalteten Menschen – wirklich homogen ist. Die dichterische Abstraktion auf die Gattungsmerkmale und der

Rückweg von hier zur sinnlich erscheinenden menschlichen Singularität, deren Ausdruck eben die allegorisierende Tendenz ist, schafft nun eine szenische Atmosphäre, in der zwischen Individuum und historischer Umwelt diese Homogenität aufhört, in der die scharfen Lichter und die tiefen Schatten der gradheraus aussprechenden, direkt gedanklich kommentierenden, dekorativen Rhetorik (wie etwa bei Calderon) als das gegebene Ausdrucksmittel erscheinen. Goethe ist jedoch auch jetzt bestrebt, derartige künstlerisch schneidende Kontraste soweit wie irgend möglich zu vermeiden, seinen alten Stil der feinen Lichter und leisen Schatten — Gestaltungsmethoden der unmittelbar dargestellten Menschlichkeit, ohne Umwege über den ‹Kern› — aufrechtzuerhalten, auch die allgemeinsten Zusammenhänge der Gattungsentwicklung in die Sprache des (hier künstlich wiederhergestellten) Einzelmenschen zu übersetzen. So entstehen Diskrepanzen zwischen den objektiv notwendig gewordenen Forderungen des Ausdrucks und der subjektiv zwangsläufigen Sprechweise des Dichters.

Goethes große Nachfolger empfinden diese Scheu nicht mehr. So bedeutende Gestalten wie Balzac oder Tolstoi haben nicht die geringsten Skrupel, wenn es gilt, einen für das Verständnis des Ganzen notwendigen gesellschaftlichen oder historischen Zusammenhang direkt klarzumachen, streckenweise den gestalterischen Weg resolut aufzugeben und rein gedanklich erklärend vorzugehen. Bei ihnen freilich, die die Formgrenzen der ‹Kunstperiode› gesprengt haben und die kapitalistische Prosa auf ganz anderen Wegen zu überwinden versuchen, entstehen künstlerische Schwierigkeiten und Dissonanzen vollkommen anderer Art, deren Behandlung außerhalb des Rahmens dieser Betrachtungen liegt.

Es ist also unrichtig, von einer sinkenden Schöpferkraft Goethes im zweiten Teil des ‹Faust› zu sprechen oder gar dessen ganze Eigentümlichkeit aus ihr abzuleiten. Es ist aber unfraglich, daß der zweite Teil durchaus problematischen Charakters ist. Diese Problematik, die bereits oben angedeutet wurde, liegt in der Konzeption, liegt in der paradox-dissonanten Beziehung von Lebensstoff und dichterischem Stil. Sowenig Goethe geneigt ist, den Weg der Rhetorik einzuschlagen: eine dekorative Typik, eine dekorative Hintergrundmalerei mit Worten ist unausbleiblich. Die Gattungsmäßigkeit als zentrales Thema und Stilelement erfordert oft Übergänge, die, vom Einzelmenschen aus gesehen, schroff und abstrakt wirken müssen, deren vollständige menschliche Konkretisierung Goethe unmöglich immer glücken konnte. Und selbst, wenn sie innerlich, dichterisch gelungen ist, setzt ihr Verständnis so viel voraus, daß eine unmittelbare Wirkung nicht durchgehend entstehen kann. So läßt Goethe in der Begegnung Fausts mit Helena diese die neue Form der individuellen Liebe, die im Mittelalter entstand, erleben. Er gestaltet dies in sehr feiner und beziehungsreicher Weise, indem er Helena im Schloß Fausts plötzlich bemerken läßt, daß die Sprache den ihrem antiken Ohr unbekannten Reim hat: ‹Ein Ton scheint sich dem andern zu bequemen.› Und Goethe führt uns nun die entstehende Liebe Fausts und Helenas so vor, daß in den Wechselreden beider nunmehr die gereimten Strophen der mittelalterlich neuzeitlichen, nicht antiken Poesie erscheinen:

Helena:	So sage denn, wie sprech' ich auch so schön?
Faust:	Das ist gar leicht, es muß von Herzen gehn.
	Und wenn die Brust vor Sehnsucht überfließt,
	Man sieht sich um und fragt —
Helena:	wer mitgenießt.

Aber ein solches Zusammentreffen der dekorativ-allegorischen Bedeutsamkeit mit der (aus ihr quellenden) menschlichen Spontaneität kann selbstverständlich nicht überall zu finden sein. Es gibt im zweiten Teil auch kalte, harte, menschlich übergangslose Partien, Teile, in denen das allegorische Element allzusehr überwiegt (Maskenzug im ersten Akt). Und nicht alle dichterischen Werte Goethes können mit dem Gesamtstil des Ganzen zu vollem Einklang gebracht werden.

Alle diese Dissonanzen zeigen, daß der zweite Teil des ‹Faust› wirklich Abschluß einer großen Epoche ist. Viele nennen seine Darstellungsart ‹Altersstil›. Mit relativer Berechtigung. Aber es handelt sich mehr um das Alter einer Welt als um das eines Menschen. Es ist die letzte künstlerische Vollendung des Nichtvollendbaren. In hoher Kunst die Selbstaufhebung der ‹Kunstperiode›. Wirklich eine ‹inkommensurable Produktion›.

[1940]

III. THOMAS MANN

Diese beiden[1] Studien erheben – auch zu einem Bändchen vereinigt – nicht den Anspruch, ein allseitiges, allumfassendes Bild der Entwicklung des geistig-künstlerischen Wesens von Thomas Mann zu geben. Beide sind zwar mit der Absicht, die zentralen Probleme seines Schaffens zu erhellen, entstanden. Die erste, bei Gelegenheit des siebzigsten Geburtstags von Thomas Mann, versucht sein Verhalten zum Bürgertum, meiner Überzeugung nach die gesellschaftliche und darum menschliche Grundlage seiner ganzen Tätigkeit, in all seiner dialektischen Widersprüchlichkeit klarzulegen. Die zweite enthält eine Auseinandersetzung mit der ganzen Stellung Manns zur bürgerlichen Kultur- und Kunstentwicklung im Lichte, das sein ‹Faustus›-Roman auf seine ganze Entwicklung wirft. Diese Fragestellungen haben zur notwendigen Folge, daß in der Darlegung die Akzente ihrem Gewicht für diese Probleme entsprechend gelegt wurden. In einer historisch-systematischen Darstellung seines Lebenswerks würden – um nur einiges vom Wichtigsten hervorzuheben – ‹Lotte in Weimar› und vor allem der ‹Joseph-Zyklus› viel eingehender behandelt werden.

Wenn ich mich dennoch entschlossen habe, diese beiden Aufsätze zu einem Bändchen zu vereinigen, so hat dies subjektive wie objektive Gründe, die hier kurz ausgesprochen werden müssen.

Subjektiv handelt es sich unmittelbar darum, daß ich heute kaum mehr die Hoffnung hegen darf, meine Auseinandersetzung mit dem Lebenswerk Thomas Manns in einer solchen historisch-systematischen Weise zustande zu bringen. Die Veröffentlichung dieser beiden Essays in Buchform ist also Ausdruck einer Resignation. Trotzdem fühle ich mich – subjektiv wie objektiv – im Recht zu dieser verzichtsvollen Veröffentlichung. Subjektiv, weil diese Aufsätze, ungeachtet ihres unvollständigen Gehalts und ihrer essayistischen Form, doch eine Zusammenfassung dieser lebenslangen inneren Auseinandersetzung mit dem Mannschen Lebenswerk enthalten. Ich war noch Gymnasiast, als ich die ersten, entscheidenden Eindrücke seines Schaffens erhielt. Das ‹Tonio-Kröger›-Problem (zusammen mit Ibsens Epilog) hat die wichtigsten Motive meiner jugendlichen Produktion zentral determiniert. Auch hier ist nicht der direkte Bezug das Ausschlaggebende, nicht die einzelnen Hinweise auf Manns Schaffen, auch nicht ein Aufsatz über ‹Königliche Hoheit›, sondern die ganze Atmosphäre der Problemstellungen und Lösungen. Thomas Mann hat das selbst empfunden, als er in einer Auseinandersetzung über Bürgerlichkeit auf mein Buch ‹Die Seele und die Formen› zu sprechen kam (meines Wissens: ohne meinen ungarisch erschienenen Jugendaufsatz gekannt zu haben). Er schrieb dort über seine

---

[1] Der Aufsatz ‹Das Spielerische und seine Hintergründe› war in der ersten Auflage noch nicht enthalten.

Beziehung zu meinen Problemstellungen: ‹Auf sein Wissen, zu dem wir durch unser Sein mit verholfen, haben wir ohne Zweifel ein besonderes Anrecht.›

Es liegt im Wesen unserer beider Art in der Auseinandersetzung mit den großen Zeitereignissen, daß diese intime geistige Nähe bald unterbrochen werden mußte. Sie existierte schon nicht mehr, als Thomas Mann die eben zitierten Zeilen veröffentlichte: die Stellung zum ersten imperialistischen Weltkrieg führte uns zu extrem gegensätzlichen Positionen. Thomas Mann zu jenen Anschauungen, die in den ‹Betrachtungen eines Unpolitischen› niedergelegt sind, mich zur beginnenden Aneignung der Weltanschauung des Marxismus, zum Eintritt in die Kommunistische Partei. In dieser Atmosphäre fand unsere erste, einzige persönliche Begegnung statt. Thomas Mann drückt, meinem Empfinden nach, die Schroffheit der damaligen Gegensätzlichkeit allzu höflich und zartfühlend aus, wenn er in seinem Brief an Seipel schreibt: ‹Ich kenne auch Lukács selbst. Er hat mir einmal in Wien eine Stunde lang seine Theorien entwickelt. Solange er sprach, hatte er recht. Und wenn nachher der Eindruck fast unheimlicher Abstraktheit zurückblieb . . .›

Diese Art gegenseitiger Entfremdetheit blieb lange bestehen. Es dauerte Jahre, bis Thomas Mann seine Kriegsanschauung überwand, bis sein nun erwachter Demokratismus sich in Werken äußerte. Es dauerte ebenfalls nicht wenige Jahre, bis mich das Zusammenwachsen mit der revolutionären Arbeiterbewegung lehrte, über die abstrakt-sektiererischen Anschauungen meines marxistischen Neophytentums hinauszukommen. Erst auf dieser durch die Entwicklung von uns beiden geschaffenen Grundlage fand meine neuerliche, vertiefte, objektivere Beschäftigung mit dem Lebenswerk Thomas Manns statt. Der Aufsatz ‹Thomas Mann und das literarische Erbe› (Internationale Literatur 1936) bezeichnet nur den Anfang dieser Auseinandersetzung; meiner heutigen Überzeugung nach in einer noch immer allzu abstrakten, ungenügend dialektischen Weise. Die literarischen Kämpfe um einen zeitgemäßen Realismus führten mich zu einer immer eindringlicheren Vertiefung in die Werke Thomas Manns. In meinen Aufsätzen vom Ende der dreißiger Jahre [erschienen in den Büchern ‹Marx und Engels als Literaturhistoriker› (Berlin 1948), ‹Schicksalswende› (Berlin 1948), ‹Essays über Realismus› (Berlin 1948)] sind die Spuren dieser kritischen Auseinandersetzung deutlich sichtbar.

All dies mußte gesagt werden, damit der Leser sehe, ich habe subjektiv das Recht, diese beiden Aufsätze nicht als zufällige Gelegenheitsschriften anzusehen, die von Buchbinders Gnaden zu einem Bändchen vereinigt werden, sondern daß ich sie als eine — freilich unvollständige, freilich bloß essayistische — Zusammenfassung einer Entwicklung von mehreren Jahrzehnten betrachten darf. Und diese subjektive Genesis bildet, so hoffe ich, die Grundlage dafür, daß ich objektiv berechtigt bin, in ihnen, ungeachtet ihrer bloß essayistischen Form, den Versuch einer solchen Synthese zu erblicken. Ich glaube nämlich, es war nicht bloß für mich subjektiv charakteristisch, daß ich in der Dialektik von Kunst und Bürgertum das Wesen des jungen Mann erlebte; daß diese Einsicht nicht nur das Zentralproblem von Thomas Manns schöpferischer Tätigkeit traf, daß vielmehr, damals freilich nur keimhaft, hier ein Zentralproblem der ganzen sterbenden bürgerlichen Kultur ausgesprochen wurde, sowohl im Schaffen Manns wie in meiner kritischen Auslegung.

Seitdem sind über vier Jahrzehnte vergangen. Die Welt hat zwei große Kriege, zwölf Jahre Faschismus durchgemacht; über dreißig Jahre besteht und befestigt sich der Sozialismus in der Sowjetunion. Thomas Manns Weg führte in diesen Jahrzehnten vom ‹Tonio Kröger› zur Darstellung der Tragödie Adrian Leverkühns, der Tragödie des typischen modern-bürgerlichen Künstlers und der typisch modern-bürgerlichen Kunst, unzertrennbar verbunden mit der Tragödie der historischen Fehlentwicklung des deutschen Volkes. Wenn ich es heute, nach drei Jahrzehnten theoretischer und praktischer Beschäftigung mit dem Marxismus, unternommen habe, diesen ideologischen Untergang des Bürgertums im Werke des letzten großen bürgerlichen Schriftstellers zu deuten, so darf ich auch objektiv die Hoffnung hegen, daß diese Betrachtungen sowohl in bezug auf Thomas Manns Schaffen wie auf die Kulturkrise unserer Tage dem Gehalt nach das Zentrum treffen.

Budapest, Oktober 1948

Leben heißt – dunkler Gewalten
Spuk bekämpfen in sich.
Dichten – Gerichtstag halten
Über sein eigenes Ich.

IBSEN

I

Was heißt: Suche nach dem Bürger? Ist der Bürger nicht überall, ist nicht die Kultur der Gegenwart, jedenfalls im Westen, von der Ökonomie bis zur Dichtung und zur Musik bürgerlich? Und ist eine solche Fragestellung nicht gerade hinsichtlich Thomas Manns besonders unberechtigt, in bezug auf einen Dichter, der sich von seinen Anfängen an stets mit größerer Emphase, als es gegenwärtig Schriftsteller zu tun pflegen, zum Bürgertum bekannt hat?

Die Frage wird noch komplizierter, weil dem Schaffen (freilich nicht immer dem Denken) Thomas Manns jeder utopische Zug fehlt. Dies sei hier als Charakteristik, keineswegs als Rangbestimmung festgehalten. Thomas Mann ist ein Realist von seltener Wirklichkeitstreue, ja Wirklichkeitsandacht. Wenngleich seine Details und mehr noch seine Fabeln, seine ideellen Konzeptionen keineswegs bei der Oberfläche des Alltagslebens stehenbleiben, wenn seine schriftstellerische Formgebung von jedem Naturalismus auch weit entfernt ist, so geht doch der Gehalt des Gestalteten bei ihm letzthin nie über die Wirklichkeit hinaus. Was sich uns im Werk Thomas Manns bietet, ist das bürgerliche Deutschland (ergänzt durch seine Genesis, durch die Aufdeckung der Wege, die zu ihm geführt haben), ist seine tiefgreifend erfaßte innere Problematik, deren Dialektik dann naturgemäß über sich selbst hinausweist, aber nie eine in die Gegenwart gezauberte, realistisch belebte utopische Zukunftsperspektive zeigt. Es gibt nicht wenige Werke des Realismus, die so gestaltet sind. Es genügt, auf Goethes Wilhelm-Meister-Romane hinzuweisen. So innig Thomas Mann mit Goethe verbunden ist, hier ist er sein künstlerischer Gegenpol.

Gerade damit ist aber die Bürgerlichkeit als Lebensform, als Gestaltungsprinzip nochmals unterstrichen. Thomas Mann gilt mit Recht allgemein als der repräsentative deutsche Schriftsteller der Gegenwart, der ersten Hälfte unseres Jahrhunderts. Eine solche Repräsentation zeigt aber verschiedene Typen auch bei demselben Volk. Es gibt repräsentative Schriftsteller, die laute und helle Verkünder des Kommenden sind, und es gibt Dichter, deren Talent und Berufung darin bestehen, ‹Spiegel der Welt› zu sein; das Vorwärtsstürmen Schillers ist ebenso repräsentativ wie das Goethesche Festhalten des Augenblicks. Doch auch damit, daß man Thomas Mann an den Typus Goethes (oder an den Balzacs oder Tolstois) annähert, auch mit der Feststellung, daß sein Schaffen als ‹Spiegel der Welt› erscheinen muß, ist das Spezifische bei ihm noch nicht genau getroffen. Wir sprachen von den utopischen Zügen der Meisterromane Goethes, von Motiven, wie wir sie auch bei Balzac, bei Keller oder Tolstoi finden. Bei Thomas Mann gibt es dergleichen nicht. Und damit entsteht eine besondere Form des Repräsentativen: Thomas Mann gibt ein vollendetes Bild des Bürgerlichen in seiner ganzen Problematik, aber eben das Sein gerade dieses Moments, gerade dieser Etappe. (Freilich geht dieses Porträtieren des deutschen Bürgers der Gegenwart zunächst nur bis zur vorfaschistischen Zeit; das Bild des faschistischen oder des gegen den Faschismus kämpfenden Deutschen kommt vorläufig noch im Werk Thomas Manns nicht vor.)

Darum erkennen sich viele Deutsche in Manns Werk ganz anders, tiefer und zugleich unmittelbarer, intimer und inniger wieder als in den Werken anderer Schriftsteller. Und da die gestaltete Problematik nur Fragen stellt, sie aber nicht oder höchstens auf weiten Umwegen beantwortet, vielschichtig vermittelt und die Vermittlungen wieder ironisch aufhebt, ist der Wirkungskreis seiner Werke viel größer als der seiner Zeitgenossen. Welche Ansprüche die Linienführung seiner Erzählung auch an das Kunstverständnis der Leser stellt, wie hoch auch immer die geistigen Anforderungen sein mögen, die das feingesponnene Netz seiner Fragen und Vorbehalte erhebt: Fabel und Figuren seiner Werke sind schlicht und selbstverständlich gestaltet und auch dem einfachsten Menschen verständlich. Und da das Gegenbild eines moralischen Weltzustandes reflektiert wird, ist diese Wirkung eine bleibende: in den festgehaltenen Augenblicken ist je eine Entwicklungsetappe des deutschen Bürgertums fixiert und festgehalten, zu der jeder, der in seinem Selbstbewußtsein das eigene und die nationale Vergangenheit miterlebt, immer wieder zurückkehren muß.

Diese eigenartige Form der Repräsentation erhält eine weitere Stärkung durch die organisch-langsame Entwicklung Thomas Manns. Auch hier entsteht ein Gleichklang mit der Schrittweise der Wirklichkeit. Freilich war diese, besonders in der zweiten Hälfte seines Wirkens, mehr als stürmisch, und es war unvermeidlich, daß dieses Tempo auch in seinem Schaffen einen Widerschein erhielt. Aber der epische Charakter des Gesamtwerks, fundiert in der gemächlich-erzählerischen Eigenart seines Welterlebens, ließ sich nicht aufheben: die Werke, in denen sich diese heftigen Wendungen widerspiegeln, bewahren nicht nur ihren stillen episch-ironischen Charakter, ihre Entstehung erfordert auch so viel Zeit, daß sie stets eine ideologisch bereits zur Reife gediehene Problematik gestalten: den Schritt vorwärts, den die Geschichte getan hat oder den sie eben zu tun im Begriff ist, in dem Für und Wider seiner seelisch-moralischen Vorbereitung. Die Wendungen selbst liegen so außerhalb des gestalteten Werks. Thomas Mann stellt immer nur die Reflexe dar, die sie ins Alltagsleben werfen. Wieder ist diese Langsamkeit des Entwicklungstempos von jeder Art Naturalismus scharf abzugrenzen. Nie entspricht der Gehalt der Werke Thomas Manns den Tagesstimmungen des deutschen Bürgertums. Im Gegenteil, je größer seine Reife, desto entschiedener stellt er sich den herrschenden reaktionären Strömungen entgegen. Wie er ihnen aber opponiert, mit welchen geistigen Waffen er Widerstand leistet, das bezeichnet abermals den Höhepunkt des damals erreichbaren bürgerlichen Bewußtseins, auch opponierend löst sich der Gestalter Thomas Mann vom Bürgertum nicht los. Tiefe und Breite seiner Wirkung beruhen auf dieser sozialen Bodenständigkeit, er ist repräsentativ als sichtbares Sinnbild des Besten im deutschen Bürgertum.

Freilich bezieht sich all dies nur auf die künstlerisch exponierte Gestalt. Ihre bequeme, zuweilen fast als lässig erscheinende Vollendung ist aber das Ergebnis eines langen, qualvollen Ringens mit der vielseitigen, vor allem innerlich-moralischen Problematik jener Welt, aus der eine solche Gestalt organisch konturiert erwachsen kann. Ist also Thomas Mann als Künstler der diametrale Gegenpol des Philosophen Schelling, der, wie Hegel sagte, ‹seine philosophische Ausbildung vor dem Publikum gemacht› hat, stellen seine Werke vielmehr vollendete Zusammenfassungen erreichter und zu Ende gearbeiteter historischer Etappen dar, so spielt sich doch — notwendigerweise — seine geistig-weltanschauliche Entwicklung in der Tat vor dem Publikum ab.

Es ist unseres Erachtens immer falsch, bei der Interpretation der Werke bedeutender Schriftsteller von deren theoretischen Aussagen auszugehen. Die weltliterarische Bedeutung solcher Werke besteht nämlich fast immer darin, daß jene Konflikte ihrer Zeit, die in den kühnen, unerschrockenen Versuchen ihres Denkens bestenfalls nur bis zu einer ehrlich ausgesprochenen Antinomik gediehen sind und oft das Ja und Nein unvermittelt nebeneinander stehenlassen oder gar zuweilen bei falschen, zuweilen bei reaktionären Stellungnahmen erstarren, in den Werken die höchste Bewegungsform erhalten, die für solche Probleme in der gegebenen historischen Wirklichkeit möglich ist. Das ist aber in den größten Fällen mehr als eine künstlerische Vollendung fragmentarischer Gedankengebilde. Es ist die Korrektur, die der Prozeß der Gestaltung der Wirklichkeit, ihrer leidenschaftlich zu Ende geführten Widerspiegelung, also letzten Endes die Wirklichkeit selbst an den falschen Gedankentendenzen der Dichter vollzieht. Nirgends ist der utopische Legitimismus Balzacs, der christlich-plebejische Traum Tolstois von der Verbrüderung mit den Bauern schlagender widerlegt worden als im ‹Antiquitätenkabinett› beziehungsweise in ‹Auferstehung›.

Thomas Mann ist ein extremer Typus jener Schriftsteller, deren Größe darin besteht, daß sie ‹Spiegel der Welt› sind. Nicht, daß er philosophisch ein Dilettant oder ein Mensch von mangelnder Folgerichtigkeit des Denkens wäre. Ganz im Gegenteil, er hat die höchste denkerische Kultur der bürgerlichen Deutschland seiner Zeit; wenige Zeitgenossen haben die führenden reaktionären Denker dieser Periode, Schopenhauer und Nietzsche, so tief und konsequent zu Ende gedacht, wenige den Zusammenhang ihrer Systeme und Methoden mit den Lebensfragen des zeitgenössischen Bürgertums so gründlich durchlebt wie er. Wenige Zeitgenossen gibt es, bei denen die mühsam erarbeitete Weltanschauung so innig mit dem gestalteten Werk verwachsen wäre wie bei ihm.

Aber gerade darum ist die Widerlegung des Falschen, des Fortschrittsfeindlichen durch das schriftstellerisch Zuendegehen im Eigenleben der Figuren, der Fabel, der Situationen auch selten so offenkundig wie bei Thomas Mann. Ich greife vorläufig nur ein kleines Beispiel heraus. Die ‹Buddenbrooks› sind zu einer Zeit niedergeschrieben worden, als Thomas Mann – und mit ihm ein wesentlicher Teil der deutschen bürgerlichen Intelligenz – in Schopenhauer den führenden Philosophen einer deutschen Weltanschauung erblickte. Der große Weg der gedanklichen Entwicklung Deutschlands ging in seinen Augen (auch noch lange Zeit nach Vollendung des ersten großen Romans) von Goethe über Schopenhauer und Wagner zu Nietzsche und von diesem zu einer echt deutschen Gedankenkultur der Gegenwart und der Zukunft. Kein Wunder, daß in ‹Buddenbrooks› Schopenhauers Einfluß wirksam wurde, daß Thomas Mann hier die Schopenhauersche Beziehung zum Leben gestaltete. Wie aber sieht dies im Werk selbst aus? Thomas Buddenbrook ist ein gebrochener Mensch. Seine Bestrebungen, dem Handelshaus einen neuen Aufschwung zu geben, sind längst gescheitert; er hat keine Hoffnung mehr, daß sein Sohn als Nachfolger und Fortführer seiner Tätigkeit das leisten wird, was ihm versagt war; die geistig-seelische Lebensgemeinschaft mit seiner Frau wird immer problematischer. In diesem Zustand fällt ihm ‹Die Welt als Wille und Vorstellung› in die Hände. Und wie wirkt nun dieses Buch auf ihn? ‹Eine ungekannte, große und dankbare Zufriedenheit erfüllt ihn. Er empfand die unvergleichliche Genugtuung zu sehen, wie ein gewaltig überlegenes Gehirn sich des Lebens, dieses so starken, grausamen und höhnischen Lebens bemächtigt, um es zu bezwingen und zu verurteilen . . ., die Genugtuung des Leidenden, der vor der Kälte und Härte des Lebens sein Leiden beständig schamvoll und bösen Gewissens versteckt hielt und plötzlich aus der Hand eines Großen und Weisen die grundsätzliche und feierliche Berechtigung erhält, an der Welt zu leiden – dieser besten aller denkbaren Welten, von der mit spielendem Hohn bewiesen ward, daß sie die schlechteste aller denkbaren sei . . . Er fühlte sein ganzes Wesen auf ungeheuerliche Art geweitet und von einer schweren, dunklen Trunkenheit erfüllt, seinen Sinn umnebelt und vollständig berauscht von irgend etwas unsäglich Neuem, Lockendem und Verheißungsvollem, das an erste hoffende Liebessehnsucht gemahnte.› Auch der erbittertste Gegner Schopenhauers könnte diesen nicht vollendeter als Musageten der Dekadenz darstellen.

Vorläufig kommt es nicht darauf an, wie der Denker Thomas Mann damals das allgemeine Problem der Dekadenz gesehen und gewertet hat. Dieses eine Beispiel sollte nur die strukturelle Lagerung der denkerischen und dichterischen Fragen und Antworten bei Thomas Mann beleuchten, den folgenden Betrachtungen die methodologische Berechtigung geben, sich überall primär an die Gestaltung zu halten und den Denker und Politiker Thomas Mann von seinem Werk aus und nicht, wie oft üblich, umgekehrt zu interpretieren.

II

Erst von hier aus kann die von uns zu Beginn gestellte, paradox erscheinende Frage, die der Suche nach dem Bürger, als Grundproblem des Schaffens von

Thomas Mann, als Grundlage seiner Popularität und repräsentativen Bedeutung konkret und sinnvoll beleuchtet werden. Diese Frage führt zu einem Grundwiderspruch der Dichterexistenz im bürgerlichen Zeitalter, den als erster Friedrich Schiller durch seine Statuierung des ‹Sentimentalischen› (elegisch, satirisch und idyllisch) als Grundtendenz der neuen, der bürgerlichen Welt bestimmt hat. Die entdeckerisch geniale prinzipielle Gegenüberstellung ist von einer einfachen, bestechenden Evidenz: ‹Der Dichter . . . *ist* entweder Natur oder er wird sie *suchen*›, sagt Schiller. Es ist auch ohne weiteres einleuchtend, daß der echte große Realismus die Wesenseigentümlichkeit der naiven Dichter ist. Schiller illustriert diesen Gegensatz sehr schön, indem er die Gestaltung einer verwandten Episode durch Homer und Ariost miteinander kontrastiert.

Die Komplizierung erwächst erst aus einem weiteren Problem. Dieses taucht bereits bei Schiller auf: ist Goethe ein naiver Dichter? Und, fügen wir hinzu, ist es nicht auch Tolstoi oder Thomas Mann? Wenn aber ja: wie steht Goethe zur modernen Wirklichkeit? Wie steht er zur Suche der Natur, zum Sentimentalischen? Für kleine Gestalten konnte Schiller getrost sagen, ‹daß sie in ihrem Zeitalter *wild laufen* und durch ein günstiges Geschick vor dem verstümmelten Einfluß desselben geborgen werden›. Natürlich war ihm klar, daß zur Bestimmung der weltliterarischen Position Goethes solche einfachen Kontraste nicht ausreichen. Er sucht aber die Lösung etwas einseitig, wenn er die Frage aufwirft, wie ein naiver Dichter einen sentimentalischen Stoff bearbeitet, und dies dann geistvoll an ‹Werther›, ‹Tasso›, ‹Wilhelm Meister› und ‹Faust› demonstriert. Ja, Goethe ist naiv, aber gesellschaftlich notwendigerweise ist er nicht mehr von einer selbstverständlichen und unproblematischen Naivität wie Homer, sondern von einer solchen, die zugleich angeboren und schwer erarbeitet ist. Diese Goethesche Naivität bestimmt das erste künstlerische Herantreten an den Gegenstand und die letzte Vollendung des Formgebens, läßt jedoch in dem Zwischenprozeß die ganze verwirrende Fülle des Sentimentalischen ins Werk hineinströmen. Man kann also zwar die Schillersche Gegenüberstellung gelten lassen: ‹Dem naiven Dichter hat die Natur die Gunst erzeigt, immer als eine ungeteilte Einheit zu wirken, in jedem Moment ein selbständiges und vollendetes Ganzes zu sein und die Menschheit, ihrem vollen Gehalte nach, in der Wirklichkeit darzustellen. Dem sentimentalischen hat sie die Macht verliehen oder vielmehr einen lebendigen Trieb eingeprägt, jene Einheit, die durch Abstraktion in ihm aufgehoben worden, aus sich selbst wiederherzustellen, die Menschheit in sich vollständig zu machen und aus einem beschränkten Zustand zu einem unendlichen überzugehen.› Diese Gegenüberstellung erscheint aber bei großen Realisten des bürgerlichen Zeitalters, bei Goethe und Keller, bei Balzac und Tolstoi, als ein dialektischer Prozeß, in welchem in der realistischen Gestaltung auf dem Weg vom ursprünglichen Naiven zum vollendet Naiven das Sentimentalische zum aufgehobenen Moment verwandelt wird.

Wie steht nun Thomas Mann in der Reihe der großen ‹naiven› Epiker des 19. und 20. Jahrhunderts? Der Umweg, den wir genommen haben, war notwendig, um den Widerspruch, der in unserer Deskription seines Wesens enthalten zu sein schien, aufzulösen. Wir nannten seinen Realismus: ‹Spiegel der Welt›, wir sagten aber zugleich, Thomas Mann sei repräsentativ als Gewissen des deutschen Bürgertums. Der Widerspruch ist evident. Denn wo der Dichter als Verkörperung des Gewissens auftritt, da hat die ursprüngliche Naivität aufgehört. Die Tatsache des Gewissens als Lebensmacht ist Ausdruck und Anerkennung des Abstands zwischen Sein und Sollen, zwischen Erscheinung und Wesen, und sind wir damit nicht zum sentimentalischen Dichter Schillers, zur Kluft zwischen Wirklichkeit und Ideal zurückgekehrt? Ist damit nicht der naive Realismus der großen Epik aufgehoben?

Wir glauben nicht. Das Sollen braucht nicht, wie bei Kant und größtenteils bei Schiller, materialfremd der ganz andersgearteten Wirklichkeit entgegenzuragen. Es kann – hegelisch – aus der widerspruchsvollen Identität von Erscheinung und Wesen entspringen. Das Gewissen ist dann nur die Mahnung: werde, der du bist, sei wesentlich, entfalte – den störenden Einflüssen der Innen- und Außenwelt zum Trotz –, was als Kern, als Essenz in dir stets lebendig webt und west.

Nun, in eben diesem Sinne ist der tief und bewußt bürgerliche Thomas Mann das Gewissen der deutschen Bürgerlichkeit. Man kann sagen: in ihm ist der soziologische Kern der Schillerschen Entdeckung des Wesens der modernen Kunst bewußt geworden. Seine entscheidende Überzeugung ist, daß die Frage nach dem Wesen des heutigen bürgerlichen Menschen die Frage nach seinem Bürgertum sei. Die Suche nach dem Bürger wirft für ihn alle Fragen der Gegenwart und Zukunft, der Kultur unserer Tage auf.

Ein großer Nachfolger Goethes, Gottfried Keller, hat bereits ein gewaltiges Lebenswerk um diese Frage aufgebaut. Jedoch unter den Bedingungen der schweizerischen Lebensverhältnisse, wie sie um die Mitte des vorigen Jahrhunderts bestanden. Den grundlegenden Unterschied, der sich hier ergibt, hat Thomas Mann – freilich nicht am Anfang seiner Laufbahn – klar gesehen. Er sagt in den zwanziger Jahren über die Schweiz: ‹Vor unseren Augen lebt eine Spielart deutschen Volkstums, die, vom Hauptstamm politisch frühzeitig getrennt, seine geistigen, sittlichen Schicksale nur bis zu einem gewissen Grade geteilt, die Fühlung mit dem westeuropäischen Denken niemals verloren und die Entartung des Romantismus, die uns zu Einsamen und Outlaws machte, nicht miterlebt hat... Eines aber jedenfalls kann der Anblick des Schweizer Wesens uns lehren: eine Stufe des deutschen Schicksalsganges, die irrend zu überschreiten war, nicht mit dem Deutschtum selbst... zu verwechseln.›

Diese Erkenntnis, die der Erste Weltkrieg und der Zusammenbruch Deutschlands für Thomas Mann vermittelt haben, fehlt notwendigerweise in seiner anfänglichen Fragestellung. Sie ist aber auch nicht einfach, so unsoziologisch, wie Thomas Mann selbst sie sich zuweilen vorgestellt hat. Er schrieb während des Krieges über sein früheres Schaffen: ‹Denn es ist wahr, ich habe die Verwandlung des deutschen Bürgers in den Bourgeois ein wenig verschlafen...› Thomas Mann unterschätzt hier seine eigene Produktion. Man nehme nur den

Kontrast in der Entwicklung der Familien Hagenström und Buddenbrook; in der ersteren haben wir jene Entwicklung des deutschen Bürgers zum Bourgeois in vollendeter Gestaltung, die Thomas Mann angeblich ‹verschlafen hat›. Er hat diese Entwicklung so wenig ‹verschlafen›, daß sich die zweite Hälfte des Erstlingsromans kulturpolitisch und moralisch wesentlich um die Achse dreht: Wer sind denn die wirklichen Bürger, die Hagenströms oder die Buddenbrooks?

Die Antwort ist, oberflächlich gesehen, sehr einfach: das patrizische Bürgertum der Buddenbrooks geht notwendig zugrunde, und die Hagenströms beherrschen das neue Deutschland. Das ist klar; das hat Thomas Mann nicht ‹verschlafen›. Er hat sich nur bei der Feststellung dieser Tatsache nicht resigniert beruhigt. Denn hätte er es getan, so müßte er auf eine deutsche Kultur der Gegenwart, auf die Möglichkeit einer großen zeitgemäßen Literatur verzichten. Er wäre ein *Laudator temporis acti*, ein neuer Raabe geworden.

So aber entsteht für ihn die Frage: Wer ist der Bürger? Wie sieht sein richtunggebender, kulturbestimmender Typus aus, wenn er nicht das siegreiche Hagenströmsche Wesen ist? Dann aber sind die Buddenbrooks nicht einfach ein untergehendes Geschlecht, sondern – mit allen ihren in die Dekadenz hinüberschillernden Zügen – die Träger einer bürgerlichen Kultur, die einst Deutschlands Stolz gewesen und in der Gegenwart die Quelle seiner Erneuerung, der organischen Fortsetzung des glorreichen Alten sein sollte. Dann ist die Generationsfolge der Buddenbrooks eine Geschichte der Abwandlung der deutschen Kulturtraditionen im 19. Jahrhundert.

Der große Jugendroman ist auf einem Doppelkontrast aufgebaut. Es handelt sich nicht nur um den Gegensatz zwischen den Hagenströms und den Buddenbrooks, sondern auch innerhalb dieser Familie um den Gegensatz zwischen Thomas und Christian. Im Falle Thomas – Christian lautet die Frage so: Hingabe an die Dekadenz oder Kampf gegen sie? In Christian (und im Helden der Novelle ‹Bajazzo›) lösen die Neuzeit und ihre Auflockerung des altpatrizischen Bürgertums die alte Moral vollständig auf. Der Typus der Jahrhundertwende, des *Fin du siècle*, hat hier seinen Vorfahren: die Selbstauflösung der Persönlichkeit durch innere Untergrabung der formenden bürgerlichen Lebensprinzipien, der Pflichterfüllung, des Berufsgedankens. Auch in Thomas sind dieselben Kräfte der Auflösung wirksam, sie werden jedoch von ihm mit zäher Selbstdisziplin niedergehalten; wo Christian menschlich zerfällt, sich auflöst, formt sich Thomas zur bürgerlichen Persönlichkeit. Jedoch die Quelle dieser äußeren wie inneren Form ist Verzweiflung vor der hemmungslosen Gefühlsanarchie. ‹,Ich bin geworden wie ich bin', sagte er [Thomas. G. L.] endlich, und seine Stimme klang bewegt, ,weil ich nicht werden wollte wie du. Wenn ich dich innerlich gemieden habe, so geschah es, weil ich mich vor dir hüten muß, weil dein Sein und Wesen eine Gefahr für mich ist... ich spreche die Wahrheit.'›

So ist die Thomas Buddenbrooksche ‹Haltung› entstanden als Ästhetik und Moral, als Kulturphilosophie einer neuen Bürgerlichkeit. Aber hat Thomas

Mann damit nun seinen Bürger gefunden? Ach nein! Thomas ist wirklich, auch innerlich, der Bruder Christians, er ist Bürger geworden aus Selbstvergewaltigung, und als sein erster und einziger Versuch, die neue ökonomische Wendung des Bürgertums, die Hagenströmsche, mitzumachen, gescheitert ist, wird er immer stärker – und von Thomas Mann mit ironischen Akzenten beleuchtet – zur dekorativen Figur, zum Schauspieler seines eigenen Lebens.

Ist dies der endlich gefundene Bürger? Die Frage bleibt in der Schwebe. Thomas zitiert einmal im Gespräch mit seiner Schwester den Ausspruch seiner Frau über Christian: ‹Er ist kein Bürger, Thomas! Er ist noch weniger ein Bürger als du!› Die Schwester erwidert erschrocken: ‹Bürger... Bürger, Tom?!› Ha, mir scheint, daß es auf Gottes weiter Welt keinen besseren Bürger als du...› Und Thomas wehrt ab. ‹Nun ja, nicht gerade so zu verstehen! ...›

Damit ist aber das Dilemma von ‹Haltung› oder Gefühlsanarchie für Thomas Mann keineswegs gelöst. Ja, erst jetzt rückt die Frage in den Mittelpunkt seines Schaffens vor dem Ersten Weltkrieg. So vor allem in den Künstlernovellen ‹Tonio Kröger› und ‹Der Tod in Venedig›. Hier geht es um das zentrale Problem der eigenen Lebensleistung des Dichters, um die Frage, ob die ‹Haltung›, als Bändigung der Gefühlsanarchie, die künstlerische Tätigkeit – die hier für Thomas Mann ein Sinnbild für jedes echte Kulturwirken, für wirklichen geistigen Beruf von innen heraus, von innerer Notwendigkeit getrieben und von Sinnhaftigkeit erfüllt, geworden ist – zum Beruf zu formen vermag. Er sagt über die Wirksamkeit des Helden von ‹Tod in Venedig›: ‹Gustav Aschenbach war der Dichter all derer, die am Rande der Erschöpfung arbeiten, der Überbürdeten, schon Aufgeriebenen, sich noch Aufrechterhaltenden, all dieser Moralisten der Leistung, die, schmächtig von Wuchs und spröde von Mitteln, durch Willensverzückung und kluge Verwaltung sich wenigstens eine Zeitlang die Wirkungen der Größe abgewinnen. Ihrer sind viele, sie sind die Helden des Zeitalters.› Er spricht damit das Geheimnis seiner eigenen damaligen Wirkung aus.

Gut und schön. Ist aber damit der Bürger gefunden? Die russische Malerin Lisaweta Iwanowna nennt ihren Freund Tonio Kröger treffend einen ‹verirrten Bürger›. Und Tonio Kröger selbst sieht einerseits klar, daß in der Gegenwart eine wirkliche Kunst (eine echte Kultur und Moral) nur auf seinem Weg geschaffen werden kann. Andererseits liebt er das Leben und stellt es höher als jede dem Leben notwendig entfremdete Kunst, er gibt vom Leben folgende sehr bürgerliche Beschreibung: ‹Denken Sie nicht an Cesare Borgia oder an irgendeine trunkene Philosophie, die ihn aufs Schild erhebt. Er ist mir nichts, dieser Cesare Borgia, ich halte nicht das geringste auf ihn, und ich werde nie und nimmer begreifen, wie man das Außerordentliche und Dämonische als Ideal verehren mag. Nein, das ‚Leben‘, wie es als ewiger Gegensatz dem Geiste und der Kunst gegenübersteht – nicht als eine Vision von blutiger Größe und wilder Schönheit, nicht als das Ungewöhnliche stellt es uns Ungewöhnlichen sich dar, sondern das Normale, Wohlanständige und Liebenswürdige ist das Reich unserer Sehnsucht, ist das Leben in seiner verführerischen Banalität!› Scheinbar sind wir wieder am Ziel: die Einfachen, die Hans Hansen und Ingeborg Holm sind dieses gesuchte bürgerliche Leben.

Zweifellos sind sie es – in der Sehnsucht Tonio Krögers und seinesgleichen. Wäre aber dieses Finden mehr als eine lyrische Ironie, so müßte Thomas Mann auf jede bürgerliche Kultur verzichten, denn die Hans Hansen und Ingeborg Holm haben mit der Kulturentwicklung des deutschen Bürgers von Goethe bis Thomas Mann nicht mehr zu tun als die Hagenström oder Klöterjahn, wenn ihr Anblick auch ästhetisch anziehender ist und sie geeigneter zum Gegenstand einer Sehnsucht macht. Aber die Sehnsucht, auch die ehrlichste, trügt. In Thomas Manns ‹Fiorenza› sagt der sterbende Lorenzo Medici zu Savonarola: ‹Wohin die Sehnsucht drängt, nicht wahr? dort ist man nicht – das ist man nicht. Und doch verwechselt der Mensch den Menschen gern mit seiner Sehnsucht.›

So scheint doch der ‹verirrte Bürger› Tonio Kröger, der zum Schriftsteller gewordene Seelenbruder Thomas Buddenbrooks, der echte Bürger und sein Weg der ‹Haltung› die wahre Ethik des neuen Bürgertums zu sein. Auch hier vollzieht Thomas Mann ein unerbittliches Selbstgericht. ‹Der Tod in Venedig› ist sein Gestaltwerden. Denn in Gustav Aschenbach ist zur Vollendung gediehen, was bei Tonio Kröger nur Sehnsucht und Tendenz war. Er hat ein formvollendetes Leben und ein gewichtiges Werk auf der Grundlage der ‹Haltungs›-Moral aufgebaut. Streng und stolz erheben sich beide über den ordinären Alltag, über dessen kleinliches Philistertum, über seinen ebenso kleinlichen Bohème-Anarchismus. Jedoch nur ein kleiner Konflikt ist vonnöten, ein Traum inmitten dieses Konflikts, für dessen Entscheidung noch kaum etwas Wahrnehmbares geschah – und die ‹Haltung› bricht rettungslos und widerstandslos zusammen, als ob sie nicht das Produkt eines ehrlichen, asketisch schwer durchfochtenen Lebens gewesen wäre. ‹In dieser Nacht hatte er einen furchtbaren Traum – wenn man als Traum ein körperhaft-geistiges Erlebnis bezeichnen kann, das ihm zwar im tiefsten Schlaf und völligster Unabhängigkeit und sinnlicher Gegenwart widerfuhr, aber ohne daß er sich außer den Geschehnissen im Raume wandelnd und anwesend sah, sondern ihr Schauplatz war vielmehr seine Seele selbst, und sie brachen von außen herein, seinen Widerstand – einen tiefen und geistigen Widerstand – gewalttätig niederwerfend, gingen hindurch und ließen seine Existenz, ließen die Kultur seines Lebens verheert, vernichtet zurück.›

Dieses Selbstgericht ist das Fazit von Thomas Manns Vorkriegsproduktion. Man lasse sich bei der gerechten Einschätzung dieser tief pessimistischen Ironie nicht vom lustspielhaften Happy-End in ‹Königliche Hoheit› irreführen. Das Schicksal der Haupthelden ist ja hier von der Atmosphäre einer märchenhaften Unwahrscheinlichkeit umgeben, trägt betont den Charakter einer unparadigmatischen Ausnahme an sich. Ansonst aber ist der zweite Roman ebenso ein Epilog zu ‹Buddenbrooks› wie ein Prolog zu ‹Tod in Venedig›. Im Fürsten Albrecht löst sich der Formalismus der ‹Haltung› in eine Selbstbewußtheit ihrer Inhaltslosigkeit und Nichtigkeit auf. Er vergleicht sich und seine königliche ‹Haltung› mit dem Verhalten eines harmlosen Halbnarren, der einem jeden abfahrenden Zug das Signal zur Abfahrt zu geben meint. ‹Aber Fimmelgottlieb bildet sich ein, daß der Zug auf sein Winken hin abgeht. Das bin ich. Ich winke, und der Zug geht ab. Aber er ginge auch ohne mich ab, und daß ich winke, ist nichts als Affentheater. Ich habe es satt...› Und der Erzieher des Haupthelden, Doktor Überbein, der begeisterte Verkünder der ‹Haltung›, der Tüchtigkeit, die auf ihrem Boden erblühen soll, bricht — ebenso wie Gustav Aschenbach — an einem kleinen, unwesentlichen Anlaß haltlos zusammen. ‹Der friedlose und ungemütliche Mann... der hochmütig alle Vertraulichkeit verschmäht, sein Leben kalt und ausschließlich auf die Leistung gestellt... hatte..., da lag er denn nun, das erstbeste Ungemach, die erste Mißwende auf dem Felde der Leistung hatte ihn elend zu Fall gebracht.›

Man glaube ja nicht, daß es sich bei alledem um eine Nebenfrage oder auch nur um eine Peripheriefrage der bürgerlichen Kultur im Deutschland der Zeit vor dem Ersten Weltkrieg handelt. Die Frage geht aufs Zentrum: die ‹Haltungs›-Moral ist aufs engste mit den seelisch-geistigen Lebensbedingungen der besten Kulturträger, der ehrlichsten Intellektuellen des wilhelminischen, des imperialistisch verpreußten Deutschland verbunden. Für Intellektuelle, vor allem für jene, die nicht gewillt waren, in Hagenströmscher Weise ihr Glück zu suchen, war tatsächlich die Wegscheide zwischen Christian und Thomas Buddenbrook, zwischen Gefühlsanarchie und Haltung zutiefst typisch. (Und es sei hier nur beiläufig, zur besseren Beleuchtung der Lage bemerkt, daß führende Soziologen unter den Zeitgenossen Thomas Manns bemüht waren, auch den Hagenströmschen Weg moralisch-kulturphilosophisch zu ‹buddenbrookisieren›, zu ‹aschenbachisieren›, so Rathenau, Max Weber und Troeltsch.) Und daß die ‹Haltungs›-Moral mit innerer Notwendigkeit zum Preußentum führt, das zeigt sich am klarsten in der Entwicklung Thomas Manns selbst: wenn der Schriftstellerheld in ‹Tod in Venedig› durch ein Epos über Friedrich den Großen berühmt wird, so nimmt er — sicher nicht zufällig — die Arbeit des Verfassers im Ersten Weltkrieg vorweg.

Der Gestalter Thomas Mann nimmt aber hier eine eigenartige, paradoxe Stellung ein. Einerseits zeigt er, daß der Weg aus dem Dilemma Christian — Thomas Buddenbrook zu einer Anerkennung der Verpreußung Deutschlands führt, andererseits gibt er gerade hier dichterisch eine vernichtende Kritik der Wertlosigkeit und Unwirklichkeit der ganzen ‹Haltungs›-Ethik.

Damit setzt Thomas Mann hier das Lebenswerk des alten Fontane fort. Auch dieser bewundert und besingt, resoluter als der reifende Thomas Mann, die preußische ‹Haltung›, die preußischen Kriegshelden, die preußische ‹Überwindung› der Armseligkeit des bourgeoisen Lebens. Aber derselbe Fontane gibt — in ‹Schach von Wuthenow›, in ‹Irrungen, Wirrungen›, in ‹Effi Briest› — dichterisch eine vernichtende Kritik dieses selben Typus, mit dem ihn viel stärkere als bloß persönliche Sympathien verbinden, in welchem er freilich auch im Leben, von mannigfaltiger Skepsis umwittert, oft einen moralischen Ausweg aus der menschlich-unmenschlichen Problematik seiner Zeit, der bourgeoisen

Epoche, erblickt hat. Fontane und Thomas Mann sind die ersten und einzigen deutschen Schriftsteller, die die innere Gebrechlichkeit der ‹preußischen Haltung› aufgedeckt haben. (In diesem Zusammenhang sei auf die kurze Novellengroteske ‹Das Eisenbahnunglück› hingewiesen.)

III

So geriet Thomas Mann, der Entwicklung seines Vaterlandes entsprechend, in einer zu allertiefst problematischen ideologischen Lage, in den Ersten Weltkrieg. Seine Situation war, wie wir aus der bereits historisch gewordenen Perspektive ersehen können, äußerst paradox: sowohl die dichterische Kritik am Preußentum wie die menschlich-politische Zuneigung zu ihm haben beim Ausbruch dieser nationalen Krise in Thomas Mann ihren Gipfelpunkt erreicht. Und es ist für den Historiker als rückwärtsschauenden Propheten äußerst befremdend zu sehen, wie wenig Thomas Mann damals die tiefsten Ergebnisse seiner eigenen schriftstellerischen Entwicklung erfaßt hat, wie leidenschaftlich er aus seinem eigenen Schaffen falsche Konsequenzen zog.

Aber das platonische Staunen, das ein solcher Widerspruch bei einem denkenden Menschen hervorruft, muß sich in ein Problem, in eine Aufgabe des Verständnisses verwandeln. Selbstredend kann es sich dabei nicht darum handeln, die Kriegsschriften Thomas Manns zu verteidigen; wenn, wie es noch heute in England und Amerika geschieht, spätere Werke, etwa ‹Der Zauberberg›, von den ‹Betrachtungen eines Unpolitischen› her interpretiert werden, so entsteht notwendig eine reaktionäre Verzerrung. Das Problem besteht vielmehr darin zu erkennen, daß die politische Verirrung Thomas Manns im Ersten Weltkrieg nicht eine zufällige Etappe seines ‹Suchens nach dem Bürger› bedeutet, sondern eine notwendige Phase der verhängnisvollen Gesamtentwicklung der deutschen Ideologie.

Wir haben bis jetzt die Problematik in den Werken Thomas Manns so untersucht, wie sie sich aus der Gestaltung ergeben hat. Worin besteht aber ihre – Thomas Mann damals noch unbewußte – gesellschaftliche Grundlage? Ungefähr ein Jahrzehnt nach dem Ersten Weltkrieg gibt Thomas Mann eine ausgezeichnete Beschreibung des Verhältnisses, in dem der überwiegende Teil der besten deutschen Geistesarbeiter zum politisch-sozialen Sein ihres Vaterlandes standen. Er schreibt über Richard Wagner: ‹Die Teilnahme an den revolutionären Umtrieben von 1848, die ihn ein zwölfjähriges quälendes Exil kostete, hat er später, als er sich des ‚ruchlosen' Optimismus schämte und die gegebene Tatsache von Bismarcks Reich, so gut es gehen wollte, mit der Verwirklichung seiner Träume verwechselte, nach Möglichkeit verkleinert und verleugnet. Er ist den Weg des deutschen Bürgertums gegangen: von der Revolution zur Enttäuschung, zum Pessimismus und einer resignierten, machtgeschützten Innerlichkeit.›

Diese Haltung der ‹machtgeschützten Innerlichkeit› hat eine lange, tief in der Misere der politischen Entwicklung Deutschlands wurzelnde Vorgeschichte, die wir hier kurz streifen müssen, weil sie nicht nur den Weg von Thomas Mann selbst, sondern auch seine Beziehung zum deutschen Bürgertum aufklärend zu beleuchten geeignet ist.

Kurz gefaßt: wenn wir von Ausnahmegestalten wie Lessing absehen, so wirkte die ganze klassische deutsche Literatur und Philosophie in einer Atmosphäre der ‹machtgeschützten Innerlichkeit›. Freilich erschien diese Macht, der halbfeudale Kleinstaatabsolutismus, den deutschen Dichtern und Denkern als überaus problematisch und oft geradezu feindlich. Als jedoch mit Napoleons Eroberungskriegen eine wirkliche Macht mit Tendenzen der politischen und sozialen Neugestaltung erschien, entstand eine tiefgreifende Spaltung unter den besten Deutschen. Goethe und Hegel optierten für Napoleon, für die Rheinbundisierung Deutschlands. Die ‹Phänomenologie des Geistes›, vollendet zur Zeit der Schlacht von Jena, läßt die neuzeitliche Entwicklung in der Französischen Revolution und der aus ihr geborenen neuen bürgerlichen Gesellschaft kulminieren, um nun den Deutschen die Aufgabe zuzuweisen: die adäquate Ideologie für diesen neuen Weltzustand zu schaffen. Also: ‹machtgeschützte Innerlichkeit› unter Garantie jener politischen und sozialen Reform, die – gegen den Willen der kleinen Rheinbundfürsten – der große ‹Staatsrechtslehrer in Paris›, wie Hegel einige Jahre später Napoleon nannte, durchsetzen werde.

Über den utopischen Charakter dieser Konzeption, die derjenigen Goethes außerordentlich nahestand, braucht man heute nur wenige Worte zu verlieren. Die Vorstellung, daß die europäische Vorherrschaft des napoleonischen Frankreich sich ständig stabilisieren könne, ohne einen Befreiungsdrang bei den von feudalem Unrat gereinigten und gerade dadurch zum nationalen Selbstbewußtsein erwachten Völkern hervorzurufen, daß Deutschland der ideologische Führer der neuen Welt werden könne, ohne auch nur den Versuch zu machen, politisch selbständig zu werden, ist natürlich eine reine Utopie. Sie ist aber sicher nicht irrealer gewesen, als es die Träume der ehrlichen preußischen Reformer waren, die ihrerseits die Ergebnisse der Französischen Revolution (wenigstens teilweise) in einfacher Konsequenz der Befreiung Preußens vom napoleonischen Joch, ohne inneren Umsturz in Deutschland verwirklichen zu können hofften und folglich meinten, die sozialen Grundlagen und die politischen Folgen des preußischen Feudalabsolutismus ließen sich ohne Beseitigung der Junkerherrschaft und des Hohenzollern-Absolutismus aus der Welt schaffen. Und die ‹machtgeschützte Innerlichkeit› der Romantik, die die Siege über Napoleon mit sich brachten, hat nur zu deutlich das Elend dieser zusammengebrochenen Utopie offenbart.

So stand hier Utopie gegen Utopie, als Spiegelbild dessen, daß die Ideologen Deutschlands nur Zuschauer oder wenig wirksame Akteure in der Gestaltung des vaterländischen Schicksals sein konnten. Erst mit der französischen Julirevolution von 1830 endet diese ‹Kunstperiode›, erst mit ihr beginnt jene realere Entwicklung, die mit der Tragödie von 1848 und mit der Tragikomödie von 1870 endete. Im ersten Fall, 1848, stand das deutsche Volk wirklich vor einer Wahl zwischen demokratischer Befreiung oder Fortdauer der deutschen Misere, im zweiten, 1870, reproduzierte sich die Kapitulation der deutschen Intelligenz vor der reaktionär entstandenen, sich notwendig reaktionär entfaltenden Macht des verpreußten Deutschen Reichs.

So lebte die deutsche Intelligenz, wie dies Thomas Mann über Wagner richtig schrieb, abermals im Zustand einer ‹machtgeschützten Innerlichkeit›. Jedoch die Geschichte wiederholt sich nie. Wo sie das zu tun scheint, wird nicht der wesentliche Gehalt repetiert, die Ähnlichkeit besteht vielmehr in formalen Analogien. Darum müssen wir uns die Unterschiede zwischen der ‹machtgeschützten Innerlichkeit› Goethes im napoleonischen Rheinbund und der Thomas Manns im wilhelminischen Imperialismus klar vor Augen halten. Goethe vertrat eine in allen wesentlichen Fragen progressive Weltanschauung, während es Thomas Manns Schicksal war, in das Zeitalter der Dekadenz hineingeboren zu sein, mit dem ihm eigentümlichen Pathos, diese Dekadenz nun durch ein gestalterisches Auf-die-Spitze-Treiben ihrer letzten moralischen Konsequenz zu überwinden. Weiter: aus Goethes Stellung zur napoleonischen Macht ergab sich keinerlei objektiv-konfliktvolle Verpflichtung zur Verteidigung reaktionärer Tendenzen, während der Ausbruch des Weltkriegs die Lage für Thomas Mann, für das deutsche Bürgertum umkehrte: die ‹Innerlichkeit› mußte nun zum ideologischen Schutz der ‹Macht›, das heißt: des reaktionären preußisch-deutschen Imperialismus, in den Kampf treten.

So kam es zu der paradoxen, ans Tragische streifenden Lage Thomas Manns im Ersten Weltkrieg. Es hängt mit seinen höchsten schöpferischen Gaben eng zusammen, daß er auch jetzt wieder den Bürger suchte, das heißt, daß er bestrebt war, die innere Problematik des deutschen Bürgers aufs tiefste zu erfassen, um aus der Selbstbewegung der Widersprüche in dessen Sein und Bewußtsein die Richtung der Weiterentwicklung zu erlauschen. Das ist an sich, wie Schiller über Goethe sagte, ‹eine große und wahrhaft heldenmäßige Idee›, und es kann dabei auch für den Größten keine Schande sein, auf diesem Wege Irrtümern zu verfallen, um so weniger, als diese nicht subjektiv-persönlicher Art gewesen sind, sondern gerade aus seiner tiefen Verbundenheit mit dem Deutschtum, die Verzerrungen seines Wesens aus der jahrhundertelangen Misere mit inbegriffen, entsprungen sind.

Thomas Mann ist also durchaus im Recht, wenn er seine Kriegsschrift einige Jahre später so charakterisiert: ‹Es wollte ein Denkmal sein — es ist eines geworden, wenn ich nicht irre. Es ist ein Rückzugsgefecht großen Stils — das letzte und späteste einer deutsch-romantischen Bürgerlichkeit —, geliefert im vollen Bewußtsein seiner Aussichtslosigkeit und also nicht ohne Edelmut. Geliefert sogar mit Einsicht in die seelische Ungesundheit und Untugend aller Sympathie mit dem Todgeweihten, aber freilich auch mit ästhetisch allzu ästhetischer Geringschätzung von Gesundheit und Tugend, welche eben gerade als der Inbegriff dessen empfunden und verhöhnt wurden, wovor man sich kämpfend zurückzog, der Politik, der Demokratie ...›

Als autobiographische Bestimmung sind diese Zeilen durchaus zutreffend. Will man sie jedoch richtig in den umfassenderen Zusammenhang der deutschen Geschichte stellen, so muß man sie – wie sie auch gemeint sind – vom Standpunkt der Weiterentwicklung Thomas Manns aus betrachten. *Nur* dadurch, daß auf dieses Rückzugsgefecht dann ein Vormarsch zur Demokratie erfolgte, ist jenes ‹nicht ohne Edelmut›. Wer heute bei einer Ideologie der verzweifelten Verteidigung des hoffnungslos – und mit Recht – Verlorenen stehenbleibt, wer sich ohne Glauben an die innere Berechtigung des Sieges an die zum Tode verurteilte Vergangenheit anklammert, der ist nicht bloß zur unfreiwilligen Komik einer völlig leeren ‹Haltung›, einer Donquichotterie verurteilt, sondern sein trauriges Rittertum wird auch zu einer nihilistischen Heuchelei: sein Rückzug erscheint als die Vorbereitung zum Aufmarsch einer kommenden Erneuerung der reaktionären Barbarei, als herostratischer Brandstiftungsversuch am Neuen, um auf der Schädelstätte der Zivilisation und Gesittung das von der Geschichte längst Begrabene abermals zu einem kurzen vampirhaften Scheindasein zu erwecken. Der edle *Abschied* Thomas Manns von der – mehr als problematischen – Vergangenheit seines Volkes ist jedoch im Gegensatz zu solchen Tendenzen ein *wirklicher* Abschied: der Aufbruch zu einem echt neuen Weg, zum Weg der Demokratie.

IV

Die Bekehrung Thomas Manns zur Demokratie während der Zeit nach dem Ersten Weltkrieg ist das Ergebnis einer großen nationalen Krise, und sosehr sie eine Wendung, ein Knotenpunkt in seiner persönlichen Entwicklung ist, erfolgt sie dennoch, wenn auch für den oberflächlichen Beobachter überraschend, von der inneren Dialektik seines bisherigen Weges aus gesehen keinesfalls unvorbereitet. Damit entsteht aber eine neue Stellung zum gesuchten Bürger. Der Thomas Mann der Vorkriegszeit und des Krieges unterscheidet sich von den besten seiner Mitbürger ‹bloß› darin, daß er die in ihnen allen wirksame Problematik tiefer erlebt und konsequenter zu Ende führt. Er stammt jedoch geistig und seelisch aus ihrer Mitte, und auch die ragendste und steilste seiner Gestaltungen trägt deshalb an sich, und für diese Mitbürger, den Stempel des Heimischen. Wenn Thomas Mann selbst sein Frühwerk durch die Namen Platen, Storm und Nietzsche kennzeichnet, so charakterisiert er damit diese eigenartige Lage in präziser Weise. Ein Werk, einsam infolge der Strenge seiner Gehaltsichtung und Formgebung und doch – im Gehalt wie in der Form – vom Mittelpunkt der umgebenden Ebene emporragend, dem Höchsten wie dem Niedrigsten seiner Umgebung entsprießend.

Diese Beziehung ändert sich radikal mit Thomas Manns ideologisch-politischer Wendung nach dem Kriege. Der deutsche Bürger bewegt sich jetzt auf völlig anderen Wegen als der suchende Dichter. Das ideologische Gepäck, das jener aus dem Zusammenbruch des ersten Welteroberungsversuches mitnahm, waren das ‹Fronterlebnis› und die Hoffnung, mit vervollkommneten Mitteln, zu denen ein gründlicheres Aufräumen mit allem Demokratismus als bisher gehörte, ein andermal zu vollbringen, was diesmal mißlungen war. Thomas Mann dagegen hat nicht nur mit dem deutschen Imperialismus innerlich und gründlich abgerechnet, er hat nicht nur die Bedeutung der Demokratie, die er während des Krieges noch als undeutsch verworfen hatte, für die Wiedergeburt des Deutschtums tief begriffen, ihm ist auch der Zusammenhang der dekadenten Ideologie und Gefühlsweise mit der bisherigen deutschen Entwicklung aufgegangen: der Kampf um die Demokratie verwandelt sich bei ihm nunmehr in einen Kampf gegen die Dekadenz. Darin ist eine fruchtbar-widerspruchsvolle, paradoxe Weiterführung des Kriegsbuches enthalten. Dieses verteidigt mit dem kriegführenden Deutschland zusammen die Dekadenz, die Sympathie mit Krankheit und Verwesung, mit Nacht und Tod. Aber Thomas Manns Verteidigung war ein so gründliches Sichhineinbohren in das Gewirr von *pro* und *contra,* daß er sich am Ende des verkrampften Versuches, sich in die Berechtigung der deutschen Dekadenz einzuleben, mit Hilfe der Ereignisse von 1918 vom ausschließlichen Recht des gegenteiligen Prinzips überzeugt sah.

Damit rückt in Thomas Manns Werk das Erzieherische in den Vordergrund. Ist dadurch, müssen wir wieder fragen, nicht seine *‹faculté maitresse›*, seine zentrale Eigenart: das antiutopische Wesen seiner dichterischen Begabung, aufgehoben? Ja und nein. Und weit mehr nein als ja. Denn der reife Schriftsteller Thomas Mann ist ein Erzieher *sui generis.* Nicht nur wegen der ironischen Vorbehalte seiner Erzählungsweise, nicht nur wegen des humorvollen Gleichgewichts in seinen Kompositionen. Diese sind – sehr wesentliche – Ausdrucksformen eines tieferen Zusammenhanges, eines entscheidenderen Gehalts: er ist kein Erzieher, der eine noch so tief, noch so richtig erarbeitete Lehre von außen an seine Schüler heranbringen will. Er ist Erzieher im Sinne der platonischen Anamnesis: der Schüler selbst soll das Neue in seiner Seele entdecken und lebendig werden lassen.

Der zum Erzieher seines Volkes gewordene Thomas Mann sucht den Bürger nunmehr in einer tiefer schürfenden Weise. Sein Suchen hat einen konkreten Inhalt erhalten: er sucht nach dem Geist der Demokratie in der Seele des deutschen Bürgers, forscht nach ihren Spuren und Andeutungen, um diese durch das Beispielgebende der Gestaltung zu wecken und zu heben; er möchte sie nicht als fremden Inhalt an ihn herantragen, sondern sie von ihm als eigenen, endlich gefundenen Lebensinhalt finden lassen.

Darin ist ungefähr umrissen, weshalb der große Schriftsteller in der Weimarer Republik so allein stand. Wie die Stein-Scharnhorstschen Reformen nicht durch eine Volksbewegung in Preußen, sondern durch die Niederlage Preußens in der Schlacht von Jena, durch die ‹Weltseele zu Pferde›, ausgelöst wurden, so war auch die deutsche Demokratie nach 1918 nicht etwas Erworbenes oder Erkämpftes, sondern das – unwillkommen scheinende – Geschenk eines widrigen Schicksals. So hatte die neugeborene, nie wirklich gefestigte Demokratie erbitterte Feinde, opportunistische Dulder und nur wenige Freunde und Anhänger, die sie jedoch zumeist so nahmen, wie sie eben vom Geschick dargeboten war, ohne auch nur den Versuch zu machen, Verbindungsbrücken zwischen ihr und der (freilich revidierten) deutschen Vergangenheit zu schlagen. Kurz gefaßt: Thomas Manns isolierte Position in der Weimarer Demokratie beruht darauf, daß er gerade nach solchen Vermittlungen fahndete, daß sein dichterisches Erziehungswerk auf einen aus dem Wesen des Deutschtums erwachsenden Demokratismus gerichtet war. Darum ist er der einzige bürgerliche Schriftsteller dieser Periode, für den die Demokratie eine Weltanschauungsfrage, und zwar ein Problem der deutschen Weltanschauung, geworden ist.

So wird der Kampf um die Demokratisierung Deutschlands in einen weiten philosophischen Rahmen eingefügt: es ist der Kampf des Lichts mit der Finsternis, des Tags mit der Nacht, der Gesundheit mit der Krankheit, des Lebens mit dem Tod. Und der tief mit der deutschen Vergangenheit verbundene Thomas Mann sieht dichterisch klar, daß er damit einen säkularen Kampf der deutschen Ideologie erneuert. Um nur zu dem Ausgangspunkt zurückzugehen, den Goethe gegen die Romantik einnahm. ‹Klassisch nenne ich das Gesunde, romantisch das Kranke›, sagte Goethe und lehnte Kleist als einen ‹von der Natur schön intentionierten Körper, der von einer unheilbaren Krankheit ergriffen› sei, ab. Wenn nun im ‹Zauberberg› der Vertreter der reaktionär-faschistischen, der antidemokratischen Weltanschauung, der Jesuit Naphta, seine Lehre verkündet, so tut er es fast mit den Worten von Novalis: ‹Krankheit sei höchst menschlich, setzt Naphta sofort dagegen; denn Menschsein heiße Kranksein. Allerdings, der Mensch sei wesentlich krank, sein Kranksein eben mache ihn zum Menschen, und wer ihn gesund machen, ihn veranlassen wolle, seinen Frieden mit der Natur zu schließen, ‚zurück zur Natur zu kehren' (während er doch nie natürlich gewesen sei) ... jede Art Rousseau also erstrebe nichts als eine Entmenschung und Vertierung ... Im Geist also, in der Krankheit beruhe die Würde des Menschen und seine Vornehmheit; er sei, mit einem Worte, in desto höherem Grade Mensch, je kränker er sei, und der Genius der Krankheit sei menschlicher als der der Gesundheit.›

Wir sehen: hier ist eine entscheidende weltanschauliche Wendung bei Thomas Mann eingetreten. So resolut jedoch die politische Parteinahme Thomas Manns für die Demokratie und gegen die aus der reaktionären sozialen Zurückgebliebenheit entspringende spezifisch deutsche Dekadenz ist, so großartige, feinabgetönte, tief durchdachte Gestaltungen er dieser seiner neuen Weltanschauung auch gibt, so wenig sieht er denkerisch bereits ein, daß seine neue Entwicklungsstufe — objektiv — einen Bruch mit den Lehrern seiner Jugend, mit Schopenhauer und Nietzsche, beinhaltet. Natürlich sieht er Zusammenhänge dieser Art. Er schreibt unübertrefflich richtig über Hamsun: ‹Mein großer Kollege Knut Hamsun zum Beispiel in Norwegen, ein schon sehr alter Mann, ist ein eifriger Faschist. Er agitiert für diese Partei in seinem eigenen Lande und hat es sich nicht nehmen lassen, ein weltbekanntes Opfer des deutschen Faschismus, den Pazifisten Ossietzky, öffentlich zu verhöhnen und zu beschimpfen. Das ist aber nicht das Benehmen eines Greises von besonders jung gebliebenem Herzen, sondern eines Schriftstellers der Generation von 1870, dessen entscheidende literarische Bildungserlebnisse Dostojewskij und Nietzsche waren und der in dem Apostatentum von damals gegen Liberalismus steckengeblieben ist, ohne zu verstehen, um was es heute eigentlich geht, und ohne zu merken, daß er sein Dichtergenie durch sein politisches – ich will lieber sagen: sein menschliches Verhalten heillos kompromittiert.› Solche kritischen Einsichten hindern aber Thomas Mann nicht daran, Nietzsche für die demokratische Gedankenwelt retten zu wollen.

In seinem künstlerischen Schaffen aber zeigt Thomas Mann – im Gegensatz zu der inkonsequenten Haltung in seinen theoretischen Äußerungen – eine große Entschiedenheit. Der bedeutende Roman ‹Der Zauberberg› ist wesentlich dem ideologischen Kampf zwischen Leben und Tod, Gesundheit und Krankheit, Reaktion und Demokratie gewidmet. Mit der ihm eigenen versinnbildlichenden Genialität verlegt Thomas Mann diese Kämpfe in ein Schweizer Luxussanatorium. Krankheit und Gesundheit, ihre psychisch-moralischen Folgen sind hier keine abstrakten Theoreme, keine ‹Symbole›, sondern erwachsen organisch unmittelbar aus dem körperlich-geistig-seelischen Dasein der dort lebenden Menschen; nur für die oberflächlichen Leser der ersten Zeit konnte das breite und fesselnde Bild der physischen Krankenexistenz die tieferliegenden politisch-weltanschaulichen Probleme verdecken, während es bei näherem Betrachten klar wird, daß gerade dieses Milieu eine allseitige Entfaltung aller dialektischen Seiten des Problems künstlerisch zwanglos möglich macht. Aber die Abgeschlossenheit des Lebens im Sanatorium hat noch eine andere, wichtigere künstlerische Bedeutung: was die Einzelheiten der Menschengestaltung betrifft, ‹erfindet› Thomas Mann, wie die meisten wirklich bedeutenden Epiker, verhältnismäßig wenig. Er hat aber einen untrüglichen Instinkt dafür, solche Fabeln, solche Umgebungen für die Gestaltung seiner Problematik zu entdecken, in denen sich diese in der reinsten, zugleich geistigsten und sinnfälligsten Weise mit dem höchsten Pathos und mit der tiefsten Ironie ausleben kann. Es entsteht bei ihm stets eine reizvolle Mischung von phantastischer oder halbphantastischer Totalität und erdgebundenen evidenten Einzelheiten. Ohne in Details oder Technik ihr unmittelbarer Nachfolger zu sein, setzt hier Thomas Mann ganz eigenartig die Linie von Chamissos ‹Schlemihl›, von E. T. A. Hoffmann, von Gottfried Keller fort. ‹Wir schildern Alltägliches›, sagt er einmal, ‹aber das Alltägliche wird sonderbar, wenn es auf sonderbarer Grundlage gedeiht.› Eine solche halbphantastische Umgebung ergab der kleine Fürstenhof in ‹Königliche Hoheit› für das Problem der ‹Haltung›; eine solche ist das Sanatorium des ‹Zauberbergs›: die Menschen befinden sich ‹auf Urlaub›, sie sind ihren Alltagssorgen, ihren Existenzkämpfen entrissen. Alles, was diese aus den Menschen geistig, seelisch und moralisch gemacht haben, kann deshalb hier eine freiere, ungehemmtere, konzentriertere, klarer auf die letzten, weltanschaulichen Fragen gerichtete Ausdrucksform erhalten. Es entsteht dabei eine vielfach tragikomisch verzerrte, ins Phantastische hinüberschillernde und doch zutiefst realistische Schilderung des Bürgers der Gegenwart: die seelische Leere, die moralische Haltlosigkeit breiten sich aus, explodieren zuweilen in geradezu grotesken Formen. Zugleich jedoch wird in besseren Exemplaren gerade jener Lebensgehalt bewußt, über den nachzudenken sie im kapitalistischen Alltag, aus dem sie kommen, ‹keine Zeit› gehabt haben.

Damit sind die Bedingungen für den ‹Erziehungsroman› eines durchschnittlichen Vorkriegsdeutschen, für Hans Castorp, gegeben. Das geistige Duell zwischen den Vertretern von Licht und Finsternis, zwischen dem italienischen humanistischen Demokraten Settembrini und dem jüdischen Jesuitenzögling Naphta, dem Verkünder einer katholisierenden Vorform des Faschismus, um die Seele dieses Durchschnittsbürgers aus Deutschland ist sein geistiger Hauptinhalt. Es ist im Rahmen dieser Betrachtungen leider unmöglich, den Reichtum dieser geistig-menschlichen, seelisch-politischen, moralisch-weltanschaulichen Kämpfe auch nur anzudeuten. Wir müssen uns auf die Feststellung beschränken, daß das Duell der Weltanschauungen unentschieden ausgeht. Nach allen geistigen Anstrengungen, sich politisch und weltanschaulich zur Klarheit durchzuarbeiten, versinkt Castorp ins niedrige und widrige, gedankenlose Alltagsleben des Zauberbergs. Denn der ‹Urlaub›, den das Wegfallen der materiellen Existenz- und Berufssorgen hier mit sich bringt, hat eben diese Doppelseite: er ermöglicht eine größere geistige Erhebung, zugleich aber auch ein tieferes Versinken ins Animalisch-Instinktive, als es der Alltag ‹unten› gewöhnlich gestattet. In der dünnen Luft des halbphantastischen Milieus entstehen im Menschen keine neuen, größeren Kräfte als im Alltag; aber es entfalten sich diese mit einer unvergleichlich größeren Deutlichkeit und Eindringlichkeit; der Spielraum ihrer inneren Möglichkeiten wird objektiv nicht größer; wir sehen ihn aber, ganz unkünstlich, durch ein Vergrößerungsglas, in Zeitlupe. Castorp ‹rettet› sich zwar am Schluß vor dem vollständigen Versinken im Schlamm, indem er im August 1914 sich in die deutsche Armee begibt. Aber vom Standpunkt des Kreuzwegs der deutschen Intelligenz, des deutschen Bürgertums, all jener, die in der ‹machtgeschützten Innerlichkeit› zu keiner Entscheidung gelangen konnten, bedeutet die physische und geistige Kriegsteilnahme, wie Ernst Bloch seinerzeit geistreich sagte, eben wiederum einen ‹großen Urlaub›.

So entschieden also Thomas Mann hier gegen die antidemokratische Ideologie auftrat, so skeptisch, berechtigterweise, gestaltet er die Effektivität seiner neuerworbenen Lehre in der Seele des deutschen Bürgers. Beide Motive erhalten eine starke Steigerung in der Novelle ‹Mario und der Zauberer›. Dazwischen gibt er in ‹Unordnung und frühes Leid› ein abgetönt ironisches Bild der melancholischen Todesanbetung eines typischen bürgerlichen Gelehrten der Vorkriegszeit, der sich in der Weimarer Republik geistig, seelisch und moralisch vollkommen verlassen fühlt, obwohl ihm eine Ahnung aufdämmert, daß sein Verhalten innerlich zutiefst problematisch ist. ‹Er weiß›, sagt Thomas Mann über Cornelius, ‹daß Professoren der Geschichte die Geschichte nicht lieben, sofern sie geschieht, sondern sofern sie geschehen ist; daß sie die gegenwärtige Umwälzung hassen, weil sie sie als gesetzlos, unzusammenhängend und frech, mit einem Worte, als ,unhistorisch' empfinden, und daß ihr Herz der zusammenhängenden, frommen und historischen Vergangenheit angehört... Das Vergangene ist verewigt, das heißt: es ist tot, und der Tod ist die Quelle aller Frömmigkeit und alles erhaltenden Sinnes.›

In der späteren Novelle, die, in den Weimarer Jahren entstanden, nicht zufällig in Italien spielt, haben wir es bereits mit der entfalteten Massenkampfweise des Faschismus, mit Suggestion und Hypnose zu tun. Verdunkelung des Intellekts, Brechung des Willens: das ist die Philosophie der militanten Reaktion, wenn sie aus den Studierstuben und Literatencafés auf die Straße dringt, wenn die Schopenhauer und Nietzsche von den Hitler und Rosenberg abgelöst werden. Wiederum gestaltet Thomas Mann mit genialer Sinnfälligkeit diesen Schritt; wieder zeigt er in fein abgetönter Vielfarbigkeit die verschiedensten Formen der Hilflosigkeit des deutschen Bürgers gegenüber der Hypnose der faschistischen Macht. Auch hier müssen wir uns leider auf ein bezeichnendes Beispiel beschränken. Ein ‹Herr aus Rom› will sich nicht der Tanzsuggestion des Zauberers unterwerfen, unterliegt aber nach kurzem, tapferem Widerstand. Thomas Mann charakterisiert diese Niederlage nun mit großartigem Scharfsinn und echter Tiefe so: ‹Verstand ich den Vorgang recht, so unterlag dieser Herr der Negativität seiner Kampfposition. Wahrscheinlich kann man vom Nichtwollen seelisch nicht leben; eine Sache nicht tun wollen, das ist auf die Dauer kein Lebensinhalt; etwas nicht wollen und überhaupt nicht mehr wollen, also das Geforderte dennoch tun, das liegt vielleicht zu benachbart, als daß nicht die Freiheitsidee dazwischen ins Gedränge geraten müßte...› Die Wehrlosigkeit jener Menschen aus dem deutschen Bürgertum, die Hitler nicht wollten, ihm jedoch über ein Jahrzehnt widerstandslos gehorchten, kann nicht besser beschrieben werden. Was ist aber die Ursache ihrer Wehrlosigkeit?

V

Hans Castorp sagt einmal über den Demokraten Settembrini: ‹Du bist zwar ein Windbeutel und Drehorgelmann, aber du meinst es gut, meinst es besser und bist mir lieber als der scharfe kleine Jesuit und Terrorist, der spanische Folter- und Prügelknecht mit seiner Blitzbrille, obgleich er fast immer recht hat, wenn ihr euch zankt... euch pädagogisch um meine arme Seele rauft wie Gott und Teufel um den Menschen im Mittelalter...› Wieder taucht die Frage nach der Ursache der Überlegenheit der Argumentation Naphtas der Settembrinischen gegenüber auf. Sie wird jedoch in dem großen Roman klar beantwortet. Einmal, als Castorp krank liegt, hat er ein Gespräch mit seinem Erzieher zum Demokratismus über die kapitalistische Welt ‹da unten›. Castorp faßt seine trüben, moralischen Erfahrungen so zusammen: ‹Man *muß* reich sein dahinten... Denn angenommen, man ist *nicht* reich oder hört auf es zu sein – dann wehe... Selbst mir, der ich doch dort zu Hause bin, ist es öfters kraß vorgekommen, wie ich nachträglich merke, obgleich ich persönlich ja nicht darunter zu leiden gehabt habe... Was brauchten Sie für Ausdrücke – phlegmatisch und? Und energisch! Gut, aber was heißt das? Das heißt hart, kalt. Und was heißt hart und kalt? Das heißt grausam. Es ist eine grausame Luft da unten, unerbittlich. Wenn man so liegt und es von weitem sieht, kann es einem davor grauen.› Settembrini jedoch sieht in alledem nur Sentimentalitäten, die man den ‹Drückebergern des Lebens› überlassen soll. Er ist eben Verkünder des Fortschritts *sans phrase*, ohne Selbstkritik, ohne Bedenken und Vorbehalt und darum – weit entfernt von jeder persönlichen Interessiertheit – kritikloser Herold des kapitalistischen Systems. Aber eben deshalb steht er ohne durchschlagskräftige geistige Waffen der antikapitalistischen Demagogie Naphtas gegenüber. Damit ist die zentrale Schwäche des durchschnittlichen modernen, bürgerlichen Demokratismus in der Auseinandersetzung mit der reaktionär-antikapitalistischen Demagogie trefflich charakterisiert. Und zugleich ist damit das unentschiedene und tatenscheue Wesen Castorps, die reine Negativität im vergeblichen Widerstand des ‹Herrn aus Rom›, glänzend aufgedeckt.

Thomas Mann zeigt uns auch den inneren gesellschaftlichen Mechanismus dieser neudeutsch-bürgerlichen Psyche am Helden des ‹Zauberbergs›. Er sagt über Hans Castorp: ‹Der Mensch lebt nicht nur sein persönliches Leben als Einzelwesen, sondern bewußt oder unbewußt, auch das seiner Epoche und Zeitgenossenschaft, und sollte er die allgemeinen und unpersönlichen Grundlagen seiner Existenz auch als unbedingt gegeben und selbstverständlich betrachten und von dem Einfall, Kritik daran zu üben, so weit entfernt sein, wie der gute Hans Castorp es wirklich war, so ist doch sehr wohl möglich, daß er sein sittliches Wohlbefinden durch ihre Mängel vage beeinträchtigt fühlt. Dem einzelnen Menschen mögen mancherlei persönliche Ziele, Zwecke, Hoffnungen, Aussichten vor Augen schweben, aus denen er den Impuls zu hoher Anstrengung und Tätigkeit schöpft, wenn das Unpersönliche um ihn her, die Zeit selbst der Hoffnungen und Aussichten bei aller äußeren Regsamkeit im Grunde entbehrt, wenn sie sich ihm als hoffnungslos, aussichtslos und ratlos heimlich zu erkennen gibt und der bewußt oder unbewußt gestellten, aber doch irgendwie gestellten Frage nach einem letzten, mehr als persönlichen unbedingten Sinn aller Anstrengungen und Tätigkeit ein hohles Schweigen entgegensetzt, so wird gerade in Fällen redlicheren Menschentums eine gewisse lähmende Wirkung solches Sachverhalts fast unausbleiblich sein, die sich auf dem Wege über das Seelisch-Sittliche geradezu auf den physischen und organischen Teil des Individuums erstrecken mag. Zu bedeutender, das Maß des schlechthin Gebotenen überschreitender Leistung aufgelegt zu sein, ohne daß die Zeit auf die Frage Wozu? eine befriedigende Antwort wüßte, dazu gehört entweder eine sittliche Einsamkeit und Unmittelbarkeit, die selten vorkommt und heroischer Natur ist, oder eine sehr robuste Vitalität. Weder das eine noch das andere war Hans Castorps Fall, und so war er denn doch wohl mittelmäßig, wenn auch in einem recht ehrenwerten Sinn.›

Im Roman – die Betrachtungen Manns stehen ziemlich am Anfang und beziehen sich auf die Vorgeschichte des eben Ingenieur gewordenen Studenten – mag diese dem Mangel an erstrebenswerten Zielen entsprungene Mittelmäßigkeit, freilich auch hier nicht ohne leise Ironie, ‹recht ehrenwert› sein. Wird aber der Castorp-Typus vor Schicksalsfragen seines Volks gestellt, so muß sich mit der qualitativ veränderten Lage auch die Bewertung entschieden wandeln: die ehrenwerte Mittelmäßigkeit, daß er in Untätigkeit versinkt, keiner Entscheidung fähig ist, zwar mit Settembrini sympathisiert, aber gegen die Naphtasche Demagogie ideologisch wehrlos ist, wird zur historischen Schuld. Denn mag der ‹Herr aus Rom› auch ehrlich bestrebt sein, ‹die Ehre des Menschengeschlechts herauszuhauen›, er erliegt doch und tanzt dann mit im Reigen der durch faschistische Hypnose willenlos gemachten Bacchanten. Und dieser wilde Reigen wäre um ein Haar zum Totentanz der ganzen Zivilisation geworden.

Wenn also Thomas Mann in Professor Cornelius, in Hans Castorp, im ‹Herrn aus Rom› wirklich den deutschen Bürger gefunden hätte, besser gesagt, wenn sich sein Suchen dadurch beruhigt hätte, daß er in ihnen das meisterhafte Porträt jenes deutschen Bürgers gezeichnet hat, der den Hitlerismus über sich ergehen ließ, der sogar ‹als Soldat und brav› seine gewissenlosen Eroberungskriege und kulturmörderischen Raubzüge mitmachte, so wäre der Ausklang seiner Werke der tiefste Pessimismus, der je das Schaffen eines deutschen Dichters durchdrang.

Es ist deshalb kein Zufall, daß in den fürchterlichen Jahren der Hitlerherrschaft, der faschistischen Entartung des deutschen Volks, Thomas Mann sein einziges großes Werk historischen Charakters schrieb, ‹Lotte in Weimar›. In der Riesengestalt Goethes, des Gulliver im Weimarschen Liliput, in seiner ununterbrochen gefährdeten, aber ununterbrochen selbstgeretteten, intellektuellen, künstlerischen und moralischen Vollendung, gestaltet Thomas Mann die höchste Verkörperung, die die progressiven Kräfte des deutschen Bürgertums je erreicht haben. Nachdem jahrzehntelang Goethe von den deutschen Schriftstellern und Gelehrten zum Spießgesellen des modischen Obskurantismus verfälscht worden war, reinigt Thomas Mann sein Antlitz vom reaktionären Unrat; während das deutsche Bürgertum sich aufs tiefste erniedrigte und im blutigen Sumpf eines berauschten Barbarismus watete, entsteht hier das Bild seiner höchsten Möglichkeiten, seines von Grund aus problematischen, aber von Grund aus wahrhaftigen und vorwärtsweisenden Humanismus.

Man kann vor diesem gewaltigen Kunstwerk nur mit ergriffener Achtung und hingerissener Liebe stehen; es ist eine Ehrenrettung in Deutschlands gräßlichster Selbsterniedrigung. Der Goethe-Roman Thomas Manns ist aber mehr als ein monumentaler Trostgesang für ein Volk, das sich im nihilistischen Rausch in den Abgrund des Faschismus stürzte. Dieser Roman greift in die Vergangenheit zurück, um eine lichte Zukunft zu zeigen; das dichterische Aufweisen der höchsten Vollendung, die der deutschen Bürgerlichkeit bisher gegeben war, ist zugleich ein Mahnruf zum Erwecken ihrer verschütteten, irregegangenen, verwilderten Möglichkeiten, ein Mahnruf mit dem Pathos des uralten moralischen Optimismus, daß das, was einst möglich war, einst wieder wirklich werden könne.

Mit einer solchen Auffassung wird in Thomas Manns Goethe-Roman nichts hineininterpretiert. Am Abschluß seines wichtigen Essays ‹Goethe als Repräsentant des bürgerlichen Zeitalters› sagt Thomas Mann: ‹Der Bürger ist verloren und geht des Anschlusses an die neu heraufkommende Welt verlustig, wenn er es nicht über sich bringt, sich von den mörderischen Gemütlichkeiten und lebenswidrigen Ideologien zu trennen, die ihn noch beherrschen, und sich tapfer zur Zukunft zu bekennen. Die neue, die soziale Welt, die organisierte Einheits- und Planwelt, in der die Menschheit von untermenschlichen, unnotwendigen, das Ehrgefühl der Vernunft verletzenden Leiden befreit sein wird, diese Welt wird kommen, und sie wird das Werk jener großen Nüchternheit sein, zu der heute schon alle in Betracht kommenden, alle einem verrotteten und kleinbürgerlich-dumpfen Seelentum abholden Geister sich bekennen. Sie wird kommen, denn eine äußere und rationale Ordnung, die der erreichten Stufe des Menschengeistes gemäß ist, muß geschaffen sein oder sich schlimmen Falles durch gewaltsame Umwälzung hergestellt haben, damit das Seelenhafte erst wieder Lebensrecht und ein menschlich gutes Gewissen gewinnen könne. Die großen Söhne des Bürgertums, die aus ihm hinaus ins Geistige und Überbürgerliche wuchsen, sind Zeugen dafür, daß im Bürgerlichen grenzenlose Möglichkeiten liegen, Möglichkeiten unbeschränkter Selbstbefreiung und Selbstüberwindung. Die Zeit ruft das Bürgertum auf, sich dieser seiner eingeborenen Möglichkeiten zu erinnern und sich geistig und sittlich zu ihnen zu entschließen. Das Recht auf die Macht ist abhängig von dem historischen Auftrag, als dessen Träger man sich fühlt und fühlen darf. Verleugnet man ihn oder ist man ihm nicht gewachsen, so wird man verschwinden und abtreten, abdanken müssen zugunsten eines Menschentyps, der frei ist von den Voraussetzungen, Bindungen und überständigen Gemütsfesseln, die, wie man zuweilen fürchten muß, daß europäische Bürgertum untauglich machen, Staat und Wirtschaft in eine neue Welt hinüberzuführen.›

Das künstlerische Erwecken der großen Gestalt Goethes weist also einen neuen Zukunftsweg für das deutsche Bürgertum: Thomas Mann sucht auch heute noch den deutschen Bürger, in welchem Wille und Fähigkeit vorhanden sind, diesen Weg kühn zu betreten. Doch ist Goethe einerseits ein viel zu entfernter, durch die Klüfte allzu vieler Krisen von uns getrennter geistiger Mikrokosmos und andererseits (besonders in der tiefen und treffenden Konkretisierung Thomas Manns) das Erfüllungsvorbild einer allzu weiten und allzu wenig unmittelbar vor uns liegenden Zukunft, als daß er für heute den Professor Cornelius und Hans Castorp die notwendigen nächsten Schritte weisen könnte, die den deutschen Bürger aus dem Abgrund seiner Selbsterniedrigung, seiner berechtigten Gewissensqual und selbstverschuldeten Verzweiflung herauszuführen geeignet wären. Im Lebenswerk des großen Gestalters der Vermittlungen fehlt hier eine äußerst wichtige. Sie fehlt, weil sie auch im Leben des deutschen Bürgers fehlt, weil die kompromißlose künstlerische Wahrhaftigkeit

Thomas Manns ihm nie gestattet hat, etwas als Bild herauszustellen, was in der deutschen bürgerlichen Wirklichkeit nicht vorhanden ist.

Die sonst so reiche deutsche Sprache hat für das, was wir jetzt sagen wollen, bezeichnenderweise nicht einmal ein Wort. Die Franzosen sprechen im Gegensatz zum Bourgeois vom Citoyen, die Russen vom Grashdanin. Das Wort fehlt, weil die deutsche Geschichte bis jetzt die Sache selbst nicht produziert hat. Sogar in Thomas Manns schönem Platen-Essay erscheint der kämpferische Citoyen nur ganz episodisch an der Peripherie, und Mann spricht bei einer Parallelisierung Goethes und Schillers davon, daß dieser ‹das Französische seiner eigenen Natur hervorkehrt›. Es ist wiederum ein Ausdruck der kompromißlosen Wahrheitsliebe Thomas Manns, seiner tiefen Verwurzelung in der deutschen Volksseele, daß er über Schiller so spricht, über Schiller, dessen heroischselbstaufzehrenden Kampf um die Kunst wohl niemand so echt mitempfunden, so zart-plastisch geschildert hat wie er in der Novelle ‹Schwere Stunde›. Wenn also hier eine Lücke ist — und zwar eine in der deutschen Vergangenheit verhängnisvoll gewordene, für die deutsche Zukunft sicherlich Verderbnis bringende Lücke —, so liegt ihr letzter Grund nicht in den Schranken der Persönlichkeit Thomas Manns, sondern in der Welt, deren Spiegel zu sein er berufen wurde.

Es wäre die größte Ungerechtigkeit zu behaupten, daß Thomas Mann dieses Problem nicht sähe! Ja, man muß sogar hinzufügen: wenn dieses unermüdliche und vergebliche Suchen das Pathos seines ganzen schöpferischen Lebens ausmachte, wenn in diesem Suchen ein faustisches Ungenügen mit allen erzielten Resultaten zum Ausdruck kam, so liegt all dies im — freilich lange unbewußten — Suchen nach einem *deutschen Citoyen*, nach dem deutschen Wort, Begriff und Sein des Citoyentums, des echten Bürgertums begründet. Settembrini steht machtlos der sozialen Demagogie Naphtas gegenüber, weil er nur ein Epigone des wahren Citoyen ist. Robespierre und Saint-Just, Büchner oder Heine haben die wahrhaft freie bürgerliche Demokratie, die wirklich zu Ende geführte Demokratie nie mit der Verteidigung einer kapitalistischen Oberschicht und deren egoistischen, oft reaktionären und antinationalen Interessen verknüpft. Auch Thomas Mann nicht. Sein Schaffen fängt mit der Ablehnung des Hagenströmschen Wesens an und steigert sich zu dem Unbehagen Castorps an der Grausamkeit und Unmenschlichkeit des kapitalistischen Lebens. Als Gestalter, als Kulturkritiker durchschaut Thomas Mann vollständig die geistig-politischen Schranken seines Settembrini.

Ja, er geht, wie wir gesehen haben, viel weiter, bis zum Bekenntnis zum Sozialismus als Zukunftsaufgabe des — gesuchten — Bürgers. Wenn er also der faschistischen Reaktion kein gestaltetes Citoyen-Pathos gegenüberstellen kann, so liegt die Fehlerquelle nicht in ihm, sondern in der Entwicklung des deutschen Bürgers seit 1848. Aus diesem Grunde hat Thomas Mann seit seiner Wendung zur Demokratie das Zusammengehen mit den Arbeitern gesucht. Und zwar nicht nur als vorübergehende parlamentarische Koalition, sondern als Bündnis zur Erneuerung des deutschen Lebens, der deutschen Kultur. Er schreibt: ‹Was not täte, was endgültig deutsch sein könnte, wäre ein Bund und Pakt der konservativen Kulturidee mit den revolutionären Gesellschaftsgedanken, zwischen Griechenland und Moskau, um es pointiert zu sagen, — schon einmal habe ich dies auf die Spitze zu stellen versucht. Ich sagte, gut werde es erst stehen in Deutschland, und dieses werde sich selbstgefunden haben, wenn Karl Marx den Friedrich Hölderlin gelesen haben werde, eine Begegnung, die übrigens im Begriffe sei, sich zu vollziehen. Ich vergaß, hinzuzufügen, daß eine einseitige Kenntnisnahme unfruchtbar bleiben müßte.›

Das ist in der Tat ein bedeutendes Kulturprogramm für den deutschen Bürger. Denn wir glauben, daß der Name Hölderlin hier nicht zufällig die deutsche Dichtung repräsentiert, daß er nicht eine Stelle einnimmt, an der auch der Name eines beliebigen anderen deutschen Dichters, etwa Mörikes, stehen könnte, obwohl Thomas Mann in den Anfangszeilen dieses Gedankens Hölderlin, Griechenland und die konservative Kulturidee in eine Linie rückt, vergessend, daß der griechische Polisbürger das Urbild des Citoyen, daß Hölderlin der größte deutsche Citoyen-Dichter war, beide meilenweit entfernt von einer deutschen ‹konservativen Kulturidee›. Es kommt in diesem Zusammenhang auch sehr wenig auf die philologische Frage an, ob der wirkliche Marx Hölderlin tatsächlich gelesen hat (soweit mir bekannt ist: ja), sondern darauf, wieweit die heroischen, wenn auch spärlichen und durch nachträgliche reaktionäre Verfälschungen verschütteten, echt demokratischen Traditionen Deutschlands in der deutschen Arbeiterbewegung so lebendig waren und vor allem: sein werden, wie seinerzeit in Karl Marx und Friedrich Engels. Es ist ein gemeinsamer Stempel der deutschen Misere im Bürgertum sowohl wie in der Arbeiterschaft, daß Marx und Engels bis jetzt nicht zum nationalen Kulturbesitz der Deutschen geworden sind, so wie in Rußland Lenin zur nationalen Gestalt auch der Kultur wurde. Die kommende Entwicklung, die Zukunft, die Neugeburt Deutschlands hängt weitgehend davon ab, wie weit es den deutschen Arbeitern und Bürgern gelingen wird, die in ihrer Geschichte vorhandenen freiheitlichen und fortschrittlichen Reserven für das kommende nationale Leben zu mobilisieren, wie weit an die Stelle der — früher auch von Thomas Mann anerkannten — Hauptlinie: Goethe-Schopenhauer-Wagner-Nietzsche, deren letzte drei Glieder der Faschismus mit Recht für sich in Anspruch nahm, eine Linie Lessing-Goethe-Hölderlin-Büchner-Heine-Marx treten wird. Das Goethe-Bild Thomas Manns ist ein verheißungsvoller Anfang zu einem solchen Umbruch.

Und dies ist kein Zufall. Wir konnten hier leider viel zuwenig über die eigentlichen künstlerischen Seiten des Thomas Mannschen Lebenswerkes sprechen; wir haben seinen Rang als keiner Diskussion bedürftig vorausgesetzt und haben nur einzelne, freilich wichtige Momente hervorgehoben, um entscheidende Etappen des deutschen Schicksalsweges zu beleuchten. Jetzt sei nur noch auf ein Moment hingewiesen. Die tiefe Verwandtschaft Thomas Manns mit der besten Vergangenheit der deutschen Literatur ist auch aus unseren spärlichen Andeutungen hervorgetreten. Thomas Manns Rolle geht aber auch im rein literarischen Sinne darüber hinaus. Er ist es in erster Linie, durch dessen Vermittlung die russische Literatur in die deutsche Kultur einverleibt wurde, so, wie wir es in erster Linie Goethe zu verdanken haben, daß wir Shakespeare als den Unseren besitzen. In beiden Fällen geht diese Aneignung über das bloß Literarische hinaus. In dem berühmten Gespräch über Literatur und Leben in der Novelle ‹Tonio Kröger› deutet Thomas Mann dieses Motiv an: er weist darauf hin, daß in der ‹heiligen Literatur› Rußlands jene Konflikte des feindlichen Gegenüberstehens von Kunst und Leben, die das Jugendwerk Thomas Manns erfüllen, nicht vorhanden sind. Warum? Die Antwort ist klar: weil die russische Literatur wirklich das Gewissen des russischen Volkes, die Stimme des russischen Grashdanin-Geistes gewesen ist, vom Dekabristenaufstand bis zur Oktoberrevolution und darüber hinaus bis heute, weil die Geschichte des großen russischen Realismus von Puschkin bis Gorki in tiefer — freilich komplizierter, nicht immer gradliniger — Verwobenheit mit den Befreiungskämpfen des russischen Volkes sich abspielt. Und es ist eine für die deutsche ideologische Entwicklung lehrreiche, wenn auch beschämende Tatsache, daß der Ausgang ihrer klassischen Philosophie in der bürgerlichen Heimat im Sande verläuft und schließlich in einer reaktionären Ideologie gipfelt, während Hegel und Feuerbach in Rußland, und nur in Rußland, progressive Fortsetzer, Kritiker und Weiterbildner fanden.

Daß Thomas Mann die alten besten Traditionen der deutschen Literatur fortsetzen konnte, daß seine Formgebung nie der Gefahr einer dekadenten Zersetzung, einer deklamatorischen Rhetorik, einer bloß dekorativen Beschreibungsvirtuosität, eines pseudowissenschaftlichen Enzyklopädismus an Stelle dichterischer Totalität usw. ausgesetzt war, verdankt er nicht zuletzt dem Umstand, daß sein ästhetisch-ethischer Horizont Goethe und Tolstoi gleichermaßen umfaßte, daß er als Schriftsteller und Realist nie modern im dekadenten Sinne gewesen ist.

Von der Weltanschauung bis zur rein literarischen Formgebung ist das Werk Thomas Manns ein Strom der Fortschrittlichkeit. Das von ihm bereits Geleistete und das — wie wir hoffen — noch zu Leistende wird eine nicht überschätzbare Rolle in der Neugeburt des deutschen Geistes spielen. Er sucht noch heute nach dem Bürger. Denn der deutsche Bürger ist noch nicht da und wird nicht da sein, bis er nicht in seiner Seele das Citoyentum, das Grashdanintum findet. In diesem Suchen kommt Thomas Mann eine entscheidende Rolle zu. Jeder seiner Verehrer ist tief überzeugt, daß das Faustische seines Suchens nach dem Bürger nie aufhören wird, daß er dem Teufel der Reaktion stets mit Faust erwidern wird:

> ‹Werd' ich beruhigt je mich auf ein Faulbett legen,
> So sei es gleich um mich getan!
> Kannst du mich schmeichelnd je belügen,
> Daß ich mir selbst gefallen mag,
> Kannst du mich mit Genuß betrügen:
> Das sei für mich der letzte Tag!›

[1945]

I

Der Faustus-Roman Thomas Manns, zusammen mit dem Zyklus der Joseph-Romane, ergibt ein großartiges Alterswerk dieses Schriftstellers. Es ist eine monumentale Rekapitulation, Systematisierung aller seiner Jugendthemen. Doch sind aus den Etüden, Capriccios und Sonaten hier Symphonien geworden. Diese entschiedene Formveränderung ist aber, wie stets bei wirklich bedeutenden Künstlern, nie eine bloß formale Frage. Im Gegenteil: die formalen Fragen, die symphonischen Komplikationen und Synthesen ergeben sich aus der Verbreiterung, Verallgemeinerung, Vertiefung des dichterischen Gehalts der ursprünglichen Motive: ihre innere Logik, die Tendenz auf Universalität der gestalteten Menschen und ihrer Beziehungen, ihrer Schicksale, diktierte die wachsende formale Verflochtenheit der gestalteten Wechselwirkungen.

Wie wenig diese Entwicklung Thomas Manns aus dem Formalen her begriffen werden kann, zeigen seine Anfänge. Er beginnt ja mit einem großen, universalistischen Roman, mit ‹Buddenbrooks›. Im bestimmten Sinne sind hier bereits alle späteren Motive seiner Kritik der kapitalistischen Gesellschaft angeschlagen. Dennoch – verglichen sogar mit späteren Novellen – ist der erste Roman weit weniger dicht, weit weniger vielstimmig.

In dieser Richtung muß die Entwicklung Thomas Manns, die ihren Gipfelpunkt im Joseph-Zyklus und im Faustus-Roman erhielt, betrachtet werden. Es ist ein Alterswerk ganz besonderer Art. Seine Besonderheit ist durch die Entstehungsepoche, durch die Kultur der imperialistischen Periode und ihre spezifisch deutsche Variante bestimmt.

Der allgemeine Gang von Thomas Manns Entwicklung zeigt eine interessante Parallele und gleichzeitige Gegensätzlichkeit zu der Goethes. Es handelt sich darum, wie zwei universell veranlagte Dichter, denen beiden gegeben war, Umwälzungen zu erleben, die das ganze Antlitz der Welt veränderten, in dem Ringen mit den hier aufgeworfenen Problemen zu wirklicher Universalität gewachsen sind. Ein solches Wachstum ist, auch bei Dichtern von weltliterarischer Bedeutung, keineswegs selbstverständlich; es gehört zu den extremsten Seltenheiten. Die Krise von 1848 hat das letzte Schaffen Balzacs nur verdüstert; sie hat durch eine ähnliche Verdüsterung die spätere Tätigkeit von Dickens zwar vertieft und in der Gesellschaftskritik gefestigt, ohne jedoch die angedeuteten Folgen mit sich zu bringen. Und die ständige Verschärfung der sozialen Gegensätze seines Schaffensbodens hat zwar bei Tolstoi nicht, wie bei Gottfried Kellers ‹Martin Salander›, ein Problematischwerden seiner ursprünglichen und urwüchsigen epischen Monumentalität herbeigeführt, aber auch kein universalistisches Aufgipfeln und Zusammentreffen der in der Jugend in Angriff genommenen geistigen und künstlerischen Motive. Dies ist jedoch das Charakteristische sowohl bei Goethe als auch bei Thomas Mann. Und man muß sehen, daß, wenn ein solcher selten vorkommender Entwicklungstypus bei zwei großen Schriftstellern feststellbar ist, hier ein Problem für das tiefere Verständnis beider vorliegt.

Freilich kämen wir zu einer Verzerrung des Problems, wenn wir diese abstrakt-allgemeine Parallele in dieser ihrer Abstraktheit unmittelbar zu konkretisieren versuchten. Denn die geistig-sittlich-künstlerische Grundlage einer derartigen Ähnlichkeit des Entwicklungsganges ist nur eine Komponente der Parallelität, keineswegs die apriorische ‹Struktur› der geistigen und schöpferischen Persönlichkeit Goethes und Manns. Diese ‹Struktur› war zahlreichen und vielfach umwälzenden Erschütterungen ausgesetzt, bis sie sich zur Universalität des Alters entfaltete, und das wesentlich Erschütternde waren die großen Zeitereignisse. Wie entscheidend immer wir dabei die angeborene und durch Selbsterziehung erworbene seelisch-geistig-künstlerische Persönlichkeit Goethes und Manns einschätzen – und unsere Studien haben, so hoffen wir, diese Basis der Bewertung nie verleugnet –, sie ist doch nur eine Komponente der Wechselwirkung mit den großen menschenumwandelnden Zeitereignissen. Diese Wechselwirkung bestimmt innerhalb der Parallelität die Divergenzen oder, wenn eine solche Formulierung der Wirklichkeit näherkommt, innerhalb der Gegensätzlichkeit die Konvergenz ausschlaggebender Bestimmungen. Goethe selbst hat in einem Brief an den Grafen Reinhard ausgesprochen, daß er in der Zeit seiner Reife ununterbrochen mit den Problemen der Französischen Revolution gerungen habe. Dieser Ausspruch ist, glaube ich, noch allgemeiner zu verstehen als sein Wortlaut. Die stürmische Jugend Goethes spielt sich in der Atmosphäre der Vorbereitungszeit der Französischen Revolution ab. Das Eintreten dieser Revolution und ihre Ergebnisse bestimmen die utopischen Hoffnungen seines Mannesalters auf die Erneuerung der Gesellschaft und in ihr des Menschen. Die nachrevolutionäre Entwicklung des kontinentalen Kapitalismus, im Kontrast mit dem Zusammenbruch der letzten ‹heroischen Periode› des Bürgertums, der Periode des napoleonischen Regimes, ist die gesellschaftlich-menschliche Grundlage seines Alters, in dem zwar eine Gegenwartsresignation die Basis und den Vordergrund bildet, das aber im Zentrum doch eine optimistische Zukunftsperspektive zeigt. Dieser Entwicklung des grundlegenden geistigen und historischen Verhaltens entspricht nun im Stil Goethes ein Wachsen der Abstraktion. Die Alterswerke werden immer gedankenerfüllter, ja gedankenbeschwerter, und das künstlerische Tragewerk dieser geistigen Fülle wird immer artistischer, die Spannung zwischen Kritik und utopischer Hoffnung, zwischen Gegenwartsresignation und Menschheitsoptimismus wächst ununterbrochen, wird gestalterisch immer schwerer überbrückbar. Darum spricht man – sehr zu Unrecht – von einer sinkenden schöpferischen Kraft im Alter Goethes.

Der historische Gang bei Thomas Mann ist vielfach parallel, dem Wesen nach jedoch ganz entgegengesetzt. Seine Anfänge bestimmt die stickige Luft der ‹machtgeschützten Innerlichkeit› des imperialistischen Deutschland. Das große Erlebnis seines Mannesalters ist das Krisenhaftwerden der Welt und der Weltanschauung seiner Jugend, der Bruch mit den politischen Anschauungen dieser Jugend. Sein Alter ist erfüllt von einem ununterbrochenen publizisti-

schen Kampf gegen den Faschismus. Während also die – ebenfalls durchgehen-
den – Typen des Goetheschen Lebenswerks immer stärker einer abstrahierend
artistischen Stilisierung unterworfen werden, gerade wegen der vertieften Historizität ihrer Auffassung, hat dieselbe Entwicklung bei Thomas Mann in
einer ganz anderen Periode, in der Zeit, in der die imperialistischen Kriege
und der Faschismus jene Stelle einnehmen, die bei Goethe der Französischen
Revolution und Napoleon zukam, ganz entgegengesetzte Folgen: eine Bereicherung der konkreten dichterischen Bestimmungen, vor allem der gesellschaftlich-geschichtlichen Bezogenheiten der gestalteten Menschen.

Man sieht: es sind die Schicksalswenden des Menschen in der bürgerlichen
Gesellschaft, die den Schaffensweg der größten bürgerlichen Schriftsteller
Deutschlands bestimmen. Die utopische Hoffnung auf eine ökonomisch fundierte, gesellschaftlich-moralische Erneuerung und Befreiung des Menschen gibt
den Himmelszenen in Goethes ‹Faust› die dichterische Evidenz. Das Ergebnis
des Erschüttertseins, der Aushöhlung all dieser Grundlagen bestimmt die tragische Atmosphäre in Manns ‹Faustus›-Roman. Diese Parallelität, die sich
künstlerisch als Gegensätzlichkeit auswirkt, bedingt die eigenartige Beziehung
beider Dichter zu den jeweiligen zeitgenössischen Literaturströmungen. Sowohl für Goethe wie für Thomas Mann ist es charakteristisch, daß sie sich
einerseits den neuen Tendenzen nicht einfach verschließen, sich andererseits zu
ihnen jedoch sehr kritisch verhalten. Beide sind auf die Totalität der menschlichen Beziehungen gerichtet, auf den Fortschritt der Menschheit, den sie freilich beide in seinen Äußerungen als widerspruchsvoll auffassen. Aus dieser
Grundhaltung entsteht bei beiden eine feine Empfänglichkeit dafür, wo und
wieweit hinter künstlerischen Neuerungen sich solche realen Veränderungen
in den Menschen, in ihren Beziehungen und Bestimmungen zeigen, und gleichzeitig ein kritisches Verhalten zu allen Tendenzen, in denen die neue Kunst
oberflächliche, eventuell sogar reaktionäre reale Strömungen der gesellschaftlich-geschichtlichen Wirklichkeit artistisch kanonisiert. Goethes Beziehung zur
Romantik drückt dieses Verhalten sehr deutlich aus. Und Thomas Mann, der
sehr vielen modernen Tendenzen gegenüber eine große Empfänglichkeit zeigt,
erklärt sich zugleich zum Gegner der ‹geist- und intellektfeindlichen Bewegungen›; er sieht klar, ‹daß mit der ‚irrationalen' Mode häufig ein Hinopfern
und bubenhaftes Überbordwerfen von Errungenschaften und Prinzipien verbunden ist, die nicht nur den Europäer zum Europäer, sondern sogar den
Menschen zum Menschen machen›. Über die stilistischen Folgen dieses Verhaltens sprechen wir später ausführlich.

Wenn wir bei dieser Parallele ein so großes Gewicht auf die Gegensätzlichkeit der zeitbedingten Stilprobleme legen, taucht nochmals die Frage der Berechtigung dieser Parallele auf. Sie gründet sich nicht nur auf die entscheidende Rolle, die Goethe in Thomas Manns Entwicklung gespielt hat, ihre
Wurzeln gehen tiefer. Indem Thomas Mann darangeht, die ihn von seinen Anfängen an beschäftigenden Probleme auf eine universelle Höhe zu heben, spielt
dabei die Goethesche Universalität in ‹Wilhelm Meister› und ‹Faust› eine ent-

scheidende Rolle. Und auch dies ist nicht formal zu verstehen. Die Joseph-Romane haben formal, auch wenn wir die Form in denkbar weitestem Sinne nehmen, nichts mit den Wilhelm-Meister-Romanen zu tun. Noch weniger der Faustus-Roman – trotz bewußter Anspielung im Titel, trotz starken inneren Beziehungen im Problem, in einzelnen Motiven – mit Goethes Weltdichtung. Es handelt sich vielmehr um eine innere Entwicklungsparallelität, die wegen der eben aufgezeigten gesellschaftlich-geschichtlichen Differenzen sich als formale Entgegengesetztheit zeigen muß.

Worin besteht aber dann diese Parallelität? Was den Joseph-Zyklus angeht, so zeigt sie sich darin, daß bei beiden Dichtern die Probleme, die in ihrer Jugend subjektivistisch, lyrisch-monomotivisch und – entsprechend der damaligen weltanschaulichen Entwicklung – mehr oder weniger ‹zeitlos›, das heißt überhistorisch, psychologisch-moralisch, daher in geschlossener Form aufgeworfen wurden, nunmehr in historischer Konkretheit, in gesellschaftlicher Verallgemeinerung und darum symphonischer, polyphoner erscheinen. Freilich sind auch hier die Unterschiede sehr bedeutsam: der Werther ist in seiner Anlage und Durchführung viel bewußter gesellschaftlich als Tonio Kröger. Trotzdem kann man die parallelen Linien deutlich sehen, die einerseits vom Werther zum Wilhelm Meister, andererseits von Tonio Kröger zum Joseph-Zyklus führen.

Daß die Gestalt Josephs eine Fortsetzung Tonio Krögers ist, hat meines Wissens zum erstenmal Slochower ausgesprochen. Hier haben wir keinen Raum für eine ausführliche Analyse. Es genügt, soviel zu sagen, daß die Gestalt Josephs das seelische, moralische Problem von Tonio Kröger (und von seinen Brüdern in Thomas Manns Welt) aufnimmt, jedoch ohne direkte Beziehung auf eine künstlerische Existenz. Besser gesagt: jener Gegensatz von Kunst und Leben, der die Tonio-Kröger-Problematik noch ganz erfüllt, erscheint hier einerseits als ein bestimmtes, eigenartiges Verhalten zum Leben, woraus unter bestimmten subjektiven und objektiven Bedingungen Kunst entstehen kann, andererseits erweist sich dieses Verhalten, wenn es allgemein menschlich genommen und auf gesellschaftliche Bedingungen gebracht wird, als ein zentrales Problem der bürgerlichen Gesellschaft. Dieselbe Entwicklung ist auch bei Goethe sichtbar, wenn man den Wilhelm Meister mit Werther, mit Tasso, dem ‹gesteigerten Werther›, und mit dem Wilhelm Meister der ‹theatralischen Sendung› vergleicht. Auch in den Übergängen ergeben sich manche Parallelen; man kann den Aschenbach aus ‹Tod in Venedig› ohne Übertreibung einen ‹gesteigerten› Tonio Kröger nennen usw.

Aber gerade diese leicht vermehrbaren Parallelen zeigen zugleich den Gegensatz auf. Und zwar gerade in der entscheidenden Frage, der Beziehung der Kunst zum Leben. Für Goethe ist die Kunst ein Weg zur Eroberung der Wirklichkeit und darum ein Mittel zur Ausbildung der allseitigen Harmonie des Menschen. Und weil diese Frage bei Goethe aus den großen Problemen seiner Periode, aus der Vorbereitung und den Folgen der Französischen Revolution, aus der Entwicklung des Kapitalismus entspringt, weil seine Grundtendenz auf eine Bewahrung und Umwandlung des Humanismus unter diesen historischen Bedingungen abzielt, entstehen daraus eigenartige Komplexe in der Beziehung von Kunst und Leben.

Wir können diese hier nur schlagwortartig aufzählen. Vor allem kommt es auf die menschliche, moralische Meisterschaft, im Gegensatz zur kapitalistisch-bürokratischen Einseitigkeit, zu Zerfahrenheit und Dilettantismus, an. Goethe drückt dies in seinem berühmten Jugendbrief an Herder unter dem Eindruck der Lektüre Pindars so aus: ‹Wenn du kühn im Wagen stehst und vier neue Pferde wild, unordentlich sich an deinen Zügeln bäumen, du ihre Kraft lenkst, den austretenden herbei-, den aufbäumenden hinaufpeitschest und jagst und lenkst und wendest, peitschest, hältst und wieder ausjagst, bis alle sechzehn Füße in einem Takt ans Ziel tragen – das ist Meisterschaft.› Erst von hier aus ist Werthers Sehnsucht nach gesellschaftlicher Wirksamkeit, die Napoleon getadelt hat, ist die Beziehung Tasso-Antonio, ist Wilhelm Meisters Entwicklung, die Gefahr der Verkümmerung in künstlerischer Einseitigkeit verständlich. Goethe erlebte aber auch die beginnende Isolierung der Kunst in der bürgerlichen Gesellschaft. Er führte einen Doppelkampf gegen diese Tendenz, deren objektive Unwiderstehlichkeit er immer deutlicher empfand: einerseits sollte unter diesen Umständen die Kunst als Kunst, die Reinheit der Kunst vor den antiästhetischen Mächten der Zeit gerettet werden, andererseits und gleichzeitig die Gesellschaftlichkeit der Kunst gegenüber der bevorstehenden Isolation. Daher Goethes ständiges, immer stärkeres Streben zu einer – in seinem Deutschland nicht existierenden – ‹großen Welt›. Dahin münden die Utopien beider Wilhelm-Meister-Romane. Beim Auftreten Thomas Manns ist dieser letztere Prozeß bereits abgeschlossen, die Isolation des modernen Künstlers, der modernen Kunst ist in der kapitalistischen Gesellschaft bereits eine vollendete Tatsache. Insbesondere in Deutschland, wo die Ereignisse von 1848 und 1871 auch jenen Spielraum einer lebendigen Wechselwirkung zwischen moderner Kunst und gesellschaftlichem Leben, wie sie zum Beispiel in Frankreich noch vorhanden war, äußerst einengen. So kommt es, daß für den jungen Thomas Mann hier kein Ausweg sichtbar sein kann; die ‹Welt› ist aus der Atmosphäre seiner Kunst ausgeschlossen. Der Erste Weltkrieg bringt den verzweifelten Versuch Thomas Manns hervor, einen Anschluß an die deutsche Tradition der Gemeinschaft zu finden, den Gegensatz zwischen Deutschland und dem demokratischen Westen philosophisch zu begründen und zu rechtfertigen. Man denke an die Gegensätze von Kultur und Zivilisation, von Dichter und Literat in den damaligen Kriegsschriften Thomas Manns. Aber in alledem äußert sich immer wieder auch die Dialektik seines Schaffens. Vor allem in der Aufdeckung der menschlichen Widersprüchlichkeit im Preußentum, durch die ‹Der Tod in Venedig› eine vorausgreifende Kritik der Kriegsschriften ist. Dazu kommt die berechtigte Kritik an der westlichen, bürgerlich-demokratischen Zivilisation. Erst die – später entfaltete – Totalität dieser Widersprüche bringt ein Aufhellen der allgemeinen Gefährdung der menschlichen Gesittung in der imperialistischen Periode.

Wir haben diese Entwicklung Thomas Manns in dem Essay ‹Auf der Suche nach dem Bürger› ausführlich analysiert. Hier kommt es nur darauf an, die neuen Motive in seinem Schaffen aufzuzeigen. Auch in seiner Jugend bestimmt die Gegenüberstellung von Tod und Leben die Komposition, diese ist aber vor der Kriegskrise eine einstimmige: das Leben kann hier nur Horizont sein, nur Gegenstand einer – hoffnungslosen – Sehnsucht. Der wirkliche Inhalt ist der äußere und innere Sieg des Todes.

Die Weltanschauungskrise bringt eine Konkretisierung der Probleme hervor. Vor allem die Konkretisierung des Todesprinzips als Krankheit, Verwesung, Abgrund, als Sympathie mit einer solchen Krankheit oder Verwesung. Vom isolierten Individuum der bürgerlichen Gesellschaft aus ist das Leben (die Welt) unerreichbar. Auch der junge Thomas Mann sieht die Einheit von Gesundheit und Leben in Gemeinschaft, aber diese Einheit gewinnt bei ihm keine konkrete Gestalt, sie polarisiert sich einerseits als Hans Hansen, andererseits als Klöterjahn. Auch in der Jugend treten polemisch-karikaturhafte Züge bei den Anhängern des Todes auf (Tristan, Bajazzo), jetzt geht aber diese Tendenz in Selbstironie über (Professor Cornelius), wird zur phantastischen Spießerhaftigkeit im ‹Zauberberg› und erreicht ihren Gipfelpunkt in der – faschistischen – Hypnose des Zauberers und der Bezauberten (Mario und der Zauberer).

Es kann hier nicht unsere Aufgabe sein, diese Entwicklung zu analysieren. Mit diesen Andeutungen sollte nur aufgezeigt werden, daß der Erziehungsroman als organischer Gipfel aus Thomas Manns Entwicklung herauswächst. Der Weg, den Joseph geht, führt von der Abgeschlossenheit zur menschlich-gesellschaftlichen Gemeinschaft. Aber Thomas Mann hat schon viel früher – nicht zufälligerweise von Goethe sprechend – den Erziehungsgedanken so bestimmt, daß er ‹Brücke und Übergang bilde aus der Welt des persönlich Innermenschlichen in die Welt des Sozialen›. Es ist der Weg von einer reinen Selbstkontemplation, die beim jungen Joseph wie bei den Jugendhelden Thomas Manns bis zum Narzißmus geht, zur gesellschaftlichen Aktivität. Erst damit werden Verwesung, Krankheit und Tod von Gesundheit und Leben überwunden.

Der Schauplatz des Erziehungsromans ist das Ägypten der biblischen Sage. Dadurch befreit sich Thomas Mann vor der unmittelbar gesellschaftlichen Schilderung der Gegenwart. Dies ist für den Erziehungsroman schon darum wichtig, weil – wie wir es anderswo gezeigt haben – der Dichter Thomas Mann dezidiert antiutopisch gesinnt ist, im schroffen Gegensatz zum utopischen Schluß der ‹Lehrjahre›, zur ganzen Konzeption der ‹Wanderjahre›. Aber eine historische Themenwahl (ebenso wie die Utopie) drückt bei wirklichen Dichtern auch die Proportionen der echten und wesentlichen objektiven Bestimmungen der Gegenwart aus. Hier ist Ägypten: das Land des Todes. Mit leichter, vorbehaltvoller, gefühlsbeladener Ironie schildert Thomas Mann die gesellschaftlich-weltanschauliche Krise Ägyptens als Hintergrund, als treibendes Motiv der Erziehung Josephs. In diesem Land des Todes sehen wir auf der einen Seite eine – sehr verschieden akzentuierte – lebensabseitige Dekadenz bei Petepre und beim jungen Pharao; wir sehen Güte, Verstand, Menschlichkeit, Gerechtigkeit, jedoch immer in den verschiedensten Formen der Ohnmacht. Auf der anderen Seite tritt die Verwesung in ihren unverfälschtesten Formen auf: als höfisch-machiavellistischer, obskurantistischer Fanatismus des Oberpriesters Bechnekes, als Entfesselung der barbarischsten Leidenschaften, die hinter der polierten Oberfläche dieses Totenreichs verborgen sind, bei Petepres Gattin. Enis Schicksal ist zwar, rein persönlich angesehen, ergreifend, aber zugleich ist es ebenso ein menschlich-individuelles Bild vom Entstehen des Faschismus. Beide Extreme erscheinen grotesk im kontrastierenden Paar der Zwerge.

In dieser Welt vollendet sich die Erziehung Josephs. Diese beginnt freilich schon in seiner Familie, in Palästina. Manns Schilderung trifft in beiden Fällen auch die Gegenwart. Sie schaukelt, mit geistvoller Ironie, zwischen dem ‹einst›, dem ‹niemals und immer› der Sage und tief menschlicher Bezogenheit auf die Gegenwart hin und her. Denn wenn diese Bezogenheit nicht da wäre: warum die Sage so ausführlich erzählen? Thomas Mann stellt ja, ebenfalls ironisch und vorbehaltvoll, Persönlichkeit und Stil des Erzählers energisch in den Vordergrund. Diese Bezogenheit besteht gerade in der inneren Identität von Tonio Kröger und Joseph, jedoch im Rahmen einer größeren, weit bewußteren, tiefer menschlichen Historizität. Den Ausgangspunkt bildet die selbstgefällige Eingeschlossenheit des begabten Helden in seine eigene Traumwelt, seine Einbildung, daß andere ihn mehr liebten als sich selbst. Dies provoziert den Zusammenstoß, die erste ‹Grube› des Romans. In der Grube entsteht bei Joseph eine entschiedene Wandlung, aber ohne daß er den Glauben an diese seine eigene Unwiderstehlichkeit verlöre. Daraus erwächst seine Schuld im Konflikt mit Enis Leidenschaft: die zweite Grube. Seine vollkommene Vernichtung wird in beiden Fällen nur durch fremde Großmut, durch Ruben beziehungsweise Petepre, vermieden. In dieser Frage, wo, äußerlich gesehen, nicht einmal eine anspielungshafte Bezogenheit auf die Gegenwart vorhanden ist, deckt Thomas Mann einen tiefen Zug der deutschen Psyche, der deutschen Hybris auf: gerade dieser Glaube an die eigene innere Unwiderstehlichkeit ist eines der wichtigen seelisch-moralischen Motive des deutschen Zusammenbruchs.

Josephs Erziehung ist gerade die Überwindung dieses Verhaltens. Entscheidend ist nicht die nach außen gewendete Tätigkeit an sich. Eine solche war schon in Petepres Haus da, ohne die Wiederholung des selbstverschuldeten Sturzes verhindern zu können, ohne die ursprüngliche Struktur seines Typus, daß der eigene Traum, die eigene Vorstellung von der Welt, überwältigender sein muß als die objektive Wirklichkeit, zu überwinden. Erst nach dem zweiten Sturz, in engster Verbindung mit der religiösen Revolution des jungen Pharao entsteht die wesentliche innere Wandlung, wozu natürlich noch gehört, daß der erste Sturz auch in enger Verbindung mit der religiös-gesellschaftlichen Reaktion stand. Jetzt erst wird Joseph zum Lebensführer des Totenreichs; aus dem geschickten Verwalter eines Hauses der Ernährer, der revolutionär-diktatorische Leiter eines ganzen Volks. Hier, wo — scheinbar — der deutsche Anspielungsboden ganz verlassen wurde, ist der Roman zu allertiefst deutsch. Thomas

Mann nennt wiederholt Schiller einen französischen Typus im Gegensatz zum deutschen Goethe. Wie stets bei Mann, auch wo er irrt, ist auch hier ein wirkliches, ein wesentliches Problem, vorhanden. Denn Thomas Mann identifiziert für die Gegenwart Demokratie und Politik, meint, daß wirkliche Politik nur auf dem Boden der Demokratie entstehen könne. Es ist einerlei, daß er dies anfangs mit negativem Vorzeichen, unpolitisch, ja antipolitisch formulierte (daraus entstehen seine falschen Anschauungen über den unpolitischen Goethe); es ist einerlei, daß die Formulierung selbst in ihrer abstrakten Allgemeinheit überspitzte, übertriebene Züge enthält. Trotz alledem ist hier ein objektiv wichtiger, für das späte Schaffen Thomas Manns entscheidender Gesichtspunkt der Beurteilung der Gegenwart ausgesprochen. Seine volle Bedeutung werden wir erst bei der Analyse des Faustus-Romans sehen können.

Goethe ist also nicht unpolitisch, sondern repräsentiert eine typisch deutsche Art des Politischen, eine Politik, die den Begriff des aktiven ‹Unten› nicht kennt. Diese Tendenz äußert sich bei ihm zuerst aufklärerisch, dann im Sinne einer selbsttätig entscheidenden Bewertung der technisch-ökonomischen Entwicklungsfaktoren. ‹Mir ist nicht bange›, sagte Goethe zu Eckermann, ‹daß Deutschland nicht eins werde; unsere guten Chausseen und künftige Eisenbahnen werden schon das übrige tun.› Daher seine Stellungnahme zum Suez-, Panama- und Donau-Rhein-Kanal, daher viele entscheidende Momente im Abschluß des ‹Faust›.

Bei Schiller wie bei fast allen deutschen bürgerlichen Demokraten ist die Einsicht vorhanden, daß man ein Vorbild, eine konkrete Verkörperung des demokratischen und erst recht revolutionären Handelns auf deutschem Boden unmöglich finden könne. So entsteht in Schiller die typische dichterische Verkörperung der Verzerrtheit des deutschen Lebensweges: die Vorbildlichkeit der Revolution von oben; es ist kein Zufall, daß die große Szene zwischen Posa und Philipp, in der diese Haltung ihre dichterisch stärkste Verkörperung fand, auf deutschem Boden unwiderstehlich wirkt. Diese Konzeption geht durch die ganze deutsche Entwicklung hindurch. Man denke nicht nur an Lassalles ‹Sikkingen›, sondern sogar an den ‹Henri Quatre› des politisch radikalen ‹französichen› Heinrich Mann.

Es ist also kein Zufall, kein Herausfallen aus seinem Deutschtum, wenn wir hier Thomas Mann auf Don-Carlos-Wegen finden. Natürlich bedeutet dies keine Annäherung an den Schillerschen Ausdruck der deutschen Wirklichkeit. Um so mehr, als die inzwischen vergangenen anderthalb Jahrhunderte einen qualitativen Unterschied zu dieser Lage geschaffen haben: was bei Schiller die einfache Widerspiegelung der deutschen Rückständigkeit, der objektiven und subjektiven Unreife Deutschlands für eine demokratische Umwälzung gewesen ist, muß heute einen neuen Akzent erhalten, den des Unglaubens an die Massenaktivität, an die schöpferischen Möglichkeiten, die von ‹unten› kommen.

Thomas Manns Entwicklung geht nicht nur bis zur Demokratie, sondern sogar auch bis zur Ánerkennung der Unvermeidlichkeit des Sozialismus. Trotzdem steht diese Möglichkeit außerhalb seines gestalteten Lebenswerks. Dies kann natürlich auch aus seiner persönlichen Entwicklung erklärt werden. Ihre Wurzeln liegen jedoch tiefer: die größte Stärke von Manns Realismus ist, wie ich oft dargelegt habe, daß er nur das gestaltet, was in der deutschen Wirklichkeit wirklich, nicht aber das, was bloß als Forderung vorhanden ist; was wirklich ist, gestaltet er bis zu seinen Wurzeln, aber ohne eine gestalterische Vorwegnahme der Zukunft. Dies ist die große realistische Stärke Manns.

Sie bedeutet aber zugleich eine gewisse Verengung seines historischen und sozialen Horizonts. Denn erstens, obwohl bis jetzt alle Bewegungen von unten in Deutschland gescheitert sind, ist damit die Frage ihrer Zukunft noch lange nicht entschieden. Zweitens gehören diese gescheiterten Bewegungen — mit allen Ursachen ihres Scheiterns — organisch zur Physiognomie des deutschen Volkes. Bei Mann sind einige sozial-psychologische Ursachen und viele Folgen dieser Lage sichtbar, das Phänomen selbst jedoch fehlt in seinem dichterischen Weltbild. Deshalb spielt das ganze ‹Unten› in seinem Lebenswerk eine geringere Rolle als in der Wirklichkeit selbst. Und dies macht seinen Demokratismus, seinen Sozialismus und seinen Kampf gegen die zeitgenössische Reaktion zuweilen abstrakt und sogar schwankend, ja richtungslos.

Man könnte einwenden: alle diese Motive liegen außerhalb der Sphäre des Joseph-Themas. Darauf wäre vor allem zu erwidern, daß das Thema — besonders bei einem so tief organisch schaffenden Schriftsteller wie Thomas Mann — nie zufällig ist. Die liebevolle, wenn auch stets vorbehaltvoll ironische Behandlung des Mythos weist auf eine tiefe, ins Wesentliche reichende Wahlverwandtschaft des Stoffes mit Thomas Manns wichtigsten inneren Tendenzen hin. Es ist natürlich so gut wie unmöglich, die ursprüngliche innere Vision eines bedeutenden Dichters nachträglich, aus dem Werk zu rekonstruieren. Immerhin scheint es, daß das Totenreich, die Gestalt Josephs und seine Entwicklung sowie einige andere Protagonisten zu dieser Urquelle des Werks gehören. Dazu gehört aber auch die Revolution von oben, deren allgemeinste Umrisse schon in der Sage enthalten sind und die in der Atmosphäre dieses Mythos eine selbstverständliche, ausschließliche Evidenz besitzt.

Alles hier Ausgeführte ist also — bewußterweise — eine Kritik von außen. Dieses Außen gehört aber zum Wesen der Erzählung des Mythos durch Thomas Mann selbst. Denn sein so ausführliches Erzähltwerden, mit so tiefem Eingehen auf das Historisch-Mythische und mit ständigem Aufheben dieses Eingehens, fordert ein solches Außen als Sinn des Erzähltwerdens, als Bezogenheit auf heute geradezu heraus. Der Erzähler lebt immer in der Gegenwart, und Mann unterstreicht auch ununterbrochen mit seiner vorbehaltvollen Ironie diese Bezogenheit. Sie ist freilich nie direkt, nie allegorisch, nicht einmal symbolisch. Das Totenreich ‹bedeutet› ebensowenig Deutschland wie seinerzeit: Cipolla Mussolini. Aber das Ganze in seiner konkreten Fülle ist — kompliziert, immer vorbehaltvoll ironisch — auf das konkrete Ganze unserer Gegenwart bezogen. Wenn der Sinn einer Erzählung kein ‹Tua res agitur› der Gegenwart ist, gibt es keine echte epische Evidenz des Erzählens. So auch im Falle der Revolution von oben. Auch hier sehen wir eine wichtige Verwandtschaft mit der Entwicklung Goethes, zugleich aber noch wichtigere Abweichungen von ihr. Die Dialektik der Erziehung führt beide aus der ‹kleinen Welt› des bloß persönlichen Lebens in die ‹große Welt›, ins gesellschaftliche Leben. Bei beiden ist – aus den bereits aufgezeigten Gründen – die ‹große Welt› eine Welt des ‹Oben›. Dieses Oben bedeutet zwar eine Arbeit *für* alle, aber nie eine Leistung, eine Tat *durch* die Massen und weist darum keinerlei Wechselwirkung mit den Massen, keinerlei innere Beziehung zu ihnen auf. Der ‹Ernährer› Joseph bleibt nach dem Sieg seiner Revolution von oben gesellschaftlich ebenso isoliert wie der tragisch scheiternde Marquis Posa. So sehr die Erziehung Josephs von sozialen Inhalten erfüllt ist, sie ist nur psychologisch und moralisch eine Erziehung zum Sozialen. Während deshalb auf diesem Wege für Goethe wenigstens das utopische Forderungsbild einer wirklichen ‹großen Welt› entsteht, nämlich am Schluß des ‹Faust›, eben mit der utopischen Perspektive auf ein freies Volk, hebt diese ‹große Welt› sich bei Thomas Mann selbst auf. Hier wird die Mannsche These, daß Politik gleich Demokratie ist, gerade in ihrem richtigen Kern entscheidend. Denn nach ihr kann eine wirkliche ‹große Welt› nur eine demokratische sein. Gleichviel also, daß die Revolution von oben in der Joseph-Legende rein ästhetisch durch die Sage als allein möglich begründet ist, hat diese Struktur des Themas wichtige Folgen. Josephs Wandlung, seine Erziehung ist das Gesellschaftlichwerden seiner Psychologie, seiner Moral, seiner Haltung. Die Tätigkeit, die Wirkungen, die aus dieser Erziehung entspringen, sind glänzend geschildert. Aber es entsteht objektiv gestalterisch im Werk keine wirkliche ‹große Welt›, wie noch im ‹Wilhelm Meister› und im ‹Faust›, wo die oben angedeutete Schlußperspektive auf das ganze Werk zurückwirkte. Bei Mann erhält nur seine ‹kleine Welt› neue – außerordentlich wichtige – seelisch-moralische Bestimmungen.

II

Diese Beziehung der ‹kleinen Welt› zur ‹großen› ist nun die Zentralfrage des Faustus-Romans. Wer in bezug auf die Joseph-Legende das von uns aufgezeichnete Fehlen der ‹großen Welt› bezweifeln würde, da ja für den Legenden-Joseph und den Legenden-Pharao ihre gesellschaftliche Aktivität eine *damalige* ‹große Welt› bedeutete, könnte sich darauf berufen, daß die von uns ausgeführte Umdrehung erst durch die Bezogenheit auf die Gegenwart zustande kommt. Diese ist aber – auch künstlerisch – unvermeidlich. Und zwar mit der merkwürdigen Vermittlung, daß dabei die Möglichkeit einer ‹großen Welt› in der Gegenwart des Schaffensprozesses eine ausschlaggebende Rolle spielt. Die Posa-Rolle, die Revolution von oben ist in Lassalles ‹Sickingen› – auch künstlerisch – weit anachronistischer als bei Schiller selbst.

Für den Faustus von Thomas Mann ist es nun einerseits bezeichnend und bestätigend, daß das Deutschland nach 1848 tatsächlich keine autochthone, demokratische ‹große Welt› hervorgebracht hat, so daß ihr Fehlen eine historische und deshalb künstlerische Authentizität besitzt. Andererseits jedoch fehlen aus dieser Welt alle jene Versuche, die von der Arbeiterklasse – freilich vergeblich – für die Schaffung einer demokratischen ‹großen Welt› in Deutschland unternommen wurden. Thomas Mann gestaltet also die deutsche Wirklichkeit bis 1945, aber nur die Ergebnisse, nicht den Gang der Gesamtentwicklung, er gibt einen Epilog zur kulturellen Entwicklung, zur politisch-sozialen Fehlentwicklung Deutschlands. Dieser Epilog ist insofern ein Prolog, als eine derart radikale Abrechnung mit der Vergangenheit, wie sie in diesem Roman gegeben ist, schon immanent, durch die Wucht der Selbstkritik notwendig Elemente der Zukunft enthalten muß. Daß Goethes ‹Faust› aus der ‹großen Welt› die Perspektive eines freien Volks entwickelte, war damals allerdings eine Utopie. Sie hat jedoch zur realen Basis die historische Wirklichkeit, daß die ganze klassische deutsche Literatur und Philosophie von Lessing bis Heine eine ideologische Vorbereitung der demokratischen Revolution von 1848 war. Thomas Manns Faustus-Roman ist aber der Abschluß, der Epilog der ganzen Entwicklung nach 1848.

Aus diesen Gründen ist der neue Faust: ein Faust in der Studierstube. Und zwar ohne ernstes, nämlich aktives, in Taten umgesetztes Hinausstreben aus ihr. Alle Probleme des gesamten Faustkomplexes werden also in diese Studierstube hineingedrängt, weil die Verbindung von Wahrheit- und Lebenssuche mit gesellschaftlicher Praxis hier von vornherein unmöglich ist. So entsteht ein Faust, dessen Umwelt ausschließlich die ‹kleine Welt›, die Studierstube bildet, in Wechselwirkung mit jenem Leben, das an die Tür der Studierstube pochen muß und pochen kann.

Also: ein Faust in der Raabe-Atmosphäre. Dies ist selbstredend nicht literarisch im engen Sinne gemeint, nicht einmal so, wie man mit gutem Recht im ‹Tonio Kröger› von einer Storm-Atmosphäre sprechen könnte. Es handelt sich vielmehr um den Grundzug der gestalteten Wirklichkeit: mit Raabe wendet sich die deutsche Literatur, von den gesellschaftlich-geschichtlichen Verhältnissen gedrängt, resolut-resigniert von der ‹großen Welt› ab. Bei Raabe selbst sehen wir teils diese erzwungene Wegwendung als solche: Peripheriehelden, die einst in den Befreiungskriegen, in der Burschenschaftsbewegung unter Bolívar usw. gekämpft und in diesen Kämpfen den Durchbruch zur ‹großen Welt› vergeblich versucht haben, teils in der großen Masse seiner Gestalten die menschliche Entstellung infolge dieses unversuchten Durchbruchs im Deutschland seiner Gegenwart. Raabes Humor zeigt tragikomisch-resigniert jene Verzerrungen auf, die in allen Menschen, allen Deutschen infolge dieser gesellschaftlichen Verengung ihrer Welt entstehen müssen: ein Überladensein mit geistiger und gefühlsmäßiger Innerlichkeit, die dann sehr oft in Langeweile, in Öde, in groteske oder banale Philisterhaftigkeit hinüberwechselt.

Dies ist der Sinn der Raabe-Atmosphäre. Thomas Manns Faustus-Welt unterscheidet sich von ihr nicht nur infolge ihres unvergleichlich höheren künstlerischen Niveaus, sondern weil hier jeder – auch vergebliche – ernste Versuch eines Durchbruchs zum Leben fehlt. (Man denke an die so fein dargestellte Marie-Godeau-Episode, wo Thomas Mann dieses innerlichste Wollen des Scheiterns außerordentlich plastisch hervorhebt.) Die Atmosphäre der ‹machtgeschützten Innerlichkeit› der wilhelminischen Zeit schlägt freilich im Laufe der gesellschaftlichen Entwicklung des deutschen Imperialismus, nach der Niederlage im Ersten Weltkrieg immer gefahrdrohender in die erstickende Luft der heraufziehenden Barbarei um. Die ‹machtgeschützte Innerlichkeit› verwandelt sich immer entschiedener in eine – zuweilen gutgläubige, oft innerlich frivole – geistige Vorbereitung, kulturelle Unterstützung der neu heranwachsenden Macht einer unmenschlichen, einer gegenmenschlichen Reaktion. Aber auch dieses Gesellschaftlich-Werden, diese ‹Politisierung› des deutschen Geistes – soweit ein solcher, immer bewußter werdender Antihumanismus noch Geist genannt werden darf – spielt sich in einer, freilich stark abgewandelten, Raabe-Atmosphäre ab: in einer ‹kleinen Welt›, der keine ‹große› gegenübersteht, die alle Inhalte und Bestimmungen der ‹großen Welt› in die eigene, eigenbrötlerisch-sonderlinghafte, esoterisierende und reaktionäre, immer barbarischer werdende Philisterhaftigkeit herunterzerrt. In einer solchen ‹kleinen Welt› spielt Thomas Manns Faustus-Tragödie. Und sie kann – bei allen ihren pointiert tragikomischen Zügen – nur darum eine wirkliche Tragödie sein, weil sich die Studierstube des neuen Faustus steil und schroff von dieser umgebenden Welt isoliert. Wenigstens psychologisch und moralisch. Während die Intelligenz, mit der er zu tun hat, in groteskem Totentanzschritt eines tiefreaktionären Snobismus der faschistischen Barbarei entgegeneilt, ist das subjektive Leben des Mannschen Faustus, des Adrian Leverkühn, nichts als Askese und Weltverachtung; ‹Weltscheu› ist seine typische Haltung zu der Menschheit seiner Gegenwart. Das Tragikomische, besser: das objektiv Grotesk-Tragische seines Schicksals besteht einerseits darin, daß die Inhalte, auf die dieses hochmütige Auf-sich-selbst-Gestelltsein gestaltend auftrifft, mit den snobistisch-reaktionären Tendenzen der Zeit doch – freilich nur letzten Endes – aufs tiefste verwandt sind, andererseits – damit eng verbunden – darin, daß gerade diese ‹Weltscheu›, gerade diese das Mönchische streifende Abwendung vom Treiben, vom Tun und Lassen der Menschen seiner Umgebung und Zeit die Einlaßpforte für das Teuflische in sein Werk und sein Leben errichtet.

So hat die Studierstube für den neuen Faust eine ganz andere Bedeutung als für den alten. Die Studierstube am Anfang des alten Faust mit dessen vergeblichen (magischen) Durchbruchsversuchen führt – gerade das ist der Durchbruch – in die ‹große Welt›, zur Umsetzung der Gedanken in gesellschaftliche Praxis. Die Studierstube des neuen Faust dagegen ist zwar – äußerlich gesehen – weit hermetischer von der gesellschaftlichen Außenwelt abgeschlossen, in Wirklichkeit aber ist sie die Hexenküche, in der alle verhängnisvollen Tendenzen der Zeit zu ihrem konzentriertesten Ausdruck gebraut werden. Daß dieser Ausdruck wegen seiner steil kompromißlosen Konsequenz, wegen seiner tragisch zu Ende geführten Härte in der Außenwelt vor allem Befremden und Anstoß erregt, ändert nichts an dieser Einheitsstruktur: die Gedankenwelt, der

Werkgehalt, die Werkform, die Werkproblematik Adrian Leverkühns ist die Summa, die Enzyklopädie dessen, was der Geist dieser Zeit – im Guten wie im Bösen – hervorzubringen imstande ist. In der ‹kleinen Welt› dieser Studierstube ist die Quintessenz dessen enthalten, was die deutsche Geistigkeit in ihrer ‹machtgeschützten Innerlichkeit›, in ihrer sozialbedingten In-sich-hinein-Gedrängtheit, In-sich-hinein-Geworfenheit (um uns hier, wie es das Thema gebietet, existentialistisch auszudrücken) an ‹Welt› besitzt. Diese Studierstube ist der ‹große-Welt-Ersatz› der deutschen Intelligenz der imperialistischen Periode. Also: der moderne Faust in einer imperialistisch abgewandelten Raabe-Atmosphäre. Da jedoch diese Struktur von Geistigkeit, von künstlerischer Produktion eine internationale Erscheinung der ganzen imperialistischen Periode ist, die in Deutschland nur in ihrer reinsten – aber gerade darum verzerrtesten, problematischsten, teuflischsten – Form erscheint, ist Adrian Leverkühn nur in seiner besonderen Erscheinungsweise ein spezifisch deutscher Typus. Seine Allgemeinheit reicht weit über Deutschlands geographische und geistige Grenzen hinaus. Wie schon Nietzsche und Spengler, Freud und Heidegger bei allen ihren lokal-deutschen Zügen internationale Erscheinungen gewesen sind, ja – gerade international angesehen – die prägnantesten richtungsweisendsten Gestalten alles Verhängnisvollen in der Geistigkeit der imperialistischen Periode, so auch die von Thomas Mann gestaltete Musik Adrian Leverkühns. Das objektive Verschwinden der ‹großen Welt› ist ein allgemeines Kennzeichen für die Kultur der herrschenden Klassen im Imperialismus. Ökonomie, Politik und Kultur des Imperialismus haben, auch wenn sie sich im Milieu einer bürgerlichen Demokratie entfalten, tief undemokratische, antidemokratische Grundtendenzen. Die einst in großen Revolutionen errungene Demokratie verwandelt sich – infolge der ständig wachsenden und ständig reaktionärer werdenden Macht des Monopolkapitals, der Finanzoligarchie – immer stärker in eine Karikatur ihrer selbst. Ihre immer leerer werdenden äußeren Formen, ihre zunehmend heuchlerischer werdenden Ideologien der ‹Freiheit› bleiben bestehen, jedoch stets schärfer mit der gesellschaftlichen Wirklichkeit kontrastierend und deshalb in der denkenden Intelligenz stets lauteren Widerspruch provozierend.

Freilich richtet sich dieser Widerspruch vorläufig nur in seltenen Fällen gegen die wirkliche soziale Substanz der neuen Lage der Demokratie im Imperialismus. Seine häufigste Form ist die Opposition gegen die Demokratie überhaupt, als angeblicher Verfallserscheinung der Gesellschaft, oder das Aufdecken der Problematik wiederum einer Demokratie überhaupt. Diese soziale und ideologische Lage gibt der deutschen Version, auch ihrer gedanklichen oder künstlerischen Fassung, eine internationale Allgemeinheit: die verschwindende ‹große Welt› der demokratischen Öffentlichkeit erscheint in ihrer deutschen Versunkenheit zugleich als Schreckbild und als Lockung, jedenfalls als, wenn auch skurril verdrehtes, Symbol des politisch-gesellschaftlichen Schicksals der kulturellen Perspektive der bürgerlichen Demokratie.

Es ist hier nicht der Ort, diese komplizierte Wechselbeziehung zwischen deutschem und internationalem Antidemokratismus näher zu untersuchen und damit die gemeinsamen und unterscheidenden Züge im Fehlen beziehungsweise Verschwinden der ‹großen Welt› zu konkretisieren. Wir müssen uns hier mit wenigen Andeutungen begnügen. Auf alle Fälle: die deutsche Beziehung zwischen der Studierstube des neuen Faustus und der objektiven und subjektiven Unmöglichkeit des Durchbruchs aus ihr in die ‹große Welt› bestimmt die entscheidenden Unterschiede zwischen Goethes Mephistopheles und den Teufelsverkörperungen in Thomas Manns Roman.

Denn der Versucher erscheint hier in Doppelgestalt. Bei aller Durchgeistigung, die das teuflische Prinzip bei Goethe im Vergleich zur Reformation erhält, ist von ihm das verführerische Angebot der Reiche dieser Welt und ihrer Herrlichkeiten nicht abzulösen. (Ich habe in meinen Faust-Studien [1940] * dargelegt, wie kompliziert die Beziehung zwischen Faust und Mephisto ist.) Diese Frage taucht bei Thomas Mann nur als Erscheinung einer irdisch-ironischen Teufelskarikatur auf: der Impresario Saul Fitelberg, ein kapitalistischer Spekulant in avantgardistischer Musik, dessen Ware ‹das ernst und zukunftsvoll Skandalöse› ist, ‹das morgen das Höchstbezahlte, die große Mode, die Kunst sein wird›, bietet sich Adrian Leverkühn an. ‹Und dennoch, *figurez vous*, bin ich gekommen, Sie zu verführen, Sie auf meinem Mantel durch die Lüfte zu führen und Ihnen die Reiche dieser Welt und ihre Herrlichkeiten zu zeigen, mehr noch, sie Ihnen zu Füßen zu legen...› Er erhält eine glatte höhnische Abweisung. Subjektiv will Adrian Leverkühn mit der realen gesellschaftlichen Basis nichts zu tun haben, aus deren kulturellen Auswirkungen, wenn auch in der Form einer verachtungsvollen Opposition, einer pathetisch-ironischen Parodie, seine Kunst letzten Endes herausgewachsen ist und von denen ihr Gehalt und ihre Form bestimmt werden. Er lebt und wirkt in der ehrlichen erlebten Illusion, unabhängig von seiner gesellschaftlichen Umgebung, von den gesellschaftlichen Strömungen seiner Zeit zu sein, ihnen keine Konzessionen zu machen, sich ihnen nicht zu beugen.

So verhält es sich, wenigstens unmittelbar, auch tatsächlich. Wird aber die Sache selbst betrachtet, so entsteht ein anderes, ein entgegengesetztes Bild. Adrian Leverkühn weiß sehr genau, was die historische Situation der Musik (der Kunst, der Geistigkeit überhaupt) in seiner Zeit ist. Er weiß es nicht nur genau, er denkt nicht nur ständig und angespannt darüber nach, sondern alle seine Stilprobleme entspringen aus dieser Spannung: die Zeit, die Gegenwart ist in jedem Punkt ungünstig für die Kunst, für die Musik — wie ist es trotzdem möglich, in ihr, ohne aus ihr herauszutreten, ohne mit ihr resolut und aktiv zu brechen, eine Musik von wirklich hohem künstlerischen Niveau zu schaffen?

Schon der junge Adrian Leverkühn empfindet diese Frage, zur Zeit seiner Berufswahl, seines Hinüberwechselns von der Theologie zur Musik, als äußerst problematisch. Allerdings wird sie vorerst nur als seine persönliche Problema-

---

* s. oben S. 128 ff.

tik aufgeworfen. Er spricht von seiner ‹Weltscheu›, von seiner inneren Kälte, von der Langenweile, die ihn sehr rasch bei den interessantesten Problemen überfällt. Er weiß, daß ihm jene ‹robuste Naivität› fehlt, von der er weiß, daß sie zum Wesen des wirklichen Künstlertums gehört.

Aber diese Kälte ist nicht bloß eine psychologische Eigenschaft Adrians, sondern sie stellt für ihn auch einen Wert dar: er mag sich noch so sehr nach Wärme sehnen, innerlich betrachtet er doch das kalt-kritische, gelangweilte Verhalten als das höhere, dem Wesen der Welt angemessenere; es ist charakteristisch, daß er schon in früher Jugend ironisch von der ‹Kuhwärme› der normalen Musik spricht. All dies sind noch allgemeine Züge des modernen Künstlers, so wie er von Thomas Mann charakterisiert wird; in dieser Hinsicht ist Adrian nur erst ein jüngerer Bruder Tonio Krögers und Gustav von Aschenbachs.

Wichtiger ist, daß bereits bei seiner Berufswahl das allgemeine und zugleich spezifische Problem der modernen Kunst auftaucht, wenn auch vorerst bei Adrian als das Bewußtsein über eine persönliche Problematik. Er spricht in einem großen und entscheidenden Brief an seinen ersten Lehrer über die eigene ‹verworfene› Eigenschaft, daß er bei den wichtigsten und ergreifendsten musikalischen Momenten stets das Komische empfindet: ‹Ich habe vielleicht zugleich Tränen in den Augen, aber der Lachreiz ist übermächtig – ich habe verdammterweise von jeher bei den geheimnisvoll-eindrucksvollsten Erscheinungen lachen müssen und bin von diesem übertriebenen Sinn für das Komische in die Theologie geflohen, in der Hoffnung, daß sie dem Kitzel Ruhe gebieten werde – um dann eine Menge entsetzlicher Komik in ihr zu finden.› Soweit handelt es sich hier auch nur erst um die persönliche Einstellung Adrians, um eine Steigerung der Haltung von Tonio Kröger und Aschenbach, wobei freilich diese Steigerung bereits einen Umschlag ins qualitativ Neue andeutet. Dieser Umschlag äußert sich in der Fortsetzung seiner Betrachtungen, wenn Adrian zu den Gestaltungsproblemen überzugehen beginnt, die sich aus dieser Haltung ergeben: ‹Warum müssen fast alle Dinge mir als ihre eigene Parodie erscheinen? Warum muß es mir vorkommen, als ob fast alle, nein, alle Mittel und Konvenienzen der Kunst *heute nur noch zur Parodie taugten*?› Diese Wendung zur Objektivierung eines solchen Verhaltens, zu seiner Kanonisierung als des *heute* allein adäquat künstlerischen, wird verstärkt und als das gesellschaftlich-geschichtlich, modern-künstlerisch Notwendige unterstrichen in der Antwort, die der Lehrer Adrians, ein Fanatiker der Kunst, seinem Schüler auf dieses Bekenntnis erteilt. Er schreibt: ‹Leute wie ihn, genau solche, habe die Kunst heute nötig . . . Die Kühle, die ‚rasch gesättigte Intelligenz‘, der Sinn für das Abgeschmackte, die Ermüdbarkeit, die Neigung zum Überdruß, die Fähigkeit zum Ekel – dies alles sei ganz danach angetan, die damit verbundene Begabung zur Berufung zu erheben. Warum? Weil es nur zum Teil der privaten Persönlichkeit angehöre, zum anderen Teil aber überindividueller Natur und Ausdruck sei eines kollektiven Gefühls für die historische Verbrauchtheit und Ausgeschöpftheit der Kunstmittel, der Langenweile daran und des Trachtens nach neuen Wegen›.

Es ist hier unmöglich, die weitere Entfaltung dieser subjektiven und objektiven Bestimmungen der modernen Kunst in Adrian Leverkühns musikalischer Entwicklung darzustellen. Was Thomas Mann in der Gestaltung des schöpferischen Prozesses von Adrian Leverkühn, in der Darstellung der Genesis, der Struktur und der Wirkung seiner Werke leistet, ist ein einsamer Gipfel in der ganzen Weltliteratur. Bis jetzt wurden die Künstlertragödien fast ausnahmslos von der Seite der Beziehung und des Konflikts zwischen Künstler und Leben, Kunst und Wirklichkeit dargestellt; auch im wesentlichen beim jungen Thomas Mann. Hier jedoch, wo die zentrale Problematik bereits ins Werk überschlägt, muß die Darstellung sich auch auf Genesis und Struktur dieses Werkes selbst ausdehnen und die unlösbare, die tragische Problematik der modernen Kunst an den Werken selbst gestalterisch zum Ausdruck bringen.

Bis jetzt war es der einzige Balzac, der in ‹Chef d'œuvre ·inconnu› und ‹Gambara› ähnliches versucht hat. Diese Werke stellen jedoch in der Totalität der ‹Menschlichen Komödie› novellistische Episoden dar, die freilich vieles von der unlösbaren Problematik der modernen Kunst prophetisch vorwegnehmen. Thomas Mann geht aber in doppelter Hinsicht über Balzac hinaus. Balzac sah bestimmte, sehr wesentliche Momente der inneren Problematik der modernkünstlerischen Ausdrucksmittel und gestaltete ihr tragisches Scheitern an der darzustellenden Wirklichkeit mit tiefer Einsicht und großer Kraft. Doch war dies bei ihm lediglich die geniale Vorwegnahme einer Zukunftstendenz, die deshalb im ganzen der menschlichen Komödie nur eine Episode sein konnte. Andererseits war dieser Konflikt bei ihm rein objektiv-tragisch: sein Frenhofer ist — psychologisch-moralisch gesehen — noch ein Künstler der alten, innerlich unerschütterten, unproblematischen Art; der unlösbare Konflikt entsteht bloß aus dem objektiv dialektischen Widerspruch zwischen den modernen Ausdrucksmitteln und den ästhetischen Notwendigkeiten der sinnfällig gestalteten Gegenständlichkeit.

Auf Balzac folgt die lange Reihe jener Künstlertragödien, in denen das menschlich-moralische Verhalten des modernen Künstlers zum Leben problematisch wird; Thomas Manns Jugendwerke bilden den Abschluß dieser Entwicklung. Hier schlägt, wie wir eben gezeigt haben, diese moderne künstlerische Haltung in die Werkstruktur über. Und die große gestalterische Tat Thomas Manns in diesem Roman besteht nun darin, diesen Prozeß mit solchem Reichtum, derartiger Tiefe und Sinnfälligkeit zu gestalten, daß der ganze problematische Schaffensprozeß Adrian Leverkühns, die objektive Problematik seiner Werke sichtbar und plastisch vor uns steht. Der Inhalt des ganzen großen Romans besteht ja hauptsächlich aus der Darstellung der Entstehung und des Wesens dieser Werke. Und Thomas Mann vermag nicht nur eine ganze Reihe von solchen Werken für den Leser in ihrer geistigen und künstlerischen Individualität lebendig zu machen, sondern zugleich seinen Helden, der nur Komponist, nur Künstler ist und außerhalb seiner Kunst so gut wie gar kein Leben hat, von seiner künstlerischen Haltung aus als reiche und bewegte Persönlichkeit zu gestalten.

Es sei hier nur beiläufig bemerkt: diese Musik Adrian Leverkühns ist selbstredend ebenso die originelle Schöpfung Thomas Manns, wie die Weltanschauung des alten Faust die Goethes war. Ebenso wie es dort lächerlich gewesen wäre, die Priorität Brunos oder Spinozas zu reklamieren, so macht sich heute Arnold Schönberg mit der Rückforderung seines ‹geistigen Eigentums›, der Musik Adrian Leverkühns, nur lächerlich. Denn die Originalität der im Faustus-Roman gestalteten Musik ist keineswegs die Atonalität an sich, sondern der allgemeine Charakter der neuesten Musik als konzentrierten Ausdrucks der geistigen und moralischen Dekadenz, als des von ihr verursachten tragischen Zwiespalts in Adrian Leverkühns Seele, als sein tragisches Zugrundegehen an den unauflösbaren Widersprüchen, die entstehen, wenn man diese Tendenzen zu Ende führt. Komponist oder Musik dagegen, die vergnügt im Sumpfe der Dekadenz herumplätschern, denen nichts ferner steht als ein tragisches Zuendeführen ihrer Tendenzen, die mit dem tragischen Ausgang der Kunst und der Persönlichkeit Adrian Leverkühns – mit Recht – nichts zu tun haben wollen, scheiden sich selbst automatisch aus der geistigen Welt, die Thomas Manns Werk erweckt, aus. Denn Rang und Niveau dieses Werks sind gerade durch seinen tragischen Ausgang bestimmt; dadurch erhebt sich die Gestalt Adrian Leverkühns einsam und doch repräsentativ aus dem geschwätzigen Chor der heutigen Dekadenz.

Ich habe in anderen Studien wiederholt dargestellt, wie in der modernen Literatur die ‹intellektuelle Physiognomie› der Gestalten immer mehr verlorengeht, wie die Helden der Literatur immer stärker auf ein niedriges Niveau des geistigen Innenlebens herabnivelliert werden. Thomas Mann gehörte stets zu den wenigen Ausnahmen, die in dieser Verfallszeit gegen den Strom der bürgerlichen Kunstentwicklung, der Verwandlung von Literatur und Kunst in raffiniert artistisch dargestellte Stilleben, angeschwommen sind. Hier hat er, sicherlich im bewußten Gegensatz zur Verungeistigung der modernen Literatur und Kunst, ein Werk geschaffen, in welchem die höchst differenzierte Plastik der Gestalten, man könnte sagen, rein aus dem Geist heraus entstand. Diese weltliterarisch heute einzig dastehende Leistung muß hier eingangs festgestellt werden. Ihre angemessene Analyse würde eine eigene Studie erfordern. Wir haben uns hier eine andere Aufgabe gestellt. Uns kommt es darauf an, diesen Roman als Zeitroman, als tragische Quintessenz der bürgerlichen Kultur der Gegenwart zu begreifen. Darum können wir nicht auf die Untersuchung der großartigen Einzelheiten eingehen, sondern müssen zum Grundproblem zurückkehren. Was Thomas Mann hier gibt, ist die Analyse der Problematik der ganzen modernen Kunst. Er zeigt, wie das rein Subjektivistische, von jeder Gemeinschaft Entfremdete, jede Gemeinschaft Verachtende einerseits aus dem modernen bürgerlichen Individualismus der imperialistischen Zeit notwendig herauswächst, wie es ebenso notwendig alle alten und neuen Bindungen zur Gesellschaft und im Werk auflöst. Darum ist Adrians parodistische Haltung ein Zug seiner intellektuellen Rechtschaffenheit. Andererseits zeigt Thomas Mann, wie aus dieser selben Lage ununterbrochen die Sehnsucht nach

Synthesen, nach Beherrschtsein, nach Ordnung und Organisation entspringt, jedoch ohne jedes reale Fundament im Volksleben, in der gesellschaftlichen Welt, also aus derselben Subjektivität heraus, die die Zersetzung schafft, und eben darum als ebenfalls indirekt zersetzende Tendenz, eben darum sich selbst auflösend.

Adrians Jugendfreund und Biograph nennt ihn einmal einen ‹archaisch-revolutionären Schulmeister›. Und Adrian selbst spricht von der sich selbst auflösenden Freiheit im modernen Leben und in der modernen Kunst. Er sagt über diese Sehnsucht nach Synthese: ‹Es könnte aber außerdem etwas zeitlich Notwendiges ausdrücken, etwas Remedurverheißendes in einer Zeit der zerstörten Konventionen und der Auflösung aller objektiven Verbindlichkeiten, kurzum einer Freiheit, die anfängt, sich als Meltau auf das Talent zu legen und Züge der Sterilität zu zeigen.› Die Sehnsucht nach Synthese dreht sich also im Kreis, sie ist der subjektive Ausdruck des *circulus vitiosus* der modern-bürgerlichen Kunst und Kultur: sie bleibt einerseits extrem-subjektivistisch, ebenso bloß im Subjekt fundiert wie die sich auflösende Freiheit, andererseits enthält sie den Wunsch nach einer Ordnung um jeden Preis, die Bereitschaft, sich einer beliebigen Ordnung zu unterwerfen, wenn diese nur, mit welchen Mitteln auch immer, der ausweglos gewordenen Willkür der Freiheit ein Ende setzt.

Der Jugendlehrer Adrians hält gelegentlich einen Vortrag über einen komischen Kauz, einen ungebildeten amerikanischen Sektierer, der für die praktischen Zwecke seiner Sekte eine alberne, durch nichts fundierte neue ‹Ordnungstheorie› der Musik ausgearbeitet hat. Der junge Adrian findet diese Theorie natürlich sehr komisch. Wenn aber sein Jugendfreund über ihren Erfinder spottet, erwidert er: ‹Laß mir den Kauz in Frieden, ich habe was für ihn übrig. Wenigstens hatte er Ordnungssinn, und sogar eine alberne Ordnung ist immer noch besser als gar keine.› Darum muß diese aus der modernen Zersetzung der Individualität entspringende, aber rein subjektivistisch bleibende Sehnsucht nach Ordnung und Synthese weltanschaulich ununterbrochen jene Tendenzen streifen, die zur Erstarkung der imperialistischen Reaktion, ja zum Faschismus führen. Darin äußert sich das immanente Gerichtetsein der modernen Kunst als formaler Synthese auf die reaktionären Weltanschauungen der Zeit.

Hinter der Leverkühnschen Musik steht also die tiefste Verzweiflung eines wirklichen Künstlers an der Gesellschaftlichkeit der Kunst, ja an der bürgerlichen Gesellschaft unserer Zeit selbst. Alle seine – freilich immanent künstlerisch bleibenden – Durchbruchsversuche steigern nur diese innere Widersprüchlichkeit, diese Selbstauflösung der Kunst infolge ihrer prinzipiellen Lebensferne. Sie führen objektiv zum Absterben der Kunst. Der Jugendfreund und Biograph des Helden, der zur Kunst noch die althumanistische Hingebung besitzt, schreibt doch in einem tragischen Augenblick: ‹Fern sei es von mir, den Ernst der Kunst zu leugnen; aber wenn es ernst wird, verschmäht man die Kunst und ist ihrer nicht fähig.› Man sage nicht, daß dies eine ‹allgemeinmenschliche› Verhaltensweise sei. Gerade hier ist es notwendig, wieder auf den Gegensatz der Zeiten hinzuweisen, in denen Goethe und Thomas Mann gewirkt haben. Goethe sagt noch über solche Krisen und über die Funktion der Kunst in ihnen:

> ‹Und wenn der Mensch in seiner Qual verstummt,
> Gab mir ein Gott, zu sagen, wie ich leide.›

Darum dämmert dem Freund und Biographen Adrian Leverkühns, gerade bei der Beschreibung einer seiner wichtigsten Kompositionen, der Apokalypse, ‹die Nachbarschaft von Ästhetizismus und Barbarei, der Ästhetizismus als Wegbereiter der Barbarei in eigener Seele...› Darum sagt er über dieses Werk: ‹Wie oft ist dieses bedrohliche Werk in seinem Drange, das verborgenste musikalisch zu enthüllen, das Tier im Menschen, wie seine sublimsten Regungen, vom Vorwurf des blutigen Barbarismus sowohl wie der blutlosen Intellektualität getroffen worden! Ich sage: getroffen; denn seine Idee, gewissermaßen die Lebensgeschichte der Musik von ihren vor-musikalischen, magisch-rhythmischen Elementar-Zuständen bis zu ihrer komplizierten Vollendung in sich aufzunehmen, stellt es vielleicht nicht nur partiell, sondern als Ganzes jenem Vorwurf bloß.› In der weiteren Analyse dieses Werks stellt er – völlig unbewußt – den Zusammenhang der Leverkühnschen Musik mit den tiefsten Tendenzen der Entmenschlichung der Kunst im imperialistischen Zeitalter fest: ‹Der Chor ist instrumentalisiert, das Orchester vokalisiert – in dem Grade, daß tatsächlich die Grenze zwischen Mensch und Ding verrückt erscheint.› Darum sieht er das Wesentliche dieses Werks in der bewußten Verkehrung der Funktion von Harmonie und Dissonanz: ‹Das ganze Werk ist von dem Paradoxon beherrscht (wenn es ein Paradoxon ist), daß die Dissonanz darin für den Ausdruck alles Hohen, Ernsten, Frommen, Geistigen steht, während das Harmonische und Tonale der Welt der Hölle, in diesem Zusammenhang also einer Welt der Banalität und des Gemeinplatzes, vorbehalten ist.›

All dies mußte wenigstens angedeutet werden, um den entscheidenden Gegensatz zwischen Wesen und Funktion des Teufels in Goethes und Thomas Manns Faust-Dichtung in seiner ganzen Tragweite zu verstehen. Es ist keine Äußerlichkeit, daß dort Mephistopheles vollständig zur objektiven Wirklichkeit gehört, während er hier – wie schon bei Dostojewskij – nur eine Projektion der inneren Welt des Helden ist. Das ergibt sich aus der früher dargestellten Lage, daß die Tragödie dieses Faust sich in der Studierstube abspielt. Der alte Faust verläßt diese, um die ganze Wirklichkeit, die ‹kleine› wie die ‹große Welt› zu erobern. So wird sein Schicksal das Menschheitsschicksal, ein Weltschicksal. Die Mächte, mit denen er ringt, die um seine Seele ringen, sind objektive Mächte der objektiven Wirklichkeit, der menschlichen Gesellschaft; so auch naturgemäß Mephistopheles: seine schwarze Magie, seine Zauberkraft ist, wie ich in meinen Faust-Studien gezeigt habe, eine bloß formal phantastische, dem gesellschaftlichen Gehalt nach jedoch ebenso reale Wirkungskraft der objektiven gesellschaftlichen Wirklichkeit wie Faust selbst, wie seine Taten und wie die Menschen, auf die diese sich richten, die ihre Opfer werden, deren Opfer er selber wird.

Ganz anders, wenn die Taten sich rein innerhalb der Mauern der Studierstube abspielen. So ist es schon bei Iwan Karamasow. Der Vatermord hat bei Dostojewskij vor allem eine seelisch-moralische Wirklichkeit, er ist mehr ein inneres Experimentieren mit sich selbst, eine innerliche Schule der Selbstprüfung, der Selbsterkenntnis als ein *factum brutum* der äußeren Wirklichkeit. (Dies ist die Lage schon beim wirklichen Mord Raskolnikows, was besonders deutlich sichtbar wird, wenn man seine Psychologie und Moral, seine Handlungsweise mit dem verwandten Vorbild, mit Balzacs Rastignac, vergleicht.) Die Studierstubenstruktur des Mannschen Faustus bringt also zwangsläufig-organisch eine gewisse Verwandtschaft der Gestaltungsweise hervor, die stellenweise bis in die sinnliche Erscheinung des Teufels hinunterreicht.

Geistig-künstlerisch ist jedoch diese Verwandtschaft eine rein äußerliche, unwesentliche; von einem ‹Einfluß› kann keine Rede sein. Die Konvergenz ist von verwandten Tendenzen der Periode hervorgebracht. Aber auch hier sind die Unterschiede wichtiger als die gelegentlichen Annäherungen. Bei Dostojewskij ist das Problem psychologisch-moralisch gestellt. Darum ist die Beziehung zwischen Iwan Karamasow und seinem Teufel – trotz komplizierten Schaukelns zwischen Realität und Vision – höchst einfach: ‹Du bist die Verkörperung von mir selber, übrigens nur von einer Seite von mir ... von meinen Gedanken und Gefühlen, freilich nur von den allerekligsten und dümmsten ...› Oben und Unten, Himmel und Hölle sind in der Welt, wie sie Dostojewskij darstellen will, klar voneinander geschieden. Die wirkliche Gestaltung der Dostojewskijschen Welt zeigt allerdings dialektische Verwicklungen, die weit über diesen verhältnismäßig einfachen, moralisch-metaphysischen Dualismus hinausgehen, die Beziehung von Iwan Karamasow zu seinem Teufel ist aber durch diesen Dualismus beherrscht: der Teufel ist die Verkörperung seiner seelisch-moralischen Unterwelt.

Dies ist er natürlich auch für Adrian Leverkühn – wie würde er sonst ein Teufel, sein Teufel sein? Jedoch die Unterwelt bedeutet hier in Thomas Manns imperialistischer Faustus-Welt etwas ganz anderes, weit verwickelteres als in der Karamasow-Tragödie. Vor allem, um beim vielleicht wichtigsten Moment anzufangen: dieser Teufel ist nur ein Prinzip des Freisetzens vorhandener seelischer Energien: ‹Wo nichts ist, hat auch der Teufel sein Recht verloren ... Wir schaffen nichts Neues – das ist anderer Leute Sache. Wir entbinden nur und setzen frei. Wir lassen die Lahm- und Schüchternheit, die keuschen Skrupel und Zweifel zum Teufel gehen. Wir pulvern auf und räumen, bloß durch ein bißchen Reizhyperämie, die Müdigkeit hinweg – die kleine und die große, die private und die der Zeit.› Darum ist der Teufel dieser Faust-Welt ‹der wahre Herr des Enthusiasmus›, und zwar eines Enthusiasmus der Krankheit, des Unmenschlichen, des Widermenschlichen.

Manns Teufel weiß ganz genau, daß er über Historisches, über die Kulturlage der Gegenwart spricht. Er beschreibt die menschliche Existenz des Künstlers in einer Weise, die vielfach an die Selbstbekenntnisse Tonio Krögers anklingt. ‹Der Künstler ist der Bruder des Verbrechers und des Verrückten ... Was krankhaft und gesund! Ohne das Krankhafte ist das Leben sein Lebtag nicht ausgekommen.› Und er sagt in demselben Sinne zu Adrian: ‹Eine Gesamterklärung deines Lebens und deines Verhältnisses zu den Menschen liegt in der Natur der Dinge — vielmehr liegt sie bereits in der Natur ...› Auch hier sind aber natürlich die Unterschiede das Entscheidende. Tonio Kröger und Gustav von Aschenbach sehen einerseits in diesem ihrem menschlichen Schicksal etwas Allgemein-Menschliches, Überhistorisches. Der Teufel des neuen Faustus weiß es besser; er verhöhnt Adrian gerade mit der Berufung auf Goethe: ‹Das ist es, du denkst nicht an die Läufte, du denkst nicht historisch, wenn du dich beklagst, daß der und der es *ganz* haben konnte, Freuden und Schmerzen unendlich, ohne daß ihm das Stundglas gestellt war, die Rechnung endlich präsentiert wurde. Was der in seinen klassischen Läuften allenfalls ohne uns haben konnte, das haben heutzutage nur wir zu bieten.› Und er geht noch weiter in der Verhöhnung, indem er nicht nur das Unteuflische bei Goethe betont, sondern auch auf das spezifisch Moderne der Teufelsgaben hinweist: ‹Und wir bieten Besseres, wir bieten erst das Rechte und Wahre, — das ist schon nicht mehr das Klassische, mein Lieber, was wir erfahren lassen, das ist das Archaische, das Urfrühe, das längst nicht mehr Erprobte. Wer weiß heute noch, wer wußte auch nur in klassischen Zeiten, was Inspiration, was echte, alte urtümliche Begeisterung ist, von Kritik, lahmer Besonnenheit, tötender Verstandeskontrolle ganz unangekränkelte Begeisterung, die heilige Verzückung?› Er lehnt höhnisch den Gedanken ab, daß der Teufel der Protektor der Kritik wäre, im Gegenteil, er ist der Schutzherr der hemmungslosen irrationalistischen Intuition. Andererseits, diesen Gegensatz ergänzend, erträumten und verbrachten Tonio Kröger und Aschenbach die Werkvollendung, sie litten um diese, sie opferten ihr Leben, ihre menschliche Existenz ihretwegen; und mag ihr Leben noch so problemzerrissen gewesen sein, die Werkvollendung wurde für sie nie problematisch. Ganz anders für Adrian Leverkühn und für seinen geschichtsphilosophisch denkenden Teufel, der genau weiß, was an der heutigen Lage spezifisch heutig ist. Er sagt über die moderne Kunst: ‹Droht nicht die Produktion auszugehen? Und was an Ernstzunehmendem noch zu Papier kommt, zeugt von Mühsal und Unlust.› Dabei lehnt der Teufel hier die äußeren ‹soziologischen› Ursachen dieser Lage als oberflächlich ab, er meint, daß die wirklichen Ursachen tiefer liegen: ‹Das Komponieren selbst ist zu schwer geworden, verzweifelt schwer. Wo Werk sich nicht mehr mit Echtheit verträgt, wie will einer arbeiten?› Er setzt diesen seinen Gedankengang so fort: ‹Was ich nicht leugne, ist eine gewisse Genugtuung, die die Lage des ‚Werkes' ganz allgemein mir gewährt. Ich bin gegen die Werke im großen ganzen. Wie sollte ich nicht einiges Vergnügen finden an der Unpäßlichkeit, von der die Idee des musikalischen Werkes befallen ist! ... Die historische Bewegung des musikalischen Materials hat sich gegen das geschlossene Werk gekehrt ...

Die Subsumtion des Ausdrucks unters Versöhnlich-Allgemeine ist das innerste Prinzip des musikalischen Scheins. Es ist aus damit. Der Anspruch, das Allgemeine als im Besonderen harmonisch enthalten zu denken, dementiert sich selbst. Es ist geschehen um die vorweg und verpflichtend geltenden Konventionen, die die Freiheit des Spiels gewährleisten.› Und im selben Zusammenhang nennt er die parodistischen Tendenzen Adrians einen trübseligen ‹aristokratischen Nihilismus›. Man sieht also, daß gerade das, was in der Problematik der Tonio Kröger und Aschenbach das allein Feststehende war, hier selbst ins Zentrum der Problematik rückt.

So ist der Teufel die Potenzierung des gesamten inneren Wesens von Adrian Leverkühn, nicht nur des Schlechten an ihm, wie dies bei Iwan Karamasow der Fall war. Die Unterwelt der entfalteten imperialistischen Periode umfaßt eben das gesamte Innenleben des modernen Künstlers. Freilich erschrickt auch Adrian Leverkühn vor der widerwärtigen Fratze, in welcher der Teufel erscheint, entsetzt sich vor ihr wie Iwan Karamasow, aber dahinter steckt doch etwas ganz anderes. Dieser Teufel ist die karikaturistische Konzentration der imperialistischen Selbstzerstörung, der Zersetzung des Menschen und des Werks, der Selbstaufhebung des Künstlertums, und zwar gerade in einem Leben, das sich ausschließlich der Kunst widmet, das das ganze eigene Leben, die ganze eigene Menschlichkeit um der Kunst willen zerstört – um in den vollendetsten Werken eine Selbstaufhebung der Kunst, des Kunstwerks zu vollziehen.

Darum kann der Teufel mit Recht von der Hölle sagen: ‹Sie ist im Grunde nur eine Fortsetzung des extravaganten Daseins.› Und er weiß zugleich: ‹Es ist das extravagante Dasein, das einzige, das einem stolzen Sinn genügt. Dein Hochmut wird es wahrscheinlich nie mit einem lauen vertauschen wollen.› Die Hölle dieses Faustus ist ebensowenig jenseitig, ebensosehr bloß die Welt des heutigen (bürgerlichen) Menschen wie bei den früheren bedeutenden Kritikern der Selbstauflösung des Bürgertums der Gegenwart, wie bei Dostojewskij, Strindberg oder Shaw. Nur ist sie hier bei weitem radikaler als bei ihnen auf das Höchste und Beste, auf das – scheinbar – Zeitloseste, auf das – scheinbar – am heftigsten Antizeitliche, Antibürgerliche konzentriert. Es ist müßiges Geschwätz, ein lebendes Modell für Manns Faustus zu suchen. Wenn bei der Gestalt des Helden etwas fern anklingt, so ist es die asketische, weltabgewandte und lebenssüchtige, weltscheue und diktatorisch harte Gestalt Nietzsches. (Auch im Schicksal klingt manches, wohl nicht zufällig, an.) Wichtiger ist, daß die Gestalt vieles von der dekadent-präfaschistischen Quintessenz der Nietzscheschen Weltanschauung hat. Vor vielen Jahrzehnten schrieb Stefan George ein Gedicht über die Tragödie Nietzsches, so wie er sie verstand. Die Lösung im Sinne Georges lautet: ‹Sie hätte singen sollen, diese neue Seele...› George weicht damit vor dem Verständnis der wirklichen Nietzsche-Tragödie aus. Unbewußt hat er aber hier gewissermaßen ein Motto zu diesem Roman gefunden. Denn Thomas Mann zeigt, wie ein solcher Gesang Nietzsches beschaffen, was sein Gehalt und seine Form, sein Pathos und sein Parodistisches in der heutigen Welt geworden wären. Der kritischere, weil dem Humanismus mit wirklicher Treue ergebene Thomas Mann zeigt diese Tragödie gerade in der konkreten Entfaltung eines solchen Gesanges.

Der Teufel Thomas Manns ist so ein geschichtsphilosophischer Kritiker der ganzen bürgerlichen Kultur des Imperialismus. Auch hier ist eine tiefe innere Verbundenheit zwischen Leverkühn und seinem Teufel vorhanden; auch jener ist in seinem Denken und Schaffen ein geschichtsphilosophischer Kritiker seiner Zeit. Es ist kein Zufall, daß nach dem letzten Zusammenbruch seines reinsten und schüchternsten Versuchs, sich dem Leben nur ein bißchen anzunähern, nach dem entsetzlichen Tod seines kleinen Neffen, Leverkühn ein solches Gespräch mit seinem Freunde hat: ‹Ich habe gefunden›, sagt er, ‚es soll nicht sein›. – ‚Was, Adrian, soll nicht sein?› – ‚Das Gute und Edle›, antwortete er mir, ‚was man das Menschliche nennt, obwohl es gut ist und edel. Um was die Menschen gekämpft, wofür sie Zwingburgen gestürmt und was die Erfüllten jubelnd verkündigt haben, das soll nicht sein. Es wird zurückgenommen. Ich will es zurücknehmen.› – ‚Ich verstehe dich, Lieber, nicht ganz. Was willst du zurücknehmen?› – ‚Die neunte Symphonie›, erwiderte er.›

Diese Wendung beleuchtet den entscheidenden Punkt. Nach Adrians Auffassung, die er viel früher ausführt, liegt der geistige und kulturelle Sieg der neuen Musik gerade hier. ‹Sie hat die Musik aus der Sphäre eines krähwinkligen Spezialistentums und der Stadtpfeiferei emanzipiert und sie mit der großen Welt des Geistes, der allgemeinen künstlerisch-intellektuellen Bewegung der Zeit in Kontakt gebracht... Von dem letzten Beethoven und seiner Polyphonie geht das alles aus...› Darum ist es so wichtig, daß der Freund und Biograph Leverkühns über dessen letztes Werk, über eine Faust-Symphonie, schreibt: ‹Kein Zweifel, mit dem Blick auf Beethovens ,Neunte‘, als ihr Gegenstück in des Wortes schwermütigster Bedeutung, ist es geschrieben.› Und da dies der geistige und schöpferische Gipfelpunkt von Leverkühns Produktion ist, ist es entscheidend wichtig, daß hier alles Gute und Edle der Menschheitsentwicklung mit tiefer Bewußtheit und auf großer artistischer Höhe zurückgenommen wird. Diese Produktion ist also ein Triumph des Teufels.

Dies ist aber nicht das letzte Wort des Werks, nicht einmal Adrian Leverkühns. In der letzten, tragischen und späten Selbsterkenntnis und Selbstkritik, die er unmittelbar vor seiner geistigen Umnachtung vollziehen kann, hält er ein kritisches Gericht über den Teufel, über seine eigene, vom Teufel ausgelöste produktive Selbstzerfleischung, über seinen aristokratischen Nihilismus: ‹Ja und ja, liebe Gesellen, daß die Kunst stockt und zu schwer worden ist und sich selbten verhöhnt, und daß alles zu schwer worden ist und Gottes armer Mensch nicht mehr aus noch ein weiß in seiner Not, das ist wohl Schuld der Zeit. Lädt aber Einer den Teufel zu Gast, um darüber hinweg und zum Durchbruch zu kommen, der zeiht seine Seel und nimmt die Schuld der Zeit auf den eigenen Hals, daß er verdammt ist. Denn es heißt: Seid nüchtern und wachet! Das ist aber manches Sache nicht, sondern, statt klug zu sorgen, was vonnöten auf Erden, damit es dort besser werde, und besonnen dazu zu tun, daß unter den Menschen solche Ordnung sich herstelle, die dem schönen Werk wieder

Lebensgrund und ein redlich Hineinpassen bereiten, läuft wohl der Mensch hinter die Schul und bricht aus in höllische Trunkenheit: so gibt er sein Seel daran und kommt auf den Schindwasen.›

Also auch hier, schwerer, weniger glanzvoll als bei Goethe, ohne Apotheose, ja mit fürchterlicher Selbstvernichtung, ergibt sich eine Perspektive über den Teufel und über das Teuflische hinaus. Das Fehlen der Apotheose ist hier keine Äußerlichkeit, nichts Formales. Es drückt vielmehr den grundlegenden Unterschied aus, daß der Goethesche Faust das teuflische Prinzip wirkend, im Werk überwunden hat, der Mannsche nur dadurch, daß er in der letzten verspäteten Verurteilung der gesamten eigenen Wirksamkeit das teuflische Prinzip kritisch erkannt und entlarvt hat.

III

Mit diesen letzten Worten Adrian Leverkühns schlägt seine Musikertragödie nicht nur in eine Tragödie der Musik, der Kunst, der Kultur des Imperialismus um – diese Bezogenheit bestand, wie gezeigt, innerlich von Anfang an –, sondern zugleich in die Tragödie Deutschlands, ja der heute lebenden Menschheit bürgerlicher Lebensform überhaupt.

Auch dieser Zusammenhang erhält am Schluß bloß die Kulmination des Bewußtwerdens, des Selbstbewußtwerdens. An sich ist er nicht nur von Anfang an da, er bestimmt vielmehr die ganze epische Form des Werks. Am Schluß wird nur aus dem An-Sich ein Für-Sich, der ideelle Gipfelpunkt ist hier gleichzeitig die geistig-künstlerische Rechtfertigung des ganzen Aufbaus, aller Prinzipien der Komposition.

Diese Verknüpfung erhält eine äußerst eigenartige Erscheinungsform, die etwas näher untersucht werden muß, denn in dieser Art der Formgebung kommt die äußerliche Nähe und die tiefinnerliche Ferne, ja Gegensätzlichkeit zwischen Thomas Mann und dem modernen Romanstil ganz klar zum Ausdruck. Es handelt sich dabei natürlich um das Problem der Gestaltung des Zeitablaufs, in welcher die verschiedenen Neuerungstendenzen zeitweilig wahre Orgien feierten. So schroff man nun die hier entstandenen, oft völlig leeren, rein artistischen, ateliermäßigen Experimente auch ablehnen mag, es ist nichtsdestoweniger doch klar, daß auch diese Tendenz (ja Mode) keineswegs eine bloße Literatenschrulle gewesen ist, sondern ein – oft verzerrtes, manieriertes, ja spielerisch gewordenes – künstlerisches Spiegelbild der Beziehung des Individuums, seines persönlichen Lebensablaufs zu seinem gesellschaftlichen Rahmen, genauer zur historischen Zeit, zu jenem historischen Zeitablauf, dessen Teil, dessen Moment dieser individuelle Lebenslauf bildet.

Es ist ohne weiteres verständlich, daß dieses Problem künstlerisch erst gestellt werden konnte, nachdem die Historizität des episch gestalteten Geschehens für die Literatur bewußt geworden ist; also erst seit Walter Scotts epochemachender Neuerung im modernen Roman (vgl. über diese Wende mein Buch

‹Der historische Roman›, 1955). Allerdings behält der Roman auch dann noch ziemlich lange seine, freilich gründlich modifizierte, traditionelle Erzählungsweise. Denn die Scottsche Wendung macht nur die Historizität, das heißt: den historischen Zeitablauf, künstlerisch bewußt. Das individuelle Leben erhält aber gerade in ihr seine höchste Wahrheit und Konkretheit, wird als Moment der Geschichte noch nicht problematisch. Das hat zur künstlerischen Folge, daß der gestaltende Epiker den individuellen und historischen Zeitablauf als eine untrennbare Einheit erleben und darstellen kann; das individuelle Werden und Vergehen bleibt – dem objektiven Wesen der Wirklichkeit entsprechend – organischer Bestandteil des gesellschaftlich-geschichtlichen Werdens und Vergehens. Bei allen historisch und individuell bedingten stilistischen Varianten herrscht diese Darstellungsweise noch in ‹Krieg und Frieden›, auch noch in ‹Buddenbrooks›.

Die Problematik beginnt erst dort, wo das Erlebnis der inneren Sinnlosigkeit des individuellen Lebensablaufs zur zentralen Frage der Epik wird; also etwa mit der ‹Education sentimentale›. Es ist klar, daß, wenn das gesellschaftliche wie das individuelle Leben gleichermaßen als sinnlos betrachtet werden, wenn im notwendigen schmählichen Scheitern der besten individuellen Bestrebungen das Wesen der Wirklichkeit erblickt wird, auch die Darstellung der Zeit eine neue Funktion erhalten muß. Die Zeit erscheint nicht mehr als das natürliche, als das objektive, historische Bewegungs- und Entwicklungsmedium der Menschen, sondern verzerrt sich zu einer toten und tötenden äußeren Macht: im Zeitablauf drückt sich die Degradierung des individuellen Lebens aus, der Zeitablauf verselbständigt sich zu jener unerbittlichen Maschine, die die individuellen Entwicklungswünsche, die die Eigenheit, ja die Persönlichkeit selbst plattdrückt, nivelliert, zunichte macht. Und wenn bei einzelnen modernen Autoren – auf einer ähnlichen Weltanschauungsgrundlage – eine freundlichere Einstellung zur Zeit vorhanden ist, so ist dies nur ein Zeichen dafür, daß ihre Verzweiflung, ihr Pessimismus und Irrationalismus einen spielerisch-frivolen Charakter angenommen haben.

Erst von dieser Erlebnisverzerrung aus gesehen, die natürlich nicht zufällig auf dem Boden der spätkapitalistischen und insbesondere der imperialistischen gesellschaftlichen Wirklichkeit erwächst, kann die radikale Trennung von individuellem (erlebtem) Zeitablauf und objektiver (physikalischer, historischer) Zeit entstehen und bewußt werden. Gedanklich wird diese Trennung ausgearbeitet in der modernen Philosophie von Bergson und Dilthey bis Heidegger und Sartre; die Unterschiede ihrer Zeitauffassungen haben hier für uns kein Interesse, um so weniger, als alle diese Unterschiede innerhalb der Gegenüberstellung von objektiver und subjektiver Zeit bleiben. Schriftstellerisch beherrscht diese Zeitauffassung alle formalen Neuerungen in der Epik der imperialistischen Periode, insbesondere in der Zeit nach dem Ersten Weltkrieg.

Es kann hier unmöglich unsere Aufgabe sein, die Varianten dieser neuen Einstellung aufzuzählen, zu analysieren oder zu bewerten. Es kommt auf ihre gemeinsamen Züge an, und dabei ist der wichtigste der: die Einheit und die

Prozeßartigkeit der epischen Totalität zu zerstören. Denn wenn die Gegensätzlichkeit von erlebter und wirklicher Zeit betont wird, wenn jene Tempounterschiede zwischen ihnen, die im Erleben Minuten zu Ewigkeiten sich ausbreiten lassen und Jahre auf kurze Momente zusammenziehen, zu Aufbauprinzipien der Komposition werden, da ja gerade so das Tote, die Minderwertigkeit, ja das Nichtsein der objektiven Zeit ‹bewiesen› werden, zerstiebt das Ganze infolge des übermäßigen Drucks der Momente. In extremen Fällen geht das Spiel mit den Erlebnisbrocken der subjektiven Zeit, als der angeblich einzig wahren, so weit, daß sie zum einzigen Faden wird, der die willkürlichen, heterogenen Stücke in Pseudozusammenhängen aneinanderreiht. Jede Wichtigkeitsproportion der objektiven Wirklichkeit wird damit schroff gekündigt. Das überwuchernde subjektive Erlebnis, das noch bei Flaubert an einer harten Realität gescheitert ist, schafft hier aus ‹eigener›, ‹souveräner› Kraft ein eigenes, ihm angemesseneres, weil rein aus sich selbst hervorgebrachtes ‹Universum› — und erweist gerade in diesem seinem extremen Triumph die eigene Ohnmacht und Nichtigkeit. Die einigermaßen echten Schriftsteller unserer Zeit sind sich auch dieser Sachlage mehr oder weniger bewußt. Da sie jedoch vollständig von den Lebensgefühlen (und darum von den Weltanschauungen) beherrscht werden, die auf dem Boden des Imperialismus erwachsen sind, bewerten sie die so entstandene Ohnmacht und Nichtigkeit dieser angeblich souverän subjektiven Welt, dieser ‹wirklichen› Zeit als die einzig mögliche Positivität, als das Maximum an Lebenswahrheit, an Weltsubstanz, das ‹kosmisch› möglich ist. Sie kanonisieren damit die extrem-subjektivistische Verzerrung der Wirklichkeit; sie erblicken in ihr den adäquaten Ausdruck einer Weltverzerrung, die in ihren Augen die Grundlage der gesamten Wirklichkeit bildet.

Es ist sehr schwer für einen Schriftsteller der imperialistischen Periode, sich diesen Einflüssen zu entziehen, selbst dann, wenn er das Formzerstörende in solchen Tendenzen verhältnismäßig klar und nüchtern sieht. Wir denken dabei keineswegs an eine sogenannte Unwiderstehlichkeit literarischer Ausdrucksmittel oder gar Moden. Diesen können echte Schriftsteller erfolgreich Widerstand leisten. Es handelt sich vielmehr darum, daß diese Tendenzen aus dem Leben — also aus dem Lebensstoff der Dichter — selbst herausgewachsen sind; wer also unsere Zeit gerade in ihrer historischen Besonderheit gestalten will, kann nicht ungestraft völlig achtlos an ihnen vorbeigehen. Freilich handelt es sich hier nicht um die objektive Besonderheit der Epoche, um ihre wirkliche historische Signatur, sondern um eine — allerdings gesellschaftlich-geschichtlich notwendig entstandene — verzerrte Spiegelung ihres wirklichen Wesens. Es handelt sich also nicht darum, daß die objektive gesellschaftliche Wirklichkeit unserer Zeit (oder gar das ganze Leben der Menschheit, das ganze ‹kosmische› Sein) ein unentwirrbares Chaos, ein ausweglos Labyrinth der Verzerrungen wäre, sondern darum, daß diese Wirklichkeit für viele — am meisten für die künstlerisch und weltanschaulich empfängliche, jedoch den objektiv treibenden Kräften der gesellschaftlichen Wirklichkeit entfremdete Intelligenz — gesellschaftlich notwendig so erscheint.

An sich ist die imperialistische Periode die der Weltkriege und der Weltre-
volutionen. Dabei ist es klar, daß jene objektiven Tendenzen, die ökonomisch
und kulturell, die in der Innen- und Außenpolitik die Weltkriege vorbereiten,
ihrem Wesen nach die Richtung auf die Verwandlung der Welt in ein blutiges
Chaos, auf die Verzerrung des Menschlichen im Einzelindividuum, in den
Klassen und Nationen nehmen. Und ihre Kraft ist beträchtlich; zwei Weltkriege, zwölf Jahre Nationalsozialismus in Deutschland usw. haben diese Kraft
deutlich erwiesen. So groß jedoch auch diese Kraft sein mag – und sie befindet
sich heute wieder im Stadium der Sammlung, des Aufmarschs, der Werbung,
der Ausbreitung und Konzentration –, sie ist trotzdem keineswegs fatal unwiderstehlich. Die über dreißigjährige Existenz der Sowjetunion, der Kampf
der Volksfront gegen den Faschismus, der Sieg über Hitlerdeutschland im
Zweiten Weltkrieg, die Entstehung der Volksdemokratien, der wachsende Widerstand gegen den Imperialismus in fast allen Völkern der ‹Metropolen› und
der Kolonien, liefern hierfür den deutlichen Beweis. Trotz aller chaotisch verzerrten Züge, die unsere Epoche unmittelbar aufweist, ist also in ihr die
Schwimmrichtung zu einer – für Individuen und Völker in gleicher Weise
sinnvollen, geordneten, kulturerfüllten – Zukunft deutlich sichtbar.

Allerdings nur für den, der die Kraft der in die Zukunft weisenden Tendenzen zu erblicken und zu erkennen imstande ist. Wer in den unauflöslichen
Weltanschauungswidersprüchen des 19. Jahrhunderts befangen bleibt, oder wer
Konzessionen an jene reaktionären Pseudolösungen macht, die von der bourgeoisen Spontaneität der imperialistischen Periode ununterbrochen produziert
werden, oder wer sich gar ihnen ganz verschreibt, muß in der Welt ein verzerrtes und alle Menschlichkeit verzerrendes Chaos erblicken. Und so wird die
Welt gerade von der sogenannten Avantgarde der bürgerlichen Intelligenz
gesehen. Ein eigentümlicher Anblick! Die offizielle Ideologie des Aufmarsches
der Reaktion kündigte unter Hitler und kündigt heute demagogisch einer angeblich drohenden Barbarei den Kampf an, fordert zum Kreuzzug gegen sie
auf. Die hier verkündete ‹Ordnung› erscheint aber nur in den schlechtesten,
auf dem laufenden Band fabrikmäßig hergestellten Best-Sellers der Literatur,
Kunst und Philosophie als Harmonie und Ordnung. Sobald ein auf diesem oder
verwandtem oder beeinflußtem Boden stehender Künstler subjektiv echt gestaltet, subjektiv ehrlich sein Bild von der Welt auszudrücken bestrebt ist, steht das
verzerrte und verzerrende Chaos vor uns, die Welt in der Dualität der tot-
objektiven und der einzig wahren und lebendigen subjektiven Zeit aufgefaßt.

Hier ist also ein Ton angeschlagen, der in keiner Komposition, die ihren Gehalt aus der bürgerlichen Welt der imperialistischen Periode schöpft, ganz
fehlen kann, ohne ihre Echtheit, ihren wirklich umfassenden Charakter zu ge-
fährden. Die wirklich echten Größen der Literatur unterscheiden sich jedoch
von den bloß – wenn auch exzeptionell – Begabten darin, daß sie das Herz
auf dem rechten Fleck haben, daß sie, bei aller Empfänglichkeit für neue Eindrücke, stets genau wissen, was Wirklichkeit und was bloßer Schein, was objek-

tives Wesen der Welt und was, wenn auch noch so notwendig entstanden, verzerrter Widerschein dieses objektiven Wesens ist.

Darum erhält das moderne literarische Zeitproblem im Lebenswerk, in der Gestaltungsweise Thomas Manns eine radikal andere Rolle als bei seinen Zeitgenossen. Man nehme den ‹Zauberberg›. Ja, die Welt dort oben (im Sanatorium) und da unten (in der gewöhnlichen bürgerlichen Wirklichkeit) haben sehr verschiedene Zeiterlebnisse, verschiedene subjektive Zeitrechnungen. Nicht nur die Gestalten dieses Romans, auch Thomas Mann selbst beschäftigt sich eindringlich mit ihrer Analyse. Aber er weiß, und darum fühlt es jeder Leser bei jedem Schritt dieses gemächlichen epischen Fortschreitens: der Zauberberg ist nur für seine Bewohner — und auch für diese nur in ihrer subjektiven Einbildung — eine Wirklichkeit für sich, eine isolierte, auf sich selbst gestellte Welt, in der angeblich eine besondere Zeit herrscht. In Wahrheit ist er es nicht, im Gegenteil, Thomas Mann zeigt, daß die künstliche — objektive, hier medizinisch bestimmte — Isolation dieser Welt schon darum bloßer Schein ist, weil in ihr alle sozialen Bestimmungen der Menschen, die ihr Schicksal ‹unten› determinieren, unverändert in Geltung bleiben. Ja, soweit von einer Modifikation dieser Bestimmungen die Rede sein kann, besteht sie nur in einem stärkeren Hervortreten, in einem reineren Sichauswirken des von ‹unten› mitgegebenen gesellschaftlichen Seins. Die Menschen haben hier, objektiv, mehr Zeit; darum können ihre sonst unbewußt gebliebenen Probleme zur bewußteren Formulierung gelangen (Castorp — Settembrini — Naphta). Aus denselben Gründen können aber auch die Stumpfheitszüge ihrer Philisterhaftigkeit klarer als ‹unten› zutage treten (die Sumpfatmosphäre des zweiten Teils). Das eigenartige Zeitproblem ist mithin hier ebenso ein unablösbares Moment des objektiven Seins wie ‹unten›, wie in den ‹normalen› Romanen. Thomas Mann macht also aus den modernen darstellungstechnischen Errungenschaften *eines* der Charakterisierungsmittel seiner Gestalten. Er faßt das subjektive Moment als subjektives an und kann es deshalb organisch in seine objektiv-epische Weltdarstellung einfügen.

Noch deutlicher ist dies im Faustus-Roman sichtbar. Thomas Mann benutzt hier mit außerordentlichem artistischem Raffinement das Moment der Doppelzeit. Einerseits wird der Lebenslauf Adrian Leverkühns vor uns abgerollt, von seiner Jugend in der Zeit vor dem Ersten Weltkrieg bis 1940, bis zu seinem Tod in geistiger Umnachtung. Andererseits läßt sein Jugendfreund und Biograph, der Oberlehrer Serenus Zeitblom, uns stets, und zwar mit wachsender Intensität, fühlen, in welchen Zeitläuften seine Lebensbeschreibung des verewigten Kameraden und Meisters niedergeschrieben wird. Die Zeit des Faschismus, die Adrian Leverkühn nicht mehr bei Bewußtsein erlebt hat, der zweite imperialistische Krieg mit seinen raschen Anfangssiegen und fürchterlichen Rückschlägen umgibt auf diese Weise — man könnte sagen chorartig — die Tragödie des Protagonisten. Der Roman hat also zwei Zeitrechnungen, ja zwei Zeitabläufe, die sich ununterbrochen ineinander verschlingen, die sich ununterbrochen wechselseitig beleuchten.

Mit der letzten Bemerkung ist aber auch der hier entscheidende Unterschied ausgesprochen, der Thomas Mann von seinen avantgardistischen Zeitgenossen trennt. Denn diese wechselseitige Erhellung ist nur darum möglich, weil die beiden subjektiv getrennt erscheinenden Zeitabläufe, der des biographischen Geschehens und der der Entstehungsgeschichte der Biographie, beide objektiv sind und diesem objektiven Wesen nach in der Wirklichkeit und auch in der Gestaltung einen einheitlichen Zeitablauf bilden. Ihre subjektivistische Trennung, durch Erzählung nicht nur der Biographie selbst, sondern auch ihrer schriftstellerischen Genesis, dient nur dazu, bestimmte Momente des objektiven Gesamtzusammenhangs, die bei einer einfach erzählten Biographie in gestalteter Weise nicht zu Worte kommen könnten, die also durch abstrakte Kommentare dargestellt werden müßten, in gestalteter Form zum Ausdruck zu bringen. Die scheinbare Annäherung an die moderne ‹Mehrzeitigkeit› bringt also bei Thomas Mann — auf komplizierten Umwegen — gerade die ‹traditionell›-realistische Einheitlichkeit des gesellschaftlich-geschichtlichen Zeitablaufs nur erstarkt zur Geltung.

IV

Was ist nun der geistig-künstlerische Gehalt dieser Einheit? Ohne Frage der Zusammenhang zwischen dem Schaffen von Adrian Leverkühn und der Tragödie des deutschen Volks im imperialistischen Zeitalter.

Diesen Zusammenhang vermittelt künstlerisch die Gestalt des Biographen Serenus Zeitblom. Der Held selbst, Adrian Leverkühn, ist persönlich eine zu steil abgeschlossene, zu schroff in sich eingesperrte Figur, als daß in ihr selbst alle Beziehungen zur Gegenwart gestaltet werden könnten. Ja, unmittelbar steht seine Gestalt so resolut ablehnend seiner ganzen Zeitumgebung gegenüber, betont er so entschieden die rein künstlerische Seite seiner Problemstellungen und -lösungen, daß seine bloße Biographie, ohne Hervortreten der Persönlichkeit des Biographen, je vollendeter sie würde, desto mehr die ‹Welt› aus sich ausschließen und deshalb — auch als Biograph — unvollkommen, totalitätslos, beziehungslos, weltlos werden müßte. Nun besteht die große Kunst Thomas Manns darin, daß er diese Beziehungen zu Zeit und Welt, die — dem objektiven Sinne nach — im Lebenswerk Adrian Leverkühns erhalten sind, die gerade den entscheidenden Gehalt dieses Lebenswerks ausmachen und die letzten Endes seine Formprobleme bestimmen, durch das In-den-Vordergrund-Treten der Persönlichkeit des Biographen zu wesentlichen Momenten der Gestaltung selbst macht.

Die wechselseitige Erhellung der beiden Zeitabläufe zeigt also, wie oft bei Adrian Leverkühn ein unbewußtes Mitgehen mit seiner Gegenwart, ja ein Getragenwerden von Zeitinhalten vorhanden ist, gerade dann, wenn er selbst am hochmütigsten meint, mit der ihn umgebenden Welt nichts zu tun zu haben. Diese Bezüge beleuchtet nicht so sehr die Analyse und die Erzählung von Serenus Zeitblom wie dessen Existenz selbst.

Dieser Serenus ist in weit stärkerem Maße als sein Freund, der in die ‹kleine Welt› der Studierstube gebannte neue Faustus, eine Gestalt der Raabe-Atmosphäre. Schon seine Namensgebung klingt an die Raabe-Welt an, und der schüchterne Altphilologe von beträchtlichem Scharfsinn, von umfassendem Wissen, von tiefem (und tief altmodischem) Humanismus, der noch dazu in seinen Mußestunden ein bescheidener Virtuose der siebensaitigen Viola d'amore ist, steht diesen Bezirken näher als je früher eine Gestalt Thomas Manns. Dazu kommt noch seine Beziehung zur Zeit. Wir werden diese sogleich einer etwas ausführlicheren Analyse unterwerfen müssen. Hier sei, vorgreifend, nur soviel bemerkt, daß Serenus Zeitblom bei aller äußeren Weltfremdheit merkwürdig kritisch, gleichzeitig jedoch, ebenso merkwürdig, völlig widerstandsunfähig (auch im geistigen Sinn) zu den zum Faschismus führenden Zeitströmungen steht, sehr an die innerliche Kritik und Widerstandsunfähigkeit der Raabe-Gestalten in ihrem Verhältnis zu der heraufziehenden und der etablierten Bismarckperiode erinnernd. Seine Gestalt ist es also, die einerseits das Kleinstädtisch-Altmodische dieser hochmodernen und allgemein-menschlichen Tragödie unterstreicht und dieser damit ungezwungen, mit den rein gestalterischen Mitteln eines Atmosphäre-Schaffens — im besten wie im schlechtesten Sinne — ein typisch deutsches, altdeutsches Gepräge verleiht. Der Faschismus selbst und seine so typisch neudeutsch-imperialistischen realen Erscheinungsformen spielen zwar entscheidend in den Roman hinein, ja sie bestimmen geradezu dessen geistig-moralischen Gehalt, aber die unmittelbar künstlerisch dargebotene sichtbare‍ Oberfläche des Lebens ist das alte Deutschland, das entweder in die neue Reaktion hineinwächst oder sich ihrem Ansturm gegenüber als wehrlos erweist. Andererseits entsteht eben in einer solchen Atmosphäre die Möglichkeit, die höchste Geistigkeit des imperialistischen Deutschland zwanglos vor uns hinzustellen, um gerade bei dieser die oben geschilderte Doppelbewegung: Hineinwachsen und Wehrlosigkeit, völlig sinnfällig zu machen.

Serenus Zeitblom ist eine ‹mittlere Gestalt›. Ihre epische Funktion ist, diese Wehrlosigkeit des Widerstandes und ihre seelischen Untergründe in der — wenigstens moralisch, wenigstens der Bildung und den Interessen nach — besten deutschen bürgerlichen Intelligenz klarzulegen. Serenus Zeitblom ist ein Humanist durchaus alten Stils; er lehnt jeden modernen Appell an eine seelische ‹Unterwelt›, welcher Art immer, mit moralischem Abscheu ab. Seine Beziehung zur Musik seines Freundes ist deshalb eine begeisterte Bewunderung, welche ununterbrochen von einem ins Tiefste herabreichenden Mißtrauen begleitet wird. Dieses Gefühl verläßt ihn auch bei den interessantesten Gesprächen nicht, in denen besonders zwischen den beiden Weltkriegen die Ideologie des Faschismus spielerisch-verantwortungslos auf ‹hohem geistigen Niveau› vorbereitet wird. Dieses Gefühl bestimmt dann auch seine Haltung zum Hitlerregime selbst.

Thomas Mann wählt eine ‹mittlere Figur›, einen Typus des alten Deutschland, aber keineswegs einen durchschnittlichen intellektuellen Spießer. Die in den meisten Äußerlichkeiten raabisch-skurril anmutende Gestalt des Serenus vereinigt in sich – ebenso skurril – die komisch-loyale Leichtgläubigkeit gegenüber jeder offiziellen Kundgebung, die Anpassung der Sprache, ja des Gedankens an das staatlich Verordnete, mit einer verhältnismäßig weitgehend einsichtsvollen Beurteilung jener gesellschaftlich weltanschaulichen Gegensätze, die das Schicksal Deutschlands in diesen Jahrzehnten beherrscht haben. Es ist zum Beispiel sehr bezeichnend, wie Zeitblom eine neue und angeblich erfolgreiche Etappe des U-Boot-Krieges von Hitler registriert: ‹Wir verdanken diesen Erfolg einem neuen Torpedo von fabelhaften Eigenschaften, der der deutschen Technik zu konstruieren gelungen ist, und ich kann eine gewisse Genugtuung nicht unterdrücken über unseren immer regen Erfindungsgeist, die durch noch so viele Rückschläge nicht zu beugende nationale Tüchtigkeit, welche immer noch voll und ganz dem Regime zur Verfügung steht, das uns in diesen Krieg geführt hat und uns tatsächlich den Kontinent zu Füßen gelegt, den Intellektuellentraum von einem europäischen Deutschland durch die allerdings etwas beängstigende, etwas brüchige und, wie es scheint, der Welt unerträgliche Wirklichkeit eines deutschen Europa ersetzt hat.› Man kann bei Serenus viele solche Stellen finden.

Andererseits zeigt Zeitblom zuweilen eine Einsicht in die allgemeinen Bewegungsgesetze der gesellschaftlichen Entwicklung, die weit über den besten deutschen intellektuellen Durchschnitt hinausweist. So schon bei der Beurteilung der Lage, der Umwandlung Deutschlands im ersten imperialistischen Krieg. Er machte gefühlsmäßig alle Illusionen der Augusttage 1914 mit, teilte die Sehnsucht nach dem Durchbruch ‹zu einer früheren Form seines Gemeinschaftslebens›. Er fügt aber gelegentlich hinzu: ‹Moralisch betrachtet, sollte das Mittel eines Volkes, zu einer höheren Form seines Gemeinschaftslebens durchzubrechen – wenn es denn blutig dabei zugehen soll –, nicht der Krieg nach außen, sondern der Bürgerkrieg sein›.

Noch schroffer kommt diese Gesinnung zum Ausdruck in seiner Empörung darüber, daß Hitler und Mussolini sich in Florenz als Hüter und Beschützer der Kultur gegen ihre Bedrohung durch den Bolschewismus aufspielen. Er fühlt zwar ‹ein natürliches Entsetzen vor der radikalen Revolution und der Diktatur der Unterklasse›, fügt aber hinzu: ‹Meines Wissens hat der Bolschewismus niemals Kunstwerke zerstört. Das fiel weit eher in den Aufgabenkreis derer, die behaupteten, uns vor ihm schützen zu müssen.› Und zwischen diesen Bemerkungen steht sein sehr interessantes, für das damalige Deutschland sicher weit überdurchschnittliches Bekenntnis: ‹So rücken meine Begriffe von Pöbelherrschaft sich neuartig zurecht, und die Herrschaft der Unterklasse will mir, dem deutschen Bürger, als ein Idealzustand erscheinen im nun möglich gewordenen Vergleich mit der Herrschaft *des Abschaums*.›

Diese Widersprüche leuchten tief in jenes Gedankenchaos hinein, das hinter der gemäßigt gewählten, humanistisch gebildeten Ausdrucksweise Serenus Zeitbloms verborgen gärt, ohne je eine klare und bestimmte Richtung zu erhalten. Er sieht schon um 1918, daß die Epoche des bürgerlichen Humanismus zu Ende ist; er sieht den Zusammenhang zwischen dieser Krise und dem Faschismus. ‹Es ist wahr: gewisse Schichten der bürgerlichen Demokratie schienen und scheinen heute reif für das, was ich die Herrschaft des Abschaums nannte – willig zum Bündnis damit, um ihre Privilegien zu fristen.› Aber diese Einsichten bleiben bei ihm ohne dezidierte Folgen, sogar für sein eigenes intellektuelles Verhalten.

Sein verschlossener Freund Adrian ist in solchen Fragen illusionsloser. So schon 1914, wenn er der ‹Durchbruchs›-Sehnsucht gegenüber kühl bemerkt: ‹Es hülfe wenig... wenn ich's verstünde, denn vorderhand wenigstens wird das krude Geschehen unsere Abgesperrtheit erst recht vollkommen machen, wenn ihr Kriegsvolk noch so weit vorschwärmt ins Europäische.› So besonders in einem kurzen, aber äußerst interessanten Gespräch mit dem Freund, wo die Dialektik der Freiheit zur Sprache kommt. Adrian spricht hier, seiner ganzen künstlerischen Tendenz entsprechend, von der Sterilität, die die Freiheit, die ‹zerstörten Konventionen› notwendig mit sich führen. (Wir haben einige, auf die Kunst bezügliche Bemerkungen aus diesen Gedankengängen früher zitiert.) Auf Serenus' Einwände erwidernd, geht jetzt Adrian auf die innere Dialektik der Freiheit, wie er sie versteht, ein: ‹Aber Freiheit ist ja ein anderes Wort für Subjektivität, und eines Tages hält die es nicht mehr mit sich aus, irgendwann verzweifelt sie an der Möglichkeit, von sich aus schöpferisch zu sein, und sucht Schutz und Sicherheit beim Objektiven. Die Freiheit neigt immer zum dialektischen Umschlag. Sie erkennt sich selbst sehr bald in der Gebundenheit, erfüllt sich in der Unterordnung unter Gesetz, Regel, Zwang, System – erfüllt sich darin, das will sagen: hört darum nicht auf, Freiheit zu sein.› Serenus lehnt diesen dialektischen Umschlag ab: ‹Aber in Wirklichkeit ist sie doch dann nicht Freiheit mehr, so wenig, wie die aus der Revolution geborene Diktatur noch Freiheit ist.› ‹Bist du dessen sicher?› lehnt Adrian kurz ab, um sich im weiteren Gespräch wieder von der Politik abzuwenden und rein musikalische Probleme zu untersuchen.

Es ist also äußerst kärglich, was wir über Adrians Stellung zu seiner Gegenwart erfahren können. Noch weniger ersehen wir, wie tief solche aufblitzenden Einsichten seine Gesamthaltung beeinflussen; der Gang seiner Produktion zeigt: sehr wenig. Diese Abgeschlossenheit Adrians in sich, diese Fremdheit gegenüber den Problemen der Gesellschaft, dieses bewußt abweisende Nicht-zur-Kenntnisnehmen-Wollen der umgebenden äußeren Realität gehört zu seinen wichtigsten Charakterzügen. Um so bedeutsamer ist es, daß – mit den sparsamen Mitteln der Meisterschaft Thomas Manns – dieser Vorhang doch hier und dort ein wenig gelüftet wird. Denn wie gezeigt wurde und wie noch zu zeigen sein wird, spielt dieses innere Verhalten Adrian Leverkühns zur gesellschaftlich-geschichtlichen Wirklichkeit seiner Zeit doch die entscheidende Rolle in seinem tragischen Untergang.

Um dazu den richtigen Anlauf zu nehmen, kehren wir wieder zu Serenus zurück. Wir sagten: Die entscheidende Charakteristik seiner Beziehung zur Welt läßt sich als Wehrlosigkeit des Widerstandes gegen jenen Ansturm der reaktionären Ideologie auffassen, der schon vor 1914 begann, einen großen

Aufschwung, eine weltanschauliche ‹Vertiefung› zwischen 1918 und 1933 erhielt, um dann im Nationalsozialismus einen grauenvoll und pöbelhaft universellen Gipfelpunkt zu erreichen. Die Wehrlosigkeit des Widerstandes bei dem Oberlehrer Zeitblom ist gerade darum typisch, weil er keine durchschnittliche Figur ist. Die Überdurchschnittlichkeit seiner Einsichten haben wir kurz vorher berührt; die Überdurchschnittlichkeit seines moralischen Charakters zeigt sich darin, daß er sich bei Hitlers Machtantritt pensionieren läßt, er will das ‹Erziehungswerk› der Goebbelspropaganda nicht mitmachen; auch die völlige Entfremdung von seinen zu Nazis gewordenen Söhnen zeigt diese Intransigenz seiner Einstellung zum Hitlerregime.

Und dennoch Wehrlosigkeit? Jawohl, man könnte sagen: gerade deshalb. Thomas Mann führt den innerlich einsamen Adrian Leverkühn oft in intellektuelle Gesellschaften. Dies beginnt unter den Theologiestudenten in Halle, erreicht seinen Gipfelpunkt in verschiedenen avantgardistischen Zirkeln der Münchner Periode. Was sehen wir dort? Stets und überall die gedanklichen und gefühlsmäßigen Reflexe einer Krise der aus den großen Revolutionen des 17. bis 18. Jahrhunderts entstandenen bürgerlichen Demokratie, in jener weltanschaulichen Vertiefung, die Serenus als Ende des bürgerlichen Humanismus bezeichnet hat.

Es kann hier nicht unsere Aufgabe sein, alle diese Anschauungen herzuzählen und zu bewerten. Es genügt, wenn wir darauf hinweisen, daß Thomas Mann hier – mit derselben Meisterschaft, mit der er uns alle wesentlichen Tendenzen der modernen Musik nacherlebbar macht – in diesen Gesprächen die wichtigsten Motive der deutschen präfaschistischen, den Faschismus vorbereitenden Ideologie wenigstens anklingen läßt. Dabei ist es besonders wichtig, auf die geistig-moralische Atmosphäre dieser Gespräche hinzuweisen. Das Studentensymposion ist noch vom Atem einer, wenn auch noch so verworrenen, doch subjektiv echten idealistischen Überzeugtheit erfüllt. Dem Gehalt nach sind schon hier sämtliche Probleme der späteren reaktionären Ideologie angeschlagen: die hochmütige Ablehnung diesseitig ökonomischer Lösungen gesellschaftlicher Probleme als ‹untief›, als bloß die Oberfläche des menschlichen Daseins berührend; das ebenso hochmütige Verwerfen aller verständig-vernunftvollen Fragen und Antworten, die Einstellung, welche im ‹Irrationalen› von vornherein etwas Höheres, Wesentlicheres erblickt als das, was für Verstand und Vernunft erreichbar ist; vor allem aber: die Tendenz zu einer irrationalistischen Fetischisierung und Vergötterung des Völkischen, mit allen Beigaben eines – damals noch vielfach unbewußten – aggressiven Chauvinismus, damals noch in der ‹rein geistigen› Form der apriorischen Überlegenheit des deutschen Wesens Ost und West gegenüber, des ‹rein geistigen› Glaubens an die welterlösende Mission des Deutschtums.

Adrian Leverkühn führt hier einige kleinere Scharmützel gegen diese Ideologie. Serenus Zeitblom aber, dem sie zutiefst fremd, ja seinem damals noch unerschütterten Humanismus zutiefst feindlich sein müssen, bleibt ein interessierter Zuhörer. Und dies wiederholt sich in den avantgardistischen Zirkeln der Zeit nach dem ersten Zusammenbruch des imperialistischen Deutschland. Die reaktionären Tendenzen treten nun viel bewußter auf. Auch die Gesamtatmosphäre hat sich gründlich gewandelt. Jetzt herrscht bereits ein spielerischer, verantwortungsloser, mit allen modernen, pseudo-avantgardistisch-reaktionären Tendenzen sympathisierender, ästhetisch-moralischer Snobismus. Zeitblom ist in der Tat von einem tiefen Mißtrauen gegen diesen Kreis und seine Geistigkeit erfüllt. Er ist sich (unter zwei Augen) auch der Gründe dieses Mißtrauens vollständig bewußt. Als von Demokratie, Vernunft, Erbe des 19. Jahrhunderts in verächtlichmachender Weise die Rede ist, als Gewalt und Diktatur verherrlicht werden und im Kreis allgemein begeisterte Zustimmung herrscht, beschreibt er seine Gefühle so: ‹Natürlich konnte man es sagen, nur hätte man es, da es sich schließlich um die Beschreibung einer heraufziehenden Barbarei handelte, für mein Gefühl mit etwas mehr Bangen und Grauen sagen sollen und nicht mit jener heiteren Genugtuung, von der man allenfalls gerade noch hoffen konnte, daß sie der Erkenntnis der Dinge und nicht den Dingen selber galt.› Er faßt die Grundtendenz des Kreises als ‹intentionelle Rebarbarisierung› richtig zusammen. Er fühlt – und dies ist äußerst wichtig – bei einem Brief Adrians aus dieser Zeit ‹die Nachbarschaft von Ästhetizismus und Barbarei, den Ästhetizismus als Wegbereiter der Barbarei›, als etwas, was er ‹in eigener Seele... erlebt hat›. Dennoch bleibt Serenus Zeitblom auch in diesen Gesprächen ein interessierter, meist schweigender Zuhörer, der nur ab und zu, wenn es aufs Musizieren ankommt, mit seinem Vortrag vergessener alter Komponisten auf seiner Viola d'amore einen Beitrag zur Geselligkeit liefert. Bei der Zergliederung eines ihm besonders widerwärtigen avantgardistischen Philosophen, Breisacher, bemerkt er, daß man sachlich sehr viel gegen ihn, gegen die Vermischung des Avantgardistischen mit dem Reaktionären einwenden könnte. ‹Aber dem zarter empfindenden Menschen widersteht es, zu stören. Es widersteht ihm, mit logischen oder historischen Gegenerinnerungen in eine erarbeitete Gedankenordnung einzubrechen, und noch im Antigeistigen ehrt und schont er das Geistige.› Einmal nur versucht er zu opponieren in Verteidigung des Erforschens und des Aussprechens der Wahrheit. Seine Bemerkungen verklingen ohne Widerhall. Und Serenus fügt selbstkritisch hinzu, daß sein ‹bis zur Abgeschmacktheit bekannter Idealismus... nur das Neue störte›. Allerdings sieht er später ein, daß dahinter ein tief verborgener Fehler liegt, ‹daß es der Fehler unserer Zivilisation war, diese Schonung und diesen Respekt allzu hochherzig geübt zu haben – wo sie es doch auf der Gegenseite mit barer Frechheit und der entschlossensten Intoleranz zu tun hatte›.

So entsteht in Serenus jener intellektuell-moralische Zwiespalt, der sich am krassesten in seinem Verhalten zum Hitlertum zeigt. Auch diesen inneren Konflikt spricht er offen und klar aus, wenn vom Zusammenbruch Deutschlands die Rede ist: ‹Nein, ich will's nicht gewünscht haben – und hab es doch wünschen müssen – und weiß auch, daß ich's gewünscht habe, es heute wünsche und es begrüßen werde... Der Riesenrausch, den wir immer Rauschlüsternen uns daran tranken und in dem wir durch Jahre trügerischen Hochlebens ein Übermaß des Schmählichen verübten – er muß bezahlt sein.› Dieser Zwiespalt bedeutet aber mehr als eine bloße seelische Zerrissenheit. Er beinhaltet zugleich die innere Gebundenheit Zeitbloms an jene ‹Volksgemeinschaft›, deren Grundrichtung er hassen und verachten mußte, die innere Gebundenheit an ideologische Tendenzen, über die er so dachte und empfand, wie wir es gezeigt haben, ja, sogar seine geistige Solidarität mit ihnen. Diese Gebundenheit ist bei aller richtigen Kritik, bei allen geistreichen Vorbehalten, die menschlich-moralische Grundlage jener Wehrlosigkeit des ideologischen Widerstandes der besten deutschen Intelligenz im Prozeß der Faschisierung der Gedanken- und Gefühlswelt.

Woher diese Wehrlosigkeit? Woher die Ohnmacht der besten Einsichten, der ehrlichsten moralischen Überzeugungen und Gefühle? Wir glauben: zur Abwehr sind zwei miteinander eng verbundene Momente des gesellschaftlichen Seins und Denkens nötig. Erstens ein archimedischer Punkt, von welchem aus jener Faschisierungsstrom *von außen* betrachtet werden kann; ein archimedischer Punkt, von welchem aus gegen diesen Strom, jedesmal, wenn nötig, *gehandelt* werden kann; diese objektive Möglichkeit des Handelns verwandelt dann auch Worte und Gedanken in Widerstand schaffende Taten. Dieses ‹von außen› kann Serenus nirgends finden. Der Settembrini des ‹Zauberbergs› war noch gegen die Naphtasche ideologische Vergiftung geistig gefeit, wenn seine Argumentation auch kraftlos am Panzer der mystifizierenden Sophismen des jüdischen Jesuiten abprallen mußten. Aber Settembrini war vor allem kein Deutscher; darüber hinaus war für ihn der bürgerliche Humanismus, aus dem er alle den Kapitalismus bejahenden Folgerungen zog, etwas dogmatisch Unerschüttertes. Daher seine subjektive Energie und seine objektive Wirkungsunfähigkeit. Der deutsche Zeitblom ist über diesen Illusionismus des Italieners hinaus. Das bedeutet – rein geistig – vielleicht einen Fortschritt; praktisch, im historischen Aufeinanderprallen der Ideen eine noch größere Schwäche.

Hier geht nun das erste Moment der Ohnmacht in das zweite über: Serenus kann der neuen Ideenwelt, in welcher er Reaktion und Barbarei deutlich erkennt, nichts Positives entgegenstellen; er fühlt sich mit seinen – objektiv richtigen – Einwendungen als taktloser Störenfried, der lieber schweigen sollte und auch tatsächlich schweigt. Dieses Moment der Wehrlosigkeit des Widerstandes hat Thomas Mann ebenfalls schon früher gestaltet. Es ist der ‹Herr aus Rom›, der sich der Massenhypnose des Zauberers Cipolla in ehrlicher Ohnmacht entgegenstemmt. Er muß aber unfähig zum Widerstand sein, weil – wie Thomas Mann die Schwäche dieser Position in ‹Mario und der Zauberer› kommentiert – sein Standpunkt die reine Negativität ist: er will sich nicht der Hypnose unterwerfen; das bloße Nichtwollen ist aber leer und nichtig und schlägt darum leicht und unvermerkt in eine Bejahung, in eine Unterwerfung um. Nun, die komplizierten Gedanken, Kommentare, moralischen Vorbehalte, ästhetischen Analysen usw. Serenus Zeitbloms sind – allgemein betrachtet – nichts weiter als ein Explizitmachen dessen, was im stummen Versagen des ‹Herrn aus Rom› *implicite* enthalten war. Serenus besitzt keinen archimedischen Punkt außerhalb jenes geistigen Lebens Deutschlands, das unaufhaltsam in die Barbarei drängt; er besitzt kein positives Ideal, das er der unklar reaktionären Sehnsucht, dem geckenhaften Gedankenspiel mit Barbarei und Reaktion und erst recht der entfaltet teuflischen Welt der Hitlerei gegenüberstellen könnte.

Das ist alles aber nur erst eine Beschreibung der Ohnmacht. Woher kommt sie? Hier taucht – jetzt aber rein von der inhaltlich-gesellschaftlichen Seite – das Problem der ‹kleinen Welt› nochmals auf und führt zu den Seinsgrundlagen auch der künstlerischen Entwicklung Adrian Leverkühns, zu seinem Teufelspakt, zur Teufelsknechtschaft seines Schaffens zurück. Es bedarf nach allem bisher Dargelegten wohl keiner ausführlichen Erörterung, um einzusehen, daß hinter allen Schaffensproblemen Adrian Leverkühns die Frage von Freiheit und Bindung, von Subjektivität und Ordnung steht. Adrian sieht ebenso wie Serenus, daß Subjektivität und Freiheit in eine Krise geraten sind; wir haben früher schon seine diesbezüglichen Anschauungen studiert. Er ist von frühester Jugend an der Ansicht, daß auch ‹eine alberne Ordnung immer noch besser ist als gar keine›.

Darum ist sein Bestreben von Anfang an auf Überwindung von Freiheit und Subjektivität gerichtet; darum ist er aber in diesem Suchen nach Gebundenheit ebenso auf seine rein innerliche Subjektivität angewiesen wie jene Künstler, die aus einer hemmungslosen Entfesselung dieser Subjektivität den Impuls zum Schaffen erhalten, seine Überwindung der subjektiven Willkür ist also nur eine rein formale; darum muß aber auch diese ‹Ordnung›, diese ‹Vernünftigkeit› bei ihm ins Kalt-Konstruierte umschlagen, darum muß er ein Verächter des Gefühls, der ‹Kuhwärme› der Musik werden, darum muß das Bitter-Parodistische seine Kunst beherrschen; darum verwandelt sich immer wieder sein Kult von Vernunft und Ordnung in einen geistvollen Obskurantismus. Serenus kritisiert diese Tendenz ganz richtig: ‹Die Rationalität, nach der du rufst, hat viel vom Aberglauben – vom Glauben an das ungreifbar und vag Dämonische, das im Glücksspiel, im Kartenschlagen und Loseschütteln, in der Zeichendeutung sein Wesen treibt. Umgekehrt, wie du sagst, scheint dein System mir eher danach angetan, die menschliche Vernunft in Magie aufzulösen.› (Daher der Teufelspakt, das Teuflische seiner Kunst: die unlösbare Aufgabe wird so nur, subjektiv-formal, als Lösung forciert.) Wie hängt jedoch diese komplizierte Problemlage mit der ‹kleinen Welt› zusammen? Adrian ist sich darüber weitaus klarer als sein humanistisch-kritischer Freund. Er sagt in einem Gespräch: ‹Ist es nicht komisch, daß die Musik sich eine Zeitlang als Erlösungsmittel empfand, während sie doch selbst, wie alle Kunst, der Erlösung bedarf, nämlich aus einer feierlichen Isolierung, die die Frucht der Kulturemanzipation, der Erhebung der Kultur zum Religionsersatz war – aus dem Alleinsein mit einer Bildungselite, ‚Publikum' genannt, die es bald nicht mehr geben wird, die es schon nicht mehr gibt, so daß also die Kunst bald völlig allein, zum Absterben allein sein wird, es sei denn, sie fände den Weg zum ‚Volk', das heißt, um es unromantisch zu sagen: zu den Menschen?› Bei diesen klugen Bemerkungen muß es auffallen, daß das Wort Volk in Anführungszeichen gesetzt wird. Von Adrian aus durchaus logischerweise, ebenso wie es durchaus logisch und konsequent ist, wenn er die Ordnung an sich (auch die alberne Ordnung, sagt er, auch die verbrecherische und reaktionäre ‹Ordnung›, fügt die deutsche Geschichte hinzu) vor der Freiheit, der Subjektivität bevorzugte.

Denn so muß sich die Problemlage, die sich aus der Weltkrise der bürgerlichen Demokratie und ihrem ideologischen Widerschein, der Krise des bürgerlichen Humanismus, ergibt, notwendig verzerren, wenn auf eine Frage, die das Leben, das gesellschaftliche Leben Deutschlands, der Menschheit gestellt hat, eine rein ideologische oder rein künstlerische Antwort gesucht und gefunden wird, eine Antwort, die die Realität des Volkslebens, die realen Wünsche des Volks *a priori* ignoriert. Diese Verzerrung, diese Reduktion aufs völlig Formale und Abstrakte ist die entscheidende geistig-moralische Komponente jener Wehrlosigkeit gegenüber der Reaktion, von welcher wir sprechen. Natürlich ist die reale ‹Ordnung›, die der Nationalsozialismus zustande bringt, keineswegs eine Abstraktion: sie entspricht sehr genau und konkret den Bedürfnissen der reaktionärsten Monopolkapitals, sie befriedigt diese in jeder Hinsicht, auch mit ihrer Art der Überwindung von Freiheit und Subjektivität. Ihr steht in der gesellschaftlichen Wirklichkeit — mag sein mit noch so wenig realer Durchschlagskraft, mag sein in den Köpfen vieler Werktätigen noch so verworren — eine andere Ordnung, eine andere Überwindung der veralteten Freiheit, Subjektivität und Willkür (als Überwindung der Anarchie, der freien Konkurrenz, der Ausbeutung usw. des Kapitalismus) gegenüber, mit einem Wort: die Arbeiterklasse und ihre Revolution.

Der reale Kampf der Zeit, die echte Überwindung des bürgerlichen Humanismus, die Entstehung des neuen Humanismus spielt sich auf diesen Schlachtfeldern ab. Es ist hier nicht unsere Aufgabe zu schildern, warum in den Jahrzehnten zwischen 1914 und 1945 in Deutschland die Volksopposition gegen die reaktionäre Ordnung so oft Niederlagen erlitt. Hier ist nur wichtig, daß dieser ganze Kampf für den Intellektuellentypus Adrian-Serenus überhaupt nicht vorhanden ist; daß sie in ihrem ganzen Leben, Denken und Schaffen Gefangene der ‹kleinen Welt› der Studierstube bleiben; daß ihr Weltbild das Volk nur als Objekt verschiedener Demagogien, nur in Anführungszeichen kennt; daß sie den Gegensatz von Freiheit und Ordnung, wenn auch noch so tief, wenn auch noch so künstlerisch, nur als abstrakten, ideologisch-ästhetischen Gegensatz erleben; daß deshalb ihr rein geistiges, rein künstlerisches, rein formales Suchen nach einer ‹Ordnung überhaupt› sich spontan-notwendig mit dem Gehalt der *Resultate* jener großen gesellschaftlichen Kämpfe erfüllt, von deren Realität, von deren wirklicher Gegensätzlichkeit sie keine Kenntnis nehmen. Darum können sie — bei einzelnen richtigen, aber abstrakt bleibenden Einsichten im ‹welthistorischen Maßstabe› — keinen archimedischen Punkt des Widerstandes gegen die Flut der Reaktion finden; darum können sie der reaktionären Ideologie kein positives Gegenideal entgegenstellen; darum wird Serenus zum ohnmächtig ablehnenden Zuschauer der Barbarisierung; darum muß der künstlerisch bis zur Askese ehrliche Adrian Leverkühn alle Motive der barbarischen

Entmenschlichung, die das Zeitalter der Faschisierung und des Faschismus produziert, als Aufbauelement in sein Werk aufnehmen, ja, sein Werk, gerade in seinem entscheidend künstlerischen Wesen, auf diese fundieren.

Hier erreicht die Tragik der ‹kleinen Welt›, die aus ihr entspringende Kunst und Kultur ihren Gipfelpunkt. Der Rückzug in die ‹kleine Welt› der Studierstube war für die beste Intelligenz erzwungen. Denn die objektiv-gesellschaftliche, primäre Erscheinungsweise der Krise des bürgerlichen Humanismus, die Krise der aus den großen Revolutionen hervorgegangenen bürgerlichen Demokratien, besteht gerade darin, daß jene Ideale, die von Rabelais bis Robespierre die großen öffentlichen – zugleich politischen und sozialen, kulturellen und künstlerischen – Angelegenheiten der progressiven Menschheitsentwicklung waren, ihren Zusammenhang mit den großen Zeitkämpfen, ihre vorwärtstreibende Wirksamkeit auf diese verlieren, daß sie zu Fortschrittshemmungen, zu ideologischen Waffen der konservatorischen Heuchelei werden. Die kulturschaffende Intelligenz ist aus dieser Lage in die ‹kleine Welt› der Studierstube geflüchtet. Diese Flucht hatte ursprünglich den Sinn, die Reinheit der in den neugearteten Kämpfen immer mehr besudelten Ideale zu retten. Sie war ihren subjektiven Zielsetzungen nach eine Opposition. Je stärker jedoch die ‹kleine Welt› sich um die Intelligenz zusammenschloß, je stärker sie in dieser immer hermetischeren Abgeschlossenheit ihre ausschließliche Lebenswirklichkeit wurde, desto stärker wirkten unterirdisch die reaktionären Tendenzen der kapitalistischen Welt auf die Problemstellungen und -lösungen dieser Intelligenz ein, auf Gehalt und Form ihrer scheinbar rein innerlich gewordenen Tätigkeit. Diese unterirdische Beeinflussung ist auch für sie nicht völlig unbewußt geblieben. Sie mußte jedoch in einer solchen Atmosphäre eine verzerrende Brechung erhalten: der Kult des Unbewußten, die Tiefenpsychologie, die Mythisierung des Innenlebens usw. sind in allen ihren verschiedenen weltanschaulichen und künstlerischen Formen Erscheinungsweisen dieser Selbstverzerrung der Innenwelt.

Diese Entwicklung ist, allgemein gesprochen, international. Deutschland spielt jedoch hier eine besondere, tragisch-grotesk bevorzugte Rolle. Der große Humanismus des 16. bis 18. Jahrhunderts war für das damals sozial zurückgebliebene Deutschland bloße Ideologie, in den besten Fällen rein geistige Vorbereitung der demokratischen Revolution, die jedoch in der deutschen Wirklichkeit nie erfolgt ist, die nie die gesellschaftliche Struktur Deutschlands in dem Sinne umwandelte, wie dies in Frankreich und England geschah. Deutschland wuchs also in den Imperialismus hinein, die deutsche Intelligenz erlebte das Zurückgedrängtwerden in die ‹kleine Welt› der reinen Innerlichkeit, ohne den bürgerlichen Humanismus als Kultur des gesellschaftlichen Gesamtlebens je wirklich durchgemacht zu haben. Wie Marx vor mehr als hundert Jahren prophetisch schrieb: ‹Deutschland wird sich daher eines Morgens auf dem Niveau des europäischen Verfalls befinden, bevor es jemals auf dem Niveau der europäischen Emanzipation gestanden hat.›

Darum wirken sich in Deutschland sowohl die ideologischen Auflösungstendenzen des bürgerlichen Humanismus wie das anfangs bloß unterirdische, später rapide und bewußte Hintreiben zur dekadenten Reaktion ideell reiner und vollendeter aus als in irgendeinem anderen Land. Darum sind die Musageten der modernen Reaktion, wie Schopenhauer und Wagner, Nietzsche und Freud, Heidegger und Klages, nicht zufällig ausnahmslos Deutsche, internationale Führer in einem viel größeren Stil als die reaktionären Ideologen anderer Nationen. Darum erhielt die politisch-soziale Weltreaktion mit Hitler in Deutschland ihre – bis jetzt – höchste, ihre ‹klassische› Form. Darum ist die so typisch deutsche, ja in ihrer Erscheinungsweise raabisch kaisersascherische * Tragödie Adrian Leverkühns die typische Tragödie der modernen bürgerlichen Kunst und Geistigkeit.

Es ist sicher kein Zufall, daß diese Tragödie von dem Deutschen Thomas Mann geschrieben wurde. Denn es gibt heute keinen anderen Schriftsteller, der so tief am Deutschtum sowohl wie an der Bürgerlichkeit gelitten, der so zäh mit der Problematik, die aus diesen beiden – miteinander eng verbunden – Weltgegenden entspringt, gerungen hätte. Es ist wahr, und es ist ein Kennzeichen auch dieses Buches, daß Thomas Mann fast ebensowenig wie die von ihm gestalteten Menschen ein konkretes Bild der realen Gegenkräfte des Teuflischen im Leben und in der Kultur der neuen ‹großen Welt› des sich befreienden und des befreiten Volkes aufzeichnen kann. Die geistigen *dramatis personae* seines Lebenswerks sind der sich auflösende bürgerliche Humanismus und die reaktionär-mystifizierend-demagogischen Mächte, die diese Auflösung im Dienste des Monopolkapitalismus utilisieren. Da er jedoch diese Tragödie tiefer durchdacht und schmerzvoller durchlebt hat als irgendeiner seiner bürgerlichen Zeitgenossen, sieht er dennoch am Horizont so viel von der neuen Lösung des tragischen Konflikts, wie künstlerisch notwendig ist, um diesem eine endgültige, eine allumfassende Wendung zu geben. Vor vielen Jahren schrieb Thomas Mann: ‹Ich sagte, gut werde es erst stehen um Deutschland, und dieses werde sich selbst gefunden haben, wenn Karl Marx den Friedrich Hölderlin gelesen haben werde... Ich vergaß hinzuzufügen, daß eine einseitige Kenntnisnahme unfruchtbar bleiben müßte.› Diese Einsicht bedeutet aber bei Mann selbst etwas ganz anderes als die gelegentlichen kritischen, mit der entstehenden neuen Welt abstrakt sympathisierenden Anschauungen Adrians und Serenus'. Diese Einsicht ist für Thomas Mann – und zwar in steigendem Maße – eine Perspektive der in sich selbst ausweglosen, der Barbarei zutreibenden Auflösung der bürgerlichen Kultur der Gegenwart. Wenn also jene ‹große Welt›, die sich im Volk (ohne Anführungszeichen) vorbereitet, bei Thomas Mann auch keinen konkreten Inhalt erhalten kann, so ist sie für ihn doch überall gegenwärtig genug, um den tragischen Bestimmungen der untergehenden Welt ihre letzte Zuspitzung zu geben, um die ‹kleine Welt› des ‹reinen Geistes› – was die in ihr Lebenden nur dumpf fühlen, aber sich bis zuletzt nicht be-

---

* Kaisersaschern ist die – fingierte – Geburts- und Heimatstadt Serenus Zeitbloms, in der Adrian Leverkühn seine Schulzeit verbrachte. (Anm. d. Red.)

wußt, nicht zur lebensverwandelnden Kraft machen können – als todbringenden, als teuflischen Kerker darzustellen. In Shakespeares größten Tragödien, in Hamlet, in Lear, leuchtet am Schluß das Licht einer aus dem tragischen Dunkel aufsteigenden neuen Welt auf. Und wer hat das Recht, von Shakespeare eine genaue gesellschaftliche Beschreibung dieser neuen Welt zu fordern? Reicht es nicht aus, daß ihre Vision imstande ist, dem Licht und dem Schatten im Tragischen selbst die richtigen gesellschaftlichen-geistigen, künstlerischen Proportionen und Gewichte zu geben?

Das sind der Sinn und die geistig künstlerische Funktion der letzten tragischen Einsicht Adrian Leverkühns: ‹... statt klug zu sorgen, was vonnöten auf Erden, damit es dort besser werde, und besonnen dazu zu tun, daß unter den Menschen solche Ordnung sich herstelle, die dem schönen Werk wieder Lebensgrund und ein redlich Hineinpassen bereiten, läuft wohl der Mensch hinter die Schul und bricht aus in höllischer Trunkenheit: so gibt er sein Seel daran und kommt auf den Schindwasen.›

Wir mußten diese Worte nochmals anführen, weil in ihnen dieses Neue deutlich zum Ausdruck kommt: die Umgestaltung der realen, der ökonomisch-sozialen Lebensgrundlage als Voraussetzung der Gesundung von Geist und Kultur, von Denken und Kunst. Der tragische Held Thomas Manns hat hier den Weg, der zu Marx führt, gefunden, hat wenigstens in seinen letzten klaren Worten mit der teuflisch-tragischen Vergeblichkeit seines eigenen Weges (des Weges der bürgerlichen Kultur und Kunst) gebrochen und den neuen Weg bezeichnet, den Weg zu einer neuen ‹großen Welt›, in welcher wieder eine neue, volksverbundene, nicht mehr teuflische große Kunst möglich sein wird. Daß sein Freund und Biograph ihn hier nicht versteht, daß er in der eigenen Treue zu Adrian eine Flucht vor dem deutschen Schicksal erblickt, daß der Zusammenbruch des Faschismus für ihn die Widerlegung der ganzen deutschen Geschichte bedeutet, ist nur der notwendige realistische Rahmen zu dieser Perspektive Thomas Manns: die letzte Einsicht Adrian Leverkühns ist nur die notwendige perspektivische Konsequnz der Tragödie Deutschlands und der Tragödie der bürgerlichen Kunst. Sie ist objektiv da. Sie ist aber noch nicht da als Wendung der bürgerlichen Intelligenz zum neuen Licht, zur Sprengung der Kerkerwände ihrer ‹kleinen Welt›.

Jedoch das bloße, wenn auch in fein künstlerischer Weise folgenlos bleibende Aussprechen der Perspektive einer neuen Weltlage genügt, um dieser Tragödie ihre Trostlosigkeit zu nehmen. Thomas Mann setzt hier den Schlußpunkt hinter eine Entwicklung von mehreren Jahrhunderten. Aber dieser Epilog ist gerade deshalb zugleich ein Prolog. Das Tragische bleibt in seiner vollen Düsterkeit bestehen, es ist jedoch – vom Standpunkt der Menschheitsentwicklung aus betrachtet – ebensowenig pessimistisch wie die großen Tragödien Shakespeares.

[1948]

I

Diese Auseinandersetzungen müssen fragmentarisch sein. Warum? Weil das ihren Inhalt bestimmende Werk, die ‹Bekenntnisse des Hochstaplers Felix Krull›, auch nach seiner Fortführung nur fragmentarisch vorliegt. Die Abgeschlossenheit hat aber in der Ästhetik eine die Gegenständlichkeit entscheidend bestimmende Bedeutung. Es gehört zum Wesen des Lebens, daß wir in ihm so gut wie immer mit unvollendeten Erscheinungen zu tun haben; sogar der Tod eines Menschen setzt nur sehr relativ einen Schlußpunkt hinter seinen Lebenslauf; die Wirkungen seiner Taten und Werke bleiben auch dann Elemente des sich weiterbewegenden Daseins. So viele Fehlerquellen auch unsere Betrachtungen des Lebens haben mögen – unvermeidlich ist, daß diese stets den Charakter der Gegenwart von *termini a quo* besitzen.

Jede Literaturbetrachtung ist dagegen vom *terminus ad quem* beherrscht. Das heißt, die letzte Determination, die jede Gestalt, die endgültige Beleuchtung, die jede Situation erhält, wird vom Schluß der Dichtung ausgestrahlt. Freilich nur die letzte, die die Vollendung bringt. Die Atmosphäre der Gestalten und der Situationen bestimmt sich dynamisch als ein Reifen diesem Ende zu. Diese Bewegung und ihre Schlußakkorde bringen die dichterische Atmosphäre, die wirkliche Kunstwerke beherrscht, hervor. Man denke an Andrej Bolkonskij und Pierre Besuchow in Tolstois Kriegsepos. Wie stark umwittert jenen, von seinem ersten hochmütigen Auftreten im Salon bis zum versöhnten Tod nach allen Enttäuschungen, die Luft der unvermeidlichen Tragödie; und wie stark ist bei diesem die Atmosphäre der Sicherheit, des Vertrauens, die Überzeugung eines guten Ausgangs. Selbst wenn Besuchow von den Franzosen – anscheinend – zum Tode verurteilt auf dem Richtplatz steht, hört diese Stimmung seiner Geborgenheit nicht auf.

Und solche Stimmungen enthalten viel mehr als ein bloß allgemeines Umreißen des Schicksals, das sich am Ende der Dichtung auch äußerlich vollendet, so daß der Gang als ein zeitlich umgekehrtes Abspulen dessen erscheint, was im Abschluß *implicite* enthalten war. Diese Schicksalseinheit der Grundstimmung ist vielmehr das Allerkonkreteste, das Allerindividuellste; sie bestimmt die spezifische Besonderheit des Ganzen wie aller Details. Der unwiderstehliche Charme von Goethes ‹Egmont› ist untrennbar mit seinem tragischen Ende verbunden. Ohne jene Hybris, die sich in seiner selbstsicheren Unbekümmertheit äußert, wäre all dies nur flacher Leichtsinn.

In alledem, wie überall, wenn von echten Formproblemen die Rede ist, handelt es sich um eine Wahrheit des Lebens. Wenn die Erfüllung eines Lebens und die restlose Offenbarung seiner tiefsten Möglichkeiten in die Anfänge zurückgebogen und von diesen her in ihrer Ausbreitung und Erfüllung entwickelt werden, so äußert sich darin der menschlich synthetische Charakter dieser Anfänge, die Einheit von Schicksal und Gemüt, um den Ausdruck von Novalis zu zitieren, das tiefste Glück der Persönlichkeit nach Goethe: auf dem Gipfel des Lebens Anfangstendenzen zur Reife zu bringen. Dieser Tatbestand mag manchmal eine ganz oder halb mystische Formulierung erhalten haben. In Wirklichkeit jedoch handelt es sich um ein wichtiges Faktum des Lebens, um eine bedeutsame *species* der Wechselbeziehung zwischen Charakter und Lebensumständen. Allerdings auch um ein Extrem. Denn in sehr vielen Fällen ist der Persönlichkeitskern der Menschen viel zu schwach, um in einer solchen Kontinuität aller Wechselfälle die strukturelle Gleichheit der Lebensführung durchzuhalten. Eine gewisse Tendenz dazu ist aber – im Guten wie im Bösen und Widrigen – bei fast allen Menschen vorhanden, und es ist eine allgemeine Überzeugung der Menschen, daß der Wert und das Gewicht der Persönlichkeit sich gerade in einer so bestimmten Konstanz, in einer solchen kontinuierlichen Entfaltung der Anlagen verwirklicht; es lebt in ihnen die allgemeine Sehnsucht nach einer solchen Verwirklichung. Freilich gilt auch hier der dialektische Satz von der Einheit der Identität und Nicht-Identität. Gerade solche Charaktere sind oft den stärksten Umwandlungen, ja Umwälzungen unterworfen, ändern sich oft vehementer als jene, die eine solche Konstanz und Kontinuität zu bewahren nicht imstande sind. Es kommt aber hier darauf an, daß die Dauer im Wechsel verwirklicht werde: ein Gleichgewicht des Kerns in den stärksten Verwandlungen und durch sie.

Die Dichtung realisiert nun diese allgemeine Überzeugung und Sehnsucht. Das Gestalten vom Ende aus, die Herrschaft des *terminus ad quem* ist nur der formale, der kompositionelle Ausdruck für die ästhetische Widerspiegelung dieses wichtigen Lebensproblems. Die dichterische Vollendung, als Stendhalsche ‹promesse de bonheur›, bezieht sich ja immer auf die Erfüllung derartiger, objektiv legitimer Wünsche der Menschheit an das Leben, deren Verwirklichung die Klassengesellschaften nur höchst partiell und oft nur verzerrt zulassen können. Der humanistische Protest gegen diese Konstellation, der bei vielen großen Schriftstellern einen direkt-inhaltlichen Ausdruck erlangt, fixiert sich für jede gute Literatur in der hier angedeuteten Formfrage.

Deshalb muß jede Betrachtung eines noch nicht bis zum vollendeten Abschluß gediehenen Werks skeptische Vorbehalte gegen alle eigenen Interpretationen erheben. So auch diese unsystematischen Anläufe, den entscheidenden Gehalt des aus jahrzehntelangem Winterschlaf erwachten ‹Krull› analytisch zu erfassen.

II

Der Stil des Romans – um die folgenden Ausführungen nicht allzuweit von unserem konkreten Problem zu beginnen – ist durch die Art der Wechselbeziehungen zwischen Sein und Bewußtsein, zwischen Umwelt und Mensch bestimmt. Je umfassender und vollendeter, je großzügig-realistischer und intimwahrer diese Wechselbeziehungen geraten, desto bedeutender wird der Roman. Man muß diese Zusammenhänge auch historisch betrachten. Denn nicht nur die Umwelt der Menschen, die ökonomische Struktur der Gesellschaft ist einem ununterbrochenen geschichtlichen Wandel unterworfen, sondern auch jede jeweilige Struktur ergibt vom realen und bewußtseinsmäßigen Aspekt der verschiedenen Klassen ein wechselndes, oft völlig verändertes Bild. Tolstoi zeigt, rein gestalterisch, in ‹Auferstehung›, wie verschiedene Wechselbeziehungen zwischen Sein und Bewußtsein in bezug auf den Staat und seine Gesetze, seine Gerichte und Gefängnisse bei der herrschenden Klasse, bei den wehrlos Unterdrückten und bei den Revolutionären ausgelöst werden. Die Wechselwirkungen zwischen Sein und Bewußtsein, zwischen Umwelt und Mensch müssen also bis zur Höhe und Weite einer intensiven Totalität erhoben werden, um eine befriedigende Komplettheit und Abgeschlossenheit erhalten zu können.

Um den historischen Strukturwechsel in bezug auf die objektiven Fakten ganz klar zu sehen, sei hier der Unterschied zwischen ursprünglicher Akkumulation und normal funktionierendem Kapitalismus angeführt. Marx sagt: ‹Außerökonomische, unmittelbare Gewalt wird zwar immer noch angewandt, aber nur ausnahmsweise. Für den gewöhnlichen Gang der Dinge kann der Arbeiter den ‚Naturgesetzen der Produktion‘ überlassen bleiben, das heißt seiner aus den Produktionsbedingungen selbst entspringenden, durch sie garantierten und verewigten Abhängigkeit vom Kapital. Anders während der historischen Genesis der kapitalistischen Produktion. Die aufkommende Bourgeoisie braucht und verwendet die Staatsgewalt, um den Arbeitslohn zu ‚regulieren‘, das heißt innerhalb der Plusmacherei zusagender Schranken zu zwängen, um den Arbeitstag zu verlängern und den Arbeiter selbst in normalem Abhängigkeitsgrad zu erhalten. Es ist dies ein wesentliches Moment der sogenannten ursprünglichen Akkumulation.› Die Bestimmung umschreibt natürlich nur die beiden Pole eines langwierigen, an schroffen Wendungen reichen Prozesses.

Die großen Romane der frühbürgerlichen Periode, wie ‹Moll Flanders›, ‹Gil Blas› und in bestimmtem Sinne auch ‹Tom Jones›, gestalten die im Entstehen begriffene bürgerliche Gesellschaft mit allen ihren Verderben bringenden oder Chancen bietenden Lücken und Rissen, mit all ihrer brutalen Gewalttätigkeit und korrupten Ohnmacht, um in dieser abenteuervollen Umwelt den Triumph letzten Endes von menschlicher Energie und Tüchtigkeit darstellen zu können. Bei Balzac schließt sich bereits der Kreis für die allmächtige Immanenz der ökonomischen Gesetzlichkeit des Kapitalismus. Die Kulturbestrebungen der Menschen, ihre Empfindungen und Gedanken, ihre Begabung und ihre Erlebnisfähigkeit werden ebenso zur Ware wie die technischen Instrumente ihrer gesellschaftlichen Verbreitung, wie Druckerei und Presse. Das Rückzugsgefecht hat aber hier noch die Form eines wirklichen Kampfes, obwohl über seinen Ausgang von vornherein kein Zweifel mehr herrschen kann. Flaubert schildert bereits eine Welt, in welcher diese Kämpfe entschieden sind. ‹Madame Bovary› zeigt ein Maximum der Dichtigkeit der gesellschaftlichen Umwelt. Die Beziehungen der Menschen zu dieser Umwelt reduzieren sich deshalb auf ohnmächtiges Träumen und auf kampflose Kapitulation, auf — oft zähneknirschende und bloß äußerliche — Anpassung. Ganz anders aber stellen sich diese

Wechselwirkungen zur selben Zeit in Rußland dar. Ich habe in meiner Puschkin-Studie geschildert, wie die Kette der revolutionären Versuche, die ununterbrochene Kontinuität der revolutionären Gesinnung auf die Literatur, auf ihre Gestaltung von Mensch und Umwelt einwirkt. Darum gibt es hier aus der ‹Dichtigkeit› der sich kapitalisierenden Gesellschaften immer Auswege, wenn auch zumeist tragischen Charakters. Stellt man in Gedanken Anna Karenina neben Emma Bovary, Andrej Bolkonskij neben Frédéric Moreau, so sieht man deutlich diesen Gegensatz.

Der Imperialismus verschärft die objektiven wie die subjektiven Gegensätze. Objektiv können wir sowohl eine Zunahme der Dichtigkeit der Umwelt, die Ausbreitung der Macht des Monopolkapitals auf allen Gebieten des Lebens, das Beherrschen der kleinsten Regungen durch die faschistische Kontrolle usw., wie das Anwachsen der Lückenhaftigkeit, das plötzliche Aussetzen der Kontinuität beobachten, so infolge der häufigen Erschütterungen des ganzen Baus der Gesellschaft in Weltkrisen und Weltkriegen, in Revolutionen und Gegenrevolutionen. All dies wird jedoch – zumeist – von einem Bewußtsein widergespiegelt, das – ebenfalls infolge der Einwirkungen des Imperialismus – gleichzeitig an falschem Objektivismus und an falschem Subjektivismus leidet und deshalb die Wirklichkeit in doppelter Richtung verzerrt. Der Mensch spürt den Druck, das Einengende der gesellschaftlichen Kategorien auf sein Leben härter und schmerzlicher als je in bisherigen Gesellschaftsformen, zugleich jedoch haben die Gebote der Moral, die diese Pression der Objektivität ihm vermitteln, weit weniger eine Geltung erheischende Evidenz für ihn, werden von ihm weit weniger als innerlich bindend erlebt, als dies in früheren gesellschaftlichen Formationen der Fall war. Die daraus erwachsende – vom Subjektivismus der Ideologie noch aufgebauschte – Einsamkeit der Künstler und ihre Zurückgeworfenheit auf sich selbst steigern ununterbrochen diese Isoliertheit.

Darum schrieb schon vor Jahrzehnten Gottfried Benn: ‹... Es gab in Europa zwischen 1910 und 1925 überhaupt keinen anderen als den antinaturalistischen Stil. Es gab ja auch keine Wirklichkeit, höchstens noch ihre Fratzen. Wirklichkeit, das war ein kapitalistischer Begriff... Der Geist hatte keine Wirklichkeit.› Darum spricht Ernst Bloch von der Wirklichkeit seiner Gegenwart, sie sei eine ‹perfekte Nicht-Welt, Gegen-Welt oder auch Trümmer-Welt des großbürgerlichen Hohlraums›. Was bedeutet nun der von weltanschaulich in jeder Hinsicht so gegensätzlichen Autoren einmütig betonte Ausdruck: keine Wirklichkeit? Was bedeutet er vor allem für den Schriftsteller? Ernst Bloch antwortet darauf scharf und richtig: ‹So kommen wichtige Dichter in den Stoffen nicht mehr unmittelbar unter, sondern sie zerbrechend. Die herrschende Welt verbreitet ihnen keinen darstellbaren Schein mehr, der auszufabeln wäre, sondern nur Leere, mischbaren Bruch darin.›

Die objektive Sachlage kann aus solchen subjektiven Bekenntnissen unschwer herausgelesen werden. Die Menschen des imperialistischen Zeitalters haben jede Perspektive sowohl für die Gesellschaft wie in ihr für das eigene Dasein verloren. Die Perspektivenlosigkeit läßt aber im Leben den Unterschied zwischen

Wesen und Erscheinung verschwinden; das objektive Wesen der gesellschaftlichen Bestimmungen wird unerkennbar. Soweit es aus artistischen Gründen doch konstruiert oder rekonstruiert werden soll, müssen Willkür und Verzerrung zustande kommen. Es gibt jedoch keine wirkliche Gestaltung ohne Perspektive, auch wenn diese einen negativen Charakter hat wie in ‹Education sentimentale›. In dieser Trümmerwelt des in Verlust geratenen Wesens, auf dieser Schädelstätte verlorener Ideale kann das tragikomisch zum Selbstherrscher gewordene Subjekt seiner Willkür gemäß schalten, kann die in seiner Vorstellung zusammenhanglosen Stücke der Wirklichkeit nach Belieben arrangieren, aneinander oder auseinander montieren, kann aus solchen isolierten und in der Isolierung sinnlos gewordenen Bruchstücken der Wirklichkeit dadaistische oder surrealistische ‹Kompositionen› zusammenflicken. Der Verlust von Perspektive und Wesen schafft den Schein einer vernichteten Wirklichkeit, einer schrankenlosen Herrschaft der Subjektivität; einer hochmütigen Subjektivität mit schlechtem Gewissen, denn sie kann von der Angst nie loskommen, daß die leiseste Berührung mit der objektiven Wirklichkeit solche Kartenhäuser des Gedankens, der Erlebnisse sofort zusammenstürzen lassen würde.

Kann bei einer solchen aufgeblähten Subjektivität noch irgendein Realismus zustande kommen? Ja und nein. Nein, wenn ein umfassendes Weltbild von dieser Subjektivität aus durch die verzerrende Anpassung der Bestimmungen der objektiven Wirklichkeit an diese Subjektivität angestrebt wird. Ja in Grenzfällen, in denen der äußere Umfang der Wirklichkeit und die intensive Totalität ihrer Bestimmungen bewußt so stark eingeengt werden, daß eine diesem Subjekt angepaßte Welt mit realistischen Mitteln, mit realistischer Gesinnung dargestellt werden kann. Es ist in den bedeutsamen Fällen des Gelingens immer ein rein innerlich moralisches Problem der subjektiven Bewährung, und zwar den drohenden Kräften der Natur gegenüber. Denn selbst das bloße horizontmäßige Zulassen von gesellschaftlich-menschlichen Beziehungen, von aus ihnen entspringenden Konflikten wäre bei einer solchen Weltanschauung und Darstellungsweise von vornherein zum Scheitern verurteilt. Man meint und sagt: moralische Probleme wären hier ‹kosmisch› vertieft. In Wirklichkeit ist die dargestellte Welt auf das Verhältnis des isolierten Individuums zu bestimmten isolierten Naturmächten zusammengeschrumpft. So ist das Gelingen von Joseph Conrads ‹Taifun› zustande gekommen. So, bei noch stärkerem Schrumpfen der menschlichen Beziehungen, Hemingways ‹Der alte Mann und das Meer›.

In beiden Fällen beschränkt die artistische Klugheit der Verfasser das isolierte und rein persönliche Sichbewähren gegenüber den Naturmächten auf die Novellenform. Schon die Romane Conrads und Hemingways weisen völlig die moderne Problematik auf. Sie beruht, infolge des notwendigen Ausfallens der gesellschaftlichen Beziehungen zwischen den Menschen, auf einer Verarmung auch der Beziehung der Menschen zu sich selbst. Wo solche Lücken mit Ersatzmitteln verstopft werden, nähern sich selbst hochbegabte Autoren einer bloßen Belletristik; nur zuweilen treffen wir ein paradoxes Gelingen in der

Vergrößerung novellistischer Konstruktionen zu wirklichen Romanen, so in Conrads hochinteressantem ‹Lord Jim›. Eine ausführliche Analyse dieser Problematik gehört nicht hierher; wir begnügen uns mit der Feststellung, daß ihr immer eine Art ‹Weltlosigkeit› der gestalteten Objektivität zugrunde liegt.

Diese Auflösung stellt Thomas Mann scharfsinnig bei Joyce fest, er irrt bloß, wenn er diese Tendenzen seinen eigenen nahebringt. In der ‹Entstehung des Doktor Faustus› zitiert er zustimmend einen Ausleger von Joyce, der über dessen ‹Ulysses› sagt, es sei ein Roman, um mit allen Romanen Schluß zu machen. Und an eine ähnliche Feststellung T. S. Eliots anknüpfend, fragt Mann, ‹ob es nicht aussähe, als käme auf dem Gebiet des Romans heute nur noch das in Betracht, was kein Roman mehr sei›, und meint, dies träfe auf den ‹Zauberberg›, den ‹Joseph› und ‹Doktor Faustus› ebenfalls zu.

Ohne Zweifel sind nicht wenige formale Ähnlichkeiten vorhanden. Es genügt, wenn ich an die Verdoppelung der Zeit im ‹Faustus› erinnere. Diese scheinbare Verwandtschaft entsteht aber bloß aus der Stoffwahl, aus der Thematik, nicht aus der Gestaltungsart. Thomas Mann stellt sich die legitime und zentrale Aufgabe eines dichterischen Historikers unserer Zeit, die Subjektivität des bürgerlichen Menschen der imperialistischen Periode, des Menschen ohne Perspektive, in realer Wechselwirkung mit seiner Umwelt zu gestalten. Will er seinem Stoff gerecht werden, so muß er selbstredend die Menschen, ihre Beziehungen zur Welt so darstellen, wie dies für unsere Zeit typisch ist. Das heißt, er gibt uns das Bild ähnlicher Menschen und Schicksale, wie wir sie in den Werken von Joyce, Hemingway, Gide usw. finden können. Die gesellschaftlichen Tendenzen, welche die Persönlichkeit der Menschen, ihr Verhältnis zur Wirklichkeit verbiegen und verzerren, werden also bei ihm literarisch ebenso sichtbar gemacht, wie bei diesen seinen bekannten Zeitgenossen.

Es bestehen jedoch bei dieser Nähe der Thematik zugleich Gegensätze der dichterischen Weltanschauung und darum der künstlerischen Form, die viel gewichtiger sind. Erstens gestalten die bekannten Avantgardisten auf der Grundlage einer völligen Perspektivenlosigkeit hinsichtlich des Schicksals der Menschheit. Thomas Mann aber hat eine Perspektive: die der Unvermeidlichkeit des Sozialismus, wenn — was er nicht glaubt — das Menschengeschlecht nicht im Chaos der Barbarei versinken soll. Es handelt sich dabei freilich um eine abstrakte Perspektive überhaupt, die einerseits wenig oder gar nichts über Art und Beschaffenheit des Sozialismus aussagt, die andererseits die Probleme des Übergangs vom heutigen Gesellschaftszustand zum zukünftigen unbesprochen läßt. Das hat zwar für die von Thomas Mann gestaltbare Welt wichtige Folgen, indem vor allem alle menschlichen Äußerungsweisen der Transition ins Neue in seinem Lebenswerk fehlen müssen, doch schafft die bloße Existenz einer Zukunftsperspektive für die Gestaltung des Gegenwärtigen gänzlich andere Bedingungen und Möglichkeiten als das vollständige Fehlen jedes Horizonts dem Kommenden gegenüber. Wenn also — zweitens — Thomas Mann sich den Subjektivismus der imperialistischen Periode in lebenswahrer, ja lebensnaher Typik zum Gegenstand macht, so bleibt er bei ihm *Gegenstand* der Gestaltung, *nicht* richtungweisendes *Prinzip* der Darstellung. Und einem solchen gewandelten Formungswillen entsprechend wird zwar die moderne Subjektivität zu einem Mittelpunkte der Werke, sie wird jedoch *als* Subjektivität gestaltet. Ihr wird eine sich nach selbständigen objektiven Gesetzen bewegende Außenwelt unabhängig gegenübergestellt, die ununterbrochene Wechselwirkungen mit der Subjektivität hervorruft und das historisch adäquate Milieu für deren Entfaltung bildet, deren entscheidende Aufbaukategorien jedoch nicht von dieser bestimmt werden, sondern im Gegenteil diese ihre Art, ihr Wachstum, ihre Entfaltung determinieren. Mit einem Wort: Thomas Mann weist in seinen Werken, was bei seinen bekannten Zeitgenossen völlig fehlt, der modernen Subjektivität ihre angemessene Stelle im Bild der heutigen Gesellschaft zu.

So zeigt sich auch hier, daß, wenn zwei das gleiche tun, es nicht das gleiche ist. Die Doppelzeit, die etwa bei Virginia Woolf jede Kontinuität und jeden Zusammenhang der Werke auflöst, wird bei Thomas Mann ein Mittel, um die gesellschaftliche Wirklichkeit noch stärker zu fundieren. Im ‹Faustus› etwa betont die Zeit der Niederschrift der Biographie durch Serenus Zeitblom die sozialen Konsequenzen des Lebenslaufs und des Lebenswerks von Adrian Leverkühn. Die nahe ideelle Verbundenheit des Helden mit dem sich faschisierenden Deutschland, über die bei diesem selbst nicht nur jede Bewußtheit fehlt, die er selbst sogar, wenn er von ihr wüßte, hochmütig-verärgert abweisen würde, wird dadurch mit zwangloser Selbstverständlichkeit einprägsam.

Die Gegensätzlichkeit des Wesens bei naher Berührung der Erscheinungsoberfläche beschränkt sich natürlich nicht auf das Zeitproblem; dies ist nur ein Beispiel. Führen wir ein anderes an. André Gide spricht in seiner Dostojewskij-Studie über bestimmte Paradoxien von Blake (deren Sinn er, beiläufig gesprochen, sehr ins Modern-Gidesche uminterpretiert) und fügt von sich aus hinzu: ‹Mit schönen Gefühlen macht man schlechte Literatur›, und: ‹Kein Kunstwerk entsteht ohne die Mithilfe des Teufels.› Hier erscheint also das Teuflische als ein notwendiges Prinzip des künstlerischen Schaffens überhaupt. Ebenso scheint die Sache in Manns ‹Faustus› für Leverkühn zu stehen. Aber – das ist der springende Punkt – für Leverkühn (und Gide), nicht aber für Thomas Mann. Dieser läßt sogar mit einer tiefen Ironie gerade durch den Teufel Leverkühn den Unterschied vordemonstrieren, und zwar als historischen, als eine Lage, die für die Goethezeit nicht bestand, wohl aber für die imperialistische Periode. ‹Das ist es›, sagt hier der Teufel, ‹du denkst nicht an die Läufte, du denkst nicht historisch, wenn du dich beklagst, daß der und der es *ganz* haben konnte, Freuden und Schmerzen unendlich, ohne daß ihm das Stundglas gestellt war, die Rechnung endlich präsentiert wurd. Was der in seinen klassischen Läuften allenfalls ohne uns haben konnte, das haben heutzutage nur wir zu bieten.› Was also, bei dem hier nur als Exempel genommenen Gide, das Prinzip des Gestaltens ist, ist bei Thomas Mann nicht mehr als ein Objekt der Gestaltung.

Dasselbe ließe sich in bezug auf alle Momente der vermeintlichen Verwandtschaft zwischen Thomas Mann und der Avantgarde der Dekadenz nachweisen. Die Berührung reduziert sich auf das Thematisch-Stoffliche und wird zum Stilelement nur, soweit jenes sich darstellerisch auswirkt. Dies muß sich jedoch, auf Grund der gegensätzlichen Voraussetzungen der dichterischen Weltanschauung, gerade in den entscheidenden Formfragen dem Minimum nähern und ist bloß dort vorhanden, wo ähnliche Erscheinungsweisen ähnliche technische Handgriffe erfordern. Es ist also richtig, daß der Erzählungsstil Thomas Manns nach den ‹Buddenbrooks› sich ununterbrochen ‹modernisiert› hat. Es entspricht aber nicht dem wirklichen Tatbestand, daß Thomas Mann sich damit der Auflösung der Romanform genähert hätte. Seine Form ist, im Gegenteil, ein Weiterbilden der besten Traditionen des realistischen Romans; selbstverständlich unter den Bedingungen des Wandels von Inhalt und Form, verursacht durch die Wirklichkeit der bürgerlichen Gesellschaft in der imperialistischen Periode. Weil Thomas Mann die Wahrheit der Zeit wesenhaft und zentral erfaßt, entsteht bei ihm die angeführte Selbsttäuschung, verwechselt er sich selbst mit jenen, denen nur Moment-Montagen oder verzerrte Stilisierungen der unmittelbaren Oberfläche gelingen können. Daß er bei tiefer Zeitgemäßheit ein Bewahrer der besten epischen Überlieferungen und nicht ein Totengräber der Romanform ist, wurde und wird oft von gegnerischer Seite, von den kritischen Verkündern des Avantgardismus anerkannt, die ihm eine ‹soignierte Bürgerlichkeit› vorwerfen, ihn zum Dichter der ‹Sekurität› machen wollen. Erst die Abgrenzung gegen diese beiden Extreme eröffnet den Weg zur Erkenntnis der wirklichen Stilfragen des Mannschen Lebenswerks.

Die Grundtendenz ist von Anfang an sichtbar, sie wird aber immer deutlicher und verschlungener. Jeder kennt die stilistische Eigenart Thomas Manns: Ironie, Selbstironie, Humor, Musik der Vorbehalte. Auch in diesen Fragen ist sein Zusammenhang mit der älteren Literatur evident; es genügt, auf Fontane hinzuweisen. Doch läßt sich die Eigenart des Mannschen Stils – auch am Beginn seiner Laufbahn – nie aus stilistischen Einflüssen noch so bedeutender Vorläufer ableiten; sie wächst organisch aus dem gesellschaftlichen Sein der Epoche, aus Zeitstimmungen, aus Zeitproblemen heraus. Kurz gefaßt handelt es sich dabei um die Diskrepanz zwischen subjektiver Spiegelung der Welt, womit die Fragen der spezifisch Mannschen Moral, der Dialektik von Haltung, Haltungslosigkeit und ihrer widerspruchsvollen Einheit aufs engste verbunden sind, und der Sache selbst, nämlich der objektiven Wirklichkeit. Darum ist für die Mannsche Welt das avantgardistische stilistische Bestreben einer Verneinung der objektiven Wirklichkeit von vornherein sinnlos.

Die Auflösung der Diskrepanzen des Lebens kann an sich sowohl tragisch als auch komisch sein; Thomas Mann bejaht für sich die sokratische Forderung aus dem ‹Gastmahl›, daß derselbe Dichter Tragödien und Komödien verfassen soll. Eine solche Vereinigung des Tragischen und des Komischen beinhaltet naturgemäß ihre Relativierung. Diese wurde zuerst von Karl Marx als historisch formuliert. Da jedoch Thomas Mann die tragischen und komischen Kollisionen seiner eigenen Epoche gestaltet – auch wenn es sich dichterisch unmittelbar um die Josephlegende handelt –, erscheint diese historische Relativierung bei ihm als Typenhierarchie in der Gegenwart; der Akzent wird auf die Übergänge vom Tragischen ins Komische und *vice versa* gelegt, das nicht historische Nacheinander erscheint als moralisches Nebeneinander der Reaktionen auf die Zeitprobleme, als Stufenfolge des moralischen Ranges, der in solchen Reaktionen zum Ausdruck kommt.

Thomas Mann hat sich seine Zukunftsperspektive in schweren Kämpfen mit sich selbst durch Überwindung tief verwurzelter Illusionen erobert. Als negatives Motiv war diese Perspektive jedoch, als festeingewurzelte Skepsis der gegenwärtigen bürgerlichen Gesellschaft gegenüber, in ihm von Anfang an vorhanden. An diesem objektiven, heute sichtbar gewordenen Tatbestand ändert es nichts, daß die echteste Intention dieser Skepsis lange Zeit weder von Mann selbst noch von seinen Lesern erkannt wurde.

Jedenfalls hat diese Skepsis zur Folge gehabt, daß die Tragödie beim jungen Thomas Mann immer mit einer Skurrilität ihrer Erscheinungsformen verbunden war; so bei Thomas Buddenbrook, so noch stärker bei Gustav von Aschenbach. Das hat notwendig einen Einschlag von Phantastik in der realistischen Darstellung solcher Geschicke zur Folge. Solchen realistisch-phantastischen Grotesken liegt nämlich immer die dichterische Zuspitzung der Gegensätze von Erscheinung und Wesen, von subjektivem Bewußtsein und objektiver Wirklichkeit zugrunde. Bezeichnenderweise ist der ironische Tod das damals vorherrschende Motiv. Sowohl bei Thomas Buddenbrook als auch bei Gustav von Aschenbach scheint der Tod mit seinen erniedrigenden Formen in schreiendem Widerspruch zu der Lebensführung des Helden, zu seiner noblen Haltung zu stehen. Die dichterische Einheit von Seele und Schicksal offenbart sich jedoch darin — und hier ist die Weltanschauungsgrundlage von Manns Ironie und Selbstironie sichtbar —, daß dieser skurrile Lebensabschluß von Menschen, die dem Herzen ihres Autors sehr nahestehen, gerade durch seine deren Haltung diffamierende Art, etwas ganz Entscheidendes, ja das letzten Endes ausschlaggebende über den Kern von Thomas Buddenbrook und Gustav von Aschenbach aussagt. Wo die Tragik weniger angespannt ist, braucht dieses Groteske nicht als Todesart zu erscheinen. Seine Komik ist aber auch hier nicht ‹rein›; es läßt sich von den zentralen — sehr ernst genommenen — subjektiven Lebensproblemen des jungen Thomas Mann nie ablösen; so in der Beinahe-Verhaftung Tonio Krögers, so in der großen Auseinandersetzungsszene Detlev Spinells mit Klöterjahn. Der aus solchen Weltanschauungselementen herauswachsende Stil einer spielerisch-ironischen Phantastik erreicht einen frühen Gipfel in der Novelle ‹Der Kleiderschrank›. Das allmähliche, aber immer deutlicher werdende Übergehen der Mannschen Ironie und Selbstironie ins Spielerische ist also von zwei Komponenten bestimmt. Einerseits dadurch, daß das Bewußtsein seiner wichtigsten Gestalten sich von der objektiven Wirklichkeit in wachsendem Maße entfernt, andererseits durch das stets energischere Betonen des Sieges der Wirklichkeit über jede Art von falschem Bewußtsein. Deshalb drückt diese artistische Tendenz zum Spielerischen bei Mann nie eine subjektivistische Aufhebung der objektiven Wirklichkeit aus, sondern unterstreicht im Gegenteil ihren unvermeidlichen, zwangsläufigen Triumph. Je größer die Diskrepanz zwischen Sein und Bewußtsein, in desto groteskeren, erniedrigenderen Formen muß die Subjektivität unterliegen. Das Spielerische als Form beinhaltet ein phantastisches Hin und Her zwischen zeitweiliger Fixierung des falschen Bewußtseins und der ‹Heimtücke› der Objektivität, solche Täuschungen vorübergehend zu dulden, ja zu fördern. Das falsche Bewußtsein wiegt sich in diesem Schein — zuweilen mit Ahnungen seiner Hinfälligkeit, seines prekären Charakters —, bis schließlich der Schein sich in einer skurril-komischen oder tragikomischen Katastrophe auflöst.

Dadurch ist zum Beispiel die Atmosphäre von ‹Königliche Hoheit› bestimmt. Einerseits in der richtigen, die Lebensenergie, die menschliche Aktivität lähmenden Einsicht des Prinzen Albrecht in das Wesen des ‹Affentheaters›, das er zu spielen gezwungen ist. Die Ohnmacht des Bewußtseins äußert sich darin, daß er die Sinnlosigkeit des eigenen gesellschaftlichen Seins zwar relativ klar durchschaut, ohne, infolge der Art und Macht dieses Seins, auch nur den leisesten Versuch machen zu können, es real zu verlassen. Andererseits wirkt sich nicht minder spielerisch-humorvoll das Schaukeln zwischen Verständnis der wahren Lage und Illusionen über sie im ‹hohen Beruf› des Prinzen Klaus Heinrich aus; sogar seine innerlich echte Liebe wird von diesem ironischen Zwiespalt bestimmt. Darin kommt schon relativ früh der Tiefsinn des Spielerischen bei Mann zum Durchbruch: es wird eine höchst eigenartige, spezifische Umwelt der Gestalten geschaffen, in der, auch durch deren Einwirkungen, solche Aberrationen des Bewußtseins in voller Reinheit zum Ausdruck gelangen. Das Spielerische der Handlungsführung, die Ironie in der Erzählungsweise haben gerade die Funktion, diese Reinkultur aufs äußerste zu steigern und zugleich ihren unüberbrückbaren Kontrast zur echten, gesellschaftlich typischen Wirklichkeit zur Explosion zu bringen.

Eine weitere Steigerung bringt der ‹Zauberberg›. Er bedeutet insofern einen Wendepunkt im Lebenswerk Thomas Manns, als hier bereits die negative Skepsis der Vorkriegsetappe sich als Perspektive der Entwicklung zu kristallisieren beginnt. Obwohl also hier alle diskrepanten Tendenzen des jungen Thomas Mann stark gesteigert erscheinen, obwohl die stilistische Form der Oberfläche eine größere Nähe zum zeitgenössischen Avantgardismus zeigt, sind gleichzeitig die inneren, wesentlichen Tendenzen des Gegensatzes ebenfalls im Wachsen begriffen. Das Schaukelspiel der Ironie bewegt sich hier noch abwechslungsreicher, aber mit noch entschiedenerem Akzent der Anerkennung der objektiven Wirklichkeit, ihres Wesens und ihrer Wahrheit, als früher auf drei Ebenen: da ist erstens die Welt des geschichtlich notwendig entstandenen falschen Bewußtseins; der isolierte Zauberberg des Sanatoriums schafft, zweitens, eine diesem Bewußtsein entsprechende Umwelt; endlich, drittens, wird überall diese von der echten Wirklichkeit als unwirklich, als scheinhaft, als trügerisch und irreführend entlarvt. Je größer die hier sich auftuenden Abstände sind, desto stärker werden Ironie und Selbstironie. Ein solcher Abstand kann natürlich sowohl direkt als auch indirekt in Erscheinung treten; wo er scheinbar völlig verschwindet, wie in der Sumpfartigkeit des Lebens im ‹Zauberberg› gegen Ende, betont gerade diese seine Abwesenheit auf der Oberfläche sein reales Vorhandensein, sein unsichtbares Wirksamwerden in allen Fragen des menschlichen Wesens. Es ist eine neue Art, die Konflikte des heutigen Bewußtseins auf Grund der echten Wirklichkeit als oft unsichtbaren Untergrund und Hintergrund darzustellen. Der Gegensatz zum Avantgardismus wird gerade hier deutlich sichtbar, da dieser von den drei Mannschen Komponenten nur die ersten beiden als Kompositionsfaktoren zu gebrauchen imstande ist.

Es ist hier unmöglich, alle diese Zusammenhänge auch nur skizzenhaft darzustellen; wir müssen uns mit wenigen Andeutungen begnügen. Ohne Frage bedeuten die Joseph-Romane den höchsten Gipfel dieses Stils. Da die unmittelbare dichterische Wirklichkeit hier mythisch ist, da aber jene weltanschauliche Tendenz Thomas Manns, die die oben angeführten drei Komponenten hervorbrachte, infolge der Befestigung seiner Perspektivenkonzeption sich noch weiter verstärkte, erhält das Spielerische, das ironisch-selbstironische Schaukeln zwischen den drei Komponenten eine neue, eigenartige Gestalt. Die mythische Welt dieser Romane muß nämlich hier die Rolle der beiden Wirklichkeitskomponenten gleichzeitig spielen: sie muß sowohl jene, dem Bewußtsein angemessene, scheinhafte, ‹eigene› Wirklichkeit sein als auch zugleich jene echte, die diese Täuschungen immer wieder ironisch aufhebt. Das formal Neue der Joseph-Romane besteht nun darin, daß die Erzählungsweise der mythischen Wirklichkeit eine solche Doppelfunktion übernimmt. Daraus muß eine weitere Steigerung des Spielerischen, des Ironisch-Selbstironischen entspringen. Es muß eine Gestaltungsweise der Wirklichkeit gefunden werden, die das Selbstgeschaffene bestätigt, glaubhaft und evident macht, aber seine Wirklichkeit gleichzeitig auch immer wieder zerstört, zunichte macht. Das Schaukeln der früheren Romane zwischen zwei Wirklichkeiten wird hier rein innerlich, eine immanente Bewegung innerhalb derselben Wirklichkeit: ein Schaukeln der gestalteten Welt selbst zwischen diesen beiden Polen. Artistisch wieder eine Annäherung an den Avantgardismus, in der Gesetzlichkeit der wesenhaften Formgebung jedoch wieder sein strikter Gegensatz. Auch jener kennt zwar das spielerische Schaukeln zwischen Extremen: er kennt und wendet es aber ausschließlich als das zwischen dem falschen Bewußtsein, das nicht als solches erkannt wird, und dessen ‹eigener› Wirklichkeit an; er fixiert also den Subjektivismus als letztes Prinzip der Weltauffassung und Gestaltung. Dagegen ergibt bei Thomas Mann das ironische Schaukeln zwischen eingebildeter und echter (objektiver) Wirklichkeit stets den Triumph der letzteren, auch hier, wo beide Wirklichkeiten im Mythos vereint erscheinen. Der künstlerische Unterschied, daß die jeweilige Aufhebung hier den Doppelsinn des Vernichtens und des Aufbewahrens (nämlich der dichterischen Aufrechterhaltung der notwendigen Fiktionen *als* Fiktionen) erhält, kann am ästhetisch-weltanschaulichen Gegensatz nichts Wesentliches ändern.

Das Untertauchen in die mythischen Tiefen der vorderasiatischen Folklore hat also die Vorherrschaft des Wirklichen über jede subjektive Einbildung im

Werke Thomas Manns nicht geschwächt, sondern gerade verstärkt. Um so mehr, als die Deutlichkeit seiner Perspektive niemals so klar hervorgetreten ist wie im Abschlußroman ‹Joseph der Ernährer›. Das hat wichtige Folgen für alle Werke, die während der Entstehung des Zyklus und nach ihr geschrieben wurden. Wir heben hier aus der großen Reihe der neuen Motive nur eines hervor. Thomas Mann beginnt – freilich in Nebenwerken – auch der rein körperlichen Grundlage des Lebens und des Bewußtseins eine schicksalbestimmende Rolle zuzuschreiben und so den Bereich des biologisch Wirklichen bis tief in die Persönlichkeit hinein auszudehnen. Die körperliche Beschaffenheit seiner Menschen war freilich, seit dem ‹Kleinen Herrn Friedemann›, nie unwichtig für ihr Schicksal. Es ist aber ein qualitativer Unterschied, ob es sich um einen auslösenden Anlaß, um die Erscheinungsform der Katastrophe handelt oder um jenen Prozeß, der den Gehalt der Kollision bestimmt, wie in den Spätwerken ‹Die vertauschten Köpfe› und ‹Die Betrogene›. Daß jenes Werk, ebenso wie ‹Der Erwählte›, in einer phantastisch geschaffenen ‹eigenen› Welt mit nur dort wirksamen Gesetzen spielt, während dieses mit unmittelbarem Realismus der Mannschen Gegenwartsdichtung gestaltet ist, ändert nichts Entscheidendes an der gemeinsamen Eigenart dieser Erzählungen.

Überall ist die echte Wirklichkeit das dichterisch Wirkliche, die schlechthin entscheidende Macht, aber auch hier wird aus ihr durch das Einbeziehen der biologischen Basis ebenfalls keine brutal-fatalistische Herrschaft. Die Falschheit des falschen Bewußtseins erleuchtet sich zwar hier an den grundlegendsten Bestimmungen eines jeden Daseins und muß deshalb – mit Recht – an den fundamentalsten Notwendigkeiten des objektiven Seins und Werdens scheitern. Es entsteht aber überall die einfache und doch tiefsinnige Dialektik, daß einerseits das falsche Bewußtsein subjektiv berechtigt, da notwendig von der Wirklichkeit selbst produziert ist, während andererseits die dichterische Weisheit Thomas Manns – wie die Shakespeares oder Balzacs – zeigt, daß sogar das allerfalscheste Bewußtsein ein Gran Richtigkeit enthalten muß, da es unmöglich ist, mit einem absolut falschen Bewußtsein zu leben. Diese – freilich äußerst relative – subjektive Berechtigung bezieht sich nicht bloß auf die Genesis der Leidenschaften. Sie kann, wie vor allem am Schluß des ‹Erwählten›, als Endsieg von Willenskraft und Tüchtigkeit triumphieren, sie kann eine tragisch-ironische Versöhnung mit dem Schicksal in der ‹Betrogenen› hervorbringen, indem die von der eigenen Körperlichkeit getäuschte und irregeführte, kranke und sterbende Mutter lebenshaft, innerlich-menschlich jünger ist als ihre ‹gesunde› Tochter (deren körperliche Schicksalsdialektik wir hier nicht behandeln können).

Hier obwaltet eine noch tiefere Ironie, eine noch stärkere künstlerische Betonung des Spielerischen. Dieses Spielerische erreicht eine leichthändige polemische Tiefe der Lebenswahrheit in der Auflösung ganz falscher Ideologien, so in der beiläufigen Widerlegung der modernen, abstrakt-gegenstandslosen Malerei, die lässig ironisch mit der biologischen Tragik der klugen Tochter verbunden wird (‹Die Betrogene›); so vor allem in dem *ad absurdum*-Führen des

Freudschen Ödipus-Komplexes durch die tüchtige Lebensführung, die innerlich gesunde und weltverbundene Moral des Helden (‹Der Erwählte›). Wie im tragischen Fall Leverkühns in bezug auf Nietzsches Lehre, so zeigt sich hier in bezug auf die Freuds, um wie vieles richtiger und gesünder der Dichter Mann stets denkt als der bloß Gedanken spinnende Essayist. Bei ihm, dem Sohn einer zerrissenen, zutiefst problematischen Zeit und Klasse, ist die spielerische Ironie und Selbstironie ein wichtiges Mittel, auch solche falschen Tendenzen der Ideologie seiner Periode gestaltend zu überwinden, denen er unmittelbar persönlich, denkerisch gegenübergestellt, unmöglich gewachsen sein konnte. Dichter glücklicherer, weniger zerrissener Zeiten und Klassen, wie noch Balzac, stellen das denkerisch Falsche und das gestalterisch Richtige noch krud und kraß einander gegenüber, sie suchen die Wahrheit, nach den Worten von Marx, ‹mitten im Dünger der Widersprüche›. Während es sich aber in der Unterscheidung Manns von den älteren Realisten nur um die Differenz der zeitbedingten Ausdrucksmittel von zutiefst ähnlichen ideologischen Bestrebungen handelt, spitzt sich auch hier in bezug auf die zeitgenössischen Avantgardisten dieser Unterschied, bei äußerlich-artistischer Ähnlichkeit einzelner Ausdruckmittel, zur Gegensätzlichkeit der wesentlichen gestalterischen Ziele, der ästhetisch und weltanschaulich ausschlaggebenden Formbestimmungen zu.

Auch hier ist das Moment der Entscheidung im Problem der Perspektive zentriert. Das Positivwerden dieses Fragenkomplexes äußert sich in Josephs Entwicklung als die menschliche Selbstverständlichkeit eines ihn selbst innerlich erfüllenden Handelns, dessen Inhalt das Wirken für das Wohl der Mitmenschen ist. Bei Adrian Leverkühn wird diese Höhe durch eine tragisch verspätete Erkenntnis des allein richtigen Weges gestaltet: ‹... statt klug zu sorgen, was vonnöten auf Erden, damit es dort besser werde, und besonnen dazuzutun, daß unter den Menschen solche Ordnung sich herstelle, die dem schönen Werke wieder Lebensgrund und ein redlich Hineinpassen bereiten, läuft wohl der Mensch hinter die Schul und bricht aus in höllische Trunkenheit: so gibt er sein Seel daran und kommt auf den Schindwasen.›

Solche Gipfelpunkte der Bewußtheit sind aber nur die deutlichsten Offenbarungen des konstitutiven Prinzips, das die Weltgestaltung aller Werke des späten Thomas Mann bestimmt. Die hier errungene Einsicht und Weisheit des Dichters determiniert — positiv und negativ — das Schicksal eines jeden von ihm jetzt gestalteten Menschen. Und zwar nicht als einsamen ‹Helden›, der nur für sein eigenes isoliertes Ich einen Weg der abstrakt-moralischen Bewährung zu finden vermag, wie bei Conrad oder Hemingway, sondern als Wegsuchenden, als partiell oder total Verirrten, als relativ Findenden in der Gesellschaft, in der Gemeinschaft mit den anderen Menschen. Denn die von Mann errungene, nunmehr vom Leben selbst vorgezeichnete Richtschnur des Handelns ist die Gestaltungsgrundlage für alle seine Menschen geworden. Dies begründet den Sinn auch des biologisch Spielerischen in Werken wie ‹Der Erwählte oder ‹Die Betrogene›.

Die spielerische Phantastik Thomas Manns hat also diese Hintergründe. Sie unterscheidet sich deshalb sehr scharf von allen früheren, scheinbar ähnlichen Formgebungen. E. T. A. Hoffmann zum Beispiel, der Zeitgenosse des sterbenden Feudalismus, der frühen, kleinbürgerlichen Mißgeburten des Kapitalismus in Deutschland, läßt die typischsten Gestalten einer solchen Übergangszeit als Gespenster erscheinen. Die Zentralfrage seines Stils muß demgemäß die sein, wie diese Gespenster eine gleiche Echtheit der Lebensevidenz mit den Menschen selbst und ihrer menschlichen Umwelt erhalten. Angleichung des Unterschiedenen und Aufhebung der Ähnlichkeit, der Gleichheit, hat demgemäß bei beiden eine entgegengesetzte Tendenz. Etwas verwandter scheint jene ironische Phantastik, mit der Gottfried Keller etwa in ‹Spiegel, das Kätzchen› arbeitet, wo die Phantastik nur ein märchenhaft-farbiges, unwahrscheinlich-echtes Kleid realer Zusammenhänge ist und die Ironie nur den Kontrast von Täuschung, Selbstbetrug und Wahrheit vorstellt. Solche Motive dominieren auch bei Thomas Mann, aber nicht mehr mit jener Absolutheit, die bei Keller vorherrscht, sie gelangen bloß letzten Endes zur Geltung. Doch ist diese Verschiebung der Proportionen so stark, daß der Unterschied ganz neue Qualitäten von Gehalt und Formung hervorbringt. Das äußerst komplizierte Wechselspiel von subjektiven und objektiven Kräften, von zwangsläufigen Täuschungen, Selbsttäuschungen, Irrungen und Wahrheit, macht das Wesen dieses letzten Endes aus.

Erst diese sich verwickelt kreuzenden Kräfte und Gegenkräfte ergeben das Mannsche Bild unserer Zeit. Die Phantastik betont auf Umwegen das Wesentliche; das Spielerische ist der Motor des Stärkens und des Abschwächens, der Betonungen und der Vorbehalte, damit in jedem einzelnen Fall die konkrete Proportion von Irrung und Wahrheit aufgedeckt werde. Darum ist die ironisch-selbstironische Behandlung sowohl der realistisch dargestellten heutigen Isolation wie des ins Mythisch-Phantastische transponierten ebenfalls heutigen Gehalts so notwendig. Darum ist das Spielerische letzten Endes immer ein Vehikel zum Offenbarmachen von Wahrheit und Wirklichkeit. Das Ineinander so komplizierter Bewegungen schafft einen weiten künstlerischen Spielraum, eine außerordentliche Abwechslung der Motive und Formgebungen. Ihre Ausgesuchtheit, Singularität, Erlesenheit streift, äußerlich angesehen, immer wieder die Grenze der Manier, jedoch infolge des so energischen Drangs auf Wahrheit und Wirklichkeit, auf Sichtbarmachen der Perspektive unseres Lebens, infolge der aus allen diesen Tendenzen entspringenden Konkretheit entsteht ein Stil, der sich weit über jede Manier erhebt.

Und dieser Stil ist, bei allen seinen hier beschriebenen, unmittelbar nicht realistisch scheinenden Ingredienzien, zutiefst realistisch. Die abstrakte Art der sozialistischen Perspektive trennt das Werk Manns vom sozialistischen Realismus, macht aus seinen Werken den heute höchsten und vorläufig letzten großen Ausdruck des bürgerlichen, des kritischen Realismus. Es ist die bürgerliche Welt, bürgerlich gesehen, jedoch mit dem großen, unbefangenen Blick eines Bürgers, der in der Beurteilung der Gegenwart, in der Erfassung ihres Wesens, in der Einsicht in ihre Zukunft sich ideologisch weit über die eigenen Klassenschranken erhoben hat.

III

Die ‹Bekenntnisse des Hochstaplers Felix Krull› sind seinerzeit wegen ‹Der Tod in Venedig› beiseite gestellt worden und blieben jahrzehntelang Fragment. Nach der Vollendung von ‹Joseph und seine Brüder› wurde das Manuskript wieder hervorgenommen und machte, freilich für sehr kurze Zeit, dem ‹Faustus› Konkurrenz. Thomas Manns Tagebuch, nach Wiederlesen der alten Entwürfe, formuliert Verwandtschaft und Gegensatz der beiden Themen so: ‹Einsicht in die innere Verwandtschaft des Faust-Stoffes damit (beruhend auf dem *Einsamkeitsmotiv*, hier tragisch-mystisch, dort humoristisch-kriminell); doch scheint dieser, wenn gestaltungsfähig, der mir heute angemessenere, zeitnähere, dringendere . . .› Damit hat Thomas Mann prägnant die Stelle des ‹Krull› in seinem Lebenswerk fixiert.

Daneben finden sich aber auch noch andere wichtige Bemerkungen über das ‹Krull›-Fragment. Manns Tagebuch erwähnt ein Gespräch mit seiner Frau über das Fragment, über den Wunsch der Freunde nach seiner Fortführung, und fügt hinzu: ‹Ganz fremd ist der Gedanke mir nicht, aber ich erachte den Plan, der aus Zeiten stammt, wo das Künstler-Bürger-Problem dominierte, für verjährt und überholt durch den *Joseph*.› Der Hinweis ist außerordentlich aufschlußreich; er umreißt Thomas Manns Erinnerungseindruck vom ‹Krull›-Plan, dessen innere Verbindung mit seinem Jugendwerk, zugleich und hauptsächlich aber auch das Hinausgehen über diese Sphäre mit den Joseph-Romanen.

Dieses Hinausgehen über die Künstler-Bürger-Problematik ist vor allem ihre Verallgemeinerung. In einer früheren Studie habe ich die Einheit dieser Fortsetzung und Überwindung so charakterisiert, daß sie das seelische und moralische Problem von ‹Tonio Kröger› aufnimmt, jedoch ohne direkte Gebundenheit an eine Künstlerexistenz. Diese Zentralfrage des jungen Thomas Mann wird hier gesellschaftlich verallgemeinert und dadurch aus der bloßen Gegensatzsphäre Künstler-Bürger in den breiteren Zusammenhang der gesellschaftlichen Praxis überhaupt hinaufgehoben. Es spricht also sehr viel für die von Thomas Mann ausgesprochene Charakteristik des Joseph-Zyklus als Überwindung der eigenen Jugendproblematik. Ich glaube aber trotzdem: der objektive Zusammenhang von Manns Lebenswerk ist mit diesem Eindruck nicht völlig identisch. Seinerzeit habe ich ebenfalls zu zeigen versucht, daß ‹Tod in Venedig› zwar aus dem Boden des Künstler-Bürger-Konflikts herausgewachsen ist, daß aber sein Gehalt, wenigstens teilweise, darüber hinausgeht oder zumindest hinausweist. Thomas Mann selbst nimmt auf diese Ausführungen Bezug und hebt die inneren Beziehungen ‹zwischen der venezianischen Novelle und dem ‚Faustus'› hervor.

Der Zusammenhang ist meines Erachtens ein dreifacher. Erstens: aus der Problematik des Künstlers — klassisch gestaltet im ‹Tonio Kröger› — beginnt sich bereits die Problematik der Kunst selbst herauszubilden. Zweitens erscheint die Beziehung zur Welt der Gegenwart, der imperialistischen Periode, unvergleichlich reicher und gegliederter. Das bedrohliche Aufsteigen der seelischen

Unterwelt wird hier zum erstenmal zur Gestalt; dies fehlt noch ganz in den ersten Künstlernovellen. Drittens wird hier, zum erstenmal bei Thomas Mann, die künstlerische Tätigkeit als eine Art des gesellschaftlichen Handelns aufgefaßt. Früher bezeichnete sie bloß das Sich-Entfernen des Künstlers vom bürgerlichen Leben, seine Vereinsamung darin. ‹Tod in Venedig› treibt zwar auch diese Tendenz auf die äußerste Spitze, zugleich jedoch wird dabei auf die notwendig paradoxe soziale Funktion der Kunst und des Künstlers in der bürgerlichen Gesellschaft hingewiesen, was nicht zuletzt diese Novelle zu einem frühen Vorspiel des ‹Faustus› macht. Die Beziehungen sind also außerordentlich vielfältig und kompliziert – ist aber gerade in diesem Licht der erste Eindruck Thomas Manns, die Problematik dieser Übergangszeit sei durch die Joseph-Romane überholt, objektiv haltbar?

Ich glaube: nein. Mir scheint es, im Gegenteil, durchaus nicht zufällig zu sein, daß der ‹Krull›-Plan erst nach der Vollendung der ganzen Josephlegende wieder aktuell wird, und die Ursache dieses Auftauchens scheint mir nicht nur – nicht einmal in erster Linie – durch die angedeutete Parallelität zum ‹Faustus› bedingt. Mir scheint der Krull seinem Wesen nach eine Ergänzung, ein ironisches Gegenstück zur Gestalt des Joseph zu sein.

Diese Behauptung bedarf einer etwas näheren Begründung. Thomas Mann hat in den Joseph-Romanen eines der Hauptprobleme der klassischen Zeit – natürlich dem Gehalt und der Form nach der Gegenwart gemäß – aufgeworfen und abgehandelt, nämlich den Selbstgenuß der Persönlichkeit. In der aufsteigenden Anfangszeit der bürgerlichen Literatur taucht diese Frage noch gar nicht als eine selbständige auf. Der Selbstgenuß der Persönlichkeit erscheint als die natürliche Folge, als das notwendige Nebenprodukt eines erfolgreich durchgeführten Lebenskampfes; er erhält eine gewisse selbständige Betonung höchstens als humanistisch-diesseitsbejahende Polemik gegen einen mittelalterlichen oder puritanischen Asketismus. In der spätbürgerlichen Zeit erscheint ein solcher Selbstgenuß der Persönlichkeit bereits als unerreichbares Ziel. Man kann besonders bei Tolstoi beobachten, wie stark viele der sogenannten religiösen Einschläge seiner großen Werke aus diesem Fragenkomplex herauswachsen. Tolstoi erfaßt sehr genau die hier vorliegende moralische Antinomie der bürgerlichen Gesellschaft: einerseits erscheint der faktisch realisierte Selbstgenuß als die Eigentümlichkeit der in jeder Hinsicht minderwertigen Egoisten; er hat nicht nur ein unwürdiges Objekt, sondern demgemäß auch eine das Menschtum entwürdigende subjektive Äußerungsweise. Andererseits können die moralisch reinen und echten Menschen in der Gesellschaft, die Tolstoi kennt und beschreibt, weder subjektiv noch objektiv eine Befriedigung ihrer selbst und ihres Seelenlebens in ihrer Tätigkeit finden; die Anständigkeit schlägt notwendig in selbstquälerische Asketik um. Darum erscheint als Trost am Horizont das spezifisch Tolstoische religiöse Erlebnis, etwa bei Konstantin Lewin. Ihr Schöpfer aber, als glänzender und kluger Beobachter seiner Zeit, kann über die tiefe Problematik solcher Erfüllungen – als Schriftsteller – auf die Dauer keine Illusionen hegen, er muß vielmehr diese imaginären Auswege aus dem

Dilemma mit bitterer selbstkritischer Ironie in seiner Gestaltung immer wieder aufheben. Zwischen diesen beiden historischen Polen liegt das kurze Zwischenspiel des deutschen Klassizismus; vor allem ‹Wilhelm Meisters Lehrjahre›, wo die interimistische Utopie ihre reinste Gestalt erhält.

Es bedarf keiner ausführlichen Erörterung, um einzusehen, daß die Jugendproduktion Thomas Manns von der Tolstoischen Antinomik bestimmt ist; freilich ohne dessen Illusionen über einen religiösen Ausweg. Die innerweltliche Asketik, die Ablehnung eines jeden unmittelbaren Egoismus ist bei dem jungen Thomas Mann vielleicht noch aggressiver, noch negativer als bei Tolstoi selbst. Das zeigt sich nicht nur in der auch von mir wiederholt analysierten Problematik von Beruf und Haltung, sondern in der völligen Nichtigkeit von Lebensgenuß und Selbstgenuß bei Christian Buddenbrook und insbesondere in der Hauptfigur der Novelle ‹Bajazzo›. Hier steigert sich die Kritik Thomas Manns zu einem bis zur Karikatur klaren Selbstdurchschauen dieses Typus. ‹Es gibt›, so faßt dieser das Fazit des eigenen Lebens zusammen, ‹nur ein Unglück: das Gefallen an sich selbst einzubüßen. Sich nicht mehr zu gefallen, das ist das Unglück – ah, und ich habe das stets sehr deutlich gefühlt! Alles übrige ist Spiel und Bereicherung des Lebens, in jedem anderen Leiden kann man so außerordentlich mit sich zufrieden sein, sich so vorzüglich ausnehmen. Die Zwietracht erst mit dir selbst, das böse Gewissen im Leibe, die Kämpfe der Eitelkeit erst sind es, die dich zu einem kläglichen und widerwärtigen Anblick machen...› Der Gegenpol, das Dilemma der Haltung, das auf dieser Entwicklungsstufe Manns auch das Problem Künstler-Bürger umfaßt und es zugleich einengt, zeigt also den Verlust der Haltung als völlige Niederlage der Lebensführung, als Verlust der Persönlichkeit, der Möglichkeit einer lustvollen Bejahung des Selbst. Damit wird aber das Problem auf ein – freilich nicht unwesentliches – Nebengeleise geschoben. Die Hauptpolemik Thomas Manns berührt sich hier sehr nahe mit gewissen nebenbei gemachten ironischen Ausfällen des späten Goethe. So sagt Mephistopheles über den jungen Kaiser:

> ‹Denn jung ward ihm der Thron zu Teil,
> Und ihm beliebt' es, falsch zu schließen:
> Es könne wohl zusammengehn,
> Und sei recht wünschenswert und schön,
> Regieren und zugleich genießen.›

Freilich erscheint der Zusammenbruch bei Goethe mehr äußerlich, beim jungen Thomas Mann dagegen mehr innerlich.

Schon der erste Entwurf des ‹Krull› – ebenso, wie gezeigt, ‹Der Tod in Venedig› – erhebt sich zu einer allgemeineren Fassung. Der Abbruch der Weiterarbeit am ‹Krull› erklärt sich vielleicht gerade aus dieser neuen, noch nicht bis ins letzte geklärten Lage. Der Lebensausgang Gustav von Aschenbachs gibt in seiner tragikomischen Skurrilität eine spezifisch novellistische konzentrierte, intensive, aber eben deshalb künstlerisch-weltanschaulich nicht verallgemeinerte, wenn auch prophetisch vorwegnehmende Antwort auf diesen Fragenkomplex. Das extensiv humorvolle, darum eine breite Wirklichkeitsgestaltung erfordernde Bild des Krullschen Schicksalstypus konnte mit den damaligen Mitteln noch nicht bewältigt werden und blieb deshalb – nicht zufällig an der Schwelle von Krulls Eintritt in das wirkliche Leben – ein Fragment. Die dichterische Vision Thomas Manns konnte damals schon die rein seelischen Komponenten Krulls klar erfassen und aufzeigen; die Darstellung der Welt, mit der in Wechselwirkung diese gesellschaftlich-moralischen Keime zur Blüte gelangen können, war einer späteren Entwicklungsperiode vorbehalten. In dieser Beleuchtung gewinnt auch ‹Der Tod in Venedig› einen neuen Aspekt im Stufenbau des Mannschen Lebenswerks. Aschenbachs Schicksal deutet bereits die Probleme des Handelns in unserer Zeit an; jedoch – und dies steht in vollem Einklang mit der Novellenform, erklärt die literarische Vollendbarkeit in diesem Genre – mehr die gesellschaftlichen, psychologischen und moralischen Voraussetzungen und Folgen des Handelns als das Handeln selbst.

Beide Werke geben also – abgeschlossen oder fragmentarisch – Vorwegnahmen späterer Tendenzen, Vorahnungen des großen Scheideweges, den der Erste Weltkrieg für Thomas Mann, wie für so viele andere, bedeutete. Der Prozeß selbst ist hier nicht einmal skizzenhaft darstellbar. Es sei nur so viel angedeutet, daß das Vorwegnehmende dieser Werke sich nicht nur unmittelbar auf die Problematik der ‹Betrachtungen eines Unpolitischen› bezieht, sondern auch auf die Richtung, in welcher Thomas Mann über diese Problematik nach Kriegsschluß hinausschreiten wird. Über die innere Widersprüchlichkeit des zuletzt genannten Werkes habe ich ebenfalls in früheren Studien gesprochen. Hier genüge die Bemerkung, daß es vom Standpunkt des Mannschen Lebenswerkes ein *reculer pour mieux sauter* vorstellt.

Auch die darauffolgende Produktion können wir hier nur in einigen kurzen und spärlichen Andeutungen streifen. ‹Der Zauberberg› bleibt ein breit ausgeführtes Epos der Voraussetzungen des heutigen gesellschaftlichen Handelns. Castorps Abenteuer umfassen in einer echt epischen Totalität Inhalt und Form der Wahl, die jedem Handeln vorauszugehen hat. ‹Unordnung und frühes Leid›, als Zwischenspiel, läßt lyrisch-bekenntnishaft, und darum stark selbstironisch-vorbehaltvoll dargestellt, das subjektive Zurückschaudern vor den neuen Aufgaben laut werden. ‹Mario und der Zauberer› gibt dagegen in der Gestalt Cipollas, zum erstenmal in Manns Lebenswerk, Psychologie und Verfahrensweise eines entschieden reaktionär Handelnden. (In Naphta erschienen nur noch dessen weltanschauliche Fundamente und moralische Verführungen.) Wo Thomas Mann früher Menschen aufzeigte, die seiner humanistischen Linie gegenüber einen Rückschlag vorstellten – man denke an die Hagenströms in den ‹Buddenbrooks› –, geschah dies rein von außen, sozusagen chronikhaft. Auch dies hat tiefere Gründe als die Stilprinzipien des großen Jugendwerks. Dessen gesellschaftskritische Grundlage war noch ein romantischer Antikapitalismus. Die Hagenströms repräsentierten deshalb – in einer für den damaligen Thomas Mann unentwirrbaren Weise – zugleich den ökonomischen Fortschritt und die kulturell-menschliche Rückentwicklung. Auch das Reaktionäre wird für Thomas Mann erst völlig verständlich, dichterisch rational zerlegbar und erfaßbar, nachdem seine gesellschaftliche Perspektive in bezug auf die Zukunft des Bürgertums klargeworden ist. Und erst in diesem Kontext können Gegensatz und Kampf von Reaktion und Volk zur Gestaltung gelangen. Die hypnotische Verführung Marios durch Cipolla, sein Erwachen aus der demagogischen Betäubung, seine Rache am Verführer: dies ist die erste politische Dichtung Thomas Manns. Erst sie öffnet ideell und ästhetisch den Weg zu seinen großen Darstellungen des menschlichen Handelns in der gesellschaftlichen Wirklichkeit.

Tantae molis erat... die Joseph-Romane ideologisch zu fundamentieren. Auch hier müssen wir uns auf wenige Andeutungen beschränken, um unser konkretes Problem etwas näher zu beleuchten. Die Zentralfrage des großen Zyklus ist die Erziehung Josephs vom träumerischen, in sich eingesperrten Selbstgenuß der eigenen Persönlichkeit zu einem aktiv in der Gesellschaft handelnden reifen Menschen, der, infolge seiner richtigen Erkenntnis der Realität, infolge des fruchtbaren, nützlichen Handelns in ihr, auf höherer Stufe den echten Selbstgenuß der Persönlichkeit erringt.

Wie bereits hier und ausführlicher anderswo angedeutet, steht die Kunst als Praxis innerhalb der Gesellschaft im Mittelpunkt des ‹Faustus›. Adrian Leverkühn ist zwar unmittelbar noch aggressiver gegen jeden Selbstgenuß gerichtet als Tonio Kröger und Gustav von Aschenbach, er ist zwar noch steiler auf sich selbst gestellt als diese, da aber das bewegende Zentrum der Fabel nicht mehr die subjektive Haltung des Künstlers, auch nicht nur deren innere Dialektik, wie noch bei Aschenbach, sondern die soziale Funktion der künstlerischen Praxis, das Aufsteigen der Stile aus der Gesellschaft, ihr Münden in diese ist, erhält auch Leverkühns Ablehnung des Selbstgenusses der Persönlichkeit einen völlig neuen, weitaus umfassenderen Sinn. Das große geistige Duell mit dem Teufel ist auch in dieser Hinsicht nur eine Kulmination seiner Lebensführung und Weltanschauung; der tiefen Überzeugung, daß die Kunst weder für den Schöpfer noch für den Aufnehmenden einen reinen Genuß seiner selbst und des künstlerischen Gegenstandes bieten kann, daß die Kunst, wenn wirklich aufrichtig, wenn wirklich gegenwärtig, nur einen parodistischen Ton anschlagen kann, daß zu ihrem Hervorbringen eine innere Kälte not tut, der kalte Rausch und die kalte Ekstase der Inhumanität, der Antihumanität. Daß der subjektiv ehrliche Adrian Leverkühn ein tragisches Opfer dieser Entwicklung wird, ändert nichts an ihrem Wesen: an ihrem Einmünden in den Faschismus, ebenso wie jene Gesellschaft, deren notwendiges Produkt er ist, zum Faschismus führen muß.

Der Genuß der Persönlichkeiten in den Joseph-Romanen ist das positive Gegenstück zur teuflischen Askese in der Faustus-Tragödie. Beide Romane sind im geistig-moralischen Kampf gegen die Hitlerei entstanden, Leverkühn als Typus des Opfers der Entwicklung, die zum Faschismus führte, Joseph als Gegentypus. Es ist sicher kein Zufall, daß gerade in diesem Kampf die bedeutendsten deutschen Antifaschisten solche polemisch-positiven Gestalten geschaffen haben: Heinrich Mann im ‹Henri Quatre›, Thomas Mann im ‹Joseph› (und im Goethe der ‹Lotte in Weimar›, über welches Werk wir hier nicht sprechen werden, um weitere, nicht unentbehrliche Komplikationen zu vermeiden).

Der Kampf gegen die nicht nur politisch und gesellschaftlich, sondern auch seelisch-moralisch reaktionären, jede Humanität vernichtenden Kräfte des Imperialismus beginnt schon lange vor dem Faschismus, etwa mit Anatole France und Romain Rolland. Soweit diese Gegenbewegung eine Perspektive des Sieges vor sich sieht, entsteht für sie mit einer gewissen Zwangsläufigkeit die dichterische Aufgabe: dem verdüsterten, wegverlorenen, verzweifelten oder zynisch-resignierten Menschen der imperialistischen Periode ein positives Gegenbild entgegenzustellen. Damit wird notwendig das Problem des Selbstgenusses der Persönlichkeit wieder aktuell; denn sobald der Glaube vorhanden ist, man könne — in einer erneuerten, regenerierten menschlichen Gemeinschaft — eine vernünftige, eine für sich selbst und für die Gesellschaft sinnvolle Tätigkeit entfalten, taucht als seelischer Reflex der Selbstgenuß spontan auf. Die Perspektive der Regeneration ist dabei eine unumgängliche Voraussetzung. Denn ohne einen solchen Ausblick kann es sich nur um eine selbstgefällige, egoistische, bornierte oder zynische Versöhnung mit der Gesellschaft der Gegenwart handeln. Aus dieser Lage folgt naturgemäß ein gewisser utopischer Charakter solcher Perspektiven: einerlei, ob man von einer demokratischen Erneuerung der bürgerlichen Gesellschaft oder von dem sie ablösenden Sozialismus die Rettung des Menschentums erhofft, der auf solchem Grund gestaltete neue Mensch kann nicht unmittelbar in der Gegenwart beheimatet sein, er ist Bürger einer Gesellschaft, welche da kommen soll. (Dieses Dilemma besteht allerdings nur für den bürgerlichen Realismus; ein sozialistischer Realist kann sehr wohl Gestalten des Übergangs, Kämpfer für die Umwandlung darstellen. Daß der kritische Realismus an dieser Frage scheitern muß, zeigt am klarsten Jacques Thibaults Schicksal am Abschluß des großangelegten und bis dahin hervorragenden Romanzyklus Roger Martin du Gards.) All dies mußte gesagt werden, damit wir den nunmehr wieder in Entstehung begriffenen, von höherer Warte aus fortgeführten Krull-Roman als Satyrspiel zu den beiden großen Alterswerken Thomas Manns, aber mehr zum ‹Joseph› als zum ‹Faustus›, begreifen können. Dieser weite und umfassende Horizont der Weltbezüge ist wohl der ausschlaggebende Grund dafür, daß die Erzählung damals zurückgestellt und erst nach Jahrzehnten wieder fortgeführt wurde.

Es ist auffallend, wie viele kleinere und größere, nebensächliche und wichtige Züge bereits im ursprünglichen Krull ironische Parallelen zur Josephgestalt zeigen. Hier kann man deutlich sehen, mit welcher sicheren und umfassenden Energie die dichterische Vision Thomas Manns die Wirklichkeit ergreift, wie sie Sinnzusammenhänge — in der Doppelbedeutung von sinnvoll und sinnfällig — bereits in einem Stadium literarisch zu fixieren vermag, in welchem die entscheidenden Bestimmungen des geistigen Gehalts noch nicht zur Reife gediehen sind. Man denke etwa an die besondere Schönheit beider

Figuren, so vor allem an die goldbraune Haut. Man denke – schon Seelisches berührend – an das Spiel mit kampfartigen Ekstasen. Man denke an die Anstelligkeit beider in jeder – angenehmen oder unangenehmen, kurzweiligen oder langweiligen – Beschäftigung; an die Gewandtheit beider, sich, wenn sie wollen, in die Gedankengänge anderer einzuleben, ihnen nach dem Munde zu reden. Man denke daran, daß dieses und ähnliches bei beiden den Stempel einer unlösbaren Mischung von Ernst und Verspieltheit an sich trägt. Die Art des Handelns hat bei beiden die Nuance eines ironischen Schaukelns zwischen bewußt geleiteter Komödie, die nur bei äußerstem Einsatz aller Energien, bei einem echten ‹Spiel› mit den fein beobachteten Wirkungsmöglichkeiten der Psyche des Partners gelingen kann, und bewußtem seelischen Darüberstehen, dem konsequenten Verfolgen des feststehenden Ziels. Der Selbstgenuß der Persönlichkeit ist bei beiden keine bloße nachträgliche, bejahende Reflexion, keine bloße Erinnerung, sondern ein mit der Aktion gleichzeitiges, sie verstärkendes, förderndes Bewußtsein und Selbstbewußtsein. Darauf beruhen die Leichthändigkeit, der Zauber und die Tiefe vieler ihrer Szenen. Im alten Krullfragment erreicht diese Tendenz ihren Gipfelpunkt in der Musterungsszene, wo Krull in einer virtuos gespielten Komödie durchsetzt, daß er für dauernd militäruntauglich erklärt wird, und so seinen eigentlichen Weg zum Hochstaplertum einschlagen kann.

Natürlich besteht gerade in der entscheidenden Zentrierung und Proportionalität solcher teilweise verwandter Eigenschaften ein starker Unterschied, ja eine Gegensätzlichkeit. Wie könnte sonst Joseph zum Führer und ‹Ernährer› eines großen Volkes werden, während Krulls Talente nur bis zu individuellen Hochstapeleien reichen? Man darf aber dabei doch nicht vergessen, daß bei aller Entwicklungsfähigkeit und Tüchtigkeit, bei allem Ernst der fundamentalen Anlagen auch bei Joseph, besonders beim jungen Joseph, Momente des Hochstaplerischen, des Betrügerischen nicht fehlen. Wenn zum Beispiel, nachdem er vom Vater das Kleid der Rahel erhalten hat, ihm Ruben solche Vorwürfe macht, so enthalten diese neben Neid und Mißgunst auch einen Kern berechtigter Kritik. Ruben wirft Joseph vor, er hätte den Vater im Spiel mit den Steinen absichtlich gewinnen lassen, um seine Laune zu bessern; er hätte dem Vater das Prachtkleid gegen dessen wirklichen Willen abgeschwatzt: ‹So, du hast ihn gemahnt und drum gebettelt. Gegen seinen Willen gab er dir's, versucht von deinem. Weißt du, daß es gegen Gott ist, die Macht, die einem gegeben ist, über einen andern zu mißbrauchen, daß er willig ins Unrecht und tut was ihn reut?› Das ist – in der Sprache des Mythos – ein nicht ganz unbegründeter Vorwurf der Hochstapelei.

Schließlich sei nur noch auf das vorwegnehmend parallelisierende Motiv hingewiesen, daß es im Leben Josephs zwei große Wendepunkte gibt, in welchen ‹die Grube› als Symbol von Sturz und Neuaufstieg figuriert, nämlich im Abschluß der Kollision mit den Brüdern und in der mit Potiphar und seiner Gattin. Das Krull-Fragment enthielt schon in der ursprünglichen Fassung deutliche Hinweise darauf, daß solche ‹Gruben›, in der Form des modern prosaischen Zuchthauses, auch zum Lebenslauf Krulls gehören. Freilich müssen wir in dieser Frage, selbst nach der Veröffentlichung des ersten Teils der Memoiren, uns mit der Feststellung dieser abstrakten Tatsachen begnügen. Ursachen und Folgen der ‹Grube› bei Krull stehen noch nicht gestaltet vor uns. Hier liegt jedoch eine entscheidende Frage für die Beziehung beider Werke vor. Denn in den Joseph-Romanen ist die ‹Grube› viel mehr als eine äußerliche Lösung von Kollisionen. Sie läßt zweimal, und zwar in gesteigerter Weise, eine kathartische Krise in Joseph entstehen, die Krise der bedrohlichsten Seite des Selbstgenusses der Persönlichkeit bei ihm: der Überzeugung, ‹daß jedermann ihn mehr liebe als sich selbst›. (Die Beziehungen dieser seelischen Tendenzen zur deutschen Tragödie habe ich in anderen Zusammenhängen angedeutet.) Das Fehlen sogar von Winken darüber im Abenteuerroman ist keineswegs ein Gestaltungsmangel. Eine tragische oder das Tragische überwindende Katharsis muß vom ersten Augenblick als Möglichkeit der Kollision vor uns stehen und sich vor unseren Augen bis zur Wirklichkeit steigern, während satirisch-komische Kollisionen, ironisch-kathartische Prozesse das Moment des Überraschenden künstlerisch legitim in sich schließen können. Auf die abstrakte Unvollkommenheit solcher Entsprechungen müssen wir auf dieser Stufe unserer Kenntnis des Stoffes entschieden hinweisen, damit keine bloß konstruierten Parallelitäten entstehen, bevor der totale Charakter des ‹Krull› als Satyrspiel zu den Joseph-Romanen entfaltet vor uns steht.

Bei allen Vorbehalten, die eine solche Lage vorschreibt, können wir doch bereits im vorliegenden Stoff eine wundervoll parodistische Szene solcher Art deutlich erkennen. Wir meinen die Liebesszene des Liftboys Krull mit der Straßburger Kaufmannsgattin Madame Houpflé, als Verfasserin von Romanen ‹voll Seelenkunde, *pleins d'esprit, et des volumes de vers passionés*, Diane Philibert genannt. Diese Szene, schon nach den Joseph-Romanen entstanden, ist nun eine köstliche Parodie der tragischen Liebeskollision zwischen der Herrin von Peteprês Haus, Mut-em-enet, und Joseph. In beiden Fällen besteht eine unwiderstehliche Anziehung, die eine geistig verfeinerte, gesellschaftlich hochstehende Frau für einen ‹Bedienten› ergreift; in beiden Fällen bildet die Impotenz des Mannes den biologischen Hintergrund des Liebesaffekts. Die wahre Leidenschaft Mut-em-enets erwächst zu einer gewaltigen Tragödie, in welcher die Hybris von Josephs Selbstvertrauen und Selbstgenuß die ganze — persönliche wie gesellschaftliche — Umwelt entfesselt, in welcher die auch menschlich bedeutende Frau durch alle Höllen der Lüge und der Verleumdung, der Erniedrigung und der teuflischen Zauberei geschleift wird. Alle diese Motive kreuzen sich, ihrer tragischen Würde entkleidet, nun in dem leichtbeschwingten Satyrspiel der Hochstaplergeschichte. Die Erniedrigung wird zu masochistischen Gelüsten, und der Höllenzauber erscheint als kokettes Spiel mit dem Namen des Diebesgottes Hermes (mit dem, beiläufig gesagt, auch der junge Pharao Joseph vergleicht), dessen Namen Krull hier zum erstenmal hört und den er gelehrig in seinen Bildungsschatz einverleibt; mit dem Eingeständnis Krulls, seine jetzige Geliebte bei der Grenzrevision um eine Juwelen-Schatulle erleichtert zu haben; mit ihrer Aufforderung, sie nochmals, in ihrer Gegenwart, zu bestehlen. Erst jetzt ist die Dichterin Diane Philibert zufrieden, weiß, daß er in ihr ewig dauern wird: ‹Ja, wenn das Grab uns deckt; mich und dich auch, Armand, *tu vivras dans mes vers et dans mes beaux romans*, die von den Lippen euch — verrat der Welt es nie! — geküßt sind allesamt. *Adieu, adieu, chéri . . .*›

Solche gewichtigen Einzelheiten sind wegen der tieferen Problemgemeinschaft, die Tragödie und Satyrspiel verbindet, bedeutsam. Thomas Mann erweckt eine ganze Welt der mythisch versunkenen Vergangenheit, um eine Erziehung vom subjektivistischen — gefahrumwitterten — Selbstgenuß der Persönlichkeit zu ihrem Selbstgenuß im Wirken für die menschliche Gemeinschaft gestalten zu können. Wie hier gezeigt wurde, sind das Daß und das Wie dieser Problemstellung von der historischen Perspektive ihres Dichters bestimmt. Vor allem bildet die bloße Existenz einer Perspektive die unerläßliche Voraussetzung eines so weit optimistischen Verhaltens zur Wirklichkeit, daß in ihr eine Entwicklung zur menschlichen Reife und Gefestigtheit, zu deren Selbstgenuß als überhaupt möglich erfaßt werden kann. Weiter ist, wie wir ebenfalls angedeutet haben, die Perspektive eine abstrakte, eine dem objektiven Gehalt nach utopische. Sie zeigt keine konkreten Übergänge zum Neuen in unserer Wirklichkeit auf, sie schwebt — unmittelbar gesehen: unverbindlich — über den ausweglos scheinenden Kollisionen, über der zerrissenen Problematik unserer Zeit. Indem sie jedoch alle diese mit ihrem perspektivischen Licht einer Zukunft überstrahlt, werden auch im gegenwärtigen Menschen menschliche Entwicklungsmöglichkeiten wenigstens als Möglichkeiten offenbar.

Nur scheinbar ist Heinrich Manns ‹Henri Quatre› realistischer als ‹Joseph und seine Brüder›. Jener so bedeutende historische Roman stellt — dem Demokratismus seines Verfassers, ohne schriftstellerisch wirksam gewordene sozialistische Perspektive, entsprechend — eine konkrete historische Vergangenheit als konkretes Vorbild für die Gegenwart, ebenfalls dem Gehalt nach utopisch, dar. In den Joseph-Romanen hat der Mythos, in seiner besonderen Thomas Mannschen Fassung die weltanschaulich-künstlerische Funktion, über die Eigenart der Gegenwartskonsequenzen seiner Zukunftsperspektive ein maximal konkretes Bild zu geben. Darum spielt der Zyklus zugleich in einer realen konkreten Zeit, nämlich in der von Mann selbst erschaffenen mythischen Welt, und zugleich außerhalb der Zeit, nämlich außerhalb des realen historischen Ablaufs. Thomas Mann gehört nicht in die Reihe jener, die moderne Mythen schaffen wollen; sein Mythos wird in jedem Augenblick dichterisch verlebendigt und selbstironisch aufgehoben: so entsteht durch den Abglanz der Perspektive auf den Menschen der Gegenwart ein Milieu für die reale Gestaltung der menschlichen Folgen dieser an sich abstrakten Zukunftsperspektive. Denn nur diese selbst ist abstrakt-utopisch; das Milieu ihrer Verwirklichung hat die dichterische Fülle der vollendeten Gestaltung; es ist gerade das Wesentliche am Schaffen Thomas Manns, daß er in seinem Werk nichts Utopisches duldet. Nur letzten Endes, nur als Endergebnis des so kunstvoll gestalterischen Schaukelns zwischen Setzen und Aufheben der Wirklichkeit des Mythos wird das Werk zum realistischen Abbild der Folgen seiner an sich abstrakten Utopie. Und diese komplizierte Wechselwirkung zwischen Gehalt und Form hat die Bedeutung: reale menschliche Möglichkeiten zur Entfaltung zu bringen; ihnen einen – freilich von Gegenwart und Geschichte aus gesehen: imaginären – Raum zum Aufblühen zu geben; hier aber sind reale menschliche Möglichkeiten, die in der Gesellschaft des heutigen Kapitalismus, des Imperialismus bloß verzerrt oder verkümmert, höchstens als vereinsamte Sehnsucht zur Geltung gelangen könnten. Während bei Mann sonst – von Thomas Buddenbrook bis zu Adrian Leverkühn – Ironie und Selbstironie Ausdrucksmittel der Skurrilität heutiger Tragödien sind, stehen sie hier im Dienst eines seelischen Raumschaffens für das Sichausleben sonst irregegangener, sonst abortierter menschlicher Fähigkeiten.

Erst von hier aus wird der ‹Hochstapler Krull› als Satyrspiel wirklich verständlich. Sein Stoff ist die gegenwärtige bürgerliche Gesellschaft, sogar eine bis ins sorgfältigste Detail realistisch gestaltete Gegenwart. Und in dieser soll die Persönlichkeit den Selbstgenuß ihrer selbst wiederfinden? Widerspricht dies nicht allen Erfahrungen, die jeder heutige Bürger in seiner Wirklichkeit täglich und stündlich haben muß? Nein. Denn Thomas Manns ironisch-selbstironische Kritik der heutigen bürgerlichen Gesellschaft stellt sich hier ein ganz neues, völlig originelles Thema: nur der Hochstapler kann heute, in der Welt des untergehenden Bürgertums, zum Selbstgenuß seiner Persönlichkeit kommen. Schon diese Fragestellung bezeichnet einen Gipfelpunkt von Thomas Manns Gesellschaftskritik, seiner Kritik des Bürgertums. Wenn man an die erste Entstehungszeit des Krull denkt, sieht man: damit eine solche Kritik ihre Reife und Fülle erlange, mußte Thomas Mann mit tief verwurzelten Illusionen grausam, selbstquälerisch abrechnen, mußte er seine Gaben, seine Weltanschauung im Kampf gegen den Faschismus ausbreiten und vertiefen, um all das, was in der Keimform des ‹Krull› implizit enthalten war, explizit zu machen, zur sichtbaren Gestalt zu verdeutlichen.

Der Hochstapler als Typus für einen heute möglichen Selbstgenuß der Persönlichkeit steht im schroffen Gegensatz zu jenen Jugendgestalten Thomas Manns, die dazu bestimmt waren, eine mühe- und verantwortungslose Lebensführung zu verkörpern. Diese, so Christian Buddenbrook, so die Hauptfigur des ‹Bajazzo›, endeten, wie wir gesehen haben, innerlich wie äußerlich scheiternd, in einer völligen Auflösung ihrer Persönlichkeit. Krull unterscheidet sich von diesen Typen schon dadurch, daß diese bei allem Leichtsinn und aller Unverantwortlichkeit nie die Schranken des bürgerlichen Anstands überschritten haben, während er schon als Kind skrupellos kleinere Diebstähle verübt hat, und wenn später bei ihm gewissen Plänen gegenüber Bedenken aufsteigen, so haben diese mit der bürgerlichen Moral nichts zu tun. Krull ist aber ein Hochstapler besonderer Observanz. Schon bei der Behandlung seines wiederholten Stehlens von Süßigkeiten als halbes Kind wehrt er sich heftig dagegen, seine Tat als gemeinen Diebstahl aufzufassen: ‹... obgleich ich es mir, namentlich auch von der bürgerlichen Gerichtsbarkeit, habe gefallen lassen müssen, daß man denselben Namen daran heftete, wie an zehntausend andere...› Er gibt zwar zu, daß die gestohlenen Sachen ihn wegen ihrer Erlesenheit unwiderstehlich anzogen; ‹... aber nicht ihre Vorzüglichkeit war es eigentlich, was mich berauschte, sondern der Umstand, daß sie mir als Traumgüter erschienen, die ich in die Wirklichkeit hatte hinüberretten können.› Ähnliche Motive tauchen nach dem Juwelendiebstahl auf der Reise nach Paris auf. Ein Kollege unter den Hotelangestellten, namens Stanko, hat Krull beim Überprüfen der Beute beobachtet, verlangt und erhält einen Anteil aus ihrer Verwertung. So entsteht eine zeitweilige kameradschaftliche Verbindung zwischen Stanko und Krull, die sich aber wieder auflöst, als Krull den Plan eines Einbruchs in eine Villa in Neuilly gleichgültig ablehnt.

Diese Episoden könnte man noch als nachträgliche subjektive Motivierungen zur Verschönerung robusterer Ursachen (Feigheit usw.) auffassen. Das spätere Leben Krulls zeigt jedoch, daß wir es hier mit etwas Wesentlicherem, mit einem entscheidenden Zug seines Charakters zu tun haben. Krull rückt in der Hotelhierarchie rasch in die Höhe. Er wird servierender Kellner und bezaubert alle seine Klienten, vor allem die Damen, aber nicht nur diese. Dabei wird er zweimal auf einen Scheideweg gestellt, so daß wir seine wirklichen Entscheidungsgründe zu Gesicht bekommen. Das erstemal handelt es sich um die siebzehn-achtzehnjährige Tochter eines reichen Birminghamer Kaufmanns, um Eleanor Twentyman, die sich leidenschaftlich in Krull verliebt, mit ihm entfliehen, von ihm ein Kind haben möchte, in der Hoffnung, nachträglich den Segen des sie sehr liebenden Vaters zum *fait accompli* zu erlangen. Krull lehnt so taktvoll und rücksichtsvoll, wie in dieser prekären Lage möglich, das Anerbieten ab: ‹Das alles sind ganz verquere Träume, um derentwillen ich nicht meinen Weg verlassen und solchen Seitenpfad einschlagen kann.›

Noch bezeichnender ist die Wahl, vor die er zur selben Zeit durch Lord Kilmarnock, einen reichen schottischen Aristokraten, gestellt wird. Auch hier erwacht beim Servieren im Restaurant in dem alternden, vereinsamten Mann eine Zuneigung zu dem schönen, schmiegsamen, anstelligen Jüngling. Bei Lord Kilmarnock hat die Einsamkeit, die Unlust am Leben, zum großen Erstaunen Krulls, eine Selbstverneinung entwickelt, die freilich, wie der Lord selbst sagt, ‹die Fähigkeit zur Bejahung des Anderen› in sich schließen kann. Bejaht wird also Krull, den der Lord als Kammerdiener mit weit höherem Gehalt, als er im Hotel besitzt, mitnehmen möchte. Ja, als Krull zu zögern scheint, läßt jener alle Minen springen: ‹Ich bin kinderlos und Herr meiner Handlungen. Es gibt Fälle von Adoption... Sie könnten eines Tages als Lord Kilmarnock und Erbe meiner Besitzungen erwachen.› Krull ist aber schon längst entschlossen, den Auftrag abzulehnen, und auch diese glänzende Aussicht kann ihn nicht wankend machen, ihn nicht auf einen ‹Seitenpfad› verleiten. Die innere Begründung dieses Nein-Sagens ist für die spezifische Eigenart seines Hochstaplertums äußert charakteristisch: ‹Die Hauptsache war, daß ein Instinkt, seiner selbst sehr sicher, Partei nahm in mir gegen eine mir präsentierte und obendrein schlackenhafte Wirklichkeit – zugunsten des freien Traumes und Spieles, selbstgeschaffen und von eigenen Gnaden, will sagen: von Gnaden der Phantasie. Wenn ich als Knabe erwacht war mit dem Beschluß, ein achtzehnjähriger Prinz namens Karl zu sein, und an dieser reinen und reizenden Erdichtung, solange ich wollte, in Freiheit festgehalten hatte – das war das Rechte gewesen, und nicht, was dieser Mann mit der starrenden Nase mir in seiner Anteilnahme bot.›

Hier ist noch klarer als im Fall Stanko oder in dem der Eleanor Twentyman, daß es sich bei Krull nicht einfach darum handelt, durch irgendeinen Betrug – moralische Skrupel sind ihm, wie wir gesehen haben, ganz fremd – materiellen Wohlstand oder eine soziale Position zu ergattern. Er wird vielmehr Hochstapler, um ein seiner Phantasie angemessenes Leben führen zu können, um seine aus der Phantasie geborene Vorstellung über sich selbst dem Leben aufzuzwingen. Er will den Sieg und den Genuß des Sieges; Geld und gesellschaftlicher Rang sind für ihn nur selbstverständliche, freilich auf krummen Wegen zu erringende Voraussetzungen zur Entfaltung der eigenen Fähigkeiten unter ihnen angemessenen Umständen. Zum Schaffen dieser Bedingungen braucht Krull das Hochstaplertum.

Den Abschluß des ersten Teils bildet die erste große Hochstapelei Krulls. Auch hier geht die ursprüngliche Initiative nicht von ihm aus. Der Marquis de Venosta, den Krull ebenfalls als Kellner bedient, stellt ihn diesmal vor die Wahl. Freilich spielt dabei Krulls Haltung und Lebensführung eine entscheidende Rolle. Nicht so sehr, daß er im Restaurant die Sympathie Venostas und seiner Geliebten erobert.

Krull lebt in dieser Zeit ein – unschuldiges – Doppelleben in Paris. Er verschafft sich eine elegante Garderobe und benützt seine freien Abende, um in vornehmen Lokalen das Leben eines Gentleman zu spielen. So begegnen sich die beiden, ungefähr gleichaltrigen jungen Leute gerade in einem Augenblick, als Venosta vor einer für ihn schweren Entscheidung steht. Seine Eltern sehen mit Mißfallen sein langdauerndes Verhältnis mit einer schönen Pariser Schauspielerin und wollen ihn, um die Trennung möglichst schmerzlos zu vollziehen, mit Geld und Empfehlungen reichlich ausgestattet, auf eine Weltreise schicken. Venosta kann und will sich jedoch von seiner Freundin nicht trennen. In langen Gesprächen, in denen Krull nur zum Schein bloß als verständnisvoller Zuhörer figuriert, entsteht der großartige Plan: Krull soll als Venosta die Weltreise machen, den Eltern Briefe schreiben usf., Venosta kann dann mit seiner Freundin inkognito in Paris bleiben. Es ist nun für Krulls Art des Hochstaplertums charakteristisch, daß er zwar mit großer Selbstverständlichkeit Venostas Geldmittel (20 000 Fr.) übernimmt, seine Unterschrift fälschen lernt usw., daß er aber ebenso selbstverständlich Venostas Pariser Existenz mit seinen eigenen 12 000 Fr., die er sich aus der Affäre Houpflé-Philibert ‹erspart› hat, sicherstellt. Es überrascht also nicht, daß Venosta, der als stets sorglos lebender Aristokrat an letztere Notwendigkeit gar nicht gedacht hat, ihn gerührt einen Gentleman nennt. Und allerdings: es ist evident, daß für Krull die Möglichkeit ihm angemessener Abenteuer und der Selbstbewährung in diesen wichtiger ist als der – gar nicht so große – materielle Vorteil.

Dieselbe Physiognomie zeigt Krull in der ersten Etappe seines Hochstaplerlebens auf der Reise nach Lissabon und in Lissabon selbst; mit diesem Aufenthalt schließt der erste Teil der Memoiren. Im Mittelpunkt steht das galante, rhetorisch-didaktische Liebesspiel mit der interessanten und hübschen Tochter des Archäologieprofessors Kuckuck, Zouzou (und das derbere mit ihrer majestätischen portugiesischen Mutter). Krull bleibt viele Wochen länger, als sein Programm vorschreibt, in Lissabon, nur um diese geistig-moralisch Widerspenstige zu zähmen, um ihr die Wahrheit der wahren Liebe beizubringen. (Daß er ganz nebenbei eine Audienz beim König durchsetzt und allein durch seine liebenswürdige Suada einen portugiesischen Orden ‹verdient›, verstärkt nur das Spielerisch-Zwecklose dieses Aufenthalts.) Er läßt sich auf dieses Liebesspiel ein, im voraus wissend und genau berechnend, daß – von materiellen Vorteilen gar nicht zu reden – bei der Rolle, die er hier durch seine Verkleidung als Marquis de Venosta gewählt hat, für ihn weder eine Heirat noch ein illegales Liebesverhältnis mit Zouzou möglich ist. Es ist ein Abenteuer um des Abenteuers willen, ein geistiges Turnier, um die eigenen Kräfte auszuprobieren und aufs äußerste anzuspannen, um durch die Selbstbewährung in diesem witzigen Kampfspiel, durch das Überwinden selbstgeschaffener Schwierigkeiten und Verwicklungen den Selbstgenuß der eigenen Kräfte, der eigenen Persönlichkeit zu erwerben.

Dazu ist ein hoher Grad von Tüchtigkeit nötig, das heißt, eine stete Fixheit zur Mobilisierung gerade jener Fähigkeiten, die in einer gegebenen, im voraus nie genau berechenbaren Situation gerade nötig sind. Dazu gehören Scharfsinn, Klugheit, Erkenntnis der jeweiligen Lage, Finden des jeweils richtigen Tones und Maßes und noch vieles andere. Mit einem Wort: Krull muß alle seine Kräfte anspannen, um das überzeugend vorzustellen, was Venosta einfach durch Geburt und Erziehung ist. Es entsteht dabei ein weitaus interessanterer und ‹echterer› Venosta, als der wirkliche ist, eben weil Krull, obwohl er in Wirklichkeit von jedem stets für den echten Venosta gehalten wird, jeden Augenblick sich als echter Venosta beweisen muß. Wir greifen nur ein kleines Beispiel heraus. Krull ist zu einer Tennispartie seiner Umworbenen eingeladen, hat aber nie im Leben Tennis gespielt, nur als Balljunge sich einige Male auf Tennisplätzen getummelt. Er muß also ein Schauspiel mit Akrobatentricks vollführen, um vor der Gesellschaft als echter Aristokrat zu erscheinen, der das Spiel einmal beherrscht, jedoch seit Jahren nicht mehr gespielt hat. Der wirkliche Venosta würde entweder Tennis spielen können oder kaltblütig erklären, daß er nicht spielen könne. Ähnlich steht es mit dem Brief an die Eltern. Es ist ein kleines – selbstparodisierendes – literarisches Kunstwerk, wo der wirkliche Venosta einen weitaus weniger interessanten einfachen Bericht heruntergeschmiert hätte. Überall ist Krull ‹echter› als das Original.

Seine Unechtheit, sein Hochstaplertum zwingen also Krull zu Leistungen, von denen das Vorbild, das er reproduziert, nicht einmal eine Ahnung haben kann. Sein ganzes Hochstaplertum vom Haussohn bis zum Liftboy, vom Kellner bis zum Weltmann ist ein unentwirrbares Ineinander von Leben und Rolle, von Leben als Rolle, von Rolle als Leben, eine ins Leben versetzte *commedia dell'arte*. Die Rolle, das betont Schauspielerische gibt dem Ganzen eine Atmosphäre der – relativen – Unschuld, ohne freilich das Hochstaplerische je vergessen zu lassen. Und diese Unschuld ist hier viel mehr als ein bloßes Wort, ist keineswegs eine ästhetisierende Schönfärberei. Als wirklicher Kellner, wenn er ernsthaft diese Karriere eingeschlagen und sie nicht immer bloß als Provisorium, als Sprungbrett zu Abenteuern, als Rolle behandelt hätte, als wirklicher Marquis, der eine Hoflaufbahn oder etwas Ähnliches anstrebt, für den der Orden nicht ein lustiger Schmuck, eine Art Kotillon für seine Rolle ist, hätte Krull weitaus mehr streberische Gemeinheiten begehen müssen als in seiner bisherigen Hochstaplerlaufbahn. Sein geistiges und moralisches Antlitz hätte sich im harten Ringen um ein tatsächliches Höheraufsteigen auf der Dienst- oder Protokolleiter viel tiefer verzerren müssen als hier, wo er – gerade durch das Hochstaplertum, durch das Provisorische und Unechte seiner Existenz – in der Lage ist, den unerbittlichen und erniedrigenden Anforderungen des kapitalistischen Lebens phantasievoll auszuweichen, sie in ein anmutiges, zu nichts verpflichtendes Spiel zu verwandeln. Es ist dies eine Art Kunst. Aber eine, die nie zu einer fixierten Leistung erstarrt. Krull, der auf alle Dilettanten lächelnd herabblickt, hat vor wirklichen Leistungen eine hohe Achtung. So bewundert er im Pariser Zirkus die ‹Tochter der Luft›, Andromache, wirft aber sogleich die Frage auf: ist eine so hohe Vollendung noch menschlich? Und Krull verneint diese Frage: ‹Sie war kein Weib; aber ein Mann war sie auch nicht, und also kein Mensch. Ein ernster Engel der Tollkühnheit war sie, mit gelösten Lippen und gespannten Nüstern, eine unnahbare Amazone des Luftraumes unter dem Zeltdach, hoch über der Menge, der vor starrer Andacht die Begierde nach ihr verging.› Damit wird die Sphäre Tonio Kröger-Leverkühn gestreift. Gestreift, aber verlassen, so wie sie auch in den Joseph-Romanen um des Lebens willen (eines anderen Lebens als des bloßen Kontrasts zur Kunst von Klöterjahn bis zu Hans Hansen und Ingeborg Holm) verlassen wird. Auch in dieser Hinsicht gehört – trotz der ironisch-selbstironischen Entsprechung Leverkühn-Andromache – der ‹Hochstapler Krull› als Satyrspiel zu der Josephlegende.

Thomas Mann betrachtet also – im Gegensatz zu seinen avantgardistischen schriftstellerischen Zeitgenossen – das Ausleben der im Menschen enthaltenen Fähigkeiten, den dadurch errungenen und verdienten Selbstgenuß der Persönlichkeit nicht als heute *a limine* unmöglich. Dieser Optimismus, der in seiner seit langer Zeit zäh festgehaltenen Perspektive wurzelt, erscheint in der Wirklichkeit, infolge seiner tiefen, realistischen Einsicht in das Wesen der bürgerlichen Gegenwart mit starken ironischen Vorbehalten. Er gestaltet das Tragische und dessen Überwindung im Selbstgenuß der verwirklichten Persönlichkeit in einer aus der konkreten Historie herausgehobenen Märchenwirklichkeit des ‹Es war einmal› und des ‹Als wär es nie gewesen›. Und wenn er sich unmittelbar realistisch der Gegenwart zuwendet, entsteht das Satyrspiel vom Hochstapler, der in der bürgerlichen Gesellschaft allein dazu berufen ist, den Selbstgenuß der Persönlichkeit zu verwirklichen.

Solche Heiterkeit, gepaart mit einer derartigen sachlichen Schärfe der Satire, findet keine Parallele in der Geschichte der deutschen Literatur, noch weniger im Schrifttum unserer Tage. Man muß bis zum Derwisch in Lessings Nathan zurückgreifen, um auch nur in gröbsten Umrissen etwas Analoges zu finden. Doch ist auch hier das Unterscheidende wesentlicher als das Verbindende. Lessings Epilog entstand noch im Morgengrauen der deutschen bürgerlichen Erhebung, noch vor der Französischen Revolution, in einer Zeit also, die selbst einem solchen Kritiker wie Lessing einige heroische Illusionen aufzwang. So ist die höchste Erfüllung der Persönlichkeit, die Heiterkeit ihres Selbstbewußtseins hier die des Bettlers, des schachspielenden nackten Pilgrims am Ganges zwar eine ironische Kritik aller möglichen gesellschaftlichen Tugenden innerhalb des bürgerlichen Horizontes. Diese Kritik kann aber im Rahmen des Gesamtangriffs, der gegen Absolutismus, Feudalismus, gegen ihre Ideologien gerichtet ist, nur eine episodische Rolle spielen. Wird ein ähnliches Verhalten, was später seitens Kleinerer oft geschah, in den Mittelpunkt gerückt, so muß diese Art der Erfüllung den fatalen Beigeschmack von Resignation, ja, von Heuchelei und gesellschaftlichem Selbstbetrug erhalten. Die Originalität großen Stils liegt bei Thomas Mann gerade darin, daß Heiterkeit, Humor und Überlegenheit aus der richtigen Selbsterkenntnis des heutigen Bürgertums erwachsen sind. Thomas Mann spricht eine – unsere Betrachtung beleuchtende – Wahrheit über seine Stellung zur bürgerlichen Gesellschaft und deren Wert für Erkenntnis und Gestaltung aus, wenn er schon in der ‹Pariser Rechenschaft› schreibt: ‹Auch ich bin ‚Bürger' ... Aber das Wissen selbst, wie es um das Bürgerliche heute geschichtlich steht, bedeutet schon ein Heraustreten aus dieser Lebensform, einen Neben-Blick auf Neues. Man unterschätzt die Selbsterkenntnis, indem man sie für müßig, für quietistisch-pietistisch hält. Niemand bleibt ganz, wer er ist, indem er sich erkennt.› Daß die sich später befestigende sozialistische Perspektive – auch in ihrer Abstraktheit – für Thomas Mann ein steigerndes und förderndes Prinzip gerade in dieser Richtung war, wurde hier, so hoffen wir, gezeigt. Natürlich gehört zu einer solchen Deutung des ‹Krull› ein gewichtiger Vorbehalt: wir kennen die Erfüllung des Krullschen Schicksals nicht, und darum dürfen wir nichts, was wir als Wesen von Charakter und Geschick am Vorhandenen erblicken, als Endgültiges betrachten. Die späteren Wechselbeziehungen Krulls mit der Wirklichkeit können einzelne bis jetzt hervortretende Züge derart verstärken oder abschwächen, daß alle Proportionen modifiziert werden und dadurch alle aus dem Früheren gewonnenen Folgerungen als fragwürdig oder gar falsch erscheinen müssen. Die auslegenden Gedanken können sich nur aus dem bereits Gestalteten nähren; wo dies aufhört, setzt eine leere Kombinatorik ein.

Da es sich um den ersten Teil eines großen Kunstwerks handelt, das wichtigste Fragen des heutigen bürgerlichen Daseins aufrührt, warten wir alle höchst gespannt auf die Fortsetzung. Und eine solche Spannung ist die größte Ehrung und der wärmste Glückwunsch zum achtzigsten Geburtstag Thomas Manns: wir blicken, wenn wir an diesem Tag seiner gedenken, nicht in die Vergangenheit, sondern in die Zukunft; wir erwarten, wie bis jetzt immer bei seinen Werken, daß er weiterhin mit seinem Schaffen unser Weltbild erweitert und vertieft.

[Frühjahr 1955]

NACHSCHRIFT

Der frühzeitige Tod Thomas Manns macht leider unsere notwendigen Vorbehalte hinfällig. Man kann unmöglich ohne tiefe Erschütterung darauf reagieren, daß der große satirische Roman unserer Zeit unvollendet geblieben ist, daß die Geschichte der Jugend Krulls nunmehr als Fragment in der Weltliteratur weiterleben wird. Aber es gibt Torsi und Torsi. Die meisten existieren nur für die wissenschaftliche Interpretation. Bei manchen betrachten wir, mit einem Gemisch von Bewunderung und Trauer, eine großzügig ansetzende Gestaltung, die plötzlich an einer, oft zufälligen, Stelle abbricht und geistig wie künstlerisch uns ein Rätselraten über das Fehlende aufzwingt. Die Gestalt Krulls weckt andere Gefühle. Die heitere Schlankheit des Jünglingshaften bleibt durch das Fragmentarische für die Nachwelt unverlierbar aufbewahrt. Dieser Torso hat – was auch unter den Überresten antiker Plastik zuweilen vorkommt – gerade als solcher, gerade in seiner sachlich-inhaltlichen Inkomplettheit oder Bruchstückhaftigkeit einen eigenen unwiderstehlichen Reiz, eine ganz eigenartige Vollendung. Er ist etwas anderes und sicher weit weniger als das Geplante, was aber in dieser ungewollt abgerundeten Gestalt den Zeiten überliefert wird, dieses Wenige ist als Gestalt in sich vollendet.

QUELLENNACHWEIS

J. Goethe und seine Zeit

Ungarische Originalausgabe: Goethe és kora. Hungária, Budapest 1946; deutsch unter gleichem Titel zuerst Francke-Verlag, Bern 1947, 2. Aufl. Aufbau-Verlag, Berlin 1950 (erweitert um die Festrede, ‹Unser Goethe›, die hier ausgelassen ist), 3. Aufl. ebenda 1953, 4. Aufl. ebenda 1955; englisch: Merlin-Press, London 1965; französisch: Nagel, Paris 1949; italienisch: Mondadori, Verona 1949; japanisch: Chu koron-Shai, Tokio 1952; serbisch: Sarajevo 1956; slowenisch: Cancerjeva Založba, Ljubljana 1956.

Die einzelnen Aufsätze:

1. Die Leiden des jungen Werther
Zuerst in: K istorii realizma (Geschichte des Realismus). Moskau 1939.

2. Wilhelm Meisters Lehrjahre
Zuerst in: Internationale Literatur, Nr. 2, 1939, S. 134–148; russisch in: K istorii realizma. Moskau 1939. Aufgenommen in: Schriften zur Literatursoziologie. Ed. P. Ludz, Luchterhand-Verlag, Neuwied 1961, 2. Aufl. ebenda 1963, 3. Aufl. ebenda 1968.

3. Der Briefwechsel zwischen Schiller und Goethe
Russisch in: Goethe i Schiller perepiska. Moskau–Leningrad 1937, S. V–XXXII; deutsch zuerst in: Internationale Literatur, Nr. 3, 1938, S. 99–125.

4. Schillers Theorie der modernen Literatur
Zuerst in: Internationale Literatur, Nr. 3/4, 1937, S. 97–110 und 110–123.

5. Hölderlins Hyperion
Zuerst in: Internationale Literatur, Nr. 6, 1935, S. 96–110; russisch in: K istorii realizma. Moskau 1939; französisch in: Les Cahiers d'Action, Nr. 2, 1946, S. 28–47.

Die Aufsätze 1–5 sind jetzt enthalten in: Georg Lukács Werke Band 7, Deutsche Literatur in zwei Jahrhunderten. Luchterhand-Verlag, Neuwied 1964.

II. Faust-Studien

Zuerst in: Internationale Literatur, Nr. 5, 1941, S. 93–102; Nr. 6, 1941, S. 87–95; Aufbau 1946, S. 904–916; Aufbau II/3, 1947, S. 33–48 (Faust und Mephistopheles); Aufbau Nr. 8, 1949, S. 712–720; Nr. 9, S. 831–838; schwedisch: Lius, Stockholm 1949. Jetzt in: Georg Lukács Werke Band 6, Probleme des Realismus III. Der historische Roman. Luchterhand-Verlag, Neuwied 1965.

Ungarische Originalausgabe bei Hungária, Budapest 1948; deutsch unter gleichem Titel, Aufbau-Verlag, Berlin 1949 (ohne den 3. Aufsatz), 2. Aufl. 1953 bis 5. Aufl. 1957 (vermehrt um: ‹Äußerungen über Thomas Mann im Werk von Georg Lukács›) ebenda; italienisch: Feltrinelli, Mailand 1956; serbokroatisch: Kultura, Belgrad 1958; englisch: Merlin-Press, London 1965. Jetzt in: Georg Lukács Werke Band 7, Deutsche Literatur in zwei Jahrhunderten, Luchterhand-Verlag, Neuwied 1964.

‹BEMERKUNGEN ÜBER DEN BÜRGERLICHEN REALISMUS HINAUS›

Im zweiten Band dieser ausgewählten Schriften * vereint GEORG LUKÁCS Bücher, die früher selbständig erschienen sind: ‹Goethe und seine Zeit› und ‹Thomas Mann›. Er weist damit auf einen Zusammenhang hin, der von der deutschen Literaturwissenschaft geleugnet worden ist, heute teils absichtlich unterdrückt, teils zu allgemein vertreten und einigenorts penetrant übertrieben ausposaunt wird, eben deshalb aber im öffentlichen Bewußtsein fast keine Rolle spielt: daß nämlich Klassik und wirkliche Moderne, literarisches Erbe und sozialistischer Realismus, eine Entwicklungslinie bilden.

Äußerlich gibt es keinen größeren Gegensatz als den zwischen dem angeblich aristokratischen Ästhetizismus der Weimarer Klassik und dem gesellschaftskritischen Realismus, wie er in der Folgezeit, später als in England und Frankreich, auch die deutsche Literatur bestimmt. LUKÁCS zeigt indes, daß das Bild unserer Klassik von einer reaktionären Lireraturlegende verfälscht stilisiert worden ist: so, als handele es sich um eine lebensferne, rein ästhetisch-formale Angelegenheit für die Elite. In Wahrheit übernimmt die deutsche Klassik das Erbe der Aufklärung, bildet eine Brücke vom Realismus der Aufklärung zum großen Realismus des 19. Jahrhunderts. Die ‹Kunstperiode› der Klassik gründet sich unmittelbar auf die Französische Revolution; zumindest reagiert sie auf den neuen Weltzustand. Sie bleibt isoliert, weil die gesellschaftliche und wirtschaftliche Entwicklung und das davon abhängige Bewußtsein des Volks für diese Umwälzung nicht reif waren. GOETHE und SCHILLER resignieren zum Stilistischen und Ästhetischen, heben aber in dieser Entsagung durch ihre Produktion Erinnerung und Verständnis für die großen geschichtlichen Probleme auf, bereiten den Realismus des 19. Jahrhunderts vor. Im Scheitern der deutschen Klassik, besonders tragisch bei dem verspäteten und deshalb völlig mißverstandenen und vereinsamten Revolutionär HÖLDERLIN, zeigt sich deutlich, daß der Weg des Fortschritts aus dialektischen Widersprüchen besteht: das aufklärerische ‹Reich der Vernunft› verwirklicht sich zunächst als ‹Reich der Bourgeoisie›. Die Zeit des direkten Kampfes für Fortschritt und Aufklärung weicht einer Periode, in der die durch die Revolution geschaffenen Verhältnisse aufgearbeitet werden müssen. Das geschieht bei den großen deutschen Realisten der zweiten Hälfte des neunzehnten Jahrhunderts, denen der erste Band dieser Ausgabe gewidmet ist. Die deutsche Klassik hat den ganzen Reichtum der durch die Revolution gestellten Probleme aufgenommen und, wenn auch durch die miserablen politischen Verhältnisse erzwungen, nur gestalterisch, so doch in großer historischer Perspektive gezeigt und freigehal-

---

* Ausgewählte Schriften I unter dem Titel ‹Die Grablegung des alten Deutschland›, rde Bd. 276, Reinbek 1967 (Anm. d. Red.)

ten. Vom ‹Wilhelm Meister›, von dem FRIEDRICH SCHLEGEL gesagt hat, er zeige den Wandel der gesellschaftlichen Verhältnisse in Deutschland so, wie ihn der ‹Don Quichote› für das Spanien des 16. Jahrhunderts widerspiegele, und vom ‹Faust› führt tendenziell und dem Gesamtplan nach der Weg in unsere Zeit. Damals galt es, die Errungenschaften von 1789 aufzuarbeiten; heute müssen wir die Folgen der Oktoberrevolution und den durch sie geschaffenen neuen Weltzustand begreifen und nutzen. Nur in solcher Perspektive sind Maßstäbe für unsere Literatur zu finden.

Den Übergang vom bürgerlichen zum sozialistischen Realismus stellt LUKÁCS am Beispiel THOMAS MANNS dar. Für die Rückverbindung zu GOETHE greift LUKÁCS nicht irgendwelche äußeren Merkmale auf, wie die leicht peinliche Selbststilisierung MANNS oder seinen GOETHE-Roman; vielmehr zeigt er THOMAS MANN als den repräsentativen bürgerlichen Schriftsteller am Ende der bürgerlichen Periode so, wie er GOETHE als den repräsentativen Dichter an ihrem Anfang darstellt. Ist GOETHES ‹Faust› für LUKÁCS die höchste erreichbare literarische Form des ‹alten Deutschland›, so ist der ‹Faustus›-Roman von THOMAS MANN ein voller Schlußakkord der Entwicklung nach der gescheiterten deutschen Revolution von 1848, mit ihrem erzwungenen Rückzug in die ‹kleine Welt› der Studierstube und ihrem Ausweichen in die – von THOMAS MANN selbst so genannte – ‹machtgeschützte Innerlichkeit›. Die ‹große Welt› der demokratischen Öffentlichkeit ist im imperialistischen Deutschland, erst recht im Faschismus, verschwunden. Das Bürgertum büßt seine Existenzberechtigung ein, weil in ihm zu keiner Stunde der kämpferische Citoyen den für seinen Profit und Genuß auf Ruhe und Ordnung setzenden Bourgeois übermächtigen konnte.

Auch THOMAS MANN überschreitet nicht die Schwelle des Bürgerlichen, literarisch gewendet, des kritischen Realismus. Seiner ‹Wirklichkeitsandacht› fehlt alles Utopische. Er ist ein reiner ‹Spiegel der Welt› in all ihrer Widersprüchlichkeit. Seine progressive Wirkung, die ihm bis heute die Ablehnung durch das deutsche Bürgertum eingetragen hat, besteht darin, den deutschen Irrweg vom 1. Weltkrieg bis zur zweiten Niederlage thematisch zu gestalten. Von den ‹Betrachtungen eines Unpolitischen› bis ‹Lotte in Weimar› führt die Entwicklung, vom imperialistischen Wilhelminismus zum demokratischen Humanismus. Die inneren, historisch notwendigen Tendenzen der Zeit haben in den Werken THOMAS MANNS ‹die höchste Bewegungsform erhalten, die für solche Probleme in der gegebenen historischen Wirklichkeit möglich› waren. Im ‹Faustus› heißt es: ‹... statt klug zu sorgen, was vonnöten auf Erden, damit es dort besser werde, und besonnen dazu zu tun, daß unter den Menschen solche Ordnung sich herstelle, die dem schönen Werke wieder Lebensgrund und ein redlich Hineinpassen bereiten, läuft wohl der Mensch hinter die Schul und bricht aus in höllische Trunkenheit: so gibt er sein Seel daran und kommt auf den Schindwasen.›

THOMAS MANN ist den Weg bis zu einem wirklichen Abschied von der problematischen deutschen Vergangenheit gegangen. In seinen Werken, aber auch in den sie begleitenden Essays, hat er versucht, von der großen bürgerlichen Tradition zu retten, was ihm unentbehrlich für die neue Epoche des Sozialismus zu sein schien. Diese neue Epoche selbst sah er als notwendig heraufkommend an. In seinen Aufrufen gegen den Nationalsozialismus und für den Aufbau einer zukünftigen Demokratie hat er den deutschen Bürgern zugerufen: ‹Die neue, die soziale Welt, die organisierte Einheits- und Planwelt, in der die Menschen von untermenschlichen, unnotwendigen, das Ehrgefühl der Vernunft verletzenden Leiden befreit sein werden, diese Welt wird kommen, und sie wird das Werk jener großen Nüchternheit sein, zu der heute schon alle in Betracht kommenden, alle einem verrotteten und kleinbürgerlich-dumpfen Seelentum abholden Geister sich bekennen.› Jener oft zitierte und gegen THOMAS MANN ausgespielte Satz vom Antikommunismus ist die Konsequenz eines redlichen, die Wirklichkeit widerspiegelnden Gestaltungsprozesses und des Versuchs, auch denkerisch und unmittelbar politisch die Bedingungen des neuen Weltzustandes darzutun. THOMAS MANN bekennt: ‹Ich kann nicht umhin, in dem Schrecken der bürgerlichen Welt vor dem Wort Kommunismus, diesem Schrecken, von dem der Faschismus so lange gelebt hat, etwas Abergläubisches und Kindisches zu sehen, die Grundtorheit unserer Epoche.›

Sozialismus also als Zukunftsaufgabe mit allen Konsequenzen, gerade für das deutsche Bürgertum. Nichts könnte in einem Land aktueller sein, das mittels einer antidemokratischen großen Parteienkoalition, einer die öffentliche Meinung manipulierenden kapitalistischen Monopolpresse seine Menschen in eine spießige kleine Konsum- und Genußwelt gedrängt hat, in eine polizeigeschützte Nichtigkeit, gut genug, der gegen wirkliche demokratische Regungen eingesetzten Gewalt zu akklamieren. Die Welt in den Werken von THOMAS MANN zeigt uns, was vom großen Bürgertum in eine wahrhaft demokratische Republik hätte gerettet werden können und müssen; an ihr können wir messen, was jetzt endgültig untergeht. In Deutschland wird es einen Sozialismus ohne Bürgertum geben.

LUKÁCS hat die ideologischen Konsequenzen in anderen Arbeiten ausgeführt. Hier liefert er genaue Werkanalysen, die man wie Kommentare zu den Büchern THOMAS MANNS lesen kann. Seine Darstellung etwa der Dekadenzproduktion der ‹Buddenbrooks› oder des ‹Tod in Venedig›, seine Interpretation zum Beispiel von ‹Mario und der Zauberer› als antifaschistischer Erzählung, seine Entschlüsselung der Josephromane sind wissenschaftlich vorbildliche Leistungen, die die Literatursoziologie in ihren Kanon aufgenommen hat. Wie in allen seinen Werken, so will LUKÁCS aber auch hier nicht nur scharfsinniger Kommentator und Begleiter einer literarischen Wirklichkeit sein; sondern parteilicher, erweckender Beförderer der konkreten gesellschaftlichen Wirklichkeit selbst. Diese Tendenz, Kunst und Wirklichkeit aktualisierend und verändernd zu verbinden, harmoniert in der glücklichsten und fruchtbarsten Weise mit den gleichartigen wirklichkeitsspiegelnden und dadurch -verändernden Tugenden des großen demokratischen Schriftstellers THOMAS MANN.

THOMAS MANN selber hat zum 70. Geburtstag seines Interpreten GEORG LU-

KÁCS geschrieben: ‹Was vor allem (an seinem kritischen Werk) meine Sympathie erregt, ist der Sinn für Kontinuität und Tradition, von dem es geleitet ist und dem es großenteils sein Dasein verdankt. Denn geradezu vorzugsweise gilt seine Analyse älterem literarischen Kulturgut, in dem er belesen ist wie der konservativste Historiker und mit dem er die neue Welt seines Glaubens in Verbindung zu bringen, ihren Wissens- und Lerneifer zu erwecken sucht. Daß er dabei vornehmlich die gesellschaftskritischen Elemente dieser Leistungen der bürgerlichen Kultur aufsucht und aufzeigt, ist nur recht und billig und verringert keineswegs meine Wertschätzung eines Mittlerwerks zwischen den Sphären und Zeitaltern, das mir inspiriert scheint von einer Idee, welche heute vielerorts in beklagenswert geringen Ehren steht: der Idee der *Bildung*.›

Wenn hier THOMAS MANN die Einstufung seines Werks durch LUKÁCS auf diesen selbst zurückwendet, so bestätigt er nur die intensive gegenseitige Werkabhängigkeit. Darüber hinaus aber erhebt hier der Bürger MANN einen Vorwurf, den er auch sich selbst in seinen vorwärtsdrängenden Werken mit ironischen Vorbehalten immer wieder macht: nicht modern, nicht radikal, nicht zeitgemäß genug zu sein. Es ist ein Vorwurf, der sich allgemein zum Tadel an LUKÁCS verdichtet hat: er habe kein Verhältnis etwa zum Expressionismus gefunden, er habe die neueste Sowjetliteratur vernachlässigt, weder BRECHT noch der *nouveau roman* seien bei ihm positiv analysiert; mit einem Wort: LUKÁCS bleibe in der bürgerlichen, der realistischen, einer antiquierten Bildungswelt stecken. Diese Behauptungen bildeten den Tenor der LUKÁCS-Diskussionen im Deutschland der zwanziger Jahre, in der Sowjetunion in den Dreißigern, in Ungarn 1949, in der Deutschen Demokratischen Republik nach 1956 und in der Bundesrepublik heute.

Es ist hier nicht der Ort, die Diskussionen im einzelnen zu verfolgen und die Kritik, auf deren Seite Namen wie ANNA SEGHERS, ALEXANDER FADEJEW, JOSEF SZIGETI, HANS KOCH und THEODOR W. ADORNO auftauchen, nachzuvollziehen. Sie läßt sich zusammenfassen in der Behauptung, die Voraussetzung der Kunsttheorie von GEORG LUKÁCS, das Kunstwerk widerspiegele die Realität, sei erkenntnistheoretisch falsch oder ideologisch unhaltbar; sie müsse daher revidiert oder ersetzt werden. Dahinter verbarg sich auf allen Seiten interessanterweise gerade das, was man LUKÁCS vorwarf: ein sehr starres ideologisches Verhalten. Die marxistischen Kritiker nämlich hielten und halten sich überwiegend nicht an die gesellschaftliche Realität; sondern versuchten dem modischen Tagesbild, den taktischen Bedürfnissen der Politik jedesmal auch die Theorie anzupassen. Damit haben sie sich freilich, wie die Kette theoretischer Revisionen zeigt, einen schlechten Dienst erwiesen. Die Wirklichkeit wird nicht durch Interpretation verändert. Die bürgerlichen Kritiker aber unterlagen und unterliegen offenbar dem Gesetz der manipulativen kapitalistischen Konsumwirtschaft: das Neueste als das Beste verkaufen zu müssen. Es ist ein Unterschied, ob man versucht, das ‹Endspiel› von BECKETT zu verstehen, was ganz berechtigt ist und erhebliche Folgen zeitigen kann; oder eine literarische Theorie auf eben jene kapitalistischen literarischen Endspiele aufzubauen. Die Perspektive LUKÁCS' ist historisch sehr weit; was heute modern ist, kann unter seinen Gläsern, wie er es selber ausgedrückt hat, schon im literarischen Massengrab verschwunden sein. Den durch die Oktoberrevolution geschaffenen Weltzustand arbeiten weder Pop noch die dekadenten Trauerspiele der Hofnarren des Monopolkapitalismus auf.

Über die erkenntnistheoretisch-ontologische Stringenz der Widerspiegelungstheorie braucht hier kein Wort verloren zu werden, nachdem GEORG LUKÁCS selber diesem Thema einige der erregendsten Kapitel im ersten Band seiner ‹Ästhetik› gewidmet hat. Es ist nur erstaunlich, daß auf diese Darlegungen die bürgerliche Kritik bisher nicht eingegangen ist. In Ungarn jedenfalls, das muß zur Ehrenrettung der marxistischen Wissenschaft gesagt werden, beginnt man dieses grundlegende Werk neuerdings in seiner Bedeutung für Marxismus und Kunst zu würdigen.

Die Tragfähigkeit einer Theorie erweist sich zwar daran, wie weit ihr Urheber neue Erscheinungen mit ihr fassen und erklären kann, aber mehr noch in ihrer Anwendung und Erweiterung durch Nachfolger. GEORG LUKÁCS versteht sich selber nur in einer großen Tradition, die von den Epikureern über die Enzyklopädisten und Aufklärer bis MARX reicht, und er hat sich stets bemüht, weiterführend Schule zu bilden. Wenn heute die soziologische Betrachtungsweise der Literatur unter inhaltlichen Kriterien international das Feld beherrscht – es sei nur an so unterschiedliche Geister wie ROBERT MINDER, WILHELM EMRICH, KARL O. CONRADY erinnert –, so bestätigt das besser als viele Einzelheiten die Fruchtbarkeit seines Werks.

Tatsächlich hat LUKÁCS keiner der großen Erscheinungen in der Literatur nach THOMAS MANN ähnlich eingehende Studien mehr gewidmet. Offensichtlich ist, daß LUKÁCS in der Form, die THOMAS MANN dem Roman gegeben hat, die Bewahrung der besten epischen Überlieferung für unsere Zeit sieht. Gegen den Avantgardismus der Zeit-Literatur gewandt, glaubt er nicht daran, daß mit dem Bürgertum der Roman als höchste literarische Gattung dieser Gesellschaftsform sich auflösen und untergehen müsse, obwohl er die zahlreichen vergeblichen Versuche, Romane zu schreiben, kennt, deren deutsche Seite etwa von JENS, WALSER, JOHNSON, FRISCH und BICHSEL, deren berühmtere französische von ROBBE-GRILLET, SIMON, BUTOR und NATHALIE SARRAUTE repräsentiert wird. Seine Vorstellung vom heute nötigen und möglichen Realismus in der Literatur ist wohl in der Analyse des sowjetischen Lagerromans ‹Ein Tag im Leben des Iwan Denissowitsch› von ALEXANDER SOLSCHENIZYN abzulesen.

Nicht die Methode ist zu ändern; sie muß nur auf die veränderte Wirklichkeit angewandt werden. Und so soll am Schluß auf zwei Namen verwiesen werden, die zeigen, was genuin marxistische Literaturwissenschaft auch in der Aufarbeitung der gegenwärtigen Literatur leisten kann. Zum einen auf LUCIEN GOLDMANN, der in seiner Soziologie des modernen Romans zeigt, in wie differenzierter Form die Widerspiegelungstheorie heute angewandt werden kann: daß sich nämlich nicht die unmittelbare Realität im Kunstwerk reproduziert;

sondern daß – und auch das aus einsichtigen und erklärbaren Gründen – die Struktur der Gesellschaft sich in der Struktur des Kunstwerks reproduziert. Zum anderen auf die Mimesistheorie von FRIEDRICH TOMBERG, der mit äußerster dialektischer Schärfe nachweist, warum in einer Zeit, in der die Eudaimonie für die Kunst keine reale Perspektive mehr sein kann, die ihrem Wesen gemäß parteiliche Kunst in letzter Konsequenz zur Negation der gesamten Wirklichkeit werden muß.

Dies alles gilt freilich nur für die Kunst im Kapitalismus. Und damit bleibt die große, optimistische Perspektive von LUKÁCS, im Detail verifiziert, gültig und der theoretischen Verfolgung wie praktischen Verwirklichung offen.

Neuwied am Rhein, den 22. September 1967   *Frank Benseler*

Macht unsre Bücher billiger! . . .

... forderte Tucholsky einst, 1932, in einem «Avis an meinen Verleger». Die Forderung ist inzwischen eingelöst.

Man spart viel Geld beim Kauf von Taschenbüchern. Und wird das Eingesparte gut gespart, dann zahlt die Bank oder Sparkasse den weiteren Bücherwerb: Für die Jahreszinsen eines einzigen 100-Mark-Pfandbriefs kann man sich drei Taschenbücher kaufen.

ÜBER DEN VERFASSER

GEORG LUKÁCS, 1885 in Budapest geboren, studierte Philosophie, promovierte 1906 in Budapest, setzte das Studium in Berlin und Heidelberg fort und kehrte 1915 als schon bekannter Kulturphilosoph nach Ungarn zurück. Unter dem Eindruck des ersten imperialistischen Weltkriegs politisierte sich sein Budapester Bekanntenkreis, suchte Anschluß an die Arbeiterbewegung und fand den Weg in die eben entstehende kommunistische Partei. 1919 wurde LUKÁCS ins Zentralkomitee kooptiert. Er organisierte die revolutionäre Volksbildung der Räteregierung in Ungarn und ging als Politkommissar an die Front der Republik. Nach dem Sturz der Regierung BELA KUN lebte er in Österreich und in Deutschland. Er versuchte, den erforderlichen Beitrag der Intellektuellen zur Revolution der kapitalistischen Verhältnisse theoretisch zu bestimmen. Das Werk ‹Geschichte und Klassenbewußtsein› machte ihn zu einem Wortführer der marxistischen Intelligenz. Seine politisch-aktuellen Schriften sind eng verbunden mit der Verteidigung demokratischer Traditionen der bürgerlichen Kultur, die vom Faschismus zerstört wurden. Nach 1933 – in Moskau – entstanden seine großen literarhistorischen Untersuchungen, bestimmt für einen Wiederaufbau nach der Befreiung. 1944 übernahm LUKÁCS eine Professur für Kulturgeschichte und Ästhetik in Budapest, wurde Mitglied der Akademie der Wissenschaften, des Parlaments und des Weltfriedensbundes. Nach stalinistischen Angriffen schied er 1951 aus der Politik aus, kam mit dem ungarischen Aufstand von 1956 erneut in das Zentralkomitee und die Regierung und kehrte 1957 zur wissenschaftlichen Arbeit zurück. Im Herbst 1967 wurde er von der ungarischen Kommunistischen Partei vollständig rehabilitiert. GEORG LUKÁCS starb im Juni 1971.

Die wichtigsten Veröffentlichungen zur Literatur:

Die Seele und die Formen, Essays. Berlin 1911 / Die Theorie des Romans. Ein geschichtsphilosophischer Versuch über die Formen der großen Epik, Berlin 1920 / Gottfried Keller, Kiew 1940 / Deutsche Literatur während des Imperialismus. Eine Übersicht ihrer Hauptströmungen, Berlin 1945 / Fortschritt und Reaktion in der deutschen Literatur, Berlin 1945 / Goethe und seine Zeit, Bern 1947 / Schicksalswende, Berlin 1948 / Essays über den Realismus, Berlin 1948 / Karl Marx und Friedrich Engels als Literaturhistoriker, Berlin 1948 / Der russische Realismus in der Weltliteratur, Berlin 1948 / Thomas Mann, Berlin 1949 / Deutsche Realisten des 19. Jahrhunderts, Berlin 1951 / Balzac und der französische Realismus, Berlin 1952 / Beiträge zur Geschichte der Ästhetik, Berlin 1954 / Probleme des Realismus, Berlin 1955 / Der historische Roman, Berlin 1955 / Wider den mißverstandenen Realismus, 1958 / Schriften zur Literatursoziologie, Neuwied-Berlin 1961 / Ästhetik I: Die Eigenart des Ästhetischen, Neuwied-Berlin 1963

Werke in 15 Bänden, Neuwied-Berlin 1963 ff.

Bibliographie (bis einschließlich 1965) von Jürgen Hartmann in: Festschrift zum achtzigsten Geburtstag von Georg Lukács, Neuwied-Berlin 1965, S. 625–696.

PERSONEN- UND SACHREGISTER

Personenregister

Addison, J. 84
Adorno, Th. W. 314
d'Alembert, J. le Rond 20
Alfieri, V. 68, 84 f, 91
Ampère, J.-J. 162
Ariosto, L. 77, 83, 101, 218
Aristoteles 68, 82, 196
Arnold, G. 137

Babeuf, F. N. 87
Bacon, F. 122, 162
Baeumler, A. 120 f
de Balzac, H. 13, 26 f, 29, 41, 44 f, 49,
    58 ff, 62 f, 83, 86, 97, 99 f, 112, 123,
    128, 142, 196 f, 201 f, 205, 209,
    214 ff, 218, 239, 254, 258, 281,
    290 f
de Beaumarchais, P. A. C. 179
Beckett, S. 315
van Beethoven, L. 261
Behrisch, E. W. 183
Belinskij, W. 197
Benn, G. 282
Bentham, J. 176
Bergson, H. 263
Bichsel, P. 315
Bismarck, O. v. 9, 224
Blake, W. 285
Bloch, E. 231, 282
Börne, L. 10
Bolívar, S. 249
Borgia, C. 221
Brandes, G. 17 f
Brecht, B. 314
Brion, Friederike 183
Bristol, F. A. Lord 25
Bruno, G. 136, 162, 255
Büchner, G. 121, 236 f
Butor, M. 315
Byron, G. G. N. Lord 155 f, 196 f

Calderon de la Barca, P. 202, 207, 209
de Cervantes, M. 77, 84

Chamberlain, H. St. 15
Chamisso, A. v. 230
de Chateaubriand, F. R. 18, 26
de Chénier, M. J. 91
Clausewitz, K. v. 10
Cloots, A. 113
Conrad, J. 283 f, 291
Conrady, K. O. 315
Corneille, P. 13, 19, 82, 91
da Correggio, A. 61
Cromwell, O. 131
Cuvier, G. 159

Damiens, R.-F. 25
Dante Alighieri 142, 144, 188, 193
Defoe, D. 45
Dickens, Ch. 99, 239
Diderot, D. 13, 18 f, 142, 146, 202
Dilthey, W. 117 ff, 263
Dobroljubow, N. 12
Dostojewskij, F. 230, 257 f, 260

Eckart, Meister 120
Eckermann, J. P. 28, 52, 143, 149 f,
    155 f, 178, 187, 194, 246,
Eliot, T. S. 284
Emrich, W. 315
Engels, F. 7, 12, 50, 92 f, 100, 107,
    133, 145, 180 f, 199, 237

Fadejew, A. 314
Ferguson, A. 82 f
Feuerbach, L. 20, 199, 238
Fichte, J. G. 22 f, 108, 115, 141 f, 145
Fielding, H. 26 f, 101, 107, 201
Fischer, K. 167
Flaubert, G. 72, 96, 100, 264, 281
Fontane, Th. 223 f, 286
Forster, G. 50 f, 86, 88 f, 116
Fourier, C. 36, 42, 148, 168, 191
France, A. 298
Freud, S. 251, 277, 291

319

Friedrich d. Gr. 223
Frisch, M. 315

George, St. 117, 121, 260
Gibbon, E. 136
Gide, A. 284 f
Goethe, J. W. v. 7, 10–76 pass., 82,
    86, 90 ff, 101, 104 ff, 122 f, 125 f,
    128–210 pass., 214, 217 f, 222, 225 f,
    229, 234–244 pass., 246, 248 f, 252,
    255, 257, 259, 262, 279 f, 295, 298,
    311 f
Götz v. Berlichingen 137
Goeze, J. M. 25
Goldmann, L. 316
Goldsmith, O. 22, 24, 26 f, 201
Gontard, Suzette 123
Gontscharow, I. 99
Gorki, M. 130, 238
Grillparzer, F. 90
Grün, A. 42
Gundolf, F. 15, 17, 117 ff, 158

Hamann, J. G. 22, 136 ff, 190, 208
Hamsun, K. 229
Haym, R. 116, 121
Hebbel, F. 71, 90, 132
Hegel, G. W. F. 12, 14 ff, 23, 37, 39 ff,
    48, 63, 66, 77, 86, 88, 93, 98, 103 f,
    106 f, 110 ff, 114, 121 ff, 125, 136,
    141 f, 145 f, 148 f, 157, 163, 165,
    167, 178, 193, 199, 216, 225, 238
Heidegger, M. 251, 263, 277
Heine, H. 10 ff, 49, 60, 197, 236 f, 249
Heinrich IV. v. Frankreich 25
van Helmont, J. B. 137
Helvétius, C.-A. 16
Hemingway, E. 283 f, 291
Heraklit 123
Herder, J. G. 13 f, 16, 22, 51, 82, 132 f,
    136, 142, 145, 243
Heyne, C. G. 141
Hirt, A. L. 55
Hitler, A. 7, 119 f, 232, 265, 269, 271,
    277
Hobbes, Th. 16, 133
Hölderlin, F. 11, 16, 86, 110–127 pass.,
    237, 277, 311
Hoffmann, E. T. A. 201, 230, 292

Homer 22, 24, 26, 53, 70, 78, 80, 82 f,
    101, 106, 196, 198, 200, 218
Huber, L. F. 51, 141
Hugo, V. 13, 60
Humboldt, A. v. 7
Humboldt, W. v. 52, 69, 114, 147

Ibsen, H. 71, 211

Jacobi, F. H. 23, 137, 188
Jens, W. 315
Johnson, U. 315
Joyce, J. 284
Kant, I. 22 f, 37, 48, 55, 66, 98 f, 103,
    133, 141, 145, 165 f, 168, 178, 219
Karl August von Weimar 14
Keats, J. 124
Keller, G. 215, 218 f, 230, 239, 292
Kierkegaard, S. 120
Klages, L. 15, 277
Kleist, H. v. 229
Klinger, F. M. v. 158
Klopstock, F. G. 22, 131, 144
Koch, H. 314
Körner, C. G. 52
Korff, H. A. 17

Lassalle, F. 92 f, 246, 248
Lavater, J. K. 137, 169, 179
Lenau, N. 129
Lenin, W. I. 12, 20, 132, 237
Lenz, R. 179 f
Lesage, A. R. 45
Lessing, G. E. 11 ff, 16 ff, 22, 25, 28,
    55 f, 82, 85, 90, 133 ff, 159 f, 179 f,
    225, 237, 249, 307
Luden, H. 142, 146
Ludwig XIV. v. Frankr. 90
–, XV. v. Frankr. 25
Lukács, G. 12 (Anm.), 212, 311 ff
Luther, M. 165

de Mandeville, B. 163
Mann, H. 246, 298, 301
Mann, Th. 211–255 pass., 257 f, 260 ff,
    266 ff, 270 f, 273, 277 f, 284–298
    pass., 301 f, 306 ff, 311 ff
Manzoni, A. 60, 197
Marlowe, Ch. 135

Martin du Gard, R. 298
Marx, K. 12, 18, 24, 61 f, 78 f, 87, 92 f, 97 ff, 102, 104, 110, 112, 122, 125, 134, 137, 145, 163 ff, 176, 237, 276 ff, 281, 286, 291
Matthisson, F. v. 92
de Maupassant, G. 96
Mehring, F. 11, 13 f, 19, 52, 55
Mendelssohn, M. 20
Merck, J. H. 166
Mérimée, P. 13
Meyer, J. H. 52, 73, 207
Michelangelo Buonarotti 61
Milton, J. 84, 127, 144
Minder, R. 315
Möricke, E. 237
Möser, J. 132
de Montesquieu, Ch. de Secondat, Baron 13, 24, 136, 142
Münzer, Th. 158
Mussolini, B. 247, 269

Napoléon Bonaparte 27, 49, 98, 108, 111 f, 131, 140 f, 145, 156, 225, 241, 243
Nietzsche, F. 7, 14 f, 110, 117, 120 f, 216 f, 227, 229 f, 232, 237, 251, 260, 277, 291
Novalis 38 f, 121, 126 f, 229, 279

Ortega y Gasset, J. 7
Ossian 24, 26
Ossietzky, C. v. 230
Ovid 123

Paracelsus 137, 162
Phidias 89
Pindar 198, 243
Platen, A. v. 227, 236
Platon 193
Puschkin, A. 128, 197, 238, 282

Raabe, W. 220, 249, 268
Rabelais, F. 35, 77, 276
Racine, J. 10, 90 f
Raffael (Raffaello Santi) 61
Rathenau, W. 223
Ravaillac 25
Reinhard, K. F. v. 240

Ricardo, D. 83, 99, 112, 178
Richardson, S. 17 f, 20, 26, 45 f, 84, 179
Rilke, R. M. 7
Robbe-Grillet, A. 315
Robespierre, M. 78, 110 f, 113 f, 118, 121 f, 141, 158, 236, 276
Rolland, R. 298
Rosenberg, A. 15, 119 f, 232
Rousseau, J.-J. 13, 17 ff, 22, 24 ff, 99, 113, 118, 122, 133, 136, 142, 191, 229
Ruge, A. 125

Saint-Just, A. 78, 110, 236
Sarraute, Nathalie 315
Sartre, J.-P. 263
Scott, W. 59 f, 132, 196 f, 262 f
Seghers, Anna 314
Seipel, I. 212
Seneca 78
Shakespeare, W. 10, 13, 31 f, 61, 66, 78, 82, 93, 100 f, 106 f, 132, 195, 198, 200, 202, 238, 278, 290
Shaw, G. B. 260
Shelley, P. B. 84, 124 f
Simon 315
Sismondi, J. Ch. 121
Slochower, H. 242
Sömmering, S. Th. v. 51
Solger, K. W. F. 98
Solschenizyn, A. 315
Sophokles 13, 78, 82
Soret, F. J. 176
Spengler, O. 7, 15, 251
Spinoza, B. 34, 136, 255
Szigeti, J. 314

Scharnhorst, G. v. 228
Schelling, F. W. 15, 43, 110, 122 f, 141 f, 145, 166, 216
Schiller, F. v. 10 f, 13 f, 20, 24, 32, 38, 45–77 pass., 82, 84 ff, 91 ff, 98 ff, 113, 115 f, 123, 126, 134, 141, 147 f, 179 f, 193 ff, 198, 200 ff, 214, 218 f, 226, 236, 246, 248, 311
Schlegel, A. W. 52, 60, 123
Schlegel, F. 32 f, 60, 88 f, 108, 312
Schlosser, J. G. 52

Schönberg, A. 255
Schönemann, Lili 183
Schönkopf, Käthe 183
Schopenhauer, A. 14, 114, 175, 216 f, 229, 232, 237, 277
Schütz, W. v. 165

de Staël-Holstein, Anne Germaine 17
Stein, Charlotte v. 52
Stein, F. v. 52
Stein, K. Freiherr v. 228
Stendhal 13, 26, 41, 45, 49, 58 f, 124, 196 f, 280
Stolberg, F. L. Graf zu 52
Storm, Th. 227, 249
Strich, F. 17
Strindberg, A. 260

Tieck, L. 60, 126
Tolstoi, L. 99, 209, 214 ff, 218, 238 f, 279, 281, 294 f
Tomberg, Fr. 316
Troeltsch, E. 223

Tschernyschewskij 12
Türk, H. 175
Turgenjew, I. 100

Vergil 72, 78, 144
Vico, G. 93, 136
Vischer, F. T. 149 f, 157 f, 171
Voltaire 13 f, 19 f, 24, 78, 82, 90 f, 142, 179
Vulpius, Christiane 182
Wagner, H. L. 179 f
Wagner, R. 217, 224, 226, 237, 277
Walser, M. 315
Washington, G. 33
Weber, M. 223
Wieland, Ch. M. 51, 91, 141, 203
Winckelmann, J. J. 17, 55 f, 154, 198
Woolf, Virginia 285

Zelter, K. F. 148 f, 153 f, 206
Ziegler, M. 120
Zimmermann 133
Zola, E. 72

Sachregister

Adel 32 ff, 50, 84, 131, 179 f
Ästhetizismus 257, 272
Allegorie, allegorisch 206 ff
Altersstil 210
‹altes Deutschland› 312
Anamnesis 228
Antike 61, 78, 93 f, 106 ff, 152 ff, 171, 197, 200 ff, 207
Arbeit 145
Arbeitsteilung, kapitalistische 32 f, 35, 56, 79 f, 93, 96, 108, 190, 200
Aufklärung 13 f, 17 ff, 23, 35, 37, 41, 49, 75 f, 81, 91, 110, 135 ff, 142, 148, 157, 159 f, 160, 165, 180, 196, 199, 202, 311

Ballade, balladesk 167, 203 f
Bauernkrieg 7 ff, 131, 133, 152, 157
Bourgeois 96, 112
Bourgeois – Citoyen 78 f, 81, 84 f, 126 f, 236, 238, 312

Bourgeoisie 50, 116, 124, 133, 219, 281, 311
Bürgertum, Bürgerlichkeit 211, 214 f, 219 f, 224 ff, 231, 234 f, 277, 302, 307, 312 f, 315

Chor 85, 87, 171
Citoyen s. Bourgeois – Citoyen
‹coincidentia oppositorum› 136
‹commedia dell'arte› 306

Dekabristenaufstand 238
Dekadenz 217, 220, 226, 228 f, 244, 255, 285, 313
Demokratie 226 ff, 236, 246, 248, 251, 271, 275 f, 313
Deutsches Reich 226
Dialektik 13, 42, 122 f, 136 f, 142, 159, 162, 171, 195, 202, 270, 290
–, Hegel'sche 12, 23
–, idealistische 48, 112, 123, 136, 141, 145

Dialektik, materialistische 12
–, objektive 141
dialektische Methode 12, 122
Dichter – Dilettant 204
‹Dichtigkeit› 282
‹Doppelzeit› 266, 284 f
Drama, Dramatik, dramatisch 30 ff,
    44, 58 f, 69 ff, 74, 82, 86, 193, 196,
    203
Drama, analytisches 71
–, bürgerliches 20
–, klassizistisches 77
–, modernes 77, 196
–, romantisches 60
Dreißigjähriger Krieg 152

Einsamkeitsmotiv 293
Elegie, elegisch 63, 95, 99 f, 106,
    123 f
Entwicklungslehre, biologische 136
Epigonentum 197
Epos, Epik, episch 58 f, 63 f, 69 ff, 74,
    77, 126 f, 193, 196, 200, 215, 219,
    263, 315
Erziehung 37, 248, 297, 301
Erziehungsroman 39, 126, 196, 231,
    244
Ethik, idealistische 22
Expressionismus 314

Fabel 68 f, 215
Faschismus, Faschisten, faschistisch
    119 ff, 215, 229 ff, 234, 237, 241,
    245, 250, 256, 265 f, 268, 270 f,
    276, 278, 297 f, 302, 312 f
Feudalabsolutismus, preußischer 225
Feudalismus 24, 50 f, 96
‹Fin du siècle› 220
Französische Revolution 11, 14 ff, 20,
    25, 29 f, 40, 42 f, 49 ff, 54 f, 62, 65,
    76, 78, 81, 87 f, 91, 108, 110 f, 117,
    124, 131, 140 f, 143, 145, 148,
    157 f, 163, 199, 201, 225, 240 ff,
    307, 311
Freiheit 270, 274 f

Gallomanie 89 f
Gattung – Individuum 145 ff, 151,
    154, 207

Genre 57 f, 67 f, 74, 95, 98 ff
Gesellschaft, bürgerliche 21, 23, 86
–, kapitalistische 40, 191, 239
–, ständische 24
Goethezeit 10, 12, 15 f, 199, 285
Grashdanin, Grashdanintum 236, 238
‹große Welt› – ‹kleine Welt› 200 f,
    204, 243, 248 f, 257, 268, 274 ff, 312

Halsbandskandal 141
‹Haltung› 220, 222 f, 227, 230, 286,
    295
Heilige Allianz 108
Historismus 13, 136, 150 f
«Horen» 55
Humanismus 36, 40, 46, 199, 243,
    260, 268, 312
–, bürgerlich-revolutionärer 20, 23, 26,
    86, 96, 98, 108, 269, 271, 273, 275 ff
Hybris, deutsche 245

Idealismus 53, 66, 93 f, 97, 102 f, 109,
    141
Ideal – Wirklichkeit 95 ff, 102, 107
Idylle 63, 95, 99 f, 178, 208
Imperialismus 261 f, 264 f, 276, 282,
    298, 302
Innerlichkeit 20, 26, 37 f, 249 s. a.
    ‹machtgeschützte I.›
Intermittieren (des Dramatischen) 196
Ironie, ironisch 222, 247, 286 ff, 295,
    302, 306
Irrationalismus, irrationalistisch 13, 15

Jakobiner, jakobinisch, Jakobinertum,
    Jakobismus 24, 88 f, 113, 116 f, 121,
    124 ff, 133
Julirevolution 11, 225
Junkerherrschaft 225
Junkerideologie 9

‹katholische Mythologie› 188
Klassengesellschaft 176, 182, 185
Klassik 59, 155, 311
–, deutsche 17, 87 f, 199, 311
–, Weimarer 311
Klassizismus 73
–, deutscher 51, 55, 58, 65, 75, 295
–, französischer 31, 68, 82, 90

Klassizismus, Goethescher 198 f
Kommunismus 313
Kommunistisches Manifest 133
Komödie 286, 299
Kontemplation – Praxis 206
Künstler-Bürger-Problematik 212, 293, 295
Kunst, antike 61, 67, 92
–, bürgerliche 62, 65, 73, 213, 277 f
–, griechische 81, 207
–, klassische 56
–, moderne 58, 61, 72, 74, 92, 213, 239, 253 f, 256, 259
–, romantische 60
Kunst – Leben 242 f
‹Kunstperiode› 193, 197, 199, 201, 203 ff, 208 ff, 225, 311

Lakonismus 203 f, 208
‹Lebensphilosophie› 14 f
Lehrgedicht 77
Literatur, deutsche 249
–, moderne (bürgerliche) 76 ff, 80, 93, 98, 100, 128, 196 f, 294
–, russische 249
Literatursoziologie 313
Lyrik 203
‹machtgeschützte Innerlichkeit› 224 ff, 231, 240, 250 f, 312
Mainzer Aufstand 116
Malerei 58
Marxismus 12, 193, 212 f, 315
Materialismus 122, 142
Mime 70
‹mittlere Figur› 268
«Musenalmanach» 55
Mystik 113, 116 ff, 121 ff s. a. Natur-mystik
Mythos 247, 289, 299, 301 f

‹naiv – sentimentalisch› 100 ff, 104 ff, 126, 218 f
Napoleonische Periode 11, 156, 240
Nationalsozialismus 265, 271, 275
Naturalismus 66, 80 f, 93, 100, 214
Naturmystik, deutsche 119, 122
Neukantianismus 15
‹Nouveau roman› 314
Novelle 77, 200, 283, 296

Ode 77
Ödipus-Komplex 291
Ökonomie, klassische englische 41, 88, 112
Oktoberrevolution, russische 238, 312, 315

Periodisierung (der Ästhetik) 95, 98, 100, 107
Persönlichkeit 21, 32
–, Entfaltung der 22 f, 26 f, 30 ff, 35, 41
Perspektive 282 ff, 290, 301, 306 f
Phantastik 291 f
Physiokraten 41
Plebejertum 20, 24, 86 f
plebejischer Revolutionarismus 116
Poesie 39 f, 87, 108 f
–, neuzeitliche 210
–, orientalische 207
Polisrepublik, Polisdemokratie 78, 80, 110 ff, 116
Politik 246, 248
Pop 315
‹positiver Held› 84
Potsdam 10
Präromantik 13
Preußen, Preußentum 8 f, 223 f, 228, 243
Proletariat 97, 181
‹promesse de bonheur› 280
Prometheus – Epimetheus 206
«Propyläen» 55
Prosa 39 f, 112, 158, 209
Puritaner 133

‹Raabe-Atmosphäre› 249 ff, 268
Realismus, Realist 41, 49, 72 f, 76, 94 f, 100 ff, 106, 109, 128, 147, 151, 202 f, 212, 214, 218 f, 247, 283, 290, 315
Realismus, antiker 82 f
– der Aufklärung 311
–, bürgerlicher 40, 82 ff, 100, 292, 298, 311 f
–, Gesellschaftlicher 59
–, (gesellschafts-)kritischer 311 f
–, sozialistischer 46, 292, 298
Reformation 131 ff, 135, 152, 252

Reim 77
Renaissance 35, 41, 61, 75 f, 110, 122, 131, 135, 137 f, 152, 156, 159, 197, 200
Restauration 11, 108, 143
Revolution 86, 115 f, 157, 177, 270, 275, 311
–, bürgerliche 16, 19 f, 25 f, 41, 86, 111, 113, 116, 126, 131, 180
–, demokratische 276
–, industrielle 62, 98, 201
–, proletarische 124
Revolution von 1848 110, 249, 312
‹Revolution von oben› 247 f
Rhapsode 70
Rhetorik (Goethes) 208 f
Roman 39, 43, 64, 77 f, 97, 129, 196, 200, 203, 280, 284, 286, 315
– der Aufklärung 44
–, Goethescher 35
–, lyrisch-elegischer 127
–, moderner (bürgerlicher) 44, 46, 62 f, 65, 70, 127 f, 262, 316
–, realistischer 44, 286
–, romantischer 38
–, satirischer 309
Romantik 38, 53, 59 f, 131, 155, 201, 225, 229, 241

Sage 130 f, 137, 150, 153, 160, 162, 165, 204, 245, 247 f
Satire, satirisch 63, 77, 95, 99 f, 307
Satyrspiel 298, 300 ff, 306
Selbstaufhebung der Kunst 260
Selbstgenuß der Persönlichkeit 294 f, 297 ff, 305 ff
‹sentimentalisch› s. ‹naiv – sentimentalisch›
Sozialismus 42, 213, 236, 246, 284, 298, 313
Spielerische, das 287 ff, 292
Spießbürgertum 24
Spinozismus (Goethes) 185

Subjektivität, moderne 285
Symbol 230

Schicksal 37
Schicksalsdrama 60
Schlacht von Jena 225, 228
‹Schöne Seele› 37 f
‹Sturm und Drang› 13, 17 f, 25, 85, 90, 130, 151, 180, 186, 203

Teufelsverkörperung 252, 257 ff
Theater 30 ff
Thermidor 108, 111 f
Tiefenpsychologie 276
‹tragédie classique› 19, 90 f
Tragödie 58 f, 69, 74, 148, 195, 286 f, 301
–, bürgerliche 71
–, griechische 84, 198
‹Transition ins Neue› 284

‹ursprüngliche Akkumulation› 164, 281
Utopie, Utopist, utopisch 35, 43, 114, 142, 191, 214 f, 225, 243 f, 248 f, 295, 298, 301 f, 312

Vereinigte Staaten von Amerika 159
Volkslied 198, 203
Volkspoesie 198
Volkstradition 130

Weimarer Republik 228 f, 231
Weltkrieg, Erster 212, 219, 221, 223 f, 226 f, 243, 250, 263, 266, 296
–, Zweiter 265
Weltscheu 250, 253
‹Widerspiegelungstheorie› 315 f
Wilhelminismus 312
‹Wirklichkeitsandacht› 312

Zeitablauf (im Roman) 262 ff s. a. ‹Doppelzeit›

Addison, J., Cato 84

de Balzac, H., Das Antiquitätenkabinett 216
–, Das Chagrinleder 128
–, Chef d'oeuvre inconnu 63, 254
–, Die Menschliche Komödie 59, 97, 196, 205, 254
–, Gambara 254
de Beaumarchais, P. A. C., Die Hochzeit des Figaro 179
Beckett, S., Endspiel 315
van Beethoven, L., Neunte Symphonie 261
Byron, G. G. N. Lord, Symbolum 155

de Cervantes, M., Don Quijote de la Mancha 43, 84, 312
Chamisso, A. v., Peter Schlemihls wundersame Geschichte 230
Conrad, J., Lord Jim 284
–, Taifun 283

Defoe, D., Moll Flanders 281
Diderot, D., Le neveu de Rameau 202
Dostojewskij, F., Die Brüder Karamasow 258

Engels, F., Bauernkrieg 133
–, Ursprung der Familie 107

Fichte, J. G., Wissenschaftslehre 108
Fielding, H., Tom Jones 281
Flaubert, G., L'Éducation sentimentale 263, 283
–, Madame Bovary 281
–, Salammbô 72
Fontane, Th., Effi Briest 223
–, Irrungen, Wirrungen 223
–, Schach von Wuthenow 223
Forster, G., Ansichten vom Niederrhein 88

Gide, A., Dostojewskij 285
Goethe, J. W. v., Abkündigung (in: Drei Gedichte über den Faust) 205
–, Achilleis 65, 71

–, Die Aufgeregten 55
–, Briefwechsel mit Schiller 46 ff
–, Der Bürgergeneral 55
–, Clavigo 181
–, Dichtung und Wahrheit 22, 131, 138, 179
–, Egmont 139, 183, 201, 279
–, Elpenor 90
–, Epoche der forcierten Talente 53
–, Erlkönig 167
–, Der ewige Jude 134
–, Faust (allgemein) 25, 48, 54, 62, 72, 74 f, 128 ff, 134 f, 137 f, 140, 143, 145 ff, 150, 157, 160, 163, 165, 167 f, 175, 188, 193, 195 ff, 200, 204, 218, 241, 246, 248 f, 257, 312
–, Faust, I. Teil 142, 145, 150 f, 187, 203 ff
–, Faust, II. Teil 74, 128, 150 f, 158, 166, 179, 190, 201, 203 ff, 209 f
–, «Urfaust» 134, 137 ff, 179, 187
–, Faust-Fragment von 1790 141 f, 144, 146, 179
–, Götz von Berlichingen 17, 25, 130 ff, 134 f, 137 f, 143, 150, 158, 181, 196, 201, 203 f, 208
–, Hans Sachsens poetische Sendung (In seiner Werkstatt Sonntags früh) 131
–, Helena-Fragment 147
–, Hermann und Dorothea 40, 48, 59, 63 ff, 91, 106, 199
–, Iphigenie auf Tauris 59, 90 f, 139
–, Kampagne in Frankreich 51
–, Die Leiden des jungen Werthers 14, 17, 20 f, 23 ff, 106, 201, 218, 242
–, Literarischer Sansculottismus 56
–, Maskenzüge 205 ff
–, Maskenzug (1818) 162
–, Die Metamorphose der Pflanzen 53
–, Die Metamorphose der Pflanzen (Gedicht) 182
–, Die natürliche Tochter 48, 65, 73
–, Novelle 69
–, Pandora 205 f
–, Prometheus, dramatisches Fragment 25

Goethe, J. W. v., Reineke Fuchs 31, 54, 91, 106
–, Der Sammler und die Seinigen 56, 60
–, Satyros oder der vergötterte Waldteufel 206
–, Stella 183, 185
–, Torquato Tasso 28 ff, 90 f, 106, 139, 191, 206, 218, 242
–, Trilogie der Leidenschaft 29, 106
–, Der Triumph der Empfindsamkeit 25
–, Über epische und dramatische Dichtung 69
–, Die Wahlverwandtschaften 40, 44, 106
–, Wilhelm Meister (allgemein), Wilhelm Meisters Lehrjahre 30 ff, 37 ff, 54, 60, 62 ff, 70, 76, 91, 108, 126 f, 148, 168, 190 f, 196, 200, 206, 214, 218, 241 ff, 248, 295, 312
–, Wilhelm Meisters Wanderjahre 40, 106, 123, 187, 190, 200, 244
–, Wilhelm Meisters theatralische Sendung 30 ff, 44, 242
–, Der Zauberlehrling 167

Hebbel, F., Gyges und sein Ring 90
Hegel, G. W. F., Ästhetik 39, 77
–, Phänomenologie des Geistes 37, 98, 100, 103 f, 145 ff, 157, 159, 199, 225
Hemingway, E., Der alte Mann und das Meer 283
Herder, J. G., Ideen zur Philosophie der Geschichte der Menschheit 145
Hölderlin, F., Archipelagus 118
–, Empedokles 113
–, Hyperion 110, 113 f, 126
Homer, Ilias 70, 82
–, Odyssee 28, 70 f, 194

Joyce, J., Ulysses 284
Keller, G., Martin Salander 239
–, Spiegel, das Kätzchen 292
Klinger, F. M. v., Faust 158
Klopstock, F. G., Der Messias 131

Lassalle, F., Franz von Sickingen 92 f, 246, 248
Lesage, A.-R., Gil Blas 194, 281

Lessing, G. E., Emilia Galotti 20, 28, 85, 134, 179
–, Nathan der Weise 307
–, Rettungen 179
Lukács, G., Ästhetik 315
–, Essays über den Realismus 212
–, Der historische Roman 263
–, Karl Marx und Friedrich Engels als Literaturhistoriker 212
–, Schicksalswende 212
–, Die Seele und die Formen 211
–, Thomas Mann und das literarische Erbe 212

Mann, H., Henri Quatre 246, 298, 301
Mann, Th., Der Bajazzo 220, 295, 302
–, Bekenntnisse des Hochstaplers Felix Krull 279 f, 293 ff, 298, 300, 302, 306 f
–, Betrachtungen eines Unpolitischen 212, 224, 296, 312
–, Die Betrogene 290 f
–, Buddenbrooks 217, 222, 239, 263, 286, 296, 313
–, Doktor Faustus 211, 239, 241 f, 246, 248 ff, 255, 257, 266, 284 f, 293 f, 297 f, 312
–, Das Eisenbahnunglück 224
–, Der kleine Herr Friedemann 290
–, Entstehung des Doktor Faustus 284
–, Der Erwählte 290 f
–, Fiorenza 222
–, Goethe als Repräsentant des bürgerlichen Zeitalters 235
–, Joseph und seine Brüder 211, 239, 242, 284, 289 f, 293 f, 297 f, 300 f, 306, 313
–, Der Kleiderschrank 287
–, Königliche Hoheit 211, 222, 230, 288
–, Lotte in Weimar 211, 234, 298, 312
–, Mario und der Zauberer 231, 244, 273, 296, 313
–, Pariser Rechenschaft 307
–, Schwere Stunde 236
–, Der Tod in Venedig 221 ff, 242 f, 293 ff, 313
–, Tonio Kröger 211, 213, 221, 238, 242, 249, 293

Mann, Th., Unordnung und frühes Leid, 231, 296
–, Die vertauschten Köpfe 290
–, Der Zauberberg 224, 229 f, 233, 244, 266, 273, 284, 288 f, 296
Marx, K., Ökonomisch-philosophische Manuskripte 163

Novalis, Heinrich von Ofterdingen 39, 126

Platon, Gastmahl 193, 286

Rousseau, J.-J., Nouvelle Héloïse 25
Ruge, A., Briefwechsel von 1843 125

Shakespeare, W., Hamlet 31 f, 278
–, King Lear 278
Solschenizyn, A., Ein Tag im Leben des Iwan Denissowitsch 315
Sophokles, Antigone 200
–, Ödipus Rex 71
Schelling, F. W. J. v., Ästhetik 43
Schiller, F. v., Abfall der Niederlande 55
–, Die Braut von Messina 60, 65 f, 85
–, Briefe über die ästhetische Erziehung des Menschen 56, 88, 109
–, Briefwechsel mit Goethe 46 ff

–, Demetrius 48
–, Don Carlos 85, 91, 246
–, Geschichte des Dreißigjährigen Krieges 55
–, Die Götter Griechenlands 55
–, Die Jungfrau von Orléans 60
–, Kabale und Liebe 20, 51, 134, 179
–, Die Kraniche des Ibykus 53
–, Das Lied von der Glocke 91
–, Maria Stuart 66
–, Die Räuber 20, 25, 51, 115
–, Der Spaziergang 91, 200
–, Der Taucher 53
–, Über naive und sentimentalische Dichtung 55, 61, 63, 93
–, Die Verschwörung des Fiesko zu Genua 85
–, Wallenstein 48, 53, 67, 72 f
–, Wallensteins Lager (Prolog z. Wallenstein) 54
–, Wilhelm Tell 66
Schopenhauer, A., Die Welt als Wille und Vorstellung 217
Stendhal, La Chartreuse de Parme 59

Tolstoi, L. Anna Karenia 99
–, Auferstehung 216, 281
–, Krieg und Frieden 263, 279

Hans Heinz Holz / Leo Kofler / Wolfgang Abendroth

Gespräche mit Georg Lukács

Diese drei Gespräche sind ein Versuch, zahlreiche Probleme im Werk des führenden marxistischen Literarhistorikers durch Fragen zu präzisieren, durch Diskussionen zu entfalten und durch Widerspruch weiterer Klärung zuzuführen. Es werden u. a. folgende Themen behandelt: Professor Hans Heinz Holz [Sozialwissenschaftler]: Der Zusammenhang der ästhetischen Konzeption mit ihren geschichtsphilosophischen Voraussetzungen; der Realismus-Begriff, Widerspiegelungstheorie, das Experiment in der Literatur. Professor Leo Kofler [Soziologe]: Gesellschaftstheorie und Ideologiekritik; Fortwirken des deutschen Irrationalismus in der Gegenwart, gesellschaftliche Ursachen und Auswirkungen. Professor Wolfgang Abendroth [Politologe]: Zusammenhang von Theorie und Praxis, autobiographische Beispiele aus Lukács' Tätigkeit während der Räterepublik und in der Emigration; das Verhältnis von Weg und Ziel; Unterschied Stalinismus-Marxismus.
Hg.: Theo Pinkus · Rowohlt Paperback 57 · 136 Seiten

Georg Lukács «Ausgewählte Schriften» in Taschenbuch-Ausgaben:

I: Die Grablegung des alten Deutschland. Essays zur deutschen Literatur des 19. Jhs. rde Band 276.

II: Faust und Faustus. Vom Drama der Menschengattung zur Tragödie der modernen Kunst. rde Band 285.

III: Russische Literatur – Russische Revolution. Puschkin / Tolstoi / Dostojewskij / Fadejew / Makarenko / Scholochow / Solschenizyn. rde Band 314.

IV: Marxismus und Stalinismus. Politische Aufsätze · rde Band 327

Georg Lukács dargestellt von Fritz J. Raddatz · rm Band 193

Rowohlt

Georg Lukács

Gesamtausgabe

Band 1   FRÜHSCHRIFTEN I
Die Seele und die Formen (1911); Die Theorie des Romans (1920); Anhang: Kleinere Schriften 1909–1920.

Band 2   FRÜHSCHRIFTEN II
Geschichte und Klassenbewußtsein (1923); Lenin (1924); Kleine politische Schriften. 1968.

Band 4   PROBLEME DES REALISMUS I
Essays über Realismus; Marx und das Problem des ideologischen Verfalls; Volkstribun oder Bürokrat?; Wider den mißverstandenen Realismus; Aufsätze aus der Linkskurve 1971.

Band 5   PROBLEME DES REALISMUS II
Der russische Realismus in der Weltliteratur. 1964.

Band 6   PROBLEME DES REALISMUS III
Der historische Roman; Balzac und der französische Realismus; Faust-studien. 1965.

Band 7   DEUTSCHE LITERATUR IN ZWEI JAHRHUNDERTEN
Goethe und seine Zeit; Deutsche Realisten des 19. Jahrhunderts; Thomas Mann. 1964.

Band 8   DER JUNGE HEGEL
Über die Beziehungen von Dialektik und Ökonomie. 1967.

Band 9   DIE ZERSTÖRUNG DER VERNUNFT
1962. 2. Auflage 1974.

Band 10   PROBLEME DER ÄSTHETIK
Beiträge zur Geschichte der Ästhetik; Die Sickingendebatte zwischen Marx, Engels und Lassalle; Friedrich Engels als Literaturtheoretiker und Literaturkritiker; Über die Kategorie der Besonderheit. 1969.

Band 11 und 12   ÄSTHETIK I
Die Eigenart des Ästhetischen. 1963. 2 Halbbände.

Band 16   FRÜHE SCHRIFTEN ZUR ÄSTHETIK I
Philosophie der Kunst (1912–1914). 1974.